为什么在 15 世纪之前，中国的文明在应用自然知识来满足人类实际需求方面，比西方文明更有效率？为什么在 17 世纪伽利略的时代以来，现代科学和工业革命只发生在欧洲，而没有诞生在中国？

——李约瑟

大器晚成

李约瑟与《中国科学技术史》的故事

王晓 ［英］莫弗特（John Moffett） / 著

中原出版传媒集团
中原传媒股份公司

大象出版社
·郑州·

图书在版编目（CIP）数据

大器晚成：李约瑟与《中国科学技术史》的故事／王晓，（英）莫弗特（John Moffett）著．— 郑州：大象出版社，2022.11
ISBN 978-7-5711-1451-0

Ⅰ．①大… Ⅱ．①王… ②莫… Ⅲ．①《中国科学技术史》- 出版事业 - 文化史 - 世界 Ⅳ．①G239.19

中国版本图书馆 CIP 数据核字（2022）第 084857 号

DAQI WANCHENG

大器晚成
——李约瑟与《中国科学技术史》的故事

王　晓　［英］莫弗特（John Moffett）　著

出 版 人	汪林中
策　　划	张桂枝
责任编辑	郑新梅
责任校对	张迎娟　李婧慧　马　宁　毛　路
装帧设计	王晶晶
责任印制	郭　锋

出版发行	大象出版社（郑州市郑东新区祥盛街 27 号　邮政编码 450016）
	发行科　0371-63863551　总编室　0371-65597936
网　　址	www.daxiang.cn
印　　刷	北京汇林印务有限公司
经　　销	各地新华书店经销
开　　本	720 mm×1020 mm　1/16
印　　张	37
字　　数	775 千字
版　　次	2022 年 11 月第 1 版　2022 年 11 月第 1 次印刷
定　　价	298.00 元

若发现印、装质量问题，影响阅读，请与承印厂联系调换。
印厂地址　北京市大兴区黄村镇南六环磁各庄立交桥南 200 米（中轴路东侧）
邮政编码　102600　　　　　　电话　010-61264834

作 者 简 介

王晓，1970年生，河南禹州人，上海交通大学科技史博士，英国剑桥李约瑟研究所客座研究员，河南财政金融学院兼职教授，研究方向为出版技术史，长期从事图书、音像、电子出版工作，主持过多项数字出版项目的研发管理。

邮箱：wanghugh@alumni.sjtu.edu.cn

莫弗特（John Moffett），英国剑桥李约瑟研究所东亚科学史图书馆馆长。

邮箱：John.Moffett@nri.cam.ac.uk

内 容 简 介

在20世纪50年代，中国人民的老朋友、英国剑桥大学的李约瑟博士基于中西方科技对比提出了著名的"李约瑟问题"，这一问题至今仍然是人们热议的话题，尤其是在科技竞争日趋激烈的今天。他的名著《中国科学技术史》（Science and Civilisation in China，简称SCC，又译为《中国的科学与文明》）更是以出版的规模之大、周期之长，成为了现代出版史上的一个奇迹。在这部大器晚成的鸿篇巨制中，李约瑟用大量翔实的证据，证实了许多中国古代在科学与技术方面取得的伟大成就，包括造纸术、印刷术、指南针和火药等，很多成就不仅在时间上领先于西方，而且曾经直接或间接地影响了世界科学技术的发展。李约瑟的这些研究成果，在当年是具有开创性的，到今天已经成为了人们常识的一部分，《中国科学技术史》这部著作不仅成为了世界科学技术史研究领域的一座丰碑，也被视为中西方科技与文化沟通的一座桥梁。

本书两位作者根据剑桥李约瑟研究所藏"李约瑟SCC档案"等第一手资料，用通俗的语言，将李约瑟《中国科学技术史》在长达半个多世纪的时间里，准备、策划、研究、写作的艰辛过程，以及剑桥大学出版社如何克服诸多困难最终将之出版为一套世界名著的完整过程，都如实地还原出来。本书填补了李约瑟研究领域的一项空白，内容翔实、资料权威，其中很多档案还是第一次公开发表。

这是一本面向中国科技史爱好者和大众读者的科学普及读物，讲述一部著作如何从"一颗种子"，最终长成"一棵参天大树"的故事，为的是让我们今天的读者不仅更加全面、更加深入地了解中国古代科学技术的价值和意义，还能够从前人那里学到科学高效的研究和写作方法。

序 言

梅建军

摆在读者面前的这本书，是王晓博士与莫弗特（John Moffett）先生精心合作的作品，讲述了李约瑟《中国科学技术史》这部20世纪宏大的系列学术专著的"成长"故事。这本书能够诞生，可以说有很多的因缘：一方面是李约瑟研究所在2007年已完成《中国科学技术史》（Science and Civilisation in China，简称SCC，又译《中国的科学与文明》）相关档案的整理工作，有了完整的编目体系；另一方面是王晓博士的好奇心，当他第一次从莫弗特先生那里获知SCC档案的存在时，他立即意识到这是一个有待挖掘的宝藏！

2016年4月，王晓第一次跟我谈起他想研究SCC档案的想法，并提交了《关于李约瑟SCC档案项目的建议》。这份建议书不长，仅有2页，包括三个方面：一是目标；二是内容与问题；三是方法与计划。目标是"出版一本研究性的《李约瑟和SCC》的图书和一套史料性的数字化'李约瑟SCC档案'"。内容是SCC的策划、准备、研究、出版过程以及李约瑟在其中所扮演的角色，所关注的问题则包括SCC翻译本的出版以及李约瑟对SCC未来的考虑等。方法与计划是如何将SCC档案进行数字化处理，以出版一套高清影印版的"李约瑟SCC档案"图书。这份建议书所描绘的图景无疑是非常诱人的，但要真正实施则需要有大量经费的支持，而这对李约瑟研究所而言并非易事。好在数字化处理和影印出版可以先放一放，研究SCC档案的事不妨先做起来！

在接下来的几年时间里，在没有任何经费的支持下，王晓一直在坚持做一件事，就是专心阅读和研究SCC档案。他在上海交通大学做的博士论文研究的是中国出版技术史，加上多年在出版社做编辑工作的经验，使他最初的研究兴趣集中在SCC出版的技术环节上，比如SCC所用汉字铅字获取的问题、中英文混合排版的问题、印刷清样校对的问题以及封面彩印的问题等。但随着研究工作的深入，更多的人和事进入了他的研究视野，使他意识到SCC这一宏大学术工程背后还有更多精彩的故事，从未被人关注或讲述。我相信，正是这种意识使他产生了一种学术使命感，正如他在本书的"缘起"中所表述的："如果不以功利为目的，只是为了满足我们自己作为读者的好奇心，想知道一个伟大的人是如何完成一部伟大的作品的，纵使需要耗费大量的时间，也是一件值得去做的、很有意义的事情。"读这本书，你会不断地感受到他的这种好奇心的引领和驱动，如此纯粹而有趣，让你欲罢不能，逐渐沉浸在李约瑟和 SCC 的"成长"故事中，最终领悟到这一学术传奇背后的支撑力量之所在！

2017—2018 年，王晓与莫弗特合作发表了三篇学术论文：第一篇是《大器晚成——李约瑟 SCC 的出版历程》，发表在《中国科技史杂志》2017 年第 3 期上，该文指出了 SCC 的诞生与其所处的时代背景密不可分，首次注意到剑桥大学出版社在其中所起到的关键作用；第二篇是《跨越语言的障碍——从 SCC 的汉字排版问题看李约瑟的解决之道》，发表在《科学文化评论》2018 年第 1 期上，该文通过梳理档案资料，首次再现了李约瑟在 20 世纪 50 年代如何通过执着而灵活的努力，跨越语言的障碍，成功解决 SCC 中汉字的采用及排版问题；第三篇是《SCC 总索引问题初探》，发表在《科学文化评论》2018 年第 5 期上，该文具体分析了 SCC 总索引问题的成因，以及总索引对 SCC 的特殊价值和意义。这三篇论文充分展现了王晓作为一名出版技术史研究者的独特眼光，我们不仅从中了解到 SCC 的背后还有那么多与出版技术相关的故事，而且也看到了李约瑟为实现在 SCC 中采用少量汉字所付出的巨大而执着的努力，远远超出了他作为一名作者的责任。这些精彩的故事为我们更好地认识李约瑟和他的 SCC 事业增添了一个全新的视角。

令人欣喜的是，我们现在看到的这本名为《大器晚成——李约瑟与〈中国科学技术史〉的故事》的书，虽然仍以 SCC 的出版历程为中心，但其内容之丰富和生动，已远远超出了出版技术史的常规视野。这本书通过呈现和解读大量往返的原始信件，为我们再现了一个个鲜活的人物，他们在不同的岗位上为 SCC 的成功做出了独特贡献，彼得·乔治·伯比奇（Peter George Burbidge，1919—1985）先生就是其中最为突出的一位，尽管他很少为人提起，但用王晓的话说，他却是"SCC 的幕后英雄"。早从 1949 年开始，伯比奇就作为剑桥大学出版社的文字编辑，参与 SCC 第一卷书稿的编辑和排版工作，其后更成为 SCC 出版项目的负责人，从文字编辑变成 SCC 的项目编辑。在晋升成为剑桥大学出版社的产品经理后，他不仅负责 SCC 的出版工作，而且积极涉入 SCC 项目的组织工作。1968 年，为更好地支持和扩大 SCC 项目，在他的提议和运作下，"东亚科学史信托会"（East Asian History of Science Trust, UK）在剑桥宣告成立。这一举措意义深远，为其后李约瑟研究所的诞生奠定了坚实的基础。伯比奇是五位创立信托人之一，功莫大焉！20 世纪 70 年代，为启动和推进 SCC "火药篇"的撰著计划，伯比奇出面做了大量的协调和组织工作。可以说，他既是 SCC 项目最坚定的支持者，也是其出版事业最忠实的执行者。李约瑟在 1959 年出版的 SCC 第三卷的前言中，在感谢剑桥大学出版社的支持时，曾突破"个人匿名"

的惯例，专门向伯比奇表示热烈的感谢（warmest appreciation），感谢他如此慷慨地给予友善的帮助与合作（friendly help and cooperation in such generous measure）。而1964年伯比奇在写给李约瑟的一封信中曾这样回应："任何人如果能像我一样被您在第三卷中那样褒奖的话，我想他都会愿意为之奉献终生的。"（王晓译文）李约瑟与伯比奇之间的相互赞赏、友情和默契，由此可见一斑。在本书中，王晓用了一百多页的篇幅，引用了大量从未发表的信函，为我们讲述了伯比奇作为"幕后英雄"对SCC出版事业的巨大贡献，尤其是在协调和推进SCC"火药篇"撰著中所起的重要作用，书中涉及王铃、何丙郁和李约瑟等几位性格迥异的学者们各自不同的处事方式，读来不仅生动有趣，而且引人深思。一部伟大作品的诞生，竟经历了如此婉转、起伏和漫长的过程，有这么多的幕后英雄为之奉献，且无怨无悔，不由得令人感叹不已！

尤为难得的是，王晓非常敏锐地注意到剑桥大学出版社的档案中，还收藏有报纸和学术期刊上所发表的大量有关SCC的评论，这些评论因时过境迁，有的早已为人遗忘，现今已很难找到。王晓很清楚这些评论的学术价值，所以他很用心地将其中一些精彩的评论翻译出来，收在本书的相关章节中，不仅使它们首次以中文呈现于世，而且使读者能够通过这些评论，身临其境地感受到在20世纪五六十年代，SCC前四卷相继出版后在学术界和社会上所引起的巨大反响。比如英国著名历史学家阿诺德·约瑟夫·汤因比（Arnold Joseph Toynbee）先生在《观察家报》所发表的书评中，就有这样一句意味深长的评论："这是一种西方对中国比外交层面更高层次上的'承认'行为（It is a Western act of 'recognition' on a higher plane than the diplomatic one）。"

这本书特别值得推崇的是其很强的故事性。前三章讲述了李约瑟的前半生，包括20世纪40年代他在中国的经历；接下来的八章则是SCC的"成长"故事，各章的标题依次是"种子""生根""破土""分蘖""成长""分枝""开花结果"和"大树"，非常形象而精练；最后题为"无尽的梦想"的一章，则凝聚了王晓的学术思考，不仅有他从出版史的视角对"李约瑟问题"的反思，也包括他从李约瑟和SCC故事中所获得的启发。读完最后一章，掩卷而思，你会发现这本书不仅故事性强，而且有浓厚的学术底蕴。难能可贵的是，王晓的学术讨论娓娓道来，不枯燥，不教条，不盲从，也不玄虚，而是力求简明扼要，不仅把学界的思考和观点一一呈现出来，而且也充分展现了他的独到见解。这本书能如此引人入胜，应归功于其故事性和学术性的完美融合！

可能有人会问，李约瑟去世已有二十多年了，我们今天还在这里谈论李约瑟和他的著作能有什么意义呢？我想这个问题的答案应该落在李约瑟一生所追求的"大同社会"的理想上。正如王晓在"尾声"中所写的：发展科学技术是全人类共同的事业,世界各地的不同文明最终都会朝向一个共同的目标前进,这是李约瑟心目中"大同社会"的理想……李约瑟的"百川朝宗于海",其实就是我们今天所见证的"全球化浪潮"。

李约瑟一生致力于研究文明的交流与互鉴,认为现代科学在欧洲的兴起是古代世界各种文明交汇的结果,是"百川归海"的写照,而人类的未来更应继续这种文明交流与互鉴的进程,从而走向中国古代哲人所倡导的"天下大同"的社会,也就是人类作为一个命运共同体共享科学技术进步的成果,共存于一个和平无争的世界。毫无疑问,现实距离"大同社会"依然遥远,但这不等于说李约瑟"天下大同"的普世情怀没有任何现实意义。恰恰相反,正如英国学者利昂·罗查（Leon A. Rocha）所指出的:"李约瑟的普世情怀中包含了政治远见、开放精神和道德要求,而这正是极有价值的,值得我们继承!"换言之,李约瑟所总结的"百川归海"的科学发展模式,以及他所倡导的"普世科学"和"天下大同"的社会理想,表达了他对人类文明必将融合归一的信念,与当代世界进步力量所主张的文明互鉴、宽容与交融的发展道路完全吻合,其所具有的内在的道德感召力量是不容低估的。这也正是李约瑟知识遗产至今仍有其现实意义的原因之所在!

最后,我想向王晓博士表示敬意,并衷心感谢他默默耕耘数年之久,用心血浇灌出这本厚重的著作!我也很感谢莫弗特先生对这本书所作出的重要贡献,他熟悉SCC档案,是这一知识遗产的守护人!我相信,这本书将传递给读者的,不仅仅是一些有关李约瑟和SCC的陈年往事,更是一种精神和信念的力量!这种力量不仅成就了李约瑟和SCC,也激励了王晓,是他数年来执着耕耘的支撑所在!因为这种力量,这本书会长存下去,会引领和激励更多的后来人,把我们共有的文明传承给未来!

2022 年 1 月 18 日

目 录

- **缘起** ……………………………………………………… 001

- **一部书的传奇** ………………………………………… 005
  - 李约瑟是谁？ ……………………………………… 008
  - 剑桥李约瑟研究所 ………………………………… 011
  - 《中国科学技术史》 ……………………………… 018
  - 关于一本书的故事 ………………………………… 028
  - SCC 档案 …………………………………………… 033

- **李约瑟的前半生** ……………………………………… 037
  - 小约瑟夫·尼达姆 ………………………………… 038
  - 生物化学家尼达姆博士 …………………………… 043
  - 尼达姆夫妇 ………………………………………… 048
  - 鲁桂珍 ……………………………………………… 054
  - 中年危机 …………………………………………… 059

- **命运的转折** …………………………………………… 065
  - 学习汉语 …………………………………………… 068
  - 中国行程 …………………………………………… 078
  - 中西方科学之对比 ………………………………… 084
  - 一颗思想的种子——最初的想法 ………………… 091
  - 国际友人 …………………………………………… 099

- **种子——一个选题的建议** ·· 105
  - 选题建议 ·· 108
  - 剑桥大学出版社 ·· 117
  - 初步计划 ·· 120
  - 选题通过 ·· 125
  - 作者的筹码 ·· 128
  - 准备文献资料 ·· 131

- **生根——研究和写作** ·· 135
  - 研究方法 ·· 137
  - 整理资料 ·· 142
  - 制作卡片 ·· 148
  - 编撰方法 ·· 154
  - 目录 ·· 163

- **破土——突破语言的障碍** ······································ 173
  - 中国的图书出版 ·· 175
  - 西方的图书出版 ·· 181
  - 中西方的交流与竞争 ·· 186
  - 一本书是如何诞生的 ·· 190
  - 汉字排版问题 ·· 194
  - 第一次交稿 ·· 200

- **分蘖——第一次扩充** ·· 213
  - 第一次扩充——从一本书到一套书 ······························· 215
  - 七卷本的设计 ·· 222
  - 中文书名 ·· 233
  - 文本编辑 ·· 237
  - 成本核算 ·· 244
  - 装帧设计 ·· 247

修改问题 ·· 256
　　汉字铅字 ·· 261
　　排版印刷 ·· 267
　　出版发行 ·· 278

- **成长——前三卷的出版** ·· 293
　　总目录 ·· 297
　　书评 ·· 303
　　没有一本书会是完美的 ·· 310
　　人物卡片 ·· 315
　　SCC 对中国的影响 ·· 323
　　修改问题 ·· 326
　　内部沟通 ·· 340
　　妥协 ·· 345
　　争取外援 ·· 355

- **分枝——再次扩充** ·· 359
　　第二次扩充——第四卷分为三部分 ·· 361
　　再议"李约瑟之问" ·· 370
　　新的转折点——团队合作的开始 ·· 376
　　出版社改革 ·· 389
　　第五卷的推进 ·· 395
　　第三次扩充——第五、六卷的出版 ·· 403

- **开花结果——《火药的史诗》的出版** ···································· 405
　　"火药篇"的源起 ·· 408
　　出版延期 ·· 413
　　何丙郁初稿 ·· 427
　　火药实验 ·· 437
　　修改书稿 ·· 455

《火药的史诗》出版 ······ 462

◆ **大树——一项事业的建立** ······ 467
    出版是一门生意 ······ 470
    剑桥李约瑟研究所的建立 ······ 473
    影响与译本 ······ 480
    版税收入 ······ 486
    义务所长何丙郁 ······ 492
    斯人已逝 ······ 497
    "结论篇" ······ 505
    大器晚成 ······ 516

◆ **无尽的梦想** ······ 523
    未完的事业 ······ 529
    "李约瑟之问"的争论 ······ 534
    从出版史的视角反思"李约瑟之问" ······ 544
    知识就是力量 ······ 552
    大器晚成的启示 ······ 557

◆ **尾声** ······ 562

人物索引 ······ 565

图书索引 ······ 572

后记 ······ 577

缘 起

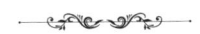

回想起四五年前的一天，在剑桥李约瑟研究所窗明几净的图书馆里，东亚科学史图书馆馆长莫弗特（John Moffett）第一次给我介绍李约瑟档案的情景，历历在目，恍如昨日。

那时我刚刚获得自己的博士学位，慕名来到李约瑟研究所访学，正在迫切地想要寻找下一个选题方向。我的博士论文做的是中国出版技术史，经过了八年的苦读，写作论文时的痛苦和烦恼，已经让我对做学问一途的艰辛有了切身的体会。自己又从事编辑工作二十多年，早已养成了眼高手低的职业病。拿起来别人写的东西，一眼就能瞄到错误之处；轮到自己动手时，一个字也写不出来。我的这番经历，就如美食家转行做了厨师，厨师转行去当农夫，兜兜转转了一大圈，仍然困惑于一个基本的问题：好的美食是如何做出来的？好的文章是如何写成的？好的图书是如何诞生的？所以当我听到莫弗特馆长说在李约瑟研究所保存有一套李约瑟当年写作他的名著《中国科学技术史》的完整档案，包括手稿、信件、卡片和研究资料的时候，这事一下子激起了我的好奇心，直觉告诉我，那里一定有宝藏，隐藏着一些关键的并不为人所知的秘密。

李约瑟一生所取得的成就令人高山仰止。他的七卷本巨著 SCC 是一部百科全书式的鸿篇巨制，由剑桥大学出版社出版，自 1954 年它的第一卷问世以来，迄今已经陆续出版了 25 个分册。因为这部书，李约瑟被公认为是西方第一个全面研究中国科学技术史的学者，也是中国科学技术史这门学科的主要开创者。李约瑟历经数十年研究的成果，引起了学术界和思想界的高度重视，他摒弃以西方为中心的成见，深入发掘中国古代科学思想、发明和发现为世界文明作出贡献的历史，提出了"百川朝宗于海"的世界大同的人类科学发展的理想。李约瑟的 SCC 先后被翻译成了多种语言文字，在世界范围内都产生了广泛而深远的影响，堪称人类历史上一部里程碑式的巨著。通过 SCC 这部书，李约瑟为中西方之间的科学、技术和文化交流架起了一座沟通的桥梁，增进了世界对中国的认识与理解。正可谓："辉煌七卷科学史，天下谁人不识君！"①

　　作为一个普普通通的人，每每见贤思齐，都会唤起我心中一直苦思而无解的问题——为什么我没能取得李约瑟那样的成就？为什么我没有成为一个伟大的人？为什么我们的身边成功者总是凤毛麟角，而幸运者也总是极少数？在一个人有限的一生中，为什么总有人能够取得超乎常人的成就？因为他们是天才吗？还是只不过因为他们运气比我们好而已？想要取得超乎常人的成就，需要什么样的前提条件呢？天才吗？运气吗？简而言之，到底是伟大的人做出了伟大的事，还是伟大的事成就了伟大的人呢？

　　对于你我这样的普通人来说，这些问题，似乎穷尽一生也无解，岂不令人徒增烦恼？在我们中国人的传统观念中，成功来自吃苦和勤奋，几乎是一种与生俱来的信念。小的时候，我们都是听着愚公移山、精卫填海的故事长大的；上学后，又不知背过多少"不积跬步，无以至千里；不积小流，无以成江海。骐骥一跃，不能十步；驽马十驾，功在不舍。锲而舍之，朽木不折；锲而不舍，金石可镂"（《荀子·劝学》）的词句；写作文的时候，总不忘引用爱迪生（Thomas Edison）的名言"天才是百分之一的灵感，加上百分之九十九的汗水"②。可以说在我们这一代人的头脑里，一直坚信一个简单而明确的道理——那些伟大的成就，必然是经过天长日久的艰辛努力一点一滴累积起来的，而只要你付出了足够的汗水，就必定能够取得最后的成功。

　　但人到中年，突然发现自己虽然没少吃苦受累，居然还是一事无成、普普通通的时候，又会想起庄子的话："吾生也有涯，而知也无涯。以有涯随无涯，殆已！已而为知者，殆而已矣！"（《庄子·内篇·养生主》）是的，人生是有限的，但知识是无限的（没有边界的），以有限的人生去追求无限的知识，已经够危险的了！明白这个道理还要去学习更多的知识的人，基本上没救了！庄子并非消极地采取一种"反智"的态度，在接下来的庖丁解牛的故事中，他用寓言的形式讲明了正确方法的重要。"良庖岁更刀，割也；族庖月更刀，折也。今臣之刀十九年矣，所解数千牛矣，而刀刃若新发于硎。"好的厨师一年更换一把刀，因为他们是用刀割肉；普通人家的厨子一个月换一把刀，因为他们用刀来砍骨头；如今我使用的这把刀已经十九年了，所宰杀的牛已有上千头之多，但刀刃依旧锋利得像是刚磨过的一样。可见，如果不掌握一套行之有效的独门绝技，没有遵循客观规律、切中肯綮，只知道一味地苦干蛮干，结果恐怕只会是"事倍功半"，难以达到"事半功倍"的效果，

---

① 卢嘉锡：《中译本序》，载李约瑟《中国科学技术史（第一卷　导论）》，科学出版社、上海古籍出版社，1990，第 ix—xiii 页。

② Genius is one percent inspiration, ninety-nine percent perspiration.

更无法达到庖丁解牛那样游刃有余的境界。

李约瑟能够成就令人景仰的伟大事业，能够写出 SCC 这样的传世巨著，他到底是怎样做到的呢？或者说，李约瑟有着什么样的成功秘诀呢？我们确信，李约瑟一定是有着一套自己独特的方法的。但是在一开始，莫弗特馆长和我并不清楚我们能否为这个问题找到答案。

一部书的诞生，从一个最初的构思开始，必然也要像一颗种子那样，经历一个生根、发芽、抽枝、修剪的过程，历经风雨，最后才能成长为一棵参天大树。可惜图书并不会像种子那样自己生根发芽，实际上它的诞生，更像是古代那些铸造出来的形态各异的青铜礼器，每一尊都有一个独特而复杂的成型过程。在超过半个多世纪的时间里，SCC 也经历了一个漫长的成长过程，其中必然发生过许多有趣的故事。事实上，作为同样的爱书人，探寻一本名著诞生背后的故事，正是莫弗特馆长和我合作这本书的初衷。我们只是模糊地觉得，在 SCC 的档案中，有可能找到一些值得探寻的、能引起大家兴趣的东西。

那么什么才是令人感兴趣的东西呢？对于过去发生的事情，谁（Who）在何时（When）、何地（Where）做了什么事（What），这些问题需要对客观事实加以陈述，相对比较简单，也容易回答；而另外一些问题，比如为什么（Why），以及这是怎么做（How），相对比较复杂，回答也可能见仁见智。但这最后一个"怎么做"的问题，恰是我们自己和我们的读者所真正关心的问题。相比那些显而易见的问题，"知道怎么做"（Know-how）更难以用语言清晰表达，有的时候甚至是"只可意会不可言传"的，有人称之为"默会的知识"或"隐含的知识"，也就是一件事情的操作程序和技巧。在现代商业社会中，这类包含了数据、公式、配方、标准、规格、流程、方法等信息的知识，往往作为"商业秘密"被保护起来，没有人愿意将之公之于众。这就好比你有了食材和食谱，还不能算是真正掌握了一道美食的做法，更难掌握的诀窍其实是火候，而那是每位饭店大厨的看家本领，岂肯轻易教给别人。

有一点我们是坚信的，在李约瑟身上一定有很多宝贵的经验值得学习，只要我们能把其中发生的真实故事完完整整地发掘出来。需要说明的是，这是我们两人共同完成的研究，您现在看到的中文版本由我来执笔，将来的英文版本将由莫弗特来写。莫弗特馆长的汉语极好，能够与他这样的专业人士一起探宝，给了我充足的信心去克服语言上的障碍。我们也希望可以像历史上那些曾经传为佳话的中英合作者们一样，合作完成这项我们共同感兴趣的一个人又难以独立完成的研究项目。如果不以功利为目的，只是为了满足我们自己作为读者的好奇心，想知道一个伟大的人是如何完成一部伟大的作品的，纵使需要耗费大量的时间，也是一件值得去做的、很有意义的事情。鉴于目前尚未有一本书能解答我们上面提到的问题（实际上，这一类以讲述名著如何诞生的书本来就很少见,就像表演魔术的人很多,但揭秘魔术的人很少一样),所以我们觉得应该把它写出来,也许对那些思考同样问题的读者能有帮助。

由于李约瑟留下的资料很多,需要耐心细致地去一点一点发掘,所以这项研究耗费的时间远超过我们的预期。在此我们想请读者们谅解,接下来的故事,我们没有办法用三言两语就说清楚,很可能会需要大家有足够的耐心,来听我们慢慢道来;同样我们也想让读者放心,您的耐心不会白费,您将会和我们一样惊异地发现——那些真实的历史,往往比虚构的小说还要精彩!

一部书的传奇

太史公司马迁在写给朋友的一封信(《报任安书》)中透露了自己遭受宫刑的原委和撰写《史记》的过程,我们用现代文翻译出来,他是这样说的:

自古以来,多少大富大贵的人,数量多得不能完全记下来,只有那些豪迈而不受拘束的、非同寻常的人才能流芳百世。中国历史上不乏这样的人物:传说周文王被殷纣王拘禁的时候推演出了《周易》,孔子是因为不得志才转而写作《春秋》,屈原被放逐,所以有了《离骚》,左丘明眼瞎之后完成了《国语》,孙膑被剜去膝盖后写出了《孙子兵法》,吕不韦被贬,才有了《吕氏春秋》传世,韩非子被囚禁在秦国,写出来《说难》《孤愤》这样的名篇。《诗经》三百篇,大多数都是古代圣贤为抒发愤恨所写。……

我也不自量力,以笨拙的文字,汇集那些已经几近消失的关于过去的知识,考证过去发生的事情,查考成败兴衰的原因和规律。共写成一百三十篇,想要探究自然和人类之间的关系,搞清楚古往今来的演变规律,提出来自己的一家之言。而我在此书还未写完的时候,就遇上了一场大祸,因为担心书不能完成,所以甘愿接受官刑,也毫无怨言。而我一旦写完了此书,或是把它藏在深山里,或是传给合适的人,在交通便利的大都市里传播,那么我之前所受的屈辱就算是值得了,即便是被千刀万剐,难道我会后悔吗?这个道理恐怕只有那些有知识的人才会明白,没法和一般的人说吧。①

司马迁列举了中国历史上一些有名的佳作,感慨那些完成伟大的著作的人,一定是承受了常人无法想象的磨难,方能发愤而为。但对于这些经典著作是如何写就的,太史公只是一语带过,甚至他自己是如何完成《史记》的,用到了哪些文献资料,又使用了什么独特的写作方法,今天的我们也一概不得而知。

自古以来,书籍就是传承人类文明的载体。通常来说,一本名著的流传,多有

---

① 原文:古者富贵而名摩灭,不可胜记,唯俶傥非常之人称焉。盖西伯拘而演《周易》;仲尼厄而作《春秋》;屈原放逐,乃赋《离骚》;左丘失明,厥有《国语》;孙子膑脚,《兵法》修列;不韦迁蜀,世传《吕览》;韩非囚秦,《说难》《孤愤》。《诗》三百篇,大氐贤圣发愤之所为作也。……仆窃不逊,近自托于无能之辞,网罗天下放失旧闻,考之行事,稽其成败兴坏之理,凡百三十篇,亦欲以究天人之际,通古今之变,成一家之言。草创未就,适会此祸,惜其不成,是以就极刑而无愠色。仆诚已著此书,藏之名山,传之其人通邑大都,则仆偿前辱之责,虽万被戮,岂有悔哉!然此可为智者道,难为俗人言也。〔汉〕班固,《汉书》,中华书局,1962,第 2735 页。

版本目录学的研究可以稽考。但在那些传承千古的名著背后，往往隐藏着许多不为人知的故事，却很少有人去讲述。即便是作者本人，也很少会将自己写作和出版的完整过程都记载下来，留给后人。我们不难理解这其中的原因，大概是作品诞生之前写作的艰辛让作者根本无暇去记录和总结自己写作的过程，而旁人又难以获知具体的细节造成的吧。

既然这样的书少之又少，更让我们觉得，如果能把 SCC 的故事呈现给并不了解它的中文读者们，仅此一个理由就足够了。

李约瑟是谁？

您首先会问：李约瑟是谁？

要回答这么一个简单的问题，其实就挺让人犯难的。当我们试图介绍一个人物的时候，我们总想要用一句话来说明他的主要贡献，也试图用一句话来概括他一生的成就，但对于本书的主角——李约瑟，我们很难用一句话的介绍来使读者获得一个全面的认识。

李约瑟，英文名字为Joseph Needham，生于1900年12月9日，卒于1995年3月24日，名誉勋位（Order of the Companions of Honour），英国皇家学会院士（Fellow of the Royal Society，简称FRS），英国国家学术院院士（Fellow of the British Academy，简称FBA）。英国皇家学会（Royal Society）和英国国家学术院（The British Academy）这两大学术团体，一理一文，相当于中国科学院和中国社会科学院。李约瑟是屈指可数的几位英国两院院士之一，他生前一度还是唯一在世的两院院士。此外，李约瑟还得到过很多国家、机构、大学的荣誉与奖励，获得过科学史界的最高奖——萨顿奖。他还是中国科学院的外籍院士，获得过中国国家自然科学奖一等奖。

李约瑟的研究领域跨度很大。他前半生是个生物化学家，剑桥大学威廉·邓恩爵士生化讲座副教授（Sir William Dunn Reader in Biochemistry）；他后半生是个科学史家和汉学家，中国科学技术史学科在国际上筚路蓝缕的开创者。

在剑桥大学，他担任过冈维尔－凯斯学院的院长（Master of Gonville and Caius College）[①]，创办了剑桥东亚科学史图书馆和以他的名字命名的剑桥李约瑟研究所——这里已经成为了世界上中国科技史的研究重镇之一。在中国科技史的研究领域，今天一些我们耳熟能详、已经成为常识的知识，比如中国古代的"四大发明"——造纸术、印刷术、火药（gunpowder）和指南针，就是由他全面而系统地介绍给西方的读者的。

李约瑟著作等身，除最有名的SCC外，他还拥有涉及生物化学、科学史领域的研究专著、学术论文等出版物385种，其中包括他自己写的书、翻译的作品、合作

---

① President in 1959-1966 and Master in 1966-1976.

的作品、编辑的图书和150篇论文。① 毋庸置疑,一个人的一生,能够取得如此丰硕的成果,获得这么多的荣誉,实属难能可贵,所以他当之无愧地被誉为是一位"20世纪的文艺复兴人"②。

图③1-1 李约瑟(1975年,Carole Sivin④ 摄)

---

① 参见布卢(Gregory Blue)的研究《李约瑟的作品》[Joseph Needham-A Publication History (*Chinese Science*, 14, 1997, pp. 90-132)]。
② "文艺复兴人"(Renaissance man)又称"通才"(Universal Man),以莱昂·巴蒂斯塔·阿尔伯蒂(Leon Battista Alberti,1404—1472)和列奥纳多·达·芬奇(Leonardo da Vinci,1452—1519)为代表,体现了文艺复兴时期人文主义的理想——"一个人可以做任何事情,只要他想。"(A man can do all things if he will.)。联合国教科文组织出版的名人传记系列中,莫里斯·戈德史密斯为李约瑟作传的题目就是《20世纪的文艺复兴人》。Maurice Goldsmith, *20th-Century Renaissance Man* (Paris: UNESCO Publishing, 1995)。
③ 本书图片除另有注明外,均由王晓拍摄。本书所有手稿照片均由王晓在李约瑟研究所和剑桥大学出版社允许下拍摄。对于李约瑟研究所惠允在本书中使用的所有照片,除非是某些确实无法得知摄影者的,我们都已尽力去查找了版权拥有者并加以注明。
④ Carole Sivin,卡萝尔·席文,席文夫人,艺术家。席文(Nathan Sivin,1931—   )美国汉学家、科技史家。1966年在哈佛大学获得科学史博士后,先后在麻省理工学院和美国宾夕法尼亚大学任教授。

在从事科学研究之外，李约瑟还是一位"世界大同"理想的国际主义者和积极推动国际科学文化交流的使者。

在1943年到1946年期间，李约瑟曾作为英国皇家学会科学家的代表，受英国政府委派，以外交官的身份来华支援中国人民的抗战，直至最后的胜利。李约瑟热心为中国的科学界争取到了大量的国际援助，积极推动了中英两国之间的学术交流。在第二次世界大战胜利后，李约瑟转赴法国巴黎担任战后建立的联合国教科文组织科学部的创始负责人，继续热心支持和帮助包括中国在内的发展中国家的科学家们，增进世界各国的科学文化交流。

李约瑟为中国人民所做的事中，给人印象最深刻的一个例子是在朝鲜战争期间，他义无反顾地参加了国际和平友好联盟组织的国际调查组，实地调查美国在战争中使用生化武器这一违反人道主义精神事件，并作为国际调查组的生化专家组长，亲自撰写调查报告。因此他被美国列入黑名单而拒发签证多年，连正常的学术会议都无法参加。但也正是因为李约瑟的这种坚守正义、雪中送炭的精神，他被中国人民视为自己最坚定的支持者和国际友人之一。[1]

虽然李约瑟作为一个人们心目中的伟大人物实至名归，但是，一千个观众眼中有一千个哈姆雷特。由于李约瑟在中国的知名度如此之高，很容易让人想当然地以为，他的鼎鼎大名在剑桥也应当是无人不知、无人不晓。可是如果你问一个英国人，看他知不知道谁是"Li Yue Se"（李约瑟）的时候，绝对会让人一头雾水，恐怕不会有人知道这是一个英国人的中文名字。实际上李约瑟的英文本名是Joseph Needham，如果翻译成汉语的话，应该是叫"约瑟夫·尼达姆"。

李约瑟研究所的前任所长何丙郁先生（Professor Ho Peng-Yoke，1926—2014）曾经有感而发地说过，在英国人心目中的Joseph Needham和中国人心目中的李约瑟，虽然两个名字都属于同一个人，但宛如两个不同的人物。他告诫想要为李约瑟作传的后来者，如果仅看英文资料，写出来的传记谈到的是一个叫Joseph Needham的人；如果仅看中文资料，写成的传记只能让你认识一个叫李约瑟的人。"无论是从中国人的观点写李约瑟，或者从英国人的观点写Joseph Needham，仅可以获得片面的结论。要写全面的一部传记，必须从较多观点着手。"[2]

---

[1] 鲁桂珍：《李约瑟的前半生》，载李国豪、张孟闻、曹天钦主编《中国科技史探索》，上海古籍出版社，1986，第39—40页。

[2] 何丙郁：《如何正视李约瑟博士的中国科技史研究》，《西北大学学报（自然科学版）》1996年第2期。

剑桥李约瑟研究所

剑桥市位于东英格兰剑桥郡，是一座历史悠久的大学城。剑桥大学（University of Cambridge）是世界最古老的大学之一。一条小河——剑河（River Cam）自西南向东北蜿蜒流过市中心，河上散落着很多的小桥，剑桥由此而得名。按照音译，剑河曾被翻译为"康河"，所以剑桥也曾被称为"康桥"——这是一个充满了诗意的名字。

我们对"康桥"的美好印象，源自徐志摩的那首有名的短诗——《再别康桥》：

> 轻轻的我走了，正如我轻轻的来；
> 我轻轻的招手，作别西天的云彩。
> 那河畔的金柳，是夕阳中的新娘；
> 波光里的艳影，在我的心头荡漾。
> …………

这首诗让不曾踏足剑桥的人，都能在脑海中预想出来那别致的异国他乡的美丽风景。在剑河上泛舟（punting），至今仍是剑桥的一项传统游览项目；而徐志摩的那首小诗，刻在一块石头上，落户在诗人曾经游学的国王学院庭院里，成为每年旅游旺季来此一游的中国游客必访的景点之一。

剑桥虽是一个城市，她其实更像一个小乡村，一个世外桃源。这里总人口不过十来万，剑桥大学的人又占去一大半。这里不像伦敦那样的大都市，一直都是热闹和喧嚣的；这里的氛围是宁静与祥和的，始终保持着一种秀外慧中的矜持。说她像一个小乡村，并无贬损之意，因为传统的乡村正是英国人灵魂深处心向往之的地方，恍惚之间，仿佛能回到维多利亚时代。与别处的乡村不同，漫步在剑桥的小径上，也许就可以邂逅许多卓有成就的专家学者，只不过你并不知道而已。

剑桥大学作为一所大学，最早可以追溯到1209年的某一天，至今已有超过800年的历史了。据说最早是一些在牛津的学者，因为受到不友善的对待，逃到了剑桥这座小镇，他们在这里创立了一所属于自己的学校。学者们按照自己心目中象牙塔

图 1-2　剑桥风光

的理想，将这里打造成了年轻的学生们心生向往的世外桃源的样子，后来得到了国王的大力支持，逐步发展成为今天的剑桥大学。因为有这样的历史，剑桥大学成为了一个非常独特的地方。

今天的剑桥大学，仍然秉持着历史沿袭下来的独立传统。她实际上是一个众多学院的联合体；在一个共同的大学理事会的管理之下，每个学院又都保持着各自的独立性。剑桥大学目前有 31 所自治的成员学院（College）[①]、6 个学术学院（School）、超过 150 个院系（Faculties and Departments）、研究所、医院、图书馆、出版社、博物馆、植物园等附属机构，拥有超过 1 万名教师和员工，有超过 2 万名来自世界各地的学生在读。除此之外，剑桥市还有许多其他的研究机构，它们在与大学保持着密切联系与合作关系的同时，又不失其各自的独立地位。

如果要问剑桥大学最吸引人的地方是什么，是她那美丽的自然风光呢，还是随处可见的古老建筑？是她那享誉全球的一流大学的声望呢，还是众多曾经影响过历史的知名人物？如果仅用一个词来形容剑桥，你可以说她的特点就是很富有（rich）。

有钱（rich in money）。剑桥大学是目前英国乃至于全欧洲最富有的大学之一，

---

① 由于剑桥大学成员学院的相对独立性，也有人将 College 翻译成"书院"。

其 2019 年的净资产超过 51 亿英镑。但在众多的学院中，有些学院比其他大学都更有钱，这也是不争的事实。

有名（rich in reputation）。剑桥大学在历年各类大学排名中均位居前列，历史上获得过诺贝尔奖的校友和所属研究人员的总人数高达 109 位。

历史悠久（rich in history）。在剑桥大学，人们会很容易迷失在时间的迷宫里，忘却了今夕何夕、此时何时。新旧交织的城市，随处可见颇有点年头的古老建筑；许多曾在课本里出现过的人物，不经意间就会出现在剑桥大大小小的街道路牌上和建筑名称里，比如卡文迪许[①]实验室（Cavendish Laboratory）、卢瑟福[②]大楼、汤姆孙[③]大街、麦克斯韦[④]中心、布拉格[⑤]楼等，不可胜数，所以这里是一个很适合品味历史的地方。

藏书丰富（rich in books）。剑桥大学图书馆是图书在欧洲发展历史的一个缩影。剑桥大学图书馆创建于 1416 年（中国明朝永乐年间），最初仅有一百多本手写的抄本书，珍贵无比，平时都保存在厚重的书箱里，加上好几把锁，由不同的人掌管钥匙，需要大家同时到场才能打开书箱。那时候的西方还没有印刷的图书，文明的发展大大落后于中国。直到谷登堡[⑥]在 1450 年左右（中国明朝景泰年间）发明了现代印刷术后，欧洲的图书出版才迎来了一个快速发展的繁荣时期。现在的剑桥大学图书馆，以大学图书馆为中心，通过联网组成了一个虚拟的图书馆群，共有各类图书馆 140 多个，拥有藏书 800 万册，其中 200 万册开架，是英国法定送存（legal deposit）的图书馆之一，建有超过 100 千米长书架储存图书，每年还有更多的图书正在源源不断地以电子书和数据库的形式被添加进来。

风景优美（rich in beautiful scenery）。剑桥大学的新老学院就像若干小的家庭组成了一个大的家庭一样。那些创立时间较早的成员学院，拥有最古老的建筑，占据着市中心的区域和剑河两岸的最佳位置，着实令人羡慕，因为他们坐拥了这座小城最好的位置，可以看到最好看的风景。另一些新建的学院，则稍稍离开喧闹的市中心，散布在不同的方向，在安静的环境里独自拥有一片属于自己的舒适空间，当

---

① 亨利·卡文迪许（Henry Cavendish，1731—1810），英国物理学家、化学家，氢元素的发现者。
② 欧内斯特·卢瑟福（Ernest Rutherford，1871—1937），因对元素的蜕变以及放射性化学的研究获得 1908 年诺贝尔化学奖。
③ 约瑟夫·汤姆孙（Joseph John Thomson，1856—1940），因气体放电的理论和实验研究获得 1906 年诺贝尔物理学奖。
④ 詹姆斯·克拉克·麦克斯韦（James Clerk Maxwell，1831—1879），他预测了电磁波的存在。
⑤ 威廉·劳伦斯·布拉格（William Lawrence Bragg，1890—1971），因发现 X 射线衍射的布拉格定律与其父威廉·亨利·布拉格（William Henry Bragg，1862—1942）同获 1915 年诺贝尔物理学奖。
⑥ 谷登堡，即约翰内斯·谷登堡（Johannes Gutenberg，1400—1468）。他发明了欧洲的现代活字印刷术，即一套使用铅、锡和锑的合金来铸造金属活字，用金属活字排版，然后使用油墨以及木制印刷机来印刷的实用技术，可以经济而高效地批量印刷。谷登堡发明的印刷技术在欧洲迅速扩散，引发了一次信息传播的媒介革命，在宗教改革、启蒙运动、科学革命和工业革命中都扮演了重要角色，被广泛认为是现代史上最重要的发明之一。

然也少不了漂亮的花园和宽广的草坪。

文化多元（rich in diversity）。剑桥大学的文化鼓励多元的个性和包容，这里有四分之一的大学生和一半以上的研究生来自世界上140多个不同的国家。正如剑桥大学的校训（motto）"启蒙之所，智识之源"（Hinc lucem et pocula sacra，拉丁语，直译是"由此我们获得启蒙和宝贵的知识"）所表明的那样，这里是一个让人打开头脑和放飞心灵的地方，学术氛围开放。剑桥大学接纳了来自世界各地的众多学者，大家在这里交流思想，相互启发，同时又坚守着各自的梦想，保持着学术上的独立和文化上的多样。这里既有古老的大学传统，也有领先的现代科技，是一个传统与现代交相辉映，冲突与融合共存共生的地方。

从剑桥市中心向西跨过剑河，经过大学图书馆和罗宾逊学院（Robinson College），在西尔维斯特路（Sylvester Road）和赫歇尔[①]路（Herschel Road）交叉口的东北角上，有一座颇具特色的中式建筑，这也是剑桥市里唯一的一座中式建筑。

高挑的木制屋顶和屋后的花窗回廊，配上小桥流水，宛如一座江南庭院。这座独特的建筑，就是李约瑟研究所（Needham Research Institute，简称NRI）和剑桥大学东亚科学史图书馆的所在地。

图1-3 剑桥李约瑟研究所（张蒙摄）

[①] 赫歇尔，指赫歇尔父子，他们都是有名的天文学家。父亲：弗里德里克·威廉·赫歇尔（Freclerick William Herschel, 1738—1822），出生于德国的英国天文学家，恒星天文学的创始人，英国皇家天文学会第一任会长。儿子：约翰 弗里德里克·威廉·赫歇尔爵士（Sir John Frederick William Herschel, 1st Baronet, FRS, KH, 1792—1871），英国天文学家，毕业于剑桥大学圣约翰学院。

图1-4　剑桥大学东亚科学史图书馆内景

李约瑟研究所是中国科技史研究的一座圣地，剑桥大学东亚科学史图书馆是世界上三个重要的中国科技史资料中心之一[①]，每年都会吸引许多来自世界各地的专家学者到访。

图书馆拥有丰富的有关中国古代科学技术的馆藏，主要是李约瑟生前为了研究中国科学技术史和撰写他的重要著作《中国科学技术史》一书而不断搜集或由友人和机构捐赠的各种资料，包括一些大型图书、工具书、专著、论文等，还有一些古代的线装书、各种小册子、照片、地图、缩微胶卷和档案资料等。现有图书超过3万种（titles），抽印本（offprints）2万种，基本能够满足从事中国科学史的研究需要。

藏书是按李约瑟拟定的、便于写作SCC的独特方法进行分类和排架的。东亚科学史图书馆在许多方面与国立图书馆和大学图书馆不同：

"第一，东亚科学史图书馆的一个原则是各类文字的图书实行混合编排；也就是说，所有图书都按其内容，而不是像其他大图书馆那样，按文种来分类。譬如说，有关气象学、土木工程学或热带植物学的图书，都各依其类别排列在一起，而不论它们是哪一文种。这样的排架方法，为学者和作者的工作，提供了很大的方便。

[①] 中国科学院自然科学史研究所和日本的京都大学人文科学研究所也藏有大量的中国科学技术史资料。这些研究机构各有特色，彼此间可以取长补短。

图 1-5 李约瑟青铜头像

第二，在其他大图书馆，读者只能借阅图书和做笔记，但东亚科学史图书馆不同，那里一方面有书，另一方面又提供进行研究工作所需的条件。……图书馆只为需要它的学者服务，而不是作为一个普通大学生使用的图书馆。

第三，其他大图书馆通常会对重复的图书做出处理，这和研究型图书馆有效使用图书的要求是大相径庭的。这不仅因为一种字典或一本标准参考书如能备有两三本，会比较方便，而且，由于不同版本可能会采用不同的插图，文字也会有别……为了从历史上加以研究，同一种中文书必须要保存几种版本。"[1]

李约瑟研究所是一家登记注册的公益机构，日常运营由一支非常精简高效的团队管理，现任所长是冶金史专家梅建军[2]教授（Professor Jianjun Mei），图书馆馆长是莫弗特先生，行政主管是苏珊女士（Ms. Susan Bennett）。

研究所自成立以来，一直保持有一个传统：每周五下午都有一个读书会活动。过去，李约瑟与何丙郁先生都会亲自参加，现在则经常可以见到杰夫瑞·劳埃德爵士[3]和荣休所长（Director Emeritus）古克礼教授[4]等在国际汉学界颇具影响力的知名

---

[1] 何丙郁. 我与李约瑟 [M]. 香港：三联书店香港分店，1985：43—58.
[2] 梅建军教授，考古冶金学家，专攻中国早期冶金的起源和作用以及中西方文化交流。北京钢铁学院（现北京科技大学）冶金物理化学和科学技术史专业毕业，获得中国科学技术大学理学硕士学位，1994 年获李氏基金会资助和香港东亚科学史基金奖学金，在剑桥大学考古系获得博士学位，后在麦克唐纳考古研究所、李约瑟研究所和东京国立博物馆进行博士后工作。2004 年回国担任北京科技大学教授。2014 年 1 月起担任李约瑟研究所所长和剑桥大学丘吉尔学院院士。
[3] 杰夫瑞·劳埃德爵士（Sir Geoffrey Lloyd）是剑桥大学古代哲学和科学荣休教授，1989—2000 年担任达尔文学院院长。他从 1991 年起担任李约瑟研究所的受托人，并于 1992—2002 年担任信托会的主席。他自 1970 年以来一直是皇家人类学学会，自 1983 年以来一直是英国国家学术院院士，自 1995 年以来一直是美国文理科学院院士。他于 1987 年获得萨顿奖章，2007 年获得凯尼恩奖章，2013 年获丹戴维奖，2014 年获菲森奖。1997 年他因"为思想史服务"而被封为爵士。
[4] 古克礼教授（Professor Christopher Cullen），汉学家、中国科学史家。他最初接受的是工程训练，获得牛津大学工程科学硕士学位。继而从伦敦大学亚非学院古典汉语专业获得哲学博士学位。他是剑桥大学东亚科学、技术和医学史荣誉教授，达尔文学院的研究员，中国科学院名誉教授。他在中国天文学史、数学史和医学史领域著述广泛。他从 1992 年开始担任李约瑟研究所副所长，2003 至 2013 年间担任所长，同时是剑桥大学出版社出版的李约瑟《中国科学技术史》（SCC）和"李约瑟研究所研究书系"丛书的总编。

人物到场。

研究所的正门边，伫立着一座李约瑟的青铜头像，通常这里是来访者拍照留影最多的地方。

研究所门前宽阔的草坪上，有一棵硕大的菩提树。李约瑟与他的两任妻子——李大斐①和鲁桂珍合葬在这里。三人的骨灰，就安葬在此树下。树下有三块蓝色牌子，分别镌刻着：

Near this spot rest the ashes of JOSEPH NEEDHAM, CH F.R.S F.B.A F.M.C.A.S Sc.D Hon. Litt. D, 1900 − 1995[此处安息着约瑟夫·尼达姆（1900—1995）]

Near this spot rest the ashes of DOROTHY MARY MOYLE NEEDHAM Sc.D. FRS 1896—1987[此处安息着李大斐（1896—1987）]

Near this spot rest the ashes of GWEI-DJEN LU-NEEDHAM Ph.D (Cantab). 1904 − 1991[此处安息着鲁桂珍（1904—1991）]

图 1-6　菩提树下埋葬着李约瑟、李大斐和鲁桂珍

---

① 李大斐，是多萝西·玛丽·莫伊尔（Dorothy Mary Moyle）的中文名字，多萝西·玛丽·莫伊尔，生于 1896 年 9 月 22 日，卒于 1987 年 12 月 22 日。她的中文名"李大斐"，最早见于李约瑟《生物化学与形态发生》（*Biochemistry and Morphogenesis*，剑桥大学出版社，1942）一书的献辞："此书纪念友人李大斐、鲁桂珍女士"。她的官方传记请参阅 *Official Biographical Memoirs*, by J. B. Gurdon, F.R.S., and Barbara Rodbard. Biog. Mems Fell. R. Soc. Lond. 46, 365-376（2000）。

《中国科学技术史》

在剑桥市中心游客必经的繁华地段，各种旅游纪念品商店鳞次栉比。就在大学评议会大楼（Senate House）的正对面，有一座两层楼的老书店，是剑桥大学出版社的自营书店，宽大的橱窗里展示着各种新出的图书和一些旅游纪念品。

书店的二楼，有一排书架专门用来摆放出版社历来所出版的科技史名著。在这里，已经出版的李约瑟的名著《中国科学技术史》共有25本之多，占据了大半个书架，

图1-7 剑桥大学出版社书店中展示的《中国科学技术史》

与同样是多卷本的牛顿[①]和达尔文等的巨著摆放在一起，集中展示，供读者选购。

如果说大多数商品在出售之前都不允许打开，因而还保有一点秘密的话，书店里陈列的图书则是完全没有遮掩也没有秘密可言的，它展示出来的就是它的全部。

和我们所熟悉的日用品一样，一本图书通常会包括以下一些固定的组成部分：

1. 护封（jacket）
2. 封面（cover）
3. 书名页（title page）
4. 版权页（copyright page）
5. 目录（table of contents）
6. 序言/前言（preface）
7. 内文/正文（content）
8. 图片（plates）
9. 参考文献（bibliography）
10. 索引（index）
11. 后记（postscript）

图书的装帧形式（binding）通常分为精装（hardcover，hardback，硬封面）和简装（softcover，paperback，软封面）两种。精装书（hardback）是一种传统的装订方式，具有一个硬纸板制成的硬底书皮，外面覆以织物、皮革或印制好的封面，成本较高，价格比较昂贵。精装书的书脊通常是缝制的，具有弹性，书本翻开时，两边的书页都能够平整呈现。简装也叫平装，平装书（paperback）使用纸质封面，书脊是平的。平装书比较朴素，成本低，价格相对低。李约瑟的《中国科学技术史》是精装图书，拿在手里，可以感触到硬硬的书皮、厚重的分量和精致的做工，就像是捧着一件工艺品。

精装书通常都另配有一个精美的护封。顾名思义，就是为了保护新书以免弄脏。新书被护封包裹着，就像是穿了一件外套，所以护封也叫书衣（dust jacket）。最初的设计，不打开护封是看不到图书内容的，这显然有违读者的意愿和书店招徕顾客的初衷，所以后来的书衣就改变成了用折过来的勒口（flaps）包住硬封面，就像西

[①] 牛顿，即艾萨克·牛顿爵士（Sir Isaac Newton PRS MP，1643年1月4日—1727年3月31日，儒略历的1642年12月25日—1727年3月20日），英国科学家。他在名著《自然哲学的数学原理》（*Philosophiae Naturalis Principia Mathematica*）中建立了三大运动定律和万有引力定律，成为现代物理学的集大成者。他通过三棱镜实验发现了太阳光的彩色光谱，发明了反射式望远镜。在数学上，他证明了广义二项式定理，发明了微积分。

装胸前的大领子一样敞开着,并不需要系住扣子也一样看起来很笔挺,还多了一份洒脱的感觉。由于出版业的竞争格外激烈,出版商哪敢浪费一点纸张,所以他们接着就在护封的空白之处印上了自己的图书简介(blurb)——这是一种"王婆卖瓜,自卖自夸"的推销广告。

作为套书,《中国科学技术史》的护封保持了一致的设计。彩色印刷,为了在

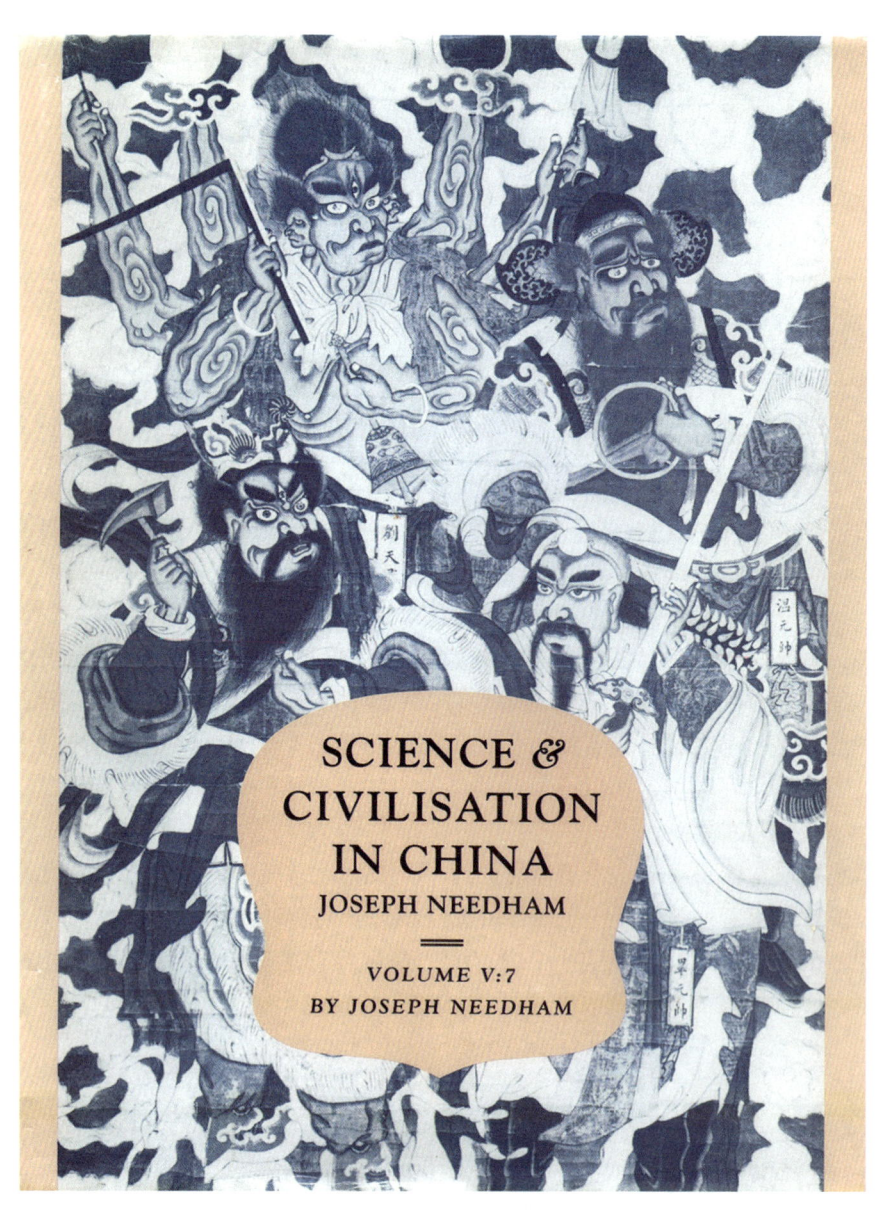

图 1-8 李约瑟《中国科学技术史》护封

装帧设计上营造出一种神秘感和高级感,特意将背景图片处理成了靛青色(indigo dye),与牛皮纸般的淡黄色底色构成了鲜明的反差,却又不失和谐,透着一股淡然而又高雅的气质,显露出封面设计者刻意营造的独具一格的品位和一种神秘的气氛。画中是四个道教神话故事里的人物形象,让人一眼就能看出这是一部关于中国的书。

粗体大写的书名——中国的科学与文明(SCIENCE & CIVILISATION IN CHINA)、作者——约瑟夫·尼达姆(JOSEPH NEEDHAM)、卷册的编号出现在护封的正面和书脊上,护封背面印的是这套书所配的精选评论。

去掉护封之后,可以看到精美的图书封面。封面和封底的图画依然是那幅道教绘画,只是印制成黑白色,显得更加庄重,又压印上了十字布纹,增强了触摸时的手感。书脊是纯黑色的布纹纸,自上而下烫金印着李约瑟的大名、书名、卷册编号,下部是剑桥大学的徽标和CAMBRIDGE,格外醒目。

就像戏剧开演之前的序幕、音乐开始之前的序曲一样,一本书的内容正式开始之前,也会在前面放置一些辅助的内容,包括封面配图的说明、主题格言(motto)、题词、书名页、版权页、献辞、致谢、目录、图表目录、缩略语表、前言或序言等等。

李约瑟精选了一些"主题格言"放在各卷册之前。第一卷的格言是这样的:

> 应当感谢那些数学知识如此优异的人(明清来华的耶稣会士),感谢他们为我们发现了这个世界上前所未知的部分。由此,我们不仅希望能把这方面的知识充实起来,使之臻于完善,而且希望能继续发现其余的一切。我谨借此机会奉上研究有关中国文献的一些心得,这只不过是我在仔细阅读了他们一些著作的基础上所作的推测。我所要讲的,说不上是什么完满的发现,但我希望能启示和激励那些更有才华并且具备其他有利条件的人去完成这一伟大的功业。目前我们还只是刚刚走到这个知识领域的边缘,然而一旦对它有了充分的认识,就将会在我们面前展现出一个迄今为止只是被人们神话般地加以描述的知识王国,并将使我们能够去和这个王国中古往今来最优秀和最伟大的人物进行交谈;同时这将会使我们发现一个新的"印度宝藏",并通过新的"贸易"而把这些珍宝带到我们这里来。……
> ——英国皇家学会会员(或院士)罗伯特·胡克(Robert Hooke),"关于中国文字和语言的研究和推测",《皇家学会哲学汇刊》(1686年),第16卷,第35页

书名页是书中印着书名、作者和出版社名称的那一页。有意思的是,SCC有中、英文两个书名页。正式书名页之前,左边相对的那个页面,是用毛笔字题写的竖排中文书名(见图1-9):

李约瑟著
中国科学技术史
冀朝鼎（印）

右边是正式的英文书名页，见图 1-10，下面为作者翻译的内容：

中国的科学与文明
作者：
约瑟夫·尼达姆（皇家学会院士）
剑桥大学威廉·邓恩爵士生物化学讲座副教授，冈维尔－凯斯学院院士，
中国科学院外籍院士
暨研究助手
王铃[①]
中央研究院及剑桥大学三一学院

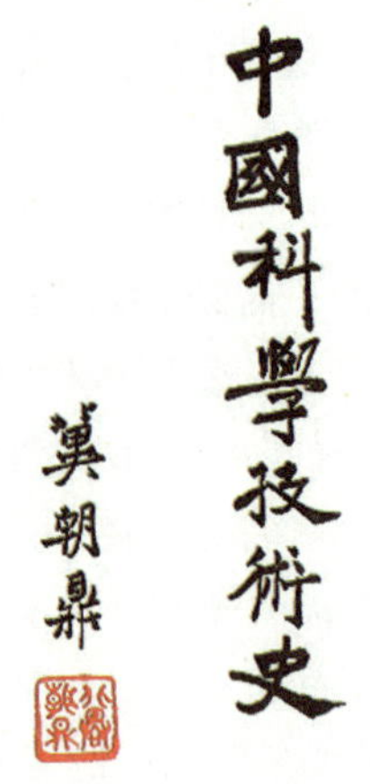

图 1-9　SCC 中文书名页

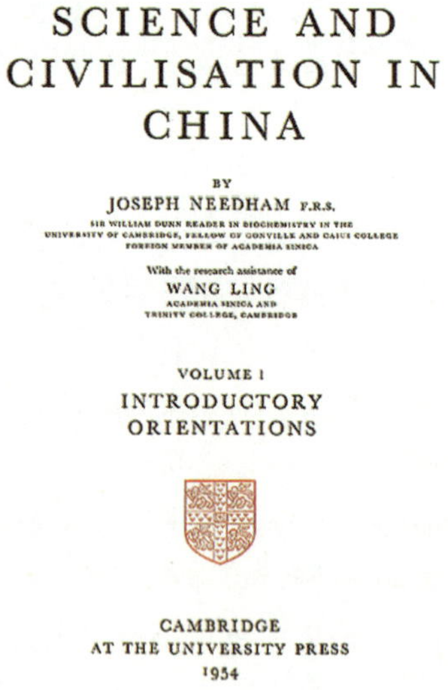
SCIENCE AND
CIVILISATION IN
CHINA

BY
JOSEPH NEEDHAM F.R.S.
SIR WILLIAM DUNN READER IN BIOCHEMISTRY IN THE
UNIVERSITY OF CAMBRIDGE, FELLOW OF GONVILLE AND CAIUS COLLEGE
FOREIGN MEMBER OF ACADEMIA SINICA

With the research assistance of
WANG LING
ACADEMIA SINICA AND
TRINITY COLLEGE, CAMBRIDGE

VOLUME I
INTRODUCTORY
ORIENTATIONS

CAMBRIDGE
AT THE UNIVERSITY PRESS
1954

图 1-10　SCC 第一卷英文书名页（1954）

---

① 王铃（1917—1994），字静宁，江苏南通人，国立中央大学（南京）毕业。他后来成为李约瑟撰写 SCC 的主要研究助手和最重要的合作者之一。1956 年，他在剑桥大学三一学院获得博士学位后，赴澳大利亚国立大学任教，后任该校高等研究院远东历史系的教授。

书名页的后面是版权页。图书版权页通常会标明图书的作者和版权所有者，以及书名、版次、出版日期等著录信息，此外还有 ISBN 国际标准书号等商业信息。SCC 第一卷在 1954 年出版，当时的版权页上仅简单标明该书由"剑桥大学出版社理事会出版"，剑桥大学出版社伦敦发行部的地址是本特利大厦，美国分部的地址是纽约，加拿大、印度和巴基斯坦的销售代理是麦克米伦公司（Macmillan），印刷由剑桥大学出版社印刷厂印制，印刷商是布鲁克·克拉奇利[1]。

紧跟着版权页的，是一个专门的献辞页。李约瑟把他的 SCC 第一卷献辞给了一位名叫"鲁仕国"的中国人，并且说自己"要将这第一卷充满敬意地、满怀热爱地献给一位中国南京的药商"[2]。

献辞之后是鸣谢："剑桥大学出版社理事会希望在此感谢伯林根基金会为本书的出版提供资金支持。"[3]

接着是图书的内容目录、图表目录和缩略语表。

目录这种标记内容的方式几乎是与最早的图书一同诞生的。一本书由于包含的内容比较多，所以就需要一个目录来把各部分的标题收拢在一起，好让全书的内容一目了然，就像是网站的主页一样，可以帮助读者快速地跳转到感兴趣的章节。

对于目录这一概念，中西方在理解上也多有不同。按照《现代汉语词典》，"目录"有两种意思：一种是特指书刊上列出的篇章名目（多放在正文前），这个又叫"目次"，也就是我们这里所说的目录；另一种是泛指的"按一定次序开列出来以供查考的事物名目"。另有"目录学"中的目录概念，对应的英语是 bibliography；若是图书库存的"图书目录"，对应的英语是 inventory；若是电脑中的电子文件的"目录"（或"文件夹"），对应的英语就成了 directory。由此可见，中英文术语之间并非简单的一一对应的关系，我们在后续还会涉及这一问题。

通常在图书的正文之后，也会附有一些辅文。例如后记（也叫跋）、参考文献（也叫引用书目）和索引。参考文献和索引是两个方便读者查阅和检索的工具。

索引（index 这个词作为拉丁语的意思是"食指"或"伸出食指来指示"），又称"引得"（英语 index 的音译），它是一种指示一些关键词语在书中页码位置的定位方法。索引将书籍或期刊中内容的关键词，如人名、地名、书名、篇名等信息提取出来，按字母顺序排列，标明所在页码等位置信息，可以方便读者快速检索查阅。通过索

---

[1] 布鲁克·克拉奇利（Brooke Crutchley），1945—1947 年是剑桥大学印刷商。
[2] Lu Shih-Kuo, Merchant-Apothecary in the City of Nanking, this first volume is respectfully and affectionately dedicated.
[3] The Syndics of the Cambridge University Press desire to acknowledge with gratitude certain financial aid towards the production of this book, afforded by the Bollingen Foundation.

引中的关键词，我们便可以大致窥探出一本书所包含的内容。

在西方图书演化的历史中，有一段时期，目录不见得是图书必须有的，但是索引却是不可或缺的。因为要查找特定的内容，索引可比目录方便得多，也有用得多了。

有意思的是，中国古代的图书并无引用必须标明参考文献出处的习惯，也没有在图书后面附带索引的传统。与西方图书随书附带索引的习惯不同，中国古代专门有一种叫做"类书"的工具书，通过汇集大量经典读物中的内容，加以分门别类，方便读者按照分类主题查找特定内容。虽然类书可以通过分类关键词快速寻找特定的内容，但它还不是真正的索引，因为类书并未列明原文的准确出处，所以如果想要按图索骥的话，中国古代的学者仍然需要熟读经典。

打开 SCC 的一本分册，你就会注意到 SCC 的版式设计也特别贴心。SCC 使用的是剑桥大学出版社专用的巴斯克维尔（Baskerville）经典字体，具有复古的风格。据说这套字体出自约翰·巴斯克维尔（John Baskerville，1707—1775）本人的设计，它在 1953 年被捐赠给剑桥大学出版社后，就成为了剑桥大学出版社一套常用的经典字体，即使在机械排字机和后来的电脑排字时代也依然沿用，至今仍是剑桥大学出版社的特色字体之一。SCC 正文部分以章、节标题逐级细分。配有中英文两种脚注。全套书所有的图片都是统一编号的。

虽然是一套书，SCC 也可以分卷册单独购买。每一卷（册）的后面都附有该卷（册）所用的参考文献，也有单独的索引。这样读者单独购买自己感兴趣的卷册，也不影响使用。西方的图书，并不像中国的图书那样印有价格，图书都是由书店自行定价的。SCC 的售价着实不低，在剑桥大学出版社自己的书店里，一本 SCC 的标价都是一二百英镑，折合成人民币，每本书的定价高达一两千元。这么高的价格，一定会让中国的读者感到咋舌！令人欣慰的是，即便是这么高的售价，也挡不住西方读者旺盛的需求，SCC 的有些卷册，已经多次脱销，还在不断地加印之中。

我们之所以要在这里不厌其烦地介绍这些细节，主要是因为中国的读者可能早就听说过李约瑟《中国科学技术史》的书名，却不一定真的看过这部书，更不容易有机会接触到英文原版。在中国，对李约瑟比较了解的人，主要集中在研究中国科技史的一个很小的学术圈内，而即便是在这个小圈子里，真正读过 SCC 的人，恐怕也不是很多。以英文出版的 SCC 已有 25 册之多，而中文版的翻译相对滞后，很多内容还未被翻译出来，这些客观条件限制了中国的读者通过阅读 SCC 来了解李约瑟。所以我们想，如果这本普及的读物能让更多的人了解到 SCC 和李约瑟，也算是做了一件很有意义的事情。

另一个原因是我们担心纸质的图书某一天会从我们的生活中消失，成为了博物馆里的收藏品，需要配上解说词，才能让将来的孩子们理解他们的祖先——今天的我们，是如何使用图书的。我们之所以有这样的担心，是因为现在的图书馆，由于已经没有办法容纳更多的实体书了，都已经开始转向了电子图书。将来的人们，也许只能在屏幕上看到电脑模拟的图书的样子。而且随着人们越来越多地转向屏幕，可能会有新的显示方式出现，而这种方式可能彻底改变人们阅读纸质书的习惯。发生改变的还有字体。我们进入屏幕阅读时代后，占主流的字体也会变成那种更适合于屏幕显示的等线字体。我们担心您现在所看到的图书的样子，将来很快就要成为历史了。

按照惯例，在一本书的正文开始之前，通常会有一个序言，简短地介绍图书的写作过程和基本内容。

在《中国科学技术史》第一卷中代替这个作者序言的是第 1 章"作者的话"（Author's Note）。李约瑟开宗明义，提出来自己的研究问题：在不同的历史时期，即在古代和中古代，中国人对于科学、科学思想和技术的发展，究竟做出了什么贡献？虽然从耶稣会士 17 世纪初来到北京以后，中国的科学就已经逐步融合在近代科学的整体之中，但是，人们仍然可以问：中国人在这以后的各个时期有些什么贡献？广义地说，中国的科学为什么持续停留在经验阶段，并且只有原始型的或中古型的理论？如果事情确实是这样，那么在科学技术发明的许多重要方面，中国人又怎样成功地走在那些创造出著名"希腊奇迹"的传奇式人物的前面，和拥有古代西方世界全部文化财富的阿拉伯人并驾齐驱，并在 3 到 13 世纪之间保持一个西方所望尘莫及的科学知识水平？中国在理论和几何学方法体系方面所存在的弱点，为什么并没有妨碍各种科学发现和技术发明的涌现？中国的这些发明和发现往往远远超过同时代的欧洲，特别是在 15 世纪之前更是如此（关于这一点可以毫不费力地加以证明）。欧洲在 16 世纪以后就诞生了近代科学，这种科学已被证明是形成近代世界秩序的基本因素之一，而中国文明却未能在亚洲产生与此相似的近代科学，其阻碍因素是什么？另一方面，又是什么因素使得科学在中国早期社会中比在希腊或欧洲中古社会中更容易得到应用？最后，为什么中国在科学理论方面虽然比较落后，但却能产生出有机的自然观？这种自然观虽然在不同的学派那里有不同形式的解释，但它和近代科学经过机械唯物论统治三个世纪之后被迫采纳的自然观非常相似。这些问题是本书想要探讨的问题……[①]

李约瑟提出的这些问题，就是后来引起广泛关注的"李约瑟问题"[②]（Needham Question），也是中国人热衷探讨和研究的重要理论问题之一。

[①] 李约瑟：《中国科学技术史（第一卷 导论）》，科学出版社、上海古籍出版社，1990，第 1—2 页。
[②] "李约瑟问题"又被称为"李约瑟之问"或"李约瑟难题"（the Needham Problem）、"李约瑟之谜"（Needham Puzzle）、"李约瑟命题"（Needham Thesis）等。

"李约瑟问题"的简单表述就是：为什么在15世纪之前，中国的文明在应用自然知识来满足人类实际需求方面，比西方文明更有效率？为什么在17世纪伽利略[①]的时代以来，现代科学和工业革命只发生在欧洲，而没有诞生在中国？[②]

李约瑟说，他将会在SCC最后一卷"结论篇"中给出自己对这个问题的最终答案。实际上，直到去世之前，李约瑟一直都在倾尽全力忙于研究和写作，也终未能完成自己当初的宏愿——在他有生之年出版"结论篇"。但李约瑟所开创的中国科学技术史研究的伟大事业，却已经在全世界得到了发扬光大。

为了回答"李约瑟问题"，SCC的规模不断扩大，俨然变成了一部关于中国古代科学技术史的百科全书。为方便读者大致了解它的基本情况，我们把SCC各卷册的历年出版情况列表如下：

表1-1：SCC出版情况

卷册	内容	出版时间（年）	出版次序
第一卷	导论	1954	1
第二卷	科学思想史	1956	2
第三卷	数学、天学和地学	1959	3
第四卷	物理学及相关技术		
第四卷第1分册	物理学	1962	4
第四卷第2分册	机械工程	1965	5
第四卷第3分册	土木工程与航海技术（包括水利工程）	1971	6
第五卷	化学及相关技术		
第五卷第1分册	纸和印刷	1985	12

---

① 伽利略，即伽利略·伽利莱（Galileo Galilei，1564—1642），意大利物理学家，被誉为"现代科学之父"。他通过科学实验和数学定量分析，证实了自由落体的匀加速运动。他首先使用望远镜观测天体。他在名著《关于托勒密和哥白尼两大世界体系的对话》（*Dialogo sopra i due massimi systemi del mondo, tolemaico e copernicano*）中支持日心说。传说他为了证伪亚里士多德的运动理论，曾从比萨斜塔上扔下两个不同质量的球，结果两球同时落地。

② "李约瑟问题"的这个表述出自李约瑟《东西方的科学与社会》，原载《伯纳纪念文集》（*J. D. Bernal Presentation Volume*, London, 1964）；《科学与社会》*Science and Society*, 1964, 28:385）；《人马杂志》（*Centaurus*, 1964, 10:174）。又曾被收入在1969年的《大滴定》中，最后也因为其重要性而被罗乃诗（Kenneth Girdwood Robinson）编入了2004年出版的SCC第7卷第2分册"结论篇"之中。此段译文引自范庭育译《大滴定》第187页。

（续表）

卷册	内容	出版时间（年）	出版次序
第五卷第2分册	炼丹术的发现和发明：金丹与长生	1974	7
第五卷第3分册	炼丹术的发现和发明：从灵丹妙药到人工合成胰岛素的历史考察	1976	8
第五卷第4分册	炼丹术的发现和发明：器具和理论	1980	9
第五卷第5分册	炼丹术的发现和发明：内丹	1983	10
第五卷第6分册	军事技术：抛射武器和攻守城技术	1994	16
第五卷第7分册	火药的史诗	1986	15
第五卷第8分册	纺织技术：织布与织机	尚未出版	
第五卷第9分册	纺织技术：纺纱与缫丝	1986	13
第五卷第10分册	有色金属冶金	尚未出版	
第五卷第11分册	黑色金属冶炼术	2008	24
第五卷第12分册	陶瓷技术	2004	22
第五卷第13分册	采矿	1999	19
第五卷第14分册	盐业技术	尚未出版	
第六卷	生物学及相关技术		
第六卷第1分册	植物学	1986	14
第六卷第2分册	农业	1985	11
第六卷第3分册	农产品加工和林业	1996	17
第六卷第4分册	传统植物学：人种志的研究方法	2015	25
第六卷第5分册	发酵与食品科学	2000	20
第六卷第6分册	医学	2000	21
第七卷	社会背景		
第七卷第1分册	语言和逻辑	1998	18
第七卷第2分册	结论与反思	2004	23

关于一本书的故事

任何一本书,也包括您眼前的这本书,都不是天然的产物,而是一个被从无到有创造出来的东西。在一本书被印刷出来之前,它的某些部分,仅虚幻地存在于作者的头脑中,需要经过作者一个字一个字地写出来,然后经过编辑、排版(typesetting)、校对(proof-reading)等很多人协作进行修改,再经过印刷、装订,通过仓储、发行等一系列环节,最后才来到了您的面前。

一本书是如何诞生的?中间经历了怎样的故事?这是我们想要着重介绍的。这样的一个故事,写给谁看呢?我们不想把自己的读者仅仅局限在少数研究中国科技史的专业人员,而是希望能够让更多的读者分享我们的发现与体会,能够像我们一样,从李约瑟的故事中得到启发。

学习前人的经验和教训,是年轻人走向成功的捷径。西方有句成语叫做"重新发明轮子"(reinventing the wheel),意思是说一个人如果总是从头开始去创造自己的方法,结果很可能比已有的方法还差,比如他造出来的可能会是一个方形的轮子。鲁布·戈德堡(Rube Goldberg)用漫画讽刺了某些愚蠢的设计:一些千奇百怪的机器,共同的特点是用极为繁复而迂回的方法去完成一件实际上可以很简单、很容易做到的事情。为什么不"站在巨人的肩膀上",充分利用前人已有的成果呢?我们干吗不学习和借鉴李约瑟已经取得成功的方法,而是非要用自己短暂的一生去尝试发明出来一种新的轮子呢?

我们真心希望,所有热心科学技术发展和中外文化交流的读者,所有想要通过自己的努力改变世界、取得成功的人们,都能够从李约瑟这里学习到宝贵的成功经验。

关于李约瑟的传奇经历,中外已有多本传记出版。

文思淼(Simon Winchester)为李约瑟写过一本传记,中文版的书名是《李约瑟——揭开中国神秘面纱的人》[1];这本书美国版的书名直译是《爱中国的人:破解中国奥秘的怪异科学家的奇妙故事》[2],英国版的书名是《炸弹、图书和指南针:李

---

[1] 文思淼:《李约瑟——揭开中国神秘面纱的人》,姜诚、蔡庆慧等译,上海科学技术文献出版社,2011。
[2] Simon Winchester, *The Man Who Loved China: The Fantastic Story of the Eccentric Scientist Who Unlocked the Mysteries of the Middle Kingdom* (New York: Harpercollins, 2008).

约瑟和中国的几大秘密》[①]。书名虽然不同，讲的却是同一个故事。

如果您不满足于西蒙·温切斯特所选取的西方人的猎奇视角，想要更全面地了解李约瑟，一定不能错过王钱国忠先生的著作。我自己一开始就是通过读王钱国忠先生的书，了解李约瑟的生平的。

从20世纪80年代开始，王钱国忠先生凭借一己之力，在几十年的时间里搜集整理了大量的、堪称国内最为全面的有关李约瑟的资料，编辑出版了一系列有关李约瑟的著作，包括《李约瑟与中国》[②]《鲁桂珍与李约瑟》[③]《李约瑟画传》[④]《李约瑟文献50年（1942—1992）》[⑤]《东西方科学文化之桥——李约瑟研究》[⑥]《李约瑟与中国古代文明图典》[⑦]《李约瑟传》[⑧]《李约瑟大典：传记、学术年谱长编与事典》[⑨]等。

人物传记的传统，来自纪传体的史书。此一传统，在东方有司马迁所作的《史记》，在西方有普鲁塔克撰写的《希腊罗马名人传》[⑩]。在宏大的历史叙事中，一个个人物只不过是被裹挟在时代的洪流中，伴随着那些重大事件轮流出场的角色而已。但不知从何时起，我们现代的传记文学又跑到了另一个极端——陷入到一种神话传记主人公的倾向之中。当然，这一现象我们不妨这样来理解——如果主人公只是个普普通通的人，那还有什么价值为其立传呢？

但是，如果传记作品都按照固定的模板，描绘出一个生来就与众不同的孩子——一个天才，然后试图把一个人小时候的所作所为，与其日后所取得的伟大成就之间建立起必然的因果联系，如果真有这样的因果关系存在的话，那命运早就已经决定了，像我们这样的普通人，是注定永远都无法与天才人物比肩的，那么听再多的天才故事，对你我又有何用呢？

其实不仅在文学作品中，在科学史中我们也经常可以听到这种模板复制出来的传记故事。不夸张地说，我自己小时候就是听着那些伟大人物的传奇故事长大的。比如：瓦特（James Watt，1736—1819）小时候看到茶壶中的水烧开之后，水蒸气顶开了茶壶盖，所以他长大后就发明了蒸汽机；爱迪生小时候知道用多个镜子来反射

[①] Simon Winchester, *Bomb, Book and Compass: Joseph Needham and the Great Secrets of China* (Viking, 2008).
[②] 由上海科学普及出版社于1992年出版。
[③] 由贵州人民出版社于1999年出版。
[④] 由贵州人民出版社于1999年出版。
[⑤] 由贵州人民出版社于1999年出版。
[⑥] 由科学出版社于2003年出版。
[⑦] 由王钱国忠、钟守华主编，科学出版社于2005年出版。
[⑧] 由上海科学普及出版社于2007年出版。
[⑨] 由王钱国忠、钟守华编著，中国科学技术出版社于2012年出版。
[⑩] 普鲁塔克（Plutarch，约46—约120）的《希腊罗马名人传》（拉丁语：*Vitae parallelae*；英语：*Parallel Lives*）是一本西方纪传体史书的代表作，记载了古希腊和古罗马的著名军事、政治人物的生平。

光线，帮助医生给母亲动手术，所以他长大后就发明了灯泡；牛顿被一个苹果砸中了脑袋，所以他就发现了万有引力；等等。从科技史的角度来看，这些传说的故事都不可尽信，如果以讹传讹，难免误人子弟。实际上，瓦特并非发明蒸汽机的人，他的主要贡献是改进了蒸汽机，并成功地将之作为动力应用于工业生产；爱迪生说过"天才是百分之一的灵感，加上百分之九十九的汗水"，他是在不断试错、不断改进的过程中，才最终发明了实用的灯泡；牛顿被苹果砸中也只能算是一个传说，实际上他的万有引力定律是经由严格的演绎推理得来的，绝非偶然。

我们的故事该怎么讲，需要一个可资借鉴的样板。

现代意义上的英文传记的代表作，是詹姆斯·鲍斯威尔（James Boswell, 1740—1795）在1791年出版的《约翰逊传》（*The Life of Samuel Johnson*）。

塞缪尔·约翰逊[①]是《英语词典》（*Johnson's Dictionary*, 1755年出版）的编纂者，他的这部词典是《牛津英语词典》（*The Oxford*，1928年出齐，简称OED）问世之前最杰出的一部英语词典，被认为"毫无疑问，可以位居那些最伟大的单独成就之列，它可能也是一个人，在那么长的时间里，在种种不利的情况下，靠一己之力所能够完成的最伟大的成就了"[②]。

詹姆斯·鲍斯威尔在23岁那年（1763年）结识了当时已非常有名的约翰逊，在此后的20年时间里，鲍斯威尔把他们之间交往的点点滴滴都事无巨细地记录在自己的日记本中。1784年约翰逊去世后，他又想尽办法搜集到了约翰逊的日记等遗物资料，然后经过7年时间的潜心写作，最终在1791年出版了《约翰逊传》。4年之后，鲍斯威尔便也离世了，但他的这部著作成为了名著，至今已经出版了上百个不同的版本。这部传记的独特之处在于，鲍斯威尔通过自己的亲身经历、人物的访谈和档案研究，为读者尽可能完整地还原了一个真实的约翰逊，他也因此被誉为是重新发明（re-invent）了英文传记这一文体。在鲍斯威尔的《约翰逊传》中，一个人和他的著作成为了主角，历史时代的背景只是舞台的布景而已，他用丰富的细节、生动的描写和诚实的叙述，描绘出了一个真实的、哪怕并不完美的人，让读者感同身受。

我们打算就借鉴《约翰逊传》的方式，把第一手的材料如实呈现给读者，力求完整而真实地还原出SCC的故事。我们不打算用诉诸情感的方式来讲述历史故事。因为平淡的语言就好比历史纪录片中黑白的颜色，要比经过上色处理的片子更有真实感，也更弥足珍贵，期待我们的读者能得到不一样的收获。

---

① 塞缪尔·约翰逊（Samuel Johnson, 1709—1784），常被人称为约翰逊博士（Dr. Johnson），他集诗人、剧作家、文学评论家、散文作家、编辑等各种角色于一身，但前半生贫病交加，名声不显，直到他花了9年时间以一己之力编纂的《英语词典》出版之后，才为他的后半生赢得了巨大声誉。

② 这个评语出自 Walter Jackson Bate（1918—1999），他因传记 *Samuel Johnson*（Harcourt, 1977）获得了1978年度的普利策传记作品奖（Pulitzer Prize for Biography or Autobiography）。

实话实说，这项工作并没有像我们一开始所设想的那样进展顺利，虽然已经有了很多前人打下的基础和精心整理过的档案资料。其主要原因不是资料太少，而是资料太多了。正如何丙郁先生所说"最难得的是他保存己物的特殊个性，从来不抛弃任何东西，连香港人所说的'牛肉干'（开小汽车犯规时得来的交通警察局传票）也保藏在他的档案里，好像李老早已有准备有一天有人写他的传记。可是，谈何容

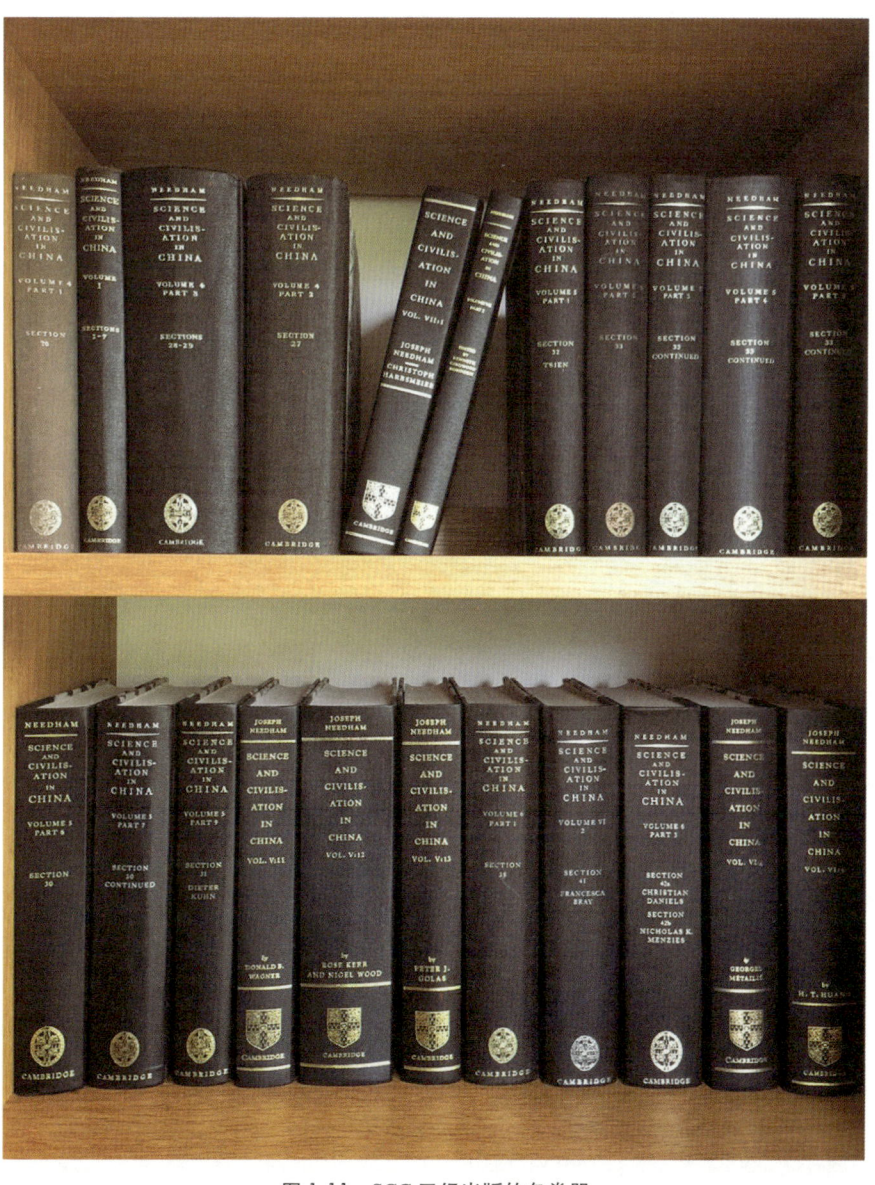

图 1-11　SCC 已经出版的各卷册

易。……李老留下这么丰富的资料，恐怕会使得研究他的人费尽一辈子的时光"[1]。

花费时间的多少在我看来并不重要，真正困难的是，我们打开了一个复杂的拼图，但在一开始的时候又不知道这个拼图最终的样子，甚至连最终的拼图是否完整都不得而知，因为最关键的当事人，包括这个故事的主角李约瑟本人，都已经过世多年了。

为了尽可能给读者还原一个真实的历史故事，我们必须把自己代入到李约瑟的那个时代中去，设身处地去思考如果是我们身处那个时代的话，我们会怎么做。这就像是用福尔摩斯破案的方法，在细节中寻找线索。傅斯年先生有言，"历史学不是著史……我们只是要把材料整理好，则事实自然显明了"，所以他说自己要"上穷碧落下黄泉，动手动脚找东西"[2]。我们打算在李约瑟的大量著作和档案中寻找线索，按照时间上的先后次序，把一些只言片语的信息拼凑起来，慢慢填充到一个时间跨度长达半个多世纪的宏大拼图之中。

---

[1] 何丙郁：《如何正视李约瑟博士的中国科技史研究》，《西北大学学报（自然科学版）》1996年第2期。
[2] 傅斯年：《历史语言研究所工作之旨趣》，《国立中央研究院历史语言研究所集刊》（第一本），1928年。

SCC 档案

在故事正式开始之前，请允许我们介绍一下本书所用到的主要材料。

李约瑟的部分档案保存在剑桥大学图书馆里，感兴趣的读者可以通过《英国现代科学家档案》检索查询，但其中涉及个人隐私的部分，遵照李约瑟的遗嘱，在他去世50年内不会公开。另外一些涉及生化武器的李约瑟的通信和文章，保存在伦敦帝国战争博物馆里。

我们的研究，主要依靠的是李约瑟研究所里保存的大量档案。这些是李约瑟和他的合作者们在研究写作SCC的过程中收集的文献资料和创作的稿件、联络的信件、笔记、卡片等，其范围涵盖所有SCC涉及的领域。

这批档案分为两部分，归属李约瑟的有关中国科学、技术和医学档案，共有418个档案匣；归属李约瑟的合作者罗乃诗（Kenneth Girdwood Robinson，1917—2006）的有31个档案匣。

这些档案匣分门别类，井井有条。在这418个属于李约瑟的纸盒或纸箱中，归属SCC项目的有370个，涵盖了《中国科学技术史》这一宏伟计划的每一个主题，其中许多盒子里分装着更细分的档案袋子。

这些SCC项目的档案分为7个部分：

SCC1　　出版物和出版商，43盒，时间跨度1950—2004年
SCC2　　研究资料，286盒，时间跨度1780—2002年
SCC3　　序言材料，4盒，时间跨度1957—1986年
SCC4　　图书出版前后的通信，4盒，时间跨度1904年3月2日—1996年9月17日
SCC5　　宣传材料和书评，9盒，时间跨度1951—2002年
SCC6　　补遗（addenda）和准备第二版的资料，22盒，时间跨度1720年—1993年8月10日
SCC7　　外文版（foreign editions），2盒，时间跨度1955年1月5日—1991年2月5日

另外的 48 个盒子里，装的是各种讲座和学术会议资料、并行发表的作品（parallel publications）、组织机构、联系人，以及李约瑟旅行、语言学习等方面的资料，还有他拍摄的大量照片。

图 1-12　SCC 档案全景图（张蒙摄）

2004 年，李约瑟研究所幸运获得了安德鲁·W. 梅隆基金会（Andrew W. Mellon Foundation）的赠款，使这些档案材料能够被进行编目和保存。在这笔赠款的支持下，专业档案员乔安妮·米克（Joanne Meek）女士花费了 3 年时间，为这些材料创建了一个超过 21 000 个条目的十分详细的档案目录。

这些档案目录在剑桥大学图书馆网站[①]上提供给公众查询。网站上的电子目录是清晰的树状结构，层层递进。每一条记录，都有标题、查询编号、时间跨度（日期）、篇幅和媒介、基本描述（内容概要）等信息。例如：

标题：关于 SCC 项目的资助问题与金斯福德[②]先生的通信

---

① 网址 https://archivesearch.lib.cam.ac.uk/repositories/21。
② 金斯福德，即雷金纳德·金斯福德，Reginald J. L. Kingsford，1900—1978 年。

查询编号：GBR/1928/NRI/SCC1/1/2/47

时间跨度：1955年11月12日—1955年11月15日

篇幅和媒介：3份纸质文件

基本描述（内容概要）：文件包括一份李约瑟致金斯福德先生的"保密"信件的副本，是关于一项来自大学中国委员会（Universities China Committee，简称UCC）的对"我的研究助手王铃的薪资"的资助，也包括金斯福德先生的回信。另一封信中李约瑟解释了维康基金会的资助。这些信件也讨论到了SCC的出版进度问题。[①]

虽然电子目录可以在网上查阅，但当第一次见到这些档案的时候，我还是感到了深深的震撼。打开这些档案的时候，经常可以见到一些细小的纸片，每一张都有单独的编号，甚至一张餐巾纸，因为上面写了字，也被保留下来。我们难以想象，当年整理这些档案的工作人员，需要多么细心，又得有多大的耐心，才能把它保存得这么好，整理成现在我们看到的样子。我们更不敢想象，如果没有这些整理工作打下的基础，您现在手里的这本书不知道将会延后多久，将要花费多少时间才能完成！本书的大部分引用内容都附有英文原文，同时提供了查询编号，以方便感兴趣的读者进一步检索档案。

即使是有了这样精心整理好的档案，要想还原出SCC的出版过程，依然不是一件轻而易举的事情，这些档案都需要逐步加以解读，好把它们之间的时间线索和逻辑关系清理出来。

在网上查阅目录，一层一层地进入这些电子文件夹中，仿佛穿越时空，进入了电影《盗梦空间》（*Inception*）里的多重梦境，越是深入，发现的头绪越多，问题也越来越复杂，常常为了搞清楚一个问题，结果找到的材料又引发出新的问题。

翻阅泛黄的书信，努力想要搞清楚每一封信的内容，看看信中所说的到底是什么事，有时候还需要去猜测当事人的想法，每一次都是一个不大不小的挑战，更何况李约瑟还喜欢用一些特殊的简写符号，这更是平添了我们看懂它的难度。

唯一让人觉得安心的是，这些书信的当事人，因为并没有想到将来的某一天，

[①] Title: Correspondence with R. J. L. Kingsford about funding for the 'Science and Civilisation in China' project.
Reference Code: GBR/1928/NRI/SCC1/1/2/47
Covering Dates: 12 Nov. 1955—15 Nov. 1955
Extent and Medium: 3 documents;
Paper content and context: Documents include copy of a 'confidential' letter from Joseph Needham to Kingsford about a grant from the 'Universities China Committee' which would be 'for the salary of my research assistant Wang Ling'. Also includes Kingsford's letter of reply. A further letter from Needham explains a grant awarded by The Wellcome Trust. The letters also discuss progress towards publication of 'Science and Civilisation in China'.

还会有别的人来看他们写下的这些内容，所以他们所写的都是未经掩饰的真实的信息。其中不同的人，在待人处世方面所采取的不同态度和方式，有很多值得我们去品味、去学习的地方。

在忘却了时间之后，不知道过了多久，渐渐地，我们终于能够找到大致的脉络之后，可以清晰地感觉到，一座隐藏已久的宝藏，已经为我们打开了大门；在看懂了每一张纸上所写的内容，明白了每一封信的意图之后，我们更是吃惊地发现，真实的历史故事往往比虚构的小说还要精彩！

李约瑟的前半生

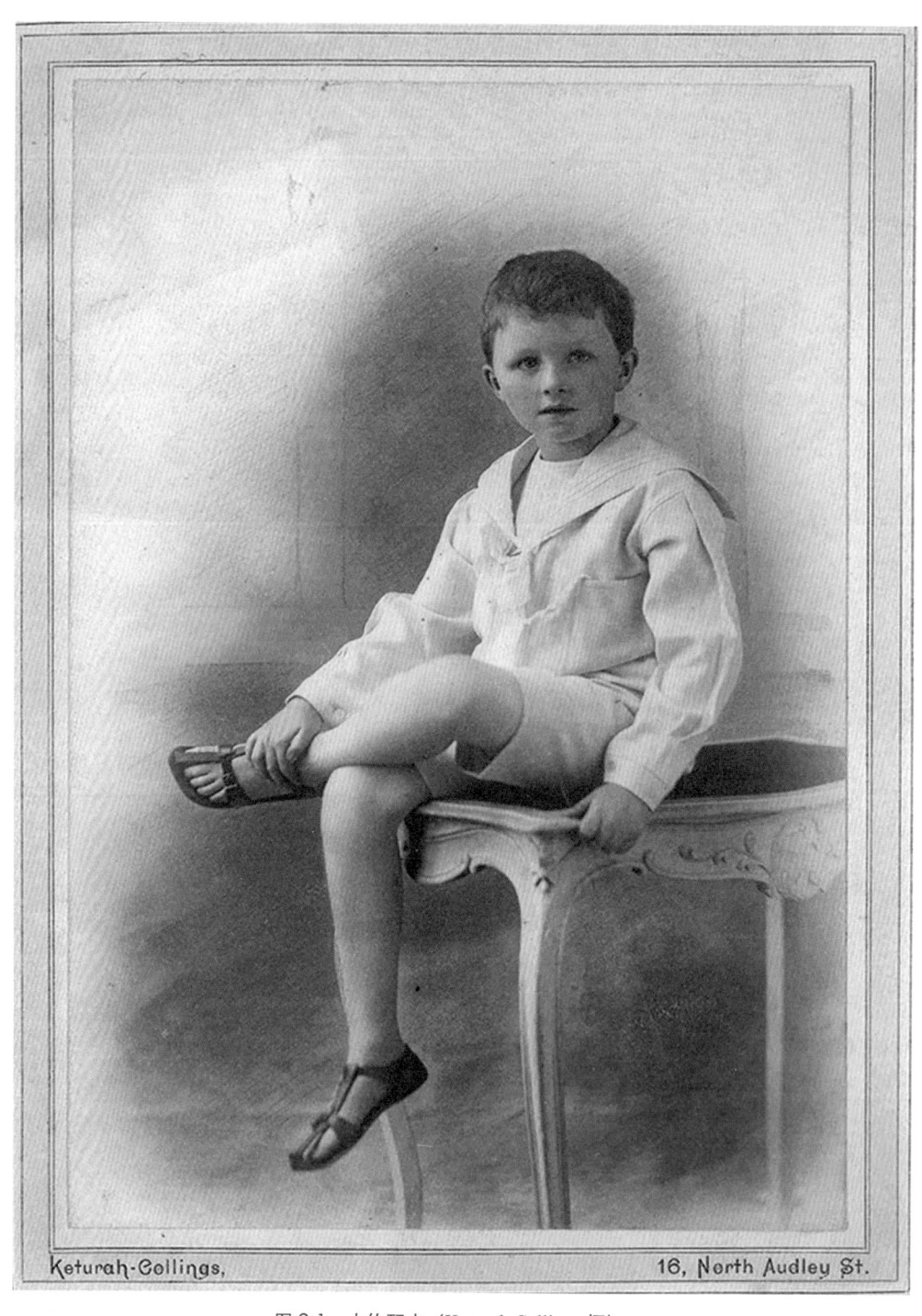

图 2-1　小约瑟夫（Keturah Collings 摄）

小约瑟夫·尼达姆

1900年12月9日，小约瑟夫出生在伦敦的一户中产之家，他的全名叫诺埃尔·约瑟夫·特伦斯·蒙哥马利·尼达姆（Noel Joseph Terence Montgomery Needham）。

与中国人的习惯相反，英国人的名在前，姓在后，中间还会有来自父母的中间名（middle name）。尼达姆（Needham）这个姓氏在古英语中的意思是：need（需要）+ham（homestead）（农庄），即"需要农庄的人"，也就是穷人。据说尼达姆这个姓氏大多源自英国德比郡（Derbyshire）、诺福克郡（Norfolk）和萨福克郡（Suffolk）这三个地方。小约瑟夫的父亲，老约瑟夫·尼达姆，由于当时家里确实贫困，所以他上大学就去了苏格兰东北部的阿伯丁大学（University of Aberdeen）学医，因为苏格兰的大学学费低。他大学毕业后先是教授解剖学，然后来到伦敦名医聚集的哈利街，成为了一名专长麻醉的专科医师。之后，家里的经济条件才大为改善。

小约瑟夫的母亲阿丽西亚·阿德莱德·蒙哥马利（Alicia Adelaide Montgomery）是一位音乐家，能弹钢琴，又会作曲。她是北爱尔兰人，是苏格兰艾尔郡（Ayrshire）艾格林顿（Eglintoun）蒙哥马利家族的后代。

小约瑟夫的父母性格差异较大：父亲严肃认真，具有一种科学态度；母亲则富有艺术气质，生活讲求奢华。父母两人性格上的冲突，从给孩子的命名上就可以看出来。叫诺埃尔（法国名字，圣诞之意）是因为他的生日接近圣诞节；叫约瑟夫，是为了父亲家的传统；叫特伦斯，是母亲的坚持，因为这是个爱尔兰名字，象征着她的故土；叫蒙哥马利，因为那是母亲的姓。孩子的全名弄得这么长，就是父母双方互不相让的结果。

由于小约瑟夫是他的父亲老约瑟夫·尼达姆第二次结婚后所生的独子，自小就备受父母宠爱。小时候他的房间里摆满了各种玩具，如积木和梅卡诺模型[①]，后来还有一条精致的小铁路。表面上看起来是令人羡慕的童年时光，事实上像其他的独生

[①] 梅卡诺模型（Meccano sets）是一种模型拼装玩具，1901年发明，用的是铁片和螺丝，能拼成各种机械，类似于今天孩子们中流行的乐高积木。

子那样，小约瑟夫常常感到"孤独而耽于瞑思，而且，他感觉下楼去是危险的，害怕会撞见他的父母正在激烈吵架。……一个小孩子处于这样的处境，要不偏袒任何一方，是个很痛苦的过程。……一个敏感的少年的心灵，在力求达到它自己的平衡的过程中，很可能无意识地从这一边吸收一些因素，又从另一边吸收另一些因素，实际上也正是如此。这种对双方不偏不倚的态度是很自然的。后来他常说，他从父亲那里得到了科学的头脑和全力以赴的工作热情；同样他觉得母亲给了他宽大的胸襟和有谋划、有创造的精神"[①]。

父母之间的战争，会对孩子产生什么影响，我们无从得知，但约瑟夫的童年，不得不在小心翼翼地充当父母间调停者的角色中度过。在他幼小的心灵中，也许因此同时埋下了科学和艺术的种子；而科学与艺术之间的冲突，也需要他用一生的时间来化解，才能最终达成一致与和解吧。

很快，宗教的影响又加入了进来。

约瑟夫小时候常会跟着父母去伦敦的圣殿教堂参加礼拜。圣殿教堂有位名叫巴恩斯（Ernest William Barnes, FRS, 1874—1953）的神职人员，也是一个比较稀罕的人物。他既是一位数学家、科学家和皇家学会院士，同时也是一位神学家和主教。这位主教能将哲学、宗教和科学三大知识领域统统打通，给小约瑟夫留下了深刻的印象。[②] 我们无须过多介绍这位引起广泛争议的巴恩斯主教的主张和观点，只需要略微了解一下他的生平，就可以知道为什么这个人会对小约瑟夫有那么大的吸引力了。

巴恩斯主教原本在剑桥大学三一学院学习数学，1896年他以优异的成绩大学毕业[③]，成为了三一学院的研究员。1902年他获得了数学讲师（lecturer）的教职；1907年获得剑桥大学的科学博士学位（Sc.D），并在1909年当选为皇家学会院士。在随后的几年里，巴恩斯还担任过印度数学天才斯里尼瓦瑟·拉马努金（Srinivasa Ramanujan, FRS, 1887—1920）的辅导老师。在作为一个数学家担任数学讲师的同时，巴恩斯还担任了教会执事（deacon），在三一学院担任初级座堂牧师（Junior Dean），直到1915年他离开了剑桥，被任命为伦敦圣殿教堂的主教（Master of the Temple in London）。

---

① 鲁桂珍：《李约瑟的前半生》，载李国豪、张孟闻、曹天钦主编《中国科技史探索》，上海古籍出版社，1986，第8—13页。
② 在李约瑟晚年的回顾中，他仍然认为巴恩斯主教对年少的自己影响之大，怎么估计都不为过。他把自己坚定不移的基督教信仰归功于这位主教的影响。这位主教给小约瑟夫展现出来了一种可以经由理性的争论而确立信仰的路径，正因为这一路径，可以让他同时也能够对其他文化的宗教保持一种开放的心态。参见李约瑟 *Official Biographical Memoirs*, by J. B. Gurdon, F.R.S., and Barbara Rodbard. Biog. Mems Fell. R. Soc. Lond. 46, 365–376 (2000)。
③ 他获得了数学"三脚凳考试"（the Mathematical Tripos）第二名（the Second Wrangler）的好成绩，还被授予第一个史密斯奖（Smith's Prize，剑桥大学数学系的奖学金，每年奖励2名学生）。

巴恩斯的亲身经历和他的现身说法，给少年约瑟夫展现出一种可能性——虔诚的宗教信仰与科学的理性论证精神并不矛盾，而且可以完美结合，并不是像人们通常所认为的那样，两者是彼此冲突、水火不容的。有这样的一位前辈作为活生生的例子，对于一个成长中的少年来说，好像自己生活道路的视野被打开了，人生有了开放的、不确定的、值得期待的未来。

另一位对小约瑟夫的成长有着巨大影响的人物，是他的中学校长弗雷德里克·威廉·桑德森（Frederick William Sanderson, 1857—1922）。

桑德森是一名教育改革家，他从 1892 年开始担任奥多公学(Oundle School)[①]的校长。在奥多公学，他引入了科学和工程教育的创新课程，取得了很好的效果。奥多公学的学生人数，从他上任时的不到一百人，到他去世时已经达到了五百多人的规模。

桑德森校长的教育理念在我们今天看来仍不失其新颖之处："（教育）方法将从在教室里学习转变为在展览馆里做研究；从学习过去的东西转向探寻未来的东西；竞争将会让位给合作。在工作场地的各个地方，每个男孩或女孩都会找到属于自己的角色，参与到创造性的活动中，通过动手做而成长，并且激发出内在意愿来做，有目的，有决心，有自制力，有自信心和眼界，这样去学习，必然有所收获。我个人的观点是，在人生的早期阶段，应该尽可能地让一个男孩掌握住一部分知识，我们绝不能害怕他们在 15 到 17 岁这么早的年龄就有所专长，因为一旦一个男孩产生了对研究的热爱之后，他就会继续下去，而且能在后续的阶段扩大自己的研究范围。事实上，他会发现需要扩展自己的知识和能力。考试则相反，我认为，考试对许多有创造力的男孩会造成灾难性的影响。"[②] 桑德森校长对工程和实践工作的支持与鼓励，极大地影响了年轻的约瑟夫·尼达姆。[③]

约瑟夫上中学期间，1914 年 7 月 28 日至 1918 年 11 月 11 日，欧洲经历了一场死伤惨重的战争，史称第一次世界大战（简称欧战）。其中英国参加的西线战场牺牲最为惨烈，英国牺牲的人数过百万。奥多公学毕业的很多学生为国捐躯，其中也

[①] 在英国，所谓的"公学"（public school）实际上是私立学校。传统上私立学校收费高昂，以培养精英为目标，也被称作"贵族学校"。真正由政府提供资助的公费学校叫做"公立学校"（state school）。

[②] Frederick William Sanderson, The Service of Schools（1920-02-16）Sanderson of Oundle（London: Chatto and Windus, 1923）.

[③] 在 1973 年的一次采访中，约瑟夫这样回忆桑德森校长："他很有历史头脑。例如，他所谓的（《圣经》）经文课程，其实与神学无关，而是倾向于以一种纯粹历史的方式来看待《圣经》。他还通过科学和工程课程的扩展，使得学校声名大震，虽然我读了经典，但我仍然不得不花很多时间来获得在车间里工作的经验。我学会了如何操作车床，以及如何画蒸汽机的工作示意图。这些东西让我受益匪浅，例如，当我来写《中国科学技术史》这部书关于中国历史上的机械工程卷的时候，它就派上了很好的用场。"——引自 David Dickson, "Scientific Sinophile," New Scientist. Reed Business Information. 60（867）: 122-127.

包括桑德森校长的长子。

  在学校放假期间，年轻的约瑟夫·尼达姆曾作为父亲的助手，在伦敦的军医院里工作过，这让他目睹了战争的可怕。"我父亲几乎从早到晚在伦敦三家大军医院里为手术做麻醉。因为家里的打算是要我从事医药和外科医学，所以我不到十四岁就参加过外科手术，还记得因为我帮了忙而得到一个一几尼①的金币。当然那只是鼓励鼓励我。……我一直说，这是我后来始终不干外科医生这一行的原因之一，因为我到十八岁，已经对外科手术看到得太多，觉得它总不如更需要智力活动的研究工作。然而，1918年的时候，由于严重缺乏合格军医，即使根本没有通过什么考试的医科学生，也经过速成急救训练就列名为皇家陆军医务队少尉军医，或者像我这样，列为皇家海军志愿后备军少尉军医。幸亏我还没有需要去北海服役，因为战争及时结束，正好我在那年十月份去剑桥。"②

---

① 几尼（Guinea）曾是英国在17至19世纪使用过的一种金币，后来在医药行业作为传统收费单位沿用，价值为1英镑1先令。1971年2月15日英国货币改制为十进制后，1几尼等于1英镑5便士。
② 鲁桂珍：《李约瑟的前半生》，载李国豪、张孟闻、曹天钦主编《中国科技史探索》，上海古籍出版社，1986，第18页。

生物化学家尼达姆博士

约瑟夫即将年满 18 岁的时候，战争结束了。年轻的约瑟夫如愿被剑桥大学冈维尔-凯斯学院（Gonville and Caius College）录取，来剑桥大学攻读医学（medicine）专业。

名师出高徒。他所在的冈维尔-凯斯学院院长安德森爵士（Sir Hugh Kerr Anderson, FRS, 1865—1928，生理学家和教育家）和他的指导老师哈迪爵士（Sir William Bate Hardy, FRS, 1864—1934）异口同声建议这个年轻人，如果将来想要从事医学，就必须从原子和分子层面进行研究，因为这是未来发展的大势所趋。

传统的生理学是生物学中的一个分支，它研究生物机体重要生理活动的过程、形成机制及其调节规律，是对器官和系统水平、细胞和分子水平、整体水平层次的生理活动研究。随着现代科学的发展，近代生物学已经能够使用越来越精密的化学和物理学的理论和技术分析，来研究生物体内部的各种化学物质发挥作用的机理了。"我原来的计划是想单学解剖学、生理学和动物学等生物学科，但是哈代说：'不，不，我的孩子，那绝对不行。未来在于原子和分子，我的孩子，原子和分子。你必须搞化学。'"[①] 听从导师的教诲，约瑟夫放弃了动物学等传统课程，转而学习化学、解剖学和生理学。

上大学之后，约瑟夫主要靠着在伦敦东区开家具厂的叔叔阿尔弗雷德（Uncle Alfred）负担他的学费和生活开支。因为约瑟夫 20 岁的时候，他的父亲不幸过早离世，年仅 60 岁。好在有阿尔弗雷德叔叔从经济上支持，到他 21 岁毕业，能够独立谋生为止。

英国的大学本科通常学制三年。1921 年，约瑟夫大学毕业，获得了学士学位。他在德国进行了短暂的访问研究后回到剑桥，接着考取了本·列维（Benn Levy, 1900—1973）奖学金（Benn Levy Studentship in Biochemistry），被剑桥大学生物化学实验室（Cambridge Biochemical Laboratory）录取为研究生，继续深造。

---

① 鲁桂珍：《李约瑟的前半生》，载李国豪、张孟闻、曹天钦主编《中国科技史探索》，上海古籍出版社，1986，第 19 页。

(1)   (2)

(3)

图 2-2　青年约瑟夫[1]

生物化学（biochemistry）这门学科在当时是一个新兴的、发展迅速的交叉学科，主要研究活的生命有机体内的化学变化。剑桥大学的生物化学研究位居世界前沿，其中的领军人物是弗雷德里克·霍普金斯爵士[2]。

---

[1] Photographers not known, courtesy of the Needham Research Institute.
[2] 弗雷德里克·霍普金斯爵士（Sir Frederick Gowland Hopkins, OM PRS, 1861—1947）。OM, 即功绩勋章（Order of Merit）。PRS, 即皇家学会主席（President of the Royal Society）。

霍普金斯对生物化学和生物医学的发展都做出过重要贡献。他在1901年首先发现了一种人体不能合成、必须从食物中摄取的氨基酸——色氨酸（tryptophan）。他先是被剑桥大学生理学实验室请去教授生理学和解剖学，直到1914年才被剑桥大学正式聘为生物化学的教授。在原来生理学实验室的基础上，在临着谷物交易市场街（Corn Exchange Street）的一座建筑（David Attenborough Building）中，剑桥大学生物化学实验室开始起步了。1920年的时候，银行家、大商人威廉·邓恩爵士（Sir William Dunn, 1833—1912）的信托会捐资21万英镑，用于剑桥大学生物化学系的建设。威廉·邓恩爵士信托会同时捐资剑桥大学设立了一个生物化学讲座教授（Professorship）；1922年又增设了一个准教授（Readership）（相当于副教授）的职位。1924年以威廉·邓恩爵士命名的生物化学研究所大楼正式启用（现名霍普金斯楼）。

1929年，霍普金斯作为维生素（vitamin）的发现者之一，荣获了诺贝尔生理学或医学奖；1930—1935年他当选为皇家学会的主席。第一次世界大战结束后的十年，剑桥大学的学生数量激增，剑桥大学生物化学实验室在霍普金斯爵士的主持下蓬勃发展，队伍也不断扩大。霍普金斯爵士一直都是剑桥生化系这个大家庭的"家长"[①]，直到他1947年去世。

剑桥大学的学位制度与其他的高校有所不同，和中国现行的学位制度也有很大的差异。在牛津、剑桥，只要是经过了六七年的在校学习之后，不需要考试就可以申请获得硕士学位，所以剑桥大学的硕士仅仅是学位，不一定是研究生的学历。

英国大学授予的最高学位是博士（Doctor of Philosophy，简称 Ph. D），不分专业都叫哲学博士。那些已完成博士阶段课程学习但尚未完成论文的博士生被称作"博士候选人"（Ph. D candidate）。博士候选人需要做出有独创性的研究，并将研究结果写成论文，通过论文答辩后方可获得博士学位。

对许多学科领域来说，取得博士学位是获得大学教职或成为研究者的基本条件，这已经是水涨船高的结果了，因为在过去，只要取得硕士学位（Master）就相当于获得了在大学里教书的资格。

1921年，约瑟夫·尼达姆从剑桥大学冈维尔－凯斯学院获得了学士学位后，1924年又被选为该学院的研究员，拥有了正式教职；接着他在1925年1月获得了硕士学位（Master of Arts, Cambridge），在1925年10月获得了博士学位。

年轻的尼达姆博士毕业后，接受了霍普金斯爵士的邀请，在剑桥大学生化系的实验室工作，主攻方向是胚胎学（embryology）和形态发生学（morphogenesis），主要研究胚胎在发育中各种化学成分的变化，以及如何用化学来解释形态的发生。

英国大学的教职，分为好几个档次：最高的一档是教授（Professor）或讲座（或席）

---

① 家长，是李约瑟所说，拉丁语表达为 in loco parentis，英语表达为 in the place of parent，意思是家长般的地位。

教授（Chair Professor），等同于美国的杰出教授；其次是准教授或副教授（Reader），等同于美国的全职教授；然后是资深讲师（Senior lecturer），等同于美国的副教授；最后一档是讲师（Lecturer），等同于美国的助理教授；此外还有助理讲师（Assistant lecturer）、实验指导（Demonstrator）、助教等初级的辅助岗位。

由捐资人冠名的讲席教授职位，比通常的教授职位还要更有吸引力，因为这种教席的设定，需要捐资人一次性预先拿出足够的钱，交由大学或学院来管理，所以讲席教授的待遇也是单独制定的，不受大学的影响。有了充足的资金保障，讲席教授的薪资往往很高，且这个职位是终身的，所以很具吸引力。

尼达姆博士在 1928 年成为生化系的实验指导员（demonstrator）后，在 1931 年出版了他的研究成果——三卷本的《化学胚胎学》（Chemical Embryology，剑桥大学出版社，1931 年）；然后在 1933 年接替约翰·霍尔丹（John Burdon Sanderson Haldane，FRS，1892—1964），成为剑桥大学的威廉·邓恩爵士讲座准教授（Sir William Dunn Reader in Biochemistry）。《化学胚胎学》已经体现出了他的治学特点，这是一部总字数过百万，两千个页码，有七千余条参考文献引用的大部头著作，是集该领域之大成的总结性巨著。这部专著为尼达姆博士在生物化学界赢得了相当的国际声誉，使他在 1941 年当选为皇家学会的院士。他的提名由当时最杰出的 15 位生物化学家签署，对他的评价很高："他 1931 年发表的关于化学胚胎学的详尽论文，唤醒了人们对生物发育引起的化学问题的广泛兴趣，并鼓励他们用现代方法进行系统研究。"[①]

---

① JOSEPH NEEDHAM, C.H., F.R.S., F.B.A. Official Biographical Memoirs, by J. B. Gurdon, F.R.S., and Barbara Rodbard. Biog. Mems Fell. R. Soc. Lond. 46, 365-376 (2000).

图 2-3　尼达姆[1]

---

[1] Photographer not known, courtesy of the Needham Research Institute.

尼达姆夫妇

尼达姆在学习之余，还曾做过一段时间的英国圣公会（英国国教会，Anglican）的凡人修士。1924年他确定了以科学研究为职业后，就放弃了独身主义的想法，离开了修道院，在这一年的9月与生化实验室的同事多萝西·玛丽·莫伊尔（Dorothy Mary Moyle）结为夫妻。

图 2-4　多萝西[①]

---

① Dorothy Needham by the Shelburne Studios, New York.

多萝西也是剑桥大学的毕业生（Cantab①），她从 1915 年到 1919 年（第一次世界大战期间）在剑桥大学的女子学院——格顿学院（Girton College）学习。

19 世纪的英国虽然拥有广阔的疆域、繁荣的工业、强大的军事实力和经济文化影响力，是当时世界上独一无二的超级强国，但在受教育的权利上，男女并不平等。19 世纪末，大学才开始在各地举办"推广讲座"（extension lectures），尝试也为女孩子提供职业教育和参加各类考试的机会。这项运动最深远的影响就是在剑桥为女学生设立了两所专门的学院：1869 年创立的格顿学院和 1872 年创办的纽纳姆学院（Newnham College）。

据多萝西回忆，格顿学院当时的化学实验室条件反倒比生化实验室的条件还要好；学院的学生们参加讲座，都被要求坐在第一排。你可以想见，多萝西就是这样一位我们通常所认为的品学兼优的好学生。

图 2-5　多萝西②

与"严进宽出"不同，剑桥大学是"严进严出"。最有特色的莫过于传统的"三脚凳考试"（Cambridge Tripos），这相当于本科生的毕业考试。这个"三脚凳"其实指的是早期学生口头答辩时所坐的凳子。如果学生在最后的"三脚凳考试"中没有及格，是不能获得授予学位的资格的。数学"三脚凳考试"难度很大，据说 1854 年的考试，有 16 张卷子，共 211 题，考试历时 8 天，平均每天考 6 个小时。考试成绩优秀的学生，可以得到荣誉学位。荣誉学位又分一、二、三等，获得一等荣誉的学生被称为"辩手"（wrangler）。宣布名次的时候，取得第一名的状元被称作"主辩"（senior wrangler），然后依次是"二辩""三辩"……

女生原本是不允许参加"三脚凳考试"的，直到 1880 年，格顿学院的夏洛特·A. 斯科特（Charlotte Angas Scott）才第一个被获准参加。她取得了第八名的好成绩，但是不能去参加宣布成绩的典礼，也不能像男生一样被称为"辩手"。有意思的是，

---

① Cantab 表示剑桥大学的学生或毕业生。
② Photographer not known, courtesy of the Needham Research Institute.

在典礼的那天,当宣布完第七名"辩手"之后,在场的所有学生接着都开始呼喊夏洛特的名字;在格顿学院的饭厅里,同学们也对这位"巾帼不让须眉"的女英雄报以热烈的掌声,祝贺她取得的好成绩。1890年,纽纳姆学院的女生菲莉帕·福西特(Philippa Fawcett)获得了第一名的成绩,同样因为她是女生,不能被称为"辩手",在宣布考试成绩的时候,人们都说她的成绩是"超过了主辩"。[①] 多萝西·玛丽·莫伊尔完成大学学业的时候,女生虽然可以得到学位证书,却不能参加具有仪式感的颁发学位的典礼。真正的男女平等,一直要等到第二次世界大战结束后方才实现。

图 2-6 多萝西[②]

在第一次世界大战中,剑桥大学有一万多名大学成员服役,两千多人牺牲;同时教学活动和学费收入中断,学校陷入严重的财政困难,不得不寻求国家的支持,也因此开启了战后大学的一系列改革和变化。

霍普金斯爵士是一位先行者,他的思想开明,领先于时代,他积极支持女性学习科学并从事科研工作。1919年,多萝西大学毕业之后,被霍普金斯招募来到生化实验室继续深造,当时这里的工作人员只有十几个人,但男女已经各占了一半。

对于一个孩子的成长来说,没有比来自父母的关爱更重要的了,但是对于一个

---

① 关于剑桥大学的历史,请参阅 www.cam.ac.uk/about-the-university/history。
② University of Cambridge Department of Biochemistry History, Volume 1, page 29. https://www3.bioc.cam.ac.uk/history/biochem_history-vol1/pages/page_29.html.

年轻人，还需要一位能够在事业上给自己以指导的长者、一位人生导师（mentor）。约瑟夫·尼达姆博士夫妇都因霍普金斯爵士而走上了生物化学的研究之路。对于他们来说，生化实验室就是他们的家，而霍普金斯爵士就像是一位父亲，同时也是他们的人生导师。

在霍普金斯的指导下，多萝西专注于与肌肉运动有关的生物化学研究，她在1923年获得了硕士学位，1930年获得了哲学博士学位。[①]

尼达姆夫妻两人志同道合，恩爱有加。他们一同去世界各地的实验室访问。"我们年轻时候的生活特别有意思，因为我们发现，整个假日在海上生物实验室里工作，能把业务同娱乐连成一气。"[②]

图2-7 尼达姆夫妇在剑桥生化实验室外留影（1942）[③]

[①] 女生获准参加剑桥大学正式的学位授予仪式，还是要等到第二次世界大战结束后。1945年，多萝西终于能在正式的学位授予仪式上得到自己的科学博士（Sc.D）学位。

[②] 鲁桂珍：《李约瑟的前半生》，载李国豪、张孟闻、曹天钦主编《中国科技史探索》，上海古籍出版社，1986，第26页。

[③] Photographer unknown. 图片来源：https://www.nri.org.uk/joseph2.html。请参阅 University of Cambridge Department of Biochemistry History, Volume 2, page 22. https://www3.bioc.cam.ac.uk/history/biochem_history-vol2/pages/page_22.html。

对于我们来说，如果要详细介绍尼达姆夫妇各自的研究领域和科研成果，无论是约瑟夫的胚胎学（embryology）和形态发生学（morphogenesis），还是多萝西的肌肉运动中的生化反应，估计都会令不是生化专业的读者感到厌烦，大量的专业术语——糖原、乳酸、有氧、厌氧、醇、苷、酶等等，难以用通俗的语言讲清楚，恐怕只有实验中用到的青蛙腿（多萝西用来做肌肉运动的实验）和鸡蛋（约瑟夫用来做胚胎发育的实验）是大家最为熟悉的东西了。

读者需要了解到以下一点就够了，在霍普金斯领导下的剑桥生化研究所，在当时的生物化学研究领域，尼达姆夫妇两人，毫无疑问都是身处最前沿的。

那个时候，我们今天已经熟悉的能量守恒定律（孤立系统的总能量保持不变）尚未完善，能量之间是如何转化的，是相关领域的科学家们需要思考的一个主要问题。

多萝西说："有机体所有活动组织中，我们之所以选择考察肌肉组织，理由在于，只有在肌肉中，我们才能达到一个目的——将同时发生的化学变化和肌肉所做的功或能量释放为热量进行比较。"[①]

约瑟夫选择了胚胎学和形态发生学，主要研究胚胎在发育中各种化学成分的变化，以及如何用化学来解释形态的发生。他意识到克莱因（Klein）的一项发现所具有的重要意义：鸡蛋，在开始检测不到肌醇（inositol，一种大量存在于肌肉和尿液中的分子）含量，但是到孵化时，其含量已经增加到几百毫克[②]。这种新的化合物含量明显增加的现象，被约瑟夫视为是在一个封闭的系统内，原有物质的重新排列组合、复杂性增加的证明。

接下来约瑟夫·尼达姆进行了一系列实验，试图揭示胚胎发育的秘密。他发表了3篇具有内在逻辑关联的论文：第一篇确立了肌醇量的测量方法的有效性；第二篇论文描述了肌醇的合成；第三篇描述了（小鸡）发育过程中肌醇量的变化。[③]

胚胎的发育是在一个封闭的系统中进行的，在封闭的蛋壳内，小鸡发育所需的能量从何而来？为了回答这一问题，约瑟夫设计了各种实验方法和测量技术来测定准确的数据，包括 pH 值、压力、各种化学物质的含量和与外部进行气体交换的呼吸量。他在 1941 年为英国皇家学会撰写的记录显示，他在细胞内的 pH 值测定上的

---

① The justification for considering muscle tissue out of all the active tissues of the organism, lies in the fact that only in muscle can we come near to comparing the chemical changes going on with the simultaneous work done on energy set free as heat. [D.M. Needham, The Biochemistry of Muscle (Methuen, London, 1932), p. 1.]

② Klein, H.A. Über die Resorption von Cholesterin und von Cholesterinestern[J]. Biochem. Z.1910 (29): 465-471.

③ 引自李约瑟官方传记 JOSEPH NEEDHAM, C.H., F.R.S., F.B.A. Official Biographical Memoirs, by J. B. Gurdon, F.R.S., and Barbara Rodbard. Biog. Mems Fell. R. Soc. Lond. 46, 365-376 (2000)。

工作，需要"掌握一项非常困难的技术，以至于我们几乎没有竞争对手"[①]。

应用这种方法，约瑟夫测定了共 3 300 个不同物种的卵子细胞内的 pH 值。这些实验工作大部分是他与妻子多萝西合作完成的。虽然这些实验没有导致意外的发现，也未能完全解释胚胎发育的机制，但充分表明了人类对胚胎发育的研究和理解仍有漫长的道路需要走。约瑟夫·尼达姆博士对自己的结论已经感到相当满意了。他的结论是：胚胎发育中的能源是按碳水化合物、蛋白质和脂肪的代谢顺序提供的。尼达姆在他的个人记录中说，"我不得不认为这是我自己实验工作产生的影响最深远的概括之一"[②]。果然，后来生命遗传物质的秘密——DNA 双螺旋结构的发现，并没有在剑桥生化系的实验室里完成，而是诞生在物理学的卡文迪什实验室里。[③]

1941 年约瑟夫当选英国皇家学会院士，1948 年多萝西也当选英国皇家学会院士。夫妻二人同获这一殊荣，在英国皇家学会的历史上还是第一次。

英国中产阶级家庭的理想生活，就是有一座大房子（house），有一群孩子，丈夫有体面的工作和稳定的收入，妻子做家庭主妇（housewife），相夫教子。但是很可惜，尼达姆夫妻两人婚后一直无子。这对于研究胚胎发育的生化学家来说，不能不说是一个遗憾，令人苦恼。

据说尼达姆的父亲给他们留下了一座大房子，夫妇俩原本打算住在那里生儿育女，建立一个美满的家庭的，可是后来当他们知道自己不会有孩子后，就把那座大房子出租给了别人，自己搬到另一处较小的房屋住。因为没有子女牵挂，他们可以将全部精力倾注在学问上。正如何丙郁先生所言："世事没有尽善尽美的。凡人与伟人的不同在于能否面对现实。凡人对本身的不理想条件自怨自艾，采取消极态度；伟人则面对现实，甚至能把某种缺憾，转移到建设性的事业上去。"[④]

---

① A good example of this is his work on intracellular pH, which necessitated "the mastering of a technique so difficult that we had few competitors" [Needham's Personal Record, written in 1941 for The Royal Society].
② Interestingly, Needham describes with particular satisfaction his conclusion that energy sources in development were supplied sequentially by the metabolism of carbohydrate, protein and then fat. Needham states in his Personal Record that "I cannot but regard this as one of the most far reaching generalisations which has arisen from my own experimental work". 引自李约瑟官方传记 JOSEPH NEEDHAM, C.H., F.R.S., F.B.A. Official Biographical Memoirs, by J. B. Gurdon, F.R.S., and Barbara Rodbard. Biog. Mems Fell. R. Soc. Lond. 46, 365-376 (2000).
③ DNA 的双螺旋结构由詹姆斯·沃森（James Watson, 1928— ）和弗朗西斯·克里克（Francis Crick, 1916—2004）发现，首次发表在 1953 年的《自然》期刊上。
④ 何丙郁：《我与李约瑟》，三联书店香港分店，1985，第 171 页。

鲁桂珍

约瑟夫·尼达姆的家庭从未与中国有任何联系，在他的前半生中，也从未想过会与中国有什么联系，没想到有一天这一切都发生了变化，将他的后半生与中国紧密地联系在了一起。

1937年，剑桥大学生物化学系迎来了三位来自中国的留学生。他们是两位男生和一位女生，男生是毕业于金陵大学的庚款留英公费生王应睐[⑤]和毕业于燕京大学的沈诗章[⑥]；女生是毕业于金陵女子大学的鲁桂珍（Lu Gwei-Djen，1904年9月1日—1991年11月28日）。

王应睐师从因细胞色素而知名的生化学家戴维·基林[⑦]教授；沈诗章师从尼达姆博士研究胚胎生物化学；鲁桂珍则在尼达姆博士妻子多萝西的指导下，继续她有关脚气病和维生素缺乏症之间关系的研究。

三位之中我们着重介绍一下这位年轻的女性。

鲁桂珍1904年出生于南京，祖籍湖北蕲春，父亲鲁茂庭（字仕国），母亲陈秀英。

根据王钱国忠的研究，鲁茂庭生在中医世家，13岁时由其长兄带到南京。为寻找生计，他16岁进入美国基督教青年会在南京办的教会学校读书，学会了英文和打字，后来不幸眼睛染疾，无法继续学习，于是便退学经商。他试图把西方的产品和技术引进到中国，先是做书店生意，从上海商务印书馆购进了200册西洋图书，在南京开了个洋书店，但没过多久，就因生意惨淡不得不改行。此后，他又经营过照相业，开了家"金陵照相馆"，也经营过饭店，开过"金陵春西餐馆"，但均未成功。一番周折后，他最终还是回到了自己家传的医药行当，开设了一家专售西药的"华商药房"。药房的生意如何不得而知，但药房里代卖的化妆品却十分畅销。当时有一种上海出产的"双妹牌"雪花膏，虽然销售很好，但雪花膏时间一长会干裂

[⑤] 王应睐（Wang Ying-Lai，1907—2001）回国后继续从事生化研究，担任中国科学院上海生物化学研究所所长，在他的组织下，分别在1965年和1981年在世界上首次完成具有生物活性的人工合成牛胰岛素和酵母丙氨酸转移核糖核酸两项重大基础性科研成果。

[⑥] 沈诗章（Shen Shih-Chang，1912—2002）后来到美国耶鲁大学、哥伦比亚大学任教。

[⑦] 戴维·基林（David Keilin）是细胞色素（cytochrome）的发现者，在莫尔蒂诺研究所（Molteno Institute）工作。

变质，不易储存。鲁茂庭开动脑筋，把自己的医药经验和所学的西方化学知识结合起来，自己设计配方，反复进行试验，最终研制成功了一种经久不干的雪花膏，取名"镜美牌"。没想到上市之后大受欢迎，成了抢手货，于是鲁茂庭的生意终于获得成功。[1]

图 2-8 鲁桂珍（1936）[2]

鲁桂珍生长在一个中国剧烈动荡、新旧交替的年代。在经历了甲午战败、戊戌变法和义和团运动后，1905 年清政府迫于形势压力，废除了科举制，颁布新学制，在全国推广新式学堂。1912 年 1 月 1 日，中华民国在南京宣告成立，孙中山就任临

---

[1] 王钱国忠：《鲁桂珍与李约瑟》，贵州人民出版社，1999，第 3—4 页。
[2] Photographer not known, courtesy of the Needham Research Institute.

时大总统。2月12日，清宣统帝溥仪宣布退位。4月1日，孙中山让位于袁世凯，中华民国进入由北洋军阀控制中央政府、地方军阀割据的动荡时期。同时，一场影响深远的新文化运动也正在如火如荼地展开。

鲁桂珍从小接受的都是西式教育。1911年她上小学，就读于美国长老会所办的益智书院（今南京市户部街小学）。1916年入读同是美国长老会所办的明德女子中学（今南京市女子中等专业学校）。1922年中学毕业后，她考入了金陵女子大学（后改为"金陵女子文理学院"，今南京师范大学金陵女子学院）①，这还是一所教会创办的高等教育学院。

1926年鲁桂珍从金陵女子大学毕业后，赴北平协和医学院进修病理学、药理学等课程。1928年她来到上海圣约翰大学医学院任助教，1930年在上海雷氏德医学研究所（Henry Lester Institute of Medical Research）内科生理化学部担任研究助理（research assistant in biochemistry）。鲁桂珍与研究营养学和维生素的英国专家濮子明（Benjamin Stanley Platt，1903—1969）博士合作，重点进行了脚气病与维生素B_1缺乏之间关系的实验研究，他们的成果《脚气病的化学和临床发现》后来发表在1936年的《医学季刊》上。②

1937年7月7日，卢沟桥事变，日本开始全面侵华，中国抗日战争全面爆发。8月13日淞沪会战爆发。由于战争的威胁，上海雷氏德医学研究所的工作显然已经无法继续，于是就在这一年的夏天，鲁桂珍做出了一个勇敢的、影响她一生的重要决定。她没有像当时中国的传统女性那样，把结婚成家、相夫教子作为自己的头等大事，而是义无反顾地选择了继续深造，她要到生物化学研究最前沿的剑桥大学去，继续从事医学研究并攻读博士学位。

这注定是一条不寻常的道路。就在鲁桂珍抓紧时间准备启程之际，她又不幸感染了伤寒症，未及彻底痊愈，就不得不踏上了充满危险的旅程。鲁桂珍自己回忆，当时日军扔下的炸弹在黄浦江江面上爆炸，频繁溅起的水花打湿了她乘坐的小船上的所有人的衣服，但最终他们幸运地登上了一艘英国的驱逐舰，然后被送往吴淞口码头，从那里换乘一艘"蓝烟囱航线"的远洋客轮。经过一个多月的长途航行，鲁桂珍最终来到了英国。③

10月份，鲁桂珍在剑桥大学的纽纳姆学院④注册，开始了她为期三年的博士学

---

① 金陵女子大学是美国浸礼会等七个差会和美国史密斯女子学院于1913年联合创立的，后英国伦敦会亦参与协办，被李约瑟誉为"中国的格顿"（Girton of China）。剑桥大学的格顿学院（Girton College）1869年建立，是英格兰第一所寄宿制女子学院。
② B. S. Platt and G. Lu, "Chemical and clinical findings in beriberi" Q. J. Med（1936）355-73.
③ 这段描述引自《鲁桂珍纪念册》中由李约瑟亲自撰写的一篇鲁桂珍传记。
④ 纽纳姆学院（Newnham College）是剑桥大学继格顿学院后第二所女子学院，建于1871年。

业。12 月 13 日南京城沦陷，日军在南京的大屠杀持续了一个多月，造成 30 万中国同胞遇难。在那个兵荒马乱的时代，能够远渡重洋去国外读书的中国人不会很多，能够去到英国剑桥攻读博士学位的人更少，而其中的女性更是凤毛麟角。孤身一人的鲁桂珍，初次来到异国他乡，无法想象，在风景如画的剑桥，她会是什么样的心情？她是否还有南京的家可以回？她的亲人是否能够幸免于难？

图 2-9　尼达姆夫妇与鲁桂珍在剑桥大学生化系（1938）[①]

对于和鲁桂珍他们最初的接触，尼达姆博士是这么描述的："剑桥大学来了三位中国的生物化学家，他们都是攻读博士学位的研究生，工作多少和笔者比较接近，或在邻近的实验室。他们是沈诗章、王应睐和鲁桂珍。我应当给予这三个人，尤其是最后的那个名字，作为本书的荷尔蒙或招魂者的荣誉。他们从剑桥大学带走了什么，这里姑且不提，但他们在剑桥留下了一个宝贵的信念：中国文明在科学技术史中曾起过从来没有被认识到的巨大作用。正是他们在剑桥大学的时期内，由于他们的热情帮助，我能够初步了解汉语，并且不得不通过书写许多既好笑又烦人的信件

---

① 请参阅 The History of the Biochemistry Department-Volume 2[A/OL]. [2021-05-20]. https://www3. bioc. cam. ac. uk/history/biochem history-vo12/pages/page8. html。

的方式来掌握它。在这一方面，对我影响最大的是鲁桂珍博士。"①

尼达姆博士的这段话，用自己独特的方式——含蓄而又坦率地表达了鲁桂珍对他的巨大影响。他提到了三位中国学生的名字，鲁桂珍只是其中之一，而且名列最后，但他要特别感谢的却是这最后一位。

---

① 这段话引自 SCC 中文版第一卷第一章"序言·致谢"第 8 页，译文有改动。原译中"感谢他们三位，特别是后一位，对笔者的推动和鼓励"，可能是中文译者为了更符合中国文化含蓄的要求，将"荷尔蒙"（hormone）和"招魂者"（evocator）翻译成了"推动"和"鼓励"，让这里的用词听起来不那么刺耳，变得有点抽象。作为一名生物化学家，我想尼达姆博士不会像我们普通人那样笼统地使用专业术语，所以直译成"荷尔蒙"应该是准确的；而他作为一个虔诚的信教者，对"招魂者"这个词的理解，也应该比我们这样的无神论者更为深刻。所以，我担心译者出于好心，却可能让人误解了作者的本意。我想李约瑟的本意是说"现在的这本书，应该归功于（她）作为荷尔蒙或招魂者角色的作用"，因为这里的 hormone 和 evocator，李约瑟用的都是单数而非复数。

中年危机

孔子有言"三十而立,四十而不惑,五十而知天命"。只有到了人生的某个阶段之后,我们才能够真正领悟这句话的含义。在四十岁之前,恐怕正是不能不困惑的时候。

人一生中,不同阶段会有不同的心态,有些事情是到了一定时候自然而然发生的。童年会盼望着自己快点长大,青年会对未来充满希望,人到中年后才会明白"有得必有失"。在付出了健康和时间的代价之后,年轻时所梦想的,要么已经得到了,要么已经没有希望得到了,这个时候突然意识到,接下来在人生的道路上,最大的威胁、最大的担忧,是你并不知道下一个街角会有什么意外发生。而你知道的是,人终有一死,每个人都有走到生命尽头的那一天,只不过不知道这一天何时到来……是平平淡淡地老去,还是一场意外,或是一种疾病?……这种不确定性,难道不是一种令人恐怖的感觉吗?

年轻的时候,人生阶段走的是上坡路,于是每个人都盼望着快点到达顶峰,自然会忘记了一个道理——顶峰之后,人生接着要走的,就都是下坡路了。那些跨过了人生顶峰的中年人,就算内心不愿服输,也无法避免恐惧和担忧的侵扰,难免会陷入到一种"焦虑"和"抑郁"的心理状态之中,这就是典型的中年危机(middle-age crisis)。这个时候的中年人可能会表现出许多反常的举动来,他们迫切希望找回年轻时的感觉,想要换一种方式来生活。为了摆脱日益严重的危机感,有的人会迷恋上年轻的女人,想要再一次体验恋爱的激情,重新找回年轻的感觉。

鲁桂珍出现的时候,尼达姆博士显然正在经历着自己的中年危机。

前面我们说过,尼达姆夫妇二人已近不惑之年,却一直膝下无子,对于一个普通人来说,这难免会引起焦虑感,而对于专门研究胚胎发育的专家来说,这种情况就有点讽刺的意味了,所以如果约瑟夫·尼达姆陷入我们通常所说的"中年危机",这并不奇怪。

尼达姆夫妇两人都是非常敬业的科学家,他们几乎把全部的时间和精力都投入到了实验室的工作中,渴望获得更高的学术成就。但没有人能够保证科学发现的付出与收获必然会成正比。在探索未知领域时,运气和天赋,往往与勤奋和努力同等重要。在新兴的生物化学领域，尼达姆夫妇虽然已经身处这一领域的最前沿，但他们显然已经意识到，从化学的层面想要揭示生物成长发育和遗传变异的奥秘，还有无法克服的巨大障碍挡在面前，而他们的事业，可能已经来到了一个所谓的"平台期"。

尼达姆博士已经意识到："关键在于有一条鸿沟把原子—分子级同形态—解剖级隔开了；如果你要看到这两个世界的联系，那就非运用生物组织等级的理论不可。单是考虑在晶体或胶体介质中的反应，或者单是考虑细胞与组织关系，都是没有用的。你必须面对细胞质的结构以及细胞表面和细胞之间发生的相互作用的种种问题。你会发现，最直接的方法是研究分子，那些分子透过细胞的界限，决定着整个其他细胞群的形态发生的命运。"[①] 尼达姆博士也许已经预感到，使用传统的化学分析方法和光学显微镜等实验器具，他恐怕无法与卡文迪许实验室里那些使用着最新的 X 光衍射照相技术的年轻人展开竞赛了。那种想要获得成功、实现个人价值的强烈愿望，会驱使一个人痛苦地进行自我反思，试图寻求一次新的突破。

心理学家警告，陷入"中年危机"的男人容易迷恋上年轻的女性。1937 年约瑟夫 37 岁，他的夫人多萝西 41 岁，而来自遥远东方的女子鲁桂珍 33 岁。

在约瑟夫看来，一个孤身从战乱中逃离出来的女人，内在的坚毅与果敢恐怕也是他从其他女人身上见不到的。这位在英国难得一见的东方女子，她年轻、勇敢、聪明、伶俐，具有中国女性特有的温柔和内敛。

反观鲁桂珍，一个独自漂泊异国他乡的年轻女子，此刻最需要的是安全感，再没有人能像约瑟夫那样高大伟岸的身躯给人带来一种安全感了。约瑟夫·尼达姆博士事业有成，他所表现出来的随和与睿智，自然令多萝西的学生鲁桂珍对他充满了信任和好感。

鲁桂珍回忆她初到剑桥遇到尼达姆博士时的情景："我最初遇到他时……他已是一位以研究生物化学、胚胎学和实验形态学之间的边缘科学而闻名的剑桥科学家……他是威廉·邓恩爵士生化讲座副教授，仅次于他的亲密上司和老师霍普金斯爵士；当时他还兼任生物系学位评定委员会秘书。他从 1924 年起就是冈维尔－凯斯学院研究员……在我进入剑桥的时候，他已经是一个成功的甚至著名的生物化学家和胚胎学家了。……我在离开中国去英国的途中，凭着我所知道的他的一些著作，心里在想我将遇到一位白胡须老先生。然而站在我面前的却是一位头发乌黑的年轻生物化学家，气吁吁地东奔西走，身上穿件被做实验的酸液烧穿了好多孔的普通白

[①] 鲁桂珍：《李约瑟的前半生》，载李国豪、张孟闻、曹天钦主编《中国科技史探索》，上海古籍出版社，1986，第 22 页。

色工作服。"①

两人的交流中,对于中西文化的对比,自然有说不完的话题。

中国历史悠久,文化繁荣,但近代以来,中国人民却饱尝了帝国主义的侵略所带来的深重灾难。如何改变积贫积弱的现状,挽救国家,拯救民族,在那个时代的中国人心中,尤其是在鲁桂珍这样受过教育的中国知识阶层的心目中,成为至关重要的头等大事。强烈的民族自豪感和一再的屈辱感交织在一起,促使在海外留学的鲁桂珍把"为民族争光"当作了自己事业的目标。她渴望向西方人展示中国古代的科技成就,以反驳盛行的"欧洲中心论",为中华民族争取应得的尊重。

约瑟夫并不讳言,他从一开始就被这位来自东方的年轻女性鲁桂珍深深吸引了,彻底改变了自己对中国的看法,他给自己的这种改变做了一种独特的比喻,将之比喻为宗教上的"皈依"(conversion)②:"我的家庭从未与中国有任何牵连,既未产生过外交家,也未产生过传教士,没有谁能使我在童年时对世界另一边的可与希腊和罗马媲美的伟大文明有任何了解。在我略知汉字以前,我已 37 岁了,那时我是剑桥的一个生物化学家和胚胎学家。后来我发生了信仰上的皈依,我深思熟虑地用了这个词,因为颇有点像圣保罗在去大马士革的路上发生的皈依那样。……鲁桂珍和我在她于战争开始后离剑桥之前约定,必须在中国科技史和中国医学史方面做些工作。"③

鲁桂珍也说,自己"事先万万想不到,这些影响会产生这么大的结果——这些影响之大几乎无法理解。举一点来说,它们给他带来了(如他常对我说的)在有意无意中寻求已久的思想解放——从以为欧洲基督教世界的价值是绝对的思想中解放出来,认识到世界上存在着其他同样微妙复杂、同样迷人、同样值得探讨研究的思想体系和社会生活。……他不止一次对我说,天下自有对本国文明之外别一种文明整个儿地'一见倾心'的事……他相信其结果总是良好的,因为人类在走向团结一致的过程中,最需要的是相互尊重和相互了解。这种心理状态无法用意志强使产生,

---

① 鲁桂珍:《李约瑟的前半生》,载李国豪、张孟闻、曹天钦主编《中国科技史探索》,上海古籍出版社,1986,第 2—3 页。
② 李约瑟把自己的这段思想转变的经历比作基督教的圣徒保罗的皈依。保罗(约 5—约 67)出生于犹太家庭,起初他信仰的是犹太教。犹太教的《圣经》被称为《圣经·旧约》,把基督教的耶稣视为异端,根据《新约·使徒行传》(Act 9)记载,就在保罗要去大马士革抓捕耶稣信徒的路上,他突然被天上发出的光罩住,什么也看不见了,只听见一个声音说"我就是你所逼迫的耶稣……做你当做的事,必有人告诉你",三天之后耶稣指派另一位信徒使他重见光明,从此保罗改变了自己的信仰,皈依基督教。由于保罗认为自己是被耶稣所选中的传教使徒,所以他就通过自己的传道和写作来传播福音,最终成为了罗马帝国时期基督教早期主要的传教者和领导者之一,他被奉为外邦人的使徒。而保罗传教所写的内容,最终也成为了《圣经·新约》的一部分。
③ 李约瑟:《中文本序言》,载潘吉星主编《李约瑟文集》,辽宁科学技术出版社,1986,第 1—2 页。

而是自然形成的（'自然'是道家常用的词）；一旦形成，则语言的隔阂不成其为障碍，相互之间自然心领神会"①。

我们推测，约瑟夫·尼达姆博士在鲁桂珍的帮助下开始学习汉语之后，他就在鲁桂珍的建议下，给自己取了个中文名字——"李约瑟"。李约瑟的英文名字 Joseph Needham，其中名的部分 Joseph，通常译为汉语"约瑟"；姓的部分 Needham，发音很接近中文"李"这个姓的读音，再加上他对中国的道教极感兴趣，认为道家其实就是化学家们的先驱，而传说道家的创始人是老子，姓李，名耳，字聃，所以他选择了"李"来作为自己的姓，显然也有追奉道教为先祖的意图。英文名在前，姓在后，变成中文，姓在前，名在后，就是"李约瑟"。

对李约瑟和鲁桂珍之间的这段情感故事感兴趣的读者，可以去看王钱国忠或文思淼写的李约瑟传记，其中有些地方是合理推测，有些情节则纯属想象了。因为遵照李约瑟的遗嘱，保存在剑桥大学的图书馆里的他和鲁桂珍之间的私人信函等档案，只能在他去世 50 年（即 2045 年）之后才可公开，所以任何关于他们两人之间感情关系的说法，目前还只能停留在猜测的层面上。

1939 年，李约瑟与鲁桂珍合作完成了他们的第一篇中国科技史论文——《中国营养学史上的一个贡献》②。"文章研究忽思慧③及其约成书于 1330 年的论饮食疗法的著作，忽思慧在该书中首先指出关于维生素缺乏症的经验发现。……（这）只是（我们找到的）中国人远在欧洲人之前做出的许多发现与发明中的第一个。"④

中年危机要么通过一反常态的行为来宣泄情绪，改变自己的生活状态；要么如弗洛伊德所说，把这种情绪和精力升华，投入到一个全新的、理想的事业中去。也许就是这次中年危机，让李约瑟开始谋求要转变自己的学术道路，进而彻底改变了自己的人生轨迹。所以，何丙郁先生曾说："假如没有鲁桂珍，就不会有李约瑟，只在生物化学的领域有一个 Joseph Needham。"⑤

1938 年圣诞节，鲁桂珍以一本《三字经》作为礼物送给正在学习中文的李约瑟。她在书的环衬页的左边题上了一句话："恭祝约兄，新年进步，为民族争光。"收到这本赠书后，李约瑟就在环衬页的右边写上了自己的理解。他将"为民族争光"这句话翻译成 "Towards the people's mutual understanding" 即 "以人类的相互理解为

---

① 鲁桂珍：《李约瑟的前半生》，载李国豪、张孟闻、曹天钦主编《中国科技史探索》，上海古籍出版社，1986，第 35 页。
② Lu Gwei-Djen and Joseph Needham, "A Contribution to the History of Chinese Dietetics," *ISIS*, Apr., 1951, Vol. 42, No. 1 (Apr., 1951), pp. 13—20. 两人合作的论文在 1939 年提交，但因战争中断了 *ISIS* 刊物的印刷出版，导致这篇论文到 1951 年才得以刊出。它的撰写日期应该就是两人合作的开始。
③ 忽思慧，中国古代医家，他在元文宗天历三年（1330）编撰成《饮膳正要》一书。
④ 李约瑟：《中文本序言》，载潘吉星主编《李约瑟文集》，辽宁科学技术出版社，1986，第 1—2 页。
⑤ 何丙郁：《如何正视李约瑟博士的中国科技史研究》，《西北大学学报（自然科学版）》1996 年第 2 期。

目标"。

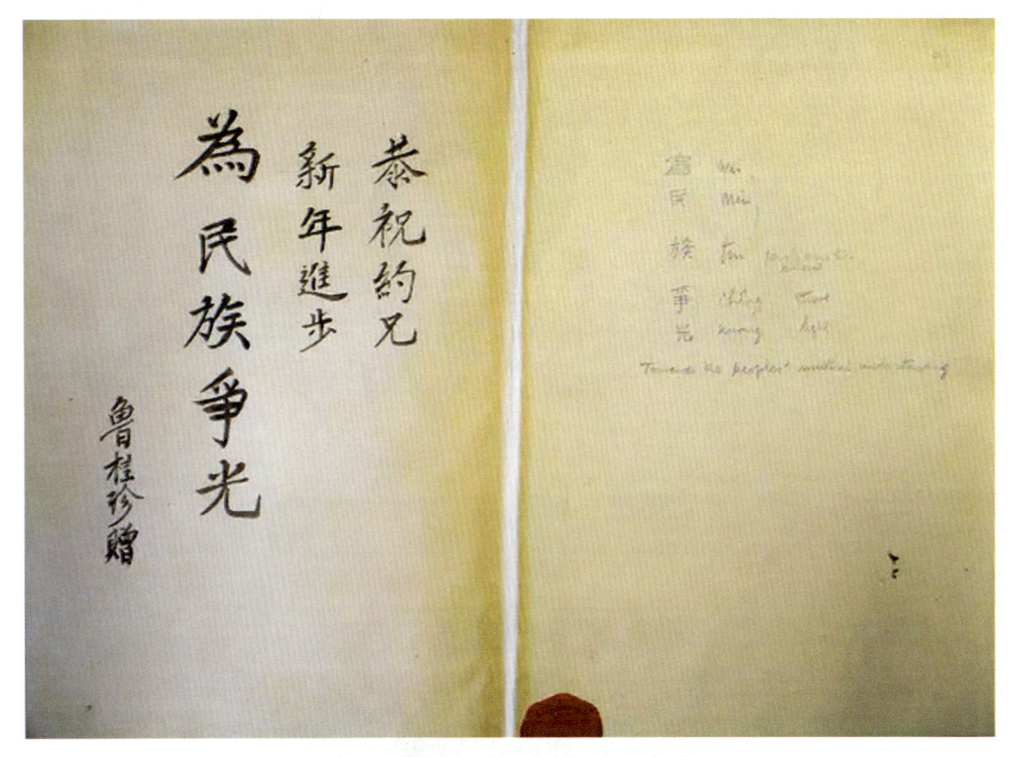

图 2-10　鲁桂珍书赠李约瑟（1938）[①]

东西方在世界观和价值观上存在的差异，也同样地存在于鲁桂珍和约瑟夫·尼达姆之间，影响了各自对中国古代科学技术的看法。李约瑟的目的是要促进人类不同文化间的相互理解，让科学成为造福全人类的共同事业。

---

① 王扬宗：《李约瑟的婚外恋与"李约瑟难题"》，《科学文化评论》2005 年第 3 期。

(1)

(2)

图 2-11　鲁桂珍（李约瑟于 1948 年拍摄于法国芒特拉若利）

命运的转折

有一次在剑桥大学东亚系听报告的时候，我偶然遇到了《剑桥：大学与小镇800年》①一书的作者柯瑞思（Nicholas Chrimes），我们攀谈起来。在得知我来自中国，又在李约瑟研究所访学之后，他说自己对李约瑟也很感兴趣，只是不明白，为什么约瑟夫·尼达姆能够成为中国科技史研究的翘楚，他的著作SCC能够成为这一领域的高峰。因为在柯瑞思看来，与后来成为中国科学技术史方面泰斗的李约瑟相比，当年在剑桥的那位生物化学博士约瑟夫·尼达姆，只不过是一个普通人罢了。

我对他提出这样的问题颇感意外。说李约瑟是个普通人可是我从未想过的。我说就我所知，李约瑟在写SCC之前就已经是皇家学会的院士了，而按照我们中国人的理解，院士享有的学术地位非常崇高，由此可以推想，李约瑟在写作SCC之前就已经跻身学术金字塔的顶端了，怎么能说他只是一个普通人呢？

但是显然，我这样的回答并没有令柯瑞思感到满意。后来莫弗特馆长和我又聊起此事，不得不反思，也许是因为我们自己对李约瑟太熟悉了，所以难以像别人那样站在一个完全客观的立场上来看待李约瑟。在柯瑞思看来，约瑟夫·尼达姆人到中年，成就平平，在剑桥这样的人并不少见，谁能想到他后来竟能在一个全新的领域从头开始，反倒取得了那么大的成就！这是他想象不到的，认为其中必然有值得发掘的原因。

这个问题促使我们不得不重新去思考——李约瑟真的是一个天才人物吗？有没有可能，他原本只是一个跟你我一样的普通人呢？这又是一个"先有鸡还是先有蛋"的问题——到底是SCC这部书因约瑟夫·尼达姆博士而扬名呢，还是因为SCC这部名著把约瑟夫·尼达姆博士变成了大名鼎鼎的李约瑟？

我也曾拿同样的问题当面请教过研究李约瑟的专家王钱国忠先生："为什么已届中年、从零开始，李约瑟还能够成为中国科技史研究的翘楚呢？"他的回答也很有意思。他说在他看来，"这很正常。这是因为受到了鲁桂珍的影响。李约瑟想要在鲁桂珍面前表现出自己无所不能的超人能力，能够驾驭任何一个全新的领域，哪怕是从头开始，也一样可以取得超越常人的成就"。

---

① 由生活·读书·新知三联书店于2013年出版。

当一个中年人、一个身处前沿的生物化学家,约瑟夫·尼达姆博士事业受阻,想要寻求突破的时候,他遇到了一位来自异国他乡的缪斯女神——鲁桂珍。受到鲁桂珍的启发和吸引,他在38岁的时候,突然做出了一个在别人看来不可思议的决定,转而去学习一门新的语言——汉语——这一被很多外国人认为是最难学的外语;进而想要用这门最难的语言,去研究一个全新的方向——中国科学技术史,与他已经熟悉的领域——生物化学专业毫不相关。但凡是一个理智的人,即便是在我们今天仅仅作为旁观者看来,都会觉得这是一个颇为冒险的决定,实在难以让人理解。而令人吃惊的是,他竟然如愿以偿地成功了。更令人好奇的是,他究竟是如何取得成功的。

学习汉语

约瑟夫·尼达姆博士对中国的了解，最开始的启蒙来自鲁桂珍。兴许是爱屋及乌的原因吧，他想要从鲁桂珍这里学点汉语，并讨论一些中西方文化方面的差异。他自己说："我能够初步了解汉语，并且不得不通过书写许多既好笑又烦人的（与鲁桂珍的）信件的方式来掌握它。"[①]

鲁桂珍说："我怎能不帮助他学习汉语呢，纵使好比返回到了幼儿园，经常接读和回复他简单的中文书信。可是他终于一点一点获得了他渴求的知识，并进一步要求读懂中国历代的文章。"[②]

学习外语之难，我们都有体会。李约瑟刚开始学习中文的时候，应该更多的是出于单纯的兴趣，并没有明确而清晰的目的。出于兴趣学习一门外语是一回事，把一门外语作为工作语言来学习是另一回事。等到他确定下来要和鲁桂珍合作从事中国科技史研究之后，常规的通过教材来学习汉语的方法就不适合他了，所以李约瑟需要找到一些适合自己的方法来学习中文。

汉语与英语最大的不同，是汉字表意而英语表音，所以西方人学习汉语的方式与中国人学习英语的方法有很大的不同。我们都有体会，学会26个英文字母很简单，但要记住大量的英语单词则很难，尤其是记住不同单词在读音上的细微差别。我们中国人习惯于记忆字形，而非读音。熟悉表音文字的西方人，学习汉语的方法就和我们想象的不一样。李约瑟是从读音入手的。

> 当我开始研究中文时，我采用了一种很少有人提倡的方法，可是这种方法显然是有用的。我把笔记本的每一页写上四十个韵母中的一个……并在每一页上成纵列写上一套二十三个声母……再用四纵栏区分四声。然后将学过的字填

[①] 李约瑟：《中国科学技术史（第一卷　导论）》，科学出版社、上海古籍出版社，1990，第8页。
[②] 鲁桂珍：《李约瑟的前半生》，载李国豪、张孟闻、曹天钦主编《中国科技史探索》，上海古籍出版社，1986，第6页。

在它们合适的位置上,就像在笛卡儿坐标上那样。① 一本笔记本上写文字,另一本上则写它们相应的拉丁拼音,把写和读分开来,这一方法已证明对学中文是非常有用的。……过去,我完全不知道我所用的方法和中国学者们许多世纪以来用以分析字音的方法相似。他们发明了"反切"体系作为文字的"拼音"方法。像上述那样把所有的单音节分开,他们便能指出给定的字的发音,例如,kan 是由 k (uo) + (h)an 反切读出的。这一方法似乎始于公元 270 年左右魏国(三国时代)的孙炎,也许是与梵文学者的交往而促成的。古代用反切法来表明字音的最重要的辞典是陆法言的《切韵》,该书经过长期编写,在 601 年,即在唐代以前不久的隋代出版。这一著作本身作为一个整体是散佚了,可是它的"拼法"却保留了下来,一直为后世所沿用。②

在李约瑟写下这段文字的时候,中国还没有一种统一的拼音方法。李约瑟使用了一种"威妥玛拼音系统"(Wade-Giles system)来标示汉字的读音。威妥玛拼音是由剑桥大学先后两位汉语教授威妥玛③和翟理斯④创制与修订的,是当时西方一种流行的汉语拼音方法。中国直到 1958 年才建立了自己的汉语拼音方案。

接着,李约瑟进行了一项耗费时日的统计工作,他试图用科学的方法来研究和分析中文的规律。

由于中文是严格的单音节语言,每一个字的读音都由一个声母加一个韵母组合而成,所以他应该是费了好大的劲儿才做出来一个表格(见图 3-1),其中横轴是前面起头的声母(即辅音,Initials)19 个,纵轴是后面的韵母(即元音,Finals)组合共 40 个,这样合在一起共有 760 个组合,都是可能的读音组合。李约瑟想把自己学来的汉字填入到对应读音的位置上。当把《康熙字典》里的 4 万多个汉字,按照"北京官话"的读音逐一放到这个表格中,他惊奇地发现,竟然有很多位置上是空的,并未使用到,也就是说,有很多读音的组合在汉语中是没有对应的汉字的。

---

① 参见插图 3-1:汉字的发音组合。注意,此处所说的"23 个声母"与表中实际只有 19 列并不相符。
② 李约瑟:《中国科学技术史(第一卷 导论)》,科学出版社、上海古籍出版社,1990,第 32—33 页。
③ 威妥玛(Thomas Francis Wade,1818—1895),英国外交官与汉学家,曾在中国生活四十余年,著有《语言自迩集》等著作。他在 1871—1882 年任英国驻华公使。1888 年任剑桥大学首位汉语教授。在华期间曾编汉语课本,并设计用拉丁字母拼写汉字的方法,被称为"威妥玛式拼法"。
④ 翟理斯(Herbert Allen Giles,1845—1935),汉学家、英国驻华外交官。1892 年出版《汉英词典》(*A Chinese-English Dictionary*)。1897 年接替威妥玛成为剑桥大学第二位中文教授,任职长达 35 年之久。他修改了威妥玛建立的汉语拉丁字母拼写法,形成了广为人知的"威妥玛式拼音"。

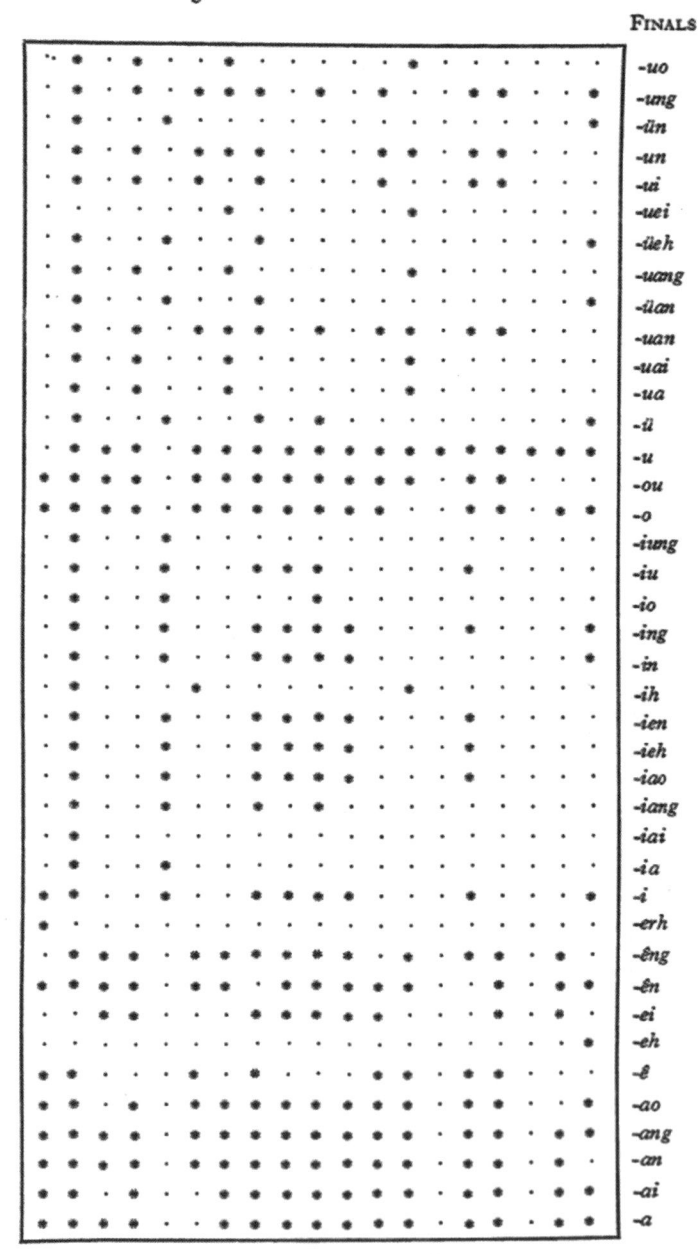

图 3-1　汉字的发音组合表（见 SCC 第一卷第 37 页）

从上表可以看出，中文语音少到什么程度。这个表是按威妥玛－翟理斯系统（北方官话）编制的，表中的空白点表示缺少了许多可能的语音组合。实际上，至少有 58.8%[①]，即一半以上的可能语音组合都空着。为了了解这一情况，人们应该知道，《康熙字典》共有字 49 000 个，但使用的音只有 412 个。在实际应用中，这种状况由于使用四声而有所缓和，使可能适用的语音数目增加到 1 648 个左右[②]。因此，平均算来，每一个语音大约有 40 个意义。……在创造科学名词时，西欧不仅可以用希腊文和拉丁文词根，而且还可以用阿拉伯文词根，把它们添加到原来已经很丰富的条顿语的复杂的辅音组合词中……这样便发展出许多差不多同义的词，它们可以表达意义的许多极细微的差别。中文则没有这样的资源可供利用，虽然它也有几乎是无限的可能性，可以形成许多新的视觉组合字。[③]

忽略简单的统计错误，李约瑟的这个发现还是很有趣的。这样的分析看起来很简单，但之前并未有人认真做过。我想没有中国人对我们日常已经能够熟练使用的汉字做过这样的分析。小时候学认字的时候，我们的老师也不会从这样的分析开始来教我们识字，也许这就是李约瑟作为一个科学家学习外语的独特之处吧。

可以想见，对于尚在学习中文阶段的李约瑟来说，要把《康熙字典》中的那四万多个汉字一个一个地摆放到这样的表格中，完成统计，该是一件多么麻烦、多么耗时费劲而又吃力不讨好的事情啊！前人没有这样做，并非不知道这样的方法，而是不愿意下这样的苦功夫吧。就像鲁桂珍说的，李约瑟真的是有着一种近乎"愚勇"的精神。[④]

李约瑟用他化学家的方法，来学习汉语的字形。他把汉字拆分成部首和笔画，然后用化学的分子和原子概念来帮助自己理解和记忆：

> 对于研究中国文字的自然科学家来说，若把汉字的偏旁部首比作"原子"，可能是有帮助的——汉字大致可以看作许多化学分子，它们是由一套 214 个原

[①] 不知道李约瑟是如何计算的。按照 19 × 40 = 760（个）位置，其中 412 个位置上有读音，那算出来的空白位置有 760-412 = 348（个），如果除以 760 的话，应为 45.8%，而不是李约瑟所说的 58.8%。
[②] SCC 英文版原文写的是 "1 280" 种不同的读音，这又是一个简单的数学计算错误，412 × 4 = 1 648（个），所以中文版直接改成了 1 648 个，但未加注解。
[③] 李约瑟：《中国科学技术史（第一卷 导论）》，科学出版社、上海古籍出版社，1990，第 33—36 页。
[④] 鲁桂珍：《李约瑟的前半生》，载李国豪、张孟闻、曹天钦主编《中国科技史探索》，上海古籍出版社，1986，第 5 页。

子用各种排列组合方法构成的。……在一个"分子"中所包括的"原子"可以多至 7 个，并且"原子"可以重复（像形成晶体一样），在一个字中可以有三个同样的要素，例如在"森"字中，"木"这一部首便重复了三次。①

其实，历史上，傅兰雅（John Fryer，1839—1928）和徐寿（1818—1884）合作翻译西方化学书籍，编写中国近代第一本化学教科书《化学鉴原》（1871）的时候，也是运用汉字偏旁部首的特点，创造出了很多化学元素的中文名称。他们首先根据元素的天然形态分为固态、液态和气态，让金属元素使用金字旁，如铜、铑；非金属元素固态的使用石字旁，如硅、碳，液态的使用三点水，如溴，气态的使用气字旁，如氧、氟。

又利用形声字的特点，有些用元素的英语的第一个音节读音，创制出了一些新字：

K（Kalium）＝金＋甲→钾

Na（Natrium）＝金＋内→钠

W（Wolfram）＝金＋乌→钨

有些用元素的化学特性，造出了一些新字：

溴（味道臭）

氯（颜色黄绿色）

氢（重量轻）

氮（取冲淡空气之意）

氧（取"养育"生命之意）

铂（"白金"的意思）②

李约瑟的中文学习笔记有好几种：

《李约瑟的英汉字话书》（1939）是以读音分类，把汉字分别填入声母加韵母的排列组合表格中（见图 3-2）。

他自编的《汉英字典》③（1940）是将 214 个部首所属的汉字，分别归入竖、撇、捺、方框（如"回""口"等）与"其他"五大类中。

李约瑟还对汉语的语法进行了分析，他自编了一本汉语的《中国文理法》（1940）。

《行字典》（Self-made Chinese Phrase Book，1964）是一种记录汉语词组和短

---

① 李约瑟：《中国科学技术史（第一卷　导论）》，科学出版社、上海古籍出版社，1990，第 30 页。

② 参见 wikipedia "化学元素的中文命名法"。

③ Chinese-English Character Dictionary (NRI 2/6/1).

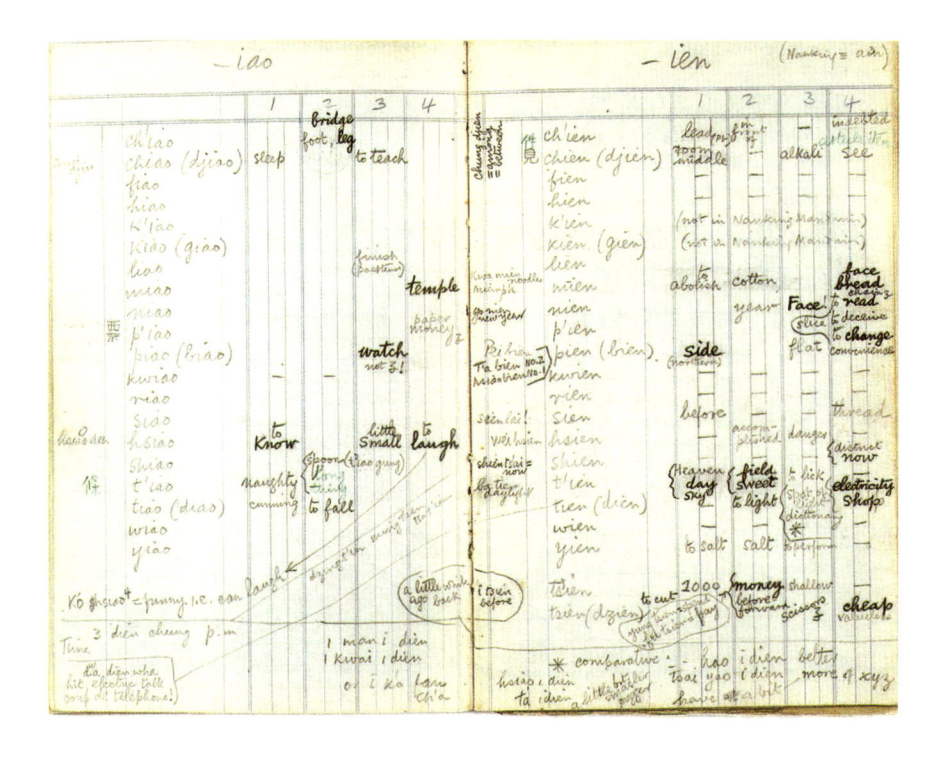

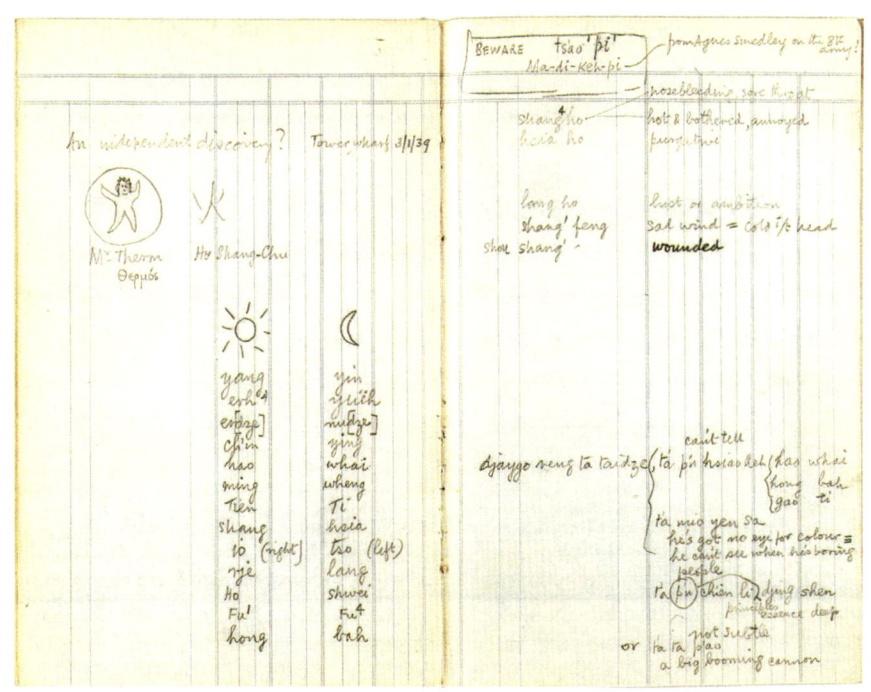

图 3-2 李约瑟学习汉语的笔记《李约瑟的英汉字话书》

语的笔记。

此外还有《中文简繁字对照》的笔记本，等等。①

剑桥李约瑟研究所研究员程思丽博士（Dr. Sally Church）曾对李约瑟的这几本笔记专门做过研究。她分析了"李约瑟学习汉语的科学方法"（Needham's Scientific Approach to Language Learning），发现李约瑟自编的《英汉字典》其实使用的是他自编的一套系统，有116个部首，而非《康熙字典》的214个部首。

李约瑟敏锐地领悟到汉语的优势在于它是一种书面语，和欧洲通用的拉丁语有异曲同工之妙，虽然存在着许多不同的方言和口语，可是用来记录的汉字却是统一的。

> 这种古老的文字，尽管字义不明确，却有一种精练、简洁和玉琢般的特质，给人的印象是朴素而优雅，简练而有力，超过人类创造出来的表达思想感情的任何其他工具。……正如高本汉②所说：一千多年以来，文言文一直是一种人为之物，而且尽管有那么多格调的变化，这些年代以来它基本上是一样的。一个中国人一旦掌握了它，他所读的诗，无论是在基督时代写的，还是公元一千年以后写的，或者是昨天写的，从语言学观点上看，对他都是一样的，不管是什么时代写的，他都能理解并欣赏它。可是在别的国家，书写文字随着口语而演变，在几个世纪中就可形成一种实际上完全新的书面语言。今天普通的英国人几乎看不懂三四百年前的本国文学作品；最早期的文学作品只有经过专门的语言学学习才能欣赏。对中国人来说，则是数千年的文学作品都能欣赏；他们对本国古代文化的无比热爱和理解，大都是由于文言文的这种特殊性质之故。③

鲁桂珍评价李约瑟学习汉语的方法时说："他从没有受过正规的汉语教育，没有像读剑桥大学东方学科荣誉学位的学生那样下过修毕全部正常课程的苦功夫，……真正对他有帮助的是当时剑桥的汉语教授捷克学者古斯塔夫·哈隆④，他看到一个年近四十、正在积极工作的科学家决心要学习汉语，认为在这特殊情况下，一般的教学方法是不行的，因为时间不容许。因此他安排了每周两个小时，同他一起讨论他自己翻译了准备出版的《管子》，那是公元前四五世纪的一部难读的哲学经济著作。

---

① 对这几本笔记本感兴趣的读者可以参阅《李约瑟与抗战时中国的科学》，科学工艺博物馆，2000年版，第110—119页。
② 高本汉（Klas Bernhard Johannes Karlgren，1889—1978），瑞典汉学家，主要研究中文的音韵学。
③ 李约瑟：《中国科学技术史（第一卷　导论）》，科学出版社、上海古籍出版社，1990，第39页。
④ 古斯塔夫·哈隆（Gustav Haloun，1898—1951）是一位捷克汉学家。他在1923年获得博士学位后，先在捷克布拉格的查理大学（Charles University）任教并获得了"特许任教资格"（Habilitation），然后在德国的哈勒-维滕贝格大学（Universität Halle-Wittenberg）和哥廷根大学（University of Göttingen）任教，1938年来到剑桥大学，担任中国语言和历史的讲席教授，主要研究中国古代哲学。

介绍认识古代中国哲学家和他们所使用的文字，这是最引人入胜的途径。"[1]

李约瑟也说他非常荣幸能得到汉学家哈隆教授的指导，"他同我一起学习《管子》一书，通过这一学习，我体会到阅读中国古籍的艰难。他对我的这些多种方式的帮助，一直持续到1951年年底他逝世的时候。在他逝世前几天，我还打电话向他请教有关《鹖冠子》[2]这本奇怪的书的问题，他当即花了一刻钟时间详细说明了该书的疑难之处"[3]。

由于威妥玛－翟理斯汉字拼音系统中用很多撇号来指明送气辅音，李约瑟还遵从哈隆教授的建议，根据自己的打字习惯，对这种标音方法做了一些调整，如把在打字机上并不容易输入的撇号用字母h来代替，将ch'-改成了chh-，p'-改成了ph-。[4]

学习外语是一件辛苦的事，只有最适合自己的方法而没有最好的方法。令人好奇的是，经过几年的学习之后，李约瑟的汉语水平到底如何了呢？1942年，剑桥大学出版社又出版了尼达姆博士的另一部著作——《生物化学与形态发生》。在这本书的卷首语中，李约瑟已经情不自禁地要把自己学习汉语的热情和收获展示出来了。

他选了孟子的一句话作为他的新书的卷首语——"孟子曰：博学而详说之，将以反说约也。"（见图3-3）这句话出自《孟子·离娄下》。李约瑟采用了直译，将之翻译成："孟子说：广博地学习，详尽地叙述，然后，总结其精华。"[5]

要明白这句话的含义，我们需要把它放到上下文中去理解。《孟子》中这段话的上文是："君子深造之以道，欲其自得之也。自得之，则居之安；居之安，则资之深；资之深，则取之左右逢其原，故君子欲其自得之也。"意思是说：君子必须按照正确的方法来钻研学问，为的是能自己掌握它。自己掌握的知识，才能觉得放心；自己觉得放心了，才能深入地参考和引用；参考引用得深了，就能左右逢源、取之不尽，所以，君子想要自己掌握知识。

李约瑟想要通过自学中国古代经典来学习中文，再通过中文了解中国文化。他大概是在读到了这段话后，不觉心有戚戚焉，从中领悟到了中国传统文化博大精深的特点，于是便想借用这句话来表达自己的治学思想。

---

[1] 鲁桂珍：《李约瑟的前半生》，载李国豪、张孟闻、曹天钦主编《中国科技史探索》，上海古籍出版社，1986，第35页。
[2] 《鹖冠子》是一部中国古代的道家著作，相传是一位战国时期隐居深山的楚国人所作。鹖（hé）是一种类似雉的有着黄褐色尾羽的鸟。此人"以鹖为冠"，所以叫"鹖冠子"。
[3] 李约瑟：《中国科学技术史（第一卷 导论）》，科学出版社、上海古籍出版社，1990，第8—9页。
[4] 同上书，第26页。
[5] Mencius said: extensively learn and in all detail state it, so that later, summarise its essence. 4th century B.C. 理雅各（James Legge）是第一个把《孟子》翻译成英语的人，他的译文是：Mencius said, "In learning extensively and discussing minutely what is learned, the object of the superior man is that he may be able to go back and set forth in brief what is essential." 这里的the superior man指的是君子。理雅各的翻译颇具古文的严谨，李约瑟的翻译则更通俗易懂。

孟子曰
博學而
詳說之
將以反
說約也

Mencius said: *extensively learn and in all detail state it, so that later, summarise its essence.*
4th century B.C.

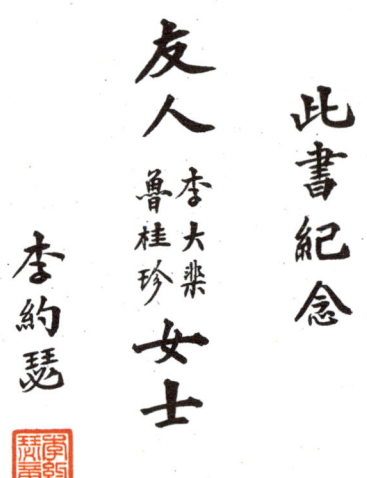

此書紀念
友人 李大棐
魯桂珍 女士
李約瑟

图 3-3　《生物化学与形态发生》卷首语

俗话说"文如其人""字如其人"。看到卷首语这么漂亮的中文书法，以及"此书纪念友人李大棐、鲁桂珍女士"的献词，落款的"李约瑟"和篆刻名章，如果这真的代表了李约瑟的汉语水平，那可真令我等汗颜！经过核实之后，我们发现这实际上是李约瑟请他的一位没有留下姓名的中国朋友代书的。

中国行程

"纸上得来终觉浅,绝知此事要躬行。"李约瑟认识到学习外语的好处,是能够从别人的视角反观自身。"熟谙中国文明的最大好处,也许是在于它仿佛能使你从外面来看欧洲文明。"[1] 李约瑟根据自己学习汉语的体会和思考,敏锐地意识到,自己身处的整个西方世界对中国这个古老的文明实在是知之甚少。哥伦布发现新大陆的故事,斯坦因[2]在中国敦煌探险发现大量古卷的传奇,都激励着李约瑟也想要亲身前往中国,一探究竟。李约瑟对学习汉语的兴趣,很快就转移到对中国文化的向往和进一步对中国古代科学与技术成就的探究之中。在开始学习汉语之后,他一直想要找个机会亲自到那个遥远的国度看看,打算利用自己大学提供给教授的每七年一次的学术休假(sabbatical leave),寻求一次前往中国大学交流访问的机会。[3]

随着 1939 年 9 月 1 日德国进攻波兰,9 月 3 日英、法向德国宣战,第二次世界大战的战火在欧洲点燃。此刻的中国,也正处在顽强抵抗日军疯狂进攻的战火中,战况激烈。从 1938 年开始,日军持续数年对中国的抗战政治中心重庆进行无差别的轰炸,给中国人民带来深重灾难,造成了大量民众牺牲。在这样严酷的战争环境下,李约瑟想要去中国访问的愿望迟迟未能实现。

1940 年 5 月欧洲战场的战局再次突变,德国以闪电战入侵荷兰、比利时,绕过法国所设下的马奇诺防线,使前来援助比利时的盟军陷入包围之中。英国军队被迫紧急从敦刻尔克撤离,很快法国政府便宣布投降。

纳粹德国占领法国后,随即发动对英国的空中攻势,意图取得制空权,准备登

---

[1] 鲁桂珍:《李约瑟的前半生》,载李国豪、张孟闻、曹天钦主编《中国科技史探索》,上海古籍出版社,1986,第 7 页。
[2] 斯坦因,即马克·奥里尔·斯坦因(Mark Aurel Stein,1862—1943),匈牙利出生的英国人类学家和探险家。他曾经进行过四次中亚考察,以其在 1907 年骗取道士王圆箓的信任,低价将中国敦煌莫高窟千佛洞中所藏的大量佛经文物买走,后偷运至欧洲的经历最为知名。这批敦煌文献现藏于大英图书馆,其中印制于唐朝咸通年间的《金刚经》(Diamond Sutra)是目前存世的最早的印刷品之一。
[3] 王玉丰:《从剑桥大学图书馆李约瑟档案看李约瑟抗战时的使华经过》,载《李约瑟与抗战时中国的科学》,科学工艺博物馆,2000,第 38—45 页。

陆入侵英国。一场大规模的空战——不列颠战役（Battle of Britain）开始了。德军疯狂地对伦敦进行大规模空袭，英国全国上下同仇敌忾，皇家空军英勇反击，挫败了德军的入侵企图。受挫的德军转而进攻苏联，在1941年6月22日发起巴巴罗萨行动，苏德战争爆发。

1941年12月7日，日本偷袭珍珠港，第二天美、英对日宣战。紧跟着，中国也在12月9日对日正式宣战。中国与英国签订了友好同盟条约，中国派出远征军赴缅甸协助英军。中国加入同盟国抵抗轴心国的四强（中、苏、美、英）之列后，国际地位大为提升，中外科技文化交流得到恢复。

在国际局势发生变化之后，1942年英国政府决定选派科学家前往访问和支援战时的中国。但在当时的英国学者中，懂得中文的人毕竟太少了。刚在1941年获选成为皇家学会院士的李约瑟，由于不惧战争危险，多次主动要求到中国去访问的精神，再加上他会中文这一有利条件，终于如愿成为被派往中国的合适人选。最终，李约瑟作为英国皇家学会的代表，牛津大学的希腊文教授陶育礼（Eric Robertson Dodds, 1893—1979）作为英国国家学术院①的代表，受英国文化协会（The British Council）派遣，组成了"英国文化科学赴中国使团"（British Cultural and Scientific Mission to China），前往中国进行科学文化交流，以支持中国人民的抗日斗争。

这赋予了李约瑟一项与之前来华的西方汉学家们截然不同的使命，他不是为了传教或出使的任务来中国的，而是作为战争中的盟友来向艰苦抗日中的中国科学界提供支援和帮助的。在中国人的心目中，像李约瑟这样主动选择在中国最困难的时刻前来提供帮助的人，不仅是一位雪中送炭的朋友，更是一位并肩作战的战友！

1943年2月24日，李约瑟从印度加尔各答出发，沿着"驼峰航线"，飞越喜马拉雅山脉，抵达昆明，由此开始了他长达3年的中国行程。直到中国彻底取得抗战胜利之后的1946年4月，他才离开中国，转赴法国巴黎联合国教科文组织任职。②

后来陶育礼教授的官方评传中，仅有一句话提到他曾去过中国，这段经历对他本人来说也只是一个小小的插曲，他更多的是作为一个观察者的角色来到中国的。与之相反，李约瑟则是一个积极的参与者，他选择了把自己的命运与中国紧密地联结在一起。

到达中国不久，为了给在难以想象的困难条件下仍然坚持进行科研工作的中国科学家、工程师和医务人员以实实在在的帮助，李约瑟在英国驻华大使薛穆爵士③的支持下，筹组设立了"中英科学合作馆"（Sino-British Scientific Co-operation

---

① 英国国家学术院（British Academy）是英国最高的学术团体之一，以人文学科与社会科学为主。
② 王（钱）国忠：《李约瑟与中国》，上海科学普及出版社，1992，第67页。
③ 薛穆爵士（Sir Horace James Seymour，1885—1978），1942—1946年任英国驻华大使。

Office），这一国际合作机构后来在抗战期间发挥了巨大的作用。

"中英科学合作馆"的正式名称是"英国文化协会驻华科学办事处"，这是一个附属于英国大使馆，由英国议会资助的合作机构，与从沦陷区撤退到后方的中国政府部门和科研机构建立起了广泛的联系，并通过"驼峰航线"向中国提供了大量急需的仪器设备和书籍。

(1)

(2)

图 3-4　李约瑟在华期间的证件和名片

在华期间，李约瑟几乎走遍了中国没有被日军占领的西北、西南和东南等地。他参观内迁的大学、实验室、工厂，与科学家和学术界人士进行了广泛交流，探讨他感兴趣的话题——中国的科学、技术和医学史，并且搜集了大量中文图书和资料。中国之行期间，李约瑟拍摄了上千张照片，为中国人民在伟大抗日战争中坚强不屈的奋斗历史留下了很多珍贵的史料见证。[①]

在四川乐山，他访问了迁往那里的武汉大学，并去李庄参观了迁往那里的同济大学和中央研究院的几个部门：历史语言研究所、社会学研究所、考古博物馆和中国建筑学史研究所。当时这里集合了全中国最优秀的从事中国历史文化研究的专家。

西北方向，为了对敦煌做一次探访，李约瑟从英国空军部队领来一辆卡车，雇了一位司机，按着计划从重庆出发，经成都向兰州进发，沿着古老的"丝绸之路"探访，通过河西走廊到老君庙油田（这是当时中国内地唯一的石油产区），然后从老君庙转往敦煌，接着经兰州、西安、成都，返回重庆。原先预计的行程只有两个月时间，结果一路上历经坎坷，实际上这次旅行从1943年8月7日到1944年1月21日，一共历时五个多月才最终完成。

东南方向，1944年4月8日至7月21日，他一路奔赴贵州遵义，参观了迁往那里的浙江大学；然后经广西桂林、湖南衡阳，探访了广东的岭南大学、中山大学；经江西赣县、瑞金来到长汀，找到厦门大学；最后来到福州。接着为了抢在日军侵陷衡阳之前通过铁路枢纽的衡阳大桥，他们又一口气驾车冲过江西、广东、湖南三省，返回桂林；在良丰参观了广西大学以及中央研究院的地质、物理、心理三个研究所，之后返回重庆。

西南方向，在云南昆明，他参观了国立西南联合大学（简称西南联大）。这是一所抗战时期由内迁的北大、清华、南开在云南昆明共同组成的联合大学。校务由时任清华校长梅贻琦、北大校长蒋梦麟和南开校长张伯苓组成的常务委员会共同管理。西南联大历时8年，在抗战时期为中国保存了一支重要的科研力量，并培养了大批优秀人才。

李约瑟访华期间悬挂在办公室里的一幅地图，曾经跟随着他走遍了中国。今天这幅老旧发黄的地图，依然悬挂在剑桥李约瑟研究所的墙上，记录着他当年遍访中国的足迹。

在重庆嘉陵江畔一栋特地建造的办公室中，"中英科学合作馆"持续运作至抗战胜利后的1946年初。共有29名工作人员，包括李约瑟的妻子李大斐和鲁桂珍，曾经在此开展工作。1945年4月李约瑟回顾两年来的工作，总结成绩：

---

① 这些照片作为李约瑟档案的一部分，参见 http://www.nri.cam.ac.uk/JN_wartime_photos/。

图 3-5　李约瑟、吴作人、孙光俊和王万盛四人在敦煌月牙泉鸣沙山[①]

1. 约有 10 吨的科学仪器送往约 310 个中国实验室。这个数字虽然比起输入的军需物品来说微不足道，但这些单个重量寥寥无几的设备，其科学价值却很大。

2. 有 3 000 余册科学和技术书籍送往中国。

3. 该机构的代表亲自参观了 220 个中国的科学、技术和教育机构。

4. 目前为重庆的国际缩微胶片委员会流通服务处提供了约 200 种英国杂志，以及它们的 6 套缩微胶片。

5. 送出约 100 篇中国科学家的原创论文，在西方科学期刊上发表，并为西方图书馆送来许多中文出版物。

……协助从中国每年选拔 5 名访问教授和 40 名奖学金获得者赴英国。[②]

"中英科学合作馆"　在抗日战争的困难时刻，为中国科学界同行雪中送炭，提

---

① Joseph Needham, Wu Tso-Rjen, Sun Kuang-chun and Wang Wan-sheng on horseback in the desert near Yue Ya Quan near Tunhuang, Kansu. Photographer probably Kuang Wei（邝威）, courtesy of the Needham Research Institute. Reference: GBR/1928/NRI2/10/1/1/3/4/23.

② 李约瑟：《科学的地位：以及战后世界组织中的国际科学合作》，刘晓、王洋译，《科学文化评论》，2018 年第 1 期。

供物质上的帮助和精神上的支持,为科学研究机构提供了大量急需的实验器材、试剂和最新出版的科学书籍,把中国学者的研究成果介绍到国外发表,极大地支持了中国科学界同行的工作。战后,李约瑟在联合国教科文组织工作,将他在重庆期间设立"中英科学合作馆"的经验推广服务于更多的发展中国家。

李约瑟和李大斐将他们的旅行日记和报告编为《科学前哨》(*Science Outpost*)在英出版,这本书后来由徐贤恭和刘建康翻译成中文,在中华书局出版,取名为《战时中国之科学》。李约瑟还出版了他拍摄的战时中国的影集,取名为《中国科学》(*Chinese Science*)。

时任浙江大学校长的竺可桢[①]在1949年2月23日的日记中客观地评价了李约瑟战时来华三年间,"经十省,行二万五千公里,视察296个科学技术机关,赠送6 800余本科学书与各大学及图书馆。如一镑一本计,即6 800镑也。荐送给英、美科学期刊投登文字凡138种,其中86%为期刊所接受"[②]。

---

① 竺可桢(1890—1974),中国气象学家、地理学家,中国近代气象事业主要奠基人。曾任浙江大学校长、中国科学院副院长。
② 竺可桢:《竺可桢日记 第二册(1943—1949)》,人民出版社,1984,第1221页。

中西方科学之对比

长久以来,"西方中心主义"(或者叫"欧洲中心主义")的思潮盛行,欧洲人普遍认为自己所代表的源自古希腊的文明,具有超越世界上其他一切文明的优越特质。

纵观欧洲的发展,在经历了漫长黑暗的中世纪之后,先后发生了一连串的事件——文艺复兴、宗教改革、科学革命、启蒙运动和工业革命。这些接续发生的变革,促使了欧洲迅速崛起。

工业革命首先发生在英国。纺织机、蒸汽机等一系列新发明推动英国成为了"世界工厂"。大英帝国依托广阔的海外殖民地,迅速积累起大量的财富,同时凭借船坚炮利,先后战胜了西班牙和法国,成为世界第一强国,号称"日不落帝国",在经济、文化、政治、军事、科技和教育上对全球具有举足轻重的影响力。

本来每个国家绘制的地图,都会把自己的国家放在中心位置,这样本无大碍,但如果因此就把其他文明都当作野蛮的敌人的话,这种完全以自我为中心的世界观就出现了问题。欧洲中心主义的盛行,给帝国主义和殖民主义的对外侵略与扩张提供了思想上和文化上的土壤。剑桥的一些具有进步思想的学者,很早就对此进行了反思。在李约瑟看来,科学精神和人文主义才是人类社会进步的根本动力,科学是由科学家这个独立的群体创造与发展起来的。中世纪以来的现代化,一个最重要的转变就是个人意识的觉醒,人们从盲目崇拜上帝的精神桎梏中解放出来。那些受过教育的人,不甘做神的奴仆,而是要作为一个独立的人,成为我们生活其中的世界的贡献者和自我命运的主宰者。

经过和身边的三位中国留学生的交往,李约瑟发现,中国人在智力上与自己并无两样。但是"为什么近代科学,亦即经得起全世界的考验,并得到合理的普遍赞扬的伽利略、哈维[①]、维萨留斯[②]、格斯纳[③]、牛顿的传统——这种传统注定成为统一的世界大家庭的理论基础——是在地中海和大西洋沿岸,而不是在中国或亚洲其他任何地方发展起来呢"?显然这并不是因为中国人在人种上存在缺陷,他接着推测:"假使说中国未曾产生亚里士多德(Aristotle)那样的人物,我认为,那是因为阻碍近代科学技术在中国发展的那些抑制因素,早在中国可能产生一个亚里士多德以前,就已经开始起作用了。"[④]

"他山之石,可以攻玉"。在中西方文化交流的历史中,中国也不乏开眼看世界的远见卓识者。发端在明朝万历年间的"西学东渐"[⑤],就是从引介和翻译西方科学经典著作开始的。

徐光启与来华耶稣会传教士利玛窦[⑥]合作翻译欧几里得《几何原本》(Elements)的故事,堪称中西交流史中的一段佳话。《几何原本》是古希腊数学家欧几里得的一部数学著作,共13卷。大约成书于公元前300年。这本著作被认为是现代数学的基础,它是西方现代印刷术发明之后累计出版版本最多的书籍之一,仅次于《圣经》。两人合译的中文版,选择了利玛窦的老师——当时欧洲著名的天文学家、数学家德国神父克里斯托弗·克拉维乌斯(Christopher Clavius,1538—1612)的增补注释15卷本作为原本。这部书先由利玛窦和徐光启译出前6卷,在1607年付梓;后由伟烈亚力(Alexander Wylie)和李善兰译出后9卷,在1866年刻版。

徐光启译出《几何原本》前六卷后,私人募资,刻版刷印,意欲广为流传。他

[①] 哈维,即威廉·哈维(William Harvey,1578—1657),英国医生,实验生理学的创始人之一。他用实验证实了动物体内的血液循环现象,并阐明了心脏在循环过程中的作用。他在1628年发表了《关于动物心脏与血液运动的解剖研究》(Exercitatio Anatomica de Motu Cordis et Sanguinis in Animalibus),1651年发表《动物的生殖》(De Generatione)等著作,对生理学和胚胎学的发展做出了很大贡献。威廉·哈维是剑桥大学冈维尔-凯斯学院的毕业生和院士。
[②] 维萨留斯,即安德雷亚斯·维萨里(Andreas Vesalius,1514—1564),文艺复兴时期的解剖学家、医生,近代人体解剖学的创始人。他的著作《人体的构造》(De humani corporis fabrica)是人体解剖学的权威著作。
[③] 格斯纳,即康拉德·格斯纳(Conrad Gesner,1516—1565),瑞士博物学家、目录学家。他著有五卷本《动物史》(Historia Animalium),这是一本配有精确插图的巨著,被认为是动物学研究的开创者。他的目录学著作《世界书目》(拉丁文、希腊文和希伯来文全部书籍目录)也因内容庞大、分类科学,影响深远。
[④] 李约瑟:《中国科学技术史(第一卷 导论)》,科学出版社、上海古籍出版社,1990,第17—18页。
[⑤] "西学东渐"系指西方学术思想向中国传播的历史过程。大致分为两个时期:第一个时期是明末清初的时候,来华的天主教耶稣会传教士翻译引介一些西方早期的科学著作;第二个时期是晚清鸦片战争以后,由各种新教传教士、外商和华商创办的媒体为主,以洋务派采"中学为体,西学为用"原则兴办的译书馆为辅,开始大量翻译(以哥白尼为代表的科学革命之后)西方现代科学著作和引介西方学术思想。
[⑥] 利玛窦(Matteo Ricci,1552—1610),意大利人,天主教耶稣会传教士。明万历壬午年(1582)首次入华传教;万历庚子年(1600)赴京,进呈皇帝自鸣钟和《坤舆万国全图》等西方器物后,获准住在北京;万历庚戌年(1610)在北京去世。他是天主教在华传教的成功开拓者之一,也因与徐光启合作翻译《几何原本》而被视为西方科学思想的传播者,赢得了中国士大夫的尊重,被称为"泰西儒士"。

图 3-6 李约瑟①

---

① Joseph Needham at La Capte, France, 1947. Photograph by Lu Gwei-Djen, courtesy of the Needham Research Institute.

撰文《几何原本杂议》，申明其重要意义：

> 几何这门学问，对格物致知大有帮助。第一，学会了几何，就会明白，自己过去苦苦思索，故作惊人之语，自认为细致精巧的那些东西，其实并非如此；第二，学会了几何，就会明白，你不知道的东西远比你知道的东西多得多；第三，学会了几何，你就会明白，你过去所想象的道理，大多都是落不到实处的东西，经不起推敲；第四，学会了几何，你就会明白，自己过去所写出来的东西是不是立得住，是否传播、传承和修改都很容易。……过去人们说"鸳鸯绣出从君看，不把金针度与人"，意思是绣好的鸳鸯可以让你随便看，但不能把金针送给你。我们所说的几何学，与之恰恰相反，可以反过来说，"金针度去从君用，不把鸳鸯绣与人"，意思是可以把金针送给你随便用，而不必绣出来鸳鸯送给你。像《几何原本》这本书，不只是要送给你金针，而且还可以教你如何开矿炼铁，如何抽成铁丝，直至造出针来；又像是教你从种植桑树和养蚕开始，到如何缫丝，如何染色，直至造出丝线来。所以，学会了这些本领，要绣出来鸳鸯，简直是太容易的小事情了！①

徐光启作为一名受过中国传统教育培养和经过科举选拔出来的文化精英，能够意识到《几何原本》中那种从定义、公理出发，循序渐进、不断递进的证明和推理方法正是中国两千年来所缺乏的一种逻辑思维方式，实在是难能可贵。上面这段话，今天读来，仍让人不免唏嘘感慨。但有趣的是，他有意无意地将这种来自西方的几何学，说成是中国两千年前古已有之的测度之学，只不过自汉代以来一直荒废罢了。②

文化交流是双向的。自利玛窦始，西方人也开始逐步地将中国的儒家经典等著作翻译成拉丁文，介绍到西方，以增进对中国的了解。利玛窦把自己的所见所闻写成了日记，身后由另一位耶稣会士金尼阁整理翻译为拉丁文，于1615年在欧洲出版，名为《利玛窦中国札记》③。就是这个金尼阁，第二次来华时带来了他在欧洲精心搜

---

① 几何之学，深有益于致知。明此，知向所揣摩造作，而自诡为工巧者皆非也。一也。明此，知吾所已知不若吾所未知之多，而不可算计也。二也。明此、知向所想象之理，多虚浮而不可捼（nuò）也。三也。明此，知向所立言之可得而迁徙移易也。四也。……昔人云"鸳鸯绣出从君看，不把金针度与人"，吾辈言几何之学，政与此异。因反其语曰："金针度去从君用，不把鸳鸯绣与人"，若此书者，又非止金针度与而已，直是教人开矿（kuàng）冶铁，抽线造针，又是教人植桑饲蚕，湅（liàn）丝染缕，有能此者，其绣出鸳鸯，直是等闲细事。
② 襄旷之于音，般墨之于械，岂有他谬巧哉？精于用法尔已。故尝谓三代而上，为此业者盛，有元元本本、师传曹习之学，而毕丧于祖龙之焰。汉以来多任意揣摩，如盲人射之，虚发无效；或依拟仿似，如持萤烛象，得首失尾。至于今而此道尽废，有不得不废者矣。……私心自谓，不意古学废绝二千年后，顿获补缀唐虞三代之阙典遗义，其神益出世，定复不小。因偕二三同志，刻而传之。（徐光启：刻《几何原本》序）
③ 《利玛窦中国札记》，*De Christian Expedition apud Sinas*，意为"基督教远征中国"。

集的 7000 多部西文经典书籍，打算在中国建立一个堪与欧洲第一流图书馆相媲美的图书馆，并计划将中文作为传教语言，翻译《圣经》和中国人感兴趣的西方科学书籍。[①]

历史总是在不经意间发生转折。受明神宗万历四十四年（1616）南京教案影响，耶稣会士意图通过传播科学知识而融入中国上层官僚和知识精英的努力受挫，第一次"西学东渐"也戛然而止。

南京教案发生的同一年，罗马教廷把哥白尼的《天体运行论》（On the Revolutions of Heavenly Spheres）列为了禁书。但是当时谁都不可能意识到，一场接着发生在天文学领域的争论最终会带来了改变人类历史的"科学革命"和思想解放的风暴。200 多年之后，中国人终于意识到"三千年未有之变局"的发生，而在当时的中国，无人能意识到，金尼阁其实就来自于这场完美风暴的中心。

中西方科学之差异，另一位耶稣会士巴多明[②]在他 1730 年 8 月 13 日的一封信中，是这样评价的：

> "中国人很久以来就致力于所谓纯理论性的科学，却无一人深入其中"。我和你一样，都认为这是难以令人置信的。我不归咎于中国人的心灵，如说他们缺少格物致知的光明及活力，因为他们在别的学科中的成就所需要的才华及干劲，并不减于天文及几何。致使科学至今不能得到应有的进步，是有许多原因组合而成的；只要这些原因继续存在，仍是前进中的绊脚石。……首先，凡是想一试身手的人得不到任何报酬。从历史上来看，数学家的失误受到重罚，但无人见到他们的勤劳受到奖赏，他们观察天象，免不了受冻挨饿。……假如钦天监正是一位饱学之士，热爱科学，努力完成科研，如果他有意精益求精，或超过别人，加紧观察，或改进操作方法，在监内同僚之中就立刻引起轩然大波，

[①] 金尼阁（Nicolas Trigault，1577—1628），耶稣会传教士。他在利玛窦去世的当年，即万历三十八年（1610）抵达澳门。1613 年他受中国天主教会负责人龙华民派遣返回罗马，晋见教皇，请准以中文翻译《圣经》和举行宗教仪式，并准许当地人士任神职。在获得罗马教宗的允许后，1618 年金尼阁带着诏谕、新招募的传教士及大量图书再次出发赴华，次年抵达澳门，1620 年春到达南京，然后赴杭州、北京。金尼阁计划沿袭利玛窦所开创的学术传教之路，他此行带来了 7 000 余部书籍和一些科学仪器，价值巨大。这些书都是他在欧洲各国精心搜集的欧洲古典名著和文艺复兴以后的神学、哲学、科学和文学艺术著作。金尼阁还拟订了一个庞大的翻译计划，打算联合中外人士共同翻译出版这些书籍。1628 年金尼阁于杭州辞世。他的译书计划因为他的早逝而未能实行，七千多部图书也一直被束之高阁。金尼阁是第一个把中国的五经（《诗经》《尚书》《礼记》《周易》和《春秋》）翻译成拉丁文的人。1626 年，他将自己用拉丁文翻译的"五经"和首次由西方人对汉字的标音进行研究的著作《西儒耳目资》在杭州刻版刷印。

[②] 巴多明（Dominique Parrenin，1665—1741），耶稣会士，1698 年来华，以其精通满、汉语的语言天赋和广博的学识深得愿意学习科学知识的康熙帝的器重，得以为天主教在中国的传教寻得保护。中国传统祭祖祭孔的礼仪是否与天主教义相容的问题，在天主教内部引发"礼仪之争"。教宗谕令禁止教徒进行祭祖祭孔的仪式，而康熙六十年（1721）清廷也以禁止传教为应对。

大家是要坚持按部就班的。……这种情况势必是一种阻力，以致北京观象台无人再使用望远镜去发现肉眼所看不见的东西，也不用座钟去计算精确的时刻。皇宫内原来配备得很好，仪器都是出自欧洲的能工巧匠之手（指耶稣会士汤若望等人），康熙皇帝又加以改革，并把这些好的仪器都放在观象台内，他知道这些望远镜和座钟对准确观象是多么重要，但没有人叫数学家利用这些东西。无疑地，还有人大反特反这些发明，他们抱残守缺，墨守成规，只顾私利。……走向高官厚爵的康庄大道，就是读经、读史、学律、学礼，就是要学会怎样做文章。尤其是要对题发挥，咬文嚼字，措词得当，无懈可击。这些文人学士，一旦考中功名，可以青云直上，安富尊荣，随之而来，炙手可热。①

近代以来，一些早期出国留学的中国人也开始对祖国积贫积弱、饱受封建压迫和帝国主义欺凌的原因进行深刻的反思。

早在1915年，留学美国的任鸿隽②发起成立"中国科学社"，在上海创办《科学》月刊。在创刊号上刊登了他的文章《说中国无科学之原因》。这篇文章以文言文写成，言简意赅，其主要观点是：

> 中国之所以积贫积弱，没有发展出现代科学是一个主要的原因。但中国没有发展出现代科学的原因又是什么呢？这是一个困难而又重要的问题。如果能够找到这一问题的答案，就可以像治病除根一样，彻底改变中国积贫积弱的不利局面。……科学指的是成系统的智慧知识。科学有广义与狭义之分：广义的科学就是分门别类的专门知识，狭义的科学是指那种通过观察现象，做出推理，进行实验，从而找到规律的人类智力活动。这套行之有效的方法，就是我们今天所说的科学。③

同300多年前的徐光启能够领先于时代而意识到《几何原本》中蕴含着演绎

---

① 韩琦：《关于十七、十八世纪欧洲人对中国科学落后原因的论述》，《自然科学史研究》1992年第4期。（个别文字标点有改动）
② 任鸿隽（1886—1961）发起成立中国科学社，创办《科学》月刊，是中国现代科学事业主要开拓者和奠基人之一。
③ 今试与人盱衡而论吾国贫弱之病，则必以无科学为其重要原因之一矣。然则吾国无科学之原因又安在乎？是问也吾怀之数年而未能答，且以为苟得其答，是犹治病而抉其根。……科学者，智识而有统系者之大名。就广义而言，凡智识之分别部居，以类相从，井然独绎一事物者，皆得谓之科学。自狭言之，则智识之关于某一现象，其推理重实验，其察物有条贯，而又能分别关联抽举其大例者谓之科学。是故历史、美术、文学、哲理、神学之属非科学也，而天文、物理、生理、心理之属为科学。今世普通之所谓科学，狭义之科学也。持此以与吾国古来之学术相较，而科学之有无可得而言。

法（deductive method）的重要性一样，亲身见证了中国历史变局的任鸿隽，对中西方思维方式上的差异也有着极其深刻的认识。他认为，中世纪之后西方的科学革命发端于弗朗西斯·培根（Francis Bacon, 1561—1626）所提倡的归纳法（inductive method），对于科学发现而言，演绎与归纳这两种思维方法，犹如车的两个轮子、鸟的一对翅膀，必须两相结合，不可偏废。

我们今天读他的这篇文章，虽然其中有很多的名词已经过时，夹杂着英语的文言文更是令人难以理解，但其思想上的真知灼见，仍然振聋发聩。任鸿隽所言西方科学，乃是自弗朗西斯·培根、牛顿以来的现代科学。他认为中国没有现代科学的原因，并非中国人不够聪明，也不是社会因素的制约，而是缺乏科学思维方法造成的。

当李约瑟在1943年来到中国的时候，正值中国近代以来灾难最深重的时刻。他遇到的很多中国学者，也像任鸿隽一样，正在深刻反思中国之所以会落后的原因，且他们已经敏锐地意识到，西方科学的精髓在于演绎的数学和归纳的实验两者的结合，而这两者是中国过去的传统文化中所没有的东西。如果思维缺乏了这两者，就好比一个人缺乏了维生素，必然会招致疾病。以为找到了病根的学者们，都在迫切希望引入西方的科学方法，来报效祖国，挽救正处于危急存亡之秋的中华民族。

作为一名来自西方的科学家，李约瑟当然清楚西方科学方法的秘诀，但他却不认为演绎法和归纳法就是西方科学的全部。即便是必要条件，也并非科学之所以兴盛于西方的充分条件。李约瑟认为，进入近代以来，西方科学之所以发达、中国科学之所以落后，还有其他的原因。寻找各种客观条件与科学兴衰之间的因果关系，找到科学和文明兴盛的所有必要且充分条件，才是他的目的，以此作为理解世界、确立信仰乃至著书立说的基础。因此李约瑟眼中看到的中国，与中国学者眼中的中国，是不一样的。我们知道，越是缺什么，越是想找寻什么。李约瑟想要寻找的，是中国有而西方没有的东西，不管这是一种促进的因素，还是制约的因素。而中国的学者们急切想要寻找的，是西方有的而中国缺少的东西。两者的根本目的不同，找到的东西自然也会不同。

一颗思想的种子——最初的想法

在去中国之前,李约瑟就已经开始思考这个关于中西方科学思想对比的问题了。他在 1942 年夏天与多萝西从苏格兰返回剑桥的火车上,把自己最初的构思写在一张纸上(图 3-8)。这是一幅思维导图的样式,虽然铅笔字迹潦草,依然可以看出他的基本思路。他打算写一篇名为"中国对科学史和科学思想史的贡献"(A Contribution to the History of Science and Scientific Thought in China)的文章,并为此列出了提纲。

图 3-7 李约瑟在一页纸上写下了自己关于中国科学史的初步想法,并标注了时间"1942 年夏"。

这个最初的想法非常简单,简单到只是写在一张纸上的几句话而已,谁也想不到,就是这颗最初的种子,后来竟然长成了一棵参天大树。

回到剑桥后,李约瑟将这个想法整理出一个打印稿,发给相关的学者,征求他们的意见和建议。这个最初想法的内容如下:

一篇关于中国科学和科学思想史的论文
作者:李约瑟和鲁桂珍
(请将您的想法直接写在这张纸上,然后尽快还给我们。)

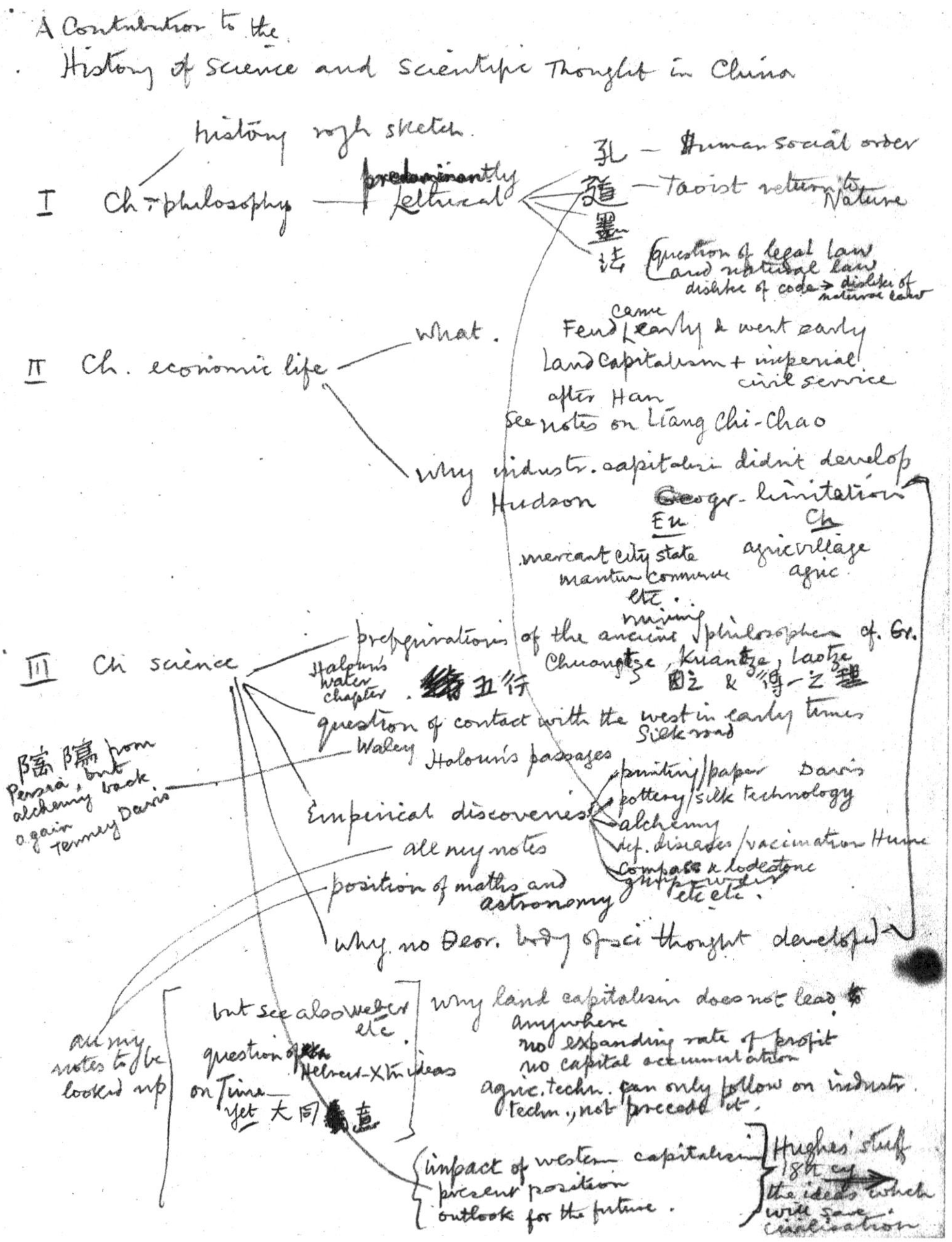

图 3-8　一篇关于中国科学和科学思想史的论文提纲（1942 夏）[①]

---

① Plans for 'An Essay on the History of Science and Scientific Thought in China' by J. Needham and G.D. Lu, 1943–1949, GBR/1928/NRI/SCC2/2/9. Needham Research Institute.

第一，中国的历史简介；哲学（主要是伦理学）——儒家（社会秩序）；道家（回归自然）；墨家；法家（法律和自然法；没有法典，等等）。

第二，中国人的经济生活。

是什么（What）：封建制度来得早也去得早；汉朝开始的"土地资本"加"帝制行政"（郡县制）。参考梁启超的评述。

为什么（Why）：某些商业资本得到了发展；工业资本并未发展；赫德森①的地理限制理论（欧洲的城邦、海洋贸易等，对比中国的农业、乡村等）；矿业。

第三，中国的科学。

1. 古代哲学家思想的形成（参照希腊）。古斯塔夫·哈隆关于水的章节。庄子、管子、老子、淮南子，等等。

2. 东西方早期的交流问题。丝绸之路和航海。阴阳学说是从波斯传来的？关于炼金术的论述，等等。

3. 经验的发展：纸和印刷，瓷器和丝绸技术，炼金术（道教），航海指南针，火药，营养缺乏症（鲁桂珍），接种牛痘，等等。药物。

4. 数学和天文学的地位。耶稣会士。

为什么科学思想的理论体系没有发展起来？为什么土地资本没有导致科学的发展？没有利润率的持续增加？没有资本的积累？农业技术似乎只能跟随工业技术的发展而不是超越它。

问题：中国农业技术达到的水平，是否相当于欧洲17世纪前？

参阅韦伯②的"宗教社会学"（Religionssoziologie），时间观念的探求；基督教是一种时间宗教，但是还未实现"大同"。

西方资本主义文明的影响。

现在的位置和将来的展望。

修中诚③所著关于18世纪以来从中国引介的思想，是唯一能拯救工业文明的东西。

---

① 赫德森，即杰弗里·弗朗西斯·赫德森（Geoffrey Francis Hudson, 1903—1974），著有《对欧洲和中国关系的考察（从远古到1800年）》（G. F. Hudson. *Europe and China; A Survey of Their Relations from the Earliest Times to 1800*. Arnold, London, 1931.）

② 韦伯，即马克斯·韦伯（Max Weber, 1864—1920），现代社会科学的主要奠基者之一，著有《新教伦理与资本主义精神》（*The Protestant Ethic and the Spirit of Capitalism*）。

③ 修中诚（Ernest Richard Hughes, 1883—1956），英国汉学家和传教士。1911—1933年在中国任传教士。1934—1942年任牛津大学中国哲学与宗教准教授（reader）。他将中国哲学家冯友兰的著作《中国哲学精神》译为英文。

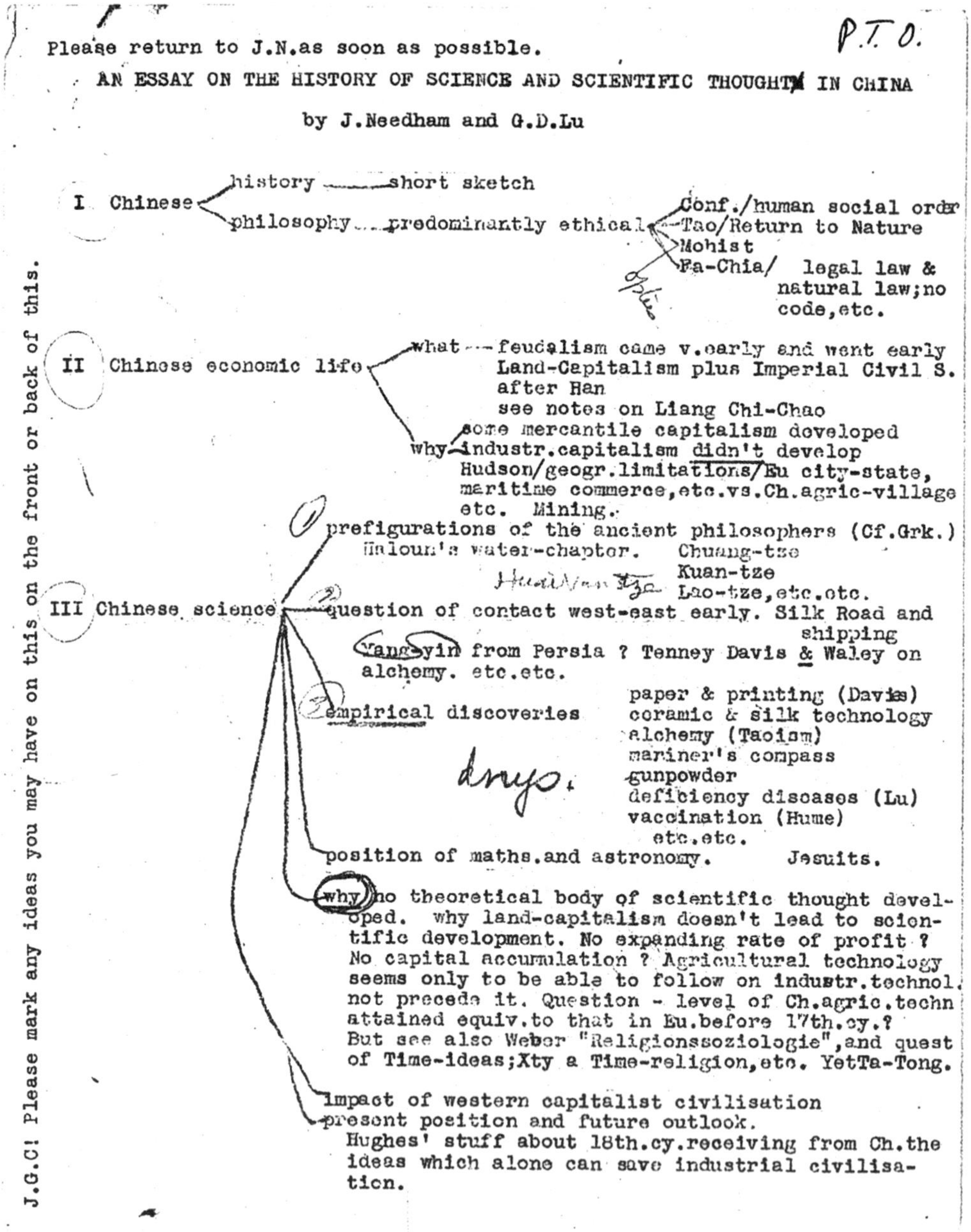

Please return to J.N. as soon as possible.   P.T.O.

AN ESSAY ON THE HISTORY OF SCIENCE AND SCIENTIFIC THOUGHT IN CHINA

by J. Needham and G.D. Lu

I. Chinese
- history — short sketch
- philosophy — predominantly ethical
  - Conf./human social order
  - Tao/Return to Nature
  - Mohist
  - Fa-Chia/ legal law & natural law; no code, etc.

II. Chinese economic life
- what — feudalism came v. early and went early Land-Capitalism plus Imperial Civil S. after Han
  see notes on Liang Chi-Chao
  some mercantile capitalism developed
- why industr. capitalism didn't develop
  Hudson/geogr. limitations/Eu city-state, maritime commerce, etc. vs. Ch. agric-village etc. Mining.

III. Chinese science
- prefigurations of the ancient philosophers (Cf. Grk.)
  Hsiuen's water-chapter. Chuang-tze
  Huai Nan tze
  Kuan-tze
  Lao-tze, etc. etc.
- question of contact west-east early. Silk Road and shipping
  Yang yin from Persia ? Tenney Davis & Waley on alchemy. etc. etc.
- empirical discoveries
  paper & printing (Davis)
  ceramic & silk technology
  alchemy (Taoism)
  mariner's compass
  gunpowder
  deficiency diseases (Lu)
  vaccination (Hume)
  etc. etc.
- position of maths. and astronomy.   Jesuits.
- why no theoretical body of scientific thought developed. why land-capitalism doesn't lead to scientific development. No expanding rate of profit ? No capital accumulation ? Agricultural technology seems only to be able to follow on industr. technol. not precede it. Question - level of Ch. agric. techn attained equiv. to that in Eu. before 17th. cy. ? But see also Weber "Religionssoziologie", and quest of Time-ideas; Xty a Time-religion, etc. Yet Ta-Tong.
- impact of western capitalist civilisation
- present position and future outlook.
  Hughes' stuff about 18th. cy. receiving from Ch. the ideas which alone can save industrial civilisation.

J.G.C! Please mark any ideas you may have on this on the front or back of this.

图 3-9 李约瑟对中国科技史的调查（1942 年 7 月 27 日收到回复意见）[1]

---

[1] Plans for 'An Essay on the History of Science and Scientific Thought in China' by J. Needham and G.D. Lu, 1943-1949, GBR/1928/NRI/SCC2/2/9. Needham Research Institute.

在李约瑟赴华之前，他接受了中国记者的采访，透露了关于中国科学史的写作计划。《大公报》1942年9月23日报道《英两教授即来华，此行为交流中西文化，离英前谈话满腔热忱》：

> 渠[①]继称：迄今尚无一部科学史叙述中国古代哲学家科学思想之起源，致使西方完全不知中国之伟大贡献。因西方人士对中国此种重要之发展与各时代之社会及经济背景，估量过低。渠讲此书理应问世，且将为中国科学家之手笔。最后渠并盼考察中英两国交换教授之可能性，希望至少有一代表中国文化思想之成熟教授常驻英国，同时英国复派高级工作人员赴华。[②]

毋庸置疑，他所说的他的合作者"中国科学家"，就是鲁桂珍博士。

李约瑟1943年2月24日来华之后，进一步完善了自己的思路，并形成了新的版本。在1943年5月版本的打印稿中，内容的结构还是分为三个部分，但逻辑关系更为清晰了：

> 一、中国的哲学，不论是古代还是中古代，已经表明中国人能够很好地思考自然问题。这些哲学不仅包括备受推崇的儒家，还包括道家、墨家、法家、宋明理学和怀疑论者。
> 二、中国人根据自己的经验所做出的发现，很多已经改变了我们的世界，这表明中国人能够做很好的实验，这些发现包括丝绸技术、陶瓷、纸张和印刷、炼金术、航海用的罗盘（指南针）、火药、营养缺乏症、疫苗接种、农业工艺（例如橘子）、药典等。
> 三、那么为什么现代科学，这种能够普遍应用于自然的、获得广泛认可的科学思想的理论体系，发生并发展于西方的欧洲，而不是发生在中国呢？
> 答案：需要从社会和经济的背景加以考察。
> 参考：魏复古[③]的观点，中国的封建制度发展为亚细亚式官僚体制而不是资本主义制度，中国是一个依赖水利灌溉的文明；赫德森的观点，欧洲文明的特点是城邦、商业化的航海与采矿。

---

① "渠"是吴语方言中单数第三人称的"他/她"。
② 王（钱）国忠：《李约瑟与中国》，上海科学普及出版社，1992，第64页。
③ 魏复古（Karl August Wittfogel，1896—1988），德裔美国历史学家，汉学家。他提出的东方专制主义理论引起很大争论。

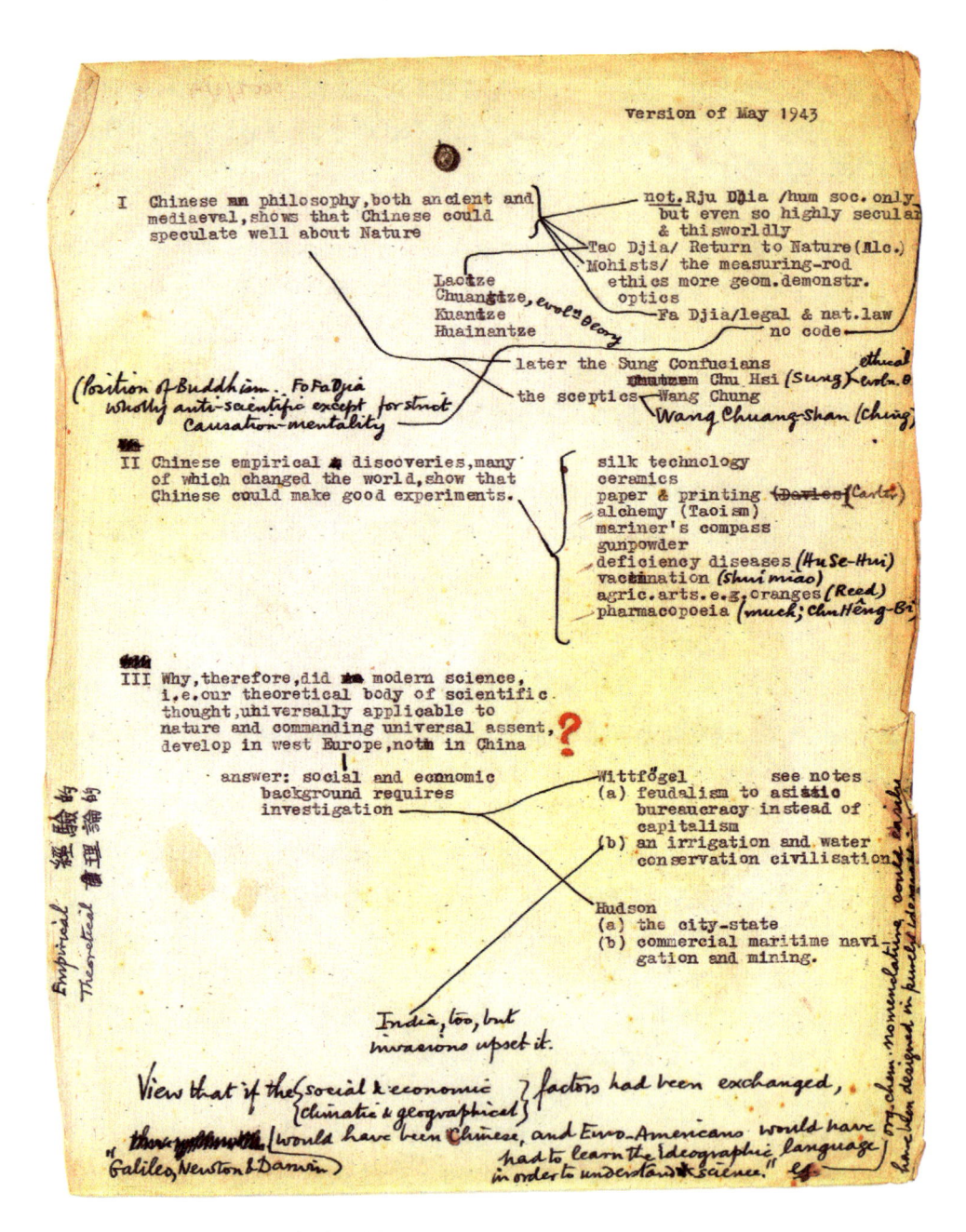

图 3-10　李约瑟 1943 年 5 月修改的写作提纲[①]

---

① Plans for 'An Essay on the History of Science and Scientific Thought in China' by J. Needham and G.D. Lu, 1943-1949, GBR/1928/NRI/SCC2/2/9. Needham Research Institute.

在第三部分的问题后面，李约瑟用红笔画了个大大的问号。

在这张纸的下边空白处，李约瑟进一步将问题延伸，手写了这么一句话："如果将中国和西方欧洲的社会、经济、气候和地理的因素进行互换，那么是不是伽利略、牛顿、达尔文等科学家就变成了中国人，而欧美人将不得不通过学习表意的汉字才能理解现代科学呢？"

这就是后来著名的"李约瑟问题"的雏形。

1943年5月4日《中央日报》发表了李约瑟的文章《科学与社会》，在概述了科学发展史之后，他指出"人类的社会发展逐日地趋近于产生一个大同的社会，但是它的组织尚未实现。假如我们向这一方面做进一步的努力，'四海一家'的时代就不会很远了。科学应当作为未来世界的预测，同时也为全世界科学家所共享。纳粹否定人类的共同享有，是绝对错误的。由于科学对社会的影响是如此深入，在这里我们必须深思以上几点，当我们试图建造一个新世界的时候。[①]"

1944年李约瑟访问西迁至贵州湄潭的浙江大学的时候，正逢校长竺可桢主持中国科学社成立三十周年的纪念大会。在任鸿隽1915年于《科学》杂志创刊号发表《说中国无科学之原因》一文三十年之际，李约瑟到访，谈的正好也是这个话题。

他指出"中国无科学"说得不对，中国不是没有科学，是没有现代科学，而中国古代的科学反倒领先西方一大截呢。李约瑟在讲演中说：

> 近世科学之不能产生于中国，乃以囿于环境即地理上、气候上、经济上和社会上的四种阻力。地理方面，中国为大陆国，向来是闭关自守，故步自封，和西方希腊、罗马、埃及之海洋文化不同。气候方面，亦以大陆性甚强，所以水旱灾患容易发生，不得不有大规模的灌溉制度；而官僚化封建势力遂无以扫除。中国经济和社会方面，秦朝以来，官僚士大夫专政阶段停留甚长，社会生产少有进展，造成商人阶级的没落，使中产阶级人民无由抬头，初期资本主义无由发展。而近世科学则与资本主义同时产生。
>
> ……除了历史科学、语言科学和哲学，中国只在天文学和数学方面得到了真正科学上的成就。而就整个情形看来，那和工业生产的形成有关的自然科学，不过停滞于搜集经验法则的水准罢了。
>
> ……中国思想家们的智力，并没有用在那可以形成机械学体系的各种工业生产问题上面；并没有把处理这些问题作为根本的紧急任务。这个远东大国的根本智能，集中到了其他的课题，即农业秩序所产生的及直接和农业秩序有关的，

---

① 王（钱）国忠：《李约瑟与中国》，上海科学普及出版社，1992，第93页。

或在观念上反映着农业秩序的各种课题。

（结论是）……我们仅仅确认这个事实：精密的自然科学的停滞，是和这种工业上的停滞互相平行的。……中国自然科学各部门所以只有贫弱的发达，并非由于偶然，而是那些妨碍自然科学发达的障碍所必然造成的结果。[①]

李约瑟以西方科学家的视角，初步分析了中国科学没有发展出现代科学从而导致落后的原因。他的中国之行，每到一处，都会引发一番关于"中国有无科学"的讨论，令中国的同行也开始以新的视角重新思考这一问题。

---

① 竺可桢：《为什么中国古代没有产生自然科学》《历史教学问题》2006 年第 2 期。（该文首次发表于《科学》1946 年第 28 卷第 3 期）

国际友人

李约瑟欣喜地发现，他的中国科学家同行们也和他一样，关心这个中西方科学之对比的话题，而这些朋友们能够从各自的专业角度给他提供很多非常难得的帮助。

他在给多萝西的信中写道："我提出的关于科学史的许多问题，在这里引起了普遍的骚动。各门研究人员奔走搜寻，发掘他们所想得起的有趣资料，例如：公元2世纪谈到鞭炮的段落；几次重大的爆破事件的记载；1076年禁止向鞑靼人出售火药的通令，也就是说，比人们所扬言的贝特霍尔德[①]的西方的'原始发现'还要早二百年。"[②]

在访问四川李庄中央研究院的时候，李约瑟就住在历史语言研究所所长傅斯年的家里。傅斯年亲笔为李约瑟抄录了《武经总要》中有关火药的3页配方。在李庄，李约瑟还遇到了历史语言研究所的一名年轻研究人员——王铃。李约瑟在当地文庙作的演讲激发了王铃研究中国早期的火药和火器史的兴趣。1946年，王铃获得了英国文化协会的旅行奖学金，来到了英国，一边在剑桥大学三一学院攻读博士学位，一边作为李约瑟的研究助手，开始了长达10年的与李约瑟合作撰写SCC的工作。[③]

李约瑟珍藏着两张泛黄的印有协和大学校长办公室抬头的便笺，是他在与前中央研究院地质研究所所长李四光[④]交谈时用铅笔所作的记录。上面写着李约瑟对比中西方科学技术发展历史时考虑到的四个主要因素：气候、地理、社会政治和经济。下面记录着李四光建议他参考丹尼尔·米德（Daniel Webster Mead，1862—1948）

[①] 贝特霍尔德（Berthold），即贝特霍尔德·施瓦茨（Berthold Schwarz），是一个传说中的十四世纪晚期的德国炼金术士，15世纪到19世纪的欧洲文学中，都把火药的发明归功于他。目前还不清楚施瓦茨是否确有其人。有人认为，他是一个在德国研发火药的炼金术士，但其他学者认为，这纯粹是个传说（帕廷顿，1960）。施瓦茨也可能不是一个历史人物，而是一个象征性的发明家形象，因为Schwarzpulver在德语中就是"黑色的粉"的意思，也就是德语中的火药。

[②] 《科学前哨》第44页，"通讯I"。[Science Outpost. Papers of the Sino-British Science Co-operation Office (British Council Scientific Office in China), 1942-1946. Edited by Joseph Needham and Dorothy Needham. London: Pilot Press, 1948.]

[③] 李约瑟：《中国科学技术史（第一卷 导论）》，科学出版社、上海古籍出版社，1990，第11页。

[④] 李四光（1889—1971），中国现代地球科学和地质工作的主要领导者和奠基人之一。曾任中国科学院副院长、中华人民共和国地质部部长。

在美国出版的《水文学》（Hydrology，1919）一书，考虑"等雨量线"（isohyetal line）、"雨量计"（hyetometer）、"降雨量学"（hyetology）等概念，最好使用"水文"（hydrological）或"降雨量"（rainfall）来代替之前的"气候"（climatic）因素，以免与埃尔斯沃思·亨廷顿[①]"气候决定论"的说法相混淆。

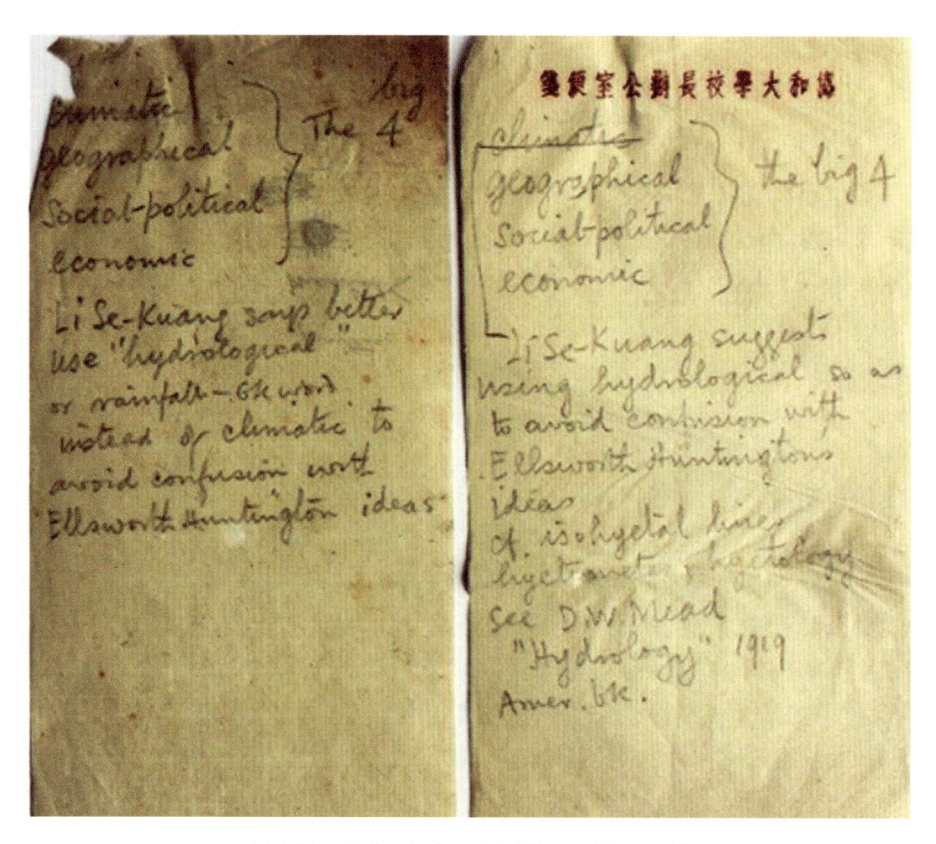

图 3-11　李约瑟与李四光探讨问题时的记录[②]

显然，李约瑟和李四光都了解这位亨廷顿的学说，但并不认同他的人种论的观点，所以李四光的这个建议，不仅专业，更体现出朋友之间才有的善意。

李约瑟努力想把自己所担负的中英文化交流的使命，与鲁桂珍和他计划的中国

---

① 埃尔斯沃思·亨廷顿（Ellsworth Huntington，1876—1947）是一位美国地理学家，环境气候决定论（environmental/climatic determinism）者，因其对人种所作的区分（将西北欧人置于顶端，将非洲人置于底部）而备受争议。著有《文明与气候》（Civilization and Climate，1915）、《世界强权与演化》（World-power and Evolution，1919）、《人类地理学原理》（Principles of Human Geography，1940）等书。

② Joseph Needham's notes of suggestions by Li Se-Kuang [李四光 / Li Siguang] about hydrology, 1950-1959, GBR/1928/NRI/SCC1/1/2/4. Needham Research Institute.

科技史的研究方向结合在一起,为将来的工作进行准备。于是他便抓住在中国实地考察的机会,与中国学者广泛讨论交流问题和收集研究写作所必需的文献资料。经过与众多对科学史有兴趣的中国学者们的谈论,更加深了李约瑟的推测:"在千百年流传下来的文献中,一定潜存着无数条有关中国科学技术历史的资料,需要鉴别、研讨,并且促使西方学者的注意。"[①]

刚刚大学毕业,受聘"中英科学合作馆"作为李约瑟的秘书兼翻译的黄兴宗[②],陪同李约瑟在中国做过几次长途的考察,他从旁观察,给我们留下了一份生动的记录:

> 在我看来,李约瑟在中国所看到的事物中,哪些对他影响最大?我要举出如下几点:
>
> 第一,国土与它的人民。这里人民指的是我们旅程中遇见的普通老百姓,包括农民、工人、店员、士兵等,一切深深透入地理背景里面的人们。……李约瑟不住华西大学校园内西方人家庭里,他们的房屋既宽敞又有当时难得见到的现代化用具设备,却宁愿住到本地街坊上一位中国教授家里……这表明他在思想上和肉体上都已准备经受在内地旅行时会有的各种不舒适的考验,准备在中国平民的简朴环境内与之相处融合无间。……
>
> 第二,同过去的历史的联系。在每一个地方都可以看到把今天同过去联系起来的迹象,对李约瑟来说,这使旅程加倍引人入胜。宗祠、孔庙、道观、佛寺、清真寺、长城残垣、丝绸之路上的驼队、千佛洞的壁龛、福州的古旧书铺,到处都是中国历史活生生的实证,件件都能提高李公关于中国文化发展因素的认识。
>
> 第三,科学家和知识分子。李公在这里目睹他们远离家乡,播迁千里,在极端艰困条件下尽其所能地进行教学、研究和生产。他非常钦佩他们取得的成果,主动表示要提供实物支援来"雪中送炭"。他不倦地进行讲演、讨论、约人谈话,目的在消除人们对当前西方世界科学技术发展消息隔绝的状态。与这同时,李公本人当然也从这里得到探索中国科学史的巨大鼓励,中国古代典籍更给予他有关这一主题的丰富资料。……总之,李约瑟在中国的经历和见闻,展宽了他与中国人民的共鸣,加深了他对中国历史的了解,从而更增强他对中

---

① 黄兴宗:《李约瑟博士1943—1944旅华随行记》,载李国豪、张孟闻、曹天钦主编《中国科技史探索》,上海古籍出版社,1986,第56页。
② 黄兴宗(1920—2012)获得英国文化协会的奖学金赴英攻读博士学位,后在美国担任国家科学基金会生物资源应用组主任,退休后曾任剑桥李约瑟研究所副所长。他是SCC第六卷第1分册《植物学》(1986)的合作者和SCC第六卷第5分册《发酵与食品科学》(2000)的作者。

国文化的爱慕。①

李约瑟以实际行动,信守了他和鲁桂珍之间的诺言。鲁桂珍回忆道:

> 李约瑟总是说,他在中国的这一段时期是了解中国文化和文明的天赐良机,不受过去那些人们——商人、中国通、传教士、移居中国的文官和职业外交家——老一套限制的拘束。他的身份是科学家,是中国科学家的朋友。……而且有一点很重要,就是由于他同中国朋友以往的交往,他认识到有许多关于中国文明的东西需要学习,所以他到那些地方去主要是作为学生,而不是以先生自居。
>
> 李约瑟在战争后期写给我的一封信中,说了一些使人难忘的话:"从我初到这里以来,你们的国家和人民所给予我的感受是无与伦比的。这是一个十分混乱的时期,然而正因为此,我能够深入各处城乡的生活(当然东奔西走历尽辛苦);我踏着孤独的脚步闯入往往是废弃的孔庙、僧院、道观,因而充分欣赏了古树丛中和荒园中传统建筑的壮丽景色。我自由地体验了中国家庭和市集的生活,亲眼看到一个社会在崩溃中等待着即将来临的黎明时所经受的苦难。我说'历尽辛苦',不是夸张。有时我搭个行军床在荒庙里过夜,有时蜷缩在合作工场的背后。除了免不了的虫蛇百足,还有成群的大老鼠。有一次我因为注射哈夫金疫苗②,高烧发到104华氏度③,卧倒在嘉陵招待所,那些大老鼠总是一夜到天亮在帆布棚顶上蹦上蹦下。但是另一方面,我却品尝到了许多好吃的东西,而且常常是在乡村街巷的摊头上。这些吃的东西恐怕一般西方人不大敢欣赏(我们大使馆的一些同事就是如此)。有一年春天早晨,我在江西赣县露天吃到的冰糖豆浆和油条,还有在广东从滚油锅里夹起来就吃的油炸饼,再有冬天在兰州,尽管朔风直穿窗上糊的破纸吹来,火锅和白干儿简直使你的灵魂也暖和起来。这许多好东西我怎么也忘不了。当你想吃甜食的时候,那就学路易·艾黎④,到药店去买一罐蜂蜜,涂在叫做'糕块'的车轮般大的甘肃面饼上一起吃。那完全是一个不同的世界,我永世感

---

① 黄兴宗:《李约瑟博士1943—1944旅华随行记》,载李国豪、张孟闻、曹天钦主编《中国科技史探索》,上海古籍出版社,1986,第51页。
② 哈夫金(Waldemar Haffkine,1860—1930)研制出了针对霍乱和鼠疫的疫苗。
③ 104华氏度,即40摄氏度。
④ 路易·艾黎(Rewi Alley,1897—1987),新西兰人,著名社会活动家、教育家。他于1927年来华,在中国生活奋斗了60年。他在1937年发起中国工业合作社运动(简称"工合"),发展小型工业,生产日用工业品和军需品,积极帮助中国抗日。1940年又为穷苦子弟开办了"培黎工艺学校"。他被誉为"中国人民的老战士",并于2009年(与李约瑟一起)被网友评选为中国"十大国际友人"之一。

图 3-12　李约瑟[①]

---

① Joseph Needham at La Capte, France, 1947. Photograph by Lu Gwei-Djen, courtesy of the Needham Research Institute.

激你带我领略了这一切。"①

1945年5月8日德国投降，9月2日日本投降，第二次世界大战以同盟国的胜利正式宣告结束。

第二次世界大战结束后，由主权国家组成的政府间国际组织联合国成立。1945年11月，关于建立一个教育与文化的专门组织的联合国会议在伦敦召开。李约瑟根据自己在中国的成功经验，建议当时正在筹备这一新的国际组织的他的老朋友英国生物学家朱利安·赫胥黎②，把科学也作为这一国际组织的一个重要工作方向。44个国家的代表出席了此次会议，一致同意建立一个象征着真正的和平文化的组织。1945年11月16日，联合国的专门机构——联合国教育、科学及文化组织（United Nations Educational, Scientific and Cultural Organization，简称联合国教科文组织UNESCO）成立，总部设在法国巴黎。联合国教科文组织致力于推动各国在教育、科学和文化领域开展国际合作，以此共筑和平。

朱利安·赫胥黎获选成为第一届联合国教科文组织总干事，他力邀李约瑟前来襄助，负责筹建联合国教科文组织的自然科学部。李约瑟离开中国后便前往巴黎。1946年至1948年间，他担任联合国教科文组织总干事助理，负责自然科学部的工作。李约瑟邀请了一批来自不同国家的科学家，组建了这一部门。鲁桂珍也受聘成为了自然科学部的顾问。"他们的计划包括两个主要部分，首先是在世界较不发达地区成立几个实地科学合作馆（Field Science Cooperation Office，基本上就是中英科学合作馆的格局），并开展工作；第二是对加入国际科学工会联合会的各个国际科学工会提供经济援助。"③

---

① 鲁桂珍：《李约瑟的前半生》，载李国豪、张孟闻、曹天钦主编《中国科技史探索》，上海古籍出版社，1986，第36—38页。
② 朱利安·赫胥黎（Julian Huxley，1887—1975）的祖父是达尔文"生存竞争，自然选择"的物种演化理论的坚定支持者，素有"达尔文的斗牛犬"之称。朱利安·赫胥黎也是自然选择理论的拥护者，但他朝前更进了一步，将达尔文的演化理论和孟德尔的遗传定律综合在一起，在他1942年出版的《演化：现代的综合》（Evolution: The Modern Synthesis）一书中，提出了一种"现代综合"的理论。
③ 鲁桂珍：《李约瑟的前半生》，载李国豪、张孟闻、曹天钦主编《中国科技史探索》，上海古籍出版社，1986，第39页。

种子——一个选题的建议

"李约瑟的一生可以明显地分成两个半生，但是要确定转变的准确时间，并不容易。最现成的界线可以划在1948年，那是李约瑟在中国工作了三年多，又在巴黎任了两年联合国教科文组织自然科学部的首任总干事助理之后，回到剑桥的那一年。"[①]

战后百废待兴，回到剑桥的李约瑟，虽然继续做生物化学的教职工作，但他实际上的生活与过去已经大不相同。现在他要做一件对他来说是头等重要的事——一门心思撰写一本关于中国的科学与文明的书，而把其他一切无关的事情都搁置一旁。

实验室曾经是他过去二十多年的家。"以前他是整个儿生活在生物实验室，我们甚至在那里的客厅里进午餐、吃茶点，可是这回他开始主要在学院里编写《中国科学技术史》了。"[②] 除保住自己的教职必须上的课外，他几乎不在生化实验室里出现了。

不管是在生物化学系，还是在冈维尔－凯斯学院，他都把自己搞得跟个隐士似的，或者说，像是一位古时候隐居起来炼丹的道长，他还给自己起了一个道号——"十宿道人"。好在剑桥大学的体制，并不反对一个生物化学系的老师不务正业地去研究中国科技史。

剑桥大学的 Reader 享有不寻常的自由，除授课外，他可以选择不过问校政，指导研究生也全由自己决定，不受单位主任所管，连个人的研究项目也可以超出单位本身的学术领域。除牛津和剑桥外，恐怕没有其他大学的 Reader 可以享受这些特殊条件。

……不参与生物化学部的行政，不在实验室做研究，不指导生物化学研究生，不参与同仁的一切活动，只在他的授课时间向学生讲课。

……鱼与熊掌不可兼得。李约瑟研究的中国科技史跟生物化学可说是风马牛不相及。他也不能向大学当局申请经费以资助与生物化学无关的研究。因而李约瑟的中国科学史研究计划没有获得剑桥大学当局的资助。他已经舍生物化

[①] 鲁桂珍：《李约瑟的前半生》，载李国豪、张孟闻、曹天钦主编《中国科技史探索》，上海古籍出版社，1986，第1页。（译文根据鲁桂珍的英文原文并结合实际情况有所改动）

[②] 同上书，第39页。

学的"鱼",而取中国科学史的"熊掌"了。[①]

现在,李约瑟终于下定决心要把自己多年的想法落在纸上了,而且他也意识到,除自己外,这个世界上恐怕也没有第二个人能够写出来他头脑中的那本书。

联合国教科文组织在他离任时把他用过的一个第二次世界大战后的战利品——纳粹海军总司令的一面大桌子,作为留念相赠,镶上了自然科学部的同仁们签名的铭牌。

就在这张书桌前,李约瑟即将迈出他人生中至关重要的一步——写出一本他构思了很久的、介绍中国古代科学和科学思想史的书。

图 4-1 李约瑟生前就是使用这张大桌子写作的(现仍保留在李约瑟研究所)

也许这本书需要耗费他接下来的好几年时间,谁知道呢……他马上就要 48 岁了,如果他现在还不开始的话,不知道自己脑子里的这个计划还能不能完成……虽然他很清楚,自己将要踏入的是一片前人从未涉足过的领域,但他并不知道自己接下来将会面对什么样的难题和什么样的困难局面。

他那来自中国的研究助手——王铃,也已经到了剑桥。他从中国运回来的一箱箱中文书籍和资料,也已经摆放在了自己的书架上。一切准备就绪。他终于下定了决心,接下来要心无旁骛,把自己后半生的时间和精力都投入到中国科学技术史的研究中去。而他现在首先需要做的,就是完成这本从 1942 年就开始筹划的图书的写作。

此刻"万事俱备,只欠东风"。这里所说的"东风",就是找到一家出版社愿意接受和出版他打算写的这本书。

1948 年 5 月 18 日周二这天,在冈维尔-凯斯学院的房间里,他把自己刚刚在打字机上写好的一封信件装入信封中,寄去仅有一个街区之隔的剑桥大学出版社。

[①] 何丙郁:《学思历程的回忆:科学、人文、李约瑟》,(世界科技出版公司)八方文化创作室,2006,第 64—65 页。

选题建议

李约瑟的这封信是寄给剑桥大学出版社的秘书悉尼·罗伯茨（Sydney Castle Roberts，1887—1966）先生的。他在信里说自己计划写一本关于中国科学史的书，想要在剑桥大学出版社出版，可否请出版社研究答复。信的内容如下：

我敬爱的罗伯茨：

恳请您把这封信作为我的一个正式的请求，我希望剑桥大学出版社能够出版我现在正在准备的一本书——《中国的科学与文明》。很感激今天早上您能够拨冗相商，我也很高兴目前在由您掌舵出版社的情况下，我们能进行这个项目的首次讨论。您知道，作为一个作者与您和您的同事这么多年合作，我感到非常荣幸和快乐。

按照我们所商量过的，我随信附上了两份图书的写作计划和四份一页纸的内容简介。

考察现在科学史这一研究领域的现状及其在远东地区的社会背景，我正在写的这本书只能被视为一次探路之旅，意在抛砖引玉，以激励那些比我更优秀的其他学者，无论是西方的学者，还是中国的学者。对这一过去被我们几乎完全忽视的主题，如果要加以公平对待，重现它的魅力，将会需要很多人倾尽一生的努力。这是因为存在着大量分散的文献，更不用说那些中文的原始文本及其评论作品了，都是过去从未被审视过的。

我不得不说我有了一种使命感。这部作品，我害怕如果我不花点时间来完成它，要等到另一个具备合适条件的人出现，可能就要等到相当多年之后了。要处理这样的主题，这个人应该是：一个职业的科学家，有足够的第一手的科研经验；但这个人也同时应该对于欧洲的科学史和科学思想具备相当的知识，做过一些原创性的工作；这个人需要达到某种程度的对中文语言的了解，可以独立使用而不必依赖于翻译的程度，能够查阅原始资料；这个人应该也有在中国生活过的个人经验，并能够有机会获得中国学者的指导。虽然我对自己有自知之明，但我觉得，我比对这一主题感兴趣的其他人都更为接近这些条件要求。从1942年到1946年的四年间①，我在中国有一个相当不错的工作岗位，既不是纯粹的政府官员，也不是商人或传教士，而是作为科学和文化合作任务的一个领导。我极为幸运，这项工作的职责让我跑过中国的天南海北，我不失时机地就这一主题请教过中国的学者们并记录了下来。我也足够幸运地收集了一大批相关的中文书籍，并且把它们安全地运回了剑桥，而我现在正在使用着这些书籍。因此，我所具备的条件和我所愿意承担的责任，都使我不敢怠慢。

您今天早上尤其强调了一点，要我将之务必限制在一本书的篇幅之内，正合我意，我完全赞同。我设想这本书大概在600页到800页之间。我所面向的读者，既不是汉学家，也不是大众读者，而是所有那些受过教育的读者，不管他们是否受过科学的训练，只要对文明的比较史感兴趣，尤其是对亚洲和欧洲的发展比较方面感兴趣的人。

有一点我想在现在这个初期阶段就提出来，即对于我刚才所说的读者受众，我相信这本书中要包含一定数量的汉字是十分必要的。这有两个原因：首先，如果不这样做，因为中文的特殊，我们要想确保准确性和去除模棱两可就是不可能的（除非我们采用一种相当现代的罗马字母的拼音体系来拼写汉字，而这却是我极力想要避免的）。其次，我相信汉字的使用可以激发人们的兴趣，现在关于东方的研究正在迎来一次大的扩展，一些在战争期间修过口译课程的年轻人，他们正是我们想要吸引进入这一研究领域的年轻人。然而，我建议，这些汉字字符要被限制在每页的脚注中（尤其是那些人名、书名和技术术语），也会出现在一个附录中，我会在这个附录中给出原始的中文文本，通常很短，是关于每一项发现和发明的一些常被引用的话。

最后，我想要说，我相信这部著作将会被证明是有助于国际间的相互理解的，毫无疑问，尤其是这些结论如果能被其他的著作用更通俗的形式去传递之后。我在中国有一个明确的印象，很多中国的学者和科学家多少都会对他们伟大的文明未能产生现代科学和技术而感到困惑。在这一点上，整个亚洲都有一种潜在的"焦虑症"，因为亚洲人知道，今天已经没有什么能够阻止他们像西方人一样好地独立进行科学工作了。相反，欧洲人和美国人，尽管他们可能已经基本上抛弃了早先"白人种族优越"的成见，但他们仍然面临着这样一个事实，即现代科学发展的过程中的那些最伟大的名字，绝大多数都是欧洲人。有可能证明，我相信总有人能够证明，如果满足确定的环境、物质条件和社会条件，在核心地域的两端，两种文明尽管存在各种差异，要有完全不同的发展是很难

---

① 李约瑟实际上是1943—1946年间在华。

的；对它们各自的成就也会有一种更加公平的评价。如果欧洲遭受了与中国同样的抑制因素的作用，那很可能在我们的世界里，也就没有了伽利略、格斯纳、牛顿这样的人物。我认为非常重要的是，我们一方面要更好地了解中国在科学与技术方面所取得的成就，消除那种把中国视为只有农业和手工艺的主要误解；另一方面，对于中国人来说，应该更多地欣赏希伯来的预言、希腊的哲学和罗马的法律，这些常常被欧洲所发明的技术上的辉煌所掩盖住的东西。

致以最诚挚的祝福！

您的真诚的，
约瑟夫·尼达姆

又及：在提交这个选题建议给剑桥大学出版社理事会之前，如果您还需要更多的信息，我随时听候差遣。

1948 年 5 月 18 日

李约瑟深知出版这样一本从比较视角来探讨中西方文明发展差异的书，对学术进步所具有的意义和价值；但面对从未有西方人以科学史的角度涉足过的海量的中文文献，他明白这也是一个穷尽一生都未必能完成的任务，所以他谦逊地将自己的计划比喻成是一次"抛砖引玉"的"探路之旅"。

尤其是在信中的最后一段，他用对比的方式说：亚洲人普遍有一种焦虑感，想要奋起直追西方的科学与技术；而西方人普遍有一种优越感，这在很大程度上是一种偏见。他希望通过自己这部介绍中国古代科学的著作，帮助西方人了解中国这一古老的东方文明，知道在地球的另一端，中国也曾在历史上取得过辉煌的科学与技术成就，曾为人类发展做出过巨大的贡献，从而达到增进国际间的相互理解，沟通中西方的目的。

对于他提议的这本极具出版价值的介绍中国古代科学成就的图书选题，他感慨道："迄今为止还没有一本书，无论是中文的或西文的，曾包括过本书所涉及的范围。"[①]

---

① 李约瑟：《中国科学技术史（第一卷 导论）》，科学出版社、上海古籍出版社，1990，第 41 页。

种子———一个选题的建议 | III

18th. May, 1948

S.C.Roberts, Esq.,
University Press
Cambridge

My Dear Roberts:

        Would you please be so kind as to regard this letter as a formal request on my part that the University Press should publish the book which I have now in preparation : SCIENCE AND CIVILISATION IN CHINA. I was very grateful to you for so kindly giving me of your time in our conversation this morning, and I am delighted that circumstances have permitted the first discussion of the present project while you are still at the helm. You know that I feel that my collaboration of many years as an author with you and your colleagues has been an honour as well as a pleasure for me.

        In accordance with our agreement I am enclosing herewith two copies of the full plan of the book, and four copies of the one-page summary.

        In view of the present state of the field of the history of science and its social background in the Far East, the book I am writing can not hope to be more than a pathfinding one, calculated to stimulate other scholars much better qualified than myself, whether Western or Chinese. To do justice to the fascination of this greatly-neglected subject would need many lifetimes of work. There is a vast scattered literature, quite apart from the original texts and their criticism, which has never before been reviewed.

        I must say that I feel a vocation for this work, for I fear that if I do not devote some time to it, it might well be many years before anyone else appears with the right chance collocation of qualifications. To handle the present theme, one should be a working scientist with considerable first-hand experience of research; but one should also have some knowledge of, and have done some original work in, the history of science and scientific thought in Europe. One requires also a minimum of acquaintance with the Chinese language, sufficient to render one independent of reliance upon translations, and to enable one to consult original sources. One should also have had personal experience of Chinese life, and the opportunity of guidance from Chinese scholars. Although very conscious of my own limitations, I feel that I approach nearer to these requirements than anyone else interested in the subject. In China during four years from 1942 to 1946 I was in a particularly good position, neither purely governmental, commercial nor missionary, but the head of a mission of scientific and cultural cooperation. I was exceedingly for-

图 4-2 李约瑟（1948 年 5 月 18 日）写给剑桥大学出版社的 SCC 选题建议的信第 1 页（共 3 页）[1]

---

[1] Letter to S.C. Roberts of Cambridge University Press proposing that they be publishers of 'Science and Civilisation in China' and letter of reply, 1948-05-18, GBR/1928/NRI/SCC1/1/2/11. Needham Research Institute.

ii

tunate in that my duties took me throughout the length and breadth of Free China, and I lost no opportunity of making notes and consulting with Chinese scholars on the present subject. I was also lucky enough to accumulate an excellent collection of the relevant Chinese books and to get them safely transported back to Cambridge, where I am now making use of them. I dare not, therefore, decline the responsibility which circumstances and inclinations have laid upon me.

Your strong emphasis this morning that it would be very undesirable for such a book to exceed one volume agrees entirely with my own view. I visualise the book as between 600 and 800 pp. My aim is to address it, neither to sinologists nor to the general public, but to all educated people, whether themselves scientifically trained or not, who are interested in the comparative history of civilisation, especially the compargrive development of Asia and Europe.

There is one point I would like to make already at this early stage, namely that notwithstanding what I have just said about the audience, I believe that it will be essential to include a certain number of Chinese characters. This for two reasons. First, that unless one does so, it is absolutely impossible (unless one adopts a rather too modern system of romanisation which I would prefer to avoid), owing to the nature of the Chinese language, to secure accuracy and remove ambiguities. Secondly, I believe that the use of the characters stimulates interest; there is now a big expansion of oriental studies, and some of the younger men who did interpreter's courses during the war are just those whom one would like to attract into this field of research. I suggest, however, that the characters be restricted to footnotes on each page (especially for proper names and titles of books and technical terms), and also to an appendix in which I should like to give the original texts, often very short, which are the locus classicus, as it were, of each discovery and invention.

Finally, I would like to say that I believe the present work will prove to be a contribution to international understanding, especially, no doubt, after others have found means to relay its conclusions in more popular form. I had in China the definite impression that very many Chinese scholars and scientists are somewhat puzzled by what seems the failure of their great civilisation to give rise to modern science and technology. Throughout Asia there is a kind of hidden "anxiety-neurosis" on this point, for Asian people know that today there is

图 4-3　李约瑟（1948 年 5 月 18 日）写给剑桥大学出版社的 SCC 选题建议的信第 2 页（共 3 页）

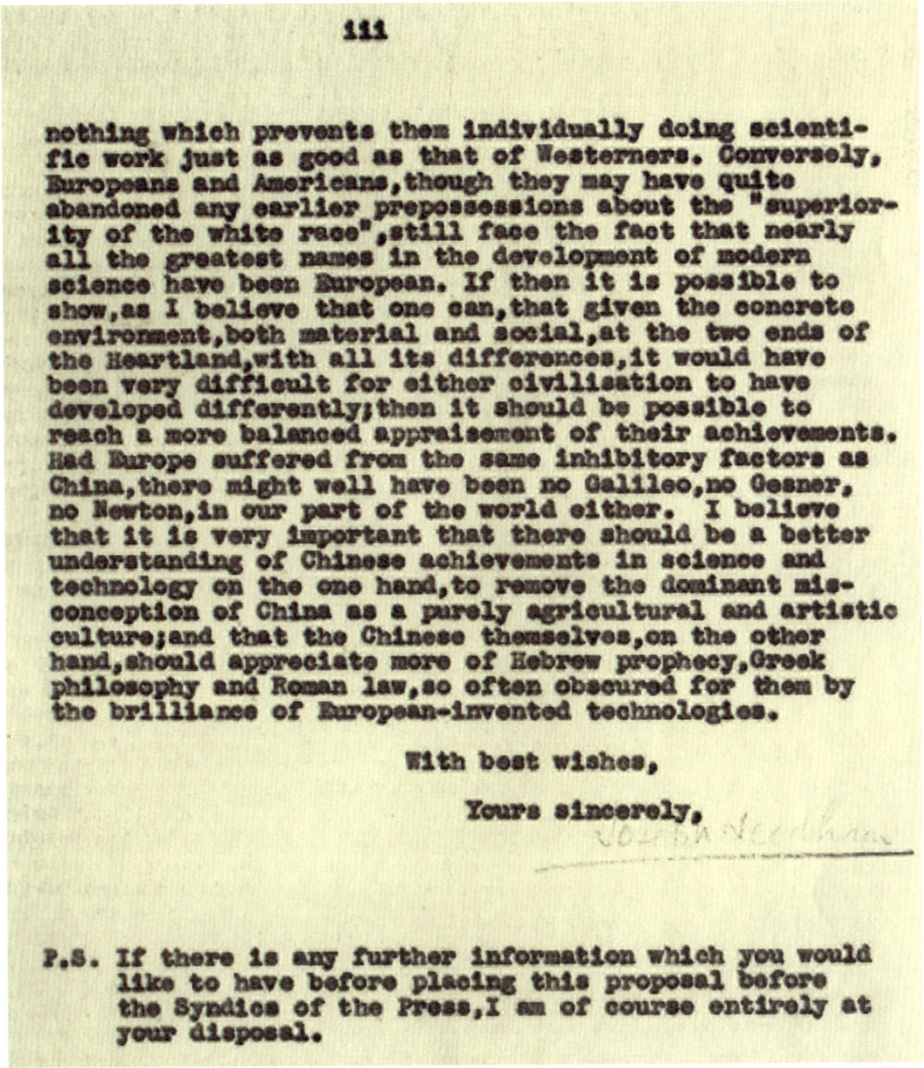

> iii
>
> nothing which prevents them individually doing scientific work just as good as that of Westerners. Conversely, Europeans and Americans, though they may have quite abandoned any earlier prepossessions about the "superiority of the white race", still face the fact that nearly all the greatest names in the development of modern science have been European. If then it is possible to show, as I believe that one can, that given the concrete environment, both material and social, at the two ends of the Heartland, with all its differences, it would have been very difficult for either civilisation to have developed differently; then it should be possible to reach a more balanced appraisement of their achievements. Had Europe suffered from the same inhibitory factors as China, there might well have been no Galileo, no Gesner, no Newton, in our part of the world either. I believe that it is very important that there should be a better understanding of Chinese achievements in science and technology on the one hand, to remove the dominant misconception of China as a purely agricultural and artistic culture; and that the Chinese themselves, on the other hand, should appreciate more of Hebrew prophecy, Greek philosophy and Roman law, so often obscured for them by the brilliance of European-invented technologies.
>
> With best wishes,
>
> Yours sincerely,
>
> Joseph Needham
>
> P.S. If there is any further information which you would like to have before placing this proposal before the Syndics of the Press, I am of course entirely at your disposal.

图 4-4 李约瑟（1948 年 5 月 18 日）写给剑桥大学出版社的 SCC 选题建议的信第 3 页（共 3 页）

李约瑟注意到弗朗西斯·培根曾经写下过这样的话："我们应该注意各种发明的威力、效能和后果。最显著的例子便是印刷术、火药和指南针，这三种发明古人都不知道；它们的发明虽然是在近期，但其起源却不为人所知，湮没无闻。这三种东西曾经改变了整个世界事物的面貌和状态，第一种在学术上，第二种在战争上，第三种在航海上，由此又产生了无数的变化。这种变化是如此之大，以致没有一个帝国，没有一个教派，没有一个赫赫有名的人物，能比这三种机械发明在人类的事业中产生更大的力量和影响。"① 对于培根所提到的这三种重要发明,李约瑟虽然知道它们都是来自中国,但令他不解的是"在后来的几个世纪中,欧洲人获得了比培根时代多得多的关于中国的知识。可是那些应该知道得更多的人们,却没有对中国的发明做出应有的承认(acknowledge)。……没有一个地方,甚至也没有一个脚注指出这三种发明都不是起源于欧洲。②"李约瑟认为:

> 乍看起来非常奇怪的是,没有一本中文书谈到整个东亚科学史,哪怕只是某一时期的科学史。我所知道的唯一著作是陈文涛的《先秦自然学概论》,讨论的是周、秦时期(亦即直到公元前2世纪)的科学发展情况。可是这只是一篇简短而非学术性的论文,它也有中文书的普遍缺点,即对引用的内容不注明出处。第二次世界大战时我在中国,听说鲁胜慕③想写一本类似的范围广些的著作,可是还没有见到此书。
>
> ……这并不是说没有描写19世纪科学发展的中文书,可是这些都在我们的研究领域之外。④ 无疑,中国人自己极少写科学史的一般著作,这是由于下面几个明显的原因:
>
> (a)在传统的学术界里极端重视文学研究,而不了解中国科学的历史,也没有感到写一本科学史是非常有意义的。
>
> 这种重视人文主义的倾向至少产生了一个好处。从科学史的观点来看,包含有价值的资料的中国古代和中古代著作不至于被伪造或篡改,因为传统的中国学者不会想到通过声称一项发现或发明的时间比实际情况更早,而从中获得

---

① Notice the vigour of discoveries, their power to generate consequences. This is nowhere more obvious than in three discoveries that the ancients did not know and whose origins (all quite recent) were obscure and humdrum. I am talking about the arts of printing, gunpowder, and the nautical compass. These three have changed the whole aspect and state of things throughout the world - the first in literature, the second in warfare, the third in navigation - bringing about countless changes; so that there seems to have been no empire, no philosophical system, no star that has exerted greater power and influence in human affairs than these mechanical discoveries. (Novum Organum, book 1, aphorism 129. Bacon, pp.40,78.)
② 李约瑟:《中国科学技术史(第一卷 导论)》,科学出版社、上海古籍出版社,1990,第18页。
③ 虽然只是听说过而未见过面,也未见过他写的书,李约瑟仍然特别关注这位名叫"鲁胜慕"的中国人,他还在SCC的英文版中特意为"鲁胜慕"做了汉字的脚注(SCC英文版第1卷第43页),大概是他意识到这个和自己有着同样想法的人,应当予以关注吧。但是我们在网络上搜不到"鲁胜慕"这个人名,他在战争结束后销声匿迹了。要么是他经历了什么重大的人生变故,要么就是他没有写出来他说过要写的东西,从而没有留下任何信息,也就没有人再记得他了。难道真的是应了那句话——"要么发表,要么消失"(publish or perish)?
④ 李约瑟将自己对于中国古代科学的研究范围限定在1800年之前,因为按照他的科学发展观,认为将来的科学是无国界之分的,以全人类的福祉为目的,各种不同的文明,最终都会汇合在一起,构成一幅"百川朝宗于海"的"世界大同"的科学愿景。

荣誉——科学尤其技术是没有任何社会声望的。但同时也必须防范另外一种倾向，有人在"引证"古书时不知不觉带上了他们自己时代的"现代"感觉。① 例如，公元983年的《太平御览》（卷九二六）引用了李斯在公元前208年被腰斩前对他儿子说的话："唉！我们多么希望牵着我们的黄犬，臂上架着猎鹰去打猎啊，但我们现在不能这样做了！"② 可是《史记·李斯列传》原文"吾欲与若复牵黄犬俱出上蔡东门逐狡兔，岂可得乎！"（《史记》卷八十七）根本没有提到猎鹰，尽管其余的话都是一样的。因此这一段并不证明公元前3世纪就有驯鹰术。可是奇怪的是，《太平御览》的编者们在写到驯鹰术时也引用了这一段，他们可能是从当代人的引文中取得的，而没有不厌其烦地查一下原文。……从这里得到的教训是，完全依靠别人的引文是不行的，即使有时不可避免。

（b）现代中国自然科学家们本身苦于一些不利条件，他们一开始便由于必须掌握至少一种欧洲语言而耽误了几年，之后又忙于赶上最新的发展，以致无暇顾及他们自己文明中的科学史。

（c）中国人最初曾被欧洲列强的军事和政治优势所迷惑，以致认为造成这种优势的欧洲科学技术传统似乎是无可匹敌的。的确，把科学称为"西洋科学"，把它看成是中国难以理解的、在中国文明中没有根的这种倾向，至今还没有完全消除。③

李约瑟的科学与文明史观，决定了他想写的这部科学史是一部通史。作为正史的中国历史记载，起自司马迁（太史公）所著《史记》。从传说中的黄帝至汉武帝，共两千五百年的时间，《史记》是一部通史。后续的其他正史以朝代的更替为始终，都是断代史。"二十四史"共同构成了一部宏大而完整的历史记录。而李约瑟想要梳理的，正是一部完整的中国科学技术通史。毫无疑问，通史需要掌握更多的资料，需要更为宏大的视野，需要在更长的时间跨度上旁征博引，这就是我们现在常说的"大历史观"。此外，还要把中国的历史与世界其他文明的发展进行比对，找到彼此相交的线索，这自然会对写作者的知识能力、学术水平，乃至研究方法和撰写方式都提出极高的要求，难度无疑也是最大的。

后来，李约瑟在他功成名就之后的各种讲演中，时常会调侃自己一番，说一开

---

① At the same time, it is necessary to be on guard against the tendency of those who quoted texts to slip in touches 'modern' for their own time.
② "《史记》曰：李斯临刑，思牵黄犬，臂苍鹰，出上蔡东门，不可得矣。"（《太平御览·羽族部十三·鹰》）
③ 李约瑟：《中国科学技术史（第一卷 导论）》，科学出版社、上海古籍出版社，1990年，第41—43页。

始自己只打算写一本书的,他也不知道这本书后来会变成一部怎么也写不完的书,好在剑桥大学出版社总是愿意出版他们所写的任何东西,而不管写的是什么。但在1948年的时候,情况真的是这样吗?好在我们有当年的信件可供查考,能够回答这类问题。

李约瑟用打字机来写信,有一个显而易见的好处,就是可以使用复写纸来一次复印好几份。最上面的一份是白色的纸,字迹最为清晰,是要寄出去给收信人的正本;下面的一份通常是另一种底色的纸,是复写件,由发信人自己留存。这些被保留下来的通信记录,可以让今天的我们也能身临其境地了解到他当时遇到的具体问题,以及他如何对这些问题做出反应。单纯依赖回忆是不可靠的,尤其是对那些已经过去了很多年的事情,不妨假设今天李约瑟就坐在我们的对面,如果谈及当年那些他亲身经历过的往事,恐怕也需要像我们一样,通过翻看这些信件和档案,才能慢慢地回忆起过去的点点滴滴吧。

李约瑟去信的这位悉尼·罗伯茨先生,头衔是剑桥大学出版社的秘书(Secretary),看起来好像是个无足轻重的小角色,其实不然。罗伯茨早年参军,在第一次世界大战中负过伤。他不仅是位作家、出版商,还是剑桥大学的一位行政管理者,他在1922年到1948年间担任剑桥大学出版社的秘书,1948年至1958年转任剑桥大学彭布罗克学院(Pembroke College)的院长,并在1949年至1951年担任过剑桥大学的校长(Vice Chancellor)。他还是英国电影协会和伦敦福尔摩斯学会的主席,1958年受勋成为爵士。

剑桥大学出版社

剑桥大学出版社（Cambridge University Press，简称 CUP）的历史相当悠久。最早时候，一个印刷匠接受大学的委托，来印制一些大学需要的东西，也包括一些可以售卖的图书，后来，有了资产归大学所有的印刷厂，并逐步过渡到了现代意义上的出版商的角色。但是享誉世界的剑桥大学出版社与其他商业出版社还是有很大的区别的，它只是隶属大学的一个部门，而非一个独立的商业出版机构。后面我们将会看到，正是剑桥大学出版社的这个特点，决定了 SCC 此后的命运。

要了解这家出版社的历史，我们还得从印刷书最早在西方出现的时候谈起。

西方出版机构的前身，过去服务于教会和大学的抄书坊。印刷术在欧洲诞生得很晚。1450 年左右，谷登堡才发明了现代活字印刷术。这项新技术很快就随着印刷工匠们扩散到了欧洲各地，印刷工场纷纷取代了原来依靠大量人力手工抄写的抄书坊。我们今天所熟悉的出版业的实际情况是，做印刷（Printing）的印刷厂和做出版（Publishing）的出版社是分开的；但在出版业发展的早期阶段，所有的出版商都是印刷商。我们今天说的"出版社"（Press）这个词，本身也是"印刷、印刷机"的意思。后来随着社会化分工越来越细，才有了专门的出版机构。

威廉·卡克斯顿（William Caxton，约 1422—约 1491）在 1476 年第一次把印刷技术带到了英国，他是英国第一位印刷商，同时又是印刷书的出版商和零售商。剑桥大学也早在 1534 年就获得了国王亨利八世颁发的印刷专营权，所以剑桥大学出版社不仅是最古老的大学出版社之一，也是世界上历史最悠久的印刷商之一。

新的印刷技术自诞生之初开始，其作用就广受争议。显然，印刷业并非一开始就是一项能够获得暴利的生意，相反，它充满了风险。就像我们今天熟悉的互联网在它刚开始出现的时候一样，一项新技术并不一定会带来看得见摸得着的利润。新技术的最大好处，是让那些过去看起来不可能的事情变得可能了，虽然也要付出代价和成本，但这些费用终究是可以计算的。

剑桥大学并未急于利用自己的专营权开展印刷出版业务，直到 1583 年，大学才指定了自己的第一位印刷商（Printer）——托马斯（Thomas）先生。现在看来，早期剑桥大学印刷商的最大贡献，是促成了把大学的考试从口头考试变成了书面考试，但这并不意味着学生所支出的学费降低了，相反，实际上这些花费反倒是更高了。

印刷商也要赚钱养活自己，所以剑桥大学的印刷商托马斯和现代印刷书的发明者谷登堡一样，也只能从印制《圣经》起步开始做卖书的生意，并且在此后很长一段时间里，《圣经》都是剑桥大学出版社最为畅销的图书品种，为此它还要时不时地和试图垄断图书印刷业的行会——伦敦文具商会发生冲突。

迫于伦敦文具商会的压力，18世纪初的时候，剑桥大学授权古典学者理查德·本特利[①]来为自己建立一种新的出版模式，好将印刷厂也纳入到国王给予剑桥大学的保护之中。与牛顿同为皇家学会院士，又是剑桥三一学院院长的本特利亲自主持了牛顿的《自然哲学的数学原理》第二版在剑桥大学的编辑出版工作。他推动了印刷商与大学关系的改变。原来大学和印刷商之间只是一种业务上的委托关系，后来变成了印刷厂的设备和房产等资产都归属大学，印刷商使用这些资产来为大学提供服务的模式。这样就建立起了一种专注于学术出版的、有别于其他商业印刷出版的新模式。按照这一模式，剑桥大学出版社不设董事会和管理层，它的所有重大决策和日常管理都由剑桥大学专门成立的一个管理主体[②]负责，使之完全服务于大学的目标。这个理事会由来自不同学院、各个学科的专家组成，均有一定的任期。剑桥大学的章程（Statute）上也明确规定："为了促进教育、宗教、学习和研究以及文学佳作的进步，大学应有一所大学出版社，专事印刷和出版，以促进所有学科知识的获取、进步、保存和传播。"理事会通过定期开会来商讨问题，研究和决定出版社的选题安排，确保出版的内容符合严格的学术标准，并监督出版社的战略制定和财务运作。这就是剑桥大学出版社最为独特的地方。

18世纪中叶，约翰·巴斯克维尔成为了剑桥大学的印刷商，剑桥大学印制的图书开始采用他独创的以自己的名字命名的巴斯克维尔字体，但在印刷技术上，此时基本与威廉·卡克斯顿的时代没有什么两样，仍然是手工排字、木制印刷机压印、手工装订等一系列劳动强度大、生产效率低的手工作坊生产方式。

后来随着印刷技术进一步发展，由蒸汽机驱动的印刷机械逐渐普及，印刷产能和效率都得到了大幅度提升。剑桥大学出版社也由原来的手工作坊式的印刷厂，逐步发展成为了拥有两三百名工人和数栋建筑的大型印刷出版企业。

这家现代化的出版社没有董事会，也不是由管理层负责运营的商业出版社，它的日常出版业务的实际执行者，其实就是理事会的秘书悉尼·罗伯茨先生。他的职

---

① 理查德·本特利（Richard Bentley，1662—1742）是一位擅长考据的古典学家和神学家。他从1700年开始直至去世一直担任剑桥大学三一学院院长。
② 一开始叫做"监管会"（the Curators），1733年后改称"理事会"（the Syndics）。

责是向理事会汇报出版选题和各项运营情况。理事会把各项决议记录在案之后,再交给罗伯茨先生去遵照落实和执行。罗伯茨先生的角色相当关键,理事会秘书,实际上做的是相当于其他商业出版社的社长和总编干的活儿,却不会有社长和总编那么大的职权。

由于李约瑟此前在剑桥大学出版社出版过多部生物化学的学术著作,也曾受出版社委托主编过一本讲生物化学史的图书,所以他与罗伯茨先生已经相当熟悉。作为一位独立的作者,能够结识出版社的编辑实属必要,如果又能够通过合作建立起朋友之间才有的信任,那就更为难得了。有的时候,朋友之间才有的默契和直言不讳,免去通常出于礼貌或客套要绕的弯子,能够直接得到明确的答复,对于一个作者来说,是很重要的帮助。

既然剑桥大学出版社所有的选题都要在理事会的会议上研究,通过之后才能进入正式的编辑出版流程,那么李约瑟提出的这个关于中国科学与文明的图书选题,自然也是这样。接下来,罗伯茨先生就要把李约瑟给他的这封信,提交给理事会来讨论决定了。

初步计划

虽然有老朋友鼎力相助，但李约瑟也明白，作为一封给出版社的正式选题建议书，除必要的客套话和令人感兴趣的思路外，选题建议本身也必须具有可操作性和足够的说服力。

一个正式的选题建议书应该包括打算写的图书的书名、主要内容、作者情况、读者定位、篇幅大小、出版价值（包括学术价值和商业价值）、预计交稿时间等一系列必要信息。李约瑟关于《中国的科学与文明》的选题建议的信件，堪称是选题建议书的一个范本，值得所有想要写一本书的作者参考和借鉴。

按照罗伯茨先生的要求，也是出版社通常的要求，李约瑟随函附上了一份长达 12 页的关于 SCC 的初步计划（preliminary plan）。这实际上是一个写作提纲。

这份初步计划已经相当详尽。SCC 全书的内容被划分成了 7 个章节，分别是：

1. 简介（Introduction）
2. 中国的哲学（Chinese Philosophy）
3. 中国的前科学（The Chinese Pre-Sciences）
4. 中国的技术（Chinese Technology）
5. 促进和制约欧洲和亚洲的科学和科学思想与技术发展的因素之考察（A consideration of the factors favourable and inhibiting to the development of science, scientific thought, and technology, in Europe and Asia）
6. 平行的文明（Parallel Civilisations）
7. 结论（Conclusions）

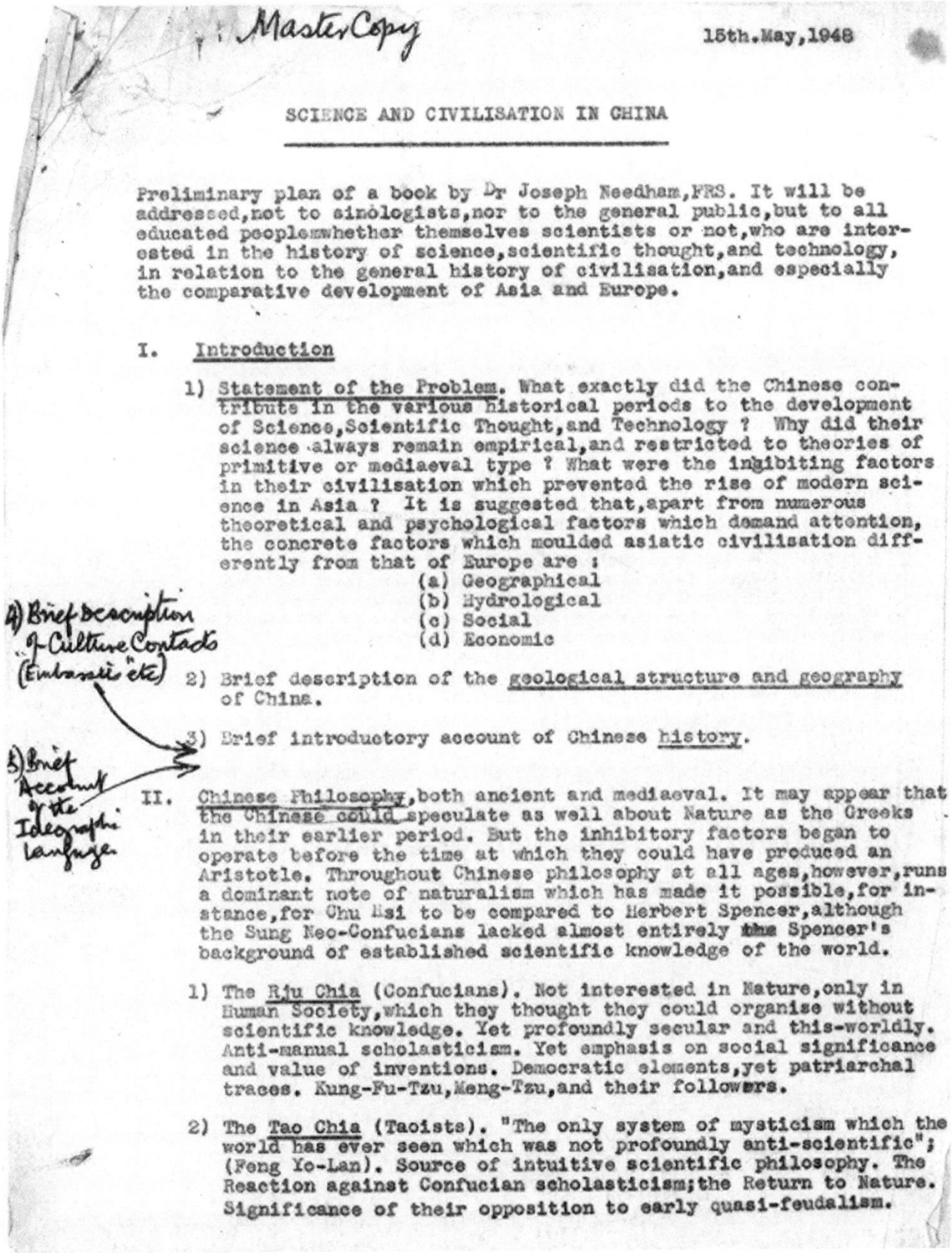

Master Copy   15th. May, 1948

SCIENCE AND CIVILISATION IN CHINA

Preliminary plan of a book by Dr Joseph Needham, FRS. It will be addressed, not to sinologists, nor to the general public, but to all educated people, whether themselves scientists or not, who are interested in the history of science, scientific thought, and technology, in relation to the general history of civilisation, and especially the comparative development of Asia and Europe.

I. Introduction

1) Statement of the Problem. What exactly did the Chinese contribute in the various historical periods to the development of Science, Scientific Thought, and Technology? Why did their science always remain empirical, and restricted to theories of primitive or mediaeval type? What were the inhibiting factors in their civilisation which prevented the rise of modern science in Asia? It is suggested that, apart from numerous theoretical and psychological factors which demand attention, the concrete factors which moulded asiatic civilisation differently from that of Europe are:
   (a) Geographical
   (b) Hydrological
   (c) Social
   (d) Economic

4) Brief description of Culture Contacts (Embassies etc)

2) Brief description of the geological structure and geography of China.

3) Brief introductory account of Chinese history.

5) Brief Account of the Ideographic Language

II. Chinese Philosophy, both ancient and mediaeval. It may appear that the Chinese could speculate as well about Nature as the Greeks in their earlier period. But the inhibitory factors began to operate before the time at which they could have produced an Aristotle. Throughout Chinese philosophy at all ages, however, runs a dominant note of naturalism which has made it possible, for instance, for Chu Hsi to be compared to Herbert Spencer, although the Sung Neo-Confucians lacked almost entirely the Spencer's background of established scientific knowledge of the world.

1) The Rju Chia (Confucians). Not interested in Nature, only in Human Society, which they thought they could organise without scientific knowledge. Yet profoundly secular and this-worldly. Anti-manual scholasticism. Yet emphasis on social significance and value of inventions. Democratic elements, yet patriarchal traces. Kung-Fu-Tzu, Meng-Tzu, and their followers.

2) The Tao Chia (Taoists). "The only system of mysticism which the world has ever seen which was not profoundly anti-scientific"; (Feng Yo-Lan). Source of intuitive scientific philosophy. The Reaction against Confucian scholasticism; the Return to Nature. Significance of their opposition to early quasi-feudalism.

图 4-5 李约瑟为 SCC 所作的初步计划第 1 页（1948 年 5 月 15 日）[①]

[①] Typescript copies of 'Science and Civilisation in China, preliminary plan of a book by Dr Joseph Needham, FRS..' and manuscript draft, 1948-05-15, GBR/1928/NRI/SCC3/3/1. Needham Research Institute.

李约瑟与罗伯茨先生会面后，他又应罗伯茨的要求，写了一份一页纸的图书内容简介。可以想见，因为罗伯茨知道，理事会成员不可能在开会的时候有时间看完这么一份 12 页的提纲。这个简化版的图书计划，目的是让剑桥大学出版社理事会的

18/5/48

Plan of a book now in preparation by Dr Joseph Needham, FRS

SCIENCE AND CIVILISATION IN CHINA

I. Introduction.
What exactly did the Chinese contribute in the various historical periods to the development of Science, Scientific Thought, and Technology? Why did their science always remain empirical, and its theories restricted to explanations of primitive or mediaeval type? This involves the consideration of the social background of science in Europe and Asia. Geographical, hydrological, social and economic factors moulded differently the social inheritance in Asia.

II. Chinese Philosophy (ancient and mediaeval).
Although the inhibitory factors probably began to operate before the time at which the Chinese could have produced an Aristotle, they were able to speculate about Nature no less brilliantly than the Greeks. A dominant note of scientific naturalism runs through Chinese philosophy at all times, culminating in Chu Hsi and the Sung Neo-Confucians. Consideration is given to (a) Rju (Confucians), (b) Taoists (central for Chinese history of science), (c) Mohists, (d) Logicians, (e) Legalists, (f) Hsun-Tzu, (g) late Han philosophy, (h) Buddhist philosophy, (i) Neo-Confucians, (j) Ming idealism, (k) Wang Chuang-Shan. Chinese philosophy has never previously been considered from the point of view of history of science.

III. The Chinese Pre-Sciences, both ancient and mediaeval, show clear rudiments of observational and experimental inductive science involving manual operations. Achievements often in advance of the West, but nipped in the bud.
Consideration is given to (a) the basic theoretical structure, Yin-Yang and Wu Hsing, (b) Mathematics, (c) Astronomy, (d) Meteorology, (e) Geodesy and Geophysics, (f) Geology, (g) Mineralogy, (h) Geography & Cartography, (i) Physics, (j) Alchemy and Chemistry, (k) Botany, (l) Zoology, (m) Anatomy, Physiology and Embryology.

IV. Chinese Technology.
Remarkable empirical discoveries and inventions, not all equally well-known, many of which profoundly affected world history. The Chinese could certainly plan and carry out experimental work leading to improvements in techniques.
Consideration of (a) Engineering and Mechanics in general, (b) Ceramics and Glass, (c) Paper and Printing, (d) Mariner's Compass, Navigation, and Maritime Technology, (e) Chemical Technology, including Explosives, (f) Biochemical Technology, Nutritional Science and Fermentations, (g) Mining and Metallurgy, (h) Architecture and perspective painting, (i) Agriculture and Agricultural Arts, (j) Medicine, (k) Pharmaceutics and Pharmacology, (l) War Technology.

V. Analysis of the Factors Inhibiting the Development of Modern Science in the Far East.
Geographical, Hydrological, Social and Economic factors; theoretical and psychological factors. Great importance of irrigation and water-conservation in Chinese society - probable cause of the stabilisation of their characteristic form, bureaucratic feudalism. Nature of the Mandarinate, and its consequences in the inhibition of the rise of the merchants to power. Inhibitory effect of bureaucratism on science and technology. Role of ideographic language. Present and Future.

图 4-6　李约瑟关于 SCC 的简要计划（1948 年 5 月 18 日）

成员都能够获得一个总体上的印象，而非具体的细节。在这个简要计划中，全书的内容被简单划分成了5个部分，而非5月15日的详细计划中所列的7个部分。内容如下：

关于一本正在准备中的书的计划
《中国的科学与文明》

一、简介

中国人在各个历史时期，究竟为科学和科学思想以及技术的发展做出了什么贡献？为什么他们的科学总是保持在一种经验的状态，他们的科学理论仅限于原始的或中世纪类型的解释？这个问题涉及需要考察科学的社会背景中的不同因素，这些因素在亚洲的社会传承中被塑造得与我们不同。

二、中国的哲学（古代和中古时期[①]）

虽然抑制因素可能在中国能够产生自己的亚里士多德之前就已经在发挥作用了，但他们能够对自然加以思考，这一点并不逊于希腊人。一种科学自然主义的主旋律始终贯穿在中国哲学中，在朱熹和宋代新儒学家那里达到高峰。需要考察：（a）儒（儒家），（b）道家（中国科学史的中心），（c）墨家，（d）逻辑学家，（e）法家，（f）孙子，（g）东汉哲学，（h）佛教哲学，（i）新儒学家，（j）明代理学，（k）王船山。中国的哲学以前从未以科学史的角度被考虑过。

三、中国的前科学，不管是古代还是中古时期，都显示出了观察和实验的归纳科学的清晰雏形。所取得的成就往往要早于西方，但却被扼杀在萌芽状态。

需要考察：（a）阴阳和五行的基本理论结构，（b）数学，（c）天文学，（d）气象学，（e）大地测量和地球物理，（f）地质学，（g）矿物学，（h）地理和制图，（i）物理学，（j）炼金术和化学，（k）植物学，（l）动物学，（m）解剖学、生理学和胚胎学。

四、中国的技术

非凡的经验发现，但并非都同样地广为人知，其中很多技术对世界历史都产生了深远影响。中国人当然能够计划并开展实验工作，从而改进技术。

需要考察：（a）普通工程学和力学；（b）陶瓷和玻璃；（c）纸张和印刷，（d）航海指南针；导航和海洋技术，（e）化学技术，包括爆炸物；（f）生化技术、营养科学与发酵学；（g）采矿和冶金；（h）建筑和透视绘画；（i）农业和农艺；（j）医学；（k）制药学和药理学；（l）战争技术。

[①] 这里李约瑟所说的"中古"（mediaeval）这个词，所指的是1800年之前，而非英语里的"中世纪"（系指欧洲5到15世纪这一时期）。

五、远东地区阻碍现代科学发展的因素分析

地理、水文、社会和经济因素；理论的和心理的因素。灌溉和水利工程在中国社会的极端重要性——可能是其特征形式（官僚封建主义）稳定的原因。官僚化的本质及其对商人崛起的抑制后果。官僚主义对科学和技术的抑制作用。表意语言的角色。现在和未来。[①]

在这份图书选题的简要计划中，李约瑟将原先大纲中放在后面的"李约瑟问题"提到了前面。开篇就提出了这个研究问题："中国人在各个历史时期，究竟为科学和科学思想以及技术的发展做出了什么贡献？为什么他们的科学总是保持在一种经验的状态，他们的科学理论仅限于原始的或中世纪类型的解释？"

李约瑟最初对这个问题的思考也很简单，他打算用生理学研究胚胎的一对常见术语——促进因素和抑制因素（favourable and inhibiting factors）来分析现象、解释原因，并在全书的最后一章中给出结论。他认为这些影响因素应该包括地理、环境、水文、语言、文化、心理、政治、经济、制度，等等。这些因素之间也有一定的因果关系，比如他认为：西方因为地理环境因素，经济上以畜牧业和商业贸易为主；而中国因为地理环境因素，经济以自耕农业为主，因此灌溉和水利工程在中国这样的社会中就显得格外重要。经济基础决定上层建筑，政治和社会必然要适应经济结构，所以与西方的封建社会不同，中国的封建制度演变为李约瑟所说的"官僚封建主义"，他认为这是有利于灌溉和水利工程发展的必然结果。此外，李约瑟还注意到了中西方语言上的差异。因为语言是思维的工具，所以他猜想汉语这一表意语言的特点，也是造成中西方在科学思维上差异的根本原因之一。

[①] Typescript 'Plan of a book now in preparation by Dr Joseph Needham, FRS', 1948-05-18, GBR/1928/NRI/SCC3/3/2. Needham Research Institute.

选题通过

李约瑟在选题计划中明确表达了自己并没有打算写出一部鸿篇巨制的想法，书稿的内容会限定在一本书的篇幅。这一要求本是罗伯茨提出来的，李约瑟也表示认同。

李约瑟还提到了一个细节问题——他要在这本书中使用一些汉字铅字。李约瑟强调了这么做的必要性，并试图打消出版社的顾虑。他能这么早就提出汉字的技术处理的问题，可见已经和罗伯茨先生进行了商讨，并已经找到了令人满意的解决办法。

也许是基于对老作者的信任，也许是对中国科学技术史这一研究空白点的兴趣，也许是因为李约瑟选题建议的来信和写作计划确实让人找不到拒绝的理由，1948年5月21日剑桥大学出版社的理事会毫无悬念地接受了李约瑟的建议。在当天理事会讨论的若干事项中，第7项是关于李约瑟的选题。会议记录簿上留下了一条非常简短的记录："原则上同意李约瑟关于SCC的选题。"[①] 既然李约瑟的书稿尚未动笔，还只是一个计划，那么出版社给予一个"原则上同意"，也没有什么实际的约束力。

即便如此，选题的确认仍然是一本书的出版过程中必然要走过的一个重要的步骤。实际上，从出版社理事会的会议记录中可以看出来，每次闭门会议，都会有一栏专设的"拒稿"（Manuscripts declined）项，其中开列了当天会议上被拒绝的书稿选题清单，可见这个世界上，幸运的人永远是少数。

第二天，罗伯茨先生就代表剑桥大学出版社给李约瑟写了一封正式回信，告知他这一好消息。内容如下：

---

① "A general approval was given to Dr J. Needham's proposal for a work on Science and Civilisation in China." [Minute Book, Syndics of the Press，CUP archives]

> Secretary: S. C. ROBERTS, M.A.
> Assistant Secretary: F. H. KENDON, M.A.
> Telephone: 4226
>
> University Press
> CAMBRIDGE
>
> 22 May 1948
>
> My dear Needham,
>
> I am glad to be able to tell you that the Syndics' reception of your proposal for a work on Science and Civilisation in China was entirely sympathetic. They would like to re-enforce the view that it is most desirable that the material should be included in one volume.
>
> I shall not, I am afraid, be personally concerned in the actual publication, but I have no doubt that when the time comes the Syndics will propose an agreement on a royalty basis, and I will, in any event, pass on what you say about the use of a certain number of Chinese characters to our Printing Department.
>
> Yours sincerely,
>
> S. C. Roberts
>
> Dr. J. Needham,
> Caius College,
> Cambridge.

图 4-7　剑桥大学出版社接受 SCC 选题建议的回信（1948 年 5 月 22 日）

致尼达姆博士，
冈维尔－凯斯学院，剑桥

我敬爱的尼达姆：

　　我很高兴能够告诉您，您关于中国的科学和文明的著作的选题建议，引起了大家一致的共鸣，理事会接受了您的选题。他们想要强调的一点是，这些内容最好能限制在一本书的篇幅之内。

恐怕我个人不会介入到这部书的实际出版中，但我毫不怀疑，到一定时候理事会就会提出来一份基于版税的合同，而我则肯定会把您要使用一定数量的汉字铅字的要求转告我们的印刷部门。

您诚挚的，
罗伯茨
1948 年 5 月 22 日[①]

在这封信中，悉尼·罗伯茨先生代表剑桥大学出版社初步同意了李约瑟所提的 SCC 这本书的选题建议，他同时也强调，要求将书稿的内容限定在一本书的篇幅，并答应会把李约瑟要求使用汉字的需求转交给印刷厂来解决。

一个选题顺顺利利地获得通过。这件事本身的重要性，不同年龄段的读者，可能会有不同的看法。年轻的读者容易忽视例行程序的重要性，认为这不过是最开始的一个步骤而已。有了一定岁数的人会明白，实际上越是重要的事情，结论所用的文字可能越少。看起来一个简简单单的同意，其实意味着前面所有要做的准备工作都已经完备了，才会有这样的结果。只有在拒绝的时候，人们才需要找出一大堆的理由，也需要更多的文字来掩饰真正的原因，以稀释可能带来的难堪。

---

① Letter to S.C. Roberts of Cambridge University Press proposing that they be publishers of 'Science and Civilisation in China' and letter of reply, 1948-05-18, GBR/1928/NRI/SCC1/1/2/11. Needham Research Institute.

作者的筹码

此时的李约瑟已经不再年轻，他即将步入我们常说的"知天命"的人生阶段。1948年的时候，他48岁，一个人的生命只有一次，就好比是一场牌局，只有一次机会。但是，同样的一副牌，不同的打法，结果可能并不相同。怎么打好手里的牌就成了关键。人的一生中可能总有那么一次，需要你赌上一把。

我们再回到李约瑟的情况，看看他在给剑桥大学出版社的选题建议书中是怎么说的。他说能够写出《中国的科学与文明》一书的作者至少应当具备五个条件，他开列的条件如下：

第一条，他必须是一个有实际工作经验的科学家（言外之意，可以不必是史学家或汉学家）；

第二条，他必须研究过欧洲的科技史并有过著述（有科技史的写作和出版经验）；

第三条，他至少能够使用中文，具有可以不依赖于翻译的作品而直接查阅中文原文的能力（能动手发掘与处理第一手的材料）；

第四条，他必须实际去过中国，得到过中国学者的指导（这是"纸上得来终觉浅，绝知此事要躬行""百闻不如一见"和"三人行必有我师"的道理）；

第五条，得拥有写作所需的资料（拥有研究所需的大量中文书籍这些第一手的资源）。

李约瑟表明，自己幸运地拥有所有上述必要条件，他也不忘顺便提醒了一下出版社，如果要等到下一位具备同样这些资质的人出现，还不知道要等到什么时候呢！

在今天我们看来，李约瑟确实起了一把好牌。实际上，除他在信中所列出来的五个条件外，他还拥有一项得天独厚的条件，并没有在这封信里提及。当然，对于读他的这封信的读者来说，这是一个默认的条件，毋庸再提——李约瑟本身是剑桥大学自己的教授，也是剑桥大学出版社自己的作者——正可谓"近水楼台"。

如果把符合上述每一个条件的人当作一个集合，你就会发现：虽然满足每一个条件的人数看起来都不会少（有些甚至还相当多，比如能够使用中文的人），但是随着条件的增加，这些集合的交集（能够同时满足所有这些条件的人）其实相当少。如果再加上隐含的条件（剑桥大学的成员、剑桥大学出版社的作者），恐怕最终也就只剩下了一个人——这个人当非李约瑟莫属。

对于第一条"必须是一个有实际工作经验的科学家"。毫无疑问，李约瑟已有长达二十多年的在科学前沿从事一线工作的经验。从1921年他大学毕业之后，到1943年他被派去中国支援抗战之前，他都一直在生物化学领域从事实际的科研工作。他有哲学博士学位，是剑桥大学冈维尔－凯斯学院的研究员、剑桥大学生化系的讲席准教授、皇家学会院士。他出版有3卷本的代表作《化学胚胎学》（该书字数过百万，全书2 000多个页码，超过7 000条参考文献的引用，堪称是集该领域之大成的一部巨著）和《生物化学与形态发生》。

第二条必须"研究过欧洲的科技史并有过著述"。李约瑟此前已在剑桥大学出版社出版过科技史的著作。他在1931年出版的《化学胚胎学》包含一个长达180页的序言，详述从最早的年代一直到1800年的胚胎学历史。这篇长序因其所具有的出版价值在1934年又单独出版，书名《胚胎学史》（*A History of Embryology*，剑桥大学出版社，1934）。

第三条"能够使用中文，具有可以不依赖于翻译的作品而直接查阅中文原文的能力"。李约瑟从1937年开始学习中文，十年之后，他的中文阅读能力，基本上达到了可以不依赖翻译的程度。因为李约瑟学习中文是研究需要，所以不同于以口头交流为目的的学习者，他对于文言文的理解，准确性相当高。

第四条"必须实际去过中国，得到过中国学者的指导"。李约瑟在中国工作了三年多时间，其间结识了很多中国的专家学者，此后也长期通过书信保持联系。这给了他博采众长，反复推敲自己想法的绝佳机会，他与中国的科学家们也在深入的思想交流中建立起了深厚的友谊。在中国从事科学文化交流的几年时间，也是李约瑟不断思考和反复酝酿自己最初想法的一个时期。据他自己回忆：

> 这一工作给了我一个意想不到的好机会，使我能够初步知道一些中国的科技文献，因为在每一所大学里以及不少实业机构里，都有对科学史感兴趣的科学家、医生和工程师，他们不仅能够而且非常乐意指引我走上正确的途径。
>
> ……在科学家当中，钱临照博士对《墨经》（公元前4世纪）中的物理学原理所做的阐释使我惊叹不已。华罗庚教授曾帮助我了解中国的数学，而经利彬则帮助我了解药物学方面的资料。在战时的首都重庆，我曾得到卓越的考古学家兼历史学家郭沫若博士的指导，他后来在中国文化界占有非常显要的地位。我还得到冀朝鼎的指导，他是《中国历史上的基本经济区》一书的博学多才的作者……这些朋友还介绍我认识对古籍有许多有趣的新见解的作者，例如侯外庐；当时在重庆的其他朋友，如陶行知、邓初民和林祖涵等，则使我对中国社会发展史和经济发展史有正确的了解。在各种科学领域，我还得到了陈邦贤和

朱恒璧在医学方面、张孟闻在生物学方面、张资珙在化学方面的助益。

在成都和嘉定，我有机会聆听郭本道以及已故黄方刚关于道教的艰深而重要的阐释。在楼观台住持曾永寿指导下，我得以看到活生生的传统道教；与此同时，当时武汉大学校长、已故王星拱博士，则使我看到了旧儒教各方面的教义。在成都还有许多值得钦佩的学者，如哲学家冯友兰，病理学家、解剖学及医史家侯宝璋，等等。

有一些巧遇简直是传奇式的。在陕西宝鸡时，有一天我乘坐铁路工人的手摇车沿着陇海路去武真寺，这是当时河南大学最后的疏散校址。河南大学利用一所很精美的旧道观作为它的一个校舍，这个道观坐落在一个黄土垄壁上……我花了一个下午和李相杰教授一起考察了图书馆。这个图书馆原来有很多藏书，可是连续几次疏散使图书受到很大的损失。图书目录已经找不到了，书籍堆在那里，许多还成捆地放在古老的神像脚下，就像刚刚由汗流浃背的搬运工从扁担上卸下来似的。就在这样的环境中，李相杰向我这个剑桥大学的生物化学家介绍说，在《道藏》中包含有4世纪以来的大量炼丹术著作，它们饶有兴味，而且是其他国家的化学史家所完全不知道的。李相杰对我所做的这番介绍，是我终生不能忘记的。

我第一次认识竺可桢博士是在贵州，即当时浙江大学的疏散地。在那里，我开始熟悉他在天文学史方面所做的很有价值的工作。由于他的介绍，我认识了钱宝琮、李俨（杰出的两位中国数学史家）和王琎（刻苦钻研冶金史和化学史）……[①]

[①] 李约瑟：《中国科学技术史（第一卷　导论）》，科学出版社、上海古籍出版社，1990，第9—11页。

准备文献资料

李约瑟所说的第五个条件是，一个作者必须拥有写作所需的资料，而各种资料中最宝贵的是第一手的材料。

这些文献虽然有些曾被西方的传教士、汉学家、文学家、历史学家所涉足，但尚未有科学家从科学史的角度来看待这些史料的价值。他广泛结交的都是当时中国最顶尖的一批学者，包括数学家、天文学家、物理学家、化学家、生物学家、医学家和工程专家，还有历史学家、哲学家、语言学家、心理学家、社会学家等。这些人不仅能在面对面的交流中启发李约瑟的思路，也使他获得了得天独厚的入门指导，知道该读什么书、该买什么书和明白每门学科史中的关键所在。经过这些中国专家学者的指点迷津之后，李约瑟发现，在中国古代丰富的历史文献中保存着大量与科学思想、科学发现和技术发明相关的记录。如果从一个科学史家的角度来看，这些都是宝贵的第一手材料，是一个真正的金矿，正在等待着他去深入发掘，提炼出真正的黄金来。

要想通过挖掘和分析中国古代的文献资料来进行科学史的研究，李约瑟明白，他首先就要如孟子所说的，达到一种"自得之"的程度，即自己掌握知识。那么该如何掌握这些知识呢？很简单，"得之"的第一步就是广泛搜集和购买大量的图书，建立一个供自己研究之用的图书馆。属于自己的图书，你可以把它们放在自己的屋里、手边，这样就能随时参考和引用，也就达到了"左右逢源、取之不尽"的目的。所以，李约瑟的做法就是尽其所能地买书。

李约瑟拥有的中文藏书最早的几本可能是鲁桂珍送他的，只是中国人学习汉语的童蒙读物，他在这些书上做了大量批注。由于中文图书在英国十分难得，所以在中国的时候，每逢碰到买书的机会，他总是尽量购买，毫不吝惜。李约瑟在致友人的信中说："昨天我出去在成都买书。我们的书单（例如中国数学史、天文史、道教史、炼丹史等）所列的，除一种外，统统买到了。九大本书只花了477元（要知道，两个人好好地吃一顿饭就要花100元以上）。"[①]

---

① 王（钱）国忠：《李约瑟与中国》，上海科学普及出版社，1992，第95页。

鲁桂珍回忆："无论他旅行到什么地方，他总要买书；我现在能从记录上说出这些书都是从哪里搜集得来的。例如，他同吴大琨到桂林，购得他的第一部《庄子》；他同黄兴宗到福州，购得诸如《周髀算经》等所有重要的数学经典著作；他在战后同我到济南，购得天文学的大纲《天文大成》，又在北京购得公元983年的大百科全书《太平御览》。"①

李约瑟对那些赠予他图书的友人尤为感激："作者对于那些通过赠书（尤其是在工作的早期）给予帮助的中国学者是特别感激的。物理学家黄子卿②博士是其中第一人。我到达昆明不久，他便赠给我一部《齐民要术》，即5世纪时贾思勰所著有关农业的著作。在良丰的时候，心理学家唐钺博士赠给我一部《天工开物》，那是宋应星——中国的狄德罗③——有关17世纪早期工业技术的一部重要著作。后来，前中央研究院历史语言研究所所长傅斯年又送我一部善本的《天工开物》。我们最慷慨的赞助人是著名的气象学家、长期担任浙江大学校长（现任中国科学院副院长）的竺可桢博士。在我将离开中国的时候，他劝说许多朋友检寻书籍复本，因此在我回到剑桥后不久，整箱整箱的书就运到了，其中包括一部《古今图书集成》（1726）。"④［李约瑟返回剑桥后，1948年，竺可桢亲自去浙江大学图书馆，了解该馆收藏的复本中有关中国科技史的古籍情况，并挑选了一批图书送往已迁至上海办公的英国文化协会，转送给李约瑟。这批图书包括一套《古今图书集成》和《梦溪笔谈》《日知录》《近思录》《明儒学案》《宋元学案》《涵芬楼秘笈》《十驾斋养新录》《中国算学史》《畴人传》等重要书籍。（见《竺可桢日记》1948年1月13日、10月19日）。］⑤

李约瑟自己购买的中文典籍，加上中国友人的大量赠书，这些图书后来构成了剑桥东亚科学史图书馆的主要藏书，使他在英国剑桥也可以从容地研究中国科技史。鲁桂珍说："事实上，现在我们图书馆里收藏的中国书籍，其基础就是那个时期和战后我们两人一起到中国时所购置的。我们特别感激英国皇家空军把这些书运往英国，到后来又感激中华人民共和国政府官员协助我们搜求和带走我们工作上必需的各种书籍。"⑥

---

① 鲁桂珍：《李约瑟的前半生》，载李国豪、张孟闻、曹天钦主编《中国科技史探索》，上海古籍出版社，1986，第37页。
② 黄子卿（1900—1982），广东梅县人，中国科学院学部委员。他曾对精确测定热力学温标基准——水的三相点做出了贡献，毕生从事化学教育事业，是中国物理化学的奠基人之一。
③ 狄德罗，即德尼·狄德罗（法语：Denis Diderot, 1713—1784），是法国启蒙思想家、百科全书派的代表人物，主编了《百科全书，或科学、艺术和工艺详解词典》。
④ 李约瑟：《中国科学技术史（第一卷 导论）》，科学出版社、上海古籍出版社，1990，第10页。
⑤ 王（钱）国忠：《李约瑟与中国》，上海科学普及出版社，1992，第340页。
⑥ 鲁桂珍：《李约瑟的前半生》，载李国豪、张孟闻、曹天钦主编《中国科技史探索》，上海古籍出版社，1986，第37页。

李约瑟并非传统意义上的藏书家，他收集这些书籍的目的，并非因其稀有性或版本精美，而是研究之用。这些中文的文献资料都已经开列在 SCC 各卷册的参考文献中，李约瑟还为一些重要的文献资料编了缩写，以便于经常引用。

在李约瑟编撰他的书稿期间，剑桥大学出版社专门印刷过一个宣传用的小册子。在这份宣传册中，出版社还特意夹上了一页编者按，代表李约瑟向公众呼吁，继续征求与中国科学技术史有关的资料。内容如下：

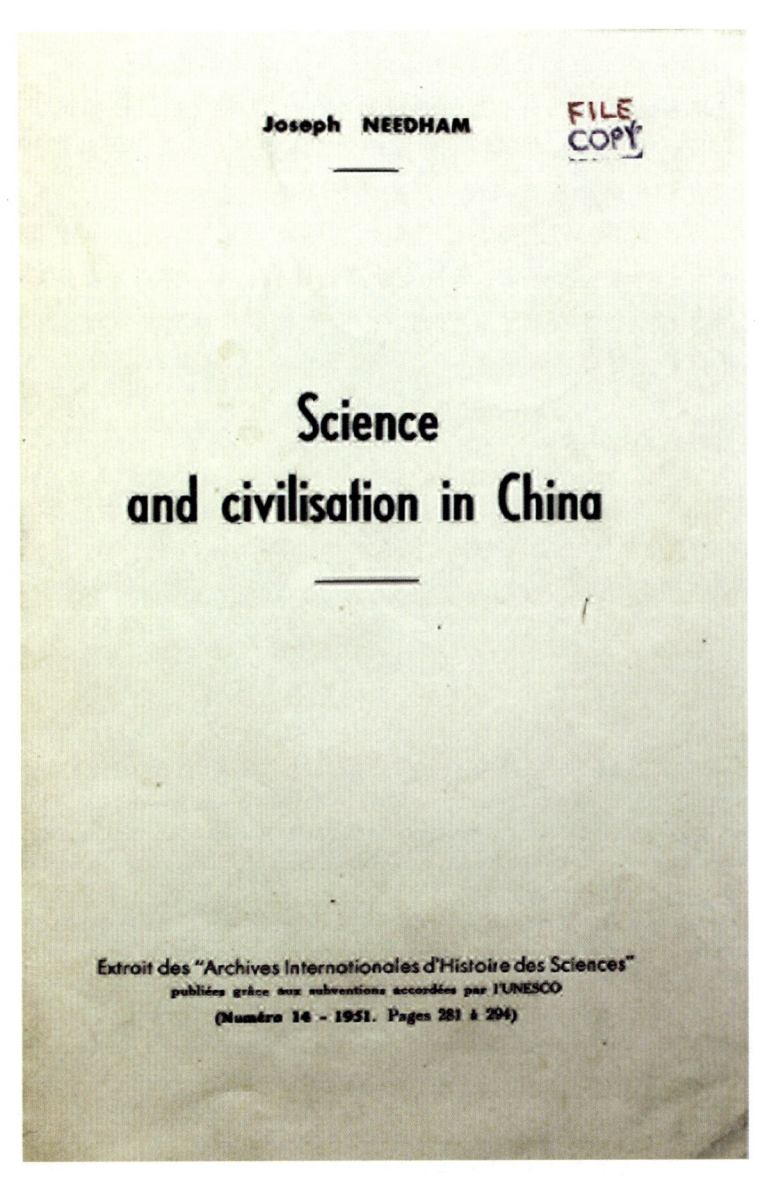

图 4-8　剑桥大学出版社为 SCC 印制的宣传册（1951 年 11 月 14 日）

编者按：

承蒙皇家学会院士约瑟夫·尼达姆博士的允许，我们特别荣幸地将他正在进行的历史性的著作《中国的科学、科学思想和技术的历史》的草稿目录公布出来。我们这样做不仅想唤起读者们的注意，对这一在传统科学史领域被极度忽视了的主题所进行的国际性的回顾，而且我们希望，如果读者们能够对我们这位杰出的英国同事提供帮助，我们将非常感谢。

我们把这份正在进行中的作品的备忘录向科学界公布主要是为了寻求帮助。尼达姆博士的地址是英格兰剑桥冈维尔－凯斯学院，他想请求，如果任何学者拥有任何可能与其内容相关的重印本、小册子、书籍、手稿或其他材料（无论是中文、日文还是西方语言），务必好心寄给尼达姆博士，以使他最终的作品能够尽可能完善。尼达姆博士已经在剑桥建立起了一个有关东亚科学、科学思想和技术史的专业文献库，无论在欧洲或美洲，这一资料库都是独一无二的。如果您的材料不能免费赠予他们的话，倘能暂借并惠允其打印或照相来进行复制，尼达姆博士将会非常感激。①

---

① EDITOR'S NOTE

It is with exceptional pleasure that, with the kind permission of Dr Joseph NEEDHAM, F.R.S., we publish below the Draft Contents Table of his monumental forthcoming History of Science, Scientific Thought, and Technology, in China. Not only are we thus able to call the attention of the readers of this international review to a subject much too neglected in traditional histories of science; but also we hope to be, thanks to our readers, of some use to our distinguished British colleague.

This memorandum on a work in progress is put before the scientific public primarily with the aim of requesting assistance. Dr NEEDHAM, whose address is Caius College, Cambridge, England, would like to beg that if any scholar is in possession of any reprints, booklets, books, manuscripts or other material (whether in Chinese, Japanese, or western languages) which might be relevant, he should have the kindness to send it to Dr NEEDHAM, in order that the final picture may be made as complete as possible. If such material is not available for free gift to the collection of documents on the history of science, scientific thought and technology with special reference to the Far East, which has been built up at Cambridge by Dr NEEDHAM and which is probably unique, at any rate in Europe or America, then Dr NEEDHAM would be most grateful to receive material on loan, with permission to take typewritten or photographic copies. [Copies of 'draft contents table' published in 'Archives Internationales d' Histoire des Sciences' (No. 15, 1951), 1951, GBR/1928/NRI/SCC3/3/6. Needham Research Institute.]

生根——研究和写作

《中国的科学与文明》这部书的选题在获得了出版社的认可之后，李约瑟就开始着手写作了。从开始写作，到完成书稿，提交给出版社，这中间所发生的事情，在我们看来，才是决定李约瑟如何从一个普通人变成一个伟人的关键。

随手拿起一本书，人人都可以轻松地翻阅，但很少有人去思考——它是如何写成的？

该怎么写作？写一本书很难吗？我们每个人，从小时候上学开始，就已经在学习写作了，这难道不是一件很简单、很容易的事情吗？

写作当然不是一件简单的事。

我们平常个人所写的文字，不管是写给自己看的日记或笔记，还是写给家人和朋友看的书信，对体例格式和遣词造句都没有什么特定的要求。这种只写给自己看的、亲人看的、朋友看的写作，我们姑且叫作"业余水平"。

另一类，比如对外的公函、工作中处理的文件，像是咨询公司出具的咨询报告、会计师提供的财务报告、律师起草的法律文件等。这些内容的行文和格式都有一定的规范，对质量的要求也比较高，这类内容的写作，我们不妨称之为"专业水平"。

质量要求最高的写作内容是公开出版的文字，我们可称之为"出版水平"。所谓出版，就是将信息大量复制，并公之于众。常见的出版形式有图书、报纸和杂志。由于面向的是公众读者，且作者和出版者事先并不知道到底有多少读者会看，也不知道每一个具体的读者是谁，自然马虎不得。图书、报刊一旦印出来售卖，摆在书架上、报摊上，等待读者自己花钱前来选购，没有点"争奇斗艳"的本领，还真的不行。毫无疑问，公开的出版物需要最高水平的内容质量，否则出版商不仅挣不着钱，还可能会因此破产。同样，对一个作者来说，公开出版的作品是他或她的社会声望之所系，如何敢不认真？想清楚了这个道理，您就会明白，一个人把自己脑子里的想法写下来，和一个作者把一部作品完成，再面向公众出版成书，两者并不能画等号。写一本书真的不是一件轻而易举可以完成的事。

研究方法

  大学象牙塔里的学术研究，并不是人们想象的那么神秘，也并非某些人声称的那样高深莫测。通常学术研究的做法并不复杂，它们都有一些相通的特点。首先就是要在一个研究领域确定一个有意义、有价值、值得去做的研究问题，找到一些可供挖掘的素材资源，然后构思出一种比较新颖的研究方法，拿这个研究方法去处理那些资源，看看能否得到一些新的、前人没有发表过的结论。只要是有意义、有价值的结论，无论大小，都算是把研究工作朝前推进了一步。

  李约瑟并不是一个汉学家，他没有皓首穷经地系统学习过汉语经典；也不是一个史学家，没有接受过史学，尤其是科技史的专业训练。这些都是实际情况，李约瑟和鲁桂珍并不避讳，还多次讲过，这有什么关系呢！因为当时不管是西方的学术界还是中国的科学界，都不认为中国还有科学，更遑论一门叫作"中国科学史"的学科呢！但是，作为一个全新领域的开创者，李约瑟不仅要提出研究问题，还要选择和设计自己的研究方法。从东西方对比的视角来研究科技史，李约瑟打算采用的主要研究方法——"滴定法"[①]（titration）和"复式记账法"[②]（double-entry bookkeeping），都是他从别的领域借鉴过来的。

  当时西方的科学史学科也尚在萌芽中。虽然李约瑟没有正式听课学过科学史，他只是在埋头试验工作之暇，顺便涉猎而已，但他对科技史却并不陌生。李约瑟自己回忆，在1936年夏天，"由于我不断激烈鼓吹剑桥必须在科学史研究方面有所举措，生物学教务委员会指定我一个人成立了一个委员会，去吸收其他人员组织一个科学史讲座。……我们组织的第一个讲座吸引了许多听众，后来刊印成书，书名《现

[①] 滴定法就是化学中所说的"容积测定分析法"（volumetric analysis）。1864年，英语的titration一词才第一次被使用，是从法文titre衍变过来的。至于titre一词则是很久以前的试金家（assayist）用来表示合金中黄金之纯度的。李约瑟将滴定管上的刻度变成了历史上的时间刻度。就这样，将各大文明互相"滴定"，就可以发现并决定哪一种发明应该归功于哪一个文明。

[②] 复式记账法，可以全面、清晰地反映出经济业务的来龙去脉，而且还能通过会计要素的增减变动，全面系统地反映经济活动的过程和结果。复式记账法也叫复式簿记，李约瑟打算借鉴财务会计标准的复式簿记法将历史上中西方两大文明之间科技成果及交流情况记录下来，做成一张"资产负债表"，这样清晰明白。

代科学的背景》①。这就是现在剑桥大学科学史系的滥觞,该系有十余名教师,和一座威尔普科学史博物馆(Whipple Museum of the History of Science)"②。

李约瑟自认是著名科学史家查尔斯·辛格③的弟子:

> 二十年代后期,正是我在编写胚胎学史时候,多萝西和我认识了查尔斯·辛格和多罗西娅·辛格④,建立了个人之间的友谊和师生关系。这种关系一直保持到他们在六十年代先后去世为止。查尔斯·辛格是一位非常文雅、真挚的学者,我极愿奉为师长。(这位辛格)先是在牛津工作,于1917年在那里出版了他的《科学史与科学方法研究》(Studies in the History and Method of Science),之后他还出过许多书,都很有名,至今被广泛采用:1925年出的解剖学史,1928年出的医学史,1931年出的生物学史,1941年出的科学史;最后,比近晚年,在其他编者和撰稿人的协助下,完成了出版综述《技术史》(A History of Technology)的五卷巨著的光辉功业。多罗西娅自己也是一位杰出的科学史家,特别著名的是她所编制的拉丁炼金术手稿目录,和她论述乔达诺·布鲁诺(Giordano Bruno)的权威著作。……多萝西和我常同辛格他们一起度周末,有时整个星期在一起,先是在伦敦,后来在康沃尔(Cornwall)的基尔马斯(Kilmarth),那儿是一个漂亮的庄园宅第,俯视圣奥斯特尔湾(St. Austell Bay),靠近渔村波尔凯里斯(Polkerris)。因而我得以使用查尔斯·辛格那个可以眺望大海的、环境幽美的、藏书精备的私人图书室。⑤
>
> ……
>
> 另一位科学史家前辈也给我很大教益,他就是化学家帕廷顿⑥。他个子矮小,非常讲究实效,孜孜不息。他一生大部分时间任化学教授,写过不少多卷的化学巨著,除此之外还有不少关于化学史的著作——即使他没有其他任何作为,但是这些化学史著作也足以使他声誉卓著。我是在说他的《应用化学的起源与发展》(Origins and Development of Applied Chemistry)和他晚年写的多卷巨著《化学史》(History of Chemistry)。我对他几乎同对查尔斯·辛格一样

---

① *Background to Modern Science. Ten Lectures at Cambridge arranged by the History of Science Committee.* Edited by Joseph Needham and Walter Pagel. (Cambridge University Press, 1938)
② 鲁桂珍:《李约瑟的前半生》,载李国豪、张孟闻、曹天钦主编《中国科技史探索》,上海古籍出版社,1986,第32页。
③ 查尔斯·辛格,Charles Joseph Singer,1876—1960,英国科学、技术和医学史家。
④ 多罗西娅·辛格(Dorothea Waley Singer,1882—1964),古文字学家、科学和医学史家,查尔斯·辛格的夫人。
⑤ 鲁桂珍:《李约瑟的前半生》,载李国豪、张孟闻、曹天钦主编《中国科技史探索》,上海古籍出版社,1986,第32—34页。
⑥ 帕廷顿(James Riddick Partington,1886—1965),英国化学家、化学史家。

图 5-1　李约瑟在做滴定实验（Photograph by Ramsey and Muspratt, 1937.）

敬爱。他退休后居住在剑桥的罗姆西村①，我和我的第一个合作者王铃常到那里去看望他。他还有一部大作是《希腊火与火药的历史》（*A History of Greek Fire and Gunpowder*）；他不能直接阅读中文，王铃和我能在这方面给予他帮助，深以为幸。我还记得我们在（国王学院门口的那条步行街）英王广场（King's Parade）的菜馆里一边嘻嘻哈哈地吃饭、一边讨论那些问题的日子。谈话总是言之有物，有实用意义，因为帕廷顿在第一次世界大战中是工兵团军官，深深懂得爆破是怎么回事，全然不同于当时我在海军中还是个乳臭未干的后备少尉军医的经验。②

李约瑟与科学史家前辈的密切交往，耳濡目染，自然也能得到不少真传，弥补了自己没有受过专门的科学史训练的缺憾。同时，作为剑桥大学生化系的讲席准教授，李约瑟所受过的严格的科学训练，我们自不必赘言。

---

① 罗姆西村，Romsey Town，是米尔路（Mill Road）过了铁路桥以东的一片住宅生活区。
② 鲁桂珍：《李约瑟的前半生》，载李国豪、张孟闻、曹天钦主编《中国科技史探索》，上海古籍出版社，1986，第 32—34 页。

现在面对一个历史学问题的时候，李约瑟也打算把他那驾轻就熟的科学方法拿来一用，于是他把在化学中常用的分析方法——"滴定法"给借鉴了过来。

所谓滴定，就是用已知酸碱强度的化合物溶液，一点点定量地滴入到另一种待测定的溶液中，来测定未知的溶液中所含某一种化合物的量。酸碱中和之后转变为盐，转变的终点由颜色的变化或导电性的变化来确定。"在我还是实际的科学工作者时，我做过许多滴定试验。……我似乎觉得，在与其他文明之人民较量下，若想确定某人最先做某事或了解某事的时刻，其过程颇类似滴定实验。但此滴定却是一种大滴定，涵盖了许多世纪的人类史。也许由于这是我们意外遇到的一种新经验，因此大家都认为有滴定东方与西方文明之必要。"[①]

滴定法只是一种实验方法，它的重要意义在于给化学提供了定量化的基础。李约瑟认为，若要在东西方之间进行历史比较，不能泛泛而论，总要把一方已知的重要发明拿出来，去查对另一方同样的发明，然后比较同一发明在两种文明中出现的先后次序，这样的比较才有意义。李约瑟曾说：

> 我和我的合作者在研究中国及其他文化的发现与发明之历史时，就是想确定年代——中国的第一座河闸是在公元984年出现，亚述的第一条灌溉渠是在公元前690年开辟的，中国的第一条运河是在公元前219年开凿的，意大利的第一副眼镜是在1286年发明的，等等。[②]

在李约瑟的眼睛里，滴定管上的刻度变成了历史上的时间刻度。就这样，将各大文明互相"滴定"，就可以发现并决定哪一种发明应该归功于哪一个文明。如果同一个发明在东西方出现的时间相差很少，就好比酸碱度（先进与落后的程度）相差很小，接近于酸碱平衡的状态；但如果两者在时间上相差较大，就像是需要更多的滴定溶液才能实现中和变色一样，我们就可以认为这一发明在两种文明中出现的先后次序差距较大，进而可以测定出先进与落后的程度来。

滴定之后，对比的数据被记录下来，李约瑟打算借鉴财务会计标准的复式簿记法，来做出一个东西方对比的"资产负债表"，这是李约瑟最终想要达到的目标——对科技史用"复式记账法"进行可以量化的研究，并以此为基础，让自己最终得出的结论更加坚实可靠。

复式簿记是商业记录财务数据的一个标准方法。其实跟我们大多数人都会做的个

---

① 李约瑟著，范庭育译：《大滴定：东西方的科学与社会》，帕米尔书店，1984，第7页。
② 同上书，第16页。

人借贷①和收支记录差不多，"收入－支出＝盈余"，结果汇总在一个叫作"资产负债表"的财务报表中。李约瑟的想法是将历史上中西方两大文明之间科技成果的交流记录下来，做成一张资产负债表，有借有贷，有取有予，这样清晰明白，一目了然。

我们需要知道，李约瑟在开始思考这一问题的时候，他的面前并没有前人从不同角度论述这一主题（中国科技史）的著作，实际上连一本类似的书都没有。在李约瑟开始他的工作的时候，西方科技史也尚未成为一个正式的学科。同样是化学家出身的科学史这门学科的奠基者——乔治·萨顿（George Sarton，1884—1956），计划撰写一系列鸿篇巨制来讲述人类科学与文明的宏大历史，但我们知道在1948年这一年，他刚刚把《科学史导论》（Introduction to the History of Science）②这部书写到了14世纪的部分，接着就转向了《科学史》（A History of Science）③的写作。令人遗憾的是，人生短暂，他再也没能续写和完成这部《科学史导论》。

在属于他们的那个时代，和萨顿的想法一样，李约瑟首先想要做的也是奠基性质的工作——整理出来一套完整的、能够全面反映中国科学技术发展状况的史实。李约瑟想把中西方所有重要科学思想和重大技术发明第一次出现的案例和时间等信息都从历史记录中找出来，作为中西方比较的历史研究的依据。他希望自己完成的著作，既可以作为一部论述历史的研究专著，将来也可以作为其他中国科学史的研究者们按图索骥、查阅资料的一部文献汇编。

这是一件尚未有人做过的工作。即使此前已有一些零星的成果，但全面的梳理和系统的整理，并未有人完成。也因为是第一次，就需要李约瑟花费大量的时间，而且在基础性的工作完成之前，他还不能指望就会有什么确定的结论，很可能自己把大量时间和精力投入进去后，不一定能带来多少新的发现和确定的成果。这时候不仅要靠管用的研究方法，还需要李约瑟有一种"愚勇"的精神——"只事耕耘，不问收获"。

---

① 在中文里，"借"出现在《庄子·至乐》中，有"生者，假借也"，意思是"生命是借来的"（Life is a borrowed thing）。一个人的生命要么是从父母那儿借来的；要么是从上帝那里借来的；要么是从大自然里借来的。"贷"出现在老子《道德经》中，有"夫唯道，善贷且成"（But it is the Dao which is skilful at imparting to all things what they need and making them complete）。这句话说的是：只有善于给予别人他所需要的东西，以成全别人，这才是符合"道"的做法。在英文里，"借"（debit）这个词的词源来自法语的"债务"（débit）；"贷"（credit）的词源是法语"信任"（crédit），将某一样东西（不得不）归功于某人的时候，会说 give someone credit for something。

② *Introduction to the History of Science, I. From Homer to Omar Khayyam*, 1927; *II. From Rabbi Ben Ezra to Roger Bacon*, pt. 1-2, 1931; *III. Science and Learning in the Fourteenth-century*, pt. 1-2, 1947-48.

③ *A History of Science. Ancient Science through the Golden Age of Greece*, 1952; *A History of Science. Hellenistic Science and Culture in the last three centuries B.C.*, 1959. 萨顿这两卷书的中文版由鲁旭东翻译，大象出版社出版。（乔治·萨顿著，鲁旭东译：《希腊黄金时代的古代科学》，大象出版社，2010；乔治·萨顿著，鲁旭东译：《希腊化时代的科学与文化》，郑州：大象出版社，2012。）

整理资料

经过苦心搜集,图书馆资料库建立起来了,之后该如何从中发掘出有价值、有意义的内容呢?

由于中国古代的文献汗牛充栋,要想从中找到自己所需要的东西,将是一场旷日持久的浩大工程。李约瑟把自己这种从中国古典文献中挖掘有价值的科学思想、寻找出领先于西方的发现和发明的过程,比喻成矿工的挖矿。

英国工业革命的发端,其实就是从地下的矿井开始的。位于威尔士南部山谷里的小镇布莱纳文,那里曾一度是工业革命时期世界钢铁出口的重镇,现在整个小镇已经化身成了一处世界文化遗产。那里的博物馆建设得非常好,游客们可以下到保存完好的矿井里,在漆黑无光的低矮坑道里,脚下是因渗水而潮湿的冰冷地面,听原来的矿工们(现在的讲解员)给大家讲解他们当年是如何挖矿,如何沿着矿脉掘进,如何小心翼翼地检查瓦斯气体。过去矿工们的生活非常艰辛,矿主都是按照他们运上来的矿石支付报酬的,所以为了贴补家用,矿工的妻子和孩子们都需要承担起敲碎矿石和分拣矿石的劳动。

搜寻大量古代文献,找寻有价值的内容,任务之艰巨,工作量之大,一点都不亚于在矿井下弯腰低头甚至匍匐劳作的矿工。中国古代的历史记述,往往惜字如金,用辞极简。看看我们能够找到的关于中国古代造纸术和印刷术这两项发明的记载,你就会明白这项工作的困难之处。

东汉元兴元年(105)蔡伦[④]改良成功造纸术的记载,见于《后汉书·卷七十八·宦者列传第六十八》:"自古书契多编以竹简,其用缣帛者谓之为纸。缣贵而简重,并不便于人。伦乃造意,用树肤、麻头及敝布、鱼网以为纸。元兴元年奏上之,帝善其能,自是莫不从用焉,故天下咸称'蔡侯纸'。"关于造纸术的最早记录,仅仅就是这么一段话。

[④] 蔡伦(63—121),字敬仲,东汉宦官,他改良造纸术,促进了纸张的普及。

北宋庆历年间（1041—1049）毕昇发明活字印刷术，也仅见于沈括[①]的笔记《梦溪笔谈·技艺》中的一段话：

> 版印书籍，唐人尚未盛为之，自冯瀛王始印五经，已后典籍，皆为版本。庆历中，有布衣毕昇，又为活版。其法用胶泥刻字，薄如钱唇，每字为一印，火烧令坚。先设一铁版，其上以松脂腊和纸灰之类冒之。欲印则以一铁范置铁板上，乃密布字印。满铁范为一板，持就火炀之，药稍镕，则以一平板按其面，则字平如砥。若止印三、二本，未为简易；若印数十百千本，则极为神速。常作二铁板，一板印刷，一板已自布字。此印者才毕，则第二板已具。更互用之，瞬息可就。每一字皆有数印，如之、也等字，每字有二十余印，以备一板内有重复者。不用则以纸贴之，每韵为一贴，木格贮之。有奇字素无备者，旋刻之，以草火烧，瞬息可成。不以木为之者，木理有疏密，沾水则高下不平，兼与药相粘，不可取。不若燔土，用讫再火令药镕，以手拂之，其印自落，殊不沾污。昇死，其印为余群从所得，至今保藏。

虽然是简短的内容，其中却包含着极为重要的信息，需要详加解读。要从大量的古代文献中寻找到这样的信息，无异于在地下坑道中挖掘矿石，绝非轻而易举的事情。当时没有计算机、数据库、电子图书和搜索引擎的帮助，只能凭借一己之力，用人工翻拣查阅的笨办法来寻找。

对于38岁才开始学习中文的李约瑟来说，学习一门外语，尤其是与英语区别非常大的汉语，还是非常困难的。尤其是古代汉语，即使对中国人来说学起来都有相当的难度。李约瑟的汉语自学颇具成效。他的中文水平，对于研究中国科技史的需求来说，已经达到了足够好的程度。他能够阅读古文，且理解得相当准确，只是在使用汉语进行书写表达的时候，仍难免会出现问题。

当然，一个外国人再怎么努力，如果没有说母语的人（native speaker）从旁协助，要想做出来学术圈认可的研究成果，几乎是不可能的事情。我们都知道，古汉语和白话文不同，时过境迁之后，很多的古文词句在今天看来语义颇为晦涩，如果没有深厚的学养和扎实的功底，想要得到正确的理解，往往难寻其门而入。李约瑟非常清楚这一点，所以他必须要有一个可靠的中国人作为自己的研究助手。只有两个人配合起来，优势互补，才有可能达成目标。在中西方交流的历史上，不乏这

[①] 沈括（1031—1095），字存中，号梦溪丈人，北宋科学家，代表作《梦溪笔谈》，这是一部百科全书式的著作，是中国科学史研究领域的重要文献。

图 5-2 李约瑟和王铃（Joseph Needham with Wang Ling at Gonville and Caius College, April 1954. Photograph by Francis Thomas Elborn）

样成功合作的佳话。就像理雅各①和王韬②的故事一样，李约瑟也在中国找到了他的合作伙伴——王铃。

> "在本书的整个准备期间，我很高兴得到了我的朋友王铃（王静宁）先生在研究方面的帮助。……1943年我在四川李庄拜访当时疏散在那里的中央研究院历史语言研究所时，第一次遇到他。……1946年他得到英国文化学会旅行奖学金，来到了英国。"③

---

① 理雅各（James Legge，1815—1897），苏格兰汉学家，牛津大学第一任汉学教授。他1839年受伦敦传道会派遣主持英华书院，开始将儒家经典译成英语，1862年获王韬协助，1870年完成《十三经》翻译。
② 王韬（1828—1897），苏州人，清末学者、维新思想家、文学家、报人。1845年中秀才后，因家贫应英国传教士麦都思之邀，在伦敦传道会所办的上海墨海书馆协助翻译《圣经》和《重学浅说》等书，为西学东渐作出了贡献。后因上书太平天国遭到追捕，避难香港英华书院，开始协助理雅各翻译中文经典。应理雅各之邀，他在1867—1870年游历欧洲。回国后翻译《普法战纪》，在香港创办中华印务总局与《循环日报》，成了中国第一个完全以写作为生的报人。
③ 李约瑟：《中国科学技术史（第一卷 导论）》，科学出版社、上海古籍出版社，1990，第11—12页。

王铃一边在剑桥大学三一学院攻读博士学位,一边担任李约瑟的研究助手。他就像是一个吃苦耐劳又很有经验的矿工,能够不时从地下寻找到一些矿石,待搬运出来后,李约瑟就和他一同进行鉴别与分拣,看看能够从中提炼出什么东西来。

李约瑟这样描述两人的合作:"首先,王铃在中国史学研究方面的专业训练,在我们日常的讨论中,一直起着很大的作用。其次,由本书第一次译成英文的中国文献,其英文初稿十之七八是由他翻译的,然后我们两人必定一同详细讨论校核,往往经过多次修改才最后定稿。别人的译文,我们两人必须核对中文原书后才加以采用。王铃先生还花费许多时间去查找和浏览各种原先认为有用的材料,从这样的探究中往往又发掘出一些资料,对这些资料我们再从科学史的观点仔细地审查,然后确定它们的价值。许多烦琐的图书馆工作,以及各种索引和编目工作,都由他负责。"[1]

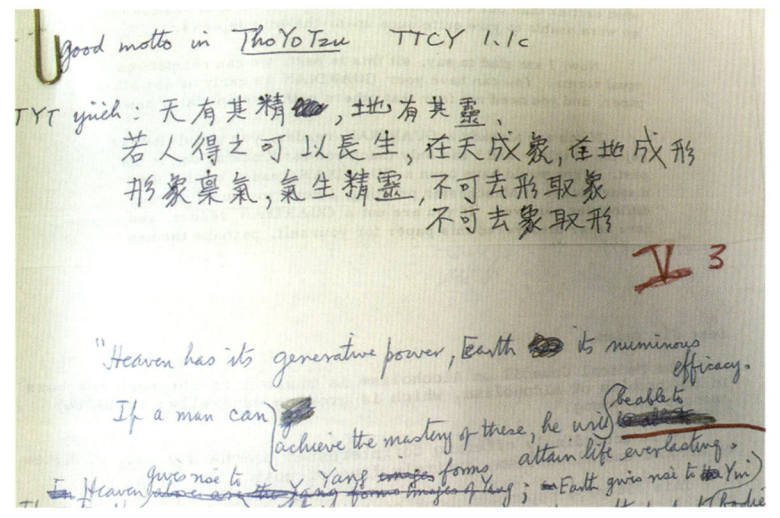

图 5-3 李约瑟亲自摘录的古文、翻译与修改的手迹

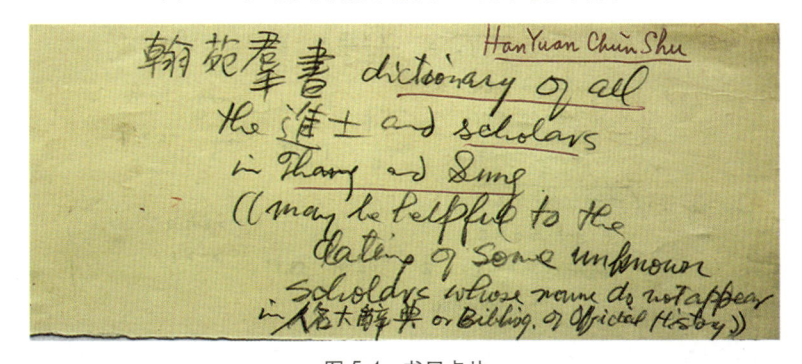

图 5-4 书目卡片

---

[1] 李约瑟:《中国科学技术史(第一卷 导论)》,科学出版社、上海古籍出版社,1990,第 11—12 页。

"李约瑟或他的助手每次翻阅图书时，必定将有关的资料记在纸上，写明书名、页数，并尽可能将中文译成英文，然后分类收入文件夹，和同类其他文种的资料放在一起。"①

这些摘录出来的内容，归入特定的文件夹；并通过作者、书名等著录项与一套人物、书目和术语的卡片系统关联起来。这套人物、书目（参考文献）和术语卡片系统，是李约瑟为了 SCC 的写作专门建立起来的，使用的时候可以按字母顺序查阅翻检。李约瑟的这个做法在后续的写作和出版过程中发挥了重要作用，今天仍然值得我们学习和借鉴。

从文献中挖掘信息，除了靠自己逐字逐句地阅读，还可以借助于现成的工具书来快速地查找特定的内容。中国有一种类似于西方百科全书式的图书——类书，可以帮助李约瑟和王铃快速查找他们所需要的内容。

我们经常查阅的最大的百科全书是《古今图书集成》，这部巨大的类书在 1728 年按朝廷的命令编成，其中包括 32 典、6 109 部、10 000 卷（参看……翟林奈②的索引）。我有 1888 年的版本（约一千七百册），这是一件无上珍贵的礼物③，我真不知道怎样表示我的感谢。虽然许多西方的学者都非常信赖这部类书，可是我们必须记住，编者们引用文献时惯于留下缺漏，不指出这些引文的出处；因此只要有可能，必须查对原文。虽然如翟林奈所说，资料的排列往往很奇特，可是引证大体上是有年代次序的。宋代的《太平御览》（983 年）也采用同样的方式，可是引证较少并且较简略（我有 1807 年的版本）。哈佛－燕京学社为该书编的索引是必要的工具书。此外，还有王应麟所辑《玉海》（1267 年）。从这三部类书可以获得中国古代科学技术方面的大量资料。④

"在传统的中国学术界中是没有任何索引的，学者们必须通晓各种古籍，以便在任何特殊的问题上都能查阅原文。"⑤索引便于查找信息，但可惜的是，中国古代的图书没有编制索引的传统，和不喜欢标注引文出处的习惯一样，我们不能说是这些类书的编者要故意给读者制造麻烦，对古代参加科举考试的人来说这当然不是问题，但实际的结果确实没能给今天的后来者行方便。好在有一些新编的索引可资利

---

① 何丙郁：《我与李约瑟》，三联书店香港分店，1985，第 28—31 页。
② Giles, L. *An Alphabetical Index to the Chinese Encyclopaedia*. British Museum, London, 1911. 翟林奈（Lionel Giles, 1875—1958），英国汉学家、翻译家，汉学家翟理斯之子。
③ 李约瑟的这套《古今图书集成》，来自竺可桢任校长的浙江大学的赠予。
④ 李约瑟：《中国科学技术史（第一卷 导论）》，科学出版社、上海古籍出版社，1990，第 46 页。
⑤ 同上书，第 41—44 页。

用。哈佛－燕京学社编的各种《引得》和巴黎大学北平汉学研究所（Centre Franco-Chinois d'Etudes Sinologiques）编的各种《通检》，这类的索引也是李约瑟必不可少的参考资料和检索工具。

李约瑟依据翟林奈新编的索引，从《古今图书集成》的海量信息中查找感兴趣的内容，但发现这个索引也存在很大的问题。

> 这个索引唯一严重的缺点是：它没有提供几乎全文重刊在《古今图书集成》中的某些书的书名和作者姓名。这部集成带有丛书性质，假使有一个索引把收录的书名按字母顺序排列，那将是非常有用的。此外，翟林奈所选的条目对科学史家来说有些古怪，譬如说，在其中可找到"tiddly-winks"（投壶），却找不到"tides"（潮汐）。[1]

有趣的是，在英国的语境中"投壶"（tiddly-winks）本来是一种小孩子们玩的游戏。游戏的规则是：通过按压一个小塑料片的边缘，让它弹起落到一个碗里去的小游戏。不知道为什么这个游戏在二战后突然风靡剑桥大学，还举办了正式的比赛，这可能是为什么李约瑟会想要到《古今图书集成》中查找这个游戏的中国起源吧。但显然，虽然游戏的名称相同，中西方却显然是两种不同的游戏和玩法。

虽然中国的古书缺乏索引和引证是明显的缺憾，但李约瑟发现，从科学史的视角看，中国古人的文字记录的可靠性相当高，则是一项明显的优点。

在西方的传统中，一项发现或发明在时间上的优先权，能够给发现者或发明人带来相当的社会荣誉和声望，后来这种优先权甚至能够在一定时期内保障发明人法律上的专利权和专营权，这个传统继而以现代专利制度被沿袭下来，这就导致某些人可能会夸大自己做出发明或发现的实际情况，故意将时间提早，目的是给自己赢得社会声望和经济利益。李约瑟发现，中国人不会这样做，也不需要这样做，因为在古代中国它并不能带来任何好处。"传统的中国学者不会想到通过声称一项发现或发明的时间比实际情况更早而从中获得荣誉——科学、尤其技术是没有任何社会声望的。"[2]

---

[1] The only serious defect of this index is that it does not give the titles and names of authors of certain books which are reproduced in the Encyclopaedia almost enbloc. The Encyclopaedia partakes of the nature of a tshung-shu, and it would be very useful to have an index which arranged the books which are embedded in it in alphabetical order. Moreover the entries selected by Giles seem rather whimsical to the historian of science, who will find among them, for example, 'tiddly-winks' but not 'tides'.[SCC Vol.1, page 47.]

[2] 李约瑟：《中国科学技术史（第一卷　导论）》，科学出版社、上海古籍出版社，1990，第42页。

制作卡片

除了上面所说的把原始文献中的特定内容摘取出来，再分门别类归入不同的文件夹这样的整理方法，制作卡片是李约瑟准备图书编写的另一项基础性工作。对于完成 SCC 这样内容广博的项目，制作卡片的重要性，再怎么强调都不为过。

李约瑟制作的卡片主要有三类：人名、书名（文献名）和专业术语（如医学术语）。"在李约瑟工作室里，每一部书和每一篇论文都立有一张卡片，另外还有人名和术语卡片，后者是为了使《中国科学技术史》一书中的人名和术语作到统一。"[①]

为什么要使用卡片呢？

这和我们的大脑是如何工作的有关。我们平时看书和学习，多么希望能把所有信息都一股脑地装入大脑里，然后指望自己永远都不会忘记。可惜总是事与愿违，"书到用时方恨少"。如果用计算机来跟我们的大脑做一个类比的话，我们的大脑更像是一台中央处理器，它主要的任务是处理信息，而不是像硬盘一样只能存储信息。中央处理器工作的时候，会先从外部硬盘调入一些信息，然后进行特定的操作和处理，生成出新的信息，再把这些信息保存在外部的硬盘上。

技术的进步让我们已经有了多种多样的存储信息的办法，磁盘、光盘、硬盘、云端存储等，但是这些载体中存储的内容，如果不借助电脑和软件来处理的话，我们的肉眼是无法进行读写的。对于我们的大脑来说，纸张一直都是最简便的信息载体，它不需要借助复杂的设备，就可以很方便地读写信息。有了纸笔作为工具，我们的大脑可以和计算机的中央处理器一样，只专注于信息的加工与处理。

为了让纸张变得方便检索和排序，人们又发明了卡片的形式，并用文件夹、卡片盒子和卡片柜来分类管理。做卡片，可以帮助我们的大脑更高效地发挥它处理信息的作用。卡片按照特定的次序（如字母顺序）排列，放置在不同的盒子里，可以使我们省却记忆信息内容的负担，只需要记住它们存放的位置，就能随时查找、调用和存取信息了。

当然，设计再好的辅助写作系统，有时候也会出故障。就像何丙郁先生说的："李

[①] 何丙郁：《我与李约瑟》，三联书店香港分店，1985，第 28—31 页。

图 5-5　李约瑟的卡片柜

约瑟有过人的记忆力,他知道每一本书和每一件资料的存放处,偶尔他会为找不到一件资料而发脾气,这时鲁桂珍就来对我说:'约瑟心情不好。'（Joseph is in a bad mood）同时她也会帮他找。李约瑟向我解释说,他的生气是为了自己的记忆力不好或者他所采用的系统出了问题。"①

为了避免遗忘,扩充自己的记忆力,李约瑟习惯用小卡片记下他遇到的每一位人物的姓名和特点,写上汉字和英文的各种拼写形式,以及简历、职务、研究方向、兴趣爱好等,有时还要注上此人的样貌特征。

何丙郁先生曾经认真从旁观察过李约瑟是如何写作的,在他的学术自传《我与李约瑟》中,收录有李约瑟自己的讲述。没有比听李约瑟自己来讲述更生动、更准确的了。李约瑟是这么说的:

> 我们应该略为讲一讲进行这项工作所采用的方法。……有必要建立起一套资料分类和查阅制度。这项计划开始时,现代的电脑还没有普遍使用,因而,所用的是实实在在的触摸得到的文件夹和分类夹,它们是按照上述各门学科分类编排的。与此相应,还有存放图片资料的文件夹。……这套著作的陆续出版在西方还是首创,因而每一卷后面都必须附有长篇的参考书目;为了日后能经常参考使用,这些书目又必须编制成卡片。除此之外,还有其他一些参考卡片,例如,中国古代科技名词卡片和人物传记卡片,后者记载着三千年来数以千计的中国学者、工程师和医生的简历。必须指出,这些文件夹和参考卡片所搜集到的资料远远超过了《中国科学技术史》所采用的材料。事实上,限于篇幅,这部著作也不可能容纳这么多。②

---

① 何丙郁:《我与李约瑟》,三联书店香港分店,1985,第 28—31 页。
② 同上书,第 21—32 页。

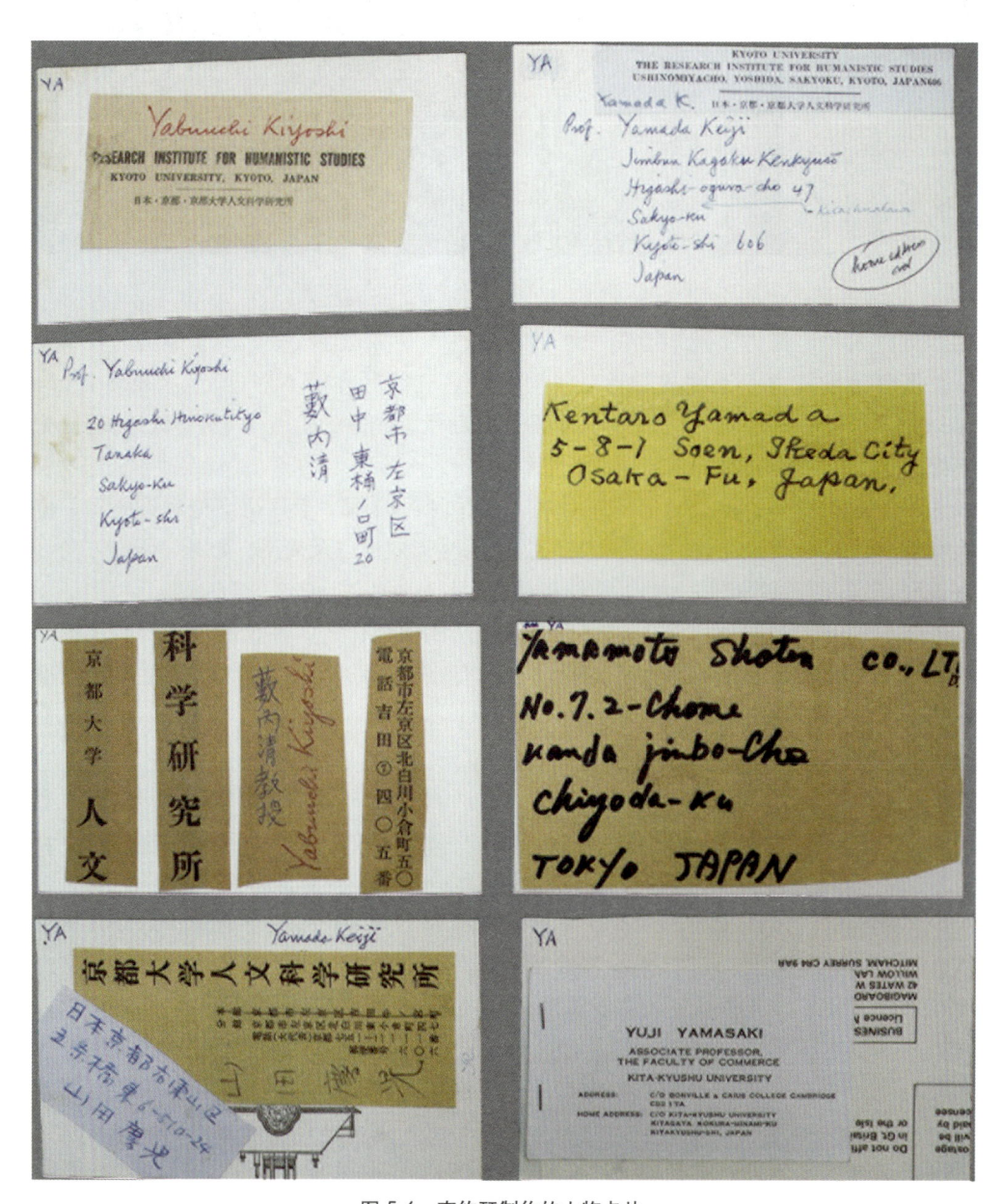

图 5-6　李约瑟制作的人物卡片

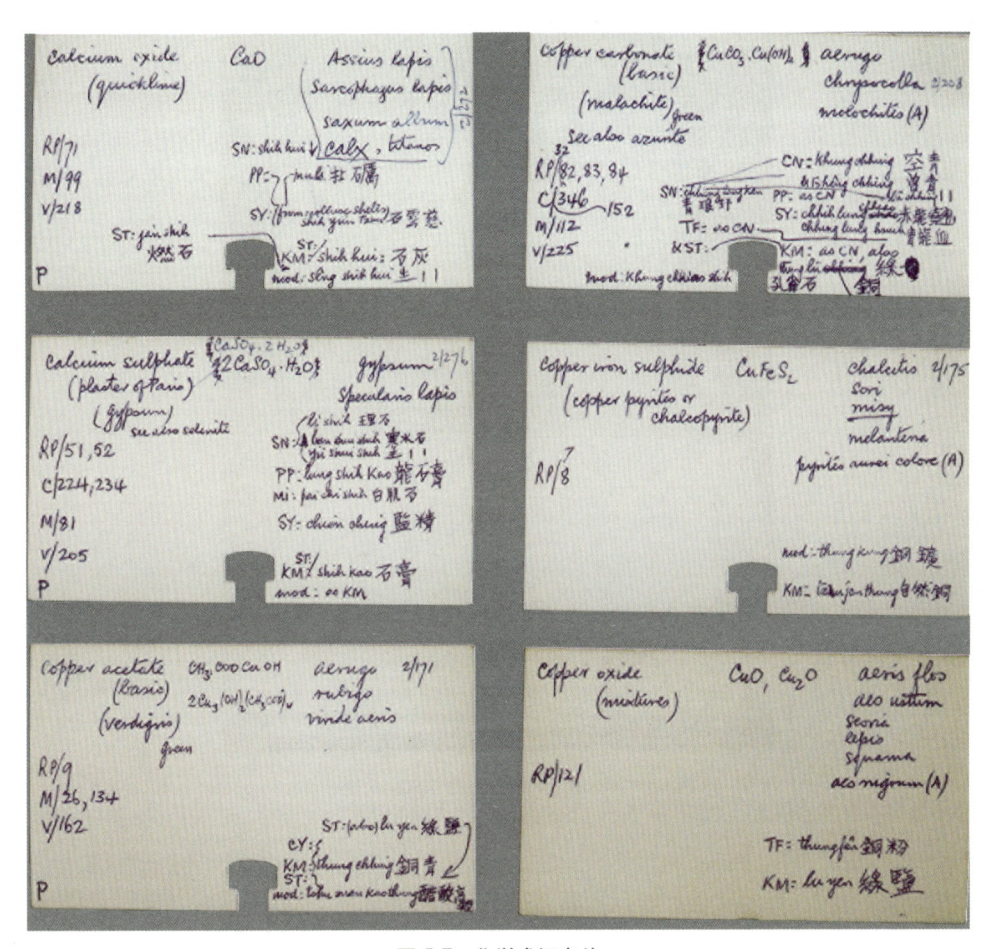

图 5-7 化学术语卡片

图 5-8 王铃为《石药尔雅》所做的专业术语卡片

图 5-9 李约瑟所做的植物学专业术语卡片

图 5-10 李约瑟为《天工开物》制作的专业术语卡片

我们不可能用脑子记住所有的信息，也别相信什么"过目不忘"的本领。从未听说过历史上有什么人是靠着多么非凡的记忆力而取得伟大成就的。李约瑟也是一样，他那博闻强记的本领，其实记住的，也只是他保存信息的那些文件夹和卡片的位置而已。对此鲁桂珍的评价是：

> 他对朋友是绝对忠诚的，……这种忠诚渐渐形成一些趋于迂腐的习惯：每样东西、每本书都必须放在一定的地方，任何东西在他不在的时候一被移动，他马上知道。但这也许正是他爱好秩序、要求有条不紊的性情的另一表现，而这种性情是他事业成功所必不可少的。[①]

[①] 鲁桂珍：《李约瑟的前半生》，载李国豪、张孟闻、曹天钦主编《中国科技史探索》，上海古籍出版社，1986，第 38—39 页。

编撰方法

编撰不同于著述。编撰的意思是编辑和撰写,即在编辑整理的过程中,申明自己的观点。傅斯年曾说:"历史学不是著史;著史每多多少少带点古世中世的意味,且每取伦理家的手段,作文章家的本事。近代的历史学只是史料学,利用自然科学供给我们的一切工具,整理一切可逢着的史料。"[①] 这也可以作为对李约瑟编撰 SCC 方法的最好概括。

李约瑟的研究主要是基于中国古代经典中的文本来进行的,他的编撰方法是:首先按照 SCC 写作计划确定的章节目录来归类资料;然后拣选特定的文本,进行翻译、整理、分类,并对文本的含义加以解释,添加上自己的评论;最后确认是否算是有了新的研究发现,是否可以作为支持自己观点的证据;等到某一章节的内容资源都准备充分之后,李约瑟就可以开始进行写作了。

这种方法,就是李约瑟从孟子那里学来的"博学而详说之,将以反说约也"的治学方法。如果要更直观地说明李约瑟 SCC 的编写方法,我们不妨作一个比喻——编撰一本书的过程就好比是铸造一件青铜器的过程。

中国古代的青铜器,作为祭祀祖先的礼器,不仅造型独特,而且制造精良,代表了中国古代文明所取得的辉煌成就。例如安阳殷墟出土的司母戊鼎(又叫后母戊鼎)造于商代,器型长 110 厘米、宽 79 厘米、高 133 厘米、重 832 千克,是中国目前发现的最大、最重的青铜器。如此巨大的鼎身是一次浇铸而成的,需要极高的冶金和铸造工艺水平,可以说是一件国之重器,充分体现了古代华夏文明的生产力和技术发展的水平。

青铜器的铸造必定有一套严格的操作程序。需要所有参与其中的人都各司其职、互相配合、密切合作。需要提前规划、绘图、设计。如果不按规矩,偷工减料,最后就会搞成"豆腐渣"。

铸造首先需要"模范"。"模"(model)是模型,先用泥土制作出成品的样子来;待其坚硬后,再用泥土包裹着模型制作"范"(mould);取出模型后,就

[①] 傅斯年:《历史语言研究所工作之旨趣》,《史语所集刊(第一本)》1930 年。

形成了一个模型的空腔"泥范";泥范还要经过烧制,让它变成坚固的"陶范";铸造的时候,要把内范、外范组合在一起,形成密合的空腔,这个工序叫作"合范"。

另外一边的工作是采矿和冶炼金属,将熔化后的青铜合金一次性地浇注到组合好的范里,待它充分冷却凝固后,打开范,即可得到铸件,然后经过修整,就可以做出最终的成品了。

青铜器的铸造流程和 SCC 出版的流程设计类似:

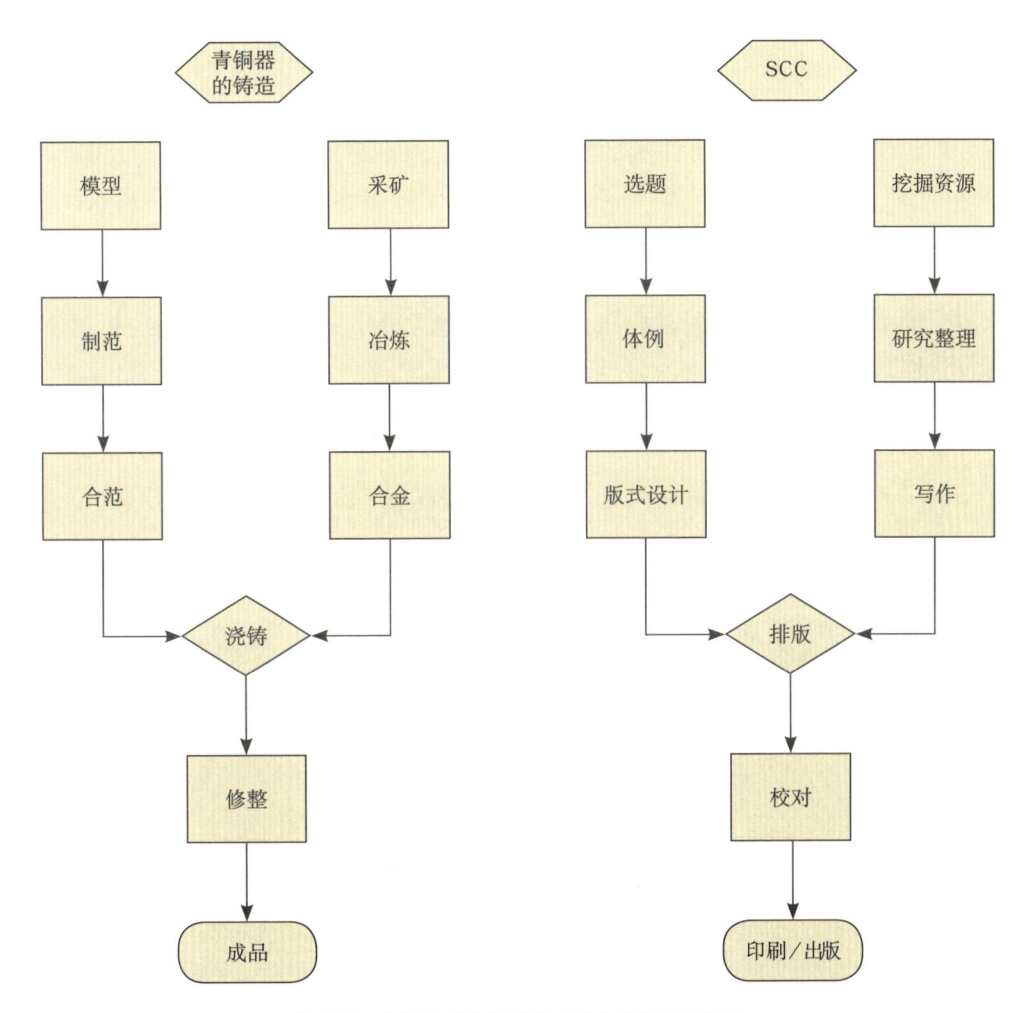

图 5-11　青铜器的铸造流程和图书出版流程对比

老子在《道德经》中说:"大音希声,大器晚成。"这句话的意思是:越是巨大的声响我们越是很少听到;而越是重要的礼器,它的铸造越是需要精心谋划,因此所耗费的时日也就更长,这就是"大器晚成"的道理。

虽然在李约瑟的心中，已经有了一幅蓝图，但在"最终一次性浇铸青铜"之前或者说他的书稿被送去印刷厂排成铅字之前，他还有大量的准备工作需要完成。

对于李约瑟是如何编撰 SCC 的，我们一开始曾想当然地以为，他已经事先有了一份日积月累而成的初稿，然后在此基础上进行修改补充和完善即可。但实际上，到目前为止，他只是完成了一些必要的资料准备工作，并没有真正开始书稿的撰写。如果以青铜器的铸造作比，李约瑟只是给出版社描绘出了一幅最终成品的样子，他和王铃顶多算是完成了"部分模型"的设计，还开采出了一些"矿石"，这只能算是整个项目的准备阶段而已。

李约瑟并没有急于开始书稿的撰写，甚至在选题征得出版社同意后，他还要等到从印刷厂那里拿到订购的复写稿纸，之后才正式开始 SCC 的写作。因为此前已有多次合作，李约瑟与出版社和印刷厂的人都已经非常熟悉了。就在李约瑟给 CUP 写信提出 SCC 选题建议的同时，他也向印刷厂预订了 1500 页的书稿复写打印纸。当印刷厂的德赖弗斯先生 (John Dreyfus) 来信询问他需要什么样的书稿打印纸时，李约瑟愉快地回信道：

亲爱的德赖弗斯：
　　我要普通的、不打线的书稿纸即可，这样便于在上面打字。我希望能在六周内拿到这批稿纸。
　　自从见到您后，我收到了一封来自罗伯茨先生的非常好的信，他信中说，理事会完全同意接受我的《中国的科学与文明》一书，所以看起来最后的出版阶段和最初的稿纸准备阶段都可以在剑桥大学出版社完成了。①

您真诚的，
约瑟夫·尼达姆

准备工作极其繁杂。因为编写 SCC 的每一章，李约瑟都需要理清他所收集的大批冗杂的文献资料。那些做事情有成效的人，其实都是有条理的人。他们好像强迫症、偏执狂一样，不仅要把物品摆放得井井有条，对于做事的先后次序也会格外认

---

① In answer to your kind letter of the 20th., I would like to have plain, not ruled, foolscap. This will be much better for typing on, and it also avoids the difficulty you mention. I hope I may really expect the delivery in about six weeks. Since seeing you I have had a very nice letter from S.C. Roberts saying that the Syndics were entirely sympathetic about my book SCIENCE AND CIVILISATION IN CHINA, so it looks as if the last as well as the very first stages will all be done at the CUP. [Letter from J. G. Dreyfus of the Press about Joseph Needham's paper supply, 1948-05-20, GBR/1928/NRI/SCC1/1/2/10. Needham Research Institute.]

真。早已成竹在胸的李约瑟乐此不疲。他颇为自得地给自己起了一个雅号——"胜冗子"。"冗"是"混乱繁杂的东西"。"胜冗子"的意思就是"克服混乱的能手"。能够驾驭千头万绪繁杂事务的人，也就是英国人们常说的那种做事情有条理的人（be organized），才能将心中的蓝图变成现实。估计李约瑟本来想要从中文的古文中找到一个对应的词，但可惜没有合适的，所以他就干脆自创了这个大号。

图 5-12 李约瑟的"十宿斋藏书"和"胜冗子"印章

拿到了稿纸后，李约瑟开始写作书稿。书稿是他用一台手动打字机打出来的。他常说，在打字机上起草一段文字要比手写便利得多。

李约瑟的写作方式也很有特点。鲁桂珍回忆道：

> 我清楚地记得（《生物化学与形态发生》）这本书写作的情况。当时李大斐（Dorothy Needham）和我常在下午走出生物实验室，到李约瑟的房间一同吃茶点。他喜欢休息时，总是从写字台旁一跃而起，拨一拨炉子里的煤块或木柴，给我们煮茶，一边哼着或唱着民歌。然后他总把他那天在打字机上打好的一堆稿子给我们看。
>
> ……如果人们偶尔觉得李约瑟比较严峻，甚至令人生畏，那是有几种原因的。有些羞怯的人回避他，因为永远不知道他下一句话会说出什么来，原来他虽有天生的外交策略，而且在战争年代里更有所进步，可是他在外表上却又老是不守一般习俗，会说出使人难堪的话来。在这方面最突出的一点是在于他思想高度集中和紧张的习惯；假如在他写作或打字的时候，有人打扰他，他虽不会发脾气，却会皱起眉头，分明他心里是不乐意——所以人们就不敢去打扰他。[①]

---

① 鲁桂珍：《李约瑟的前半生》，载李国豪、张孟闻、曹天钦主编《中国科技史探索》，上海古籍出版社，1986年，第38—39页。

图 5-13 李约瑟和他的打字机（Joseph Needham at his typewriter in Gonville and Caius College, April 1954. Photograph by Francis Thomas Elborn）

何丙郁先生把他亲眼所见的李约瑟写作方法记录了下来，这也是留给我们的极具价值的第一手资料：

> 李约瑟每次阅读一本书或一篇论文，必定把要点记在纸上，然后放进文件夹中。他在书页边也补上他本人的意见。他的脑子存着各种图书、各个文件夹和各个卡片箱的位置。参阅后必须放回原位。
>
> ……李约瑟写文章的时候，必先选择一张最大的长桌子，将常用的书和参考资料放置在桌上。他工作时，翻书检图，十分忙碌，不一会儿桌子上的书和资料就弄得乱七八糟了。写作期间，他自己从不收拾桌子，更不让别人替他收拾，以免弄乱他的书籍和文件，待他的文章大功告成后，才将桌子加以整理，把所有书籍资料和物件放回原处。
>
> 我有多次机会，目睹李约瑟撰写文章，这是个很大的收获。他能够把一大堆的资料，依着次序串成有条有理的文章。……李约瑟写文章或演讲必定先把要点写在纸上，然后用一条条线将各个要点串联起来。由于李约瑟喜欢坐火车，鲁桂珍就说这是李约瑟的"火车轨道"（Joseph's railway lines）。……他称自

己的方法为"编制法"(weaving method)。在这过程中他大量采用所谓"剪和贴方法"(cut-and-paste method)[1]。

……他写文章先用打字机打出草稿,修改后再交打字员制成定稿,有时他直接用录音机,一面看搜集来的资料,一面口述,这样写成的文章有时竟十分完美,连修饰都不需要,就送到出版社去发表了。

……每次李约瑟完成自己认为精彩的一篇文章,他就在午餐或下午茶时很高兴地念给李大斐听,他会说他找到了一小块蓝色的土(struck a blue patch),李大斐在她的研究上如有新发现,也是照样念给李约瑟听。两人互相鼓励,互相帮助,互相欣赏。[2]

"紫色土地"(purple patch)是一个典故,出自古罗马文学"黄金时代"的著名诗人贺拉斯(Horace)的诗作,意指一篇文章中最精彩的段落。李约瑟用这个典故作比,说自己碰到的是一种比紫色稍浅的蓝色的土,应该是一种谦虚而又自赏(或自夸)的说法吧。

李约瑟经常会把脑子里想到的东西随手写在临时找到的小纸片上。例如上面这两张颜色不一样的纸片,写着一些看似随意的笔记,还被反复修改过,字迹潦草,难以辨认,但从最终出版的 SCC 书中,我们依然可以毫不困难地找到这段文字:

> 当然,现代西方汉学同样也特别着重于文学的研究。在 19 世纪初期,艾约瑟(Joseph Edkins)、施古德(G. Schlegel)和艾特尔(E. J. Eitel)等人非常重视科学和技术方面的问题。后来却产生了一种相反的倾向,这种倾向一直延续到现在。汉学家们一直在苦心从事纯文学和小说的翻译,非常细致地去钻研艺术作品和创作技巧,极力想要穿过佛教神学的迷宫,千方百计地设法弄清诗人和哲学家、僧侣和传教士生活中的每一细节。以法律和经济等作为主题的历史被搁置在次要的地位,而科学和技术则完全被遗忘了。那些著名的人物如顾赛芬(Séraphin Couvreur)、沙畹(Édouard Chavannes)、伯希和[3]和劳弗(Berthold Laufer),自然都不会随波逐流。当代的一些汉学家已认识到科学技术史的价值,例如德效骞(H. H. Dubs)对炼丹术和天文学的研究,巴拉

---

[1] 李约瑟用剪刀、浆糊修改文稿的办法,和我们今天使用电脑软件进行拷贝粘贴的办法是一模一样的。
[2] 何丙郁:《学思历程的回忆:科学、人文、李约瑟》,(世界科技出版公司)八方文化创作室,2006,第 31、61—62 页。
[3] 伯希和,Paul Pelliot,1878—1945,法国语言学家、汉学家、探险家。继英国探险家斯坦因(Marc Aurel Stein,1862—1943)在 1907 年从中国敦煌骗取了大量文物古卷到英国之后,1908 年伯希和又从敦煌莫高窟盗运走了大批珍贵文物到法国。

日（E. Balazs）对道教的研究，埃伯哈德（Wolfram Eberhard）对历法科学的研究，慕阿德（A. C. Moule）对潮汐、植物和动物的研究，另外如戴闻达（J. J. L. Duyvendak）对天文、地理和航海以及关于加帆手推车的奇异历史的研究，他们都应得到特别表彰。[①]

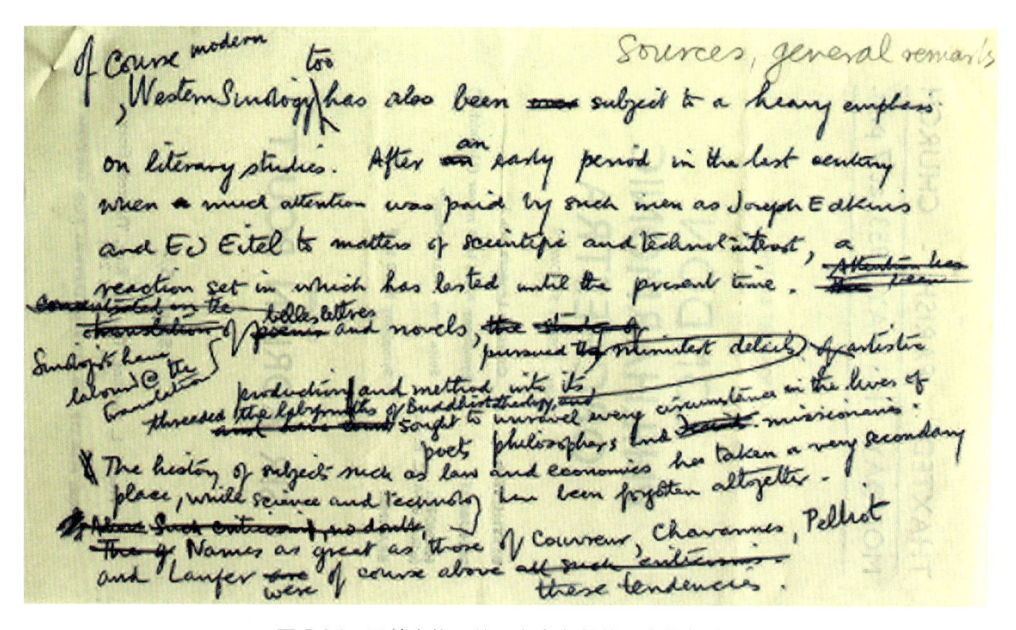

图5-14　写着李约瑟关于参考文献的思考的纸片1

[①] 译文引自李约瑟. 中国科学技术史（第一卷　导论）[M]. 北京：科学出版社，上海：上海古籍出版社，1990：43. 英文原文：[Sources, general remarks] Of course modern Western sinology too has also been subject to a heavy emphasis on literary studies. After an early period in the last century when much attention was paid by men such as Joseph Edkins, G. Schlegel and E. J. Eitel to matters of scientific and technological interest, a reaction set in which has lasted until the present time. Sinologists have laboured at the translation of belles-lettres and novels, pursued artistic production and method into its minutest details, threaded the labyrinths of Buddhist theology, and sought to unravel every circumstance in the lives of poets and philosophers, monks and missionaries. The history of subjects such as law and economics has taken a very secondary place, while science and technology have been altogether forgotten. Names as great as those of Couvreur, Chavannes, Pelliot and Laufer were of course above all these tendencies. Particular praise is also due to those contemporary sinologists who have seen the value of the history of science and technology ; for example in the studies of H. H. Dubs on alchemy and astronomy, E. Balazs on Taoism, W. Eberhard on calendrical science, A. C. Moule on tides, plants and animals ; and those of J. J. L. Duyvendak on astronomy, geography and navigation, together with the strange history of the sailing carriage. [SCC, Vol. 1, page 44]

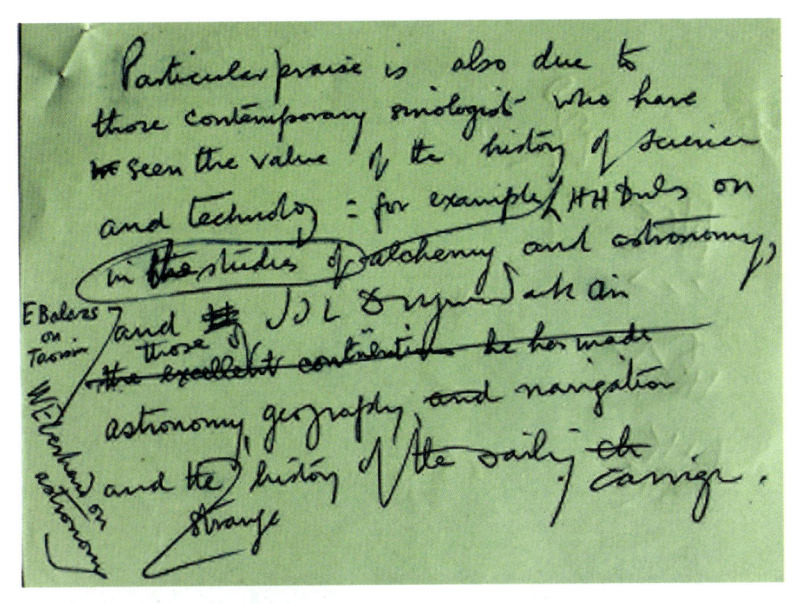

图 5-15　写着李约瑟一段关于参考文献的思考的纸片 2[①]

　　我们想请读者注意的是，这些看似随手写下的笔记，大多都被添加到了最终的书稿之中，成为 SCC 的内容的一部分，而且一字不差。这进一步证实了李约瑟采用文件夹对笔记进行分类的效果。我想李约瑟写作的秘诀就在于此吧。

　　我们读李约瑟的著作，比如上面那段文字，令人不禁感叹，会被他那恣意纵横、旁征博引的写作风格所吸引，感觉仿佛来到了一座巨大宝藏的入口，只要沿着他给出的线索，我们就可以继续去寻找更为丰富的内容。

　　我想，如果没有好好保存和整理这些随手写下的只言片语，没有将之归入大大小小的分类纸盒的习惯，没有建立起一套卡片系统来统一处理人名、著作和专业术语的话，那么就算是面对一个巨大的宝藏，一旦深入进去之后，恐怕也会变成惊险电影中的恐怖迷宫，让你难以逃生了。

　　只有当一段文字内容是唯一的、确定的并被始终存放在一个分类明确的文件夹中的情况下，它才可以被反复修改、重复利用，哪怕是写在一张废纸背面的东西，最终都能够被正确地摆放在书稿中的合适位置上。从这个角度来看，写作一本书和铸造一件青铜器，是一样的道理。

　　反复修改，不断完善，是写作的不二法门。李约瑟对此有一个形象的说法："我时常觉得，写出一篇文字，与在暗室红色灯光下显影观察照相底片非常相似，起先，

[①] Manuscript drafts of paragraphs from 'Science and Civilisation in China, Volume 1' relating to 'sources, general remarks' and 'Bibliography C', 1950-1959, GBR/1928/NRI/SCC1/1/2/25. Needham Research Institute.

看见的都是一片灰色的混乱状态,然后慢慢地明显起来,最后才出现了上千个精确细节。一旦图像变得清晰而且固定下来……确定的事实便如大厦一般屹立……。"[1]

图 5-16　李约瑟拍照所用的胶卷

　　从模糊到清晰——这个用胶卷拍摄后冲洗相片的过程,年轻的读者朋友不一定熟悉。过去用胶卷照相洗相的程序复杂,不像现在的数码照相机可以从显示器上直接看到拍摄的效果。拍摄后的胶卷,需要先在暗房里经过复杂的显影、定影程序,才能逐渐显露出留在底片上的影像,但这个影像还是黑白颠倒的负片,下一步需要再通过曝光翻拍在相纸上,将之转换成正片,还需经过显影、定影的程序,最终才能看到拍摄出来的效果。

　　李约瑟说他的中国科学史研究与此相似,无法一开始就看到研究的结果,中间还需要运用一定的方法,经过复杂的过程,才能得到确定的结论。等到将这些研究过程和结论都记录下来,形成文字,并最终组合在一起之后,就是他计划要完成的那部《中国的科学与文明》。

---

[1] 李约瑟:《李约瑟博士有关中国科学技术史的论文和演讲集(1944—1984)》,载潘若星《李约瑟文集》,辽宁科学技术出版社,1986,第 30—31 页。

目录

在写作过程中，李约瑟始终坚持用一个统一的目录来安排内容的位置，并跟踪自己的工作进度。

这个目录一开始是手写的，只有章和节两级；后来逐步细化，并打印了出来。在此基础上，李约瑟不断修改和调整内容的布局，还把已完成部分的书稿页数和计划编写部分的页码进行多次预估并修正，目的是让整本书的内容显得平衡，以避免头重脚轻的结果。

从手写目录开始，李约瑟就用数字编号来区分章、节，并标注了页码数量。后来经过多次修改，到1949年的时候，随着内容不断细化，李约瑟采用了维特根斯坦式①的十进制小数方式来进行编号，甚至到达了小数点后5位的程度。

从这个不断更新变化的目录中，我们可以清楚地看到李约瑟编写SCC的工作进度。

到1950年7月份，SCC的目录显示，打印在白纸上的部分是已经完成了的，而打印在黄色纸上的部分是尚未完工的。白色纸张打印的部分到"3.19 中西方的数学和科学（Mathematics and Science in China and the West）"结束，然后是黄色纸张打印的部分，第7页以"3.2 天学（The Science of the Heavens）"开始，李约瑟在上端标注着"下列主题尚无确切的小节标题"，可见他彼时尚未开始这后面内容的写作。

在1950年的这份目录中，他坚守在1948年最初所提计划（参见第122页）中将内容划分成5个大章的构想，但这5个部分的标题又稍有变化：

---

① 李约瑟采用的十进制小数目录编号让人想起维特根斯坦的一部名著的样式（layout）。旅居剑桥的哲学家维特根斯坦（Ludwing Wittgenstein）在1921年出版的一本德语的《逻辑哲学论》（*Tractatus Logico-philosophicus*，中译本《名理论》，英文版1922年出版，全书仅75页），虽然篇幅不长，但这本书却被公认为是20世纪最重要的哲学著作之一。在这本书中，维特根斯坦使用了一种独特的文本撰写方式：用十进制数字作为不同命题的编号，来表明命题的逻辑重要性；第n.1、n.2、n.3等命题是对第n命题的评论；命题n.m1、n.m2等是对n.m命题的评论；等等。这种维特根斯坦式的小数编码系统，让全书的内容获得了一种清晰的层层递进的关系，类似于欧几里得《几何原本》中的演绎逻辑体系。

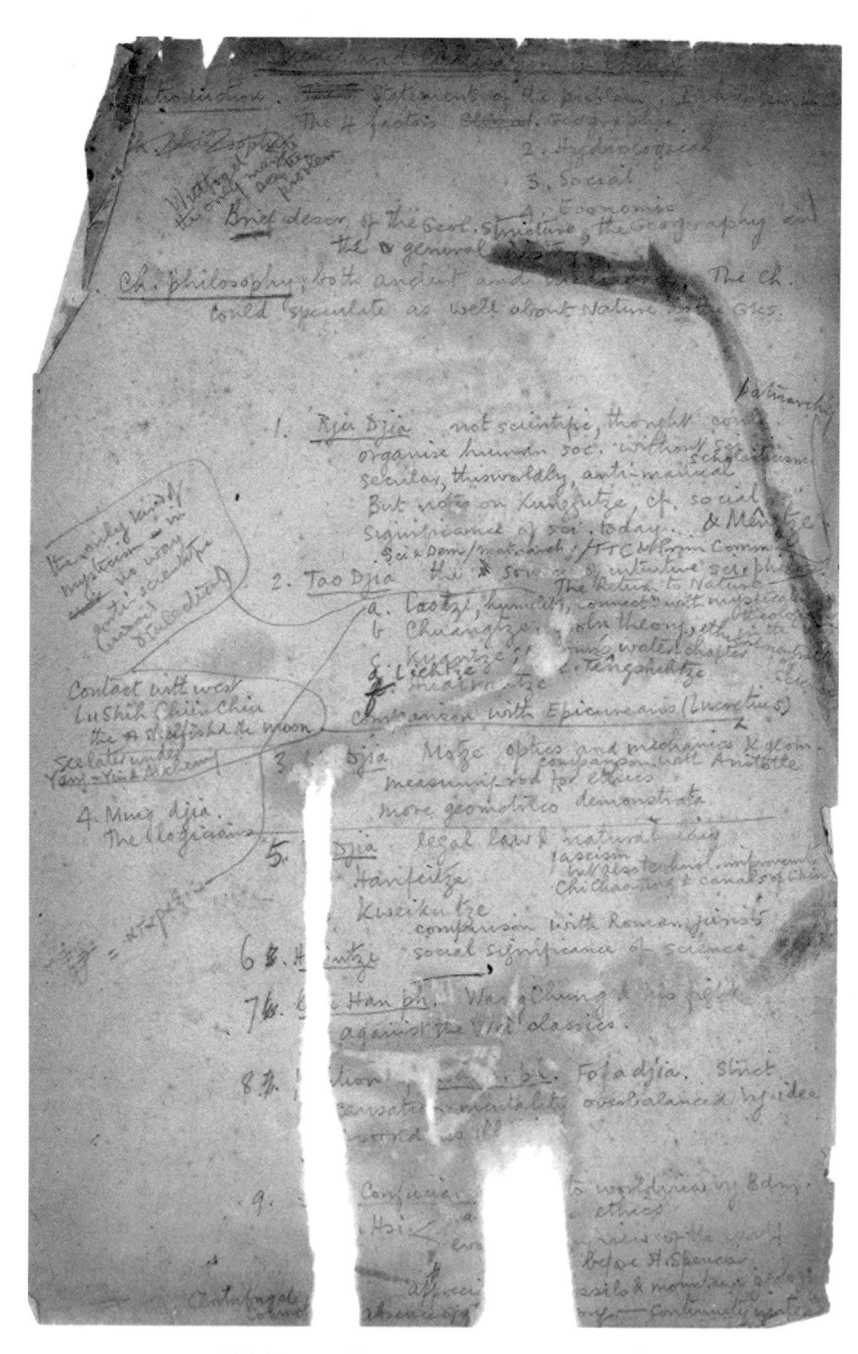

图 5-17　最早的手写目录（1944 年 10 月）[1]

---

[1] Handwritten preliminary outline of 'Science and Civilisation in China', 1944-10-25, GBR/1928/NRI/SCC3/3/15. Needham Research Institute.

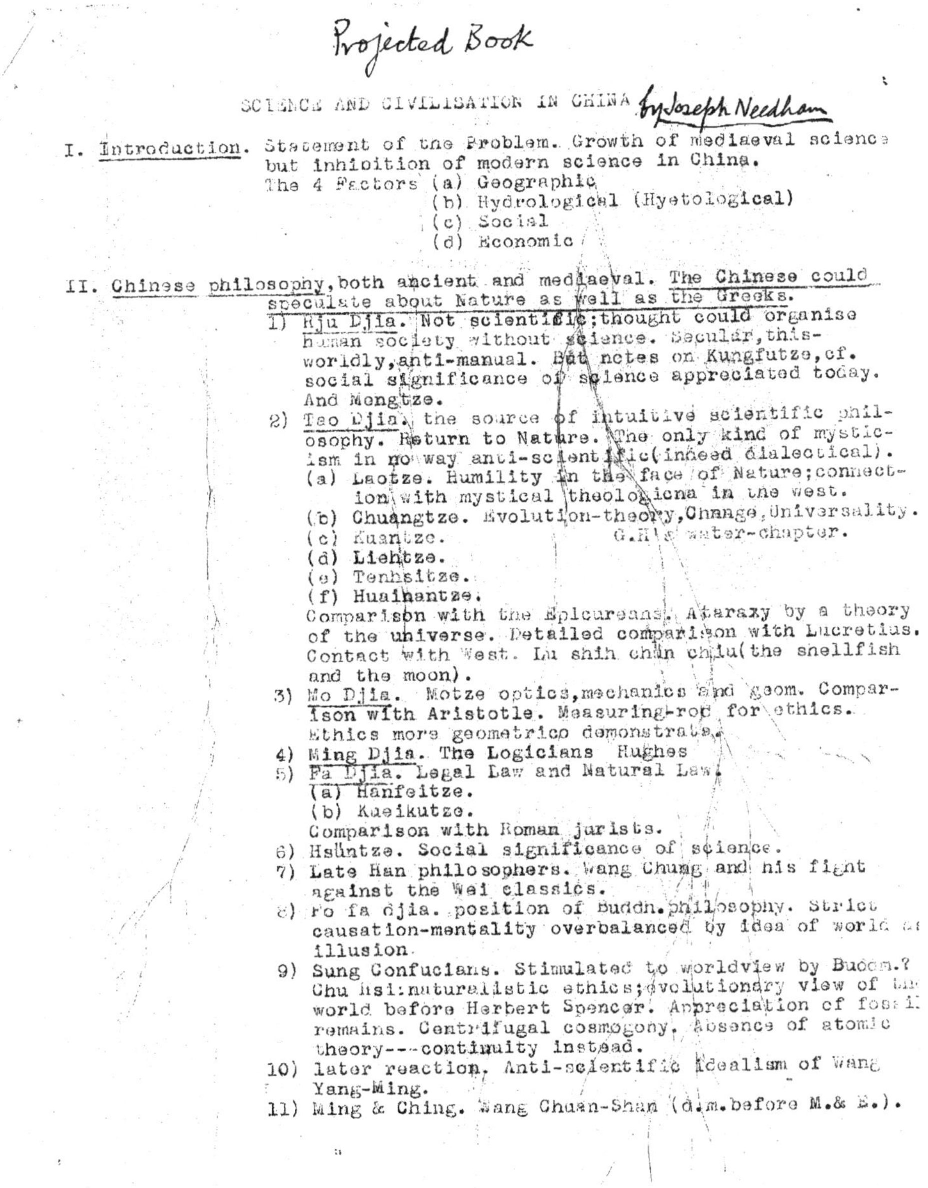

Projected Book

SCIENCE AND CIVILISATION IN CHINA by Joseph Needham

I. <u>Introduction</u>. Statement of the Problem. Growth of mediaeval science but inhibition of modern science in China.
   The 4 Factors (a) Geographic
               (b) Hydrological (Hyetological)
               (c) Social
               (d) Economic

II. Chinese philosophy, both ancient and mediaeval. The Chinese could speculate about Nature as well as the Greeks.
   1) <u>Rju Djia</u>. Not scientific; thought could organise human society without science. Secular, this-worldly, anti-manual. But notes on Kungfutze, cf. social significance of science appreciated today. And Mengtze.
   2) <u>Tao Djia</u>, the source of intuitive scientific philosophy. Return to Nature. The only kind of mysticism in no way anti-scientific (indeed dialectical).
      (a) Laotze. Humility in the face of Nature; connection with mystical theologicna in the West.
      (b) Chuangtze. Evolution-theory, Change, Universality.
      (c) Kuantze.   G.H's water-chapter.
      (d) Liehtze.
      (e) Tenhsitze.
      (f) Huainantze.
      Comparison with the Epicureans. Ataraxy by a theory of the universe. Detailed comparison with Lucretius. Contact with West. Lu shih chhun chhiu (the snellfish and the moon).
   3) <u>Mo Djia</u>. Motze optics, mechanics and geom. Comparison with Aristotle. Measuring-rod for ethics. Ethics more geometrico demonstrata.
   4) <u>Ming Djia</u>. The Logicians   Hughes
   5) <u>Fa Djia</u>. Legal Law and Natural Law.
      (a) Hanfeitze.
      (b) Kueikutze.
      Comparison with Roman jurists.
   6) Hsüntze. Social significance of science.
   7) Late Han philosophers. Wang Chung and his fight against the Wei classics.
   8) Fo fa djia. position of Buddh. philosophy. Strict causation-mentality overbalanced by idea of world as illusion.
   9) Sung Confucians. Stimulated to worldview by Buddh.? Chu Hsi: naturalistic ethics; evolutionary view of the world before Herbert Spencer. Appreciation of fossil remains. Centrifugal cosmogony. Absence of atomic theory---continuity instead.
   10) Later reaction. Anti-scientific idealism of Wang Yang-Ming.
   11) Ming & Ching. Wang Chuan-Shan (d.m. before M.& E.).

图 5-18　1948 年的计划目录[①]

---

① Plan of the 'projected book', 1948-05-1948-12, GBR/1928/NRI/SCC3/3/3. Needham Research Institute.

```
SCIENCE AND CIVILISATION IN CHINA
             by Joseph Needham

1              INTRODUCTORY
       1.01    Preface
       1.02    Plan of the Work
         1.021  Romanisation of Chinese Characters
         1.022  Note on Chinese Linguistics
                Bibliographical Notes
         1.031  General Remarks
         1.032  Sources
         1.033  Encyclopaedias
         1.034  Dictionaries and other works of reference
         1.035  A hitherto little noticed chapter in the History of
                Science : Chinese traditions of Inventions

1.1            Geographical Introduction
                   1.11 General Survey of Chinese Topography
                   1.12 The geotectones of China
1.2            Historical Introduction
                   1.13 Human geography of the natural provinces
         1.21   A Sketch of Chinese Historiography
         1.22   Chinese Prehistory and the Shang Dynasty
         1.23   The Chou Period, the Warring States and the First Unification
         1.24   Comparative Retrospect
         1.301  The Chhin Dynasty
         1.31   The Han Dynasties
         1.32   The San Kuo Period and the Key Economic Areas
         1.33   The Chin Dynasty and its Successors (Wei, Liu Sung, Liang)
         1.34   The Sui Dynasty
         1.35   The Thang Dynasty
         1.36   The Five Dynasties
         1.37   The Sung Dynasty and the Liao and Chin (Tartars) dynasties
         1.38   The Yuan (Mongol) Dynasty
         1.39   The Ming Dynasty and the Chhing (Manchu) Dynasty

1.4            The Conditions of Travel of Scientific Ideas and Techniques
               between China and Europe
         1.401  Introductory Observations
         1.41   The Bronze-Age Continuity of Chinese with Western civili-
                sation
         1.411  Literary, Folkloristic and Artistic Parallels
         1.42   The Development of Overland Trade Routes
         1.43   The Development of Maritime Trade Routes
         1.44   The Old Silk Road
         1.45   Chinese-Western cultural contacts as recorded by Chinese
                historians   and scientific
```

图 5-19 1949 年更新计划目录[①]

① Undated 'preliminary' plans for the book, 1949, GBR/1928/NRI/SCC3/3/4. Needham Research Institute.

1. 简介（Introductory）
2. 中国的哲学和科学思想的发展（Chinese philosophy and the development of scientific thought）
3. 中国科学技术在古代和中古时期所取得的成就和正面积极的内容（The positive content and achievements of ancient and mediaeval Chinese science and technology）
4. 中国科学与技术的社会和经济背景（The social and economic background of Chinese science and technology）
5. 总结和结论（Summary and Conclusions）

在这个最后的"总结和结论"部分目录下面，李约瑟写下了一段较长的话，可以看出他在1950年的时候对"李约瑟问题"的初步思考：

> 用粗线条来勾勒出中国文明和西方文明的不同天才人物。欧洲文明的城邦制和重商主义的特征，伴随着一种在植根于原子论的唯物论和基于理想主义的唯心论这两极之间的摇摆倾向。中华文明所具有的水利官僚化特点，伴随的是一种有机的自然主义（和波动概念），没有欧洲文明的那种精神分裂症的特点。希腊思想给欧洲的知识氛围带来了一种几何的基调；而中国的数学，与之相反，是纯粹代数式的。然而是希腊化的思想造就了古代世界的那些伟大的集大成者。
>
> 在基督教时代以来的十四个世纪中，技术发现和发明的流动是由东向西的。只有伴随着文艺复兴、宗教改革和资本主义的兴起，现代数学化的自然科学才在欧洲诞生。中国的封建官僚体系从技术上看，要比欧洲的奴隶社会或欧洲的封建社会更为先进，但与文艺复兴后的科学技术相比，却落后了。
>
> 如果上述四项环境和社会因素（第4.1—4.3节，地理因素、水文因素、社会和经济因素）被反转一下，假设中国人居住在欧洲的话，真正的群岛地理环境会促进海洋贸易的发展，那么伽利略、牛顿、维萨留斯和哈维会变成中国人的名字吗？高加索人（欧罗巴人）为了接触到现代科学的成果，将会不得不学习表意语言，就像现在亚洲的科学家不得不学习表音语言一样吗？本书所提供的证据表明，答案是肯定的。环境因素具有深远的重要影响。
>
> 本书试图纠正那些人们常有的误解。中国人通常会误解欧洲的文化，认为欧洲文化基本上是科学和技术的，反而忽视了希腊的哲学、希伯来的预言（圣经预言）和罗马的法律。同样，西方人通常会误解中国的文化，认为中国文化纯粹是农业、艺术和文学。
>
> 在18世纪，欧洲文明接受了一些来自中国的思想，这些思想能够拯救欧洲的工业文明，包括：孔子的社会正义论，孟子对人性本善的信念（以此为

基础提出了建立一个公正社会秩序的可能性），孟子认为反抗推翻暴君的正义性，道教的自然神秘主义，新儒学的不需要超自然主义的有机论思想和道德观，等等。

两种文明相辅相成，就像不同的作曲家共同演奏一曲交响乐一样。它们各自的特性和禀赋也必定会汇流到世界合作的共同财富之中。①

---

① A survey on broadest lines will sketch the divergent genius of Chinese and Occidental Civilization. The city-state and mercantile character of European civilization, was accompanied by a tendency to swing between the poles of atomic materialism on the one hand and idealistic spiritualism on the other. The hydraulic bureaucratic character of Chinese civilization was accompanied by an organic naturalism (and wave conceptions) which lacked this schizophrenic quality. Greek thought gave to European intellectual atmosphere a geometrical tone; Chinese mathematics, on the contrary, were wholly algebraic. Hellenistic thought, however, produced the great systematisers of the ancient world.
For the first fourteen centuries of the Christian era the flow of technological discoveries and inventions was from east to west. Only with the Renaissance, the Reformation and the rise of capitalism, did modern mathematised natural science take its birth in Europe. Chinese feudal bureaucratism was technologically more advanced than European slave-society or European feudalism, but fell behind in comparison with post-Renaissance science and technology.
If all four of the environmental and societal factors mentioned above (Sect. 4.1-4.3 Geographical Factors; Hydrological Factors; Social and Economic Factors) had been inverted, and if the peoples of Chinese race had inhabited Europe, that veritable archipelago so encouraging for maritime trade, would Galileo, Newton, Vesalius and Harvey all have had Chinese names; and would the peoples of Caucasoid race have had to learn ideographic languages in order to enter into the results of modern science, just as alphabetical languages have to be learned by Asian scientists today? The data in this book suggest that the answer would be in the affirmative. And that environmental factors were thus of profound importance.
The book seeks to redress many common misunderstandings. The Chinese often misunderstand European culture by thinking of it as primarily scientific and technical, forgetting Greek philosophy, Hebrew prophecy, and Roman law. No less often do Westerners misinterpret Chinese culture by thinking of it as purely agricultural, artistic and literary. In the eighteenth century European civilization received from China some of the ideas which alone can save industrial civilization—Confucian social justice, Mencian belief in the goodness of human nature (upon which hangs the possibility of a just social order), Mencian justification of the revolt against tyrants, Taoist nature-mysticism, Neo-Confucian organicism and morality without supernaturalism—and many other things.
The two civilizations complement each other. They resemble two symphonies by different composers on the same fundamental themes. Their specific qualities and gifts will assuredly be pooled in the world cooperative commonwealth.[Typescript lists of contents of 'Science and Civilisation in China' showing 'position as of July 1950', 1950-07, GBR/1928/NRI/SCC3/3/5. Needham Research Institute.]

```
Position as of July 1950;
all sections listed on white
paper are completed; those
on yellow paper are yet to be
done.
```

中國科學技術思想史

SCIENCE AND CIVILIZATION IN CHINA

by Joseph Needham 李約瑟

with the collaboration of Wang Ling 王玲

1		INTRODUCTORY
	1.01	Preface
	1.02	Plan of the Work
	1.021	Romanisation of Chinese Characters
	1.022	Note on Chinese Linguistics
	1.03	Bibliographical Notes
	1.031	General Remarks
	1.032	Sources
	1.033	Encyclopaedias
	1.034	Dictionaries and other works of reference
	1.035	Chinese Traditions of Inventors: a hitherto little noticed chapter in the History of Science
1.1		Geographical Introduction
	1.11	General Survey of Chinese Topography
	1.12	The Geotectonics of China
	1.13	Human Geography of the Natural Provinces
1.2		Historical Introduction
	1.21	A Sketch of Chinese Historiography
	1.22	Chinese Prehistory and the Shang Dynasty
	1.23	The Chou Period, the Warring States, and the First Unification
	1.24	Comparative Retrospect
1.3		
	1.301	The Chhin Dynasty
	1.31	The Han Dynasties
	1.32	The San Kuo Period and the Key Economic Areas
	1.33	The Chin Dynasty and its Successors (Wei, Liu Sung and Liang
	1.34	The Sui Dynasty
	1.35	The Thang Dynasty

图 5-20 1950 年 7 月目录（李约瑟亲笔书写的汉字书名《中国科学技术思想史》，他还将王铃的名字误写成"王玲"）①

---

① Typescript lists of contents of 'Science and Civilisation in China' showing 'position as of July 1950', 1950-07, GBR/1928/NRI/SCC3/3/5. Needham Research Institute.

```
                    ition as if July 1950; Sept. 1951
                    all sections listed on white              Please Return to
                    paper are completed; those                Dr. Joseph Needham, F.R.S,
                    on yellow paper are yet to be             Caius College
                    done.                                     Cambridge, England
                              [Cambridge University Press]
                         SCIENCE AND CIVILIZATION IN CHINA                CONFIDENTIAL
                                by Joseph Needham
                         with the collaboration of Wang Ling
          1              INTRODUCTORY
             1.01           Preface
             1.02           Plan of the Work
                1.021         Romanisation of Chinese Characters
                1.022         Note on Chinese Linguistics
             1.03           Bibliographical Notes
                1.031         General Remarks
                1.032         Sources
                1.033         Encyclopaedias
                1.034         Dictionaries and other works of reference
                1.035         Chinese Traditions of Inventors: a hitherto
                              little noticed chapter in the History of
                              Science
          1.1             Geographical Introduction
             1.11            General Survey of Chinese Topography
             1.12            The Geotectonics of China
             1.13            Human Geography of the Natural Provinces
          1.2             Historical Introduction
             1.21            A Sketch of Chinese Historiography
             1.22            Chinese Prehistory and the Shang Dynasty
             1.23            The Chou Period, the Warring States, and the
                             First Unification
             1.24            Comparative Retrospect
          1.3
             1.301           The Chhin Dynasty
             1.31            The Han Dynasties
             1.32            The San Kuo Period and the Key Economic Areas
             1.33            The Chin Dynasty and its Successors (Wei, Liu Sung
                             and Liang
             1.34            The Sui Dynasty
             1.35            The Thang Dynasty
```

图 5-21　1951 年 9 月目录[①]

[①] Typescript list of contents of 'Science and Civilisation in China' showing 'position as of Sept. 1951', 1951-09, GBR/1928/NRI/SCC3/3/7. Needham Research Institute.

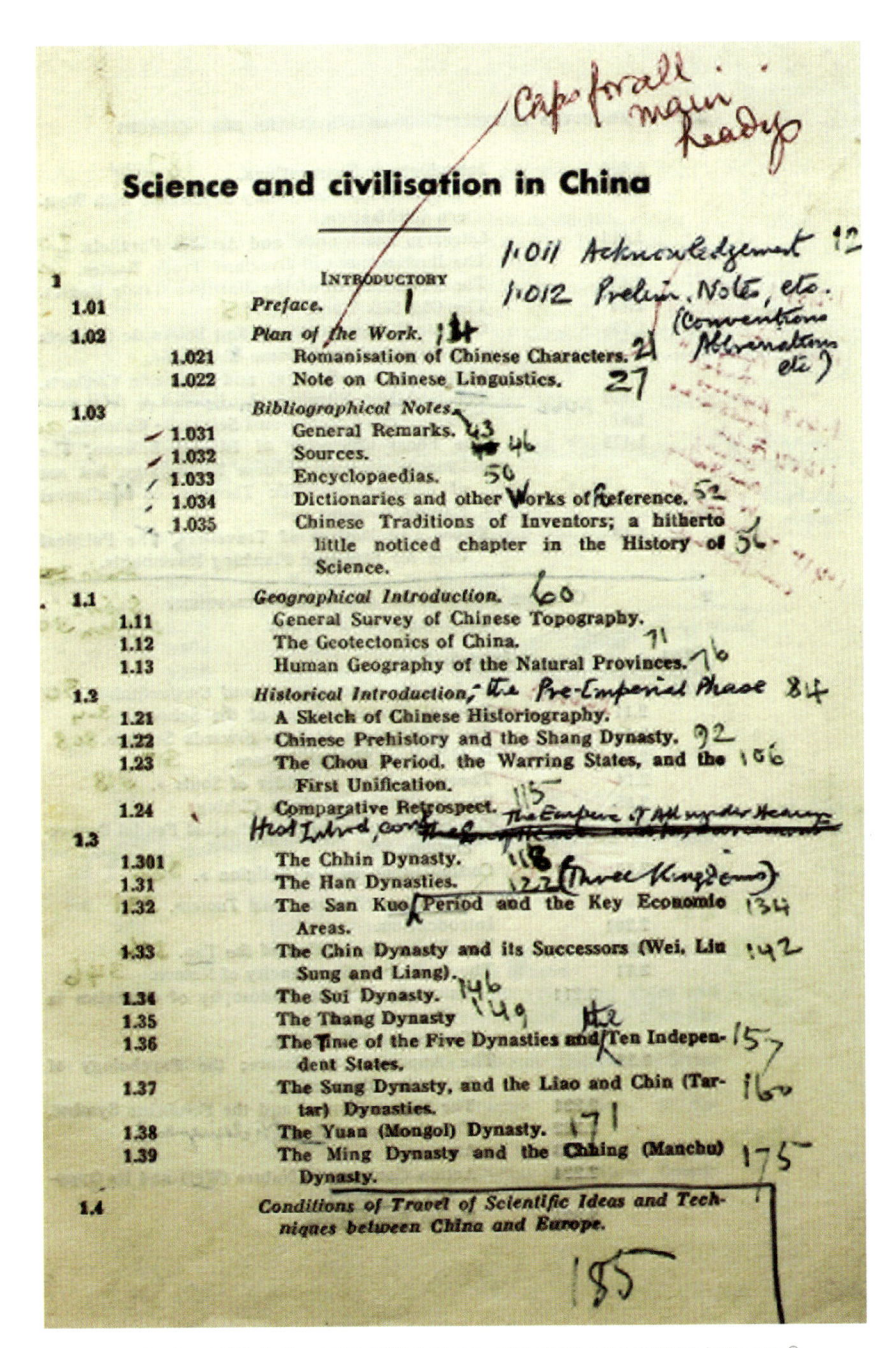

图 5-22　1951 年为《国际科学史档案》杂志印制 SCC 宣传册中的目录①

---

① Copies of 'draft contents table' published in 'Archives Internationales d'Histoire des Sciences' (No. 15, 1951), 1951, GBR/1928/NRI/SCC3/3/6. Needham Research Institute.

```
The following definitive section-headings replace the provisional
ones in the printed version.
3.2    The Sciences of the Heavens
3.21              ASTRONOMY                                    1090
3.211                 Introduction
3.2115                    Definitions                          1099
3.212                 Bibliographical Notes                    1106
   3.2121                 The History of Chinese Astronomy
   3.21211                    European Literature
   3.21212                    Chinese and Japanese Literature
   3.2122                 The Principal Chinese Sources        1113
   3.21221                    The "Official" Character of Chinese Astronomy
   3.21222                    Ancient Calendars
   3.21223                    Astronomical Writings from the Chou to the Sui
   3.21224                    Astronomical Writings from the Sui to the Ming
3.213                 Ancient and Mediaeval Cosmological Ideas 1133
   3.2131                 The Kai Thien Theory (the Hemispherical Dome)
   3.2132                 The Hun Thien School (the Celestial Sphere)
   3.2133                 The Hsuan Yeh Teaching (Infinite Empty Space)
   3.2134                 Other Systems
   3.2135                 General Notions
3.214                 The Polar and Equatorial Character of Chinese Astronomy 1151
   3.2141                 Circumpolar Stars and Equatorial Mark-points
   3.2142                 The Development of the System of the Hsiu
   3.2143                 The Origin of the System of the Hsiu
   3.2144                 The Pole and the Pole-Stars
3.215                 The Naming, Cataloguing, and Mapping of Stars 1186
   3.2151                 Star Catalogues and Star Coordinates
   3.2152                 Star Nomenclature
   3.2153                 Star-Maps
   3.2154                 Celestial Globes
   3.2155                 Star Legend and Folklore
3.216                 The Development of Astronomical Instruments 1209
   3.2161                 The Gnomon and the Gnomon Shadow Template
   3.2162                 Giant Instruments in Masonry
   3.2163                 The Sun-Dial (Solar Time Indicator)
3.21631  Portable Equinoctial Dials Compasses
   3.2164                 The Clepsydra (Water-Clock)
   3.2165                 The Sighting-Tube and the Circumpolar Constellation Template
   3.2166                 The Armillary Sphere and other Major Instruments
   3.21661                    Armillary Spheres, especially in the Han
   3.21662                    The Clock Drive
   3.21663                    Armillary Spheres from the Han to the Sung
   3.21664                    The Invention of the Equatorial Mounting
3.217                 Calendrical and Planetary Astronomy —     1282
   3.2171                 Motions of the Moon and Sun
   3.2172                 Sexagenary Cycles
   3.2173                 Planetary Revolutions
   3.2174                 Duodenary Series
   3.2175                 Resonance Periods
3.218                 Records of Celestial Phenomena            1298
   3.2181                 Eclipses
   3.2182                 Novae, Supernovae, and Variable Stars
   3.2183                 Comets, Meteors, and Meteorites
   3.2184                 Solar Phenomena
3.219                 The Time of the Jesuits                   1323
3.2195                Summary                                   1336
```

图 5-23　1951 年 SCC 宣传册目录的修改（其中的部分章节内容已经被细分到了小数点后 5 位的程度）①

---

① Copies of 'draft contents table' published in 'Archives Internationales d'Histoire des Sciences' (No. 15, 1951), 1951, GBR/1928/NRI/SCC3/3/6. Needham Research Institute.

破土——突破语言的障碍

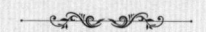

我们在本书开头时表达过这样的想法：如果本书也算是一本传记的话，那么我们希望读者眼中看到的主人公并不是李约瑟，而是他的名著《中国的科学与文明》。我们要讲述的故事，是李约瑟如何把自己头脑里萌生出来的一个想法，最终变成了一部不朽的名著。

既然要给书作传，我们首先要讲一讲图书是怎么来的。

文字的出现，当为人类文明之标志之一。人类的祖先发明了文字之后，这些文字就被以刻画、书写等方式记录在不同的载体上，并传承下来，这些承载信息的载体往往都是就地取材的。

距今五千年前，美索不达米亚的苏美尔人就已经开始用削尖的木杆在湿软的泥板上画出楔形文字，将泥板晾干保存。古埃及把一种当地盛产的莎草的茎剥开、展平，粘连在一起，制成一种莎草纸，在上面书写和绘画，然后做成卷轴保存。

中国最早的古代文字是出土于安阳殷墟的龟甲和兽骨上刻契的甲骨文和铸在青铜器物上的金文。

将字写在简牍上，简牍排列编织在一起，就形成了最早的书籍。《尚书·多士》说"惟殷先人，有册有典"。"册"，文书写在竹简上，编简成册。"典"，可作为典范的重要书籍。可见自殷商以来，中国就有了最早的图书的雏形。

除了简牍，富贵的人家也可将文字抄在缣帛上，谓之帛书。但是缣贵而简重，作为文字的载体都多有不便，于是接下来纸张便登场了。早在西汉时就已有纸张出现，至东汉元兴元年（105年），蔡伦改良造纸术成功，他用木屑、麻头、破布、渔网等材料造纸，使纸张的生产成本大降。此后纸张逐渐发展成为了图画和文字的主要载体。纸张易于卷起，既可以作成卷轴，又能够折叠装订成册，书籍才有了今天的样子。雕版印刷术发明之前，文章、书籍都是手工抄写而成，所以左思写就《三都赋》后，人们争相传抄，竟然一时"洛阳纸贵"。在手工抄写的时代，图书一直都是稀有而宝贵的财富。

中国的图书出版

中国也是印刷术的故乡。最早的雕版印刷,有可能出现在唐朝的贞观十年(636)[①]。它类似于石碑的拓印,只不过是将文字和图画雕刻在木版之上,刷上墨汁后,就可以转印到纸张上。

早期的印刷品多为佛经。现存最古老的印刷品之一就是1900年在敦煌藏经洞发现的唐朝咸通九年(868)王玠为双亲祈福所刻的《金刚般若波罗蜜经》[简称《金刚经》(Diamond Sutra),大英图书馆藏]。这不奇怪,因为佛教把抄写佛经视为一种功德,而雕版印刷作为一种快速复制图文的新方法,就会应大量需求有利可图而催生出来。

中国古代的图书主要出自三个渠道,它们分别是官刻、私刻和坊刻。

中央和地方官府组织的刻印图书,被称为"官刻"或"官印"。官刻图书,多以经史为主,始自五代时期(932—953)冯道刻印《九经》[②]。而国子监作为官方的教育和出版机构也为后世的历朝历代相沿袭。元代兴文署、明代司礼监、清代武英殿,都承担着"盛世修典"传统的重任。由朝廷主持编修大型图书、校勘和刻印经史子集的做法,与隋文帝杨坚开创的选拔和汇聚人才的科举制度一道,成为中华文明持续不断的知识积累和绵延不绝的文化传承的基础。

官刻只为统一思想和传承经典,那么新的思想和新的著作又将如何产生呢?这就需要民间的私人刻书来加以弥补。私刻泛指那些由士人乡绅精心校刻的著作。这类图书本不以营利为动机,而是以崇尚学问为目的,印出来的图书也大多用于彼此间的互赠。

坊刻是以营利为目的的图书出版。坊刻的出版主体是书商。书商刻书只为了出售和盈利,这是坊刻与官刻和私刻的最大区别。有宋以来,以营利为目的的坊刻生

---

① 张秀民、韩琦:《中国印刷史》,浙江古籍出版社,2006,第9—11页。
② 五代时期,唐明宗长兴二年(931),宰相冯道、李愚请旨,命国子监负责校正儒家经典,用雕版印刷而后销售,获得了朝廷的同意。《五代监本九经》自932年至953年,历时22年完工,开大规模官刻儒家经籍之始,也带动了雕版印刷技术在中国的盛行。沈括《梦溪笔谈·卷第十八·技艺》:"版印书籍,唐人尚未盛为之,自冯瀛王始印《五经》,以后典籍,皆为版本。"王祯《农书·造活字印书法》:"五代唐明宗长兴二年,宰相冯道、李愚请令判国子监田敏校正九经,刻板印卖,朝廷从之,录梓之法其本此。因是天下书籍遂广。"

意兴隆，杭州、南京、建阳、成都等地都曾是区域性的刻书中心。

  图书业的繁荣，有赖于强劲的社会需求，这就不得不说到中国独特的科举制度。书铺既售书，又刻书，内容多是一些科举考试的参考书之类的受众广泛且又常年畅销的品种。特别是到了宋代，平民百姓，不论出身贵贱，都可通过考试成为"天子门生"，这让经营应试备考图书的坊刻成为了一项颇为有利可图的生意。

  李约瑟认为：

> 对于科学史家来说……唐代是人文主义的，而宋代则较着重于科学技术方面。……不管在应用科学方面或在纯粹科学方面都是如此。……1100年左右出版的李诫所著《营造法式》是中国建筑工程的经典著作。……在1040年《武经总要》这一巨著中就已确定"火药"这一中文名称，并且记载了抛射武器、毒气和烟雾信号弹、喷火器以及其他新发明的迅速发展。……1111年左右，当时十二位最著名的医师共同编纂了一部御医百科全书《圣济总录》。……12和13世纪的《大观经史证类本草》的某些版本，要比15和16世纪早期欧洲的植物学著作高明得多。……除了这类文献，还出现了一种称为"笔记"或"笔谈"的文献，在这些文献中可以找到许多科学观察的结果。沈括的《梦溪笔谈》是这类文献中的代表作。……此外，司马光在1084年完成了前所未有的一部《资治通鉴》……由李昉主编的著名的编年百科全书《太平御览》（983年），将古代和中古代作家的名言系统地分门别类……全书共一千卷。……一部地理百科全书《太平寰宇记》是乐史编纂的，全书共二百卷。……完成于1254年的马端临所著著名的《文献通考》……大多数现存的中国中古时期的炼丹术书籍都是这个时代的作品。……新儒家学派（理学）的兴起，最杰出的代表人物是朱熹。……为完成这些长篇巨著，必须付出大量的脑力劳动，所以，这些不朽的学术著作无疑是宋代的教育文化水平普遍提高的产物。在一些人的资助下，围绕着知名学者所办起的私立学校即书院，就是表明教育文化水平提高的例证。[①]

  图书生意的兴隆也催生出新的出版技术发明。北宋庆历年间（1041—1048），布衣毕昇发明了世界上最早的活字印刷术——泥活字印刷，这要比西方的谷登堡在1450年左右发明的活字印刷术，整整早了400年。

  元代王祯（1271—1368）是农学名著《农书》的作者，他也是木活字印刷术的发明者和中国活字印刷术的改良者。王祯原为宣州旌德县尹，《农书》完成后，因为字数太多，如用雕版成本太高，所以打算采用木活字进行排印。他命工匠制作了

---

① 李约瑟：《中国科学技术史（第一卷　导论）》，科学出版社、上海古籍出版社，1990，第131、139—142页。

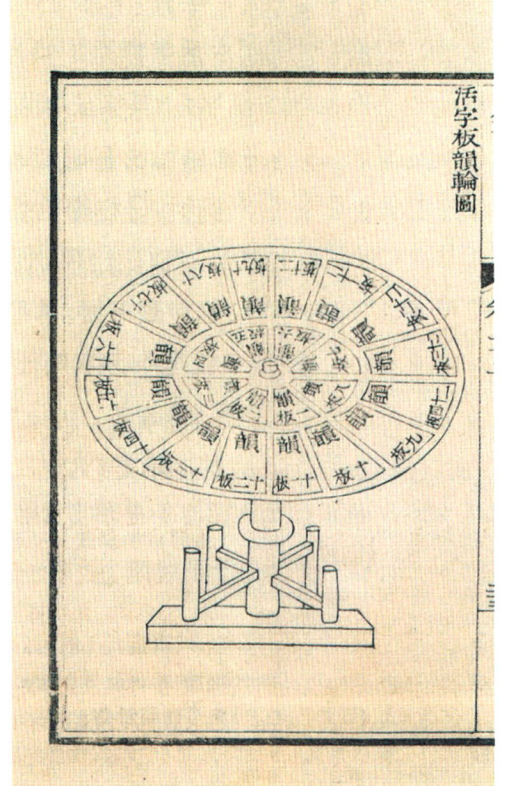

图 6-1　王祯《农书》（卷二十六 "农器图谱二十" 杂录）中《造活字印书法》（武英殿聚珍本影印）

木活字 3 万多个。元武宗至大四年（1311），王祯用这些木活字排印了一本 6 万多字的《旌德县志》，不到一个月时间印就 100 部。遗憾的是，这部有明确记载的木活字印本，现已失传。后来他调任到江西永丰，也许费用不再是问题了，《农书》就在元朝仁宗二年（1313）仍旧采用雕版印刷出版，而把木活字收起来留待将来再用。

幸运的是，照王祯所言 "古今此法未有所传，故编录于此，以待世之好事者为印书省便之法传于永久"。王祯将其制作活字、排版、印刷的方法，记载在了《农书》（卷二十六 "农器图谱二十" 杂录）一节中，题为 "造活字印书法"，详细记录了他自己创制的木活字印刷技术，包括写韵刻字法、锼字修字法、作盔嵌字法、造轮法、取字法、作盔安字印刷法，对每一个步骤的操作细节都做了具体描述，将他的发明成果保留了下来，传于后世，成为一份中国印刷技术史的珍贵文献，也是中国传统的活字印刷技术走向成熟的一个标志。

此后还有多种金属活字（铁活字、锡活字、铜活字）和木活字印书的试验，但都因雕版印刷更适用于中文出版，且具有保存印版、随时印刷的巨大优势，所以它始终没有被活字印刷所取代。在中国，雕版印刷和活字印刷这两种出版技术，与官刻、私刻和坊刻这三种出版渠道，长期共存，它们都因应不同的条件，各自满足不同的需求。

就在西方启蒙运动中以法国的狄德罗和让·勒朗·达朗贝尔①主编的《百科全书，或科学、艺术和工艺详解词典》②为代表的现代百科全书产生重大影响之前，一部中国式的百科全书（类书）——《古今图书集成》也几乎在同一时期的中国出版了。这部大书的编修始自康熙四十年（1701），印制完成于雍正六年（1728），历时两朝28年。全书共计1万卷，另目录40卷，初版本分装576函，5020大册（含目录20册），50多万页，共1.7亿字，是中国最大的一部类书。

由于卷帙浩繁，这部大书不可能采用传统的雕版印刷出版，于是在雍正四年至六年（1726—1728）间，清朝内务府专门铸造了数十万枚铜活字，用于排印这部《古今图书集成》，但是只印了64套，其中有一套现在完好地保存在中国国家图书馆。

采用铜活字印刷来出版《古今图书集成》这样的传世巨著，标志着中国的活字印刷技术已经完全成熟。可惜的是，印制《古今图书集成》之后，这批铜活字竟然被毁掉了，据说是为了将铜熔化用于铸造钱币，理由十分荒唐。

《古今图书集成》虽然内容丰富，但它受限于类书体裁，虽引用原书，却不能完整收录原书全文，所以读者难以追根溯源，明晰出处。于是清朝乾隆三十八年（1773）的时候，朝廷又开始了编修一部大型丛书——《四库全书》，要将所有书籍一网打尽。乾隆诏令以《永乐大典》为基础，"与各省所采及武英殿所有官刻诸书，统按经、史、子、集编定目录，命为《四库全书》，俾古今图籍荟萃无遗，永昭艺林盛轨"③。

征集图书，为表彰进呈者，朝廷还制定了奖书、题咏、记名等奖励办法，即凡进书500种以上者，赐《古今图书集成》一部；进书100种以上者，赐《佩文韵府》一部。

宫廷御制，让整个工程项目进展有序，效率很高。编校图书，对于应刻、应抄的著作，选择较好的本子作为底本，都要经由不同的人进行三次审读，编辑加工，改正错别字等，最后送呈御览。抄写图书，规定：每人每天抄写1000字，每年抄写33万字，五年抄180万字。五年期满，抄写200万字者，列为一等；抄写165万字者，

---

① 让·勒朗·达朗伯（法语：Jean le Rond d'Alembert，1717—1783），法国物理学家、数学家和天文学家，参与编辑《百科全书，或科学、艺术和工艺详解词典》。
② 《百科全书，或科学、艺术和工艺详解词典》（法语：*Encyclopédie, ou dictionnaire raisonné des sciences, des arts et des métiers*），通称《百科全书》（*Encyclopédie*），是1751年至1772年间由一批法国启蒙思想家编撰的一部法语百科全书、现代百科全书的代表。关于它的故事。［美］达恩顿：《启蒙运动的生意》，生活·读书·新知三联书店，2005。
③ 国家图书馆：《四库全书》编纂缘起，http://www.nlc.cn/newzqwqhg/sshbskqsz/skqsdbz/。

列为二等。按照等级，分别授予州同、州判、县丞、主簿等四项官职。抄错一字记过一次；查出原本错误签请改正者，每一处记功一次。各册之后，一律开列校订人员衔名，以明其责。①

从乾隆三十七年（772）征集图书开始，到乾隆四十七年（1782）第一部《四库全书》修成，共历时10年，抄写出7套，分别储存在各地。现存于国家图书馆的文津阁《四库全书》，共有36304册，分装6144个书函，全书约8亿字。

乾隆帝又命从征集的图书中拣选出一些将要失传又颇具价值的重要图书加以重印。掌管皇家出版机构武英殿的大臣金简上奏提议，采取木活字印书。金简认为采用木活字排印"比较刊版工料省俭悬殊"，可以做到省工省料。在他的意见被朝廷采纳后，仅用半年时间就完成了25万个汉字木活字的刻制。采用这批木活字排印的书籍被乾隆赐名《武英殿聚珍版丛书》。武英殿从乾隆三十八年到五十九年的21年间，总共印制了《武英殿聚珍版丛书》144种。包括经部31种，339卷；史部38种，729卷；子部32种，224卷；集部43种，950卷。乾隆亲题《御制题武英殿聚珍版十韵有序》（1776年）中记载："校辑《永乐大典》内之散简零篇，并搜访天下遗籍不下万余种，汇为《四库全书》。择人所罕观、有裨世道人心及足资考镜者剞劂流传，嘉惠来学。第种类多，则付雕非易，董武英殿事金简，以活字法为请，既不滥费枣梨，又不久淹岁月，用力省而程功速，至简且捷。"

由于武英殿使用木活字印书取得了巨大的成功，金简将木活字印刷技术的经验总结为《武英殿聚珍版程式》一书，被朝廷作为此后木活字印书法的技术标准，在全国加以推广。至此，由朝廷主持大型图书的编纂、校勘、出版工程的"盛世修典"传统达到一个历史上的高峰。

---

① 国家图书馆.《四库全书》编纂缘起 [EB/OL]. [2021-07-27]. http://www.nlc.cn/newzqwqhg/sshbskqsz/skqsdbz/.

a. 造木子

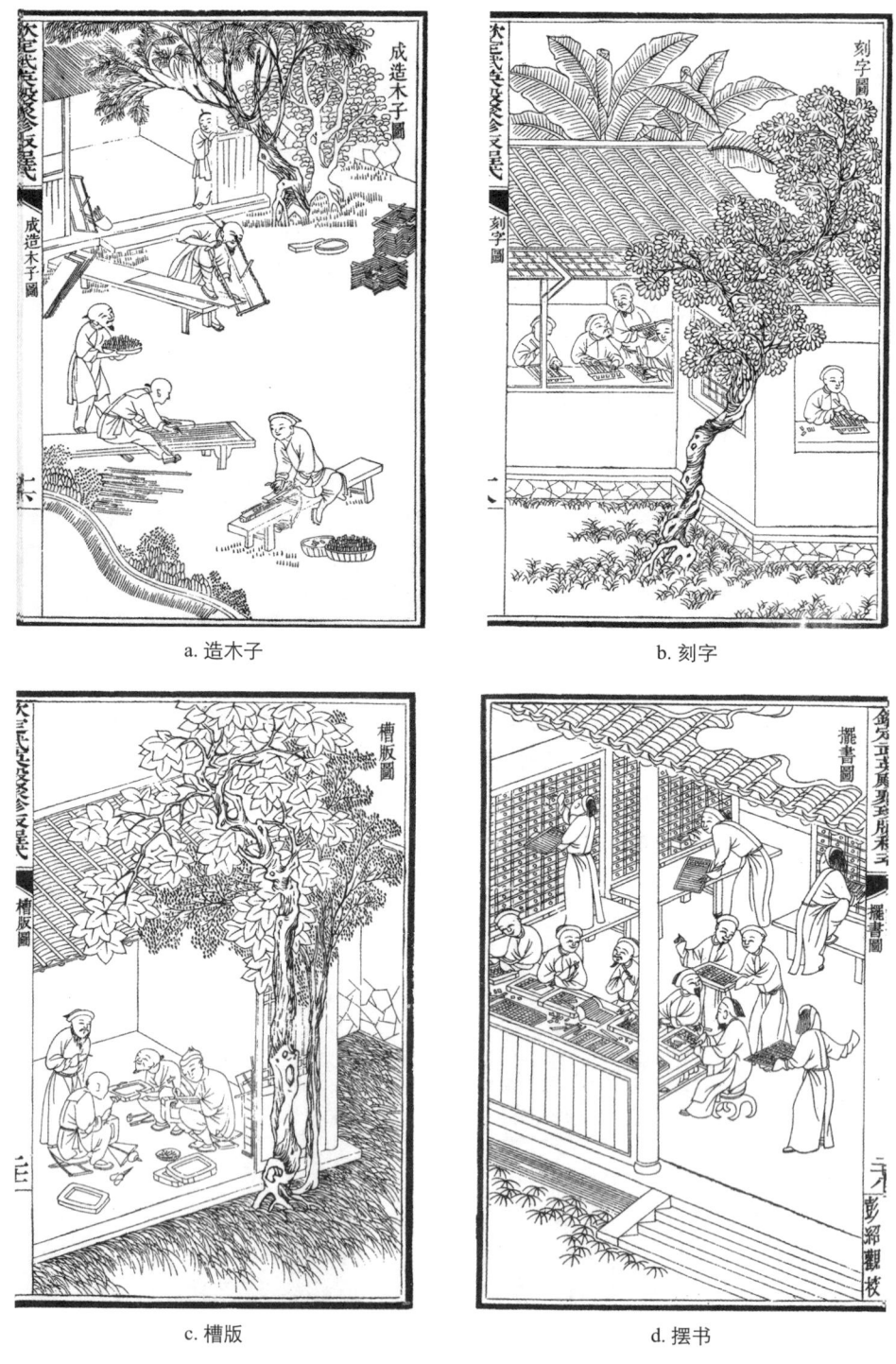

b. 刻字

c. 槽版

d. 摆书

图 6-2 （清）金简《武英殿聚珍版程式》木活字印书图示

西方的图书出版

现在让我们转过头来看一看西方的出版史。

在古代和中古时期，由于地理上的区隔，交通不像现在这么便利，所以不同的文明走过了不同的发展轨迹。与中国不同，欧洲的希腊和罗马，自古以来就有用昂贵的小牛犊皮和小羊羔皮作为书写载体的传统。在相当长的时期里，西方都不存在印刷的图书。古希腊哲学家的经典著作和圣经都只能通过手工抄写的方式生产，效率很低，成本很高。在"黑暗的中世纪"（Dark Ages）里，珍贵的图书和抄写复制图书的缮写室都完全在教会的掌控之中。

"黑暗的中世纪"是指欧洲从西罗马帝国灭亡到文艺复兴开始之前（5世纪到15世纪）的一段文化和社会发展陷入停滞的时期。但现代历史学家更倾向于认为，这段时期之所以"黑暗"是相比于之前的希腊时期和之后的文艺复兴时期，在这一时期的西方历史记录中，文化、艺术、科学、技术等方面的成就显得相对匮乏而已。

在中世纪后期，与中国已经高度成熟的造纸术和印刷术以及官印、私印和坊印三种图书出版渠道共存的情况相比，欧洲在知识产品的生产能力和效率方面都存在着非常大的差距。这种情况一直持续到1450年左右，谷登堡（Johann Gutenberg，约1400—约1467）发明了现代印刷术，之后印刷书在西方出现了。

有趣的是，与中国最早出现的印刷品是佛经相似，西方的第一本印刷书也是宗教读物——《圣经》。谷登堡原本是斯特拉斯堡的一名金匠，他在掌握了生产镜子和宝石加工的技术之后，开始进行活字印刷技术的试验。大约在1450年前后，他从一位当地商人那里借到了一笔高利贷，开办了西方第一家印刷厂，开始尝试印制一部《圣经》。谷登堡印制的《圣经》每页42行，所以又被称为《四十二行圣经》，这是西方第一本印刷的图书。至今仍有很多复本作为珍贵的历史文物，保存在世界各地的图书馆和博物馆中。

人们通常认为谷登堡发明了印刷机，所以才有了现代印刷术。其实这个说法并不准确。谷登堡的印刷术并不只是一架印刷机而已，它实质上包含了一整套的操作程序与工具的组合。这一发明至少包括了：用配比合适的铅锡锑合金来制备铅活字的办法，活字的排版与还字办法，配合铅活字使用的油性墨和一种既能够施加强大的压印力量、又能够保护纸张空白部分不会沾染上油墨的木质印刷机等一系列新的技术革新。

谷登堡发明的印刷术在原理上与毕昇在 400 年前发明的泥活字很相似，但两者在细节方面还是存有较大的差异。实际上，在铅活字的制备方面，原为金匠的谷登堡所发明的办法反倒与中国古代青铜器的铸造程序有更多相似之处。

铸字工序：按照谷登堡的方法，铸字要首先制作阳文的冲头（punch）——即"钢模"（模型），通过淬火使钢模变硬，再将它作为冲头冲压进另一种较软的金属基体（铜）内，制成阴文的字模（matrix）——即"铜模"（铸范），最后在手工开合的模具（mould）——即"铸模"（合范）中用熔化的铅锡锑合金浇铸出铅活字（type）来。他的方法充分利用了不同金属的物理性质，铸造出来的铅字都能够精确保留最初钢模上字面的特征，每一个铅字都一模一样。

排字工序：排字工要站在按照字母使用频率区隔的活字盘前（Plan），将铅字逐字从活字盘上拾拣到排字手托中，待排满一行后将这一行铅字转移到拼版台上的印框中。排满一版之后，用木制的嵌条、压条和紧版楔固定好印版。印出校样来，交给校对者进行校对。校对者将校样与原文逐字逐句比较，发现排版错误后标在校样上。修订后的校样返回到排字工手中，他们松开铅字版，根据修订的指示更换或调整铅字，然后重新紧好版，再次印刷校样。为了保证排版不出错，校对需要进行多次。

印刷工序：谷登堡发明的木制印刷机又称为"手扳架"，它采用杠杆和螺栓的原理，拉动扳手就可以在压板上施加很大的向下的力。使用这样的一台木制印刷机，要先将铅字印版安装到下方；用两个上墨球给铅字版均匀施墨；然后将润湿过的纸张放置在一个夹纸框（frisket）①中，将夹纸框套在铅字版之上；推动到压印平板的下方；扳动把手进行压印；压印完成之后拉出铅字版，打开夹具，取出纸张去晾干；然后再重复进行下一张纸的印刷操作。②

这些用到的材料和工具单独拿出来并不是什么伟大的发明，但通过这么一整套的操作程序来实现印刷复制图书，以替代传统的手工抄写，这在西方是谷登堡最先想到的，也是他第一个做到的。通过这套设计周密的操作程序和工具，谷登堡能够快速地、大批量地、低成本地复制出与当时的手抄本图书看起来一模一样的印刷书来。

谷登堡的实验并不像预想的那么顺利，穷困的发明家是通过商业借贷来实验和

---

① 这个夹具是为了保证内容部分以外的其他部分都不会沾上油墨，为了保证压印力量的均匀，这个夹具上面还增加了一个衬垫（tympan）。
② 王晓：《近代以来中国出版技术变革研究——工业革命和信息革命（1807—2010）》，花木兰文化事业有限公司，2019，第 52—60 页。

完善他的发明的，所以当与投资方发生矛盾以后，这位发明家就破产了。但是谷登堡印刷术却快速地传播开来。由于印刷书相比手抄书的成本大为降低，通过图书的销售来获取商业利润，让投资印刷技术的资本家们发了大财。印刷这种大规模快速复制图书的新的商业模式，随着掌握这一技术的印刷工们不断迁居，拓展市场，西方的图书出版从此迈入了一个印本的时代。[1]

印刷书的出现对欧洲的政治、经济、文化和社会产生了巨大的影响，谷登堡印刷术的发明被视为后续一系列变革的动因。正如伊丽莎白·艾森斯坦（Elizabeth L. Eisenstein）在她的名著《作为变革动因的印刷机：早期近代欧洲的传播与文化变革》（*The Printing Press as an Agent of Change: Communications and Cultural Transfromations in Early-Modern Europe*）一书中所总结的：新教通过大量出版《圣经》而挑战了教宗和罗马教廷的权威，从1550年到1800年，铸字、印刷、出版和售书几乎全部是新教的保留地。作为一种变革动因，印刷术改变了资料搜集、储存和检索的方法，并改变了欧洲学界的交流网络，继而对人类的读写能力和不同国家现代语言的定型也产生了深远的影响。[2]

从时间上来看，伴随着印刷技术的扩散，西方接连发生了一系列的社会变革，包括文艺复兴、宗教改革、科学革命、启蒙运动和工业革命，一浪接着一浪。这种时间上的先后关系，是否有因果关系存在，或者说这是否就是现代化的必由之路，我们不能肯定，但知识和信息产品的生产、传播变得更容易了以后，会让整个社会释放出巨大的生产力和创造力，这一点是毫无疑问的。

这种变化并不是在一夜之间发生的。从15世纪中期到19世纪初漫长的几百年时间里，印刷技术几乎没有任何的改变，只是图书的品种在与日俱增。

我们在前面介绍剑桥大学出版社时讲到过的一个人物——威廉·卡克斯顿，他在1476年把印刷技术传入英国。他还把大量的外语作品翻译成英语，自己排版、校对、印刷、售卖，成为首个以出版家自居的英格兰人。

新技术传入英国后，剑桥大学（1534）、牛津大学（1586）都有了自己的印刷厂。而从16世纪初开始，伦敦的舰队街（Fleet Street）上也聚集起了一批勇敢投资新媒体的报业巨头，这就像今天的新媒体时代在纳斯达克争相上市的一批互联网企业一样。

---

[1] 法国年鉴学派大师费夫贺与印刷史学者马尔坦的经典之作《印刷书的诞生》（*The Coming of the Book*）详细介绍了西方印刷术的发明对图书手抄出版的影响以及印刷技术在欧洲的快速普及，我们从中可以对西方出版技术的早期历史有一个全面的了解。［法］费夫贺（Lucien Febvre）、马尔坦（Henri-Jean Martin）：《印刷书的诞生》，广西师范大学出版社，2006年。

[2] 伊丽莎白·艾森斯坦：《作为变革动因的印刷机：早期近代欧洲的传播与文化变革》，北京大学出版社，2010，第6、252页。

真正让西方的出版技术开始反超中国的，是工业革命的力量。

18、19世纪，一场"工业革命"（Industrial Revolution）首先发生在英国，随后扩展到欧洲、美洲。它从纺织业引入机器生产开始，引发了一场持续的以煤炭等新能源代替传统的风能、水力和人力，以蒸汽机驱动的大规模机器生产代替传统的手工劳动的生产方式的转型。维多利亚女王统治期间（1837年6月20日—1901年1月22日）是一个英国快速崛起的历史时期，被称为"维多利亚时代"（Victorian Era）。维多利亚时代所取得的进步不但改变了传统的英国，也深刻影响了此后的世界。

交通运输实现了一次跨越式的发展，不论距离的远近，整个大英帝国统一邮资，通过邮车、运河、蒸汽船和铁路紧密联系在一起，实现了人员、物资和信息的快速流动。火车成为重要的交通方式，蒸汽驱动的商船往来于世界各地，在亚当·斯密经济学理论对自由贸易的倡导下，国际贸易空前繁荣，个体的生活开始与整个新兴的工业社会融为一体。棉花和羊毛等原材料源源不断从美洲、澳洲等殖民地运来，蒸汽机替代人力驱动着无数纺纱机和织布机，英国快速崛起成为世界工厂和全球贸易的中心，创造出了难以计数的财富。

从19世纪初开始，工业革命的火苗延烧到了出版技术领域，在造纸、铸字和排字、印刷等一系列生产环节陆续开始了使用机器生产方式替代手工生产方式的技术革新。

冶铁铸造的印刷机是1800年后出现的，查尔斯·斯坦诺普伯爵三世[①]改进了沿袭已久的谷登堡木制印刷机，采用铸铁制造出了一种以他的名字命名的斯坦厄普印刷机，成倍提高了印刷纸张的幅面，从而提高了印刷厂的工作效率。

相比手工抄写，铅字印刷虽然具有规模经济的优势，但也存在着一个很大的弊端：当一本书销售完之后，需要重新印刷的时候，所有的工作就必须重来一遍，重新排版、重新校对，对于时间和成本来说都是很大的浪费；像《圣经》、祈祷书、学校课本等这些经常需要重印的书来说，印刷商通常会保留印版以备重印，但这将导致大量的铅字无法重复使用。

为了解决这个问题，斯坦诺普引入了一种叫作"泥型"的复制铅版（stereotype plates）新工艺，类似于中国古代青铜器铸造的工序（以模型制作出铸范，然后用铸范来浇注青铜器），排好的铅字版先压印出一个泥型，然后用这个泥型浇铸出可供印刷的铅版。这种方式可以重复压制泥型，浇铸出多个铅版，在多台印刷机上同时

---

① 查尔斯·斯坦诺普伯爵三世（Charles Stanhope, 3rd Earl Stanhope, 1753—1816）。他为出版技术的革新做出过很多贡献，热衷于改进传统的印刷技术，除了提出铁制印刷机，他还提出了泥型浇铸铅版（stereotype）等印刷改革的思路。

印刷，大幅度提高了印刷的产量，同时不再需要保存铅字版，提高了铅字的利用率。

泥型浇铸铅版也有一个弊端：泥型一经铸造就要被打碎，所以后续改进采用纸张作为材料的纸型取代了泥型。纸型可以多次重复浇铸铅版，又便于保存起来以备将来使用。一本书有了纸型以后，铅字要么被重新放回到排字盒中再次使用，要么被熔化成金属用于再次铸造铅字，这样可以重复利用铅字和金属材料。

纸型出现以后，解决了印刷业长期存在的一大难题。新的生产方式有效降低了重复印刷的图书生产成本，节省了大量的排版费用，提高了利润，从此重印书的比例就成了出版商获得更高利润的关键。

印刷业真正进入工业时代的标志，是1814年11月29日《泰晤士报》使用蒸汽驱动的新式滚筒印刷机宣告了一个新时代的到来：

> 我们今天的报纸向公众宣告了自印刷术诞生以来该领域所取得的最重大进展的实际成果。您正在阅读的这段文字和您手中的这份《泰晤士报》，是昨晚用一种新的机械装置所印的数千份报纸之一。这种精心设计的机械系统能够大大解放印刷工作中繁重的体力劳动，而且在速度上远远超过人力所及。我们想要告诉公众的是，这项发明的重大意义及其效果：当排字工人将铅字排好并扎好版之后，他们就不需要再做什么了，只需要站在旁边看着印刷机来完成后续的工作。这时机器只要装填纸张，它自己就会将印版归位，上墨，并校准纸张与印版之间的位置，然后压印，并将印好的纸张传递到工人的手中，同时撤回印版再次上墨，并自动涂匀，之后返回到印刷的工位，与下一张等待印刷的新的纸张会合。整个复杂的动作，都能够快速而同步地完成，每个小时的印刷量不低于1 100张纸。[①]

也就是从这个时候开始，工业化的印刷技术快速发展，西方在信息产品的生产能力和生产效率方面逐渐超越了中国传统印刷出版技术所具有的优势。

---

① 《泰晤士报》建造了两台由蒸汽机驱动的、可以两端进纸的双机组滚筒印刷机，并要求发明家弗里德里希·凯尼格（Friedrich Koenig）在该技术14年的专利保护期内，在伦敦城方圆10英里的范围内，不准再卖给第二家。这是一个极为聪明的商业策略，它为《泰晤士报》提供了竞争优势的同时，也限制了其他报业竞争对手的进入。引自James Moran. Printing Press: History & Development from the 15th Century to Modern Times[M].Berkeley and Los Angeles: University of California Press,1973: 107-108.

中西方的交流与竞争

我们通常会认为西方的谷登堡印刷术是一种工业化的出版技术，要比中国传统的雕版印刷和活字印刷的手工雕刻方法更为先进，这种先进性让它取代中国传统的雕版印刷和活字印刷是理所当然的。但是真实的情况可能并非如此简单。实际上，中西方之间在印刷技术方面的交流与竞争一直在持续，试图突破语言文字障碍的努力从未停止，即便有着重重阻力，我们仍可以看到科学技术的传播正在跨越国界。

两百多年前的 1807 年，这一年通常被认为是中国近代出版的开端。一位年轻的英国新教传教士马礼逊（Robert Morrison，1782—1834）被伦敦传教会选派前往中国传教。与其他之前来华传教的天主教耶稣会士不同，宗教改革之后，新教将《圣经》视为神的启示，是基督教最高的权威，所以他们极为重视《圣经》的出版与普及。

在那个东西方彼此隔绝的时代，马礼逊要想实现其"文字传教"的目标，首要任务是将《圣经》译成中文。要想将《圣经》译成中文，马礼逊首先必须学好汉语；而如果要学好汉语，首先必须有一部汉英－英汉字典作为工具书。由于当时中国实行"闭关锁国"的政策，不允许中国人教外国人中文，所以根本没有可供马礼逊使用的汉语教材，也没有汉英－英汉的字典。既然没有这样的字典，马礼逊决心自己动手来编写一部。

为了将这部字典印刷出版，马礼逊借助他在东印度公司任职翻译的优势，说服东印度公司不惜耗费巨资从英国雇请了印刷工汤姆斯（Peter Thoms），不远万里带着印刷机和铅字来到澳门。很快，汤姆斯雇请中国匠人手工雕刻出了一批汉字铅字，他采取中英文混合排版的方式印制马礼逊的字典。这部字典从 1808 年开始编纂，1815 年开始出版第一本，又历经 8 年时间，至 1823 年全部出版完成，共印成 750 套，东印度公司为此耗费了高达 12000 英镑的巨资[①]。作为第一本汉英－英汉字典，马礼逊字典成了当时西方尤其是英语世界研究汉学的一部必备的工具书，它也是第一套在中国采用西方铅字排印技术印刷的中英文混合排版的图书，被视作西方近代印刷

---

① 1820 年的 12000 英镑，按照购买力折算，大约相当于 2017 年的 69 万英镑。参见 Currency converter: 1270-2017. www.nationalarchives.gov.uk/currency-converter.

技术传入中国之始。

　　问题往往是促成出版技术进步的原动力。我们今天回望历史，正是由于马礼逊和汤姆斯率先尝试了中英文混合排版，引导着后来者不断努力去解决技术上仍然存在的问题，所以各种新的印刷技术才会不断地被引入中国，也让中国图书的版式与装帧逐步与西方接轨。而交流都是双向的，马礼逊和汤姆斯同时也把汉字的铅字印刷技术第一次带回了英国，他们在伦敦还曾经进行过铸造汉字铅字的试验。①

　　鸦片战争之前，西方传教士在澳门、广州进行的出版活动受到严格的限制；鸦片战争之后，1842年8月29日清政府与英国政府签订了第一个不平等条约——中英《南京条约》，将中国沿海的广州、福州、厦门、宁波、上海开辟为通商口岸。西方的传教机构纷纷进入中国，开设自己的印书馆。传教机构所建立的出版机构，并非以营利为目的，他们主要依靠西方传教团体提供经费与补贴，通过免费赠送《圣经》、传教小册子，甚至是单页等宣传品的方式，来进行"文字传教"，这是新教传教的通常做法，也是教会从事印刷出版和一般商业印刷出版的不同之处。在上海设立的伦敦传道会的"墨海书馆"和美国长老会的"美华书馆"是最为成功、也最具影响力的传教印刷机构。

　　这些传教机构印书馆的快速发展，吸引了一些西方在华从事贸易的投资创业者的注意，他们把印刷出版看作是有利可图的生意，尝试性地在上海的租界内投资建立起了第一批外资商业出版机构，创办了各类报纸、杂志和印书馆，有些取得了商业上的成功，也推动了现代大众传媒这种新兴的信息传播媒介在中国的发展。

　　曾在香港英华书馆协助英国传教士、汉学家理雅各翻译中国儒家经典的王韬，是晚清较早接触现代出版技术的中国学者之一，我们可以从他的记录中了解到当年中西方出版业对比的真实情况。他参观了爱丁堡的印刷厂、铸字厂，敦底（Dundee）的印刷厂和伦敦的造纸厂，在自己的游记中记录了对西方出版业的观感，敏锐地预见到工业化技术可能对中国传统手工业产生的影响。② 回国之后，王韬在1871年筹

---

① 王晓：《近代以来中国出版技术变革研究——工业革命和信息革命（1807—2010）》，花木兰文化事业有限公司，2019，第88—93页。
② 王韬在1867年到1870年间访问英国和欧洲，直接体验到了西方科学文化发展和工业革命的成果。在《漫游随录》中，王韬记录了自己参观机器造纸厂的情景："士君以机器造纸，一日出数百万番，大小百样咸备。设四铺于英京，贩诸远方，获利无算。香港日报馆咸需其所制，称价廉而物美焉。导观其造纸之室，皆融化碎布以为纸质，自化浆以至成纸，不过顷刻间耳，裁剪整齐即可供用，亦神矣哉。"王韬.漫游随录[M].北京：社会科学文献出版社，2007：139. 他在《苏京琐记》中言及："余又偕纪君往一印书馆。其馆屋宇堂皇，推为都中巨擘，为信官父子所开设。其中男女作工者，约一千五百余人，各有所司，勤于厥职。浇字、铸板、印刷、装订，无不纯以机器行事。其浇字盖用化学新法，事半功倍，一日中可成数千百字；联邦教士江君，曾行之于海上。其铸板则先搅细土作模，而以排就字板印其上，后浇以铅，笔画清晰，即印万本亦不稍讹，此诚足以补活版之所不建。苟中国能仿而为之，则书籍之富可甲天下，而镌刻手民咸束手而无所得食矣。"王韬.漫游随录[M].北京：社会科学文献出版社，2007：113.

建"中华印务总局",收购了香港英华书院的全套印刷设备和中英文字模,开启中国民间新式商业出版之先河,又在1874年创办了第一种由中国人自己经营的中文报纸——《循环日报》。"中华印务总局与《循环日报》的创办,是中国印刷出版史上的里程碑,象征着西方印刷术及出版业本土化完成奠基,从此展开另一个发展的阶段。"①

几乎就在同时,原本是经营茶叶生意的英国人美查(Ernest Major)等人在上海创办了《申报》②。同英国的《泰晤士报》一样,《申报》也极为重视出版技术的更新换代,不断随着业务量的扩大引进新式设备。在电报技术出现之后,《申报》首先将北京的朝廷谕旨作为电讯稿发往上海,成为中国新闻史上的第一条电讯稿。《申报》在发行报纸之外,还先后创办了申昌书局、点石斋印书局和图书集成铅印书局等图书出版机构。

1883年6月3日的《申报》刊登招股印刷《古今图书集成》的启示:"是书在康熙年间搜辑,越事年尚未印就,雍正朝继之,为目四十,为卷一万。当时所印,仅数十部。兹已隔百余年,剥蚀消沉,再越数年,恐只存其名,岂非一大憾事。本斋拟将此书缩小照印,出书一千五百部,拟集股一千五百股,每股出银一百五十两,计三易寒暑,可以出齐。"

美查深谙资本与技术结合的奥秘。他左手巨资征求古籍珍版、佳本重新翻印,把那些即将失传的古籍孤本、珍本变成物美价廉的商品;右手又以预售图书的方式来募集出版所需的资金。1884年2月23日《古今图书集成》开始用铅字排版印刷,到1889年9月7日全书印就,被誉为"康熙百科全书美查版"。就这部书的规模之大而言,当年是只有朝廷御制方成,现在是民间集资也可。全书印成仅一个月之后,美查股份有限公司公开招股,募集到资金白银三十万两。美查兄弟二人,拿到投资收益白银十万两后便回国了。美查兄弟的创业传奇堪称经典,他们的茶叶生意并不成功,却摇身一变,成了叱咤上海滩的传媒大亨。他们的名字已经与发生在中国近代的出版技术变革紧密联系在一起了,令人印象深刻。

上海涌现出了一大批采用新式出版技术的商业出版企业,取代北京成为了全国最大的出版中心。而那些新办的民营商业出版机构,从民族救亡图存的大义出发,宣扬民族自强和爱国思想,同时大量译介西方新知,逐渐成为了后来中国出版业发展的主力军,商务印书馆就是这批商业出版企业的典型代表。

1897年,曾在美华书馆掌握了排版印刷技术的夏瑞芳、鲍威恩、鲍威昌、高凤池四人创办了一间小印刷所,起名"商务印书馆"。1902年他们又邀时任南洋公学

---

① 苏精:《马礼逊与中文印刷出版》,台湾学生书局,2000,第279页。
② 《申报》1872年4月30日(清同治十一年三月二十三日)创刊,后来成为上海历史最久、影响最大的中文日报。

译书院院长的张元济加入，创设了编译所。等到 1904 年清政府宣布新学校体制和各级学校课程设置方案，并在 1905 年正式宣布废除传统的科举制度后，各地纷纷开始兴办新式学校，商务印书馆抓住这一商机，开始编写新式教科书，迅速获得了可观的经济效益。商务印书馆崛起后，出版了一批影响深远的西方译著，包括严复所译的《天演论》和《国富论》等经典名著，成为当时中国乃至亚洲最大的出版机构。

1932 年 1 月 28 日"一·二八"事变爆发，日本侵略军悍然进攻上海闸北，当时日军出动停泊于长江的航空母舰上的飞机，向商务印书馆投下六枚炸弹，商务印书馆附设之东方图书馆，藏书五十多万册，是中国当时最大的图书馆，商务印书馆历时三十年收藏的珍本书籍悉数被毁。[①] 日军的轰炸使商务印书馆蒙受了巨大的损失。时隔五年，1937 年日本全面发动侵华战争，中国的出版企业被迫纷纷内迁，在异常艰苦的条件下支持抗战，直至取得全面胜利，但是中国出版的现代化进程也因此中断和延缓。

第二次世界大战之后，西方的印刷工业化开始进入了一个自动化程度不断提高的新阶段，而中国则长期停留在一个手工铅字排版的阶段，中文出版与世界先进出版技术之间的差距又一次扩大。

---

① 王益：《中日出版印刷文化的交流和商务印书馆》，《编辑学刊》1994 年第 1 期。

一本书是如何诞生的

我们从宏观上大体介绍了中西方图书出版的历史之后，接下来再从微观的视角来看看一本书究竟是如何诞生的。

一本书的诞生，其实就像是作者和出版社联袂表演的魔术一样，展示给读者观众的，是一本本可以自由翻阅的、毫无掩饰的、白纸黑字的商品，拿在手里的可以说是一件件精美的艺术品。但就像魔术表演一样，如果您从观众席走到幕后，可以一窥魔术的秘密的话，您就会看到，其实每一本书的诞生都有一个相当复杂的过程，有很多不为人知的秘密隐藏其中，还需要很多普普通通的人隐身在幕后辛勤付出。

图书出版在英国早就是一个颇为成熟的产业，已经达到了高度的社会化分工的程度。让我们回到李约瑟和剑桥大学出版社的视角，看看战后英国的出版业是如何生产图书的。

一本书的诞生，往往需要经过以下几个阶段或步骤：选题策划—作品创作—作者交稿—编辑审稿—编辑加工（包括版式设计）—排版—校对—征订—印刷—装订—发行，才能从作者的手上，来到读者的面前。

1. 选题策划：出版社需要预先在自己确定的出版方向上或出版领域里，策划或甄选出若干选题来作为自己未来一段时间的出版品种。

面对图书市场激烈的商业竞争，出版社能否持续生存，取决于是否拥有一批能够满足市场需求的产品。按照行业的术语来说，就是出版社的常备在销书目（backlist）。这里面列出来的，都是出版社仍在提供销售、尚未绝版的图书。这些常备书中有一定的比例会保持稳定的销量，需要不定期地重新印刷。重新印刷的图书又被称作"重印书"。重印书的比例，可以直观地反映一个出版社的营利能力，这是因为图书出版的前期固定费用（编辑、排版、校对等费用）较高，所以一本书的销售量大，重复印刷的次数就多，能给出版社带来的利润也就越高。这些能够不断重印的畅销书或常销书，往往是经过长达数十年的时间积累逐渐形成的。这可以解释为什么出版社往往会对选题格外挑剔，只有那些被他们选中的选题，才会获得时间、人力和资金等资源的投入。

2. 作品创作：虽说印刷出版的技术日新月异、今非昔比，但作者创作时的情况，古往今来实际上没有多大的改变。

在司马迁的时代，纸张还未普及。我们可以试想一下，如果把《史记》用毛笔书写在细长的竹简之上，虽然竹简长短不一，但如果以每简 40 字来估算的话，将至少需要 13 000 多个竹简[①]。无法想象，要在这样的条件下完成这么一部巨著，该是多么困难！

李约瑟的情况与司马迁也没有多大的不同。虽然他使用的是打字机和复写纸，但也只能是一个字母一个字母、一个单词一个单词地敲打出来，要完成一整篇的书稿，殊非易事。

创作固然很艰难，但当一个作品被创作出来之后，它就脱离了其创作者，成为一个独立的存在，受到法律的保护，它的创作者也将自动获得作品的著作权。世界上第一部保护图书作者著作权的法令是 1709 年由英国安妮女王颁布的《为鼓励学术，印刷图书的复本在一定时期内专属于其作者和这些复本的购买者的法令》（*An Act for the Encouragement of Learning, by vesting the Copies of Printed Books in the Authors or purchasers of such Copies, during the Times there in mentioned*），也叫《安妮法令》（*Statute of Anne*）。这条法令于 1710 年 4 月 10 日正式执行，授予作者专有出版权的保护期是 21 年。此后对著作权的保护在国际上获得越来越多国家的支持，给予作者的保护期限也不断延长。例如国际版权联盟制定的《保护文学和艺术作品伯尔尼公约》[②]规定，著作权保护期为作者终生及其死亡后 50 年。如果我们把一本书的创作视为一个创业项目的话，恐怕这是唯一能自动获得垄断的权利，并将这一权利延及后代子孙的生意了吧？

3. 作者交稿：作者将完成的书稿交给出版社后，出版社会安排自己的编辑审读书稿，以判断是否符合自己确定的出版方向，书稿的内容质量是否合格，有无预期的经济效益，等等，这时候出版社需要做出决定，是否要接受并出版作者的著作。

4. 编辑审稿和编辑加工：编辑既是作品的第一个苛刻挑剔的读者，也是一个甘愿为作者作嫁衣的好心人。文字编辑的工作是审稿和文字加工（copy editing），对书稿的格式、文字、图片进行整理，消除书稿在内容上的差错，使之符合出版社的格式规范（style），达到后续排版、印刷和出版的作业要求。

---

① 司马迁在《卷一百三十·太史公自序·第七十》中自述所撰《史记》"凡百三十篇，五十二万六千五百字，为太史公书"。

② 《保护文学和艺术作品伯尔尼公约》（*Berne Convention for the Protection of Literary and Artistic Works*），于 1886 年缔结，后经多次修订，其中对作品的保护期限，规定到作者死后 50 年为止。中国在 1992 年加入了该公约。《中华人民共和国著作权法》规定的著作权保护期也是至作者死后 50 年。英国在 1995 年通过法律规定，将保护期延长为作者死后 70 年。美国在 1998 年通过法案，将保护期延长至作者去世后再加上 70 年，而将法人或组织作品的著作权年限延至"创作后 120 年"或"公开发表后 95 年"。

5. 排版：编辑加工处理完成后的定稿，会交给印刷厂进行排版。这是印刷生产中最重要的也是最复杂的一个生产工序。早期的铅字排版是完全的手工排版；后来随着技术的发展，出现了用键盘输入、机械排字机进行排版。第二次世界大战后的英国，图书印刷正处在一个从手工排版向键盘输入的机械排字机过渡的阶段。

6. 校对：校对的目的是为了修正排版过程中可能会产生的错误。按照铅字排版的惯例，会先把所有的文字排出来一个内文版，印出一个专供校对的清样，这个叫"长条校样"（galley proof）。等到所有的文字错误都修改完毕后，再将内文嵌入到页面边框之中，并在指定的地方插入图片、表格、页眉、页码、脚注等，做出来页面版。再印出来的校样就叫作"页码校样"（page proof）了。

每次校样都会印出来若干份，分送给编辑、作者和校对进行检查。通常在经过了两次以上的校对之后，也就达到了一定的质量标准，最终校样经过编辑确认后，返回给印刷厂进行最后一次修改，之后就可以安排进行印刷了。

上述的编辑、排版、校对这三个印刷环节之前的工作，我们如果还是以青铜器的铸造工序来作类比的话：编辑工作很像是制作模型和设计铸范的工艺部分；排版工作到最后很像是最终的"合范"部分，也就是要制作出可以用来浇铸印刷铅版的纸型；而校对工作很像是青铜器浇铸后的修整工作。

7. 征订：在正式印刷之前，印刷厂需要从出版商那里知道所需印刷的准确数量。编辑通过"新书预告单"（Forthcoming Book Note，简称FBN）来提供信息给发行部门进行征订。出版社的发行部门会发送"新书预告"给客户和发行渠道，告知出版社即将出版的新书的一些主要信息，进行预先征订，以确定一个首批印刷的印刷数量。发行部门通过征订获得首批销售的数量之后，会通知出版部门。出版部门在这个印数的基础上，预估出未来两三年的可能销售量，作为库存的准备。征订数量和预计销售量合在一起，就是第一次印刷所需要的首印数。首印数越大，折合到每本书上的成本就越低，但需要投入的资金量也越大。

8. 印刷：印刷是图书生产效率最高的一个环节，机械化程度最高，一旦印版准备就绪，可以在较短的时间内一次性把所有图书的内文都印刷出来。

9. 装订与发行：印刷厂印出来书页之后，会选择将其中的一部分装订成册，拿去售卖。为了获取尽可能高的利润，出版社往往将第一批上市销售的图书装订成精装书，以较高的售价来进行销售，尽快收回自己前期投入的成本，包括编校的人工费用、纸张和印刷费用等固定成本。

在首批精装书销售基本完成的时候，大约过了半年或一年时间，之后，出版社再将库存剩下的内文书页装订成平装书，这时书的价格就会大幅度降低，通过价格弹性来吸引更多的读者购买。精装书与平装书的内容是一样的，两者的区别仅相当于飞机的头等舱和经济舱。

战后的英国虽然百废待兴，但无论是图书印刷出版的流程，还是印刷装帧的质量，包括传统的图书发行渠道和销售模式，都已经非常成熟。作者的作品被出版社接受后，经过文字编辑的加工，经过排字工排版、印刷工印刷、装订工装订，一本图书才能诞生，然后再经过仓储、发行环节，被印上了很多人的指纹之后，才能最终来到读者的面前。

汉字排版问题[①]

李约瑟的《中国的科学与文明》不仅在内容上要瞄准一个全新的空白点，从出版技术的角度来看，也是个不小的挑战，因为在战后的英国，出版一本带汉字的书，可不是一件容易的事。

李约瑟说他的书"实际上既不是为汉学家、也不是为一般公众写的，它的对象是一切受过一定教育的人们"[②]，但既然以英文读者为阅读对象，为什么还要在书中使用西方人并不熟悉的汉字呢？

李约瑟打算在他的书中使用汉字的决定，是在这本书作为一个出版选题提出来的时候，就已经明确了的。让我们回顾一下他在1948年5月18日写给剑桥大学出版社秘书西德尼·罗伯茨先生的信中所说的话：

> 有一点我希望在这个阶段就提出来，虽然说我们的读者定位是受过一定教育的普通读者，但我相信在书中包含一定数量的汉字将是必要的。这有两个原因：首先，由于中文的特点，只有这么做才能消除歧义、保证准确，否则就只能采用一种相当新的、罗马字母化的汉语拼写方式来处理中文，而这种方式是我们应当避免的；其次，我相信使用汉字能够引起读者的兴趣，现在对东方的研究正在取得很大的进展，一些在战争期间从事翻译工作的年轻人很可能被吸引到这一研究领域。可是我建议，这些汉字应该被限制在脚注中使用（用于给出正确的人名、书名和专业术语），也会在附录中使用，对于每一项发明或发现，我将会在其中给出非常简短的原文，即那些常被引用的经典文句。[③]

[①] 本节和"汉字铅字"的内容是在作者已发表论文的基础上修改而成的。参见：王晓，莫弗特. 跨越语言的障碍——从 SCC 的汉字排版问题看李约瑟的解决之道 [J]. 科学文化评论，2018 年，第 15 卷第 1 期：5—20.

[②] 李约瑟：《中国科学技术史（第一卷 导论）》，科学出版社、上海古籍出版社，1990，第 6 页。

[③] Letter to S.C. Roberts of Cambridge University Press proposing that they be publishers of 'Science and Civilisation in China' and letter of reply, 1948-05-18, GBR/1928/NRI/SCC1/1/2/11. Needham Research Institute.

李约瑟研究中国科技史的方法是以文本研究为主。他从避免歧义和方便读者参考使用的角度强调了使用汉字的必要性。学术写作要求遵循一定的引用规范，必须把所引用到的图书、篇目、人名、地名、专有名称等原始的中文信息都一并保存下来，才能便于读者引证和溯源。但是当中文被翻译成英文之后，如果没有保留原来的中文信息，想要再次回溯到原来的中文文本，将会遇到极大的困难，因为汉语的同音字很多。

　　我们知道了图书出版史上东西方存在的差异后，就会明白李约瑟提出的这一要求并不简单。剑桥大学出版社虽然同意出版李约瑟的书，但他们却没有李约瑟所需要的汉字铅字。要在一本英文著作中使用大量汉字，将两种不同的语言组合在一起进行排版，不仅需要克服一些技术上的障碍，还要解决可能会给编辑、排版和校对环节带来的诸多问题。

　　即便早在一个多世纪之前，英国的新教传教士就已到达中国，开始编写字典、翻译《圣经》、开办书院、打造汉字铅字，但在经过了100多年之后，英国的出版物中使用汉字的情况依然很少，能够排印汉字的印刷厂更是屈指可数，使用汉字对于剑桥大学出版社来说仍然是一个难题。

　　造成这种局面的主要原因有三个：

　　一是英国的中文读者市场太小。社会需求不大，造成汉字铅字的使用面窄、使用率低，没有足够的业务来支撑汉字印刷厂的存在。当时英国仅有三家印刷厂备有汉字铅字，它们分别是：印刷《亚洲学刊》和《剑桥东方书系》的中华印刷公司（The Sino Press），《亚非学院简报》与《皇家亚洲学会会刊》的印刷商史蒂芬·奥斯汀（Stephen Austin）和牛津大学出版社。

　　二是中文出版的门槛很高。汉字本身的字数太多，数量高达几万个，远远超过了英语26个字母的数量，这就需要在铅字上投入一笔不菲的固定投资，才能具备一套足够使用的基本汉字字库，若遇到字架上没有的生僻字，还需要具备一定的造字能力和技术水平方能应对。资金和技术的门槛，足以把一般的印刷企业都挡在外面。

　　三是缺乏中文编辑和排字工人。即便有了汉字铅字，要将英文与汉字进行组合排版，只有那些认得汉字的人，才能做汉字的排版。汉字铅字排版的工序本身就比英文排版复杂，它无法应用于键盘输入的排字机，只能手工排版，无论是铅字的制备、排版、还字这三个环节中的哪一个，汉字的处理都要比英文复杂得多，即便是像剑桥大学出版社这样的出版机构，也没有能够处理汉字的排字工人。

　　如何解决这个技术上的问题，设计出一种在操作上方便快捷、在经济上又比较划算的中英文混合排版方式，就成了李约瑟考虑的重点。也正因为这个汉字的技术问题，让李约瑟跨过了作者的界限，一只脚迈入到了出版的领域。

　　经过长期的思考之后，李约瑟提出了一种简单易行的解决方案。

　　SCC的汉字需求量不大，但又不可或缺，根据这个特点，他为SCC设计了一种专门的版式：把汉字与英文完全分开，以此降低混合排版的难度；在正文中不使用汉字，音译的汉语词汇第一次出现在正文中的时候，仅使用拉丁字母的拼音，以脚注的形式把汉字统一放在书页的下部。这样的版面设计完全不会影响到英文读者的阅读习惯。

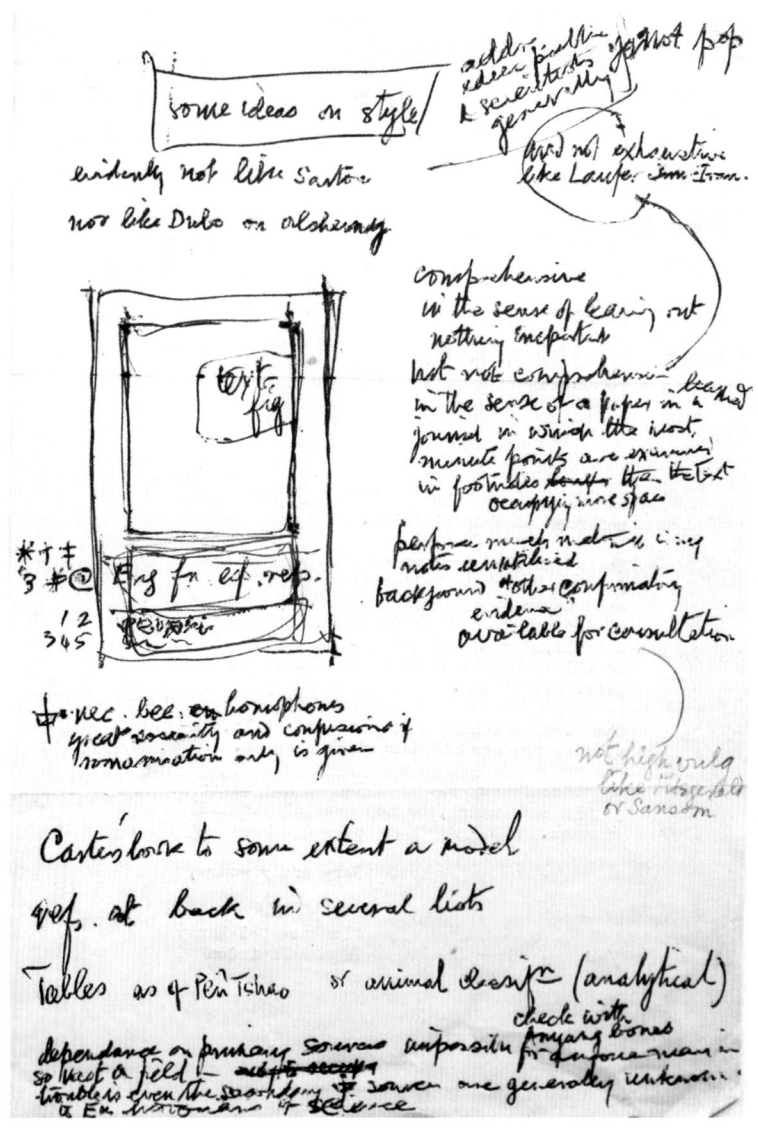

图 6-3　李约瑟关于 SCC 版式的设想（some ideas on style）[①]

[①] Joseph Needham notes of 'Preface Ideas', 1950—1959, GBR/1928/NRI/SCC1/1/2/7. Needham Research Institute.

用这么一种简单的中英文混合排版方式,就可以将汉字与英文的排版完全分开,并行不悖。正文按照英文排版的工序照常进行;脚注中的汉字可以从其他中文印刷厂购买,汉字单独排版,校样由他本人负责校对;文字校对完成,到拼合成页面的阶段,才需要将中英文放在一起。

李约瑟的设计大大简化了 SCC 进行中英文混合排版的操作工序,成功打消了印刷厂的顾虑。即使是不认识汉字的排字工也能够进行处理,不必担心会出现错误。对于出版社来说,只需要从其他能够提供汉字铅字的工厂订购所需要的汉字就可以了,数量有限,不会增加多少前期成本。由于每一个汉字的位置都由页码和脚注的序号来确定,校对工作也将变得非常简单。

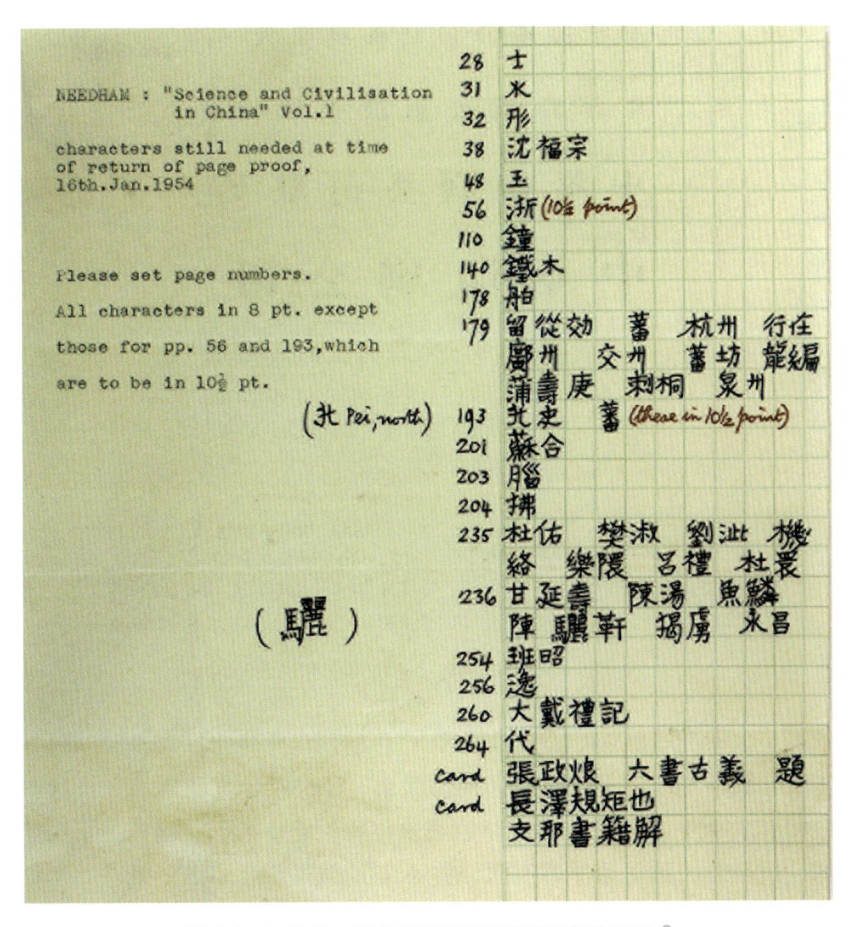

图 6-4　SCC 第一卷中所用到的部分汉字铅字清单[①]

---

① Correspondence about facilities for printing Chinese founts in England, 1952-10-01-1953-11-07, GBR/1928/NRI/SCC1/1/3/1. Needham Research Institute.

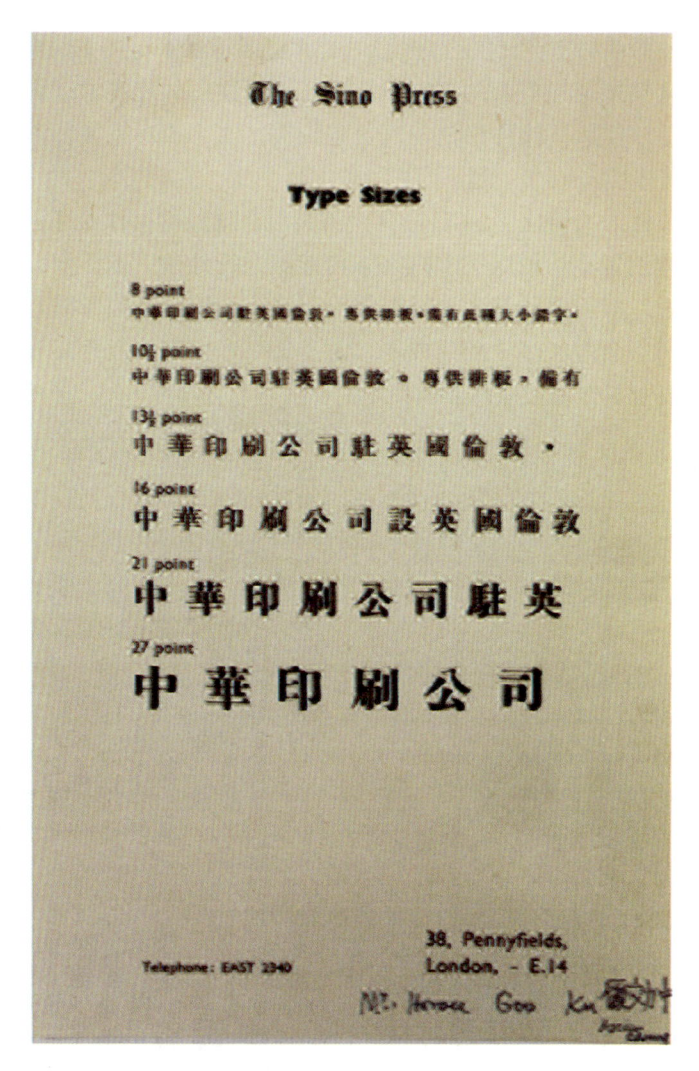

图6-5　中华印刷公司的汉字铅字样本[①]

为了说服剑桥大学出版社同意他在SCC中使用汉字铅字，李约瑟不仅提前确定好了所需汉字铅字的字体和字号，还代为联系好了汉字铅字的供应商，这样出版社只需要根据SCC每一卷所用到的汉字列表来订购铅字就行了。没有一个铅字的投资是浪费的，而且总的数量也非常有限，并不需要购置整套的汉字铅字。李约瑟的解决方案真可谓一举多得，这样就打消了出版社对于排版费用可能会增加的顾虑。

---

① Correspondence about facilities for printing Chinese founts in England, 1952-10-01-1953-11-07, GBR/1928/NRI/SCC1/1/3/1. Needham Research Institute.

在二战之后接踵而至的冷战格局之下，从中国购买汉字铅字不仅造价高昂，也不容易实现，况且当时中国出版工业的底子很薄，尚无余力为海外市场提供印刷技术支持。经过一番咨询和比较之后，李约瑟最终确定了在英国购买 SCC 所需的汉字铅字的供应商。

被李约瑟选中的这一家是伦敦的中华印刷公司（The Sino Press），老板名叫顾效中（Horace Goo）。中华印刷公司的汉字共有 6 种规格，其中 10.5 点的汉字铅字是李约瑟所需要的，也是其他印刷厂所没有的。剑桥大学的中文教授古斯塔夫·哈隆还告诉李约瑟，这个中华印刷公司与剑桥大学出版社的印刷部门打过交道，彼此熟悉，应该不会有什么问题。[①]

[①] Papers relating to the presentation of the first instalment of the 'Science and Civilisation in China' typescript to Cambridge University Press, 1951-09-15-1951-11-01, GBR/1928/NRI/SCC1/1/2/13. Needham Research Institute.

第一次交稿

在解决了中英文混合排版的技术问题后，可以说是万事俱备，剑桥大学出版社只需静待李约瑟的书稿了。从 1948 年 5 月李约瑟提出选题，到 1951 年 10 月，时间过去了 3 年多。此时李约瑟完成的书稿，已经达到了 1 500 多页，书稿打印纸也已经用完。

剑桥大学出版社的秘书现在已经换成了雷金纳德·金斯福德先生。李约瑟特意邀请他来冈维尔－凯斯学院，两人一起共进了晚餐，当面商讨书稿的情况和下一步的出版安排。接下来李约瑟给金斯福德先生去信，准备给出版社交稿了。并附信如下：

亲爱的金斯福德：

我想确认一下，几个星期前我有幸请您来我这里用餐时我们所谈到的内容，我打算在几周后把《中国的科学与文明》一书的第一部分的书稿提交给出版社。我真诚地希望理事会能够认同，鉴于该书实际上在 1948 年已被接受出版，因此印刷工作应当在来年尽早启动。在将这本书送来时，我会整好次序，标好页码，并且给您一个简短的备忘录，说明一下目前写作进展到了哪一步，以及剩余书稿的大致交稿日期。我也会把在伦敦为《亚洲学刊》提供精美中文印刷的顾先生公司的联系方式给您。

您真诚的，
约瑟夫·尼达姆
1951 年 10 月 7 日[①]

[①]
7th Oct. 1951
Dear Kingsford,
In confirmation of our conversation a few weeks ago when you did me the pleasure of dining here, I would like to say that I propose to bring in the typescript of the first portion of the book SCIENCE AND CIVILISATION IN CHINA to the Press in a few weeks time. I sincerely hope that it will be the view of the Syndics that the book was essentially accepted in 1948 and that the printing might therefore be proceeded with as early as possible in the coming year. At the time of bringing in the book, which will be in good order, with pages numbered, I shall let you have a brief memorandum explaining exactly how far it has got, and the approximate dates by which I hope to have

金斯福德先生马上复信，说他期待着接收李约瑟《中国的科学与文明》第一部分的书稿，并会提请理事会讨论出版事宜。

1951年11月1日，李约瑟将整理好的第一批稿件和一封说明的信函，一并送交给了金斯福德先生。

致雷金纳德·金斯福德先生
剑桥大学出版社秘书

尊敬的金斯福德：

根据我们10月初的会面和通信，我高兴地在此向您奉上我的《中国的科学与文明》一书的第一批书稿。

同时，我想提请您注意若干问题，以便在必要时与理事会商讨。

（1）我在此送给出版社的书稿，共计1575页[减去在下面（3）中提及的章节，这一点在我后面提到1575页的时候都应注意]。所有的页面都已经编号，每个部分（section）之前，都有一个包含各小节（sub-section）标题的目录。在开头有一个总目录，它涵盖了这整本书的全部。在这个总目录中，完成的部分是打印在黄色的纸上的，而尚待完成的部分打印在白色的纸上。①

（2）由此可见，这项工作已经完成到了第3.41节（物理学）的结尾部分。不过，我并未将这一节放在此次交稿中，因为"声学"的小节尚未定稿。

（3）另外，我也没有包括第1.4节（科学思想和技术在中国和欧洲之间交流的条件），因为我觉得我需要首先完成第三部分的各个小节（即到第3.9节）之后，才能最终完成这一小节。为了有足够的可能扩展空间，我预留了37个页码给这一未完成的小节，因此第2部分（第2.1节）的起始页码，从第300页开始。

（4）同时我要指出，最困难的章节之一，即第4.46节（中国和西方的人间法与自然法）已经写好了，并且已经是最终稿。然而，由于它的位置是如此

---

the remainder available for setting up. I will also give details of the firm of Mr Ku (Goo) in London which does such excellent Chinese printing for ASIA MAJOR.

Yours sincerely,

Joseph Needham

[Papers relating to the presentation of the first instalment of the 'Science and Civilisation in China' typescript to Cambridge University Press, 1951-09-15-1951-11-01, GBR/1928/NRI/SCC1/1/2/13. Needham Research Institute.]

① 李约瑟所用的书稿打印纸是一种复写纸，最上面的是白色的正本，下面的是黄色的复写本，最下面是红色的留存本。

接近于全书的结尾，我认为最好把它先留下，等待中间内容的完成。

（5）在此，我提供了一个非常临时的书名页和一些放在前面的辅文，但这样做只是为了便于以后补充，这些辅文的主要部分（惯例、简写、致谢等）仍有待提供。

（6）现在我来评估一下作品后面的长度。从所附的粉红色纸上的表格中，您将会看到现在提供给您的1575页书稿，分为以下几个部分：

第一部分：简介有299页；

第二部分：中国哲学和科学思想发展的研究有617页；

第三部分：写到物理学部分，迄今完成的内容有659页。

要完成"物理科学及其应用"，我估计还需要335页。"化学科学及其应用"，我评估在480页的篇幅。"生物科学及其应用"，我已经设定为680页。第四部分最终的讨论我估计需要大约180页。

这意味着（全书总计3164页中）有1911页已经写完，其中又有1575页现在交稿给出版社，还有1589页后续的内容有待完成。

实际的状况还要更好，因为"工程"章节的某些部分已经写好了，但并未纳入以上的计算中。

（7）关于完成的可能时间。（根据目前的各种推测）在1953年夏天之后，我的研究助理王铃先生将会离开。因此，我打算在那个时间之前把剩下的部分给出版社交稿。如果理想的话，我理应能够每年完成500页左右的书稿，就像过去的三年所完成的速度那样。①

（8）我承认在目前条件下，上述估计无论是对于内容篇幅还是所需时间都只能是近似的估计数，而我已经尽力做到审慎了。

（9）我要补充一点，如同我以前写的书一样，我已经邀请相当数量的不同领域的专家提供了帮助，他们阅读并批评了现在交稿的那些章节。我希望在本书的其余部分继续这一进程。②

（10）您可能想看到一些关于参考书目的情况。这些参考书目均被记载于卡片之上，便于出版社从卡片上直接排版印刷，这样将会很方便。参考书目卡片基本上包括三类：

（a）西文参考资料、图书和文章。

---

① 李约瑟说因为王铃要离开了，所以他必须在自己的研究助手离开之前交稿，这样的理由不足以令人信服。他又根据过去3年的产量，预估自己每年能写出500页书稿，这样完成剩余的1589页内容大约需要3年时间。相比来说，这个估计更可靠一点。

② 李约瑟强调了自己所交的稿件都经过了各个领域的专家的审阅，并且在后续的写作中他仍然会坚持这一点。这其实是帮了出版社编辑很大的忙，他们甚至都不必自己劳神费心地安排外审了。

（b）1800年以前的中文书籍。

（c）现代中文、日文书籍和文章。

（11）在参考书目的后两类中，以及书本身的文本中，从目前的书稿您可以看出，我已经尽了一切努力来使汉字与字母的文本相互分开。这当然会降低生产成本的效果，而且在技术上也变得更加方便。[①]

（12）根据我的计划，索引也将成为这部书的重要而有价值的一部分。我正在准备的索引包括：

（a）中国各个时期的科学家和技术人员。我们已经有大约2 000个这类人物卡片，并期望使这个数字翻一番。这样的记录以前从未建立过。

（b）哲学、科学和技术的专门术语。

（c）地名、矿物、植物、动物、星等。

（d）翻译（i）原文出处，（ii）第一行译成英文。

（e）中文书名的译文。

以及其他我们认为可能也有用的东西。[②]

（13）我认为，所有这些会跟着下一次交稿提供给您。

（14）重要的问题是该使用什么样的中文铅字。年仅24岁的顾先生是《亚洲学刊》（*Asia Major*）所用的中文印刷厂家（位于伦敦温特沃斯路）。我随函附上这本杂志的一页校样，可以看出他工作的出色。古斯塔夫·哈隆教授告诉我，克拉奇利先生已经很熟悉这间印刷厂，所以我相信，由顾先生来把必要的汉字排好版，然后交给出版社的印刷厂合并在一起，应该不会有什么困难。

（15）最后，我想指出，虽然书稿我有两份碳素复写的手稿，与现在交付给您的打印书稿基本相同，但由于最上面的那一份原件已经做了相当多的更正和补充，而这些更正和补充复写的手稿上是没有的。因此，除了请求您（我知道这样的请求没有必要）将打印手稿原件务必妥善保存，如果也能满足我查阅的需求，以应不时之需的话，我将会极为感激。

综上，我将满怀希望地期待着您关于开始启动印刷工作的任何决定。我真诚地希望，理事会能够维持他们在1948年接受这本书的决定，并在今年年底之前或新年的初期开始印刷工作。就我而言，我不反对先出版第一卷，然后是第二卷，但唯一的困难是，参考书目和索引不管以任何方式来准备，要把它们整合进第一卷中，都将是非常困难的，而如果读者没有参考书目和索引，将会非

---

① 李约瑟小心刻意地把汉字与英文的排版分开，避免给排版工作带来技术上的难度，同时也可以打消出版社对于排版费用增加的顾虑。
② 这一部分李约瑟讲了他对于索引的规划，将包括所有的人物、专业术语、中文图书的信息等。

常恼火。但是如果印刷能很快开始的话,我们还会有大把时间呢。

任何与这本书有关的事项需要进一步讨论,我都随时听候差遣。

您真诚的,
约瑟夫·尼达姆
1951 年 11 月 1 日

另:我在重读这封信时看到,我没有提到插图的事情——有足够丰富的材料可供使用,大多要么是在我手里,要么是在大学图书馆中——所涉及的图片我已经插入到打印的书稿中了,标注通常是用铅笔写的,好提醒我自己是什么意思。除此之外,在这个早期阶段,大概不需要说更多。①

---

①

1st. Nov. 1951

R. J. L. Kingsford, Esq.,
Secretary to the University Press
Cambridge

Dear Kingsford:
In accordance with our meeting and correspondence early in October, I have pleasure in conveying to you herewith the first instalment of the typescript of my book SCIENCE AND CIVILISATION IN CHINA.
In so doing, there are a number of points which I should like to bring to your attention, for discussion with the Syndics or not, as necessary.
(1) I am sending to press herewith the first 1575 pages [Less the Section referred to in (3). This should be borne in mind with reference to later mentions of the 1575 pages]. The pages are all numbered, and each Section is preceded by a Contents Table of its sub-section headings. At the beginning there is a Contents Table which covers the scope of the entire work. In this Table, those parts which are finished are typed upon yellow paper, while those parts which yet remain to be done are typed upon white paper.
(2) From this it will be seen that the work is complete down to the end of Section 3.41 (Physics). I do not include this Section in this first consignment, however, because the Acoustics sub-section has not yet been finalised.
(3) Moreover, I do not include Section 1.4 (Conditions of Travel of Scientific Ideas and Techniques between China and Eurpe), because I feel that I can not get this into its final form until I have completed all the factual Sections in Pt.3 (i.e. down to 3.9). To allow for possible expansion of this Section, I have skipped 37 pages in the numbering, thus starting Pt.2 (Sect. 2.1) at p. 300.
(4) At the same time I should like to point out that one of the most difficult Sections, namely 4.46 (Human Laws and the Laws of Nature in China and the West) has already been written and is in final form. However, as its place is so near the end of the book, I think it best to leave it there for the present, awaiting the completion of intervening material.
(5) Herewith I offer a very provisional title-page and a few items of the Prelims, but the major part of these (Conventions, Abbreviations, Acknowledgements, etc.) remain to be provided, as will be more convenient later.
(6) I come now to the assessment of the length of the remainder of the work. From the Table on pink paper attached, you will see that the 1575 pages now sent in, divide as follows:

299 to the Introductory (Pt.1);
617 to the Study of Chinese Philosophy and Development of Scientific Thought (Pt.2);
and 659 to the Physical Sciences thus far completed (Pt.3).
To finish the Physical Sciences and their Applications I reckon a further 335 pp. The Chemical Sciences and their Applications I have assessed at 480 pp., and the Biological Sciences and their Applications I have put at 680 pp. The final discussions (Pt.4) I have guessed will take about 180 pp.
This means that 1911 pp. have already been written (out of an approximate total of 3164) - 1575 are now sent to Press - and 1589 remain to be done.
The position is even a little more favourable than this, as some pieces of the Engineering chapter are already written, a fact which has not been taken account of in any of the above calculations.
(7) As regards the probable time for completion, I shall not (on present suppositions) have my research assistant, Mr L. Wang, after the summer of 1953. I propose, therefore, to provide the Press with the final portions of the book not later than that date. If desired, I could, of course, bring in further files of some 500 pages each, similar to the three now presented, as and when they are finished.
(8) It will, I am sure, be understood that the above estimates, both as to space and time, can only be approximate ones under present conditions. I have, however, done my best to assess them as carefully as possible.
(9) I should like to add to the above that as in my former books I have been able to call upon the help of a considerable number of experts in the different fields who have read and criticised the chapters now sent in. I expect to continue this process with the rest of the book.
(10) You may like to have a word in writing about the bibliographies. These are being kept on cards, from which it will be convenient for the Press to print off directly. Basically they are three in number:
(a) Western-language references, books and articles.
(b) Chinese books prior to 1 800.
(c) Modern Chinese and Japanese books and articles.
(11) In the latter two bibliographies, as well as in the text of the book itself, as will be seen from the present material, every care has been taken to keep the Chinese characters separate from the alphabetic text. This should surely have the effect of cheapening the production costs, as well as being much more convenient technically.
(12) Indexes will also form, according to my plan, an important and valuable part of the work. I have the following in preparation:
(a) Chinese scientists and technologists of all periods. We have already some 2000 of these and expect to double the number. Such a register has never previously been made.
(b) Philosophical, scientific and technological technical terms
(c) Places, Minerals, Plants, Animals, Stars, etc.
(d) Translations (i) sources, (ii) first lines in English
(e) Translated titles of Chinese books.
Others may occur to us as also likely to be useful.
(13) I take it that all these may follow with later instalments.
(14) The important question arises of what Chinese fount to use. Mr H. Ku (Goo) of 24, Wentworth Road, London, NW 11, is the Chinese printer used by the Editors of ASIA MAJOR. I enclose herewith a slip of proof from this journal, which shows the excellence of his work. Prof. Haloun tells me that Mr Crutchley is already fully familiar with this printer, so I trust that there will arise no difficulty in having the necessary characters set up by him and

随信还有两页表格（见图 6-6、图 6-7），是李约瑟对 SCC 整部书稿篇幅的估计。表格中章节名后是对应的页码数，除章的页数汇总外，最后还有整部书稿的总页数。

---

incorporated by the Press.

(15) Lastly, I would like to point out that though I have two carbon copies essentially identical with the type-script now delivered, the top copy has received fairly numerous corrections and additions which are in no other copy. Besides requesting, therefore (a request for which I know there is no need) that the typescript should be kept with the greatest care, I would also be most grateful if it could be kept in such a way that I might be able to consult it from time to time if necessary.

In conclusion, I shall look forward with much interest to whatever decisions are taken regarding the getting under way of the printing. I sincerely hope that it will be the view of the Syndics that the book was substantially accepted in 1948, and that printing could therefore be begun before the end of this year, or very early in the New Year. So far as I am concerned, I should have no objection to the issuing of the first volume ahead of the second, but the only difficulty is that it would be very hard to prepare the bibliographies and indexes in any way such that they could be incorporated in the first volume, and it would be perhaps irritating for readers to have to do without them. However, a great deal of time would have been gained if printing could be started soon.

I shall be at your disposal at any time for further discussion of any matters connected with the book.

Yours sincerely,
JN

P.S. I see upon re-reading this letter that I have said nothing about illustrations-Abundant material is available mostly either in my possession or in the University Library-References to figures have already been inserted in the typescript, generally with pencil notes which will remind me of exactly what was intended. More than this need not presumably be said at this early stage. [Papers relating to the presentation of the first instalment of the 'Science and Civilisation in China' typescript to Cambridge University Press, 1951-09-15-1951-11-01, GBR/1928/NRI/SCC1/1/2/13. Needham Research Institute.]

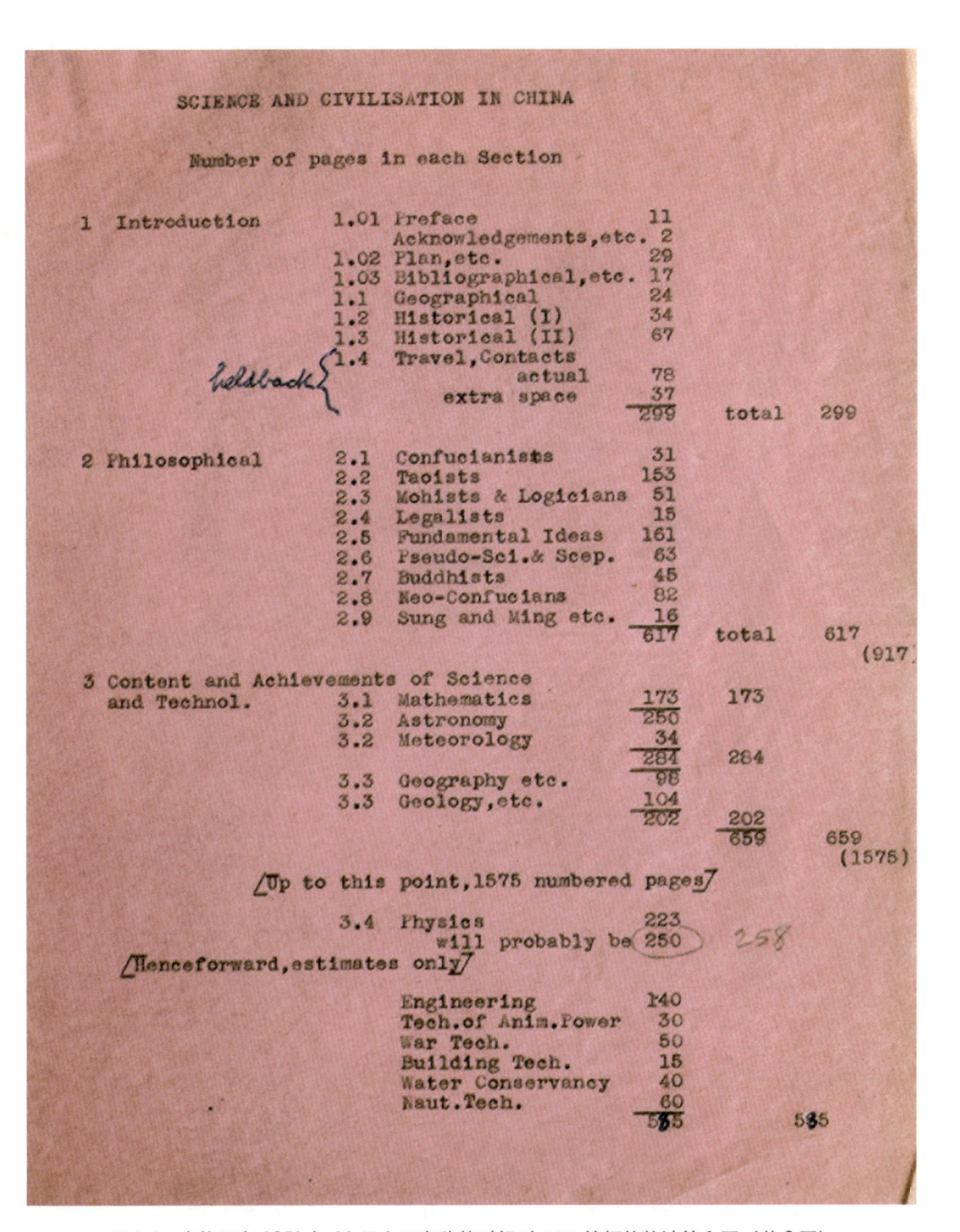

```
                SCIENCE AND CIVILISATION IN CHINA

            Number of pages in each Section

1  Introduction        1.01  Preface                  11
                             Acknowledgements,etc.     2
                       1.02  Plan,etc.                29
                       1.03  Bibliographical,etc.     17
                       1.1   Geographical             24
                       1.2   Historical (I)           34
                       1.3   Historical (II)          67
          {feedback}   1.4   Travel,Contacts
                                    actual           78
                                    extra space      37
                                                    ‾‾‾
                                                    299     total    299

2  Philosophical       2.1   Confucianists            31
                       2.2   Taoists                 153
                       2.3   Mohists & Logicians      51
                       2.4   Legalists                15
                       2.5   Fundamental Ideas       161
                       2.6   Pseudo-Sci.& Scep.       63
                       2.7   Buddhists                45
                       2.8   Neo-Confucians           82
                       2.9   Sung and Ming etc.       16
                                                    ‾‾‾
                                                    617     total    617
                                                                    (917)

3  Content and Achievements of Science
   and Technol.        3.1   Mathematics             173      173
                       3.2   Astronomy               250
                       3.2   Meteorology              34
                                                    ‾‾‾
                                                    284      284

                       3.3   Geography etc.           98
                       3.3   Geology,etc.            104
                                                    ‾‾‾
                                                    202      202
                                                             ‾‾‾
                                                             659     659
                                                                    (1575)

              ⌐Up to this point,1575 numbered pages⌐

                       3.4   Physics                 223
                             will probably be       (250)     258

⌐Henceforward,estimates only⌐

                             Engineering             140
                             Tech.of Anim.Power       30
                             War Tech.                50
                             Building Tech.           15
                             Water Conservancy        40
                             Naut.Tech.               60
                                                    ‾‾‾
                                                    535                535
```

图 6-6　李约瑟在 1951 年 11 月 1 日交稿的时候对 SCC 篇幅的估计第 1 页（共 2 页）

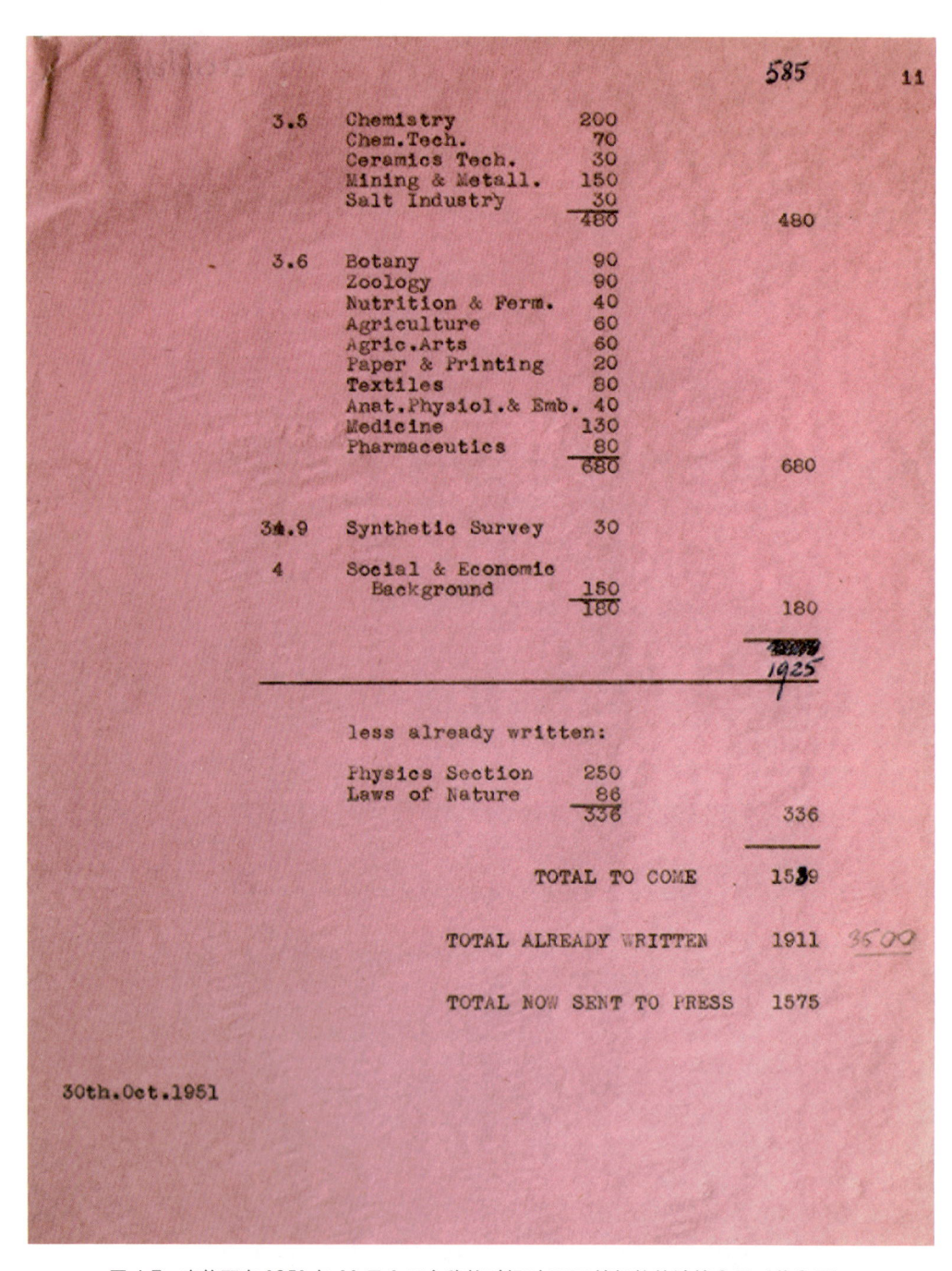

```
                                            585    11
        3.5    Chemistry         200
               Chem.Tech.         70
               Ceramics Tech.     30
               Mining & Metall.  150
               Salt Industry      30
                                 ―――
                                 480           480

        3.6    Botany             90
               Zoology            90
               Nutrition & Ferm.  40
               Agriculture        60
               Agric.Arts         60
               Paper & Printing   20
               Textiles           80
               Anat.Physiol.& Emb.40
               Medicine          130
               Pharmaceutics      80
                                 ―――
                                 680           680

        3.9    Synthetic Survey   30

        4      Social & Economic
                  Background    150
                                ―――
                                180            180
                                              ――――
                                              1925

                       less already written:

                       Physics Section   250
                       Laws of Nature     86
                                         ―――
                                         336    336

                              TOTAL TO COME      1539

                          TOTAL ALREADY WRITTEN  1911    3500

                          TOTAL NOW SENT TO PRESS 1575

30th.Oct.1951
```

图 6-7　李约瑟在 1951 年 11 月 1 日交稿的时候对 SCC 篇幅的估计第 2 页（共 2 页）

《中国的科学与文明》
每章节的页数

1. 简介

1.01	前言	11
	致谢,等等	2
1.02	项目	29
1.03	参考文献	17
1.1	地理情况	24
1.2	历史(一)	34
1.3	历史(二)	67
1.4	在中国旅行和交流的情况	(延后)
	实验完成情况	78
	还需要补充的	37
	合计	299

2. 哲学思想(见纸稿)

2.1	儒家	31
2.2	道家	153
2.3	墨家和名家	51
2.4	法家	15
2.5	基本的思想	161
2.6	伪科学和怀疑论者	63
2.7	佛教	45
2.8	新儒学	82
2.9	宋明,等等	16
	合计	617

3. 科学技术成就及内容

3.1	数学	173	173
3.2	天文	250	
3.2	气象	34	
		以上 284	284
3.3	地理学,等等	98	
3.3	地质学,等等	104	

			以上	202	202
		合计		659	

［至此，已经完成的书稿有 1575 页。］

	3.4	物理		223	
		可能还需要		250	

［从这里往后，都是估计：］

		工程		140	
		军事技术		30	
		战争技术		50	
		建筑技术		15	
		水利工程		40	
		航海技术		60	
			以上	585	585
	3.5	化学		200	
		化学技术		70	
		陶瓷技术		30	
		采矿和冶金		150	
		盐业		30	
			以上	480	480
	3.6	生物		90	
		动物		90	
		营养和发酵		40	
		农业		60	
		农艺		60	
		纸和印刷①		20	
		纺织		80	
		解剖、生理和胚胎		40	
		医学		130	
		药学		80	

---

① 李约瑟把"纸和印刷"这一小节归于生物学，后来他又把它调整到了化学技术之中，我们无从得知他当时是如何考虑的，但有一点是值得注意的——他仅为这一小节预留了 20 页的空间，几乎是各小节中内容最少的，可见相比于其他现代科学的专业学科，他当时并不认为纸张和印刷这样的技术会有多少内容可以讲述。

			以上	680①	
3.9	综合考察			30	
4. 社会和经济背景				150	
			以上	180	180
	合计			1925	
	减去已经写出的：				
	物理的小节			250	
	自然法			86	
	合计			336	
	尚未交稿的部分			1599	
	已经写好的			1911	
	已经交稿的			1575	

日期：1951年10月30日②

  李约瑟的交稿信全面准确地报告了他的工作进度和书稿情况。SCC全书分为四个章节。李约瑟已经完成了第一章简介、第二章哲学思想和第三章中的数学、天文、气象以及地理学和地质学部分的内容。上述内容共计1575个页码，李约瑟认为这些内容是全书的基础理论部分。后面的内容就属于一些应用学科，主要划分为物理、化学和生物三大类。

  物理部分此时李约瑟已经写好了一半左右的内容，就像挖矿一样，地表上的矿石已经捡完了，接着需要向下挖掘，这时候他应该是遇到了坚硬的岩层，这种专业知识上的困难难以在短期内有所突破。好在后面的化学和生物都是他的专业领域和强项，应该不会有更大的问题。现在当务之急是已经完成的部分，应该尽早启动编辑、排版、校对的程序，他知道那也是需要花费时间、花费工夫的事情。他列出的说明有15条之多，在排版印刷之前，该考虑的问题均已涉及。可是按照我们今天出版社对书稿"齐、清、定"的要求来看，SCC尚未达到书稿齐全、清楚、确定的程度，作者还有很多需要补充的内容。但如果考虑到文字的排版也需要耗费较长时间，让印刷环节先启动排版工作也未尝不可；如果能够统筹兼顾，让排版、校对和书稿撰写同步进行的话，项目将会推进得更快。

  回想三年半之前李约瑟提出SCC选题的时候，剑桥大学出版社在接受选题建

---

① 原稿这里为680，应该是计算错误，实际应为690。后面涉及的计算，我们也据此改过。
② Papers relating to the presentation of the first instalment of the 'Science and Civilisation in China' typescript to Cambridge University Press, 1951-09-15-1951-11-01, GBR/1928/NRI/SCC1/1/2/13. Needham Research Institute.

议的同时早就明确了应把 SCC 限定在一本书的篇幅之内的要求，现在这部书的书稿不仅超出了原计划的篇幅，还一下子多出了好几倍，这恐怕是所有当事人都始料未及的。

通常一本书的装订厚度，不宜超过 600 个页码，双面印刷也就是 300 页纸的厚度。但是按照李约瑟新的计划，后面还有 1911 页的内容有待完成，这样全书的总篇幅高达 3164 页。这么多的页码，如果按照通常的装订厚度，恐怕需要 5 本书的规模；如果每卷都装订得更厚一点，以 800 页码计算，至少也需要 4 卷。

现在，因为李约瑟交来的书稿没有达到当初限定在一本书之内的要求，出版社的理事会当然可以以此为由加以拒绝。李约瑟显然也不可能因为自己写出来的内容超过了原计划一本书的篇幅而采取"削足适履"的做法。那么该怎么办呢？

分蘖——第一次扩充

为了应对这个局面，实际上李约瑟也有两手准备，他并不是只有剑桥大学出版社这么一个选择。李约瑟1951年11月1日寄出了交稿信给剑桥大学出版社，在理事会尚未开会讨论之前，他就收到了一封来自乔治·艾伦与昂温出版公司（George Allen & Unwin Ltd.，以下简称GAU）的来信。信的内容很简单，是这么说的：

亲爱的尼达姆教授：
我想知道您的大部头《中国科学史》在出版方面有什么进展。我们仍然对它非常感兴趣。

您诚挚的，
弗斯（C. A. Furth），我谨代表GAU出版公司
1951年11月14日[1]

GAU是一家与剑桥大学出版社运营模式迥然不同的商业出版公司。这是一家1871年由乔治·艾伦（George Allen）父子创办的出版公司，1914年被斯坦利·昂温（Stanley Unwin，1884—1968）收购后改名为GAU。在激烈的市场竞争中，它不仅出版了很多相当经典的学术著作，而且在通俗读物方面也表现不俗、成绩斐然。他们出版的托尔金[2]的《霍比特人》和《指环王》奇幻小说格外畅销。不知从什么渠道得知了李约瑟的新作《中国的科学与文明》有可能会在出版方面遇到点困难，GAU马上不失时机地递出了橄榄枝。

---

[1] 14th November, 1951
Dear Professor Needham,
I wonder whether you have made any progress with the arrangements for the publication of your great History of Science in China. We are still very much interested in it.
Yours sincerely,
For George Allen & Unwin Ltd.
C.A. Furth
[Correspondence with George Allen & Unwin, Publishers, about their interest in 'Science and Civilisation in China', 1951-11-14-1951-11-29, GBR/1928/NRI/SCC1/1/2/15. Needham Research Institute.]

[2] 托尔金（J. R. R. Tolkien，1892—1973）。畅销书《霍比特人》（*The Hobbit*，1937）和《指环王》（*The Lord of the Rings*，1954—1955）的作者。

第一次扩充——从一本书到一套书

在 1951 年 11 月 23 日召开的剑桥大学出版社理事会的会议上，李约瑟交稿的信函被金斯福德先生拿出来讨论。出版社理事会本来有充足的理由加以拒绝，可他们没有这么做。他们不仅同意了出版李约瑟的新著，而且表达出强烈的兴趣。当天的会议记录显示："秘书报告了李约瑟博士的一封信，并收到了他的《中国的科学与文明》著作的上半部分书稿。会议商定，先前在 1948 年所做的接受书稿的临时决定仍可确认。理事会的成员承诺会审查部分书稿；对出版费用进行预估和确定合同条件的工作，移交给负责出版社商务运营和管理的理事分会来处理。"①

接着由金斯福德先生代表出版社给李约瑟写了封信，告诉他理事会不仅同意了出版 SCC，而且愿意以多卷本的形式出版。信的内容如下：

亲爱的尼达姆：

　　我在星期五（1951 年 11 月 23 日）把您 11 月 1 日的信提交了理事会讨论，现在我能高兴地通知您，他们再次确认了 1948 年的决定，同意出版您的《中国的科学与文明》一书。理事会的几位成员对某些章节尤其感兴趣，他们特别渴望看到书稿，这也能帮助我来评估读者的需求，进一步形成一个意见，以决定这部书是否应该整体发行（即各卷不单独出售）还是划分成较小的多卷本出版（这样可以满足那些不同的需求，能够分卷购买）。我会尽快邀请您前来讨论采取何种形式以及分卷的数量，但是当然，我也确实意识到了分卷销售将会给您带来一个严重的问题，即有关参考书目和索引的问题。

您真诚的，
金斯福德

---

① The Secretary reported a letter from Dr J. Needham and the receipt of the first half of his work on Science and Civilisation in China. It was agreed to confirm the provisional acceptance of 1948. Members of the Syndicate undertook to examine parts of the manuscript and an estimate and the terms were referred to the Sub-Syndicate. [Syndics of the Press. Minute Book (1947-).]

1951 年 11 月 26 日[①]

  理事会讨论研究时的具体细节我们无从得知，但可以想见，肯定是有一些理事会的成员根据自己的专业特点提出了一些合理化的建议。比如有的委员会成员也许会提出来，如果我的专业是数学，我对这部书的数学部分很感兴趣，但其他的部分对我不一定有用，我可能不需要，那我能不能只购买数学这一部分呢？这就等于提出来了一套书的各卷能否单独销售的问题。

  金斯福德先生也不确定这种销售方式是否可行，所以他在写信告知李约瑟理事会已经同意接受书稿的同时，也征求李约瑟对分卷出版的建议，他同时出于职业本能，告诫如果分卷出版可能会给将来编写参考文献和索引带来麻烦。至于如何分卷，这个问题还需要作者本人找出解决的办法。

  于是就在这封信件的下部空白处，李约瑟手绘了一个初步的分卷设想。李约瑟习惯用一些只有他自己才能看得懂的简写符号来帮助思考。

  从这个设想可以看出：如果把简介 In(Introduction)、哲学 Φ（phi=philosophy）、数学 M(Mathmatics) 三部分作为一卷的话，共有 1089 页。

  天文 A(Astronomy) 等、物理 P(Physics) 和工程 E(Engineer) 如果作为一卷的话，页码有 1321 页。

  化学 C(Chemistry)、生物 B(Biology) 和农业 Ag(Agriculture) 作为一卷，页码也将超过 1 000 页。

  此外还有医学 Med(Medicine) 和社会 Soc(Social) 合成一卷。索引 In(dex) 是否独立成卷，李约瑟只是画下了一条虚线。

---

①   26th November, 1951.
 Dear Needham,
 I put your letter of November 1 before the Syndics on Friday (23rd Nov.1951) and am glad to be able to tell you that they confirm their provisional acceptance in 1948 of your book Science and Civilisation in China.
 Several members of the Syndicate were eager to see the sections in which they are particularly interested and that will also be a help to me in assessing the demand and forming an opinion whether the work should be issued as a whole, the volumes not being sold separately, or perhaps in smaller volumes for which there might be a separate demand and which would be purchasable separately. As soon as possible I will ask you to come in to discuss the presentation and the number of volumes, although, of course, I do realise that the separate sale of the volumes would present you with a serious problem as regards bibliographies and indexes.
 Yours sincerely,
 R. J. L. Kingsford
 [Letter from R. J. L. Kingsford of Cambridge University Press confirming their provisional acceptance of 'Science and Civilisation in China' in 1948, 1951-11-26, GBR/1928/NRI/SCC1/1/2/14. Needham Research Institute.]

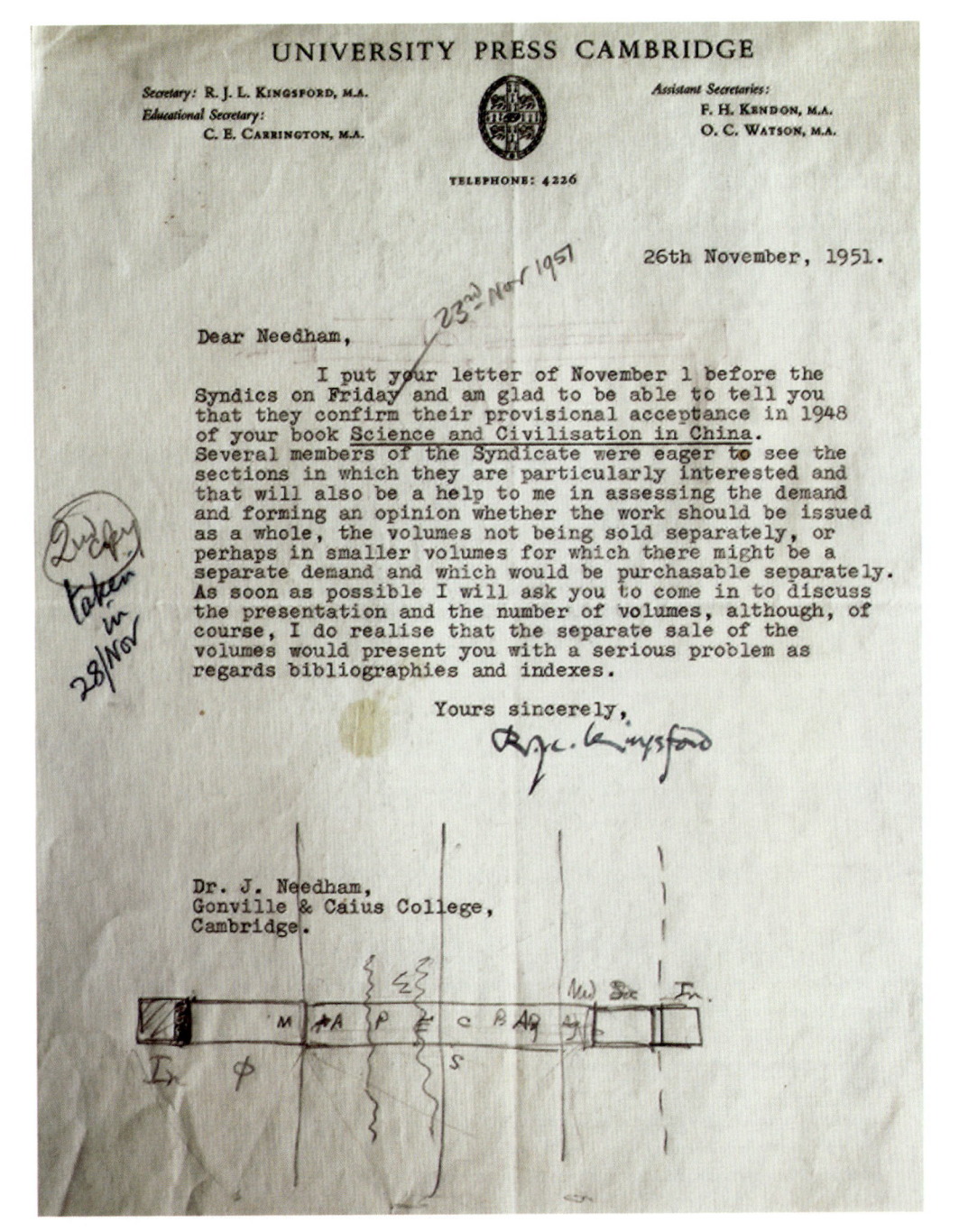

图 7-1　1951 年 11 月 26 日金斯福德先生致李约瑟的信

这样看来，如果分为 4 卷或 5 卷出版，每一卷的页码都超过千页。这么厚重的书，不仅装订困难，对读者来说也会令人望而却步，肯定不行。

从 1951 年 11 月 23 日理事会开会算起，书稿审稿又用去了一个多月的时间，到 1952 年 1 月 16 日，李约瑟终于等来了剑桥大学出版社的反馈。金斯福德致函李约瑟，转呈部分理事会成员的审稿意见，他确定了 SCC 应该分卷出版和分卷销售。接下来需要讨论分卷出版的安排了，他让李约瑟直接与助理秘书肯登（Frank H. Kendon）先生具体商谈。金斯福德致李约瑟的信的内容如下：

亲爱的尼达姆：

《中国的科学与文明》

我在此附上对数学章节的一些小的审稿批评意见，是由一个理事会成员提请我注意的。如果我收到任何其他理事会成员的评论的话，也会转送给您的。我相信，不用说您也明白，总体上理事会仍然需要仰赖您，尽可能地去避免一些小的疏漏，尤其是在您的专业之外的科学领域。

我现在很清楚地觉得，采用分成一些较小的、可单独购买的卷来出版，是一条正确的道路。我正在要求我的同事肯登接管此书，准备一些样张，并预估成本。如果您能来和他谈谈具体如何分卷的想法，以及由此可能引起的其他问题，我相信那将会是有益的。

您诚挚的，

金斯福德

1951 年[①] 1 月 16 日[②]

---

① 原信日期误打为 1951 年，实际应为 1952 年，这可能是新的一年开始大家经常会犯的错误吧。

②
16th January, 1951
Dear Needham,
　　　　　　　　　Science and Civilisation in China
I send you herewith a note of a few small points of criticism in the mathematical section which have been brought to my notice by one of the Syndics. If I receive any more from any other Syndic I will pass them on to you. I am sure that I need not say that in general the Syndics are relying on you to do all that is humanly possible to avoid slips in departments of science other than your own.
I now feel pretty clear that the right course is to issue the work in a number of smaller volumes purchasable separately. I am asking my colleague Kendon to take over and to have some specimen pages and estimates prepared. I am sure that it would be useful if you could come in and have a word with him about the divisions into which the work might fall and about any other problems which that may raise.
Yours sincerely,
R.J.L. Kingsford
[Letter from R. J. L. Kingsford originally accompanying a 'few small points of critisism' by the Syndics of Cambridge University Press, 1952-01-16, GBR/1928/NRI/SCC1/1/2/16. Needham Research Institute.]

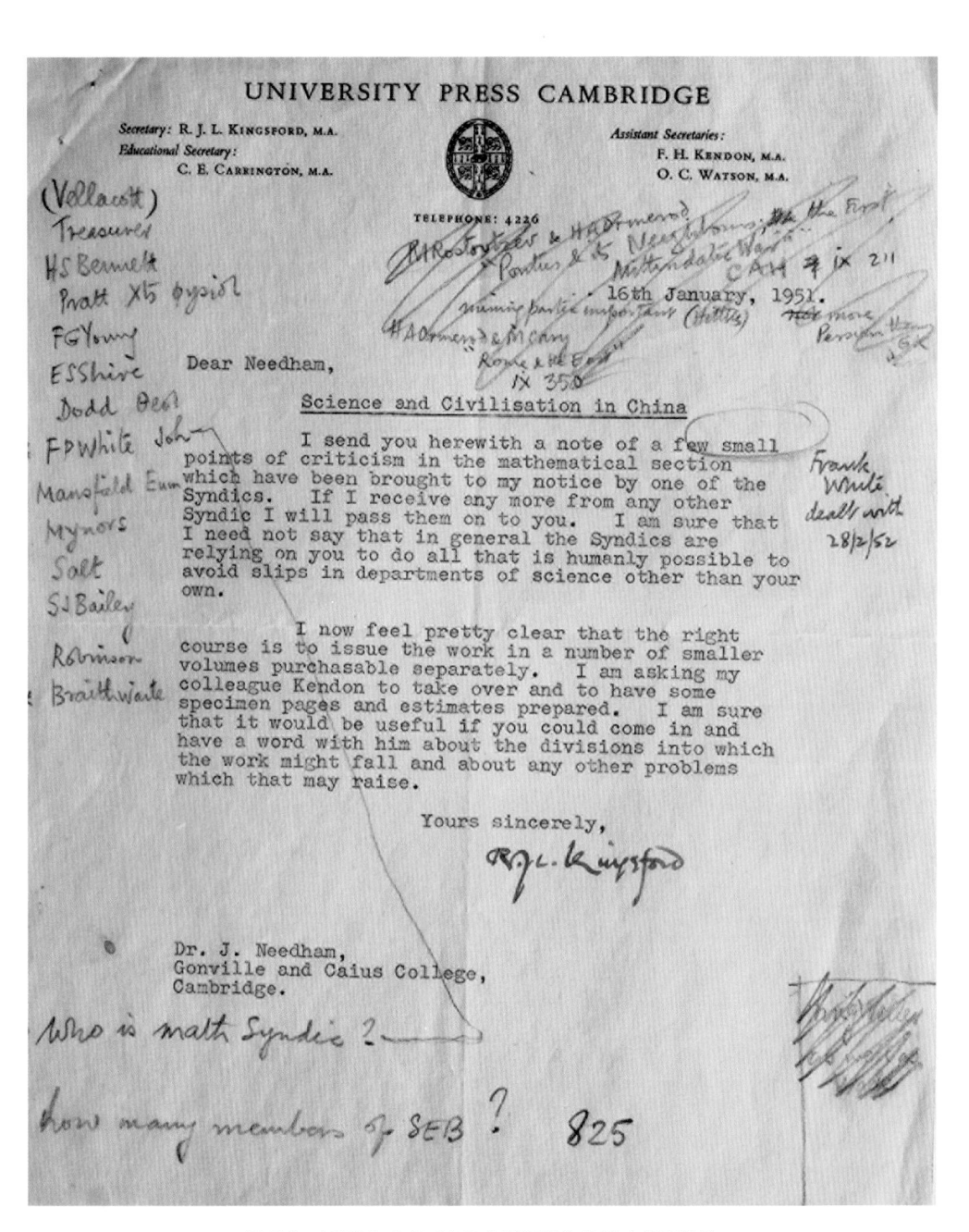

图 7-2　1952 年 1 月 16 日金斯福德先生致李约瑟的信

在这张信纸的边上，李约瑟用铅笔列出了出版社理事会的成员，并在下面写了一句话"理事会的成员中谁是数学专业的？"他画出来的一条连线，最终指向了圣约翰学院的怀特[①]先生，看样子他应该就是 SCC 书稿中数学部分的那位审稿人了。李约瑟相信，这个阶段的读者意见，不论是批评或赞扬，都是对作者的帮助和鼓励。如果有谁能够抱着浓厚的兴趣，愿意花费时间来审读书稿，提出了中肯的意见或建议，对于书稿的作者而言，这样的审读者都是一位难得的知音。

剑桥大学出版社的助理秘书肯登先生，平时担负了很多具体的编辑工作，包括为图书设计装帧和封面。就如何分卷的问题与他商谈，显然是最合适不过；但如果分卷问题还牵扯到成本和利润，这就不是一个编辑能够决定的事了。

令李约瑟感到苦恼的是，当他面对剑桥大学出版社的时候，真正有决定权的人，并不是一个他能够与之当面交谈、可以据理力争的朋友，而是一个他完全不可见的、不能到场参加的理事会的闭门会议。

肯登先生肯定也感到了李约瑟对 SCC 最终能否在剑桥大学出版社出版的事还心存疑虑，所以金斯福德先生只好再次及时地来信，明确地做出承诺，好让李约瑟无须担心。金斯福德给李约瑟的信的内容如下：

[①] 后来在 SCC 第 1 卷的《致谢》中，李约瑟答谢他的审稿人，我们从中果然就找到了这位数学家（F. P. White）的大名。

亲爱的尼达姆：

　　肯登告诉我说，您对于我上次写的信，告诉您理事会同意接受《中国的科学与文明》一书的决定，觉得其中有一些模棱两可或一语多义的地方。

　　我确认，他们已经承诺了要出版这部作品，并将会很高兴与您按照版税付酬的方式来签订出版协议，具体的条件需要等我们对前头两到三卷的出版费用有了一个估算之后再定。

您诚挚的，
金斯福德
1952 年 1 月 28 日 [1]

---

[1] 28th January, 1952.
Dear Needham,
Kendon (Assistant Secretary) tells me that you found some ambiguity in my letter confirming the Syndics acceptance of Science and Civilisation in China. I confirm that they have undertaken to publish the work and will be glad to sign an agreement with you on royalty terms to be settled when we have an estimate of the cost of producing the first two or three volumes.
Yours sincerely,
R. J. L. Kingsford
[Letter from R. J. L Kingsford of Cambridge University Press about the signing of an agreement for 'Science and Civilisation in China', 1952-01-28, GBR/1928/NRI/SCC1/1/2/20. Needham Research Institute.]

七卷本的设计

经过了一个多月的思考，与肯登碰面之后，李约瑟对 SCC 各卷的划分已经考虑得更加清晰了，他已经可以画出这套书印出来后摆放在书架上的样子了。如图 7-3 所示。

这次 SCC 被分为了七卷，各卷的划分不是基于页码的平均分配，而是根据各章节来进行划分的。在这张李约瑟手绘的七卷本划分图中，中间的虚线代表了 1952 年 1 月份书稿完成的位置，右边的红线代表按照分卷前四卷应该完成到的位置。

七卷的内容如下：

第 1 卷：导言和指南
第 2 卷：科学思想史
第 3 卷：数学、天学和地学
第 4 卷：物理、工程和技术
第 5 卷：化学和工业化学
第 6 卷：生物、农学和医学
第 7 卷：科学技术的社会背景

各卷都配有西文的参考文献，等到最后一卷，会加上中文的参考文献、专业术语表、人物传记等信息。

现在看起来，这个七卷本的划分就像是预先被规划出来的一样，李约瑟好像就是照着这个七卷本的样子来写作的。这个设想被出版社接受了，也就成了 SCC 最终确定的分卷方式。下面的两个目录说明了这个问题。

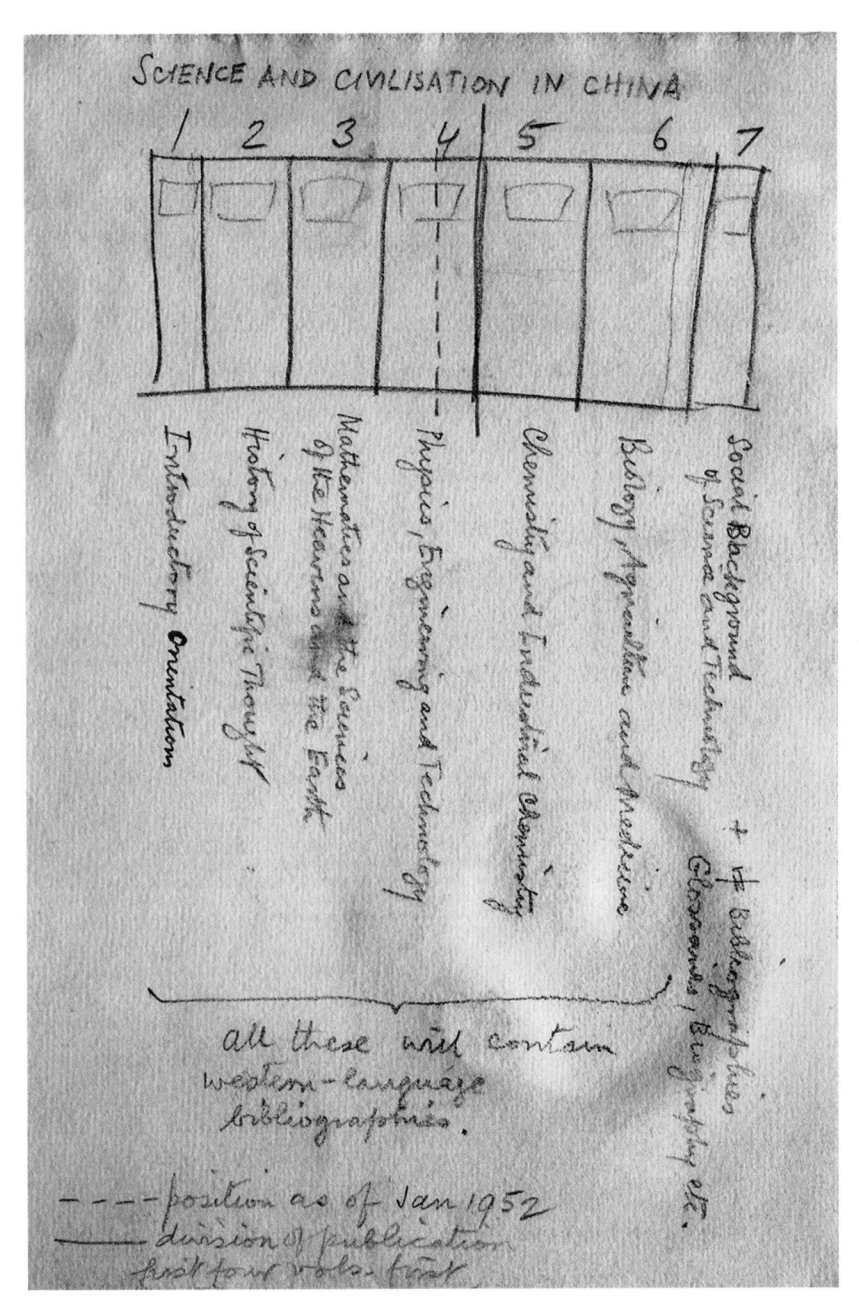

图 7-3 1952 年 1 月李约瑟对 SCC 七卷本的构想[1]

---

[1] Joseph Needham's diagram showing the volumes of Science and Civilisation in China and the 'position as of Jan 1952', 1952-01, GBR/1928/NRI/SCC1/1/2/23. Needham Research Institute.

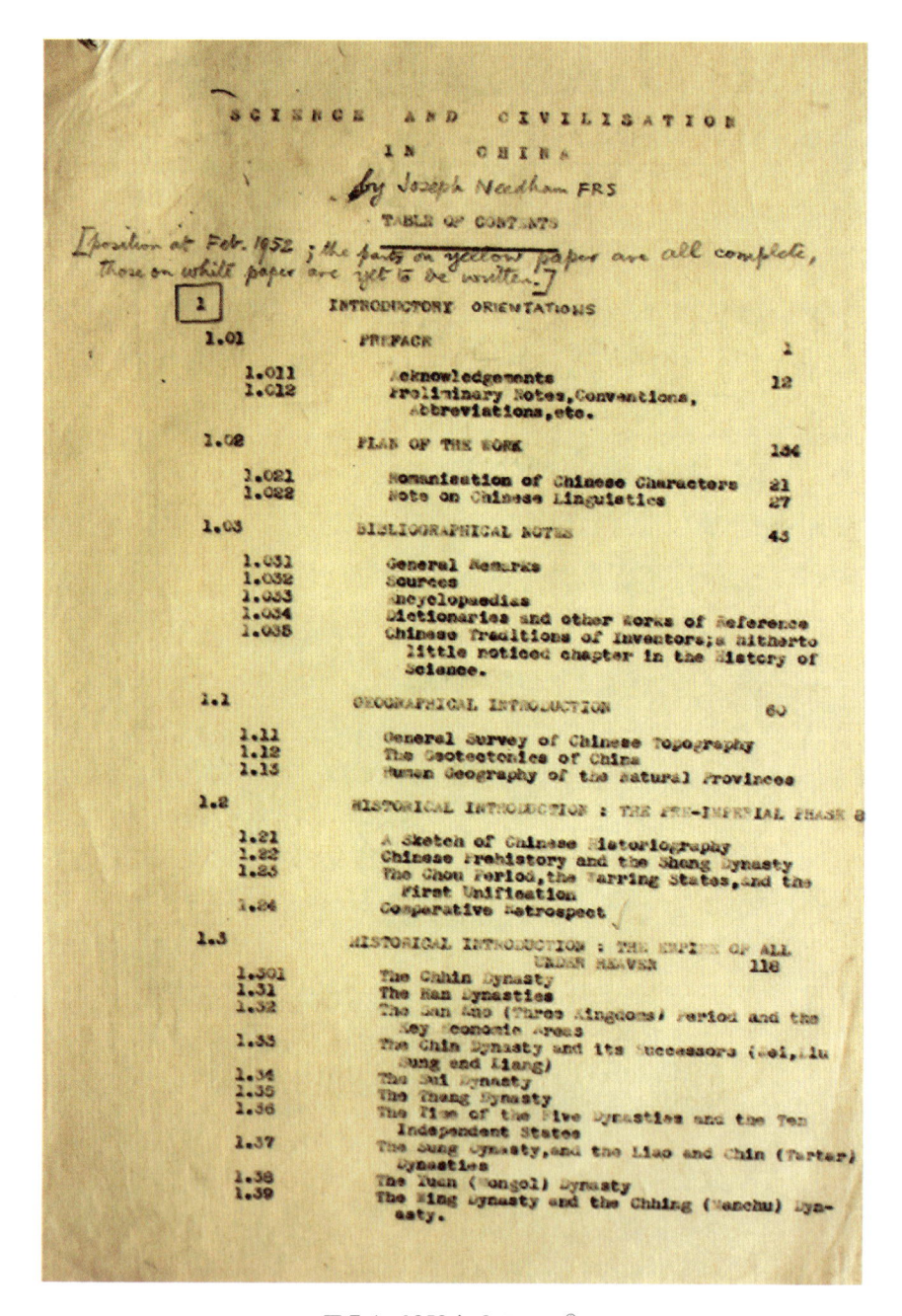

图 7-4　1952 年 2 月目录[1]

---

[1] Typescript and manuscript list of contents of 'Science and Civilisation in China' showing 'position as of Feb. 1952', 1952-02, GBR/1928/NRI/SCC3/3/8. Needham Research Institute.

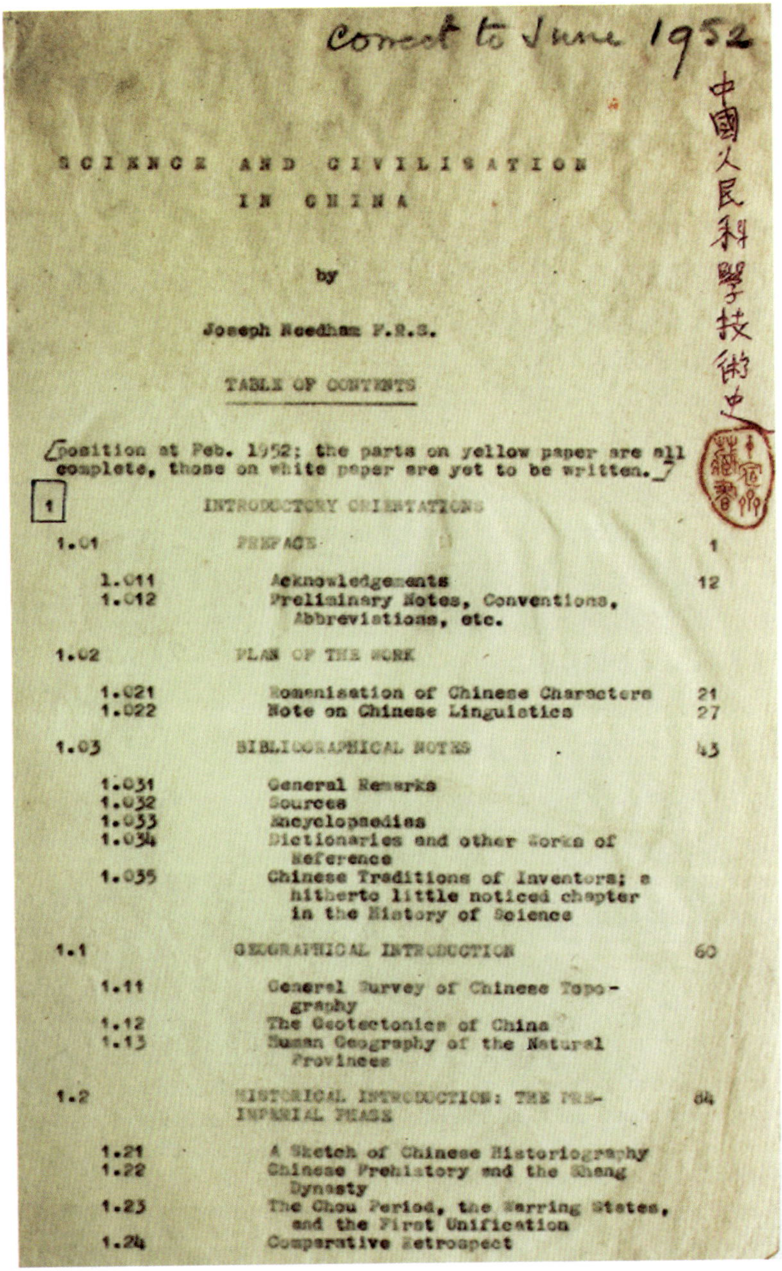

Correct to June 1952

中國人民科學技術史

SCIENCE AND CIVILISATION
IN CHINA

by

Joseph Needham F.R.S.

TABLE OF CONTENTS

[position at Feb. 1952; the parts on yellow paper are all complete, those on white paper are yet to be written.]

1 INTRODUCTORY ORIENTATIONS

1.01 PREFACE 1

1.011 Acknowledgements 12
1.012 Preliminary Notes, Conventions, Abbreviations, etc.

1.02 PLAN OF THE WORK

1.021 Romanisation of Chinese Characters 21
1.022 Note on Chinese Linguistics 27

1.03 BIBLIOGRAPHICAL NOTES 43

1.031 General Remarks
1.032 Sources
1.033 Encyclopaedias
1.034 Dictionaries and other Works of Reference
1.035 Chinese Traditions of Inventors; a hitherto little noticed chapter in the History of Science

1.1 GEOGRAPHICAL INTRODUCTION 60

1.11 General Survey of Chinese Topography
1.12 The Geotectonics of China
1.13 Human Geography of the Natural Provinces

1.2 HISTORICAL INTRODUCTION: THE PRE-IMPERIAL PHASE 84

1.21 A Sketch of Chinese Historiography
1.22 Chinese Prehistory and the Shang Dynasty
1.23 The Chou Period, the Warring States, and the First Unification
1.24 Comparative Retrospect

图 7-5　1952 年 6 月目录[①]

① Typescript list of contents of 'Science and Civilisation in China' 'correct to June 1952', 1952-06, GBR/1928/NRI/SCC3/3/9. Needham Research Institute.

按照七卷本的划分，李约瑟在 1952 年 6 月修改了 SCC 目录，其中最后一卷的内容将会是原写作提纲中的第 4 章：

    4   中国科技的社会经济背景

    ［本节将试图回答或至少提出两个重大问题：(a) 是什么使中国社会在公元前 300 年到 1400 年之间能比西方希腊化和中世纪封建欧洲社会更有效地将科学原理（尽管凭经验）应用于实际发明。(b) 中国社会的哪些因素抑制了与欧洲文艺复兴和现代科学技术的兴起相当的现象。］

    4.1   地理因素
    4.2   水文因素
    4.3   社会和经济因素
            奴隶制在早期的作用问题
            青铜时代原始封建主义向封建官僚主义的过渡及其影响
            对商人积累财富的限制及其对工业投资的影响
    4.4   思想领域的因素
        4.41   宗教的作用
        4.42   对时间和变化的态度
        4.43   个人主义与民主
        4.44   体力劳动与脑力劳动的对立
        4.45   技术过程中的家庭财产等

［第七卷完。前面每卷都包含西文参考书目，而中文参考书目、词汇表、人物传记词典等将放在第七卷中，并附有总索引。整部著作将以简短的后记或结束语结束，篇幅不超过序言。］[①]

[①] 4   THE SOCIAL AND ECONOMIC BACKGROUND OF CHINESE SCIENCE AND TECHNOLOGY
[This section will attempt to answer or at least to pose two great problems: (a) what made Chinese society between -300 and +1400 more effective than occidental Hellenistic and mediaeval feudal European society in applying scientific principles (though empirically) to practical invention, (b) what factors in Chinese society inhibited any phenomena comparable with the European Renaissance and the rise of modern science and technology.]
4.1   GEOGRAPHICAL FACTORS
4.2   HYDROLOGICAL FACTORS
4.3   SOCIAL AND ECONOMIC FACTORS
Problem of the Role of Slavery in earlier Times
The passing over of Bronze-Age Proto-Feudalism into Feudal Bureaucratism and all that that implied. Inhibition of Capital Accumulation by the Merchants, and its Application to Industrial Ventures
4.4   FACTORS IN THE REALM OF IDEAS

解决了分卷的问题，下一个棘手的问题就是由于分卷带来的参考书目（bibliography）和索引（index）的麻烦。现在的《中国的科学与文明》已经从一本书扩展成了一套七卷本的大部头，每一卷还要单独定价销售。这就意味着，每一卷都应该配有参考书目和索引。

让我们来看看李约瑟如何处理参考书目的分卷问题。他为 SCC 设计出了一套比较复杂的注释、引用和参考书目系统。我们以 SCC 书中一页（图 7-6）为例，加以说明。

页下脚注分为两种：

第一种：序号为英文小写字母的，是对内容的注释；

第二种：序号为阿拉伯数字的，是字母拼写所对应的汉字。

按照学术规范要求，当引用其他著作的时候，需要注明出处。这种"引用"（reference）也叫"引证"，有多种不同的格式和习惯。常用的有哈佛的"作者－时期"体系（Author-date system），即在作者名字的后面加上作品发表或出版的年代。但是对于 SCC 来说，因为大量使用的是中文古代文献，而这些文献的日期并不那么容易确定，所以不适合采用"作者－年代"来给参考文献排序。于是李约瑟设计了一种"作者－数字"的体系（Author - number system），即在作者名的后面加上编号，来标明引文的来源。

4.41　The Role of Religion

4.42　Attitudes to Time and Change

4.43　Individualism and Democracy

4.44　Antagonism between Manual and Mental Work

4.45　Family Property in Technical Processes, etc.

[End of seventh bound volume. While each of the former will contain its western-language bibliography, the Chinese bibliographies, glossaries, biographical dictionary etc. will be placed in the seventh volume, together with general indices. The entire work will end by a short Postfact or Concluding Word, not longer than the Preface.]

[Typescript list of contents of 'Science and Civilisation in China 'correct to June 1952', 1952-06, GBR/1928/NRI/SCC3/3/9. Needham Research Institute.]

36   LANGUAGE

contained sound tables (cf. Fig. 1), e.g. the *Thung Chih Lüeh*[1] of Chêng Chhiao[2] in about +1150, and the *Chung Yuan Yin Yün*[3] of Chou Tê-Chhing[4] about +1250.[a] During the Ming dynasty, the study of the ancient sounds of the characters took great steps forward[b] along scientific lines, especially in the 17th century (see on, p. 145).

Perhaps this very poverty of sounds in the developed language had some bearing on the difficulties of the Chinese in forming a terminology for science. Just how few the available sounds are, is shown in Table 3 which has been constructed for the Wade-Giles system (Northern *kuan hua*),[c] and which shows by its gaps the absence of many possible sound-combinations. In fact, no less than 58.8 per cent or rather more than half the possible sound-combinations are missing. To appreciate the situation one must realise that the 49,000 characters of the *Khang-Hsi Tzu Tien* have thus only 412 sounds at their disposal. In practice this is mitigated by the four tones, which raise the number of available sounds to about 1280. There is, therefore, an average of some forty meanings to every sound. Of course, the situation is not quite so bad as this, since a very large number of the characters are obsolete, poetic or highly specialised. I remember, when beginning the study of Chinese, seeing in some dictionary a character the meaning of which was 'the songs of woodcutters returning at night', and reflecting that I should not often want to use that one, at any rate. But, *per contra*, many new characters have been invented for scientific terms in modern Chinese. Here the Chinese were at a great disadvantage. In the formation of scientific terms the West Europeans were able to draw not only upon Greek and Latin but also upon Arabic roots, adding them to languages already rather rich in Teutonic complex consonantal combinations, e.g. athwart, flowsheet, sibling, splash, clingstone. Thus many almost synonymous words were developed, which could be given slightly different shades of meaning. No such resources were available to the Chinese, although of course almost unlimited possibilities existed, and have in modern times been to some extent exploited, of forming new visual combinations in characters. We do not know whether these facts are of importance in relation to the terminology problem, which we shall examine later (in Section 49), but they seemed to call for notice here.

It is interesting that the tabulation of initials and finals found its way into European sinology at an early date, as may be seen (in degenerate form) opposite p. 176 in the 1698 edition of Louis Lecomte's *Memoirs and Observations...made in a late Journey through the Empire of China...* (cf. Pinot (1), pp. 90ff.). A full history of Western sinology has yet to be written, but brief accounts of its beginnings have been given

[a] Cf. Wylie (1), pp. 8 ff.
[b] One result of this was the formation and introduction of the Korean 'Enmun' (*yin wên*[5]) alphabet in +1446 by Chêng Lin-Chih and other scholars under the aegis of an enlightened prince (cf. J. S. Gale, 1).
[c] Some of the regional dialects are, of course, richer in sounds, but that does not affect the argument, since Northern *kuan hua* has been the only universally spoken form among the literati for the past three centuries, i.e. from the time of the beginning of modern science and technology.

[1] 通志略　　[2] 鄭樵　　[3] 中原音韻　　[4] 周德清　　[5] 音文

图 7-6　SCC 的注释、引用格式示例（SCC 第一卷第 36 页）

例如正文倒数第 2 行中的引用文献［cf. Pinot (1), pp. 90ff.］各部分对应的意思是：

简写"cf."表示"参见"（confer），"Pinot"是作者的姓氏，"（1）"代表该文献在 SCC 中是该作者名下的第 1 个文献，"90ff."表示引文在第 90 页及其后续几页。

当读者需要查看这篇原始文献的时候，他只需要翻到书后所附的"参考书目"（Bibliographies）中，按照字母排序，根据"作者姓氏.（文献编号）.文献题名.出版者.出版地.出版年"的格式，很快就可以找到下面的这条记录：

PINOT, V. (1). *La Chine et la Formation de l'Esprit Philosophique en France (1640-1740)*. Geuthner, Paris, 1932.

这就是原始文献的具体信息。

李约瑟设计的这种"作者－数字"的格式，同一作者的不同文献采取顺序编号的方法，有两个好处：首先是让文献排序变得更加方便，以文献被添加进来的先后顺序编号，就不用考虑文献的具体出版时间，避免了中国古代文献日期无法确定的困难；其次是当参考文献的卡片做出来后，文献的序号就被一次性地被固定下来了，以后也不能改变，这种唯一性可以确保 SCC 整套书的参考文献的统一，即使各卷都单独配有参考文献，也不会乱。

参考文献的标注格式确定了之后，李约瑟又将用到的参考文献分为 A、B、C、D 四类：

A 类是 1800 年以前的中文书籍；
B 类是 1800 年以后的中文和日文书籍和论文；
C 类是西文书籍和论文；
D 类是 1900 年以前的中国科学技术专家和学者的传记目录。

对于每一类参考文献，李约瑟都给出了具体著录项的要求标准。其中 A 类的"1800 年以前的中文书籍"著录信息的项目最多，从（a）到（n）共列出了 14 项：

(a) 书名拼音（按字母顺序排列，附上汉字）
(b) 别名（假如有的话）
(c) 书名的暂定英译名
(d) 关系密切的供相互参照的书籍（假如有的话）
(e) 朝代
(f) 年代（尽可能准确）
(g) 作者或编者的姓名拼音（附上汉字）

(h) 另一种书的书名（如果本书所引原文现在只是以编集在其中的形式存在，也就是"析出文献"）

(i) 参考译本（如果有的话，译者姓名在参考文献 C 中列出）

(j) 该书的任何索引或重要词语索引（如果有的话）

(k) 该书在戴遂良所编的《道藏》目录中的编号[①]（如果适用的话）

(l) 该书在南条文雄所编的《大藏经》目录中的编号[②]（如果适用的话）

(m) 收有该书的丛书书名

(n) 本书所用该书的版本信息（出版地、出版者、出版日期、版次等）

这最后两项，李约瑟计划只在总索引（master-index）中出现，而总索引会包括在 SCC 的最后一卷内。

D 类的"1900 年以前的中国科学技术专家和学者的传记目录"中要求列出以下细节：

(a) 个人姓名（按字母顺序排列，附上汉字）

(b) 朝代

(c) 生卒年月或在世期（尽可能准确）

(d) 取得成就的领域（附简要说明）

(e) 传记辞典或其他可以由之获得进一步资料的书籍（如果有的话）

按李约瑟的计划，这个人物传记目录只列在本书最后一卷内；在其他各卷中，可用一般索引查找人名。SCC 每一卷都将备有一切必要的索引。在最后一卷中索引还将包括技术词汇和短语。[③]

SCC 各卷配有独立的参考书目，虽然方便了那些购买不同分卷的读者，但因为各卷的参考书目之间，或与最后一卷的总书目之间，必然会有很多地方是完全重复的。这种重复是无法避免的，也会给购买整套书的读者增加一些负担，但是印刷厂该如何避免无谓的重复劳动呢？

SCC 的编辑们知道，分卷出版后的每一卷，参考书目的中文部分都需要经过复杂的中英文混合排版和校对，这是一项耗费时日、容易出错的工作。既然各卷的参考书目要在最后一卷中汇总成一个总的书目，那避免重复劳动最好的办法，就是保留下来各卷参考书目的铅版，等到所有的分卷出齐之后，再将这些排好的铅版重新

---

① 参见 SCC 第 1 卷参考文献：WIEGER, L. (6). *Taoisme. Vol. 1. Bibliographie Générale*: (1) Le Canon (Patrologie); (2) Les Index Officiels et Privés. Mission Press, Hsienhsien, 1911. [crit. P. Pelliot, *JA*, 1912 (10 e sér.), 20, 141.]

② 参见 SCC 第 1 卷参考文献：NANJIO, B. (1). *A Catalogue of the Chinese Translations of the Buddhist Tripitaka*. Oxford, 1883.

③ 李约瑟：《中国科学技术史（第一卷　导论）》，科学出版社、上海古籍出版社，1990，第 19—20 页。

进行拼版，剔除掉重复的部分，也就可以汇总成一个总的书目了。相比任何其他形式的修改，这种删除的办法肯定是最简单的了。只需要严格要求印刷厂的排字环节，保存好 SCC 各卷参考文献的铅字版不拆版，就能在将来出版最后一卷的总书目时节省大量的工作。

要让不同各卷的参考文献都保持统一，这本来并不是件容易的事，好在李约瑟从 1948 年写作之初就已经建立了一套统一的卡片系统，所以现在看起来分卷的事情好像也没有什么难的；如果是到了 1952 年年初要分卷的时候才去考虑如何建立书目卡片系统，恐怕早就令人望而却步了。

参考文献可以用这种权宜之计加以解决，问题不大，一个更大的问题是索引（Index）。

索引作为书籍的重要组成部分之一，主要作用在于方便读者查询信息。它有两项基本的功能：一是按字母顺序检索条目的查询功能；二是条目之间相互参照。

通常索引的条目包括人名、地名、书名、专业术语等特定的词条。一部巨著如果没有索引，就好似一座没有线索提示的迷宫一样，读者容易迷失其中。有一种说法认为，一个不好的索引也比没有索引强，但实际上索引的编制应该符合规范，达到一定的水准，编制得有缺陷的索引反而容易把读者引入歧途。[①]

索引指示作用的另一个重要功能在于条目之间可以相互参照（cross-reference），在相互关联的内容之间建立起联系。参照有两种表现形式：一是作者直接在内容中提示读者，可以去参考某一章节的某一内容；二是在索引中的某一个条目后，提醒读者去参考另一个条目。虽然这两种形式的目的和作用是一样的，但相比写在内容中指向章节的参照提示，指向条目和页码的索引参照形式更为简单和直观，查找起来也更为方便。

索引虽然对读者有很多的好处，但它的编制需要花费大量的时间和精力。按照西方出版业的惯例，编制索引是作者的分内工作，但由于索引编制的专业特点，很多图书的索引都是由作者委托专门的索引编制者代替自己完成的。

在铅字印刷的技术条件下，索引的编制完全依靠手工劳动，只能等到图书的内容全都校改完毕，所有的页码都确定下来不再更改之后，才能开始进行。一旦内容的页码发生了改变，就会给索引的编制带来灾难性的后果，那些已经做好的条目都必须逐条更新页码。正是因为索引在出版流程上的这个特殊要求，决定了索引的编制只能在图书出版的最终阶段进行，这也让图书的出版周期拉得更长。[②]

不同种类的图书对索引的要求是不一样的，要求最高的应该是百科全书这类的

---

① 布莱尔：《工具书的诞生》，商务印书馆，2014，第 188 页。
② 现在使用计算机辅助软件，可以提高索引编制的工作效率，能够与图书的编辑校对工作同步完成。

工具书。但是因为编制索引的不易，那些具有代表性的现代百科全书并不能从一开始就提供索引，索引卷通常大大晚于图书的出版。例如1728年出版的伊弗雷姆·钱伯斯的《百科全书》①在1741年出版第4版的时候才附上了索引；狄德罗和达朗贝尔的《百科全书》（1751—1772）最初也没有索引，而是到了1780年的时候才出版了一部两卷本的按字母顺序排列的单行本索引；《大英百科全书》（1768—1771）的索引是在1824年的时候与第5版的增补部分一道出版的。从索引的出版滞后可见这项工作的难度还是挺大的。

　　索引本来是为了方便读者进行内容检索的，但现在如果SCC各卷单独索引，读者想要检索一个人名、书名或专业术语的时候，他就必须从第1卷查到第7卷，因为只有这样才能保证检索结果的完整，这显然会让读者感到极为不便。"每一部著作都应该有一个完整的索引而不是每卷一个索引"②，这是索引编制的规范。一套大书的卷册越多，这个问题就越突出。

　　经过了多次协商之后，李约瑟和出版社的编辑们最终选择了一条折中的道路：先给陆续出版的各卷配上各自的参考文献和索引，以此来满足各卷单独购买的读者需求；在最后一卷出版时，再加上一个总书目和总索引，以此来解决购买全套图书的读者所碰到的检索问题。

---

① 伊弗雷姆·钱伯斯（Ephraim Chambers, c.1680—1740）的《百科全书》（*Cyclopædia, or an Universal Dictionary of Arts and Sciences*）是第一部现代意义上的百科全书。
② Wheatley H, "What is an Index?,"(London: Longmans, Green & Co, 1879), p.69.

中文书名

在 SCC 档案中，有一张剑桥米勒酒吧（Millers Wine Parlour）的餐巾纸，上面有李约瑟亲笔书写的 SCC 中文书名（Chinese Title）："中华人民科学技术史"和"十宿同志编著"。这是李约瑟的 SCC 中文书名的构想。

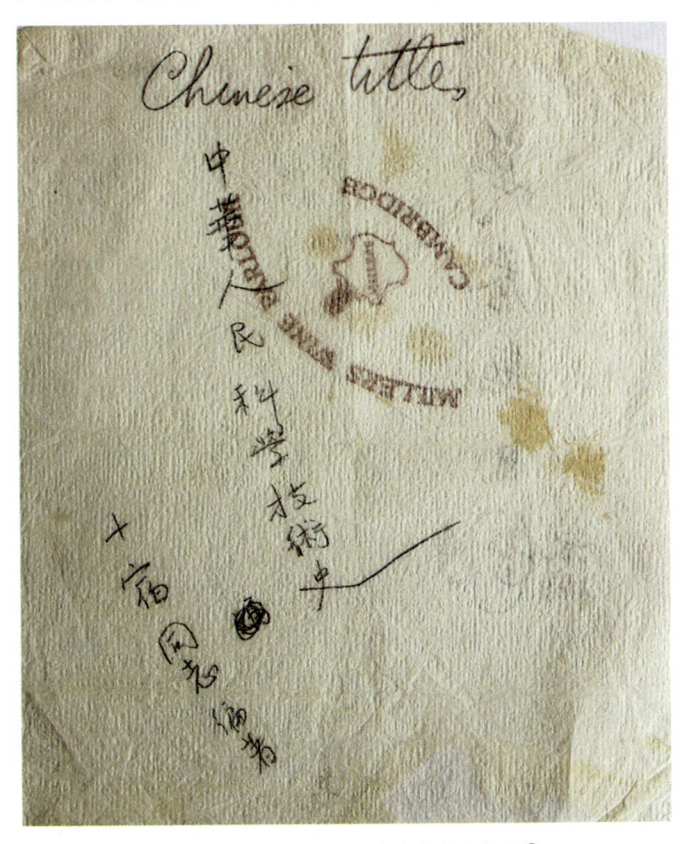

图 7-7　李约瑟的 SCC 中文书名的构想[①]

[①] Notes of possible Chinese titles for 'Science and Civilisation in China', 1950-1959, GBR/1928/NRI/SCC1/1/2/5. Needham Research Institute.

既然 SCC 讲的是中国的科学和文明，他当然想要给自己的这部书起一个正式的中文书名，这并非突发奇想。

李约瑟自称"十宿同志"。关于"十宿"这个道号，鲁桂珍做过解释：

> 他的道家思想越来越浓厚，所以他自号为"十宿道人"……这是因为他发现他的名字约瑟（Joseph）最古老的译音是"十宿"——阿拉伯人初到中国来经商时，他们把《圣经》上的约瑟和他兄弟的故事讲给中国朋友们听，但是他说 Yusuf（约瑟夫），中国人只听到是"su-fu"（宿夫），遂译成了"十宿"。[①]

即使在冷战的格局下，李约瑟也毫不掩饰他真心同情社会主义的倾向，从"同志"这个称呼我们可以感受到这一点。

这张餐巾纸之所以会被李约瑟精心保存下来，我们推测大概就是在这个米勒酒吧中，他第一次想到了要给 SCC 起一个中文的书名吧。很有可能这个书名是李约瑟在与一位中国朋友的交谈中想到并写下来的。这个给他启发的老朋友，很可能就是在 1951 年来访剑桥的冀朝鼎（1903—1963）先生。

冀朝鼎早年获庚款奖学金留学美国，1929 年获芝加哥大学法学硕士学位，1935 年获哥伦比亚大学经济学博士学位。李约瑟 1943 年至 1946 年在华期间，在战时的首都重庆曾得到过冀朝鼎先生的指导，"他是《中国历史上的基本经济区》一书的博学多才的作者，现在是中国最重要的财政专家之一"[②]。

冀朝鼎的博士论文《中国历史上的基本经济区》[③] 获太平洋理事会（Pacific Council）资助，1936 年就是由乔治·艾伦与昂温出版公司（GAU）在伦敦出版的。在这本书中，冀朝鼎以"半封建社会"的概念对中国历史进行了独到的分析，得到了李约瑟等一些具有支持社会主义倾向的西方知识分子的赞赏，被李约瑟誉为"迄今为止任何西文书籍中有关中国历史的发展变化方面的最卓越的著作"[④]。

中华人民共和国成立后，冀朝鼎任中国国际贸易促进委员会副主席兼秘书长、中国银行董事兼副总经理、中国科学院经济研究所研究员。李约瑟趁着老朋友来访，请他为自己的新书题写中文书名——"中国人民科学技术史"。

---

① 鲁桂珍：《李约瑟的前半生》，载李国豪、张孟闻、曹天钦主编《中国科技史探索》，上海古籍出版社，1986，第 38 页。
② 李约瑟：《中国科学技术史（第一卷　导论）》，科学出版社、上海古籍出版社，1990，第 9 页。
③ Chi, Ch'ao-ting. *Key Economic Areas in Chinese History, as Revealed in the Development of Public Works for Water-Control*. London: G. Allen & Unwin, American Council, Institute of Pacific Relations. 1936.
④ 李约瑟：《中国科学技术史（第一卷　导论）》，科学出版社、上海古籍出版社，1990，第 117 页。

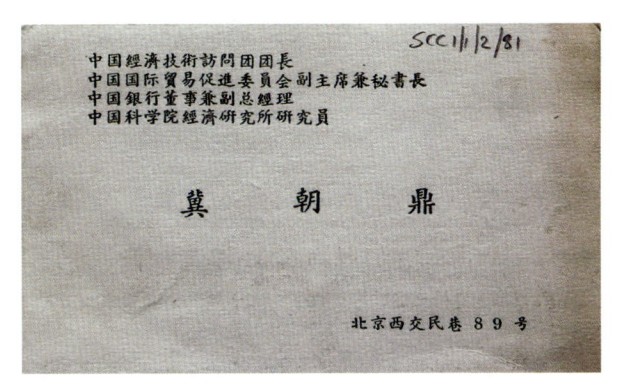

图 7-8 冀朝鼎先生名片[1]

SCC 的英文名 Science and Civilisation in China，直译是《中国的科学与文明》，而李约瑟请冀朝鼎代为书写的中文书名是《中国人民科学技术史》，后来在 1951 年 11 月将这个中文书名页交给出版社印刷厂的时候，李约瑟又将最终的中文书名剪贴拼成了"中国科学技术史"。

两个书名并不完全一致，但我们从保留下来的档案中可以看到，其实两个书名都是李约瑟的本意。[2]

---

[1] Name card of Chi Chao-ting [冀朝鼎 / Ji Chaoding] President of the Chinese Economic and Technical Mission, Peking, China, 1960-1969, GBR/1928/NRI/SCC1/1/2/81. Needham Research Institute.
[2] 20 世纪 70 年代李约瑟的 SCC 在被翻译成中文的时候，中国香港和台湾的译本，书名都是取了直译的《中国的科学与文明》，而大陆的译本，书名则是沿用冀朝鼎题写的《中国科学技术史》。

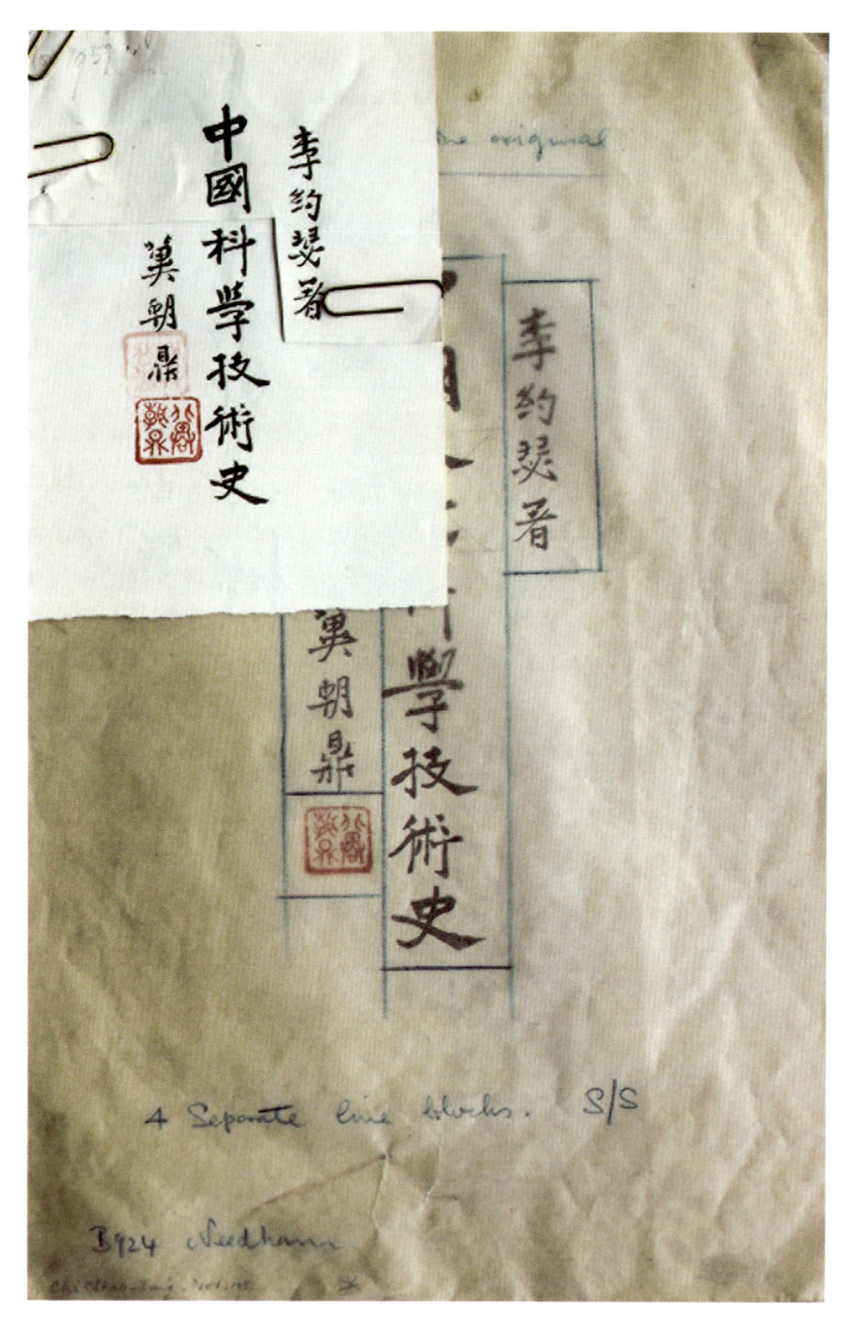

图 7-9　冀朝鼎为 SCC 题写的中文书名 [1]

---

[1] Caligraphy for the Chinese title page of 'Science and Civilisation in China', 1953-05-25-1955-10-12, GBR/1928/NRI/SCC1/1/2/18. Needham Research Institute.

文本编辑

作者送交出版社的书稿，就像是离开了父母的小孩子，在走向社会之前，还需要经过一番敲打和磨炼。出版社在接到李约瑟 SCC 前三卷的书稿后，就开始了正常的文字编辑（copy-editing）程序。编辑的作用是加工好文字，为作者作嫁衣，本质上是为了帮助作者能够更好地将信息传达给读者。

那个时候的出版业，使用的还是铅字排版，基本上都是手工劳动。要完成一部书稿的排版，把字母一个一个从排字盒里捡出来，这是一种我们今天难以想象的繁琐枯燥和耗时费力的手工活儿。更为麻烦的是，烦琐的排版过程会产生很多人为的错误，需要打印出清样来，进行校对修改。经过了好几轮这样的反复之后，最终由编辑签字确认，才可以上到印刷机上进行印刷，一本书的编辑校对才告完成。所以在那个铅字印刷的时代，文字能被排成铅字印在纸上，这本身就是一种颇为了不起的成就。

剑桥大学出版社是从大学印刷厂发展起来的，和牛津大学出版社一样，是少数保有自己印刷厂的大学出版社。作为全球学术出版领域的领头羊和开路先锋，剑桥大学出版社的声誉也体现在一贯重视印刷质量、编辑质量和不断提高管理水平上。前面我们说过，剑桥大学出版社的情况不同于通常的商业出版社。剑桥大学出版社的理事会是实际的管理机构，它的秘书和助理秘书，其实相当于其他出版社的主编和编辑。今天在出版社通常隶属于编辑部门的文字编辑岗位，当年在剑桥大学出版社却是设在印刷厂的。这个岗位的设立还要从战后退役归来的新任剑桥大学印刷商（Printer）布鲁克·克拉奇利先生说起。从 1945 年开始，他被指定负责剑桥大学印刷厂的运营管理。在剑桥大学三一学院的前图书馆馆长、历史文献学的荣休教授戴维·麦基特里克（David McKitterick, FBA）撰写的三卷本《剑桥大学出版社的历史》（*A History of Cambridge University Press*）中，对这一时期剑桥大学出版社的改革有详尽的描述，他的书让我们对剑桥大学出版社的运作方式有了更清晰的了解。

战后，在克拉奇利先生的主持下，印刷厂的员工数量很快就恢复到了战前的规模，有三百人左右，但是印刷厂的业务，却受到客观条件的制约，不可能同样快速地恢复。

原来的很多机器设备由于长期闲置，已经失去了继续维修的价值，需要购买新式的机器来替代。而此时的英国，还处于战后恢复时期，受原材料涨价、能源电力紧缺等一系列因素的影响，印刷行业的各项成本都在大幅度增加。成本费用的增长和市场竞争的加剧，意味着企业必须通过加强管理来提高自己的生产效率。

为了应对这种困难局面，克拉奇利开始推动一系列改革，他计划把"科学管理"（Scientific Management）的方法引入到印刷业中。"科学管理"是19世纪末由美国工程师和管理学家弗雷德里克·泰勒（Frederick Taylor, 1856—1915）倡导和推动的一种提高生产效率的现代管理方式，它主要针对工厂中普遍存在的磨洋工（soldiering）现象。简单来说，科学管理的原理是：由管理人员详细记录每个工作所需的操作步骤及时间；然后通过大量科学实验，找出或设计出一种最佳的工具、方法和操作步骤；再把经过细分的劳动过程标准化，对每个工种制定标准的工作量；通过员工培训，帮助员工达成与企业共赢的最高劳动效率。

英国企业付给员工的报酬有两种常见方式：时薪制和计件工资制。时薪制是按照工作时间核算工资，干多干少都一样，工人有可能出工不出力。按照计件工资制，每生产一件产品就可以获得相应的报酬，产量提高工人也可以得到更多的工资。计件工资制看起来好像是避免了时薪制的问题，但是如果计件工资标准不变的话，产品的生产成本实际上并没有降低多少，而且单纯追求生产数量而非质量，在产品销售不畅的时候，还容易造成生产过剩和产品积压，最终企业的利润并不会持续增长。如果工厂的管理者试图提高计件工资的产量标准，但是工人的劳动效率并没有提高，那他们就会觉得不公平，而选择抵制一味提高产量标准的做法，此时对工人们来说磨洋工就成了一个更好的策略。

科学管理就是针对这两种工资制度的弊端而设计的，它鼓励工人们朝向提高工作效率的方向不断改进。科学管理方法在印刷行业中还从未被成功实行过，过去企业提高生产效率的办法就是购买更多更快的机器。现在，克拉奇利计划采取一种"按结果付酬"的管理方法来进行改革：过去平均需要两个小时完成的工作，现在采用新的方法，如果只花了一个小时完成，那么这节省下来的一个小时的工资成本，就可以将其中的一半作为奖励发给员工，另一半作为企业的利润保留下来，这样就可以实现双赢的目标。

怎样才能找到节省劳动时间、提高生产效率的最佳办法呢？仅靠工人自己的摸索和经验积累是不够的，这就需要有"科学"参与进来，由专门的管理人员拿着秒表，从旁观察记录，对现有的工作方法进行统计，并通过大量的试验来找到一种最佳的工作方法和操作程序，然后通过培训来教给工人如何提高自己的劳动效率。

1946年，克拉奇利任命了两个助手：一名是车间经理（Works Manager）亚瑟·格雷（Arthur Gray）和一名是产品经理（Production Manager）约翰·德赖弗斯。两人都是从部队退伍归来，德赖弗斯负责设计和与客户接触，阿瑟·格雷（Arthur Gray）负责生产组织和安排，包括处理莫纳单字铸排机（Monotype）的键盘录入设备、印刷机、装订机等机器设备的技术问题。[①]

克拉奇利的改革首先在任务比较单一的操作印刷机的印刷车间导入，结果令人鼓舞。但是要全面推广开来，还有大量的准备工作需要完成，尤其是对于复杂的排版车间，要对不同图书的排版工作进行分析测量，找出最佳的以标准时间单位计量的工作量，还有相当大的难度。对于克拉奇利的改革，也并非没有质疑的声音和反对者，好在剑桥大学印刷厂并不需要像其他商业企业那样只求一味满足股东的利润要求。为了保证计划可以顺利实行，印刷厂制定了颇为慷慨的奖励办法，克拉奇利本人也努力去缓解改革给员工和工会带来的担心与焦虑。

为了将改革推进到最复杂的排版部门，让排版和校对的工序运行得更加顺畅，1947年克拉奇利又成立了一个新的部门——文字编辑（copy-editing）部门，由新加入的另一位年轻退役军人彼得·乔治·伯比奇领导。

剑桥大学图书馆保存的彼得·乔治·伯比奇的个人简介中说：

> 彼得·乔治·伯比奇1919年出生于哈特菲尔德，是一位学校教师的儿子。他在赫特福德文法学校接受教育，在那里他成为了一名学士。如果他在十年后出生，他早期的理想会让他去上大学：事实上，他离开学校时已经接受了经典学科的训练，这对他后来的职业发展也有好处，在他的一生中，对音乐的爱好带给了他很多乐趣，自力更生的精神和好奇的头脑，使他成为一个有教养的人。
>
> 在1939—1945年战争期间，他在第四装甲旅服役；他们在诺曼底登陆，第一批渡过莱茵河，要在波罗的海沿岸与俄国人会师。途中他险些在荷兰被俘，幸运地得到一个荷兰家庭的保护，他们给了他终生的友谊和一个女婿。
>
> 1947年他加入剑桥大学出版社，在那里他取得了职业生涯的辉煌。他的第一个任务是建立文字编辑部门，作为印刷厂的一部分。文字编辑部门最初是由当时大学的印刷商布鲁克·克拉奇利构想的，作为整个印刷过程（包括排版设计）的一部分，以确保那个时候剑桥出版的书籍都是"从内向外"构建的，确保文本的结构和知识要求能够体现在设计的每个细节中，顺便说一句，这种规范的

---

① David McKitterick, *A History of Cambridge University Press* (Cambridge: Cambridge University Press, 2004), p.350-352.

一致性是从手稿阶段就实现的，而不是扩展到校对环节才实现的。[1]

文中提到，"从内向外"构建一本书，指的是：只有从书稿的编辑阶段就开始实行标准化，才能达成排版、校对阶段工作的标准化，最终实现"科学管理"的目标。新成立的文字编辑部门按照"确保剑桥出版的图书都是从内到外设计的"这一工作原则重新设计了工作流程。

以前大多数的书稿，在排版工作开始之前，并没有经过认真检查，比如标题、正文的格式是否一致，页眉、页脚如何处理，参考文献如何处理，图片、表格如何处理，等等。排版开始后，很多书稿中出现的问题就交给排字工人依靠个人的经验去自由发挥、任意处理了。到了校对环节再发现问题，势必要有较大的改动，很多工作需要推倒重来。

现在，排字之前，由文字编辑预先检查书稿的格式是否一致，是否符合规范，并制作出来一个4个页码的样张（specimen pages），拿到这个样张之后就可以与作者进行商讨，看如何满足其文本的特殊需求，待格式确定之后，文字编辑会在书稿上把标题、正文、图表的处理要求都标示得清清楚楚。排字工们由此得到了明确的指导，工作效率显著提高，同时也避免了反复修改的重复劳动。

这一在印刷厂开始的预先进行文字编辑工作的改革意义重大，后来也成为剑桥大学出版社品质声誉的一项重要保障。1949 年，《英国印刷商》杂志在一份报告中热情赞扬了克拉奇利进行的改革，改革的成效是显著的，工人工资上涨了四分之一，出版社生产率则提高更多。[2]

1952 年 1 月 16 日，剑桥大学出版社的秘书金斯福德先生明确了将 SCC 分

---

[1] Peter George Burbidge was born in 1919 in Hatfield, the son of a school teacher, and was educated at Hertford Grammar School, where he was a Scholar. If he had been born ten years later, his early promise would have taken him to a university: as it was, he left school with a classical training which later stood him in good stead professionally, with a passion for music which give him pleasure throughout his life, and the self-reliant and enquiring mind which made him cultivated man. During the 1939-45 war he served in the Fourth Armoured Brigade; landing in Normandy, in the first squadron to cross the Rhine, and meeting the Russians on the Baltic coast. On the way he narrowly escaped capture in Holland, being sheltered by the Dutch family which provided him with lifelong friends - and a son-in-law. In 1947 he joined the Cambridge University Press, where he made a distinguished career. His first charge was to set up the subediting department as part of the Printing House staff. Sub-editing was conceived by Brooke Crutchley, then University Printer, as part of the whole process (including typographical design) which ensured that Cambridge books of that time were constructed from the inside outward; so that the structure and the intellectual requirements of the text were realised in every detail of the design - and incidentally that consistency of convention was achieved on the typescript and not expansively in proof.[Cambridge University Library, GBR/0265/UA/PRESS 1/5/6/4/4]

[2] David McKitterick, *A History of Cambridge University Press* (Cambridge: Cambridge University Press, 2004), p.346-356.

卷出版的决定后，李约瑟的书稿就被送进了印刷厂。接手书稿后，负责印刷厂的克拉奇利先生在 1952 年 4 月 29 日亲自写信给李约瑟，说他发现了在从手稿转换成印刷稿的过程中仍存在一些格式上的问题，要么他去李约瑟的办公室，要么是请李约瑟来印刷厂一趟，希望可以当面商议，把问题解决掉。[①] 等到克拉奇利与李约瑟两人把主要问题解决后，具体的细节就交由克拉奇利的几位下属来处理了。

1952 年 6 月 9 日，印刷商助理、产品经理约翰·德赖弗斯和负责此书书稿文字编辑的彼得·伯比奇前来拜访李约瑟。他们最终确认了图书的排版样式和章节标题与正文的字体、字号等细节，并商定了书稿手稿的分配办法：最上面的那份打在白色纸上的书稿，由文字编辑进行修改并标出字体、字号等排版标记，之后交给排字车间；中间的那层黄色纸的复印稿，提供给伦敦中华印刷公司的顾先生，好让他准备汉字铅字；最下面的那层粉红色纸的复写稿，作者存底。[②]

金斯福德先生确认李约瑟的书稿接下来会被剑桥大学出版社以较高的优先级来安排出版，它将从 1952 年秋季开始排版。

这一年的夏天，应新成立的中华人民共和国之邀，李约瑟心情愉快地再度访问中国。在北京期间，他热情洋溢地给克拉奇利先生写了一封信，解释了自己无法如约在秋季学期开始前整理好书稿的原因。内容如下：

[①]   29 April, 1952
Dear Needham,
As you know we have had the manuscript of your Science and Civilisation in China in the printing department for some time. There are a number of problems connected with its translation into print and I would be very glad to have a talk with you some time about them. ... Some of the points I want to discuss are simply matters of style and can probably be settled quite quickly, others are more fundamental and concern the structure of the work.
Yours sincerely,
Brooke Crutchley
[Letter from Brooke Crutchley, University Printer arranging a meeting to discuss problems in printing 'Science and Civilisation in China', 1952-04-29, GBR/1928/NRI/SCC1/1/2/21. Needham Research Institute.]

[②] Joseph Needham's note of actions following the visit of 'Dreyfus and Burbidge' of Cambridge University Press, 1952-06-09, GBR/1928/NRI/SCC1/1/2/22. Needham Research Institute.

北京饭店 208 房

北京，中国

亲爱的克拉奇利：

  我正在给您写一封早就该写的信。我感到非常抱歉，我将无法按照和大学出版社的约定，来进行我们已经与您的同事们安排好的、在夏季的这几个月里应该处理的《中国的科学与文明》的大量的书稿。就在夏季学期即将结束的时候，我接到了邀请，作为中国科学院（我是外籍会员）的客人来中国度假，我决定不能浪费这个机会。几周以前我就想要给您写信，但一直忙于参观实验室和研究所，参加很多教育和卫生的大众普及运动，以及一些这里正在进行的活动，由于时间关系我就不赘述了。无论如何，我保证，在我下月底返回剑桥后，我会把打算出版的这前三卷的工作当作我的首要任务，在开始写作新的部分之前，先让印刷厂的工作能够继续。

  我可以补充一点，从出版社的角度来看，今年夏天我与各个领域的中国学者和专家们进一步地密切接触，对于这部书来说都将获益匪浅。例如，就在昨天，我参观了故宫博物院关于挽具技术历史的一些令人兴奋的新发现，这些新发现证明了牲畜项圈挽具的伟大发明出现在汉朝晚期而不是三国时期。我还在这里令人惊异的书店里买到了大量重要的书籍，这些必不可少的资料，都是我们以前在剑桥没有的，我相信它们都会安全寄到。请将这封信的内容转达给您的同事，对于我长期在外可能造成的不便深表歉意。

作为纸张的专家，您一定会对这张中国的宣纸感兴趣吧，我附上一张空白的给您。即使在现代中国的日常生活中，情书还是用手写的呢！用这种纸需要毛笔书写，很抱歉我用的是打字机，但您读起来会更容易。

您真诚的，
约瑟夫·尼达姆
1952 年 8 月 17 日 ①

---

① 208, Peking Hotel
　　Peking, CHINA

17th August, 1952

Dear Crutchley,

I am writing you a long overdue letter. I feel extremely sorry that I shall not be able to fulfil my engagements to the University Press regarding the work which we had arranged with your colleagues to do during the summer months on my book "Science and Civilisation in China", of which you already have so much of the typescript. Just toward the end of the summer term I accepted an invitation to spend the summer in China as the guest of the National Academy (of which I am a Foreign Member), and I decided I could not allow the opportunity to go by. I have been intending to write to you for a number of weeks, but have been so busy seeing laboratories and institutes and many of the remarkable vast popular movements of education, health, etc., which are going on here, that time has not permitted. In any case, I promise that upon my return to Cambridge before the end of next month, I will make it my first duty to do all that we had proposed for the first three volumes so that the Press can proceed, before starting the writing of any new material.

I might add that from the point of view of the Press the book will be all the better for the further abundant direct contact which this summer has given me with Chinese scholars and experts in all branches. Only yesterday, for example, I participated in some exciting new discoveries in the Palace Museum regarding the history of animal harness techniques, showing that the great invention of the collar harness is late Han rather than San Kuo. I have also been able to acquire a number of important books necessary for the work, not previously available in Cambridge, from the ever-amazing Peking bookshops, and I trust they will travel safely home. Please communicate the contents of this letter to your colleagues, with my best apologies for any inconvenience which my longer absence may have caused.

As connoisseurs of paper, this sheet may interest you, and I enclose a blank one, on which even in workaday modern China, love-letters are still written! These papers demand brush pens; I am sorry that this is typewritten, but you will be able to read it more easily.

Yours sincerely,
Joseph Needham

[Copy of a letter to Brooke Crutchley, University Printer, 1952-08-17, GBR/1928/NRI/SCC1/1/2/19. Needham Research Institute.]

成本核算

按照剑桥大学出版社的管理程序，印刷厂需要根据作品的内容，与作者协商之后，确定一个版式（layout）设计；然后根据这个版式设计的版心大小、字体字号、行间距等规格，可以大致推算出来书稿所需的内文页码；根据这个推算出来的页码，印刷厂可以大致估算出一本书的生产成本。

其实早在 1952 年 1 月 15 日，印刷厂就已经初步测算了 SCC 第一卷的生产成本。

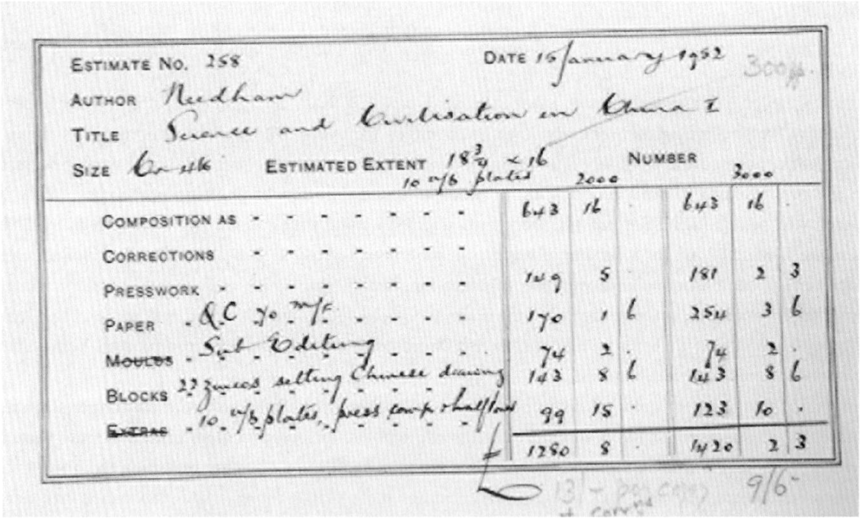

图 7-10 SCC 第一卷的核价单[①]

图书的生产成本包括两类：一类是在印刷之前发生的、与印刷数量无关的固定成本，包括编辑、排版、制图、校对等费用；另一类是与印刷数量直接相关的成本，包括纸张、印刷和装订的费用，叫作可变成本。

---

① CUP Needham archives UA Press 3/1/5/1474_folder3_SCC (1948-95).

SCC 第一卷有 300 页，前期的固定成本包括：

排版费用（composition）：643 镑；

文字编辑（sub editing）：74 镑；

中国图画插图的锌版制版费：143 镑。

可变成本包括：

印刷费（presswork）：149 镑/2 000 本；181 镑/3 000 本。

纸张（Paper）：170 镑/2 000 本；254 镑/3 000 本。

黑白图版（10 w/b plates）：99 镑/2 000 本；123 镑/3 000 本。

汇总之后，生产 2 000 册的总成本是 1 280 镑，平均 0.64 镑/本；生产 3 000 册的总成本 1 420 镑，平均 0.473 镑/本。由此可见，一本书生产的数量越多，平均到每本书上的综合成本也就越低。

通常一本书的销售定价大约是生产成本的三到五倍，这样 SCC 第一卷的零售定价大约是 2 到 3 镑之间。[①]

金斯福德先生本可以尽早告知李约瑟这一结果（参见第 220 页"1952 年 1 月 28 日"的信），但不知道具体什么原因，也许是需要等待印刷厂克拉奇利先生的最终确认，在整整拖延了一年之后，到 1953 年年初的时候，他才写信告知李约瑟这一核算结果和剑桥大学出版社愿意提供的版税条件（信的内容如下）。在此之前，李约瑟已经多次写信催促出版社，既然书稿都已经交到了印刷厂，能否先签订一个哪怕是笼统点的合同呢？

亲爱的尼达姆：

《中国的科学与文明》

我现在拿到了一个出版第一卷的相当准确的成本估计，还有一个样张和我们的格式要求，我随函附上。我已经询问了理事会关于拟提供给您的条件，他们很乐意支付您销售图书的 10% 的版税。这本书将不可避免地是一本造价昂贵的书，也是一本难以定价的书，虽然理事会通常会在销售达到了一定的量之后把给作者的版税从 10% 提高到大约 15%，但在目前这种情况下，他们觉得给您 10% 的固定版税（flat rate）比较合理。

---

① 说到这里，我们还需要知道那个时候英国的货币体系与今天的不同。在 1971 年进行货币的十进位制改革之前，1 英镑等于 20 先令，而 1 先令又等于 12 便士。在 1953 年，3 英镑的零售价格，大约相当于 2020 年的 85 镑。英格兰银行的历年通货膨胀率换算，请访问 www.bankofengland.co.uk/monetary-policy/inflation/inflation-calculator。这个价格不可谓不高，其中一个很明显的原因是插图造成的。

我预计首印数将不会少于 2 000 册，我希望在作出最后的决定之前，我们可以争取把首印数再提高一些。这一卷将有大约 300 页，看起来定价将会落在五十先令到六十先令之间。我不知道这个价格是否会打击到您。降低它的唯一方法，是您能从其他方面争取到出版资助或补贴（如果您有什么中国方面的资金可以争取的话），但除非您可以为其他卷也争取到同样的补贴，否则没有必要只为第一卷争取补贴。当然，如果您愿意接受 500 本后起算版税的条件，也能帮助我们稍稍降低一点零售的价格。理事会根据原则认为，您理当从所有的销售中获得版税，所以对于他们而言，他们不希望极力要求您接受这后一个建议。

如果有任何事情您想要商谈的，不要犹豫来找我就行。

您诚挚的，
金斯福德
1953 年 1 月 31 日 ①

---

① 31st January, 1953.
Dear Needham,
       Science and Civilisation in China
I have now got a pretty accurate estimate of the cost of producing the first volume and the style of the specimen pages, which I enclose, and I have consulted the Syndics about the terms to be offered to you. They will be glad to pay you a royalty of 10% on each copy sold. It will inevitably be an expensive book to produce and a difficult one to price and although the Syndics normally like to increase the rate of royalty from 10% to perhaps 15% after the sale of a certain number of copies they felt that in this case it is not unreasonable to offer you a flat royalty of 10%.
I anticipate that we shall print not less than 2 000 copies and I hope that before the time comes to make the final decision we may feel able to print more. It looks as though the price will lie between fifty and sixty shillings for the volume which will be about 300 pages. I do not know how this price will strike you. The only way of reducing it would be by your getting a subsidy if there were any China fund to which you could turn, but there would be no point in your getting a subsidy for the first volume unless you could do the same for the others. It would, of course, also help us to make some small reduction in the price if you felt inclined to accept a royalty starting only after the sale of say the first 500 copies. The Syndics feel in principle that you ought to have a royalty from the start of the edition and for their part they do not wish to press this latter suggestion.
If there is anything you would like to talk over do not hesitate to come and see me.
Yours sincerely,
Kingsford
[CUP Needham archives UA Press 3/1/5/1474_folder3_SCC (1948-95)]

装帧设计

随着战后经济的复苏，流行风尚与战争期间乃至战前都有所不同，此时剑桥大学出版社出版的图书，从装帧设计上也与过去不一样了，开始采用彩色印刷的封面。负责封面设计的是弗兰克·肯登。李约瑟也想要一个彩色的封面，来为自己的图书添上点色彩，但肯登的答复直截了当，内容如下：

亲爱的尼达姆，

伯比奇给我说了，您想用一个四色印刷的中国图画来作第一卷的卷首插画。在这张便条中，我还不能给您明确的答复，因为我必须首先考虑到这可能涉及到成本的增加，以及它对图书定价的影响。同时，您应该已经收到了金斯福德先生1月31日的信函，关于我们打算给您的条件以及可能的定价，以及两个试图降低定价的方法的建议，即

（a）为本书争取到一项补贴资助，

（b）降低您的版税率。

显然，对这些建议的答复将会关系到您的书是否能用彩色封面的问题。您对金斯福德的信有什么考虑吗？

您诚挚的，
弗兰克·肯登
1953年2月17日[①]

---

① 17 February, 1953
Dear Needham,
Burbidge has passed on to me word of your request for a four-colour reproduction of a Chinese picture for a frontispiece to Volume I. In this note I can't give you the definite answer, because I must first go into the cost that this addition would involve, and the effect on published price. Meanwhile you have Kingsford's letter of January 31st proposing terms, and indicating probable published price, and putting forward two suggestions for methods that could be tried for reducing the price, i.e.
(a) your getting a subsidy to help with the whole work, and
(b) a possible reduction of your rate of royalty.

肯登并不知道，其实就在一天前，李约瑟刚刚给金斯福德写了一封要求保密的信件，讨论到为 SCC 申请资助的问题，他决定接受出版社提出的条件，并要求签订合同或协议。

（保密）
亲爱的金斯福德：

我必须感谢您1月31日那封好心的信，因为没有早点回复，我感到抱歉。

可以这么说，我从一开始就对理事会所建议的10%的固定版税比例感到十分满意。

考虑到目前可以比较的图书的价格，在我看来，您提到的可能的定价似乎一点也不过分，但如果能够把定价降低些，从任何角度来讲，都肯定是我非常想要的。为了能够达到这个目的，我应该考虑放弃前500册销售中的版税的可能性。不过，在做出最后决定之前，显然我们应该探讨一下任何可能获得资助的来源。

在认真思考过这个问题之后，我相信有一两个基金会可能会对此有兴趣。我不想就此事与大学中国委员会联系，因为他们以前曾资助过我的研究助理，而我以后可能还得请求他们继续资助。在目前情况下，还有一个基金会也受到限制，即"英国对华联合援助"（British United Aid to China），尽管我会尝试，但我怀疑他们的章程是否会涵盖这类的资助。我不知道任何其他的与中国事务有关的基金会了。

然而有另外两个机构是相关的：维康信托会（Wellcome Trustees）和汽巴信托会（Ciba Trustees），都是与科学和医学史有关联的。他们应该会非常感兴趣。我已经着手了解情况了。我不知道，资助一本出版物会对他们有多大吸引力（因为不管资助与否，反正书都会出版），我想他们的支持应该能够在书中的一个突出位置给予承认。

Clearly the answers to these suggestions will have bearing on the possibility or not of a colour frontispiece. Have you any comments yet on Kingsford's letter?
Yours sincerely,
F. H. Kendon
[CUP Needham archives UA Press 3/1/5/1474_folder3_SCC (1948-95)]

我想要借此机会提醒您，出版社和我之间还没有签署任何合同或协议，哪怕只是很宽泛的条款呢，难道我们不应该尽快签订一个吗？

您真诚的，

约瑟夫·尼达姆

1953 年 2 月 16 日①

一边是李约瑟在积极争取出版资助，一边是肯登需要花时间思考如何设计 SCC 的彩色封面。

剑桥大学印刷厂的主要业务是印刷图书和考试卷子，以凸版铅印为主，并没有彩印设备，所以四色印刷的产品，都还要采取委托其他印刷厂代为加工。肯登联系的一家彩印厂是伦敦的科文印刷公司（The Curwen Press）。经过多次往返信函讨论如何制作 SCC 的护封，又经过多次实验之后，他们最终确定了一种可以一举多得的方法。

肯登的构想是设计出来一种可以在 SCC 各卷通用的护封，由科文印刷公司印出彩色的底纹，这样一次可以多印一些。后续再根据每一卷出版时的装订数量的需要，

---

①   16th Feb. 1953

Confidential

Dear Kingsford,

I have to thank you for your kind letter of the 31st Jan., and I owe you an apology for not having answered it earlier. I may say at the outset that it will be quite satisfactory for me to agree upon a flat rate royalty of 10% as the Syndics suggest.

While the probable price which you mention does not seem to me at all excessive, having regard to current and comparable book prices, it would certainly nevertheless be very desirable from all points of view if it could be made lower. In order to help in this way, I should be prepared to consider the possibility of foregoing any royalty on the first 500 copies. Before deciding this definitely, however, it would obviously be best to explore any possible sources of a subvention.

Having thought this matter over fairly carefully, I believe that there are one or two foundations which might be interested. I should not wish to approach the Universities' China Committee in the matter, as they formerly supported my research assistant, and I may have to ask them again to do so. There is another fund which is also inhibited, under current conditions, from spending, namely the British United Aid to China, but although I shall try them, I doubt whether their statutes would admit of the aid required. I do not know of any other foundation especially concerned with China matters.

Two other bodies are relevant, however, the Wellcome Trustees and the Ciba Trustees; both come into the picture on account of the history of science and medicine, in which they are strongly interested. I have already instituted enquiries. How far a grant in aid of a publication which would otherwise take place anyway, would appeal to them, I do not know, but I suppose such help could be acknowledged in a very prominent place in the book.

I might take this opportunity of reminding you that still no contract or agreement has been signed between the Press and myself. Ought this not to be done, even if only in very broad terms, some time soon now?

Yours sincerely, JN[CUP Needham archives UA Press 3/1/5/1474_folder3_SCC (1948-95)]

由剑桥大学自己的印刷厂进行第二次印刷,在这个底纹之上加印黑色的书名和卷号。这种安排不仅能够因为加大印量而降低了单价,还可以在一个印版上多出来的地方额外安排6个页码的SCC宣传页。①

在图书装帧设计上肯登做了很多尝试,他给李约瑟的信如下:

亲爱的尼达姆,

我想要从哈兰那里借走那幅大的壁画,那上面有一个拿着钢矩的家伙。我们的结论是:您的(中文和英文)双书名页用黑色和红色相配,上来给人的感觉最好。我现在确定地认为,这本书的封面图案如果用彩色印刷,带来的好处不足以弥补额外的成本,并不能带给人相应的奢华感。但是我想我们能用这幅挂图的图案作一个彩色的护封,我还要继续试验。我能直接向哈兰要吗?还是您来问他?当然,我在借用期间一定会非常小心的。

您真诚的,
弗兰克·肯登
1953年6月15日②

沃尔特·布赖恩·哈兰(Walter Brian Harland, 1917—2003)是一位地理学家,李约瑟的好朋友。他也是冈维尔-凯斯学院的毕业生,1942年至1946年间在中国成都的华西协合大学任教。这幅彩绘卷轴就是他从中国带回来的。这幅画并非文物,年代不详,原本可能是挂在某个道观里面的。令李约瑟格外欣赏的是那上面画的人物和物件。

---

① CUP Needham archives UA Press 3/1/5/1474_folder3_SCC (1948-95)
② 15th June, 1953
Dear Needham,
I should like to borrow from Harland the big wall picture that shows the fellow with the steel squares. We have concluded that your double title pages (Chinese and English) in black and red will form the best beginning of your volumes. I am now definitely of opinion that the book's advantages from frontispieces in colour would not really be great enough to justify the luxury of the extra cost; but I think we can use the wall picture as a jacket for the series, and I should like to go on with this experiment. Shall I apply to Harland or will you? I shall of course take great care of it while we have it.
Yours sincerely,
Frank Kendon
[Letters from John Dreyfus, Assistant University Printer and F. H. Kendon, Assistant Secretary of Cambridge University Press about the title pages for 'Science and Civilisation in China', 1953-05-27-1953-06-18, GBR/1928/NRI/SCC1/1/2/26. Needham Research Institute.]

图 7-11 道教人物的彩绘卷轴

李约瑟对哈兰的这幅道教人物的彩绘卷轴极感兴趣，他曾试图考证那些画中人物的名字和他们手里拿着的器物是什么，可惜并不成功。这几乎是个不可能完成的任务，道教修炼成仙的传说虽然不少，但真能找到历史线索的人物却不多。最终李约瑟只能推测出来其中几个人的名字，亦不免牵强。

李约瑟留下了一个尚未完成的笔记：

> 刘天君：刘俊（+340 晋）
> 谢天君：谢什荣（+630 唐）
> 高元帅：高员
> 庞元帅：庞乔（+193 汉）
> 辛天君：辛兴
> 温元帅：环子玉
> 苟元帅：雷公；辛兴
> 毕元帅：田华
>
> 尚不能确定的有：辛元帅、刘元帅，除非他们和前面的两个人是相同的人。
>
> 前面两位中的一个拿着测量用的矩（the measuring square），最好能做成彩色的封面图。挂轴中展示的机械物件可用于工程卷中；也可用于天文卷中 +940 年的星图。①

在肯登选定了这幅图作为封面背景图之后，李约瑟又为之起草了一段封面图的文字说明，计划放置在书名页之前。

从这些保留下来的档案中，我们可以看到开始的一个点子和一幅画，是如何一步步地经过作者、编者的手，最终变成了 SCC 的一部分。肯登把这幅彩绘用在护封上，处理成了靛青的颜色，一眼望去就能够给人留下深刻的印象。而他坚持在封面上使用黑白的图案，确实更有眼光。他努力让 SCC 给人的感觉是经典的，而非时尚的。

---

① Descriptions of the picture of the Taoist Genii used as the frontispiece for 'Science and Civilisation in China', and related notes, 1954-01-1954, GBR/1928/NRI/SCC1/1/2/39. Needham Research Institute.

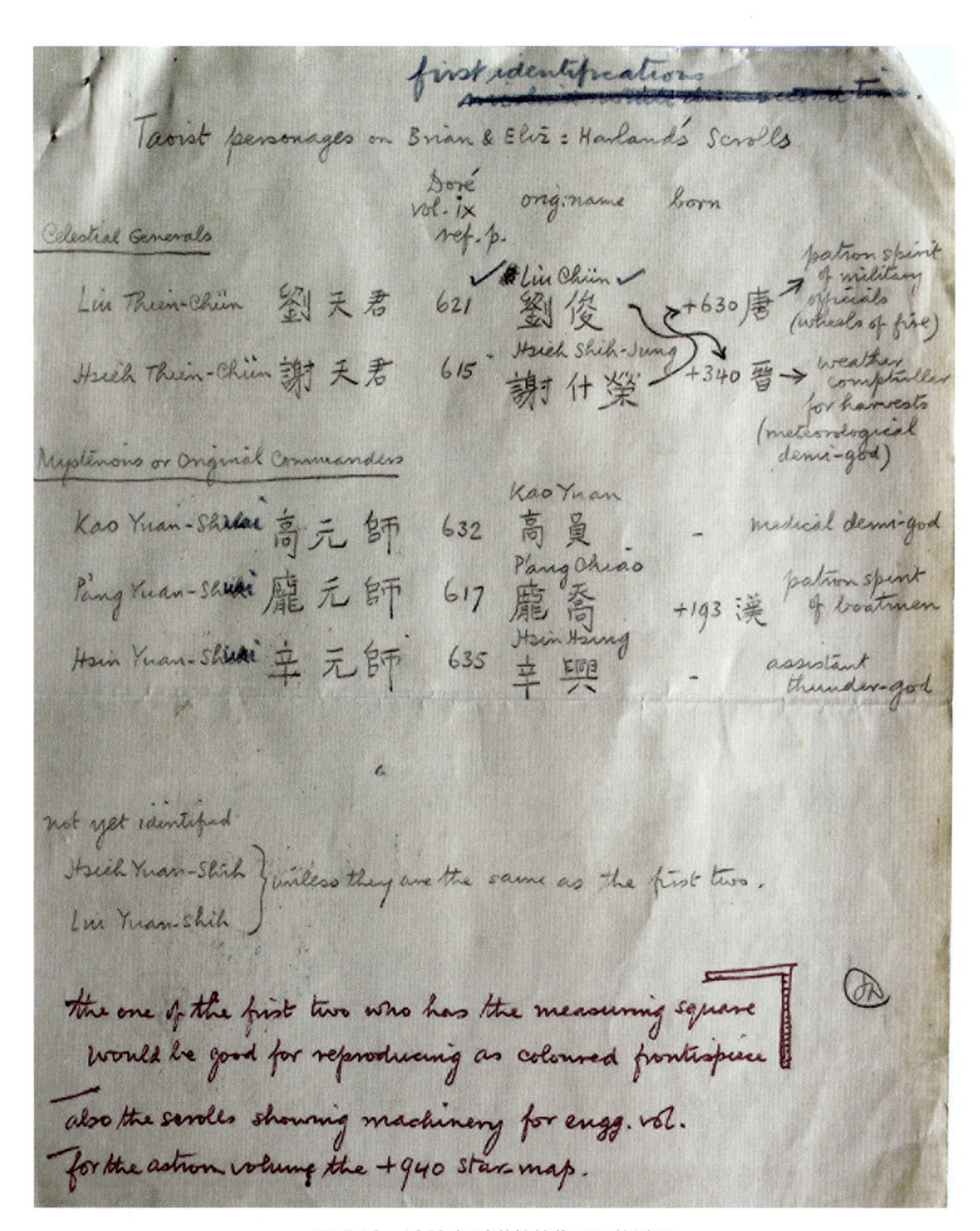

图 7-12　1952 年对道教绘像手写的说明

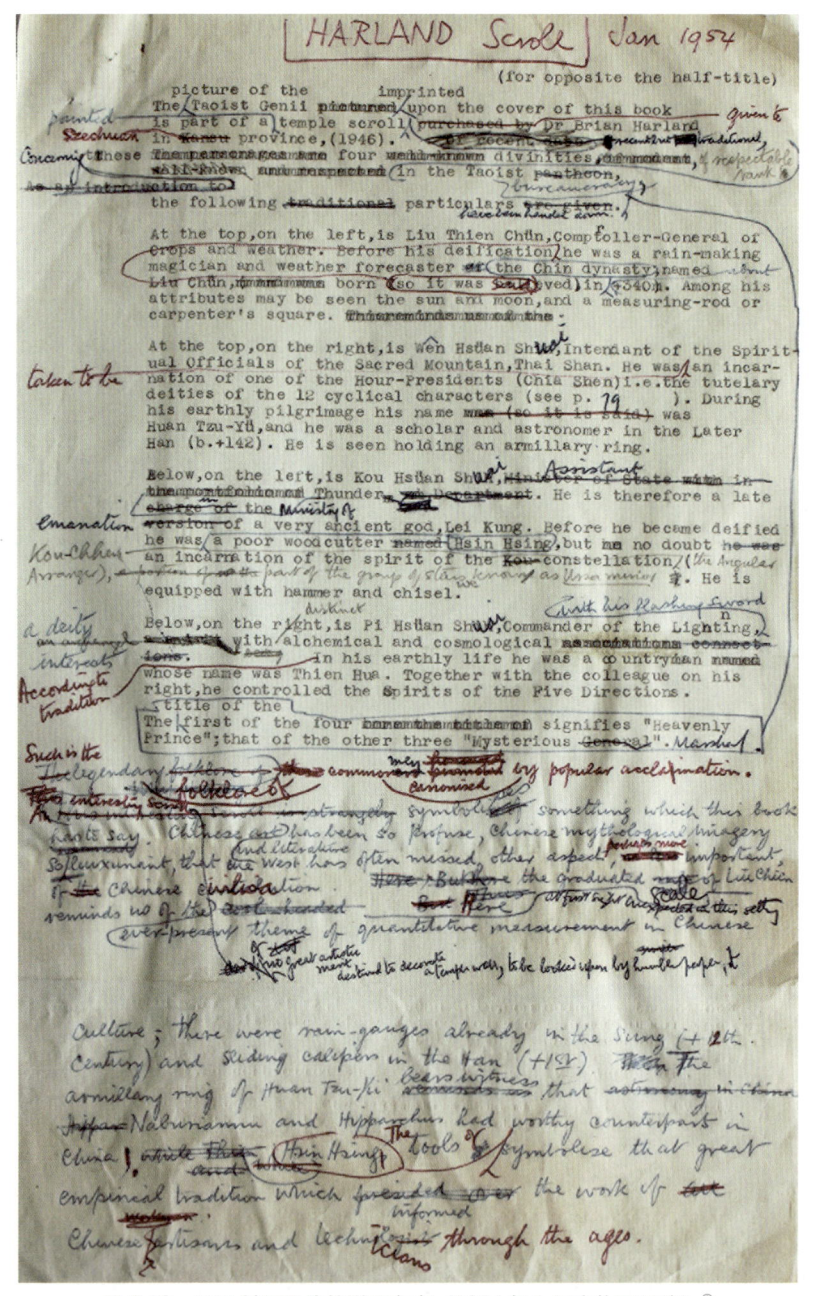

图 7-13　SCC 封面图片的说明文字（1954 年 1 月李约瑟手稿）[①]

---

① Descriptions of the picture of the Taoist Genii used as the frontispiece for 'Science and Civilisation in China', and related notes, 1954-01-1954, GBR/1928/NRI/SCC1/1/2/39. Needham Research Institute.

THE PICTURE OF THE TAOIST GENII PRINTED ON THE COVER of this book is part of a painted temple scroll, recent but traditional, given to Mr Brian Harland in Szechuan province (1946). Concerning these four divinities, of respectable rank in the Taoist bureaucracy, the following particulars have been handed down. The title of the first of the four signifies 'Heavenly Prince', that of the other three 'Mysterious Commander'.

At the top, on the left, is Liu *Thien Chün*, Comptroller-General of Crops and Weather. Before his deification (so it was said) he was a rain-making magician and weather forecaster named Liu Chün, born in the Chin dynasty about +340. Among his attributes may be seen the sun and moon, and a measuring-rod or carpenter's square. The two great luminaries imply the making of the calendar, so important for a primarily agricultural society, the efforts, ever renewed, to reconcile celestial periodicities. The carpenter's square is no ordinary tool, but the gnomon for measuring the lengths of the sun's solstitial shadows. The Comptroller-General also carries a bell because in ancient and medieval times there was thought to be a close connexion between calendrical calculations and the arithmetical acoustics of bells and pitch-pipes.

At the top, on the right, is Wên *Hsüan Shuai*, Intendant of the Spiritual Officials of the Sacred Mountain, Thai Shan. He was taken to be an incarnation of one of the Hour-Presidents (*Chia Shen*), i.e. tutelary deities of the twelve cyclical characters (see p. 79). During his earthly pilgrimage his name was Huan Tzu-Yü and he was a scholar and astronomer in the Later Han (b. +142). He is seen holding an armillary ring.

Below, on the left, is Kou *Hsüan Shuai*, Assistant Secretary of State in the Ministry of Thunder. He is therefore a late emanation of a very ancient god, Lei Kung. Before he became deified he was Hsin Hsing, a poor woodcutter, but no doubt an incarnation of the spirit of the constellation Kou-Chhen (the Angular Arranger), part of the group of stars which we know as Ursa Minor. He is equipped with hammer and chisel.

Below, on the right, is Pi *Hsüan Shuai*, Commander of the Lightning, with his flashing sword, a deity with distinct alchemical and cosmological interests. According to tradition, in his earthly life he was a countryman whose name was Thien Hua. Together with the colleague on his right, he controlled the Spirits of the Five Directions.

Such is the legendary folklore of common men canonised by popular acclamation. An interesting scroll, of no great artistic merit, destined to decorate a temple wall, to be looked upon by humble people, it symbolises something which this book has to say. Chinese art and literature have been so profuse, Chinese mythological imagery so fertile, that the West has often missed other aspects, perhaps more important, of Chinese civilisation. Here the graduated scale of Liu Chün, at first sight unexpected in this setting, reminds us of the ever-present theme of quantitative measurement in Chinese culture; there were rain-gauges already in the Sung (+12th century) and sliding calipers in the Han (+1st). The armillary ring of Huan Tzu-Yü bears witness that Naburiannu and Hipparchus, al-Naqqās and Tycho, had worthy counterparts in China. The tools of Hsin Hsing symbolise that great empirical tradition which informed the work of Chinese artisans and technicians all through the ages.

图 7-14 正式出版的 SCC 封面图片的说明（印刷）

修改问题

剑桥大学出版社的铅字排版和校对程序分为两个阶段：首先排出来的一份是纯文字清样，这叫作长条校样，进行第一次校对；文字都修改无误后，才开始进行页面排版，添加页眉、页脚，把文字和图片置入版心中相应的位置，加上页码、脚注后，再印出来一份清样校对，这个叫作页码校样。①

校对工作是消灭掉错误的最后一道关卡，所以它对出版社来讲很重要，但这项工作十分枯燥，需要格外耐心和细致。作者自己看稿件的时候，不容易找出错误，所以校对工作必须有劳另外的人来做。

李约瑟说："除了王铃先生和剑桥大学出版社非常友好又极为认真的同事们……只有一个人曾经在本书出版之前逐字逐句地阅读过……这就是我的妻子多萝西·尼达姆（Dorothy Needham）博士（英国皇家学会会员）……她为本书改正的地方不胜枚举。"②

语言所表达的内容，一旦变成有形的文字落在纸面上，它就成为了一个实体，独立于其创作者，可以被反复阅读、反复修改。文字创作的第二步，就是一个不断修改的过程。很快出版社和印刷厂就发现，交稿之后的李约瑟仍然会在校对稿上不断修改内容，这让出版社和印刷厂都大为光火。

我们知道印刷清样的校对主要是为了发现和改正排版过程中可能产生的与原稿不符的那些错误，并不能像编辑阶段那样可以对内容进行大幅度的修改，否则对于印刷厂来说就意味着前面很多排版和校对工作等于白干，而对于出版社来说，过高比例的修改必然会带来成本费用的增加和出版周期的延长，直接影响到图书盈利的预期，于是出版社的编辑弗兰克·肯登先生不得不写信告知李约瑟这个问题的严重性。信的内容如下：

---

① Judith Butcher, *Copy-Editing, the Cambridge Handbook* (Cambridge: Cambridge University Press, 1975), p.61.
② 李约瑟：《中国科学技术史（第一卷　导论）》，科学出版社、上海古籍出版社，1990年，第12页。

亲爱的尼达姆：

我们收到了您改正后的长条校样。我们要求印刷厂给估算一下修改所需的费用，但得到的答复是："这根本不可能，很多文字将不得不重新录入和重新铸造铅字，没办法估算费用。看来作者很可能已经超出了可以修改的额度。"

金斯福德和我觉得，<u>现在</u>知道这一点对您很重要。第二卷可不能进行同样幅度的修改了；如果仍然要这么改，整个作品的出版将会陷于危险的境地。如您所知，我们正在接近预算的极限，意外的或无法估量的费用很容易造成超支，所以我希望您能预先保证，第二卷的书稿在进入排版环节<u>之前</u>尽可能做到准确。

您诚挚的，

弗兰克·肯登

1953年8月10日 [1]

出版社的来信中用下画线强调了"现在"和"之前"这两个词，颇有对李约瑟在这个阶段还不断修改内容的怨气。

接到肯登这封信的时候，正是暑假期间，李约瑟刚参加完在以色列举办的世界科学史大会，还在法国度假，他不待返回剑桥，就赶紧给肯登回信。

法国郎格多克省纳博讷大饭店

亲爱的肯登：

您10日的信已经送到了我这里，我从以色列耶路撒冷召开的国际科学史大会回来后，正和妻子在这里享受暑季假期。

听到您说第一卷的长条校样有太多的改正，我感到非常遗憾。听说印刷厂

---

[1] 10th August, 1953

Dear Needham,

We have received your corrected galleys. We asked the Printer to let us have an assessment of the cost of these, but the reply is: "Impossible, much will have to be re-Keyboarded and cast, no values can be given to the work. It seems highly probable that the author will exceed his allowance."

Kingsford and I feel that it is important for you to know this now. It is imperative that Volume II should not undergo the same extent of corrections; if it should, then the very publication of the whole work would be imperilled. As you know, we are working to a very close budget, easily overset by unexpected or incalculable charges, so I hope you will assure yourself, beforehand, that the MS of Volume II is as accurate as possible before it gets into type.

Yours sincerely,

Frank Kendon

[Correspondence with Frank Kendon, Assistant Secretary, Cambridge University Press about the correction of the galley proofs of 'Science and Civilisation in China, Volume 1', 1953-08-10-1953-08-26, GBR/1928/NRI/SCC1/1/2/27. Needham Research Institute.]

报告很多内容必须重新录入,我有点惊讶,因为:(a)我已经尽可能地避免去影响已经排好的文字,尽量插入若干新的段落,这些段落我知道是需要键盘录入的,但不是重新录入;(b)我想部分梵文和阿拉伯文的变音符号并不会是严重的问题,因为它们可能已经由排字工手工插入进去了,无论如何也不会用到键盘录入。

1953 年 8 月 26 日

(李约瑟说,修改的内容当然是需要录入的,但这并不是重新录入。有些特殊的地方需要修改,完全可以手工排版,也不会存在键盘录入的困难。李约瑟说得对,也许这是实情,但排版工作毕竟不是由他亲自来做的,而对于一个排字工来说,除非是发现自己排版的错误而有修改的必要,否则其余的改动都不是他们分内的事情,也不是他们希望见到的。

前面我们讲过,印刷行业为了提高生产效率,已经普遍采用了新式的排字机器。这种叫作"莫纳铸排机"的机器是通过键盘录入纸带,然后由纸带控制机器自动完成一个字一个字的铸造,速度比传统的手工排版挑拣铅字快多了。但是使用机器排字也有一个明显的弊端,修改将会变得非常麻烦。如果是机器铸字后改由手工排字来修改,就等于是退回到了手工操作的阶段,还不如在机器上重新录入的速度来得快。因此,在实际操作中,熟悉机器排字的工人宁愿选择将有文字修改的一整段直接重新录入。

还有一个因素我们不可不考虑到,由于剑桥大学印刷厂的改革,实行了按标准工作量的核算办法,如果工作得慢了,会直接影响到工人的收入,而对于复杂的修改任务,印刷厂根本不可能制定出一个合理的标准的工作量来,所以选择重新录入,也有利于简化车间和工人的工作量核算。当然,这些并不是一个作者应该操心的问题。)

无论如何,我希望您不至于为后续的各卷而担心。第一卷特别困难是因为:(a)在这样一部大部头的著作开始之初,我发现,任何人处于同样的情况,都会很难一下子建立并维持所有的技巧和规范,而这些技巧和规范将是确保这部著作成为一个整体所必须的;(b)因为第一卷包含了介绍性的材料,即对于一个相当宽泛的领域需要给出一个概括性的介绍,所以它必须足够的浓缩精练,既要恰到好处地强调,又不能长篇大论,这个问题变得非常尖锐;(c)在决定每卷都应有自己的参考书目之后,从主要的索引卡片中挑选出第一卷所需要的参考书目卡片这个问题,伯比奇和我未能解决得很好(而对于第二卷,我们安排了第三个人来帮助我们完成,所以进行得相当顺利)。

（李约瑟解释了第一卷内容修改较大的客观原因，同时也承认他和伯比奇先生没有完全解决好用索引卡编制参考书目的技术问题，本想"事半功倍"，却产生了"事倍功半"的影响。[①]）

关于第二卷和第三卷，可以从以下事实来判断一些事情，即至少在18个月之前我就已经准备好了这两卷的手稿，却几乎没有出现不得不添加或修改其中内容的情况；只有关于数学章节中的某些地方，在最终交付印刷之前，还会有一些可以预见的修改。

我想借此机会让您和金斯福德先生都知道，我正在不断地寻求一项资助，来补贴图片的成本（很可能能够恢复我以前放弃掉的头500本的版税）。即便是在以色列会议期间，我也采取了一些步骤，想法接触那里的一个基金会。

这封信我一回到英国就寄给您，以防这里的邮政罢工会导致它误入歧途。

您诚挚的，

约瑟夫·尼达姆[②]

---

① 此后为了便于编制参考书目，李约瑟又将他的图书书目卡片复制了一份，做成了一套"影子卡片"，专门用于向印刷厂传递，而且安排专人来整理，这样才达到了原来所设想的"事半功倍"的目的。

② Grand Hotel, Narbonne (Languedoc)

26th August, 1953

Dear Kendon,

Your letter of the 10th has reached me here, where I am enjoying a holiday with my wife after returning from the International Congress of the History of Science at Jerusalem, Israel.

I am extremely sorry to hear that there were too many corrections on the galleys of volume one. I am a bit surprised to hear that the printer's department reported that much would have to be re-keyboarded, for (a) I had avoided as much as possible interfering with already set text, and had rather inserted several new paragraphs which I knew would need keyboarding, but not re-keyboarding; (b) I thought that the accents of Sanskrit and Arabic words would not be serious as they would probably have been inserted in hand by the compositor and not keyboarded anyway.

In any case, I am anxious that your minds should now be set at rest concerning the subsequent volumes. Volume one was particularly difficult for, among others, the following reasons (a) at the beginning of so large a work I found it, as probably anyone would in the same situation, very hard to establish and maintain all the conventions and techniques which would be needed as the work as a whole took shape, (b) since volume one contains introductory material giving a general outlook over an exceedingly wide field, it has to be very compressed, and the problem of giving just the right emphasis where one cannot explain at length was particularly acute, (c) Burbidge and I failed to overcome satisfactorily the problems involved in selecting from the main card index the series of reference cards which were needed in volume one, after it had been decided that each volume should have its own bibliography—(for volume two we took on the help of a third person and did it, I believe, quite satisfactorily).

Regarding volumes two and three one may judge something from the following fact, that I have now had the typescript ready for at least eighteen months in both cases, yet have hardly had to add or change anything in it. Only in the case of the mathematics chapter will there be any appreciable alterations before it is finally passed for printing.

李约瑟对于自己交稿的时间长达 18 个月,而今图书仍未出版,自己却不能添加或修改,多少有点对印刷厂排版能力的不满。

李约瑟强调了他正在为图书出版谋求补贴资金,以恢复自己放弃掉的前 500 本的版税。这句话可以起到一举两得的效果,一方面表明了自己也在想办法帮助出版社解决费用问题,另一方面又提醒出版社别忘了自己曾经做出过的牺牲,让出版社不要太计较金钱方面的问题了。

这封信写好后,并没有立即从法国寄出,因为当地的邮政正在进行罢工,所以李约瑟是在结束度假返回英国后从剑桥寄出的,邮戳上并非法国的邮局,但到达肯登手中的时间实际更快。

I should like to take this opportunity of informing Kingsford and yourself that I am continually pursuing the question of obtaining a subvention to aid in the cost of the illustrations (and presumably to restore my surrendered royalties on the first 500 copies). I even took some steps while in Israel, approaching a Foundation there.

This letter I shall copy to you as soon as I return to England, in case the postal strike here should cause it to go astray.

Yours sincerely,

Joseph Needham

[Correspondence with Frank Kendon, Assistant Secretary, Cambridge University Press about the correction of the galley proofs of 'Science and Civilisation in China, Volume 1', 1953-08-10-1953-08-26, GBR/1928/NRI/SCC1/1/2/27. Needham Research Institute.]

汉字铅字

就在李约瑟的书在剑桥大学印刷厂开始排版不久,汉字铅字的情况又发生了一些变化,突然成为了一个制约 SCC 出版的紧迫问题。

原来中华印刷公司的老板顾劾中是子承父业,他的父亲原本打算为旅居西欧的华人团体出版一份中文报纸,所以从中国进口了一批汉字铅字的字模,但这一计划后来落空了,迫使原本想要作一名工程师的顾劾中不得不转而投身这个家族企业的经营。在英国从事中文印刷的生意并不红火,所以他一直想着卖掉这些铅字和设备,找一份自己更喜欢的工程师的工作。

印刷厂经营上的困难让顾劾中最终下定了决心,他开始对外报价 5 000 英镑寻找可能的买主,就在 SCC 第一卷进行排版的节骨眼上。由于在英国本地找到感兴趣的买主并不容易,他也在寻求欧洲其他国家的潜在购买者。一旦顾劾中如愿解决了困扰他自己的问题,李约瑟担心那将会给 SCC 的出版带来致命的麻烦。如果中华印刷公司的那些铅字被卖到了其他国家,李约瑟在英国本地便再也找不到自己需要的汉字铅字了。于是为了确保 SCC 汉字铅字的持续供应,李约瑟不得不考虑对顾劾中施以援手。

在英国的汉学学术圈中,李约瑟开始施展他独特的外交才能,广泛寻求支持,希望能扶持中华印刷公司的业务,使之持续经营下去,或者能筹集足够的资金买下他的整套铅字,甚至是整个印刷厂。

在牛津方面,李约瑟在 1952 年 10 月首先写信给牛津大学的亨利·斯波尔丁(Henry Spalding)先生,想请他资助收购中华印刷公司的汉字铅字。[1] 这位斯波尔丁先生是一位有钱的慈善家,曾捐资为牛津大学设立过一个汉学教授的职位,他的弟弟肯尼思·斯波尔丁(Kenneth Spalding)也是一位研究东方哲学的汉学家。

亨利·斯波尔丁在咨询了牛津大学出版社的印刷厂后表示爱莫能助,因为牛津

---

[1] 参见李约瑟致亨利·斯波尔丁的信。[Correspondence about facilities for printing Chinese founts in England, 1952-10-01-1953-11-07, GBR/1928/NRI/SCC1/1/3/1. Needham Research Institute.]

已经有了两套汉字字体，每种字体有 6 千个汉字之多，其中一套字模还铸造出了铅字，仍很少使用，不可能再购买另一套汉字铅字字模。①

在给亨利·斯波尔丁写信求助无果的一年之后，1953 年的 10 月，李约瑟又一次写信给斯波尔丁先生的弟弟肯尼思·斯波尔丁，表达了自己的担忧，恳请他施以援手：

> 我们在几家感兴趣的合作方之间进行了很长时间的洽谈。剑桥大学出版社需要使用这批汉字铅字，也有足够的地方来储存，他们愿意投资 1 000 镑，联合其他的 4 家出版商来共同购买这批铅字，共同使用、共享收益。但是很遗憾，只有一家英国的出版商真正感兴趣，愿意参与这个计划，这就是出版布鲁诺·辛德勒②（Bruno Schindler）博士主编的《亚洲学刊》杂志的伦德·汉弗莱斯（Lund Humphries 公司，以下简称 LH 公司）。因此，我们仍然面临一种可能，顾先生有可能会接受荷兰、比利时或德国的一些出版商的购买意向，那将会导致这批漂亮的汉字铅字流失到英国之外。③

肯尼思·斯波尔丁再次向牛津大学询问，得到的答复与一年前一模一样，牛津大学的印刷厂认为自己并无购买和拥有中华印刷公司汉字铅字的必要。④

在剑桥方面，李约瑟在 1952 年 10 月通过剑桥大学的印刷商布鲁克·克拉奇利先生咨询英国外交部，希望能够获得政府的支持，结果英国政府和英国文化协会（British Council）都无意帮助这家中华印刷公司的业务经营，克拉奇利也感到此事难办，他告诉李约瑟：

---

① 参见亨利·斯波尔丁致李约瑟的信。[Correspondence about facilities for printing Chinese founts in England, 1952-10-01-1953-11-07, GBR/1928/NRI/SCC1/1/3/1. Needham Research Institute.]
② 辛德勒，即布鲁诺·辛德勒（Bruno Schindler）博士是剑桥大学委托保管汉字铅字的 Lund Humphries 公司承印的《亚洲学刊》杂志的主编。
③ Prolonged negotiations have therefore been going on among those interested. The Cambridge University Press has ample space to house these founts and use them, and is willing to put up £1 000 to join together with four other publishers for joint use of the type, and on a profit-sharing basis. Unfortunately, only one other British publisher, Messrs Lund Humphries, who produce the sinological journal 'Asia Major', edited by Dr Schindler, has been willing to take part in the scheme. We are still faced, therefore, with the possibility that Mr Ku will accept some offer from Holland or Belgium or Germany, and that these beautiful types will leave our country altogether. 李约瑟致肯尼思·斯波尔丁的信。[Correspondence about facilities for printing Chinese founts in England, 1952-10-01-1953-11-07, GBR/1928/NRI/SCC1/1/3/1. Needham Research Institute.]
④ 肯尼思·斯波尔丁致李约瑟的信。[Correspondence about facilities for printing Chinese founts in England, 1952-10-01-1953-11-07, GBR/1928/NRI/SCC1/1/3/1. Needham Research Institute.]

我还没有把这个问题向剑桥大学的理事会提出来过。因为从经济的角度来讲，我还没法真心地建议他们必须购买这家印刷厂，虽然从学术的角度我知道这很重要。无论如何，我认为，重要的是使之能够在伦敦继续经营下去。一个比较合理的前景是，如果有一个排字工在那里能每周有3天的活儿的话，它就能够达到收支平衡。现在需要做的是筹集从顾先生那里购买资产所需的资金。他报价5 000镑。我觉得最有可能的情况是，我建议剑桥大学理事会，我们应该购买一个共同分享的资产中的一套铅字，这样大约需要花费1 000镑。即使整个计划失败了，我们至少还留下来了一套完整的铅字。当然，他们是否会同意这个建议，我不能保证，但是目前我肯定不能提出更大金额的投资建议。①

就在寻求各方帮助的同时，因为修改和补充SCC第一卷所要用到的汉字铅字，李约瑟一直与顾効中保持着业务上的密切联系。两个人的通信中，李约瑟并不讳言，正是汉字的原因导致了他的书在出版上的延迟。直到1954年3月中旬，顾効中才最终准备好了SCC第一卷所需的最后一批汉字。这些汉字铅字赢得了李约瑟的高度肯定，他认为这些修改后的字体已经完美无误，他兴奋地告知对方，自己期盼在8月23日剑桥举行的东方学家的国际会议之前SCC就能见书，同时也附带着试探性地询问顾効中，能否考虑单独出售SCC所用的这套10.5点的字体。②

顾効中显然没法同意单独出售一套字体的建议，但他后来还是同意把总的价格降低到3000镑。于是接下来很快就有了戏剧性的发展，各方终于达成了一致，李约瑟一年多来的努力也最终有了结果。

---

① I have not yet raised the matter with my Syndicate here. Knowing all the demands there are upon their finances at the moment, I could not conscientiously suggest that they should buy this plant, important as I believe it to be from the point of view of scholarship. In any case, the important thing, I think, is that it should be kept running in London. There is a reasonable prospect that it could be made to pay for itself with a compositor working there say, three days a week, and what is needed now is the capital to purchase it from Mr Goo. A figure that has been suggested is £5,000. The most I feel that I could propose to my Syndics is that they should buy one of the founts for a figure which would presumably be somewhere near £1,000, and leave it as it were in the pool. If ever the scheme collapsed then they would at least have a complete fount. Of course, I cannot be sure that they would agree to this but at present I certainly do not feel able to suggest any larger investment. 剑桥大学出版社印刷商布鲁克·克拉奇利致李约瑟的信. [Correspondence about facilities for printing Chinese founts in England, 1952-10-01-1953-11-07, GBR/1928/NRI/SCC1/1/3/1. Needham Research Institute].
② 李约瑟致顾効中的信. [Letter to Horace Goo of Sino Press, London, accompanying a final sheet of Chinese characters for 'Science and Civilisation in China, Volume 1', 1954-01-16-1954-03-01, GBR/1928/NRI/SCC1/1/3/3. Needham Research Institute].

这个问题的解决方式，落实在 1954 年 4 月 2 日由中文教授蒲立本（Edwin Pulleyblank）撰写的一份收购中华印刷公司资产的建议书中，李约瑟也在上面签了名。建议书不仅是几个合作方的备忘录，它还有一个更重要的目的——为了申请获得大学中国委员会的资助。报告书中说（以下为报告中摘抄的部分内容）：

尽管我们国家在战前使用汉字铅字只有非常小的需求，但在战争开始后已经有了显著增长，而且预期这种增长仍将持续。这主要是因为最近牛津、剑桥和伦敦大学（新近还包括了杜伦大学）的中文系发展的结果，在这些大学里，中文学科的教师数量已经接近 30 名。很多老师还只是刚刚开始他们的职业生涯，随着他们的成长，可以预期中文主题的出版物也会持续不断地增加……

中华印刷公司在英国近期的汉语出版物印刷市场中占据了很大的份额，而且他们的汉字铅字要比其他两家印刷厂［史蒂芬·奥斯汀（Stephen Austin，以下简称 SA）和牛津大学出版社］的好。他们有三种大小规格汉字铅字的全套铸模，分别是 8 点、10.5 点和不常用的 13.5 点大字，这些字体颇具现代感，令人赏心悦目。而 SA 公司只有一套 10.5 点的铅字，牛津大学出版社印刷厂的汉字铅字都比 13.5 点要大，而且颇为难看，已经过时……

如果中华印刷公司关门，将会带来一个严峻的问题，在这个国家我们再也找不到印刷厂能够提供这么高质量的汉字，研究中国的学术著作的出版也将受到很大的制约，这会让我们在一个学术即将大发展的时期却不得不面对所需的印刷设施正在减少的困局，而与中文相关的研究正是大学中国委员会一直在极力通过提供教席资金等方式所推动的。对于那些新的印刷需求，SA 公司肯定不愿意再承担更多的印刷任务，而牛津大学出版社的汉字铅字又不适用。

在 1954 年 3 月 11 日，SA 公司的执行董事哈里森先生、剑桥大学印刷商克拉奇利先生与伦德·汉弗莱斯公司的辛德勒博士举行过一次会议，经过协商大家一致认为，最好由大学中国委员会把中华印刷公司的汉字铅字字模购买下来，交给剑桥大学出版社进行管理。这样的话，SA 公司也同意，由 LH 公司在（剑桥北边的）布拉德福市保管和使用这批汉字，将之用于三家共同的学术和教育读物出版和其他的商业业务。……

在这种情况下，我们非常急迫地建议，必须采取一切办法来重开中华印刷公司，否则毫无疑问会对我们国家与中国文化相关的所有学科分支的越来越多的图书和文章的出版与发表造成极大的阻碍。①

1954 年 7 月 30 日,就在 SCC 第一卷即将出版之前,克拉奇利先生告诉李约瑟,由于有了大学中国委员会的资助,剑桥大学理事会也同意了收购中华印刷公司的资产。② 这批汉字铅字总值 3 000 英镑③,大学中国委员会资助一半的购买资金 1 500 镑,而克拉奇利先生则说服剑桥大学出版社与 LH 公司平分另外一半的出资,每家 750 镑。由于英国大学中国委员会只能资助非商业机构,所以这批汉字铅字只能算作剑桥大学出版社的资产,按照约定,登记在大学印刷厂的固定资产账目上,

---

① Whereas before the war there was an extremely small demand for the use of Chinese type in this country, there has been a marked expansion since the war which may be expected to increase steadily. This is mainly the result of the recent development of the Chinese departments in Oxford, Cambridge and London (and more recently in Durham) in which the total number of teachers of Chinese subjects is now approximately thirty. Many of these teachers are at the beginning of their careers and as they become established the volume of their publications on Chinese subjects is likely to grow continuously...
In addition, the Chinese type in the Sino Press is superior to that in the other two presses. It contains complete sets of matrices in 8 point, 10 1/2 point and 13 1/2 point (as well as larger sizes not required for normal use), and the type is of a modern and attractive style. Messrs. Stephen Austin possess 10 1/2 point type but not 8 point, and Oxford University Press have nothing smaller than 13 1/2 point: the Oxford type is also ugly and of an obsolete style...
The closure of the Sino Press presents a very serious problem. Quite apart from the desirability on national grounds for having available a Chinese press of the quality of the Sino Press, academic work in Chinese studies (which the U.C.C. promotes by its grants to professorial chairs and in various other ways) would be severely handicapped by a reduction in printing facilities at a time when an expansion is called for. Messrs. Stephen Austin are believed to be unwilling to undertake much work beyond their present commitments, and the Oxford type must be regarded as highly unsuitable for most purposes.
It is understood that at a meeting held on 11 March 1954 between Mr. Harrison, Managing Director of Messrs. Stephen Austin, Mr. Crutchley, University Printer of the Cambridge University Press, and Dr. Schindler, of Messrs. Lund Humphries, it was agreed that it would be very desirable if the matrices and type of the Sino Press could be acquired by the Universities' China Committee and placed in the charge of Cambridge University Press, and that Messrs. Stephen Austin would raise no objection to Messrs. Lund Humphries using it at Bradford and putting it into use for works of scholarship and educational and commercial purposes in the interest of all...
Recommendation:
In these circumstances it is urged that every possible step should be taken to reopen the Sino Press, since the loss of that Press would undoubtedly critically hamper the publication of the increasing number of books and articles being prepared in this country on all branches of Chinese culture.['Memorandum on the Sino Press' prepared by E.G. Pulleyblank, Professor of Chinese, Cambridge, 1954-04-02-1954, GBR/1928/NRI/SCC1/1/3/6. Needham Research Institute.]
② 剑桥大学出版社印刷商布鲁克·克拉奇利致李约瑟的信。[Letter from Brooke Crutchley, Cambridge University Printer advising that he has been authorised to purchase The Sino Press equipment, 1954-07-30-1954, GBR/1928/NRI/SCC1/1/3/8. Needham Research Institute.]
③ 如果我们按照英国银行对历史通胀率的计算,1954 年这项收购所花费的 3000 镑,大约相当于 2020 年的 8.4 万英镑。

但实物由共同出资的另一方 LH 公司负责保管和使用，每年只需要象征性地支付 1 磅的租金给剑桥大学就可以了。

当年的剑桥大学《教职工内部通信》特意报告了这批汉字铅字已经购置到位的信息。这批汉字铅字总共有 5 万个汉字字模和大约 3 吨重的铅字，已经在 LH 印刷厂中投入使用了。[①]

图 7-15　LH 公司的汉字排印车间[②]

这批价值 3 000 英镑的汉字铅字，如果按照 6 套不同字号的汉字来估算，5 万个字模，平均每种字号大约有 8 000 个左右的汉字。在此后的 15 年时间里，SCC 所需的汉字都是来自 LH 在布拉德福市的排字车间。后来剑桥大学出版社在规划新建印刷厂的时候，还曾经想过要取回这批铅字并摆放在一个专供展示的宝塔之中，但很可惜这个想法最终没能落实。

由于英国大学中国委员会在资助之初就有条件：如果剑桥大学出版社卖掉或熔化掉了这批汉字铅字的话，就有义务要归还英国大学中国委员会的资助款，所以我们确信这批汉字铅字应该是被保留了下来的，只不过不知道是在哪个仓库的哪个角落里一直静静地躺着。

---

① 剑桥大学《教职工内部通信》（No.37）。['Staff Information Sheet' produced by Cambridge University Press, January 1955, 1955-01-1955, GBR/1928/NRI/SCC1/1/3/9. Needham Research Institute.]

② 'Staff Information Sheet' produced by Cambridge University Press, January 1955, 1955-01-1955, GBR/1928/NRI/SCC1/1/3/9. Needham Research Institute.

排版印刷

李约瑟在 1948 年提出了自己的选题建议，出版社虽然回函同意出版他的著作，但这还不具有真正法律意义上的约束力。因为按照出版的惯例，或者说出版的商业模式，在确定了选题计划之后，通常需要等到作者交齐所有的稿件，出版社审稿完成之后才会正式签订具有法律约束力的出版协议。实际上，对于 SCC 来说，出版社是在编校完成，发布了新书预告和征订广告，确定了首批印刷的数量之后，在即将投入印刷之前，直到 1953 年 12 月 18 日，才寄来了要求签订合同的信函。1954 年 1 月 26 日，SCC 第一卷的出版合同终于签订。这么长的周期，对于"近水楼台"的李约瑟来说，这个合同实在是有点"姗姗来迟"。

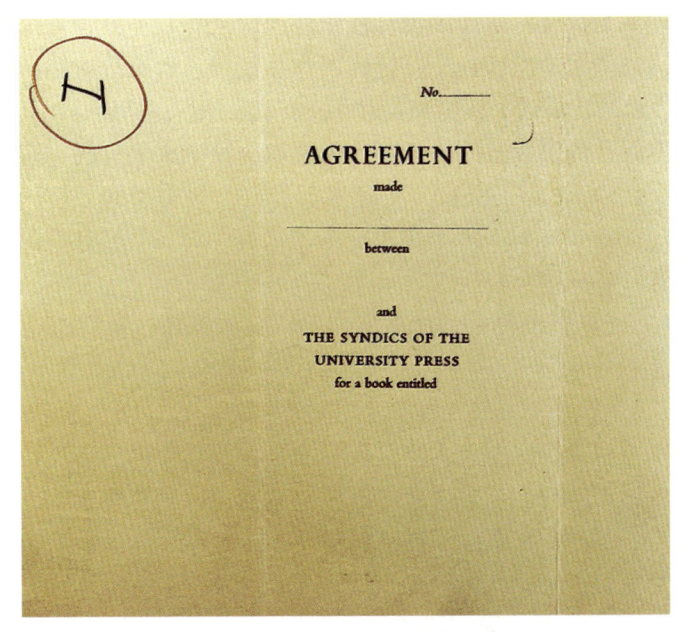

图 7-16　SCC 第一卷出版合同[①]

---

① Signed Memorandum of Agreement for 'Science and Civilisation in China, Volume 1', 1954-01-26, GBR/1928/NRI/SCC1/1/1/1. Needham Research Institute.

出版合同（Memorandum of Agreement）通常是出版方预先印制的格式合同，由作者方和出版方签订，需要列出出版图书的名称、页码等基本信息，明确作者将该书的版权授予了出版方，而出版方因此需要向作者支付版税等条款。

考虑到出版方需要一定的前期投入成本来排版、印刷、装订，所以双方通常可以设定一个版税的起算复本数量。根据前面李约瑟同意过的条件，SCC第1卷的版税从500本起算。也就是说，500本以内的复本免版税，超过500本之后的复本销量，出版社按照实际销售收入的10%支付给作者版税，哪怕这些销售收入是通过打折销售实现的。

一本书除直接销售的收入外，通常还会有一些额外的收入。SCC的合同约定，若是转授权给其他地区的出版商，那么所获得的版税收入四分之三归作者，其他语种的翻译版、连载和广播的授权费四分之三归作者，被收入文选和被引用的授权费二分之一归作者。

交稿时间这一条被划掉了。这真是个明智的做法，大概是考虑到第一卷的书稿已经收到了吧。

合同规定由作者负责订正该书的校样，协助获取插图和图表，并准备索引。超过25%的内容订正部分，排版费用由作者承担。

作者须向理事会保证，该作品没有侵犯任何他人版权，不含有诽谤或诋毁他人的内容，并保证剑桥大学出版社免受任何因作品侵权、含有诽谤和诋毁他人的内容而造成的案件、索赔、诉讼、损害赔偿和由此产生的相关费用。

剑桥大学出版社的出版合同，并不是由理事会秘书来签订的，而是由理事会指定的代表签字。1954年1月29日，在理事会会议上报告了这一合同的签订，《理事会日志》（Syndics Minute）本上简单记下了这么一笔，"签订合同：李约瑟《中国的科学与文明》第一卷"[1]。

1953年11月2日，彼得·伯比奇从印刷厂写来纸条，他给李约瑟带来了一些印刷厂的好消息：

> 第二卷已经开始键盘录入了。第一卷正在改正中，页码校样这个周末大概能发出去。我预感到在接下来的一到两个星期内，我们会遇到一段压力不大的平静时期，可否把第三卷的书稿原件（最上面的那一份）拿来？能赶在这个时

---

[1] Syndics of the Press. Minute Book (12th June 1953 to 10th Oct. 1958) [GBR/0265/UA/PRESS 1/2/1/1/19].

间是最好的了，如果这也符合您的计划的话。——彼得·伯比奇[1]

第 23 届国际东方学家大会[2]即将于 1954 年 8 月 21 日至 28 日在剑桥召开，这是一个大好的新书亮相促销的机会，李约瑟恳请出版社加快出版进度，争取能够赶上这一盛会。

几乎就在同时，另一个好消息传来。李约瑟曾在 1953 年 11 月 24 日和 1954 年 1 月 18 日先后两次写信给伯林根基金会（Bollingen Foundation）的秘书长欧内斯特·布鲁克斯（Ernest Brookes）先生，详细介绍了自己的 SCC 出版计划，说明了在书中添加更多图片的必要性，但这会造成图书定价激增，所以申请基金会能够给予资助。1954 年 3 月 3 日，伯林根基金会正式答复，同意将全额资助 1050 镑用于 SCC 中的图片印刷费用。现在，有了这笔不菲的资助，李约瑟终于可以放心大胆地使用彩色印刷的装帧设计了，而且不必担心增加图片再受到出版社的反对。

李约瑟给肯登写信，告诉他这一好消息。信的内容如下：

亲爱的肯登：

今天早上收到的伯林根基金会寄给我的一封信，我将复本附上给您。我不需要发给金斯福德先生了，因为基金会的秘书说他们会直接联系的。我今天早上打电话给伯比奇，告诉了他这个好消息，他说见到您也会马上转告您的。

我相信您也会和我一样觉得，他们这种开明大方的举动是对我《中国的科学与文明》事业投入的一种信任。我认为这将会消除我们心中采用更好效果的插图时所带来的所有焦虑，例如我们现在正在处理的天文学和工程技术等卷。我希望理事会高兴地看到，这是一种对他们的支持行动，而对于理事会出版我们七卷本 SCC 所给予的支持，我们也极为感激。

---

[1] 2/11/53. Vol.2 is now on the Keyboard. Vol.1 is under correction and page proof may start going out at the end of the week. I foresee a lull in the pressure of work in the next week or two. What about bringing in the top copy of Vol.3? It would be splendid to get well on with this—if this fits your plans. P.G.B. [Notes by Joseph Needham and Peter Burbidge of Cambridge University Press about the stages of publication of 'Science and Civilisation in China', 1952-06-12-1953-11-02, GBR/1928/NRI/SCC1/1/2/31. Needham Research Institute.]

[2] 第 23 届国际东方学家大会 the XXIII International Congress of Orientalists, which is going to be held in Cambridge between 21st and 28th August, 1954.

请让我借此机会再次表达，我非常清楚出版社的朋友们对这部书的热心和关切，以及我多么愿意与他们合作共事。

您诚挚的，

约瑟夫·尼达姆

1954 年 3 月 8 日[①]

接着，该轮到作者催促出版社了。李约瑟在三天之内又给肯登去信：

亲爱的肯登：

我一直在和丹尼斯·西诺尔（Denis Sinor，我们的蒙古语言学家）交流，他是第 23 届国际东方学家大会的秘书。这届大会将于今年的 8 月 21 日至 28 日在剑桥举行。他想知道，届时《中国的科学与文明》第一卷是否能够出版，能否以略低的价格提供给大会的成员？您认为有没有可能，让我们设置一个最后阶段的计划，尽一切可能地加速，赶在这一天顺利出版呢？从出版社的角度来看，这次大会是让这本书被全世界知道的一次无与伦比的机会。

[①] 8th March, 1954

Dear Kendon,

I enclose a copy of the letter which reached me this morning from the Bollingen Foundation. I am not sending one to Kingsford, as the Secretary speaks of getting in touch with him now direct. I telephoned Burbidge about it this morning, and he promised to convey the news to you at once.

I am sure you will feel, as I do, that this enlightened and generous action is a kind of vote of confidence in the enterprise of "Science and Civilisation in China". I presume it will relieve all anxiety from our minds regarding the optimal illustration of the volumes in which, for example, astronomy and engineering are dealt with. I expect also that the Syndics will be very pleased, as this action backs up their support, so greatly appreciated, of our seven volumes.

Please let me take this opportunity of saying once again how much I am conscious of the interest and care which friends at the Press take over this book, and how much I enjoy working with them.

Yours sincerely,

Joseph Needham [CUP Needham archives UA Press 3/1/5/1474_folder3_SCC (1948-95)]

再不济的话，我们能不能给每个代表发个 SCC 简介的宣传册。我不禁想问，在等待这个宣传册的时候，我们能不能再多印些目录出来呢？我现在不断地接到来自世界各地的询问。

您永远的，
约瑟夫·尼达姆
1954 年 3 月 11 日①

肯登回信，他代表剑桥大学出版社同意李约瑟加快出版进度的要求。内容如下：

亲爱的尼达姆：

我们也已经计划了，应该能略微赶在您告诉我的第 23 届国际东方学家大会在剑桥召开日期之前，把第一卷出版出来。我们的伦敦办公室（发行部门）已经预告了这次大会的日期，我今天把您的信也发给他们了，这样宣传册应该能在这次会议之前做出来。我恐怕不能答应您给参会者提供第一卷价格上的优惠，但是宣传册肯定能准时提供。

我今天刚刚安排了一位摄影师，他会到您的房间去拍几张您的工作照，希望您能给以方便。他是埃尔伯恩（F.T. Elborn）先生，他希望能安排个时间让他去见您，越快越好。可否请您给他打个电话来安排见面的时间。

---

①   11th March, 1954

Dear Kendon,

I have been talking with Denis Sinor, our Mongolist, who is acting as Secretary of the XXIIIrd. International Congress of Orientalists, which is going to be held here in Cambridge between 21st and 28th August of the present year. He wondered whether by any chance vol.1 of "Science and Civilisation in China" would be out by then, and whether it could be made available to Congress members at a slightly reduced price? Do you think it would be possible to set a program of the final stages, doing anything one could to accelerate them, so that this date could really be that of publication? From the point of view of the Press, this Congress is an unequalled opportunity of getting the book widely known all over the world.

At the very least, we could see, couldn't we, that each member receives the prospectus. And this reminds me that I want to ask, whether, while waiting for the prospectus, we could have some more copies of the contents table run off? I am constantly receiving enquiries from all parts of the world about it.

Ever yours,
Joseph Needham

[Correspondence with Frank Kendon of Cambridge University Press about the readiness of 'Science and Civilisation in China, Volume 1' for the Twenty-Third International Congress of Orientalists, August 1954, 1954-03-11-1954-04-22, GBR/1928/NRI/SCC1/1/2/36. Needham Research Institute.]

谢谢您发给我的从伯林根基金会获得资助的大好消息，这就像太阳从"荣誉之门"①的顶上升起一样，阳光已经照到了您的院子里。

您真诚的，

弗兰克·肯登

1954 年 3 月 17 日②

出版社开始抓紧进度，倒排日期，还为图书的宣传赶制了宣传册。但就在第一卷紧张准备、即将出版之际，李约瑟仍从"为了读者的角度"，不断地提出修改的要求。于是，他给出版社写信，进行协商，内容如下：

亲爱的彼得·伯比奇：

我和多萝西正在苏塞克斯（Sussex）海岸边度几天假，她非常享受这意想不到的艳阳天，她还画了好些画。我正在紧张地用铅笔来校改第二卷文字的长条校样。

我写给您这封信的原因是，我突然有一个想法，这将为我们赢得更多"读者的好感"，也许现在去实现它还不晚。您正开始进行第一卷的最终页码校样，现在：

一、能否在页眉增加章节的序号？

［理想情况下，也许，应该添加小节的编号，例如"7(h)"，而不仅仅是"7"，但即使只有节号，我也非常满意］

---

① 这个"荣誉之门"（Gate of Honour）是冈维尔－凯斯学院通往大学评议会大楼（Senate House）的一扇古老的门，也是距离李约瑟在学院的 K2 房间最近的一扇门。

② 17 March 1954

Dear Needham,

It is already our plan to get Volume I so worked that we ought to be able to publish slightly before the dates you give me for the XXIII International Congress of Orientalists in Cambridge. London has warning of the Congress and date, and I have today sent on your letter there, so that the prospectus should be in shape well before then. It would not be possible to offer them copies of Volume I at a reduced price, though the Prospectus should be available in good time.

I have today just arranged with a photographer who is willing to go along to your room to take two or three portraits of you in situ if you would give him convenience. He is Mr F.T. Elborn, and he expects to be able to get to your rooms at a time to be arranged, the sooner the better. Could you very kindly telephone him (Botany School 58304) and arrange a meeting.

Thank you for sending along to me the excellent good news from the Bollingen foundation. It must have brought the sun out over the Gate of Honour in your court.

Yours sincerely,

F.H. Kendon

[Correspondence with Frank Kendon of Cambridge University Press about the readiness of 'Science and Civilisation in China, Volume 1' for the Twenty-Third International Congress of Orientalists, August 1954, 1954-03-11-1954-04-22, GBR/1928/NRI/SCC1/1/2/36. Needham Research Institute.]

在修改校样时，我始终操心的是有大量的交叉引用指向的是章节，而不是具体的页码。交叉引用的情况对于"参照后文"来说是不可避免的，而对于"参照前文"来说通常更加有用。现在，想象您自己正在使用这本书，您每次都要从目录中确定想要查看的特定章节的起始页码，而如果章节数字是印在页眉上的，则您只需要翻动这本书，就可以马上找到需要的位置。

我真的相信，这种做法对认真使用这套书的人将会大有帮助。我非常希望时间还来得及，能将该设计纳入到最后的页码校样之中，除非您确实看到了一些我没有想到的强烈反对这种做法的理由。[1]

二、我的建议的一个必然的结果是，每卷的书脊上不仅要印有卷的序号，而且还应该有所包含的章节号。这样当读者被指示向后参见（比如第 37 章）的话，他就能从书架上直接取出这一章节所在的那一卷来，而跨过从各卷的目录中查找的过程。这个查找过程很浪费时间。

其结果将是：

第一卷：1—7 章；

第二卷：8—18 章；

第三卷：19—25 章；

第四卷：26—32 章；

第五卷：33—37 章；

第六卷：38—45 章；

第七卷：46—50 章。[2]

我想补充一点，作为一个不得不花费相当多时间来使用参考文献的人，我非常清楚，因为图书的编著者和生产者事先没有充分考虑，该如何节省令学者们厌烦的查找位置这样的简单重复劳动，而日复一日地造成耽搁，这会令他们发狂。当然，这并不是说一次查找要花很长时间，而是每次查找都要额外花一分钟或两分钟的时间。毕竟，"读者的好评"意味着实实在在的销售——这是

---

[1] 正常的相互参照（交叉引用）指向具体的页码，读者可以很方便地找到。但是由于 SCC 并不是全书一次出版，后续的一些章节还未开始写作，所以内容之间的相互参照只能指向章节，这就给读者定位内容带来了一点麻烦，还需要查找到某一章节的起始页码。看起来这只是一个很小的问题，但是如果每次都需要这样，积累起来就不是一个小问题了。李约瑟的意思是，如果有细分的章节号码印在页眉之上的话，读者就不必从目录中去查找章节的起始页码了，完全可以像查英文字典一样，按照顺序快速翻动，就可以从页眉上的章节号很容易地定位到自己要找的地方。李约瑟根据自己查找资料的经验，强调这个改动是非常必要的。由此不难看出，相互参照也是 SCC 被划分为多卷本出版之后必然带来的问题。不管是李约瑟还是伯比奇，对于编著和出版这种多卷本的百科全书式的图书似乎都没有什么经验。

[2] 我们知道，SCC 从一本书变成一套书，它的分卷并不是基于最初的设计，而是由于内容的增加，基于装订的需要。为了能尽可能均匀地装订成 7 卷，而对各卷所包含的章节进行分配。SCC 不得不在出版的过程中解决一系列设计的问题，而这些问题本应在策划阶段就避免掉，这是不是很像"在飞行中造飞机"的感觉？

我们谁也不得不关注的。

您永远的,
约瑟夫·尼达姆
1954 年 4 月 10 日 ①

---

①   10th April, 1954

Dear Peter Burbidge,

I'm having a few days holiday here with Dorothy, who is greatly enjoying the unexpected sunshine, and doing some paintings of good bits of the Sussex coast. I am pressing on with pencil correction of the galleys of vol.2.

The reason for my writing is that an idea has just occurred to me which would gain us an enormous amount of "readers' goodwill", and that it is perhaps just not too late to incorporate it. You are now getting on to the final revise page proof of vol.1. Now:

(a) Would it be possible to add the number of the Section at the head of each page, before the page-heading?

[Ideally, perhaps, one should add the sub-section number as well, e.g. "7(h)" instead of merely "7", but I should be well satisfied even if we only had the Section number].

In correcting the proofs it has been borne in upon me more than ever how numerous are the cross-references to Sections, rather than exact pages. This is inevitable with all the forward references, and often very useful with the backward one. Now if you imagine yourself using the book, you would have every time to verify from the contents tables at the beginning of each volume what were the pages of the particular Section you wanted, whereas, if the numbers were printed with the page-headings, you would merely have to leaf over the book and could find your place in an instant.

I do really believe that this practice would be of enormous help to whoever was seriously using the set of volumes, and I greatly hope that it is not too late to incorporate the system in the final page proof—unless indeed you can see some strong objection to it which has escaped me.

(b) A corollary of my suggestion is that the spine of each volume ought to be lettered with, not only the number of the volume, but also with those of the Sections which occur in it. Thus if a reader was directed forward to Section 37, for example, he could pick the required volume right off the shelf without having the intermediate time-wasting procedure of looking up the contents-tables in one or other of the volumes. The result would be:

Vol.1   Sections 1-7
    2   8-18
    3   19-25
    4   26-32
    5   33-37
    6   38-45
    7   46-50

I should like to add that as a person who has to spend a considerable part of his time in using works of reference, I'm very conscious of the maddening delays caused day after day because compilers and book-producers have not thought enough in advance how to save wearisome labour for the scholars to whom their work is directed; not labour long continued at one time, of course, but the perpetual extra minute or two. And after all "reader's goodwill" means concrete sales—which none of us can afford not to be interested in.

Ever yours,
Joseph Needham

[Correspondence with Peter Burbidge of Cambridge University Press about the final revision of 'Science and Civilisation in China, Volume 1' page proofs, 1954-04-10-1954-04-12, GBR/1928/NRI/SCC1/1/2/37. Needham Research Institute.]

伯比奇用印刷厂的信函给李约瑟写了回信。内容如下：

尊敬的约瑟夫·尼达姆：

非常感谢您的来信，尤其是令我想起那些留在苏塞克斯海岸边的美好回忆。我衷心支持您为页眉（page-head）配上章节编号的计划。事实上，在一开始当我们决定放弃用包含小数点的标题来对内容进行分类（decimal classification）的时候，就讨论过这个问题，但后来有些人觉得我们设计的页眉太正式了，太带有课本的味道了，这种反应无疑主要是针对用小数形式来编号标题的。我现在已经和（负责装帧和版式设计的）肯登讨论过这个问题了，他完全赞同您在信中表达的观点。他请我对您说，他将在书脊上作出必要的补充（添加卷的章节编号）。就我的工作部分而言，我会处理好页眉的。

我有一些好照片要给您看看，等您什么时候能来的时候吧。王铃认为这些照片有点"伦敦西区"[①]的味道，但总的来说，这些照片我认为是能够满足美国公众的胃口的东西。

您永远的，
彼得·伯比奇
1954年4月12日[②]

---

① 伦敦西区（West End of London）是英国伦敦商场和剧院林立的一个区，此地游人如织，被认为是最有时尚气息的地方。伯比奇说王铃认为 SCC 某些照片的选择太具戏剧和广告效果了，但他认为这些正是美国大众市场所需要的东西。

② 12 April 1954
Dear Joseph Needham,
Many thanks for your letter—a most welcome reminder of the pleasures of the Sussex coast. I am wholeheartedly in favour of your scheme for numbering the sections in the page heads. In fact this was discussed here right at the beginning when we decided to abandon the decimal classification, but it was felt then by some people to be too formal, too much of the flavour of the text-book. This was no doubt a reaction from the ultra-formality of the decimal scheme. However, I have now discussed this with Kendon, and he completely agrees with the views you express in your letter. He asks me to say that he will make the necessary addition to the spine; and for my part, I shall take care of the page-heads.
I have some good photographs to show you when you can come in. Wang Ling looks a little "West End", but on the whole they are thought to be just the right thing for the American publicity.
I am glad to hear that your wife is in the sun. She will surely feel much the better for it.
Yours ever,
Peter Burbidge
[Correspondence with Peter Burbidge of Cambridge University Press about the final revision of 'Science and Civilisation in China, Volume 1' page proofs, 1954-04-10-1954-04-12, GBR/1928/NRI/SCC1/1/2/37. Needham Research Institute.]

李约瑟钟意使用维特根斯坦式的十进制小数来给章节编号，却被人批评显得太像教科书的样子，过于学术化了，李约瑟也不得不在他的理想与现实之间寻求一种折中的妥协方案。

1954年4月22日，肯登再次来信更新工作进度，内容如下：

亲爱的尼达姆：

如您了解，我们已经为第一卷的最后阶段制订了一个计划，以便我们能为8月初的新书发布做好准备。印刷厂告诉我，所有的第二次修改的清样将会在5月11日前给您。哪怕是白天黑夜连轴转地工作，您也必须想方设法在5月17日前返回给印刷厂。只有这样做，我们才能（也必须）在6月初上机印刷，以便在最重要的大会开幕的日期前做好准备。

您永远的，
弗兰克·肯登
1954年4月22日[①]

校对工作即将完成，但此时校改的费用超出了出版合同规定的25%，超额部分将由作者来承担。此外，出版社还要李约瑟承担编制参考文献的额外费用。肯登致信李约瑟：

亲爱的尼达姆：

伯比奇已经把您关于参考书目的整理"能否作为图书出版的费用"的问题转告我了。我想它只能从您的版税中扣除。因为它是图书手稿或图书文本的一部分，严格地说，它应该是作为手稿或文本的一部分被提交给我们的。完成文本的费用确实应该由作者来承担。我们同意先将这些钱从版税中预支给您，来支付您请的参考书目编制人员的费用，但就像索引一样，我不认为它可以被作

---

① 22 April 1954
Dear Needham,
As you know, we have drawn up a program for the final stages of Volume I so that we may be ready to publish early in August. The printer tells me that all the second revise will be with you by 11 May. By day-and-night-work you must contrive to let us have it all back for press on May 17. If you do so we can (as we must) machine it in early June, in order to be ready for the all-important Congress date.
Yours sincerely,
F.H. Kendon
[Correspondence with Frank Kendon of Cambridge University Press about the readiness of 'Science and Civilisation in China, Volume 1' for the Twenty-Third International Congress of Orientalists, August 1954, 1954-03-11-1954-04-22, GBR/1928/NRI/SCC1/1/2/36. Needham Research Institute.]

为印刷厂或出版社的费用。

您永远的，
弗兰克·肯登
1954 年 5 月 6 日 ①

在肯登的信上，李约瑟用红笔标注着：5 月 8 日通话商谈，同意此项费用由作者支付，但前两卷伯比奇所做的文字编辑工作不收费。

---

① 　　6 May 1954
Dear Needham,
Burbidge has passed over to me your query about the bibliography—Can it be charged to the book? I think it must be charged against royalties. It is a part of the MS (manuscript) or text of the book and strictly speaking should be delivered as such to us. The cost of completion of text ought really to be borne by the author. We would agree to advance you the money to pay your bibliographer's fees out of royalties, but I don't think it can be treated as a printer's or publisher's expense, any more than the index is.
Yours sincerely,
F.H. Kendon
[red pen note]: Conversation 8/5/1954, agreed not to charge PB's work on vol.1 &2, but to charge GR's work on subsequent volumes to royalties.
[Letter from F. H. Kendon, Assistant Secretary of Cambridge University Press about charges for the 'Science and Civilisation in China' bibliographies, 1954-05-06-1954, GBR/1928/NRI/SCC1/1/2/38. Needham Research Institute.]

出版发行

在一本书印刷出版前，必须先确定第一次印刷的数量，这个叫"首印数"（首次印刷数量，即"起印数"）。至此，在 SCC 第一卷出版之前，我们还剩下最后一个有待解决的问题——剑桥大学出版社是如何确定这本书的首印数的？

一部著作的影响力与其发行量密切相关。毫无疑问，读者越多，受众越广，所产生的社会影响力也就越大；而且发行量越大，出版社作为一个经营机构所能获得的经济回报也就越丰厚，同时作者也能得到更多的版税收入。剑桥大学出版社与李约瑟签订的 SCC 第一卷出版协议约定，最初 500 册的销售额中，作者是不能获得版税分成的；超过 500 册的销量后，每一本书作者都可以获得销售额 10% 的版税收入。

图书出版业与其他商业多有不同。图书销售通常采用代销制，即出版商根据订单将图书送到书店，过一段时间（通常是一个季度或半年）之后，再要求书店进行结算。书店可以把没有卖出去的图书退回给出版商，把已经售出的部分付款。书店并不承担库存的风险，而出版商则需要承担已经发出去的图书到最后还会有一部分被退回的风险。

为了降低经营上的风险，西方图书出版业的习惯是先出精装书，因为精装本的定价相对较高。精装本的购买者多是机构图书馆或对价格并不敏感的消费者。等到精装本售罄，时间也过去了半年或一年，之后，出版商接着会推出平装书，面向大众读者，定价较低。出版商通过这种方式来获得商业利益的最大化。西方图书的定价也不印在书上，他们采用的是推荐零售价，而不是标定零售价，这样可以给书店、经销商足够的价格空间，方便他们灵活自主定价。

学术类的专业图书有一个固定的销售渠道，就是各类图书馆的采购。在第二次世界大战后，大学图书馆和公共图书馆的数量增加很快，采购图书的资金充沛，对出版业，尤其是学术出版的发展起到了推动作用。

另一类特殊的图书销售渠道是各种图书俱乐部。图书俱乐部拥有大量的固定会员，能够一次性地从出版商那里用现金采购数量比较大的图书，因而能够得到相当优惠的折扣，能以比书店零售价更低的价格供给自己的会员。对于出版商来说，图书俱乐部的渠道可以快速回收资金，没有退货的风险。

剑桥大学出版社的发行部门设在伦敦的本特利大厦①，负责图书的宣传和征订工作。北美是其最大的海外市场，剑桥大学出版社在纽约也设有独立的分支机构②。每逢新书出版之前，伦敦和纽约的销售部门会分别向自己固定的销售渠道（欧美的各种书店、经销商、大学图书馆、读者俱乐部等）发送"新书预告"，收集订单和反馈，汇总出一个销售数量的预测。每一本书在出版前，由伦敦的本特利大厦把所有的订单合并后，加上合理的销售预估和库存准备，就可以确定一本书的首印数交给印刷厂了。

第一个下单预订 SCC 的客户，没有疑问地来自中国。从李约瑟那里得知《中国的科学与文明》即将出版的消息后，中国科学院首先要求预先订购 100 套，并委托中国国际书店（北京苏州胡同 38 号）代为采购。李约瑟写信把这个好消息告诉了剑桥大学出版社。内容如下：

亲爱的金斯福德：

最近，我收到了中国科学院关于《中国的科学与文明》的非常令人鼓舞的信函。他们想订购整部书一百套。我附上这封信的翻译件给您，如果能将原件阅后送回我处存档，我将十分感激。

您会注意到，他们问了一两个如何下订单的实际操作问题。可否请您告知，我该如何答复他们？

我希望这项预订能从资金方面对出版社有所帮助。我会继续全力以赴地争取资助，好尽可能多地增加插图，并且报有成功的希望。

您诚挚的，
约瑟夫·尼达姆
1953 年 9 月 19 日

（复制翻译件）

中国科学院，文津街 3 号，北京

亲爱的约瑟夫·尼达姆博士：

我们很高兴地知悉您的巨著《中国的科学与文明》即将出版。我们相信这部书必将对中国的科学和学术发展具有重大意义。

科学院图书馆希望获得一百部全套图书，并且有劳您告知我们如何才能预先

---

① 剑桥大学出版社伦敦办公室 Cambridge University Press, Bentley House, 200 Euston Road, London N.W.1。
② 剑桥大学出版社美国分部（纽约）Cambridge University Press American Branch, 32 East 57th Street, New York 22, N.Y.。

订购该书。我们也想知道价格和大致的出版日期,以便能尽快获得。我们要预祝您这部书将对英中两国科学和文明的相互理解所作出的巨大贡献。

图书馆馆长(印章)
中国科学院
1953 年 8 月 8 日 ①

此时出版社还不能确定 SCC 最终的定价和出版日期,因为按照剑桥大学出版社的生产程序,新书印刷之前,发行部门还要等待编辑部门发出"新书预告"后,才能正式开始对外征订。

新书预告
约瑟夫·尼达姆,硕士、哲学博士、科学博士、皇家学会会员
剑桥大学威廉·邓恩爵士生物化学讲席副教授,冈维尔—凯斯学院研究员

---

① 19th Sept, 1953

Dear Kingsford,

I received recently a very encouraging communication from the Chinese National Academy concerning "Science and Civilisation in China". They want to place an order for one hundred copies of the complete set of volumes. I enclose herewith two copies of the translation of the letter for you, and would be grateful if you would let me have the original back for my files.

You will notice that they ask one or two practical questions about their order. Would you please be so kind as to let me know how I should reply to them?

I hope that this advance order will be helpful to the Press from the financial point of view. I am continuing all the time my efforts to obtain a subvention to allow of maximal illustration, and still have hope of success.

Yours sincerely,
JN.

COPY

Academia Sinica, 3, Wen Chin Chieh, Peking, China

8th August, 1953

Dear Dr Joseph Needham,

We have been delighted to hear that your great work "Science and Civilisation in China0 is approaching publication. We believe that this book will have a great significance for Chinese science and learning.

The Library of this Academia wishes to obtain one hundred copies of the complete set of volumes, and would request you to be so kind as to inform us what method might be used to order the books in advance. We should also like to know the price and the approximate dates of publication, so that we can get the volumes as soon as they appear. We should like to congratulate you on the great contribution which this book will make to the mutual understanding of the science and civilisation of Britain and China.

(seal) Librarian
Academia Sinica

[CUP Needham archives UA Press 3/1/5/1474_folder3_SCC (1948-95)]

《中国的科学与文明》

四开本；300 页码；18 幅线条画；18 幅半色调图版。

定价：约 70 先令（3.5 镑）。1954 年夏季出版。

1953 年 11 月 27 日[①]

1953 年 12 月 9 日，收到了 SCC 第一卷新书预告的负责美国分部的罗纳德·曼斯布里奇[②]先生写信告诉肯登他们对销量的预估，并提出来一个有趣的问题：

毫无疑问，我们对尼达姆的巨著极感兴趣，在这个办公室范围内不同的人对第一批订单的估计数量是：500，500，750，1 000 和 2 000 不等。我认为把第一卷和整个系列作为一个整体来发布的决定是令人赞赏的。此间有一位发表意见的人固执地坚持她第一次看到我们"春季书单"的草稿时所提出的反对意见，即这部书的标题是《科学与文明》，但在我们当时发出的通告中又说的是《科学与技术》。这个年轻气盛的人问我，剑桥是否把"文明"等同于"技术"了？我只好接连尝试着说"哪里，哪里，那位叔叔最了解情况""让我们拭目以待，等着看书吧""无论如何，现在改变标题可能为时已晚了"。您能给我一个更好的答案吗？[③]

[①] 27 November 1953
FORTHCOMING BOOK
JOSEPH NEEDHAM, M.A., Ph.D., Sc.D., F.R.S.
Sir William Dunn Reader in Biochemistry in the
University of Cambridge; Fellow of Caius College
Science and Civilisation in China
Cr. 4to. 300pp. 18 line, 18 half-tone illustrations,
About 70s. net. Summer 1954.
[CUP Needham archives UA Press 3/1/5/1474_folder3_SCC (1948-95)]

[②] 罗纳德·曼斯布里奇（F. R. Mansbridge 1905—2006）毕业于剑桥大学基督圣体学院。他为剑桥大学出版社工作的时间超过四十年（1930—1970 年），一直是剑桥大学出版社在美国的业务代表。

[③] We are of course very greatly interested in Needham's great work, and guesses at our first order from sundry people in this office range: 500, 500, 750, 1000, 2000. I think that the announcement of the first volume and of the series as a whole is admirable. One commentator here obstinately sticks to the objection she made when we first saw the draft copy of the Spring List, namely, that the title is Science and Civilisation, but that our announcement at that time said Science and Technology. I am asked, with some youthful indignation, whether Cambridge is equating civilization and technology. I have tried in succession answering "There, there, uncle knows best" "Let's wait and see the book itself" "Anyway, it's probably too late to change the title now". Can you provide me with a better answer? I would myself ask whether, in the penultimate paragraph, we should use the words "here we march with another column". I think this would be a splendid metaphor to use were it not for the association of ideas that it strongly brings to mind, which I think would be particularly unfortunate in connection with this author.[CUP Needham archives UA Press 3/1/5/1474_folder3_SCC (1948-95)]

```
                CAMBRIDGE UNIVERSITY PRESS
    BENTLEY HOUSE  :  200 EUSTON ROAD  :  LONDON, N.W.1
        Manager:                              Telephone:
        R. W. DAVID, M.A.                     EUSTON 5451-3
        Assistant Manager:                    Telegrams:
        C. F. ECCLESHARE, M.A.                CANTABRIGIA, NORWEST, LONDON

   No. 1958            FORTHCOMING BOOK           27 November 1953

            JOSEPH NEEDHAM, M.A., Ph.D., Sc.D., F.R.S.
            Sir William Dunn Reader in Biochemistry in the
            University of Cambridge; Fellow of Caius College

                      Science and Civilization in China

        Cr. 4to.    300 pp.    18 line, 18 half-tone illustrations,
                    About 70s. net.       Summer 1954.

              Among civilizations ancient yet still vital, those of China and
        India alone compare, in richness and complexity of culture, with that
        of the Christian and Islamic West.  The true interpretation of their
        significance for world history involves not only a critical examination
        of many half-accepted ideas, but the discovery and setting forth of a
        mass of historical material never hitherto available.  In particular,
        the history of science and technology in the Asian cultures is an
        essential element in their revaluation.  It is important not merely
        on account of what European civilization (often unknowingly) accepted
        from them, but rather as revealing what exactly they contributed to
        the sum total of human knowledge and power, and thus enabling us to
        appreciate their stature.  Such an account, the first in any language,
        is offered for China in the present work.

              Dr Joseph Needham is a biologist known for his work in the
        borderline of biochemistry and morphogenesis, who had the fortune to
        live and work for some years in China, enjoying opportunities of
        travel which enabled him to discuss with many Chinese savants the
        origins and development of science in their civilization, and the
        roots of the great human problems of cultural diversity.  For the
        theme to which he has felt called to devote years of thought and
        research, no summary or superficial treatment could suffice.  The
        Chinese language and the far-reaching history of Chinese thought and
        action had first to be mastered; the development of the sciences had
        to be followed out and evaluated one by one; the roots of social life
        had to be studied and understood.

              The present volume is but the first of a series of seven, of
        which the whole plan is set forth in the list of contents.

              The first volume is essentially introductory.  In order to
        prepare the reader for a study of the science and technology of a

                                                              P.T.O.
```

图 7-17　SCC 第一卷的"新书预告"[①]

在 1954 年 1 月 12 日的回信中,肯登的回答直截了当:

---

① CUP Needham archives UA Press 3/1/5/1474_folder3_SCC (1948-95).

据我所知，尼达姆的书名是，并将永远是，而且应该永远是《中国的科学与文明》，而不是《科学与技术》。[1]

剑桥大学出版社在美国市场的销售1949年才从原来的代理商那里独立出来，成立了自己的分部，而罗纳德·曼斯布里奇先生就是剑桥大学出版社美国分部的经理。在当时冷战思维和麦卡锡主义盛行的美国，不可避免地会有一些关于李约瑟即将出版的SCC一书的风言风语，也传到了曼斯布里奇的耳朵里，让他对李约瑟一度抱有怀疑。但在跟肯登核实之后，基本打消了他的顾虑，而在亲自读过了SCC第一卷的清样后，他的态度更加鲜明，写信给肯登，不仅盛赞李约瑟，而且激动的心情溢于言表，对SCC在美国的销售非常看好，建议把它放到最重要的优先地位，不遗余力地推动其在北美的推广。信的内容如下：

尼达姆：《中国的科学与文明》

亲爱的肯登：

我对读过的第一卷校样的内容感到非常满意。这确实将会成为一本很棒的书。我很高兴看到，他并没有像许多狂热分子那样通过夸大其词而把自己毁了。

我认为重要的是接下来我们要适当地推出这本书，而它值得我们像对待《简明剑桥中世纪史》的出版那样的重视。（我想说的是，我认为美国在发布新书时，需要比在英国更加重视出版的技巧。因为和你在一起的基本都是重要人物，他们完全熟悉这项工作已经有一段时间了。至少对于这本书所面对的核心读者，我们已不需要告知其重要意义。所以我要说的主要是指我们在美国应该怎么做。我希望举行一个三方会议，而我也会将这封信的复本发送给科林·埃克尔谢尔（Colin Eccleshare）[2]，因为有一些与他相关的事情。）

首先，我们的图书什么时候可以用上护封？我问这个，并不是要抱怨，而是需要面对事实。碰巧今天早上我收到了两封信件。其中一封信来自我们在西海岸的销售员路易斯·弗里德曼（Louis Freedman），他说本周他将开始在他负责的区域遍访一系列的重要城市来推销我们的春季图书，在八月份销售秋季图书之前，他都不会再到这些地方去。他要求给尼达姆、莱尔、牛顿和哈德克尔的图书都配上护封。我们必须面对一个严峻的现实，这些图书如果没有护封将

---

[1] So far as I know, Needham's title is and always will be, and always should have been *Science and Civilisation in China* and not *Science and Technology*.[CUP Needham archives UA Press 3/1/5/1474_folder3_SCC (1948-95)]

[2] 科林·埃克尔谢尔（Colin Eccleshare），剑桥大学出版社伦敦发行部门的经理。

会带来销售方面的损失。另一封信是《出版商周刊》的编辑寄来的，询问我们春季书单有什么"亮点"，他也问我们要图书的护封、插图样本和带图片的广告样本等。

我们是否应该考虑把尼达姆的书推迟到9月份出版会更好呢？这样可以给我们更多的时间来做充分的准备工作。但如果我们已经做了出版的决定，把这本书列在春季书单里我认为也没有什么坏处。

我们能不能为这本书制作一个假书？我的意思是一个全尺寸的假书，里面大部分的页可以是空白的，体现出它的装订和特征，能让人直观地感受它的外观和重量就行。我想你过去应该经常做这种样书吧。如果您现在还能做，那么请您做成后发给我们一个。

你有没有想过通过媒体或宣传页的方式在出版前进行宣传？我在想可以用一个相当正式的"剑桥大学出版社理事会荣幸地宣布……"刊登在 ISIS 这样的杂志上，尽管也许这种特殊的做法更适合于《牛顿书信集》那套书。

我也考虑在该书出版之前制作一个专门的宣传页。做一个正式的公众亮相，配有插图，让我们看看是否可以由一位曾经在麦克米伦公司做宣传单，现在已经退休的女士来完成。我希望这项工作能够做得足够好，以便让埃克莱尔也认为它有用。他会欢迎这个想法吗？

请给我们一张作者的照片和一些传记材料好吗？我希望我们能够避免与这本书有关的政治和意识形态纠葛，这也许是我们需要提供一些关于尼达姆（也许还包括尼达姆夫人）的科学生活和工作的细节的另外一个原因，来填补《名人录》中匮乏的内容。

……

您永远的，
罗纳德·曼斯布里奇
1954年1月6日[①]

[①] 6 January 1954
Needham: Science and Civilization in China
Dear Kendon,
I am absolutely delighted with what I have so far read of the proof of the first volume. This will indeed be a great book. I am pleased to see that he doesn't spoil his case by overstating it as so many enthusiasts do.
I think it is important that we launch this book properly, and that it deserves something of the care we gave to the publication of The Shorter Cambridge Medieval History. (Let me say, in parenthesis, that I think that the attention to techniques of publishing in launching may often be more important in U.S. than in U.K. With you, a much higher proportion of the important people know all about this work and have known about it for some time. The central market for the book, at least, may not need to be told of its importance. What I have to say therefore may be mainly with reference to what we do in the U.S.; I am, however, sending a copy of this to Eccleshare as I would like to

在曼斯布里奇先生的安排下，以剑桥大学出版社美国分部为主导，专门为 SCC 设计和印制了一套征订广告和宣传页。

1954 年 1 月 28 日，曼斯布里奇又给肯登去信：

> 我们考虑要首批订购 1 500 本。对于打算首批印刷 3 000 本的图书来说，这一比例看起来似乎相当大。是否有机会把首印数提高到 4 000 或 5 000，争取一个更低的成本价格呢？因为我们在这里感到，从这本书的实际页数来看，它的定价相当昂贵。①

---

have, as it were, a three-cornered conference, and some of the things concern him.)

First, then, when may we expect a jacket? I ask this, not to complain, but purely as a matter of facing facts. It happens that in the mail this morning were two letters; one from Louis Freedman, our West Coast salesman, saying that this week he is starting a trip selling our Spring books in a number of quite important cities in his territory which he will not visit again until August, when he will be selling the Autumn books. He asks for jackets of Needham, Ryle, and Newton, and Hadekel. We must face the hard fact that the absence of jackets for those books will mean a loss of sales. The other is a letter from the editor of *Publishers Weekly* asking for material on the "high spots" of our Spring List, and asking for jackets, samples of illustrations, and samples of advertisements as illustrative materials.

Ought we to consider whether or not it might be better to hold Needham until September and so give ourselves more time to do a thorough job on it? If we did make that decision, I don't think our having had the book in the Spring List would do us any harm.

Could we have for this book a dummy? I mean a full scale dummy which is mostly blank pages on the inside, but which has the proposed binding and stamping and so gives a feel of the outward appearance and heft of the book. You used very frequently to have a single dummy made I think. If you still do this, it would be worth sending it to us when you have finished with it...

Have you thought of anything in the way of a pre-publication announcement in the press or by circular? I am thinking of a rather formal "The Syndics of the CUP have the honour to announce..." in such a place as ISIS, though perhaps that particular approach is more appropriate to The Correspondence of Isaac Newton.

I am also thinking of having a special circular made up ahead of publication; this would be a full-dress affair with illustrations, seeing if we could get this done by the lady who used to do circulars at The Macmillan Company and is now retired. I would hope that the job would be done sufficiently well so that possibly Eccleshare would find it of some value. Would he welcome this?

Can we have, please, a photograph of the author and some biographical material? I hope we can avoid political and ideological entanglements in connection with this book, and that is perhaps an additional reason why it will be helpful to have some details of Needham's (and perhaps Mrs Needham's) scientific life and work to fill in the bare bones of what appears in Who's Who.

...

Yours ever,

FRM[CUP Needham archives UA Press 3/1/5/1474_folder3_SCC (1948-95)]

① We are thinking of ordering 1500 initially; this seems rather large in proportion to a proposed first printing of 3000. What are the chances of your printing 4000 or 5000 and getting a lower price? We feel here that the price is rather steep for the actual number of pages in the book. [CUP Needham archives UA Press 3/1/5/1474_folder3_SCC (1948-95)] *file copy, no Issued*

ANNOUNCING

a work of signal importance – a milestone in the mutual understanding of civilisations. The outcome of a great undertaking by a distinguished scientist, this work provides for the first time, either in Chinese or any Western language, a comprehensive, detailed survey which reveals that the Chinese have played a role hitherto unrecognized in the history of science, technology, and scientific thought.

SCIENCE AND CIVILISATION IN CHINA

By
JOSEPH NEEDHAM, F.R.S.

SIR WILLIAM DUNN READER IN BIOCHEMISTRY
IN THE UNIVERSITY OF CAMBRIDGE, FELLOW
OF GONVILLE AND CAIUS COLLEGE, FOREIGN
MEMBER OF ACADEMIA SINICA

With the research assistance of
WANG LING

ACADEMIA SINICA AND TRINITY COLLEGE, CAMBRIDGE

中國科學技術史 李約瑟著 莫朝鼎

图 7-18　SCC 宣传页之一

AN ABUNDANT literature exists describing the foundations laid by Greek and Roman thinkers, mathematicians, engineers, and observers of Nature. The work of the early Egyptians too, of the ancient inhabitants of the Fertile Crescent, Sumerians, Babylonians, the Hittites and others, has been recognised or explored, and some justice has been done to Indian achievements. But the contributions of the Chinese to natural knowledge has remained hitherto unrecognised and clouded in obscurity.

What exactly did the Chinese contribute, in the various historical periods, ancient and medieval, to the development of science, scientific thought, and technology? Now comes this illuminating work to give authoritative answer to that and many other questions.

JOSEPH NEEDHAM, M.A., Ph.D., Sc.D., F.R.S.

is a biologist widely known for his work in biochemistry and morphogenesis, and as an authority on the history of science. For thirty years he has been a Fellow of Gonville and Caius College, in the University of Cambridge. He has held professorships or visiting lectureships at a number of universities in Europe and in the United States. He has lectured at Yale, Stanford, Cornell, Oberlin, California, and Johns Hopkins. A noted contributor to biological and philosophical journals, Dr Needham is the author of many important works, among them: *Chemical Embryology, A History of Embryology, Biochemistry and Morphogenesis, Order and Life.*

Nearly twenty years ago, as the result of contacts with Chinese scientific colleagues, he began, by way of recreation, the study of Chinese language and thought. Its immense significance was gradually borne in upon him, and the project for the present work had taken shape about the beginning of World War II. In 1942, he was sent by the British Government to Chungking on a mission of cultural and scientific cooperation. This gave him, incidentally, opportunities quite unexpected for the pursuit of such studies. He remained in China for nearly four years, visiting the universities (mostly then in exile) where Chinese scholars, scientists, doctors, and engineers encouraged his project, facilitated his access to original source material, and gave him many useful papers and books. In 1943, he was made a Foreign Member of the Chinese National Academy; he is also Membre Effectif of the International Academy of the History of Science, and Honorary Counsellor (Scientific) of UNESCO.

Thus through a fortunate collocation of circumstances, Dr Needham is eminently qualified to give this first comprehensive survey of China's contributions to science and technology. During the past seven years, he has had the research assistance of Mr Wang Ling, Member of Academia Sinica, who came to England in 1946, and since then has held a series of fellowships and grants for research, and has lectured in the University of Cambridge.

SCIENCE AND CIVILISATION IN CHINA

As the range of Dr Needham's great work is so wide, publication in seven volumes is planned. Each volume will contain numerous illustrations in line and half-tone, and its own apparatus of Chinese references, with bibliographies and indexes. These volumes will appear at intervals and each will be separately available.

The first volume is essentially introductory, providing the necessary background for the specialised treatment in the subsequent volumes. These, which will deal in detail with their subjects, are: VOL. 2. CHINESE PHILOSOPHY AND THE DEVELOPMENT OF SCIENTIFIC THOUGHT; VOL. 3. MATHEMATICS AND THE SCIENCES OF THE HEAVENS AND EARTH: *Astronomy, Meteorology, Geography and Cartography, Geology, Seismology, Minerology*; VOL. 4. PHYSICS, ENGINEERING, AND TECHNOLOGY: *Nautical, Military, Textile, Paper and Printing*; VOL. 5. CHEMISTRY AND INDUSTRIAL CHEMISTRY: *Alchemy and Chemistry, Chemical Technology, Mining and Metallurgy, the Salt Industry*; VOL. 6. BIOLOGY, AGRICULTURE AND MEDICINE: *Botany, Zoology, Biochemical Technology; Agriculture, Animal Husbandry, Fisheries, Agricultural Arts—e.g. Economic Entomology, Insecticides, Lacquer, Vegetable Oils, Sugar, Tea; Anatomy, Physiology and Embryology, Pharmaceutics*; VOL. 7. THE SOCIAL BACKGROUND: *Retrospective Survey of the Characteristics of Chinese Science, Geographical Factors, Social and Economic Factors, Philosophical and Ideological Factors*; GENERAL CONCLUSIONS. A detailed list of the contents of each volume is given in Volume One.

图 7-19　SCC 宣传页之二

Many individual readers will be especially attracted to the volume dealing with their own field of interest, but all will find the first volume of particular value since it gives acquaintance with the scene on which ancient and medieval Chinese scientists and technologists played their parts in dynasty after dynasty.

VOLUME I
INTRODUCTORY ORIENTATIONS

IT is generally known that paper, printing, silk, and gunpowder were in use in China centuries before they appeared in Europe. However, it is now fully and for the first time revealed in this authoritative work that many other discoveries and inventions were made by the Chinese in advance of Europe, where they were taken over by people who often had little or no idea of where they had come from. Monographs by Chinese scholars and Sinologists on separate phases of Chinese civilisation have appeared, but not before now has the attempt been made to cover all China's contributions to science and technology in a single work. Such a work could come only from a scientist of Dr Needham's calibre, and one who, like him, had given close and prolonged study to the Chinese language. Some of the fields covered in the work have never before been the subject of any monograph, but in all cases the book is based mainly upon primary sources in Chinese literature and archeology. Numbers of passages not previously available in translation are given and those made by earlier Sinologists have always been checked against the original texts, modifications being made when necessary.

In Volume One, Dr Needham first outlines the plan of the work and explains the structure of the Chinese language — the only language which has remained faithful to ideographic as opposed to alphabetic writing for more than 3,000 years. This discussion is necessitated by the problem of the suitability of Chinese as a medium of logical, mathematical and scientific communication. In the course of it, we come to realize how powerful a factor the written language must have been in conserving the unity of Chinese culture in the face of formidable geographical barriers. We are introduced to China's geography — the vast mountain ranges, the great rivers, the fertile and barren regions; and the significance of the special topographic characteristics in the evolution of China's civilisation is made real to us. Thus the stage is set for our introduction to the history of the Chinese people.

What archeological finds have revealed of the pre-historic period and Bronze Age culture, the nature of the ancient kingdoms, the rise and fall of dynasties from the Chou (ca. 1000 to 250 B.C.) down to the Manchu period which began about the middle of the 17th century of our era — all is expertly summarized in Dr Needham's enlightening survey. In each dynasty, we follow the course of political and military events, the intellectual development and cultural advances, the economic conditions, and especially the scientific and technological achievements.

How independent was this scientific unfolding in China? Many curious parallels exist between the early literature, folklore and art of China and those of Western Asia and Europe. But among the civilisations of the Old World, China was the one most isolated from the others. What opportunities of cultural contact arose whereby the passage of scientific ideas to and from East Asia may have been facilitated? Dr Needham discusses the whole question of the conditions of possible mutual influences — overland and maritime trade routes, the Old Silk Road, travellers, and translators, giving concrete examples of the transmission of many mechanical and other techniques from China to the West and of the few transmitted (until modern times) from the West to China. Here, too, we are given insight into the comparative development in other Asian countries and in Europe.

Fig. 25. Wu-Liang tomb-shrine relief 2nd century.

CONTENTS
1. PREFACE
2. PLAN OF THE WORK
3. BIBLIOGRAPHICAL NOTES
4. GEOGRAPHICAL INTRODUCTION
5. HISTORICAL INTRODUCTION
   The Pre-Imperial Phase
6. HISTORICAL INTRODUCTION
   The Empire of All Under Heaven
7. CONDITIONS OF TRAVEL OF SCIENTIFIC IDEAS AND TECHNIQUES BETWEEN CHINA AND EUROPE

BIBLIOGRAPHIES   INDEXES

36 ILLUSTRATIONS
18 LINE AND 18 HALF-TONES

图 7-20　SCC 宣传页之三

All educated people, whether scientists or not, who are interested in the history of science, scientific thought, and technology in relation to the general history of civilisation, and especially the comparative development of Asia and Europe, will find Dr Needham's great work of inestimable interest and value.

VOLUME I
INTRODUCTORY
ORIENTATIONS

To read Volume 1 with its enlightening introduction to China and her people from prehistoric times to the 17th century; to discover the many previously unrealised contributions of the Chinese to science; to learn of the spread of ideas and techniques between the East and the West, and of the contacts which occurred in the different periods of history — will be an illuminating experience for every thoughtful reader. The book eliminates many long-held misconceptions. All readers will feel that Dr Needham has made a valuable contribution to international understanding and that his work is important to the world as a whole. Historians, Sinologists, and research students will especially appreciate the three Bibliographies in each volume. These are: A. Chinese Books before 1800; B. Chinese Books and Journal Articles since 1800; C. Books and Articles in Western languages.

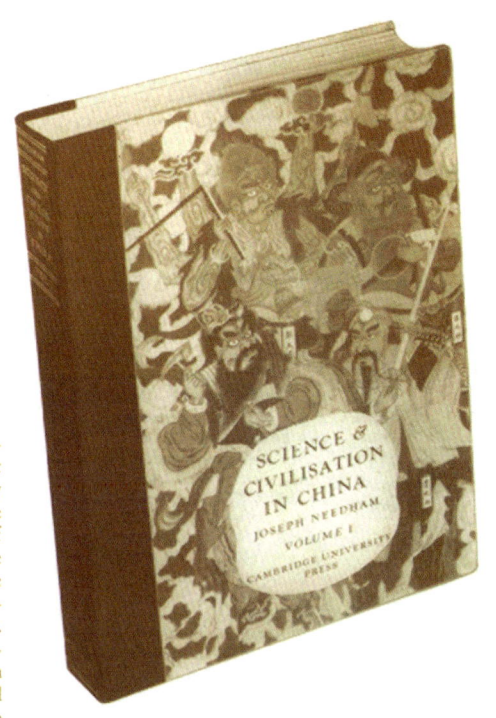

SCIENCE AND
CIVILISATION
IN CHINA

This pioneer work is published by the Cambridge University Press in a characteristic format. Each of the seven volumes will be uniform in size, measuring 7½ inches wide and 10 inches high. The picture of Volume One shown here no more than suggests the lively beauty of the binding on which is reproduced a painted scroll from a Taoist temple. The cloth backs are lettered in gold.

VOLUME I. Introductory Orientations, contains 300 pages with 36 illustrations. These include pictures of physical features of China and of archeological discoveries, maps of China at different periods, and a general map of China. The price will be $10.00, but orders received before publication, which is scheduled for August 18, will be supplied at $8.50. Use the Order Form to bring your copy to you and to place your order for any, or all, of the forthcoming volumes.

Return to —

Please send me _____ cop.____ of Vol. 1 of SCIENCE AND CIVILISATION IN CHINA by Joseph Needham at the Special Price of $8.50 which holds until August 18, 1954.

☐ Payment herewith*   ☐ Charge my account

Enter my order for Vol. _____

Name _____

Address _____

City _____ Zone _____ State _____

*Please add sales tax if required in your locality.

图 7-21　SCC 宣传页之四 [①]

---

① CUP Needham archives UA Press 3/1/5/1474_folder3_SCC (1948-95).

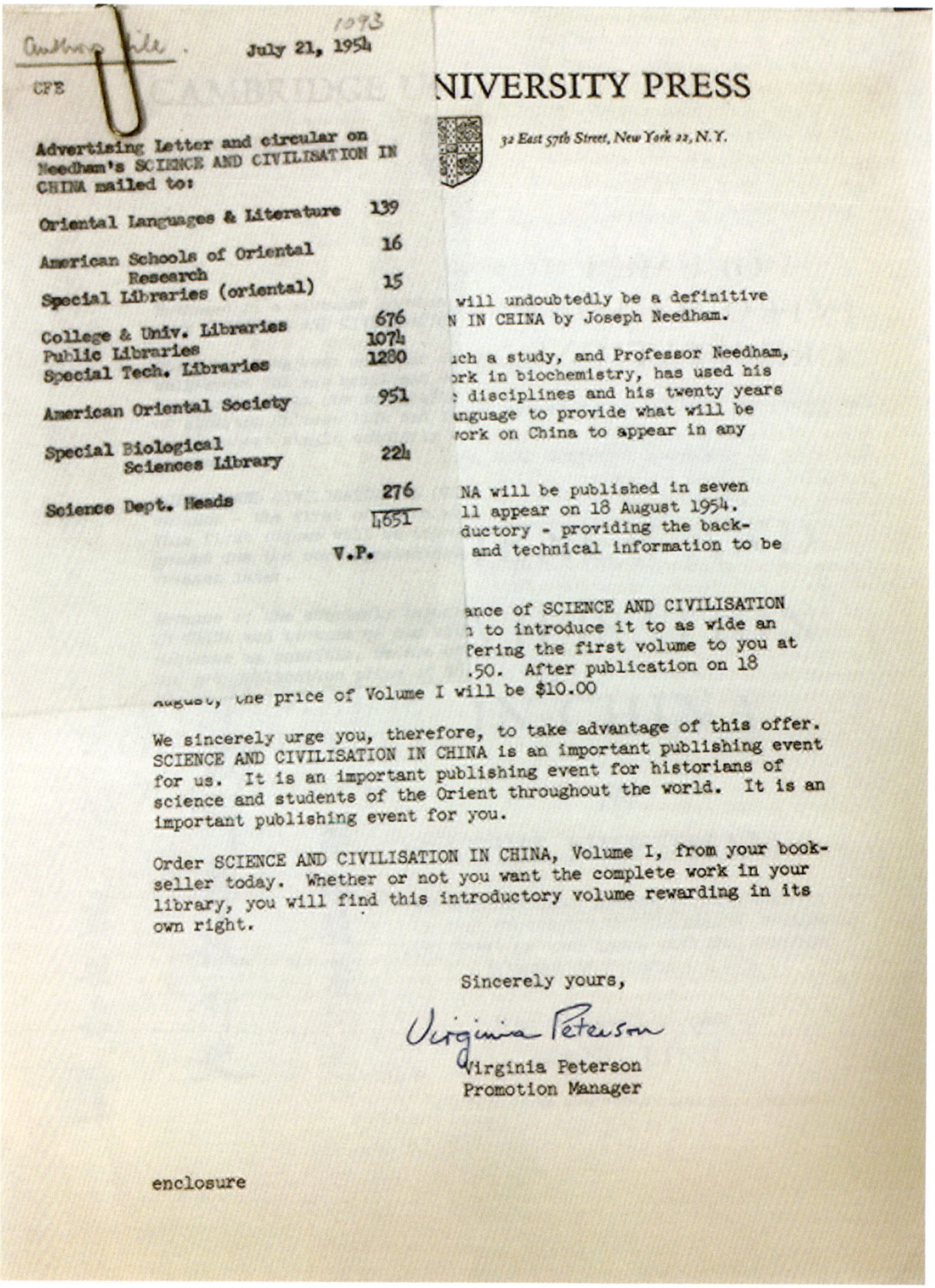

July 21, 1954

CFE

Advertising Letter and circular on
Needham's SCIENCE AND CIVILISATION IN
CHINA mailed to:

Oriental Languages & Literature	139
American Schools of Oriental Research	16
Special Libraries (oriental)	15
College & Univ. Libraries	676
Public Libraries	1074
Special Tech. Libraries	1280
American Oriental Society	951
Special Biological Sciences Library	224
Science Dept. Heads	276
	4651

V.P.

CAMBRIDGE UNIVERSITY PRESS
32 East 57th Street, New York 22, N.Y.

...will undoubtedly be a definitive ...N IN CHINA by Joseph Needham.

...uch a study, and Professor Needham, ...ork in biochemistry, has used his ...disciplines and his twenty years ...nguage to provide what will be ...ork on China to appear in any

...NA will be published in seven ...ll appear on 18 August 1954. ...ductory - providing the back- ...and technical information to be

...ance of SCIENCE AND CIVILISATION ...n to introduce it to as wide an ...fering the first volume to you at ....50. After publication on 18 August, the price of Volume I will be $10.00

We sincerely urge you, therefore, to take advantage of this offer. SCIENCE AND CIVILISATION IN CHINA is an important publishing event for us. It is an important publishing event for historians of science and students of the Orient throughout the world. It is an important publishing event for you.

Order SCIENCE AND CIVILISATION IN CHINA, Volume I, from your bookseller today. Whether or not you want the complete work in your library, you will find this introductory volume rewarding in its own right.

Sincerely yours,

Virginia Peterson
Virginia Peterson
Promotion Manager

enclosure

图 7-22　1954 年 7 月 21 日美国分部发给伦敦的征订单汇总情况

1954年4月23日，剑桥大学出版社的理事会最终决定将李约瑟《中国的科学与文明》第一卷的第1次印刷数量定在了5 000册，定价相应降低为52先令6便士（约2.6镑）。[1]

剑桥大学出版社美国分部将SCC印刷品的广告邮寄了几千份，几乎覆盖了所有可能对SCC感兴趣的学术圈子与教育界。这些广告的邮寄范围和数量分别是：

东方语言与文学：	139
美国东方研究学院：	16
专业图书馆（东方学相关）：	15
学院和大学的图书馆：	676
公共图书馆：	1 074
专业技术图书馆：	1 280
美国东方学会：	951
专业生物科学图书馆：	224
科学院系负责人：	276
总计：	4 651

营销经理弗吉尼亚·彼得森（Virginia Peterson）女士在寄给客户的信中说：

> 所附一份印刷品广告——约瑟夫·尼达姆的《中国的科学与文明》，它必将是一部标志性的著作。
>
> 长期以来，人们一直需要这样的一部研究著作。以生物化学领域的杰出著作而闻名的尼达姆教授，利用他在科学专业的长期训练和他二十年来对中国人的生活和语言的研究，将为我们提供一部迄今为止任何语言都没有出版过的关于中国的最伟大的学术著作。
>
> 《中国的科学与文明》将分为七卷，第一卷将于1954年8月18日出版。这一卷将会是介绍性的，为后续各卷处理更为专业的，更具技术性的信息提供一个背景介绍。
>
> 由于《中国的科学与文明》在学术方面的重要性，我们希望把它介绍给尽

---

[1] 剑桥大学出版社《理事会日志》中有一个"印量和定价"（Numbers and Prices）的栏目。在1954年4月23日的记录中，有一项关于李约瑟《中国的科学与文明》的决定，是这么写的："第一卷第1版第1次的印刷数量5000册，定价为52先令6便士"。Syndics of the Press. Minute Book (12th June 1953 to 10th Oct. 1958) [GBR/0265/UA/PRESS 1/2/1/1/19].

可能广泛的读者，我们将为您提供这一卷 8.50 美元的预订优惠价格。等到 8 月 18 日正式出版后，第一卷的价格将是 10.00 美元。

因此，我们真诚地敦促您抓住这样的机会。《中国的科学与文明》对我们而言是一项重要的出版活动，对世界各国的科学史家和东方学研究的学生来说它是一个隆重的出版盛事，对您来说这是一个不可错过的出版大事。

现在就开始行动，从您的书店订购《中国的科学和文明》第一卷吧。无论您是否想要在自己的图书馆中拥有该书的全套，您都会发现这个介绍性的第一卷物有所值。

您真诚的，
弗吉尼亚·彼得森（营销经理）①

---

① Enclosed is a circular on what will undoutcdly be a definitive work—SCIENCE AND CIVILISATION IN CHINA by Joseph Needham.
There has long been need for such a study, and Professor Needham, well-known for his brilliant work in biochemistry, has used his long training in the scientific disciplines and his twenty years of studying Chinese life and language to provide what will be the greatest single scholarly work on China to appear in any language.
SCIENCE AND CIVILISATION IN CHINA will be published in seven volumes—the first of which will appear on 18 August 1954. This first volume will be introductory—providing the background for the more specialised and technical information to be treated later.
Because of the scholarly importance of SCIENCE AND CIVILISATION IN CHINA and because of our wish to introduce it to as wide an audience as possible, we are offering the first volume to you at the pre-publication price of $8.50. After publication on 18 August, the price of Volume 1 will be $10.00.
We sincerely urge you, therefore, to take advantage of this offer. SCIENCE AND CIVILISATION IN CHINA is an important publishing event for us. It is an important publishing event for historians of science and students of the Orient throughout the world. It is an important publishing event for you.
Order SCIENCE AND CIVILISATION IN CHINA, Volume 1, from your book-seller today. Whether or not you want the complete work in your library, you will find this introductory volume rewarding in its own right.
Sincerely yours,
Virginia Peterson
Promotion Manager
(enclosure) [CUP Needham archives UA Press 3/1/5/1474_folder3_SCC (1948-95)]

成长——前三卷的出版

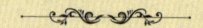

《中国的科学与文明》第一卷《导论》，终于赶在第 23 届国际东方学家大会召开之前的 1954 年 8 月 18 日顺利出版了。

图 8-1　SCC 第一卷《导论》李约瑟著，王铃协助（1954）

李约瑟在献词页上，将第一卷题献给了一位中国南京的药商——鲁仕国——鲁桂珍的父亲。对此李约瑟在《序言》中给出了自己的解释，他是这么说的：

> 对西方人影响最大的是鲁桂珍博士。她的父亲鲁茂庭（字仕国）是南京一位著名的药剂师，对中西医药都很有研究。他除了教导他的女儿欣赏和理解现代科学，还使她相信：中国古代和中古代的医师和技士们的本领要比大多数汉学家通常所愿意承认的强得多。人类历史上的一些很基本的技术正是从中国这块土地上生长起来的，只要深入发掘，还可能找到更有价值的东西。至少可以说，中国的全部科学技术史，应该是任何一部世界成就史中不可缺少的组成部分。鲁茂庭的女儿成功地传播了这个信念。因此，我将本书的第一卷献给鲁茂庭先生是有充分理由的。[1]

一本书题献给谁，是作者的权利。按照西方图书过去的传统，作者通常会将著作题献给自己的保护人或赞助者。那读者可能会问，李约瑟既然想要感谢的是鲁桂珍，他为什么不直接将该书献给鲁桂珍呢？也许李约瑟的做法是更为明智的。我们不妨设想一下，谁会因为这本书题献给了鲁茂庭而心存感激呢？

在SCC第一卷中还有一个专门的"鸣谢页"，印着这么一句话——"剑桥大学出版社理事会希望在此感谢伯林根基金会为本书的制作提供的资金支持。"因为伯林根基金会为SCC出版提供了每卷150镑，全书共1 050镑的图片费用补贴。[2]

---

[1] 李约瑟：《中国科学技术史（第一卷 导论）》，科学出版社、上海古籍出版社，1990，第8页。译文略有改动。The greatest part in all this influence upon a westerner was played by Dr Lu Gwei-Djen, whose father, a distinguished pharmacist of the city of Nanking, had been learned both in traditional Chinese, and in modern, materia medica. Lu Mao-Thing (Shih-Kuo) had brought up his daughter to appreciate and understand modern science, but at the same time with the belief that the ancient and medieval practitioners and artisans of China had known what they were doing much better than most sinologists are usually prepared to believe. Techniques fundamental in human history had grown from that soil, certain things yet valuable might be found there if it were dug into, and at the least, the whole history of science and techniques in China would be an essential element in any comprehensive history of world achievement. This message Lu Mao-Thing's daughter was able to transmit. It is reason more than adequate for the dedication of the first volume of this book to him.[SCC vol.1, Preface, Acknowledgements. page 10]

[2] 参见1954年3月12日 Syndics Minute：...that Dr J. Needham had secured a subsidy of £150 per volume from the Bollingen Foundation towards the cost of illustrating his Science and Civilisation in China. [Syndics of the Press. Minute Book (12th June 1953 to 10th Oct. 1958). GBR/0265/UA/PRESS 1/2/1/1/19]

图 8-2　剑桥大学出版社在第 23 届国际东方学家大会的展位上，用实物和照片展示了 SCC 从书稿到印版再到图书的加工生产过程。[1]

[1] CUP stall at Large Examination Hall, 23rd International Congress of Orientalists, Cambridge, Aug/Sept 1954 [SCC5_3_1_1]

总目录

《中国的科学与文明》第一卷一经出版，立即就为李约瑟赢得了普遍的赞誉。这固然得益于剑桥大学出版社良好的声誉，还有一个重要的原因我们也不能忽视，就是李约瑟和剑桥大学出版社在第一卷中公开了 SCC 整部书的计划和一个总的目录。通过这个总目录，可以使人清楚地看到，在一个此前无人涉足的全新领域里，李约瑟计划展开探索的宏大工程，让人不得不赞叹这该是一项何等伟大的事业，不得不钦佩一个年过半百的人竟然还能有如此的雄心壮志！

《中国的科学与文明》的总目录分为两部分，先是"第一卷的内容"，接着是"后续各卷的内容"，这一超长的详细目录总共用去了 29 个页码，我们在这里只能简略地列出来其中的章节标题。[①]

　　第一卷　　导论
　　第 1 章　　序言
　　第 2 章　　全书编写计划
　　第 3 章　　参考文献简述
　　第 4 章　　地理概述
　　第 5 章　　历史概述——先秦时期
　　第 6 章　　历史概述——统一的帝国
　　第 7 章　　中国和欧洲之间科学思想与技术的传播情况

　　第二卷　　科学思想史
　　第 8 章　　导言
　　第 9 章　　儒家和儒家思想
　　第 10 章　　道家和道家思想

---

① 现在我们回头来看，这其实是相当鲁莽地迈出了第一步。后来不管是中国的译本，还是其他语种的译本中，均没有包含这个总目录。

第 11 章　墨家和名家

第 12 章　法家

第 13 章　中国科学的基本观念

第 14 章　伪科学和怀疑主义传统

第 15 章　佛教思想

第 16 章　晋唐道教和宋代新儒学

第 17 章　宋明唯心主义者和中国本土的最后几位伟大的自然主义者

第 18 章　中国和西方的人间法与自然法

第三卷　数学、天学和地学

第 19 章　数学

(天学：)

第 20 章　天文

第 21 章　气象学

(地学：)

第 22 章　地理学和制图学

第 23 章　地质学（及相关科学）

第 24 章　地震学

第 25 章　矿物学

第四卷　物理、工程和技术

第 26 章　物理学

第 27 章　工程（机械为主）

第 28 章　工程（土木工程）

第 29 章　航海技术

第 30 章　军事技术

（从这一点往后的内容仍在准备中，虽然有些小节已经写好了。因此，小节的标题尚未最后确定。请理解，下文的标题只是暂定的，目的只是对每一节的内容给出一个粗略的想法。）

第 31 章　纺织技术

第 32 章　纸和印刷

第五卷　化学和工业化学

第 33 章　炼金术和化学

第 34 章　化学技术
第 35 章　陶瓷技术
第 36 章　采矿和冶金
第 37 章　盐业

第六卷　生物、农业和医药
第 38 章　植物学
第 39 章　动物学
第 40 章　生物化学技术（营养学和发酵）
第 41 章　农业、畜牧业和渔业
第 42 章　农艺学
第 43 章　医学原理：解剖、生理学和胚胎学
第 44 章　医学
第 45 章　药学

第七卷　社会背景
第 46 章　中国科学特征的回顾
第 47 章　地理因素
第 48 章　社会和经济因素
第 49 章　哲学和思想上的因素
第 50 章　总的结论

在后续部分尚未完成的情况下，就在一套大部头图书的第一卷的开头部分公布整部图书的编写计划，这并非一种超越常规的做法，比如历史上颇负盛名的塞缪尔·约翰逊《英语词典》和《牛津英语词典》等巨著，也都这么干过。按照这个公开的计划，李约瑟已经写到了第四卷的后半部分，内容过半，而出版社也正在紧锣密鼓地抓紧进行第一卷后各卷的出版工作，没有人怀疑 SCC 将会不断地依次推出。

整整 50 章的鸿篇巨制，给人的感觉像是一部关于中国古代科学和技术知识的百科全书。但在第 2 章的"全书编写计划"中，李约瑟并没有流露出他打算编纂一部百科全书的任何意思，而是清楚地用了两页的篇幅来简单介绍了 SCC 可分为四个部分的主要内容，摘录如下[1]：

---

[1] 李约瑟：《中国科学技术史（第一卷　导论）》，科学出版社、上海古籍出版社，1990，第 17—18 页。

第一部分导论简短论述中国的地理背景、中国历史、中国语言的特征和历史上各国之间文化的交流，以使读者"省得经常去查考其他书籍或百科全书"。

第二部分讨论中国古代哲学中科学思想的产生和发展。

> 中国人已经用自己的历史证明了，他们在较早时期至少是和希腊人一样善于推测大自然的法则的。假使说中国未曾产生像亚里士多德那样的人物，我认为，那是因为阻碍近代科学技术在中国发展的那些抑制因素，早在中国可能产生一个亚里士多德以前，就已经开始起作用了。[①]

第三部分讨论纯粹科学和应用科学。

> 我们试图回答这样一个问题：在历史上各个世纪中，中国人对纯科学和应用科学究竟做出了什么贡献？起先我计划将科学或前科学作为一个方面，技术作为另外一个方面，放在两个不同的部分，可是经过再三思考，我愈来愈感到不可能把它们分开；因此现在我将它们交叉并列在一起。中国古代和中古代的前科学最清楚地显示出实验性和观察性的归纳科学的发展（包括手工操作在内），尽管中国人往往是用原始型的理论和假说来加以解释。至于为什么会是这样，则还有待探讨。……
>
> 中国古代和中古代的技术都导致了一些经验性的发现和发明，其中有许多对世界的历史产生了深远的影响。很明显，中国人虽然照样总是以原始型的理论来解释技术，但是他们善于计划和进行有用的实验来进一步改良技术。……在这一部分的结尾，我们将会看到，我们所面对的是一系列惊人的科学创始精神、

---

① It is my conviction that the Chinese proved themselves able to speculate about Nature at least as well as the Greeks in their earlier period. If China produced no Aristotle, it was, I would suggest, because the inhibitory factors which prevented the rise of modern science and technology there began to operate already before the time at which an Aristotle could have been produced...

突出的技术成就和善于思考的洞察力。①

第四部分讨论"李约瑟问题"。

为什么近代科学,亦即经得起全世界考验的、并得到合理的普遍赞扬的伽利略、哈维、维萨留斯、格斯纳、牛顿的传统——这种传统注定成为统一的世界大家庭的理论基础——是在地中海和大西洋沿岸,而不是在中国或亚洲其他任何地方发展起来的?……

考虑这一问题时要探讨包括地理、水文以及由这些条件所造成的社会和经济制度等具体的环境因素。当然,也不能不考虑读书人所处的智识环境和社会习俗等问题。②

可见,李约瑟编写《中国的科学与文明》一书的目的非常简单、也非常明确,除了在导论中介绍一些基础知识,大量的篇幅集中探讨的是一个后来被称为"李约瑟问题"的研究问题,而这一因他的名字而知名的问题也随着 SCC 第一卷和后续各卷的陆续出版,为世人所知。在 SCC 第一卷《导论》中,"李约瑟问题"是这样表述的:

中国的科学为什么持续停留在经验阶段,并且只有原始型的或中古型的理

---

① In the third part, which deals with the sciences, pure and applied, in due order, we attempt to answer the question, what exactly did the Chinese contribute to science, pure and applied, through the historical centuries. I planned at first to place the sciences, or pre-sciences, on the one hand, and the technologies on the other, in two quite different sections, but on maturer thought it seemed more and more impossible to separate them; they are therefore treated in close juxtaposition. The Chinese presciences, both ancient and medieval, show the clearest development of experimental and observational inductive science, involving manual operations, though they were always interpreted by theories and hypotheses of primitive type. Why this was so remains to be examined...
Similarly, Chinese technology, both ancient and medieval, led to empirical discoveries and inventions many of which profoundly affected world history. It is quite clear that the Chinese could plan and carry out useful experiments for the further improvement of techniques, though again always interpreting them by theories of primitive type...
At the end of this part we shall find ourselves face to face with a truly remarkable array of scientific initiatives, outstanding technical achievements, and speculative insights.
② Why, therefore, did modern science, the tradition of Galileo, Harvey, Vesalius, Gesner, Newton, universally verifiable and commanding universal rational assent-the tradition destined to form the theoretical basis of the unified world community-develop round the shores of the Mediterranean and the Atlantic, and not in China or any other part of Asia? This is the question to which the fourth part is devoted. Its consideration involves an examination of the concrete environmental factors of geography, hydrology, and the social and economic system which was conditioned by them; though it cannot leave out of account questions of intellectual climate and social customs...

论？如果事情确实是这样，那么在科学技术发明的许多重要方面，中国人又怎样成功地……在3到13世纪之间保持一个西方所望尘莫及的科学知识水平？中国在理论和几何学方法体系方面所存在的弱点，为什么并没有妨碍各种科学发现和技术发明的涌现？中国的这些发明和发现往往远远超过同时代的欧洲，特别是在15世纪之前更是如此。

欧洲在16世纪以后就诞生了近代科学，这种科学已被证明是形成近代世界秩序的基本因素之一，而中国文明却未能在亚洲产生与此相似的近代科学，其阻碍因素是什么？[①]

回答这一关于中西方科学技术发展对比的"李约瑟问题"才是李约瑟的根本目的，我们应当明白李约瑟的初衷，并非只是为了编纂一部中国古代科学技术的百科全书。

---

① 李约瑟：《中国科学技术史（第一卷 导论）》，科学出版社、上海古籍出版社，1990，第1—2页。

书评

SCC 第一卷出版后，各种书评开始在媒体上陆续出现，引起了剑桥大学出版社的注意。

首先刊登在丹麦《社会民主》（1954 年 11 月 25 日）报纸上的一则书评标题是"一部令人惊异的英文著作，关于中国的文化和科学。距今 600 年前，中国已经有了多达 5 000 名学生的大学。"书评的内容如下：

> 很少有这样的关于文明史的著作：首先，它应该是理所当然被认可的；其次，它必须是后续所有调查都无法绕过去的、一个真正的转折点。现在，剑桥大学出版社已经出版了一部这样性质的著作，作者是世界著名的英国生物化学家尼达姆博士。
>
> 但这不是一部他的生物化学的作品。在过去的 20 到 25 年里，尼达姆博士对中国怀有强烈的兴趣，他走遍了中国，学会了她的语言和文字，实际上成为了今天欧洲最伟大的中国问题专家。他的《中国的科学与文明》现在已经出版了第一卷，接下来还有六卷。这一著作简直意味着全世界的人们都必须修改他们的关于中国古代历史的教科书和著作。但这还不够，他所进行的研究还深入探讨了欧洲和近东的文化史。很显然，无论在范围上、还是在质量上，尼达姆博士的著作都是一部伟大的著作，甚至是这一代人中最伟大的著作（无论如何也是最具原创性的）。
>
> 这部著作本身的缘起也是一个有趣的故事，因为它实际上是偶然引发的。以研究化学过程而出名的尼达姆博士……大约在 20 年前，迎来了三位希望到剑桥实验室学习的中国年轻学者的来访。
>
> 我们不可能详细讨论这部书，它本身就像一个新的世界一样，像到另一个星球去探访一样。过去的中国文化，直到欧洲的文艺复兴时代，始终具有的最典型的特征之一就是其伟大的独创性。
>
> 尼达姆博士的著作是这样的独特，如果您不想让自己因为太过惊异而垮掉，最好先让自己冷静一下。而且，这不是一个容易理解的作品，它是学术

性的，很适合那些喜欢调查研究的读者，它几乎涵盖了一个古老文明成长的每一个阶段，这一文明如何成为了世界领先的文明，直到被到欧洲的技术所超越。①

这篇书评的作者是谢尔德·穆勒（E. Shelde Møller）先生，他在评论中所表达的观点，证实了李约瑟在写作 SCC 之初想要达到的目的——让那些一直抱有"欧洲中心主义"思想的人们明白过来，唯我独尊的视野是多么的狭隘。

来自汉学家的专业批评，也对李约瑟的 SCC 给出了极高评价。哈佛大学东亚研究中心创始人、汉学家费正清（John King Fairbank，1907—1991）教授，抗战期间曾在美国驻华使馆任职，对李约瑟早就熟悉。他的书评说：

正如作者在第一页中所言："为什么中国的科学始终保持在（从广义上讲）一种持续的经验性的水平上，并且局限于原始的或中世纪类型的理论之中？如

---

① Translation of a review of Needham: SCC, which appeared in *Social-Demokraten* (Denmark) on November 25th, 1954. Reviewer: Mr E. Shelde M

"An Amazing English Work about China's Culture and Science. 600 years before our time China had universities with 5000 students."

It is only very rarely that works on the history of civilisation appear which first of all deserve recognition, and, secondly, really mean a turning point which all subsequent investigation must consider. But a work of this nature has now been published by the Cambridge University Press, and the author is the world renowned English biochemist, Dr Needham.

But it is not a biochemical work which he has produced. Dr Needham has during the last twenty-twenty-five years actively interested himself in China; he has travelled the country up and down, has learned its language and writing, and actually is the greatest European expert on China today. He has now published the first volume (to be followed by six others) on "Science and Civilisation in China". The work means simply that people the world over will have to revise all handbooks and writings which are concerned with China's ancient history. But this is not enough. The researches which he has undertaken dig deeply into European and Near East history of culture.

In extent and quality it is quite clear that Dr Needham's work is one of the greatest, perhaps the greatest (and in any case the most original) in the last generation. For the interested there is a story about the work's origin in that it was in fact almost brought about by chance. Dr Needham, who is famous for his researches in chemical processes which concern... , was visited about twenty years ago by three young Chinese scholars who wished to study at his laboratory in Cambridge...

It will be impossible to go into details over this work, which reveals itself like a new world-like a visit to another planet. One of the most characteristic traits in the old Chinese culture, such as it existed until the time of the European renaissance broke out, is its great originality.

...

Dr Needham's work is of such a kind that it is necessary to compose oneself a little if one is not to collapse in surprise. Moreover, it is not an easily comprehensible work, scholarly as it is, but it will pay for itself for those who are interested in investigating, practically covering every phase of how an old civilisation grew, and became the leading one in the world until European technology superseded everything else.

[CUP Needham archives UA Press 3/1/5/1474_folder3_SCC (1948-95)]

果真的是这样，中国人又怎么（在公元三世纪到十三世纪之间）成功地保持了一种西方从未达到过的科学知识的水平？中国在理论和几何体系化方面的弱点，怎么并没有阻止中国在技术方面的发现和发明的出现，中国反而常常大大超前于同时期的欧洲（对此我们不难举出例子）直到十五世纪？"

回答这样有分歧的问题，将为我们提供一个全新的、基本的视角来看待现代中国和西方的对抗，回答这一问题也需要一种不同特点的罕见组合。正如尼达姆博士所说，考察者应当是（1）一个科学家，（2）精通欧洲的科学史，（3）对社会和经济背景感兴趣，同时（4）亲身体验过中国人的生活，"最好既不是传教士、普通外交官，也不是商人"，（5）能够阅读中文以便参考和研究，（6）能够获得可靠的中国学者的指导。

根据这些条件，约瑟夫·尼达姆几乎是这项任务唯一的候选者。但我认为，他忽略了他拥有的一种无法估量的特质——不息的热情和不懈的勤奋。正如一位战时的英国大使（尼达姆是其推动中英科学联络的官员）在重庆面露疲惫地对我说："当一个智力超群的人每天工作14个小时的时候，必然会有结果的。"

……

第一卷的初步结论指出，在公元后的13个世纪中，机械和其他技术明显地从中国向西方流动。这些一路传播而来的物品，从方形托盘的链式水泵（square-pallet chain-pump）、提花织布机（draw-loom）、铸铁（cast iron）、独轮手推车（wheelbarrow）和十字弓弩（cross-bow）等，一直到众所周知的火药、指南针、印刷（包含造纸术和印刷术）和瓷器的发明。在所有这些发明方面，欧洲都落后于中国 4 到 15 个世纪之久。[1]

剑桥大学出版社收集了媒体上发表的大量书评，摘取其中精彩的评语，汇集在第 2 卷上的护封广告语（blurb）中。下面是几则书评。

这是一项全面工作的令人兴奋的第一批成果。作者决定要用西方的语言来诠释中国人的思想，他也许是目前尚在的、拥有担纲这一艰巨任务的所有必要

---

[1] Review of SCC Vol.1
by John K. Fairbank (Professor of Chinese History, Harvard)
Pacific Affairs (USA) 1955 (June) 28, 183.
This is the first of seven volumes which together will survey the growth of technology and science in China up to the 17th. century, when the Jesuits brought China and the West into direct contact. Consequently this introductory publication can be judged only imperfectly, in the context of further work not yet available. The subsequent volumes will deal (in Vol.2) with the history of Chinese scientific thought (mainly as glimpsed embedded in classical writings usually characterised as 'philosophical' or 'religious'); Chinese mathematics and the sciences of the heavens and the earth (Vol.3); physics, engineering and technology (Vol.4); chemistry and industrial chemistry (Vol.5); biology, agriculture and medicine (Vol.6); and the social background (Vol.7). The last volume, presumably the most interesting to the general reader, will be a retrospective survey of the characteristics of Chinese science, and of the geographical, social, economic, philosophical and ideological factors which affected its rich beginnings and subsequent retarded development. As the author puts it on p.1: 'Why should the science of China have remained, broadly speaking, on a level continuously empirical, and restricted to theories of primitive or mediaeval type? How, if this was so, did the Chinese succeed... in maintaining, between the 3rd. and the 13th. centuries, a level of scientific knowledge unapproached in the West? How could it have been that the weakness of China in theory and geometrical systematisation did not prevent the emergence of technological discoveries and inventions often far in advance (as we shall have little difficulty in showing) of contemporary Europe, especially up to the 15th. century?'
Answers to these ramified questions, which would give us a new and fundamental perspective on the modern confrontation of China and the West, require a rare combination of qualities. As Dr Needham says, the investigator must be (1) a scientist, (2) versed in the history of science in Europe, and (3) interested in its social and economic background, while also (4) personally acquainted with Chinese life, 'preferably neither as a missionary, a regular diplomat, nor a merchant', (5) able to read Chinese for reference and research purposes, and (6) able to secure scholarly Chinese guidance. On these terms Joseph Needham is almost the only candidate for the task; yet he has, I think, omitted one priceless ingredient which he possesses-unquenchable enthusiasm and unremitting industry. As a wartime British ambassador remarked to me, almost wearily, in Chungking, where Needham was his Attache promoting Anglo-Chinese scientific contact: 'When a man of superior intelligence works steadily fourteen hours a day, something is bound to come of it.'
...
The preliminary conclusion of this first volume points to a striking westward flow of mechanical and other techniques from China to the West, during the first thirteen centuries after Christ. These ran all the way from such items as the square-pallet chain-pump, draw-loom, cast iron, wheelbarrow and cross-bow, to the better known inventions of gunpowder, the compass, printing and porcelain. In all of these Europe lagged behind China by somewhere between four and fifteen centuries.
[CUP Needham archives UA Press 3/1/5/1474_folder3_SCC (1948-95)]

资格的学者中唯一的一位。尼达姆博士著作在实际上的意义，与其在学术上的价值同等重要。这是一种西方对中国比外交层面更高层次上的"承认"行为。

——阿诺德·约瑟夫·汤因比，①《观察家报》②

对一般读者、甚至是对专业汉学家而言，把"科学"和"中国文明"相结合必然会显得很奇怪；而以这个为标题的著作，还要计划分七卷出版……几乎是不可思议的……我们的惊讶正是一把尺子，用来衡量尼达姆博士对我们人类知识所做出的影响深远的、原创性的、令人震撼的贡献。

从这一卷开始，这也许是我们的文明中或世界任何文明中，为着历史的综合和跨文化交流，一个人单枪匹马试图去完成的最伟大的一次单独行动。

——劳伦斯·皮肯（Laurence Picken），《曼彻斯特卫报》③

这卷书的到来带给了我极大的乐趣，首先，因为我已经期待了它很长一段时间；其次，因为我误判了一份曾经寄给我的总计划的打印稿。对我来说，那个计划看起来过于雄心勃勃了。我的怀疑是私下里表达的，现在我乐意在公开场合把我犯的错误说出来……

由于作者的科学训练，这部巨著的历史描绘更加丰富和生动。当一个科学工作者研究过去的历史，他会比其他人对所涉及到的真实的东西更感兴趣，更关注方法的应用，而这些方法是他早已熟悉的，即生物化学的研究方法……

尽管他非常热爱中国，充满热情，但他从未丧失自己的分寸感和必要的客

---

① 阿诺德·约瑟夫·汤因比（Arnold Joseph Toynbee，1889—1975）英国历史学家，代表作是12卷本的《历史研究》（A Study of History）。他的叔叔是另一位著名历史学家阿诺德·汤因比（Arnold Toynbee，1852—1883），他首先将英国从18世纪开始的由于工业技术发展导致的生产力大幅度提升的时期命名为"工业革命"。为了区分两位汤因比，人们通常称前者为小汤因比，后者为老汤因比；但因老汤因比30岁就英年早逝了，所以他的照片反而看起来更年轻。

② This is the exciting first instalment of a comprehensive work... The author has set himself to interpret the Chinese mind in Western terms, and he is perhaps unique among living scholars in possessing the necessary combination of qualifications for this formidable undertaking. The practical importance of Dr Needham's work is as great as its itellectual interest. It is a Western act of "recognition" on a higher plane than the diplomatic one.
—Arnold Toynbee in *The Observer* [CUP Needham archives UA Press 3/1/5/1474_folder3_SCC (1948-95)]

③ To the general reader, and even to the professional sinologist, the conjunction of "Science" with "Civilisation in China" must appear odd; and that a work with this title should be planned in seven volumes... is scarcely credible... Our astonishment is a measure of the profoundly original and disturbing contribution to human knowledge which Dr Needham has to make....
There begins with this volume perhaps the greatest single act of historical synthesis and inter-cultural communication ever attempted by one man, in our own or any civilisation.
—Laurence Picken in *The Manchester Guardian* [CUP Needham archives UA Press 3/1/5/1474_folder3_SCC (1948-95)]

观性……

——乔治·萨顿，《镜子》（中世纪研究期刊）[1]

已故的伯希和教授曾经评论道，如果一个具有广阔视野的西方科学家能与那些掌握了中文古代文献的中国科学家合作，那么科学史将会获得不可估量的收益……虽然现在出版的一卷只是第一本，后面还有其他即将出版的六卷，但它所产生的信息是如此丰富，以至于人们完全可以认为伯希和教授的预言已经实现了……

这部著作是一个精妙构思的整体，有望成为我们这个在地理上相连但在精神上分裂的新世界所迫切需要的综合的一次大胆努力。

——恒慕义[2]，《美国历史评论》[3]

尼达姆博士的调查有望成为知识史上的一座里程碑……

显然，承担这一任务的学者必须拥有非凡的资质。尼达姆博士就是这样一位。他是一位生物化学家，因其原创性的研究和著作而出名；他对科学史及其与社会史的联系有着很好的把握；他曾到访过中国很多地方，对中文有良好的实际应用的知识；他工作起来脾气不好，但在处理大量细节的时候又是一个不失洞察力和幽默感的老手。此外，他热爱中国人民，他的情感（绝非感情用事而是基于理解和尊重）弥漫在他的书中。他告诉我们，这部著作追求的，是以

---

[1] The arrival of this volume gave me great pleasure, in the first place, because I had been expecting it for a long time, in the second place, because I had misjudged the general plan communicated to me in typescript. The plan seemed far too ambitious to me; my scepticism was voiced privately; now I am glad to express my mea culpa in public....
The historical outlines of this magnum opus are much enriched and enlivened because of the author's scientific training. A man of science approaching the past is more interested than other men in understanding the realia involved, and more concerned with the application of methods which he has become familiar with in, say, biochemical investigations....
In spite of his great love of China and of his enthusiasm, he never loses his sense of proportions and the necessary objectivity....
—George Sarton in *Speculum* (U.S.A) [CUP Needham archives UA Press 3/1/5/1474_folder3_SCC (1948-95)]

[2] 恒慕义，Arthur William Hummel, Sr.，1884—1975，美国汉学家，早年曾赴中国进行基督教传教活动，后回到美国创建了国会图书馆中国书部，并担任主任。他的儿子恒安石（Arthur W. Hummel Jr.，1920—2001），曾任美国驻华大使。

[3] The late Professor Paul Pelliot, ... once observed that the history of science would gain immeasurably if a Western scientist of wide outlook were to collaborate with Chinese scientists who had a good command of their own great literature.... Though the volume now published is only the first of six others to come, the information it yields is so rich that one may well regard Professor Pelliot's prophesy as fulfilled....
The work as a whole is brilliantly conceived, promising to be one of the bold efforts as synthesis that our new world —geographically united but mentally divided—so urgently needs.
—Arthur Hummel in *American Historical Review*. [CUP Needham archives UA Press 3/1/5/1474_folder3_SCC (1948-95)]

一种伟大的十七世纪英国学者兰斯洛特·安德鲁斯（Lancelot Andrewes）的精神——为国际理解做贡献。对兰斯洛特·安德鲁斯，有一位传记作者曾这么评价："（如果活在创世纪的时代）他很可能是在语言混乱的巴别塔上担任总翻译官的角色"……这本书奠定了一项宏伟调查的基础，是一次思想和研究的胜利。用罗伯特·胡克的话说，这本书将"向我们开放了一个知识的、迄今为止只在传说中描述过的帝国"，并接纳我们与那个帝国中（要么是，要么曾经是）最好的和最伟大的人物交谈。

——詹姆斯·纽曼（James R. Newman），《科学美国人》①

这是西方对中国文化认识的发展史中具有重大意义的一部作品；对后续的六卷翘首以盼的人，不仅有研究中国的专家们，还有所有受过良好教育的、对人类文明通史感兴趣的读者……

现在，西方学者已经拥有了对中国人民在他们的科学和技术发展史上所做出过的贡献进行全面研究的必要条件……

（用作者的话来说，如果这部书是一次侦察的话）我必须说，它是一次大规模的侦察，任何亚洲史的学生都不能不对其广度、深度和精确的方法留下深刻的印象。

——乔治·萨姆森爵士（Sir George Sansom），BBC②

---

① Dr Needham's survey promises to be a landmark of intellectual history....
It is clear that a scholar who undertakes such a task must possess extraordinary equipment. Dr Needham is such a one. He is a biochemist distinguished for his original researches and writings; he has an excellent grasp of the history of science and its connexions with social history; he has travelled extensively in China and has a good working knowledge of the language; he is a bear for work, and a veteran in handling masses of detail without losing perspective or a sense of humour. Further, he loves the Chinese people, and his feeling—not sentimental but based on understanding and respect-pervades his book. The work has been pursued, he tells us, as a contribution to international understanding, in the spirit of the great seventeenth—century English scholar, Lancelot Andrewes, of whom a biographer said that he might "well have been (if then living), Interpreter-General at the Confusion of Tongues"... The book lays the foundations of a magnificent survey; a triumph of thought and research. It is a book which, in Robert Hooke's words, will "lay open to us an Empire of Learning, hitherto only fabulously described", and admit us to converse with the best and greatest of that Empire, that either are, or even have been.
—James R. Newman in S*cientific American*. [CUP Needham archives UA Press 3/1/5/1474_folder3_SCC (1948-95)]
② This is a work of cardinal importance in the development of Western understanding of Chinese culture; and the subsequent six volumes will be eagerly awaited by specialists in Chinese studies, as well as by all educated people interested in the general history of civilisation, for whom it is intended...
No Western scholars so far has had the necessary qualification for a full study of the contributions made by the Chinese people throughout their history to the development of science and technology...
(If the book is, in the author's words, a reconnaissance) it is, I must say, a reconnaissance on a grand scale, and no student of Asian history can fail to be impressed by its wide range, its penetration, and its precise method.
—Sir George Sansom; BBC. [CUP Needham archives UA Press 3/1/5/1474_folder3_SCC (1948-95)]

没有一本书会是完美的

但是在一片喝彩声中，SCC 也有些许的遗憾。

在图书出版前，1954 年 6 月 8 日，伯比奇请李约瑟核对下 SCC 第一卷二校样（revise page）最终校对所需的汉字，发现其中有一个浙江的"浙"错成了"淅"。他留下这样的记录：

> 我对第 56 页中"CheKiang"的第一个汉字感到不安。中华印刷公司最终给的校对后的汉字，看起来跟印版中原来的汉字是一样的。我已经安排把这个最终送来的汉字放到了印版中用于印刷了，但也许我们仍然是在用一个错误的汉字。如果是这样，我们能怎么办？我今晚一直在家，今晚您能告诉我该怎么办吗？或是在明早九点钟之前。①

"修改后的校样仍然是错的"，李约瑟虽然用红笔在旁边写下了这句话，但这个问题最终还是没有改正过来。后来印出来的书中，"浙江"依旧误为"淅江"。

有一些细小问题是过了很久才被发现的。比如李约瑟在 1955 年 10 月 12 日的时候，给伯比奇写了个字条，意思是说发现第一卷中文书名竖排得没有对齐，请他修改。② 果然如此，到第二卷的时候，中文书名页就没有这个问题了。（见图 8-3 和图 8-4）

最令人尴尬的事，是你明明知道有问题，还得硬着头皮往前走。就在 SCC 第一卷正式面世的三周前，李约瑟给肯登写了这么一封信，内容如下：

> 我亲爱的肯登：
> 　　昨天晚上，我第一次有机会以预印本的形式审视《中国的科学与文明》第

---

① Note from P. G. B. [Peter Burbidge] about errors in the printing of Chinese characters and related Joseph Needham notes, 1954-03-15-1954, GBR/1928/NRI/SCC1/1/2/40. Needham Research Institute.

② 李约瑟在一个纸片上书写了 SCC 的中文书名，并在旁边写着 reminded, 12/10/55。说明他已经提醒过 Peter Burbidge 书名的汉字没有对齐的问题了。[Caligraphy for the Chinese title page of 'Science and Civilisation in China', 1953-05-25-1955-10-12, GBR/1928/NRI/SCC1/1/2/18. Needham Research Institute.]

图 8-3　SCC 第一卷中文书名页（注意："中国"与"科学技术史"未对齐）

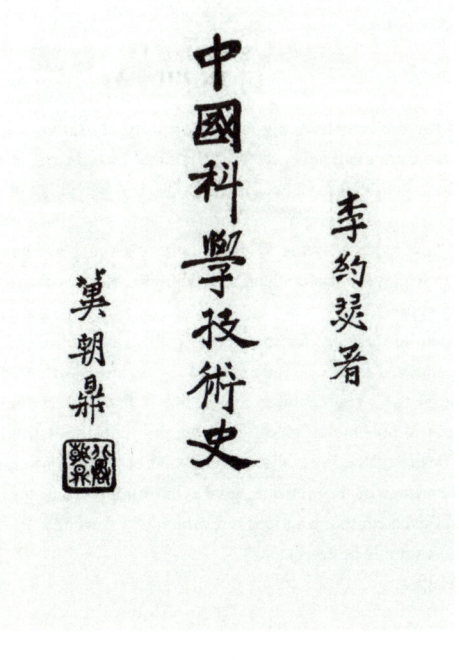

图 8-4　SCC 第二卷中文书名页

一卷。我觉得我必须立即给您写信，向您致以最诚挚的谢意，感谢您为这本书所慷慨付出的操劳。正是因为您的付出，才使这本（在我看来）字体样式和排版格式都格外漂亮的一部作品得以诞生。我从来没有设想过会有如此华丽的效果。同时我也意识到，对我们所有的同事，如德赖弗斯、沃森，和我几乎天天在一起工作的合作者伯比奇，我都心怀感激。审读校对也做得很好。我可以借用这封信来向所有人表达我的感激之情吗？

有一个小问题我想要提出来，好留个记录，在目前这个阶段。护封背面的勒口上有句话（最上面一行）说"整部著作的手稿已经完成……"。根据我的记录显示，我确认的版本（去年6月11日）说的是"大部分完成"。当然，您知道，事实上最后的三卷还没有写完，而持续的校改工作让我在今年年底之前完成第四卷的希望也泡汤了。虽然我完全理解出版社的愿望是让公众对后续各卷会连续出版产生期待，但我担心，这样的宣告会让我给大学内的很多同事留下来一个错误的印象。事实上，这甚至可能让我觉得非常尴尬。我想知道您是否能想出任何办法来帮助我纠正这一给人的错误印象？

再次致以最热烈的感谢。

您永远的，
约瑟夫·尼达姆
1954年7月27日 ①

---

① 27th July, 1954

My Dear Kendon,

Yesterday evening I had for the first time a good opportunity of studying the first volume of "Science and Civilisation in China", in the form of an advance copy. I felt that I must write at once to offer you my most sincere thanks for all the care which you have lavished on the book, and which has produced a work of (as it seems to me) outstanding beauty both as to typography and format. I never visualised such a magnificent outcome. At the same time I am conscious how much is owing to all our colleagues such as Dreyfus, Watson, and my almost daily collaborator, Burbidge. The reader too has done an excellent job. May I assume that this one letter will express to all of them the depth of my appreciation?

One small point I should like to mention, for the record, at this stage. The back flap of the Jacket says (top line) that "the whole work is completed in MS..." Reference to my records shows that the version which I agreed (11th June last) said "largely completed". You know, of course, that in fact the last three volumes are not yet written, and the continuing flow of proof forbids me to hope I can even finish off the fourth before the end of this year. While I entirely understand the desire of the Press that there should be public anticipation of a continuous appearance of volumes, this announcement will, I am afraid, give a false impression to many of my colleagues within the University. Indeed, it might even cause me serious embarrassment. I wonder whether you can think of any way in which the impression so given might be corrected?

With warmest thanks once again,
Ever yours,
Joseph Needham

[CUP Needham archives UA Press 3/1/5/1474_folder3_SCC (1948-95)]

对于这个已让李约瑟陷入焦虑的问题，肯登的回信说：

亲爱的尼达姆：

您在信中通篇所表达的感激我们岂敢领受，尽管毋需否认，同时我们也感到相当自豪。您的这封信目前正在我们的同事间传阅。

但第二部分——尤其与我相关——相当令人痛心。一个安全的规则是，所有的出版商都会预先告诫，没有一本书会是完美的。啊哈，即使是尼达姆的《中国的科学与文明》也是如此：护封上的介绍出错了。它现在是这么印着的，而且必须始终这么来读："整部著作的手稿（MS）已经完成，从现在开始将会持续出版"；而它本来应该是"整部著作实质上已经完成了多部手稿（MSS），从现在开始……"①

现在没有更改这个笔误的办法了。在底图之上印刷这段广告语的护封（5 000套）已经印完了，必须得用。另一种选择是扔掉这5 000套护封，在伦敦用胶印重印5 000套新的护封，两种颜色，然后在上面加印5 000印的文字。这样做的成本和延迟令它根本不可能实行。我还曾希望印刷只完成了2 000套，这样我们还可以改变这一批护封中的3 000套，但我发现情况不是这样的。

我会宽慰自己说，就我们目前所担心的问题而言，那段广告语的有效性没问题。它实际上的意思是，理事会所接受的并非是一个未经检视的、不知真假的东西——他们在接受书稿决定出版的时候就已经确信，接下来的七卷本可以搞定，既不会大大增加，也不会大大减少，所以这七卷本才会在封底上印出来。而在目录中（SCC第一卷第xxxiii页），您已经把自己的"安全须知"放在那里了，那是有用的。

我很遗憾发生这个失误。老实说，如果不留意的话，我不认为它会引起尴尬的影响，当然，如果是读了目录第xxxiii页的话，就更不会了。我希望您不

---

① MS是manuscript的简写，MSS是MS的复数形式。

要把出版社干活的人偶尔的粗心大意想得太糟糕。

您真诚的，
肯登
1954 年 7 月 29 日①

肯登说得对，当你竭尽全力之后，还在小心翼翼地期盼一个理想的结果，难免过度担忧，其实不妨大胆地接受这么一个现实——没有一本书会是完美的，就像没有一个人会是完美的道理一样。

---

① 29 July 1954

Dear Needham,

Your letter is so appreciative in general that it quite bowls us over, though there's no denying that we too feel rather proud. The letter is circulating at the moment.

But the second part—and my particular part in it—is rather saddening. It is a safe rule, that all publishers are forewarned about, that no book is perfect. Alas, this is true even of Needham's "Science and Civilisation in China": the blurb goes wrong. It reads now, and must always read, "The whole work is completed in MS, and from now publication should go steadily on," while it should have read "The whole work is virtually completed in MSS and from now etc." There is no cure for this slip now. The jackets (5 000) of them are printed off on the worked pictorial sheets, and this must stand. The alternative is to throw away 5 000 jackets, and to get 5 000 new jackets prepared in London by offset, and then to overprint in two colours 5 000 copies. The cost and delay in doing this makes it prohibitive. I had hoped that only 2 000 had been completed and that in finishing the run we might have altered 3000, but I find this is not so.

I would say in palliation that, so far as we are concerned, the blurb as it stands will do very well. It says in effect that the Syndics have not accepted a pig in a poke—they knew at the time of acceptance and assured themselves then that seven volumes would probably cover it and that it neither would be greatly increased nor greatly decreased. The seven volumes are announced on the back; but in the table of contents, on p.xxxiii, you have put in your own safeguarding note, and that stands.

I am sorry that the slip has happened at all. I honestly don't think it will, without attention drawn to it, have any embarassing effect, certainly none if p.xxxiii is also read; and I hope you won't think too badly of the carelessness of the executives of the Press.

Yours sincerely,
F. H. Kendon

[CUP Needham archives UA Press 3/1/5/1474_folder3_SCC (1948-95)]

人物卡片

从 1948 年开始，李约瑟和他的研究助手王铃一起最先着手准备的是一套关于中国科学技术专家和学者的人物索引卡片，这是为 SCC 打基础的一项工作。到 1954 年 SCC 第一卷出版之前，这批卡片积累起来的数量已经多达 14 000 张。

李约瑟把卡片翻拍成缩微胶卷，计划分送给国际上研究中国科技史的相关机构和学者，希望他们能够试用这套卡片，来帮助他补充、修改，使之更臻完善。于是李约瑟在 SCC 第一卷出版前写信给中国科学院院长郭沫若博士，告知他自己的这个打算。

我敬爱的郭沫若：

我非常高兴地向您转送一套《中国的科学与文明》第一卷的校对清样，具体的出版日期已定在 8 月 14 日[①]。

我很高兴地告诉您，第二卷（科学思想）现在已经在校改长条校样的阶段，第三卷（数学和天地科学）正在修改手稿准备排印。第四卷（物理、工程与技术）快写完了，有可能会分为两个部分出版。

请允许我借此机会告知您，在得到您的允许后，我打算将整个作品的第七卷、也是最后一卷题献给您——以代表我对您作为一个学者和一个真正的仁人之士（自从我十多年前在战时的阴郁环境中第一次遇见您以来）所感到的无比的敬意。我最深切的愿望是它能够对西方文明产生深远而永久的影响，带来对中国人民在各个历史阶段、在思想和技术上所展现出来的伟大才能的更好理解。

不久的将来，我希望能再转送给您另一包东西，请容我稍加解释。在这部书的长期写作过程中，王铃和我已经积累了一套索引卡片，这套索引卡片是中国科学家、技术专家和哲学家的传记性质的名录（biographical glossary）。我们一直想要，并且仍然打算在第七卷中将之与其他的统一的参考文献书目和索

[①] 应为 8 月 18 日。

引一同出版。目前，该人名索引的条目数量已经超过 14 000 个词条。最近，因为担心这么多的手写资料可能会丢失，我已经将之制作成了一套缩微胶片，并打算通过您赠送一份给中国科学院。

由于第七卷不太可能在四五年内出版，因此我们有充足的时间来处理这些词条。我的想法是，可否请中国科学院像竺可桢、王振铎这样的朋友们偶尔使用这些人名索引——与其说是因为这个索引会对他们有帮助，不如说是对我们有所帮助，因为如果他们或其他的合作者们发现任何错误或遗漏后能随时告知我们，那将是对我们最大的帮助。在 SCC 最终印刷之前，这些信息将会被整合进来，错误将会被纠正。目前，化学、生物学和医学的代表人物数量不足，因为本套书中的相关部分尚未写好。我希望很快就能寄出这批缩微胶片。

致以最好的祝福。

您诚挚的，
约瑟夫·尼达姆
1954 年 5 月 16 日[①]

[①] 16th May, 1954

H.E. Dr Kuo Mo-Jo
Academia Sinica, Peking.
My Dear Kuo Mo-Jo,
It gives me the greatest pleasure to transmit to you herewith a set of advance proof-sheets of the first volume of SCIENCE AND CIVILISATION IN CHINA, the publication date of which has now been fixed for August 14th Next.
I am glad to tell you that the second volume (Scientific Thought) is now in corrected galley proof, and the third (Mathematics and the Sciences of the Heavens and the Earth) is in revised typescript about to be printed. The fourth (Physics and Engineering, with the Technologies) is written almost completely, and will probably have to appear in two parts.
Please allow me to take this opportunity of informing you that, with your permission, I propose to dedicate to you, as a token of the great admiration which I have felt for you as a scholar and a true human-hearted man, ever since I first met you more than ten years ago in the gloomy surroundings of wartime Chungking-the seventh and final volume of the whole work. It is my deepest desire that it may have a far-reaching and permanent influence on western civilisation, to bring about a better understanding of the great genius of the Chinese people, express(ed) both in thought and technique, all through the ages.
In a short time from now I expect to transmit to you a further packet which requires a little explanation. During the course of our work on the book over a long period, Wang Ling and I have accumulated a card index forming a biographical glossary of Chinese scientific men, technologists, and philosophers, in all ages. Our intention has always been, and remains, to print this among other unified bibliographies and indexes in the seventh volume. At present this index has rather more than 14,000 entries. Recently, fearing possible loss of so much manuscript data, I have had a microfilm made, and propose to send to you a copy of this for Academia Sinica.
Since the seventh volume would hardly be likely to appear before four or five years from now, there is plenty of time for consideration of the entries. My thought was that Academia Sinica friends such as Chu K'o-Chen and Wang Chen-To might like from time to time to make use of the index—not so much because it would help them, but

图 8-5　1954 年 11 月 23 日李约瑟委托剑桥大学出版社制作的中国科学家人物传记卡片的（SCC biographical glossary of Chinese scientists etc. for vol.7）两盒底片

李约瑟知道卡片系统对自己的写作有多么重要，所以他也希望自己所做的工作能够对中国的科学家们有用，避免一些重复的劳动。同时，他也希望中国的科技史家能够帮助自己改正其中有错误和遗漏的地方，为将来总索引的出版做好准备。李约瑟预计第七卷的最终出版将会是五年之后的事情，所以他还有足够的时间来完善这套卡片系统。而他的宏伟设想是这套卡片系统如果能由全世界的汉学家来共同协作建设，必将能够发挥更大的作用。

SCC 第一卷正式出版后，李约瑟通过中国驻英代办处宦乡①代办，将一套人物卡片的缩微胶卷赠与中国科学院，并转交一封给郭沫若院长的信。信的内容如下：

---

rather that it would be of the greatest assistance to us, if they or other collaborators could inform us in due course of any errors or omissions. All such information could be incorporated, or mistakes rectified, before printing. At present, chemists and biologists and medical men are poorly represented because those parts of the book have not yet been written. I hope, therefore, to send this microfilm in the near future.

With best wishes,

Yours very sincerely,

Joseph Needham

[Correspondence with Kuo Mo-Jo [郭沫若 / Guo Moruo] of Academia Sinica, Peking, about a copy of the card index of Chinese scientists, 1954-05-16-1955-10-28, GBR/1928/NRI/SCC2/388/2/4. Needham Research Institute.]

① 宦乡（1910—1989）在 1954 年作为中华人民共和国代表团成员参加日内瓦会议，1954—1962 年担任中国驻英国代办处代办。

我敬爱的郭沫若：

在上一封5月16日的信中，我告诉您我们的七、八卷本的《中国的科学与文明》正在取得的进展。从那时起到现在，SCC第一卷已经面世了，我知道有几本应该已经送到了北京。而就在几天之前，我收到了周恩来总理寄来的一封令人陶醉的感谢信，因为我托一位访问北京的英国友好访问团的成员向他赠送了一本。

我现在能够践行我的承诺了。去年五月份的时候，我曾经写信告诉您，有一套我们希望能在结论卷中出版的为SCC所做的人物词条的复印件，一共29卷缩微胶卷，现在分装在15个塑料盒中，赠送给中国科学院。这个名册采用的是索引卡片的形式，现在收录了超过14 000余个词条。每一个词条是一个中国的人物，包含了他或她的传记信息。名册所收录的都是19世纪之前对科学、技术或科学思想和哲学思想有所贡献的人物。按照预期，在五到十年之后，SCC最后一卷面世的时候，这一人物索引中的条目数量将至少会翻一番，因为目前我们包含的只是一些与我们已经写出来书稿的领域相关的那些人物，这些人物主要是数学家、天文学家和工程师，还缺少化学家和炼丹术士、医家和农学家。

我们很清楚目前这个人物索引的缺陷，这也是我们不揣冒昧地寄送给中国科学院的主要动机。我们当然并不是觉得自己能够胜过你们（如竺可桢、梁思成、李涛[①]、王振铎等）已有的知识，为北京的学者准备出一套足够可用的资源。而是迫切地希望，您的同事们能够偶尔抽出点时间，审阅我们所做的缩微胶卷索引，能够在以后尽可能地给我们提供一些补正、校改和建议。我请您相信，我这么说并不是中国传统的谦辞，而是真实的、迫切的请求，在SCC最后一卷出版之前，请您能给我们提供一些实实在在的帮助。如果没有批评的意见，如同缺乏清醒的自我认识一样，就不会有好的作品诞生。

1954年11月25日[②]

[①] 李涛（1901—1959），中国现代医学史家。他1940年出版的《医学史纲》一书，是中国第一部中西医史合编的医学史著作。

[②] 25th November, 1954

H.E.Dr Kuo Mo-Jo
Academia Sinica, Peking
My Dear Kuo Mo-Jo,
On the 16th May last I wrote to you concerning the progress which was being made with the seven or eight volume book "Science and Civilisation in China". Since that time the first volume has appeared, and I know that several copies have reached Peking. Only a few days ago I had a charming letter of thanks from Minister Chou En-Lai, to

李约瑟等到郭沫若回信，已是翌年的九月。内容如下：

李约瑟博士：

今年一月收到你的去年十一月二十五日来信，及小型胶卷二十九卷，至深感谢。你对于中国的科学技术史，做了这许多工作，实在令人钦佩之至。你送来的胶卷的内容包括一万四千余张卡片，因系不分科目，只照姓名的拉丁字母拼法排列，我们很难分给各位专家，并请他们看过后表示意见。本院的中国自然科学史研究委员会中曾有人大致抽阅，认为此种引得（index）是值得付印的，同时觉得里边搜集的姓名不免太多些。有些人对于科学技术的本身并无贡献，只是偶然记录了些与科学技术史有关的材料。引得是否应包括这些人在内，是一问题。

敬礼！

郭沫若
公历一九五五年九月二十三日 ①

whom a copy had been presented by one of the recent British friendship delegations at Peking.
I am now able to implement a promise which I made in my letter of last May by sending to you herewith, for Academia Sinica, a set of twenty-nine microfilm rolls in fifteen cassettes, constituting a copy of the biographical glossary which we are preparing in connection with our book, and which we expect to publish in the concluding volume. This register has the form of a card index, which at present contains somewhat over 14 000 entries. Each entry gives biographical details concerning a Chinese person, man or woman, who contributed to science, technology, or scientific and philosophical thought. The register begins with the earliest times and comes down to the nineteenth century. We anticipate that in five to ten years from now, when the printing of the last volume comes in sight, that the number of entries will be at least doubled, for at the present time relative completion has been attained only for those fields which have been surveyed in the portions of the book already written. The index is strong therefore in mathematicians, astronomers, and engineers, for example, but weak in chemists and alchemists, medical men and agriculturists.
We feel very conscious of the deficiencies of this index, and this indeed is our chief motive in venturing to transmit it to Academia Sinica. We would certainly not suppose that with all the wealth of knowledge which exists among you (in many scholars such as Chu Kho-Chen, Liang Ssu-Chheng, Li Thao, Wang Chen-To, etc.) we could have succeeded in assembling anything which could be of positive use to scholars in Peking. But we do dare to hope that some of your colleagues might occasionally be able to find time to look into our microfilm index, and that eventually the Academy might transmit to us as many corrections, emendations, and suggestions for inclusions, as possible. I beg of you to believe me when I say that this wish is no mere repetition of classical Chinese courtesy phrases, but a genuine and urgent plea for practical assistance before the publication of the final volume. Without criticism as well as self-criticism, nothing good will be born.
With warmest regards,
Yours sincerely,
JN [Correspondence with Kuo Mo-Jo [郭沫若 / Guo Moruo] of Academia Sinica, Peking, about a copy of the card index of Chinese scientists, 1954-05-16-1955-10-28, GBR/1928/NRI/SCC2/388/2/4. Needham Research Institute.]

① [Correspondence with Kuo Mo-Jo [郭沫若 / Guo Moruo] of Academia Sinica, Peking, about a copy of the card index of Chinese scientists, 1954-05-16-1955-10-28, GBR/1928/NRI/SCC2/388/2/4. Needham Research Institute.]

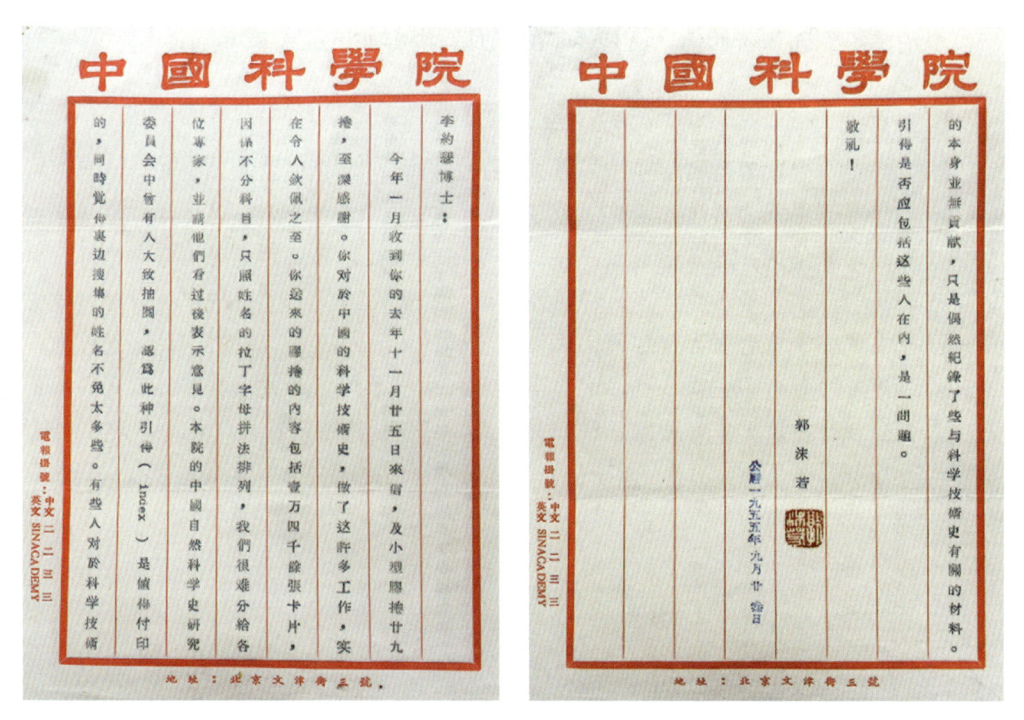

图 8-6　郭沫若 1955 年 9 月 23 日给李约瑟的回信

郭沫若的肯定令李约瑟颇感振奋，他随即把这一好消息告诉了剑桥大学出版社的同事们。

亲爱的金斯福德：
　　前些时我把为 SCC 最后一卷所做的人物传记词条的索引卡片制成了缩微胶卷，并把这些缩微胶卷的复本寄送给了巴黎、费城和北京的学者们，请他们提出批评意见。
　　……
　　北京的答复自然是最令人感兴趣的，我把它附在后面，并为您准备了一个翻译件，也许您和出版社同事们也会感兴趣。我觉得最令人满意的是，中国考虑要在将来单独翻译出版一本我们所做的科学家和技术专家的人物传记词典，但要在篇幅上进行压缩！当然，他们更关注的是那种较为普及的出版物，而我们的人物列表实际上是为了学术研究的目的。我们把可能与科技史有关的人物都纳入其中了，有时候这些人一开始显得并不重要，但是我们可能会在别的地方再次碰到他们。举个例子，我们知道李翱（Li Ao，775—844）一开始是一位药用植物学家,但后来他转变成了一位(相当科学的)新儒学哲学学派的创始人。再看另一位,我们一开始把杨务廉(Yang Wu-Lien,616—647)作为一位并不成功的军事工程师,与某些机械装置有关系,但在过了很久之后,我们又再次遇到他①,他成功地沿着黄河峡谷开凿山岩建造了一条公路。

我从中国驻英代办宦乡那里听说,不久之前,他们在北京已经开始了把SCC第一卷翻译成中文的工作(您知道,他们没有加入版权保护国际公约)。我们这样做是要把煤运往纽卡斯尔去,但结果依然是令人满意的。请您阅后将原件退回。

1955年10月28日②

"把煤运往纽卡斯尔"是英国的一个俗语,纽卡斯尔是英国有名的煤炭产地,

---

① 杨务廉的名字两次出现在SCC中,第四卷第2分册和第四卷第3分册。由此可见,SCC档案中的记录,与SCC的图书可以相互印证,互相一致。这充分证明了李约瑟所用唯一的卡片系统的好处,不会出现我们通常所犯的毛病——想到哪儿写到哪儿,容易出现记忆上紊乱的情况。李约瑟的书信、笔记、卡片与其出版的SCC彼此之间都是一致的,所以他才能在写作时有据可依,信手拈来。

② 28th October, 1955
Dear Kingsford,
Some time ago I had microfilm copies made of our biographical glossary card index which is being built up for the final volume of "Science and Civilisation in China", and sent copies to scholars for criticism in Paris, Philadelphia, and Peking.
The Paris copy forms our contribution to the Sung Project directed by Dr E. Balazs and supported by the East Asia Foundation in Rome. The Philadelphia copy is in the care of Prof. D. Bodde, who inserted a statement about it in the Library Chronicle of the University of Pennsylvania. I enclose a cutting of this herewith, with corrections to illustrate how we are gaining by this kind of scholarly cooperation.
The answer from Peking, however, was naturally the most interesting, and I am enclosing it herewith, together with a translation for your files, in the belief that it may be of interest to you and your colleagues at the Press. I feel it is most gratifying that the Chinese not only contemplate a separate publication in translated form of our biographical dictionary of scientists and technologists at some future date, but on a reduced scale! Of course they are more concerned with a semi-popular production, while our list is essentially for research purposes. We include many names whose connection with the history of science and technology may appear, when we first meet with them, to be slight, but the point is that we may come upon them again in other connections. For example, we knew Li Ao (+775/+844) first as a pharmaceutical botanist, but later on he turned up again as one of the founders of the (very scientific) Neo-Confucian philosophical school. Or again, we registered Yang Wu-Lien (fl. +616/+647) as an unsuccessful military engineer in connection with certain mechanical devices, but long afterwards met with him again building a successful road cut out of the rock along the Yellow River gorges.
I heard from the Chinese Charge-d' Affaires, Dr Huan Hsiang, some time ago, that they were starting to translate Vol.1 into Chinese at Peking (as you know, they have never adhered to the copyright convention). This is coals to Newcastle—but again gratifying. Please let me have the documents back in due course.
Yours sincerely,
JN [Correspondence with Kuo Mo-Jo [郭沫若/ Guo Moruo] of Academia Sinica, Peking, about a copy of the card index of Chinese scientists, 1954-05-16-1955-10-28, GBR/1928/NRI/SCC2/388/2/4. Needham Research Institute.]

运煤去纽卡斯尔实在是多此一举和毫无意义的行为。

　　李约瑟想要为中国科技史的研究做一些基础性的工作，人物传记卡片就是其中之一，但他并无单独出版这一索引的想法，而是要整合到 SCC 最后一卷的总索引中，在这一点上他显然与中国同行的想法并不完全一样。另一点双方认识的不同在于：哪些人有资格名列其中？或者说哪些人应该被归于"科学家"的行列？而哪些人"本身并无科学技术方面的贡献，只是偶然记录了些材料"，并不适合列入其中？对李约瑟来说，建立这套卡片的目的是为 SCC 研究和供读者检索之用，李约瑟的研究依据的资料来源主要是古代的文献记录，这些文献的记录者即便不是我们今天所说的"科学家"，也不可以被轻易舍弃掉。[①] 他更是举出李翱和杨务廉的例子来具体说明中国古代历史人物可能在不同领域取得成就，他们具有通用人才的特点，并不能简单地以现代科学的学科划分将之归属于某一类科学技术的专家之列。

　　李约瑟的这套人物索引虽然后来并没有能够在中国出版，但他所做的工作已经开始在中国产生影响了。

---

① 例如北宋科学家沈括（1031—1095）一生为官，晚年退隐后著成《梦溪笔谈》，这一百科全书式的著作为我们今天的科学史研究留下了大量珍贵的文献记录。

SCC 对中国的影响

1950 年 6 月 25 日朝鲜战争爆发，10 月 19 日中国人民志愿军入朝作战。1951 年 1 月 1 日《人民日报》发表了元旦社论《在伟大爱国主义旗帜下巩固我们的伟大祖国》，号召发展抗美援朝的思想教育，兴起爱国主义的高潮。社论指出：中华民族"有素称发达的农业和手工业，有许多伟大的思想家、科学家、发明家、政治家、军事家、文学家和艺术家，有丰富的文化典籍。在很早的时候，中国就有了指南针的发明。还在一千七百年前，已经发明了造纸术。在一千二百年前，已经发明了刻板印刷。在八百年前，更发明了活字印刷。火药的应用，也在欧洲人之前。所以，中国是世界文明发达最早的国家之一。中国已有了将近五千年的有文字可考的历史。"[①]

李约瑟 SCC 的出版，更是以详尽的史料、坚实的论证证明了中国是世界上文明发达最早的国家之一。此时担任中科院副院长的竺可桢一直密切关注和积极支持李约瑟进行的中国科技史研究。1951 年 1 月 13 日，他在日记中写道："与仲揆（李四光）谈李约瑟寄来《中国科学文化历史》目录事，因此谈及中国科学史应有一委员会常以注意其事，以备将来能成一个研究室，而同时对于各种问题，如近来《人民日报》要稿问题也可以解决。"[②]

1954 年中国科学院设立以竺可桢为主任、叶企孙和侯外庐为副主任的中国自然科学史研究委员会。竺可桢在《人民日报》上发表了《为什么要研究我国古代科学史》的文章：

> 自然科学是具有高度国际性的，无论理论科学上的创作，如门得列也夫[③]化学元素周期律；或药学上的发明，如青霉素的制造；一经发现便成为全人类的

---

① 张柏春：《把握时代脉搏，开拓学术新境：中国科学院自然科学史研究所 60 年》，《自然科学史研究》2017 年第 2 期。
② 《竺可桢日记：第三册 (1950—1956)》，科学出版社，1989，第 142 页。
③ 门得列也夫，即德米特里·伊万诺维奇·门捷列夫（Dmitri Ivanovich Mendeleev, 1834—1907），俄国化学家，化学元素周期律的发现者之一。

宝贵财产。在古代，因交通隔绝、消息不灵通，科学技术上的发现，常靠师傅传授给徒弟的方式以流传，所以流通很慢；如在公元一世纪左右我国已知道造纸，但到十三世纪的中叶才传到欧洲。而且来历有时不容易弄清楚，如指南针和火药是中国的发明，经过王振铎、冯家昇[①]、张荫麟等多人长期的考据研究才明白它们的来历。指南针和火药对世界各国的文化，在过去起着巨大作用，他们的考证对于世界文化史是很有帮助的。

……

英国李约瑟博士近来写了一部七大本的《中国科学技术史》（第一本已出版），其中讲到从汉到明一千五百年当中，我国有二十几种技术上的发明，如铸铁、钻深井和造航海神舟等等技术传到欧洲。这种技术的发明、传播和他们对西方各国经济的影响是应该加以研究和讨论的。我们的农书、医书和道藏，卷帙浩繁，里面保存着不少宝贵的材料，可以提高生产，增进健康，如何把他们作科学的整理，弃糟粕而取精华，也是急不容缓的一桩事。总之，我们古代所积累的自然科学材料异常丰富，我们再不能置之不理，任其埋没于故纸堆中了。

……

我国古代自然科学史尚是一片荒芜的田园，却满含着宝藏，无论从爱国主义着想或从国际主义着想，我们的历史学和自然科学工作者都有开辟草莱的责任。[②]

竺可桢的这番话，在今天读来仍然引人深思。

1955年1月30日，竺可桢主持召开中国自然科学史研究委员会会议，决定组织有关人员评介李约瑟1954年出版的《中国科学技术史》第一卷，并计划组织人员撰著一套由中国人自己编写的《中国古代自然科学及技术史》。

1956年，中国派出了以竺可桢为团长的5人代表团参加9月3至9日在意大利佛罗伦萨举办的第八届国际科学史大会（International Congress of History of Science），中国也被国际科学史与科学哲学联盟科学史分部（IUHPS/DHS）接纳为国家会员。在竺可桢的推动下，中国科技史学科发展在1956年被纳入《1956—1967

[①] 冯家昇（1904—1970），毕业于燕京大学研究生院，师从顾颉刚，精于辽史。与美国学者魏复古（Karl August Wittfogel）合著《辽代社会史》（*History of Chinese Society: Liao, 907-1125* [M]. American Philosophical Society, New York: Macmillan, 1949）。他的研究论文《火药的发现及其传播》（The Discovery of Gunpowder and its Diffusion. *History Journal*, National Peiping Academy. 1947, 5, 29.）被李约瑟誉为火药史研究的"先驱"。

[②] 竺可桢：《为什么要研究我国古代科学史》，《人民日报》1954-08-27 第3版。

年科学技术发展远景规划》，中科院中国自然科学史研究室于 1957 年元旦在北京正式成立。室主任为学部委员（院士）李俨，钱宝琮、严敦杰、席泽宗等 8 位学者成为研究室的首批专职人员。中国自然科学史研究室的创建，标志着科技史学科在中国的建制化和研究队伍的职业化。研究室在 1957 年开始招收科学史专业研究生，1958 年创办了国内第一种科技史期刊——《科学史集刊》，1975 年升格为中科院自然科学史研究所。[①]

[①] 张柏春：《把握时代脉搏，开拓学术新境：中国科学院自然科学史研究所 60 年》，《自然科学史研究》，2017 年第 2 期。

修改问题

就在 SCC 第一卷的出版开始在国际上引起关注的同时，第二卷的出版却并没有预想中那么顺利。

第一卷出版后，伯林根基金会的资助已用去 100 镑，肯登在 1955 年 3 月 30 日曾写信告诫李约瑟：

> 眼下我们还有 900 镑的补贴可以延续到后续各卷的出版中，我还不会让您再去申请其他基金的支持，但这显然部分地取决于您自己未来的做法。我认为您应该倾向于少花费，而不是过度花费在后面几卷的插图上。[1]

李约瑟（1955 年 4 月 22 日）回信肯登：

> 感谢出版社最近发来的一些消息。首先，现在附上修改过的第三卷印在护封上的图书简介（blurb），（在与伯比奇协商后）修改了几个不太和谐的地方。然而，总的来说，它是极好的，现在就我而言，它已经是完美的了。
>
> 伯比奇也给我看过了第三卷的样张，页面上额外加了一条线；经过认真考虑后，我确认这个修改的计划会是成功的，如果线是十六分之一英寸（1.59mm）粗细，放在"天头"（页面版心上方的空白），仍然会留下足够空间给"地脚"

---

[1] 30 March 1955

Dear Needham,

The subvention from the Bollingen Foundation has been used to give £100 towards Volume I and will shortly be drawn upon for Volume II. At the very moment, therefore, we have £900 to be stretched as far as it will go for all the coming volumes and I do not ask you to repeat your appeal to the Foundation yet awhile. Obviously this depends partly upon your own actions in the future. I think you ought to tend to under-spend rather than overspend on illustration of forthcoming volumes.

Yours sincerely,

F. H. Kendon [Correspondence with F. H. Kendon of the Press about a grant for 'Science and Civilisation in China' from the Bolligen Foundation and the announcement for 'Volume 3', 1955-03-30-1955-04-22, GBR/1928/NRI/SCC1/1/2/45. Needham Research Institute.]

(页面版心下方的空白)。

关于资金,我很高兴听到您关于伯林根基金的消息,我确信这些资金还没有被用完。剩余的部分将对第三卷有很大的帮助,但我认为,如果目前我正在着手申请的可能资助都不能如愿的话,我们以后还应该再申请一次。以后各卷我们仍然需要很多插图,来使文字表达得完全清楚。[1]

李约瑟一边在修改第二卷的校样,一边要争取申请更多的资金资助,同时他还得抓紧撰写第四卷的内容。但出版社对李约瑟这样的手忙脚乱却不领情。在收到了李约瑟说自己有望获得资助并要求保密的信件后,金斯福德先生是这么回信的:

亲爱的尼达姆:
收到了您11月12日的秘密信函,我真替您高兴,希望不要节外生枝才好。
令我们所有人失望的是,第二卷所用的时间比我们预计的要长,但我应该说,这主要是作者的功劳!我了解的情况是,我们现在碰到了一些汉字铅字的麻烦,没法把它们固定到印版上,所以需要再换批新的。不过,我仍然希望印刷工作能在一月初做好,而出版能在三月份完成。我想您应该能在三月份收到

---

[1] 22nd April, 1955
Dear Kendon,
Thanks for a number of communications from the Press recently. In the first place, I return herewith the description of vol.3, amended (after consultation with Burbidge) in a few places where it was striking the wrong note. In general, however, it was excellent, and now is perfect, so far as I am concerned.
Burbidge also showed me the trial pages for vol.3 with one extra line on the page; after considering them carefully I am sure the plan will be successful if we allow about 1/16th. at the head, more than the trial page shows. This will still leave ample at the bottom.
Regarding finance, I was glad to hear your news about the Bollingen funds, which indeed I was sure were not yet used. What remains will be a great help with vol.3, but I think we ought to make another application later on-if certain other current possibilities of subventions which are now on foot do not bring what I hope they will. The later volumes will still need much illustration even to make the text fully clear.
Yours sincerely,
Joseph Needham [Correspondence with F. H. Kendon of the Press about a grant for 'Science and Civilisation in China' from the Bolligen Foundation and the announcement for 'Volume 3', 1955-03-30-1955-04-22, GBR/1928/NRI/SCC1/1/2/45. Needham Research Institute.]

样书。

您真诚的，

金斯福德

1955 年 11 月 15 日①

金斯福德说第二卷出版的延期，主要是作者造成的！对于金斯福德说的这番话，李约瑟认为他是在抱怨自己改的太多了。在金斯福德的信上李约瑟直接用红笔注上了一句话："他的意思是有太多的修改了②。"

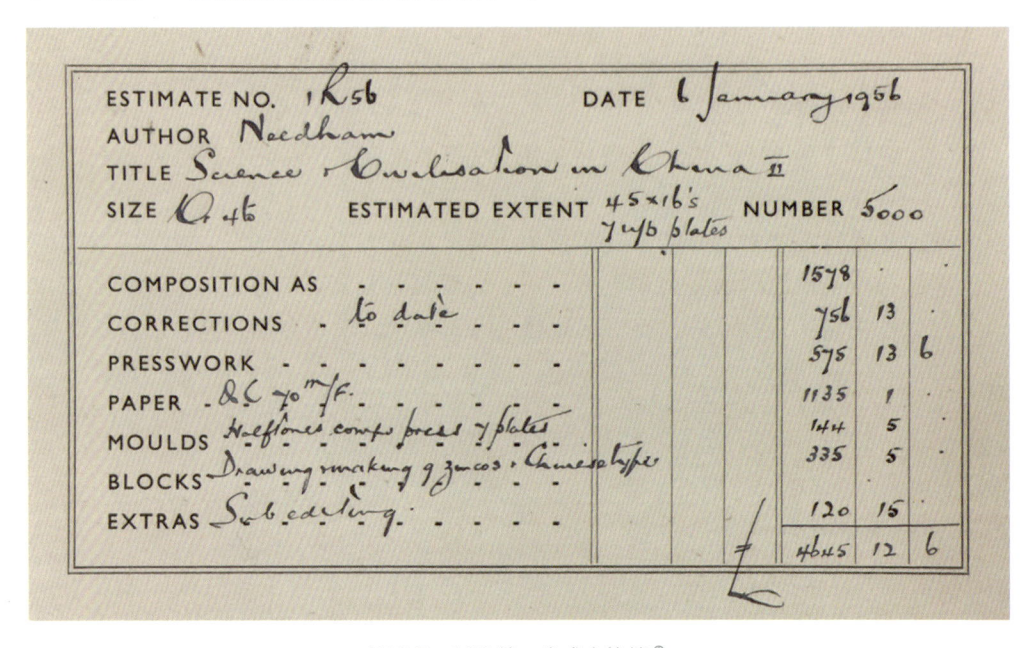

图 8-7：SCC 第二卷成本核算③

---

① 　15th November 1955

Dear Needham,

I was delighted for your sake to get your confidential letter of November 12th and hope that no hitch will arise. It has been a disappointment to all of us that Volume II has taken longer than we hoped, but I should say that it has been principally the author who has held us up! I understand that we have now had some trouble with the Chinese type which will not stay in position in the formes and we have had to send for some more. However, I am still hoping that the printing will be complete early in January and that publication can take place in March. I think that you can be certain of having at least early copies in the latter month.

Yours sincerely,

R. J. L. Kingsford [Correspondence with R. J. L. Kingsford about funding for the 'Science and Civilisation in China' project, 1955-11-12-1955-11-15, GBR/1928/NRI/SCC1/1/2/47. Needham Research Institute.]

② 　he means so many corrections

③ 　CUP Needham archives UA Press 3/1/5/1474_folder3_SCC (1948-95).

剑桥大学出版社在1956年1月6日完成了第二卷的成本核算。排版费1578镑，但还要加上修改的费用，因为内容修改的比例超过了25%，修改费"到目前为止"（to date）是756镑，已经高达排版费的一半。这两项是前期费用中的大头，且呈现快速增加的趋势，所以拿到第二卷的成本核算后，出版社不得不警告李约瑟，提醒他注意第二卷费用可能超支的问题。

出版社给李约瑟的信的内容如下：

尊敬的尼达姆：

关于《中国的科学与文明》

我恐怕需要请您来当面看一下财务危机的金额了，您需要在两个主要问题上引起注意了：（1）第二卷的校对修改的费用；（2）将来的财务控制。

（1）第二卷

您对校样的免费订正额度（按照其他出版商的一种宽宏大量的标准）是排版费用的25%；我们将按照这一最高标准来承担文字编辑（伯比奇先生）部分的工作成本，这样做的目的是为了确保修改和订正都能尽量在打字稿上进行，而避免在排好版的校样上修改，因为这样会加大费用并减慢出版印刷的速度，所以别怪我们无法满足这样的要求。您所做的超过25%免费订正额度的修改费用为365英镑，这笔钱我们将会（从第一卷中应该给付的版税中）向您收取。即便这样，我们所承担的文字编辑的成本和我们承担的改正费用金额也将超过500英镑，该卷的定价将会是80先令（合4镑）。我们正在印刷5000本，您的版税（前500本之后按照10%计算）大约是1750英镑。

（2）第三卷和将来的财务控制

为了我们共同的利益，这种工作方法不能再继续下去了。（我不敢想，第三卷有82个图版，它的定价将会有多高？我建议把伯林根基金会剩下的补助金都用在这一卷上。）

因此，我必须要求您接受以下财务控制：

a）您会像现在一样，由伯比奇帮助您，先把打字稿确定下来，但这种确定必须是最终的；

b）在打字稿和图版数量最终确定之前，我不会批准印刷估价，我们也不会开始排版；

c）我们将会直接进入页码校样校对阶段而不是长条校样校对，这将大大降低印刷的成本和节约时间,您将会被限制只能修正错误。

我确实明白您的任务艰巨和这部著作的重要性,但我必须实行这些控制,否则就会导致财务上的失败,而图书发行的价格也会让公众无法承受。

您真诚的,
金斯福德
1956年2月18日 ①

作者在校对阶段仍然继续修改内容,这样的问题在第一卷的时候就已经出现过,现在第二卷又发生了同样的情况,这自然会引起出版社和印刷厂的不满和担忧。李约瑟当然不能以重复第一卷时所说的理由来回答,他需要一个足够清晰又准确的解释才行。让我们看看李约瑟是如何答复的:

---

①   18th February 1956

Dear Needham,

Science and Civilisation in China

I am afraid that I have got to ask you to come in to face with me what amounts to a financial crisis, and you may like to have a warning of the two main points: (1) the cost of proof corrections in Volume II; (2) future financial control.

(1) Volume II

Your free allowance for corrections in proofs (a liberal one by other publishers' standards) is 25% of the cost of composition; and on top of that we stand the cost of the work of the sub-editor (Mr. Burbidge) the purpose of which is to ensure that corrections are made on the typescript and so to avoid proof corrections which are extravagant in cost and slow up the output of the Press, which is hard put to it to meet the demands upon it. The cost of your corrections in excess of the free 25% allowance is £365 and this sum must be charged to you (against royalties due to you for Volume I). Even then our bill for sub-editing and our share of the corrections will amount to more than £500 and the price of the volume will have to be 80/-. We are printing 5 000 copies and your royalties (10% after the first 500 sold) should amount to about £1 750.

(2) Volume III and future financial control

Both for your sake and ours this method of working cannot go on. (I dread to think what the price of Volume III, with 82 plates, will be; and I propose to devote the whole of the outstanding Bollingen subsidy to that volume). Accordingly I must ask you to accept the following financial control:-

a) You will have Burbidge's help, as now, in putting the typescript into shape, but that shape must be final;

b) We shall not start the composition until the typescript and the number of plates have been finally settled and I have approved the printing estimate;

c) We shall go straight into page proof, which will very considerably reduce the cost and the time required for printing, but will limit you to the correction of errors only.

I do appreciate the magnitude of your task and the importance of the work, but I must impose these controls if the publication is not to founder financially and the volumes are not to be issued at prices which the public will not pay.

Yours sincerely,

R.J.L. Kingsford [Correspondence with R. J. L. Kingsford of 'Cambridge University Press, about the 'financial crisis' of 'Science and Civilisation in China', 1956-02-18-1956-02-21, GBR/1928/NRI/SCC1/1/2/54. Needham Research Institute.]

尊敬的金斯福德：

　　谢谢您 18 日的重要来信。当然，我随时愿意听您安排来讨论此事。同时，可否容我表达一下我对您所提问题的答复。

　　1. 您知道，我肯定最渴望用尽一切可能的方式来满足理事会和您本人的愿望。我意识到国家的经济形势、印刷业令人失望的纷争，毫无疑问还有其他的类似因素，一定引起了出版社的严重不安。

　　2. 我很感激出版社在《中国的科学与文明》这本书上所投入的资金和人力。这也是我之所以对第一卷所得到的优秀评价和不错的销售感到如此欣喜的主要原因。因此，我自然会无保留地接受您的决定，即把第二卷的 365 英镑的超额修改费用从我的版税中扣除。我也愿意放弃第二卷的前 500 本的版税收入，就和第一卷的情况一样。①

　　3. 然而，我不能说我很乐意同意这些条件。我相信您知道，作者也会有他的困难。例如，我仍然需要从我个人的资金里面支付我的中国研究助理的工资，因为我还没有能够找到有学术基金会愿意以这种方式襄助此项工作。后续的化学－生物医学卷，我将需要另一位中国合作者的协助，我很担心我也将不得不用我自己的资金来为他提供支持。②

　　4. 我很抱歉第二卷的定价必须高达 80 先令（合 4 镑），但这对公众来说也并不是那么不公平，因为它的篇幅至少是第一卷的两倍。因此，相应的价格本来应该是 105 先令的，当然，第二卷的插图较少。③

　　5. 第二卷的出版协议尚未签署。鉴于我可以接受上面第 2 条所列的条件，您难道不认为现在应该把出版协议签了吗？④

　　6. 至于接下来一卷的财务问题，我当然别无选择，只能接受您所建议的进一步加强财务控制。我完全同意把伯林根基金会剩余的资助都用于第三卷，而且我准备如您所愿尽快地寻求新的办法来向该基金会提出更多的资助申请，只要您能提供所有必要的数据。如果我们能及时获得新的资助，其中的一部分可

---

① 李约瑟首先表达了理解和感激。英国的经济形势恶化，出版行业的形势也不容乐观，在剑桥大学出版社内部必然也会引起对生产成本方面的关注和担忧，这可以理解，而且李约瑟也同意超额部分的费用由自己来承担。
② 李约瑟虽然对于金斯福德提出来的超过 25% 的部分仍有 365 镑的费用需要由他本人承担表示同意，但李约瑟也坦言，对自己来说这绝非一个好的消息，自己也很难说情愿接受，作者也有作者的难处。李约瑟说自己现在的研究助手和下一步需要的研究助手的经费都尚无着落，还需要自己贴补，这种局面如果长此以往，李约瑟自己也会捉襟见肘。
③ 第二卷的厚度是第一卷的两倍，所以定价高一点并无不妥，这个似乎不应该成为出版社怪罪作者的理由。
④ 由于第二卷的出版合同都还没有签，现在就急着让李约瑟承担第二卷的部分费用是不是有点早了？

用于第三卷的出版，将有助于降低其销售价格。但是，您可能也同意，这一举措应等待第二卷出版之后，这样我们能送给他们一本样书，然后我就可以立即开始运作。不知道您是否还能想到有任何其他的基金会是我们能够申请资助的吗？①

7. 与此相关，我还是忍不住想要表达的是，希望印刷业的罢工不会让第二卷的面世拖延太久。我自然非常失望，当我们来到上机印刷的阶段，并期待着今年春天就能出版的时候发生这样的事情，现在看起来在夏季结束的时候或秋季开始之前都没有指望了。②

8. 对我来说，我们要在将来直接进入到页码校样阶段将是一个非常严重的问题，我觉得我不能不表达反抗就接受它。在我看来，这与剑桥大学出版社过去所坚持的优良传统截然不同。我以前的大部头图书《化学胚胎学》和《生物化学与形态发生》（鉴于它们的销售情况，我从来认为没有太多理由抱怨）都是遵从长条校样的方式，而我们压根儿也不会认为涉及复杂学术问题的论文会有可能适合直接进入页码校样。我现在所做的事情可比当年写作那两部书的时候所做的事情要困难得多和复杂得多——虽然我在开始的时候从未想过会如此。③

9. 尽管如此，直接进入页码校样校对的想法，在某些方面我并不是完全不欢迎。我同意，降低成本和加快出版的结果将是极具吸引力的。此外，我不认为这是一个不可能的进程。到目前为止，在我们的项目中，对长条校样进行必要变动的数量正在逐步减少。对第三卷书稿的修改已经比第二卷更彻底和更成功，而第二卷的情况则比第一卷要好。从我目前所看到的第三卷的长条校样的情况来说，我相信，它的很大一部分可以直接进入页码校样校对，没有麻烦或困难。

10. 由于我现在已经收到了超过一半的第三卷的长条校样，所以我假定您的计划要到第四卷的时候才会开始实行。如果我们试图在第三卷的中间就调整系统的话，将会陷入到无法克服的困难之中。

---

① 在目前这样的局面下，李约瑟知道自己别无选择，所以他只能同意出版社提出来的加强成本控制的要求，他能做的就是努力从外部争取到另外的资助资金，来降低图书的定价。
② 由于印刷环节的劳资纠纷出现罢工，导致了第二卷印刷的延误，最终的出版日期还遥遥无期，而此时的英国物价飞涨，印刷行业中不同的工会组织（印刷工人工会、排字工人工会等）为争取工人的权利，正在轮流组织工人进行罢工。
③ 剑桥大学出版社想要进行的改革，是要跨过长条校样的工作程序，或者说是要省略掉这一工序，打破了一贯的传统。在要个人承担的费用增加之外，这个改变恐怕才是李约瑟最为担心的事情，它会对李约瑟的写作和修改方式产生重大影响。连续的长条校样容许一定程度的修改、增删文字内容，但页码校对就不允许对内容做较大的修改了。这是因为，连续的文本内容填入到页面的版心中，扎紧版框之后，也就固定成了页面的版式。这时候如果还要修改内容，就需要把捆扎好的铅版解开；而一旦有一页的文字内容进行了较大幅度的修改，必然会导致后续的所有页面都要跟着做出相应的调整，这叫"推版"，这样的工作量就大了去了。

成长——前三卷的出版 | 333

11. 我想您会很明白，页码校样校对计划的真正麻烦，是知识的进步并不会停滞不前。让我给您举一个具体的例子吧。在过去的四个月里，在中古时期的中国天文学和工程制造领域，我们有了最意想不到的发现——即在欧洲第一个机械钟问世的七个世纪之前，原始的钟表就已经在中国出现了，它可以被认为是迄今为止世界上的第一个钟表。换句话说，擒纵机构是8世纪中国的发明，而不是14世纪欧洲的发明。中国的钟表是欧洲钟表的直接祖先。我随函附上《自然》杂志上即将发表的关于这一主题的论文的复印件。现在，在像我们这样的作品中，根本不可能忽视这样的事情，因为我们这部书在通史研究领域不仅是最终的，而且是唯一的。它会影响许多重要的课题，例如：浑天仪和水钟的历史，以及望远镜的时钟驱动装置的发明（它在11世纪的中国，早在望远镜发明之前就已经被提早做到了）。从印刷的角度来看，这意味着第三卷中的几个铅字版中的内容几乎需要重写，并且二个或四个大块儿的内容必须由其他的块儿替换掉。幸运的是，在第四卷的打字稿中加入一个经过压缩的中国中古时代天文钟的描述将不会有什么困难。让一个作者被迫发表一些言论，而他在校对的时候就已经知道这些言论是错误的了，我相信这种情况是不符合剑桥的标准的。而且显然，书稿在出版印刷的环节停留的时间越长，这种情况就会越严重。现在你们拿到第三卷的书稿已经过了一年有半。因此，如果我们非要采用这种直接进入页码校样校对的系统的话，我必须表达我的感受，允许比页码校样校对阶段稍微宽松一点的尺度，是绝对有必要的。当然，我应当预见到，任何改变都应当完全符合可用的空间。在你们的新系统上我们能够节省的费用，肯定远远超过了在很偶然才会出现的糟糕的地方打补丁所需要的支出。

12. 针对《中国的科学与文明》的情况，为什么我对直接进行页码校样校对的计划有所担心还有另一个原因。您一定记得我书中涉及的领域是如此广泛（我们文化之外的另一种文化，它的所有科学、科学思想和技术，无所不包），以至于一旦谈论某个特定主题的时刻过去之后，后面就找不到合适的地方插入了。例如，在第二卷中，我不得不加入几个铅字版的关于佛教的逻辑和新儒学的有机哲学的内容进去。以后在地质学或纺织技术的章节中要想找到一个地方来安置这些材料，是不可能的。然而，我们总是能做到在每一卷的结尾处加上一两页的特别说明吧，尽管这不是很令人满意的做法。

13. 我非常高兴听到您计划让彼得·伯比奇先生继续与我合作来准备和处理这套书。我能找到的言语都无法充分表达我对他那友好而不懈的帮助和协作所亏欠的感激之情。如果不是因为传统排版印刷上（编校者）匿名的习惯不允许我这么做，否则无论如何，我都想要在这部著作的前面几卷中公开承认这一点。令我感到高兴的是，至少您和出版社的其他专家们，应该知道我对此事是怎么看的。

也许您会给我打电话来安排个时间好好谈一谈。

您诚挚的，
约瑟夫·尼达姆
1956 年 2 月 21 日 ①

---

① 　　　　　　　　　　　　　　　　　　　　　　　　　　　　　　　　21st February 1956

Dear Kingsford,

Thanks for your important letter of the 18th. I am of course at your disposition for a talk whenever you like. Meanwhile may I set down my reactions to the points which you raise.

1) You know, I am sure, that I am most anxious to meet the wishes of the Syndics and yourself in every possible way. I realise that the national economic situation, the lamentable dispute in the printing trade, and doubtless other factors of this kind, must be causing grave disquiet at the Press.

2) I fully appreciate the amount of capital and labour which the Press is putting into "Science & Civilisation in China". This is one great reason why I have so much rejoiced at the excellent reviews and good sales with which Vol.1 has been favoured. Naturally, therefore, I accept without question your decision that the £365 excess corrections on Vol.2 must be charged against royalties. I am also willing to renounce royalties on the first 500 copies of Vol.2, as was the case with Vol.1.

3) I can't say, however, that I agree to these things gladly. I am sure you are aware that the author also has his difficulties. For example, I am still under the necessity of paying the salary of my Chinese research assistant from my own personal funds, since I have not yet been able to find any learned Foundation willing to give help to the work in this way. For the later chemical-biological-medical volumes I shall need the assistance of an additional Chinese collaborator, and I am apprehensive that I shall have to provide for him from my own funds as well.

4) I am sorry that the price of Vol.2 must be as high as 80/- but perhaps this is not so very unfair on the public, since it is at least twice the size of Vol.1. The corresponding price would thus have been 105/- but of course Vol.2 has fewer illustrations.

5) No agreement regarding Vol.2 has yet been signed. Do you not think, in view of my acceptances in para.2 above, that this should now be done?

6) As regards the financing of the coming volumes, I have of course no option but to accept the further financial control which you suggest. I fully agree to the utilisation of the remainder of the Bollingen subsidy for Vol.3, and I am ready to make a new approach to that Foundation for a further grant as soon as you wish, if you will let me have all the necessary data. If we can get a new grant in time, some of it could be used for Vol.3 and help to reduce its price. You may agree, however, that this move should await the publication of Vol.2, a copy of which we could send them. I would then like to act immediately. I wonder whether you can think of any other Foundations which we could approach?

7) In this connection I cannot refrain from expressing the hope that the printing dispute will not too long postpone the appearance of Vol.2. It has naturally been a great disappointment to me that when we came to the machining stage and could expect publication this spring, there seems now no hope of this before the late summer or autumn.

8) The decision that we should in future go straight into page proof is to my mind a very serious one, and I feel that I cannot accept it without protest. It seems to me to constitute a distinct break with the high traditions which the Cambridge University Press maintained in the past. My former large books "Chemical Embryology" and "Biochemistry and Morphogenesis" (as to the sales of which I think there was never much ground for complaint) were all worked through on the principle of galley proofs, and we should never have considered it possible that treatises involving intricate scholarship would be suitable for direct setting in page proof. What I am doing now is far more difficult and intricate than what I was doing then-though I would never have imagined so at the time.

9) Nevertheless, in some ways the idea of going straight into page proof is not entirely unwelcome to me. I agree that the reduction of costs and the acceleration of publication would be extremely attractive consequences. Moreover, I do not feel that it would be an impossible proceeding. So far in our project there has been a progressive amelioration of the amount of alterations necessary in galleys. The revision of the typescript in Vol.3 was much more thorough and successful than that in Vol.2, and Vol.2 was in turn better than Vol.1. From what I have seen of the galleys of Vol.3, I believe that the greater part of it could have gone directly into page proof without trouble or difficulty.

10) Since I have now received more than half the galleys of Vol.3 I assume that your plan will not come into operation until Vol.4. If we were to try to change the system in the middle of Vol.3 we should get into insuperable difficulties.

11) The real trouble with the page proof plan—as you will well appreciate-is that the progress of knowledge won't stand still. Let me give you a concrete example. During the past four months we have made a most unexpected discovery in the field of mediaeval Chinese astronomy and engineering—namely the existence of primitive clockwork in China seven centuries before the first mechanical clocks in Europe, which hitherto were universally regarded as the first in the world. In other words, the escapement is an invention of 8th century China and not of 14th century Europe. And the Chinese clockwork was directly ancestral to the European. I enclose a copy of a paper which Nature will be publishing on this subject. Now it is simply not possible to disregard such a thing in a work such as ours, which is not only the definitive, but the sole, treatise on the general field. It affects a number of important topics, such as the history of armillary spheres and water-clocks, and the invention of the clock-drive for telescopes, which was anticipated in 11th century China long before telescopes existed. From the printing point of view it means that a couple of galleys in Vol.3 will have to be almost re-written, and that three or four blocks must be replaced by others. Fortunately there will be no difficulty in including a compressed account of the mediaeval Chinese astronomical clockwork in the typescript of Vol.4. I am sure it would not be consistent with Cambridge standards for an author to be held to publishing statements which he knew to be wrong at the time of proof correction. And obviously the longer the typescript is in press the more serious this factor becomes. You have now had Vol.3 for a year and a half. I must therefore express my sense of the absolute necessity of allowing a little more latitude than one usually associates with page proof, if we are to adopt the direct system. Of course I should see to it that any alteration made would exactly fit the space available. The savings we would obtain on your new system would surely far more than compensate for these very occasional bad patches.

12) There is a further reason why I am apprehensive of the direct page proof plan in the case of "Science & Civilisation in China". You must remember that the field covered in my book is so wide-no less than all the sciences, scientific thought, and technology, of a culture other than our own—that once the moment has gone by for talking about a particular subject, it cannot be fitted in later on. For instance, in Vol.2 I had to incorporate the equivalent of a couple of galleys on Buddhist logic and Neo-Confucian organic philosophy. It was quite impossible to think of finding a place for such material later on with geology or textile technology. However, we can always have recourse to a special note of a page or two at the end of the volume, unsatisfactory though this is.

13) I was extremely glad to hear that it is planned that Mr Peter Burbidge should continue to work with me on the preparation and processing of the book. No words that I can find can adequately express the debt which I owe to him for his friendly and inexhaustible help and collaboration. If orthodox typographical anonymity prevents my acknowledging this as publicly as I should like, at any rate in the early volumes of the work, I would be happy that you at least, and other Press authorities, should know how I feel about the matter.

Perhaps you will telephone me to arrange a time for a talk.

Yours sincerely,

Joseph Needham [Correspondence with R. J. L. Kingsford of Cambridge University Press about the 'financial crisis' of 'Science and Civilisation in China', 1956-02-18-1956-02-21, GBR/1928/NRI/SCC1/1/2/54. Needham Research Institute.]

现在，李约瑟能做的，就是顶着怨言，尽力争取更多的资助。果然，功夫不负有心人，几天之后他就听到好的消息了，在1956年2月26日这一天，他兴奋地告诉剑桥大学出版社的朋友们：

亲爱的金斯福德：
　　自从几天前给您写信以来，我有两条最鼓舞人心的消息要和你们分享。维康信托会（The Wellcome Trust）已经资助了我们2 700英镑，给我所需要的另一位研究合作者的三年工资，我需要这位合作者的帮助来完成后面生物化学和医学卷的工作。他们还额外增加了500英镑，用于支付从香港邀请一位熟悉经典医学文献的资深中医权威来给我们担任三个月顾问的费用。此外，"蓝色烟囱汽船航线"的霍尔特公司资助了我们1 000英镑，用于维持我现在的研究合作者的费用。
　　我相信您会同意，他们的这些决定不仅解决了我们的实际问题，也给我们带来了一个令人鼓舞的信号，《中国的科学与文明》这一项目作为一个整体，正在赢得广泛的信任，必将会有一个成果丰硕的结果。我们难道不应该在本周晚些时候聚一聚吗？

您真诚的，
约瑟夫·尼达姆
1956年2月26日 ①

SCC的书稿在印刷厂停留的时间越长，被李约瑟修改的可能性就越大。李约瑟

---

① 　　　　　　　　　　　　　　　　　　　　　　　　　　　　　　　　26th Feb. 1956
Dear Kingsford,
　　Since writing to you a few days ago, I have had two most encouraging pieces of news which I want to share with you. The Wellcome Trust has granted £2 700 for three years' salary of the additional research collaborator whom I need for the later volumes on the chemical biological and medical sciences. And to this they have added £500 for the expenses of bringing over from Hong Kong for three months a senior Chinese medical authority learned in the classical medical literature to advise us. Furthermore, the Blue Funnel Steamship Line (Messrs. Holt & Co.) have given £1 000 towards the expenses of maintenance of my present research collaborator.
　　You will, I am sure, agree that these decisions are not only of the utmost use to us, but also highly encouraging signs of general confidence in the project of "Science & Civilisation in China" as a whole, and of its attainment of a successful conclusion. Should we meet some time later in this week?
Yours sincerely,
Joseph Needham
[Correspondence with R. J. L. Kingsford about funding for the 'Science and Civilisation in China' project, 1955-11-12-1955-11-15, GBR/1928/NRI/SCC1/1/2/47. Needham Research Institute.]

坦言，自己之所以要持续修改的原因，是因为他的研究和写作是同步进行的，一旦有新的发现，就要添加到书稿中，这也是他写作的一个特点。

在我们今天看来，李约瑟对中国科技史的很多研究和发现，在当时都属于首次发表，难免存在某些值得商榷的地方。这并不奇怪，我们应该宽容地看待那些在印刷校对阶段才被李约瑟添加进去的关于新发现的文字，不应以现在的眼光来对他过于苛责。我们也没有理由要求任何一个人不能犯错误，因为一个新的发现、新的观点只有首先被发表出来，才能接受别人的批评、质疑和检验，才能最终得到确认或否定，这是科学发现和科学研究的正常程序。

李约瑟在据理力争为自己辩解的同时，不忘表达他对能继续与彼得·伯比奇合作感到开心，感谢他作为一名编辑这么多年隐姓埋名所做的那么多幕后的工作，纠正了很多排版上的错误。有一位这样的编辑朋友在出版社，对一个作者来说是多么幸运的事！经常地，我们可以看到，伯比奇会从印刷厂写一些便笺给李约瑟，报告工作进度，协商解决问题。

1956年1月23日和1956年2月24日的便签如下：

>1956年1月23日：亲爱的约瑟夫，第二卷正在被稳定地送到印刷车间。目前汉字铅字都没有问题！您永远的，彼得·伯比奇[1]
>
>1956年2月24日：我们昨天下午4点半开始上机印刷第二卷。全部印完大约需要六周时间，这样看起来出版时间可能会在六月初（这是我个人的观点）。等到现在的罢工平息之后，我会安排您和多萝西来印刷车间看看。您永远的，彼得·伯比奇[2]

看着这些随书写就的、传递着好消息的便条，有这样的一位朋友在不停地报告着积极乐观的好消息，李约瑟一定倍感温暖。

1956年3月16日，有关SCC的进展情况再次出现在剑桥大学出版社《理事会

---

[1] 23/1/56 Dear Joseph, I am sending you a copy of the 'Mariner's Mirror' Index for Vols. 1-35. It has many Chinese entries, and you may like to keep it in your rooms for the next few years. Vol.2 is being fed steadily into the machine-room. No accidents with Chinese type yet! Yrs ever, Peter Burbidge [Note from Peter Burbidge of Cambridge University Press, advising Joseph Needham that he will send him a copy of the 'Mariner's Mirror' index, 1956-01-23-1956, GBR/1928/NRI/SCC1/1/2/50. Needham Research Institute.]

[2] 24/2/56 We started to run Vol.2 at 4.30 yesterday afternoon. The complete run will take about six weeks, and so it looks as though we might publish early in June (this is a personal opinion). As soon as the Dispute is settled I will arrange for you and Dorothy to visit the machine room. Yrs ever, P.B. [Note from Peter Burbidge of Cambridge University Press about the printing of 'Science and Civilisation in China, Volume 2', 1956-02-24-1958, GBR/1928/NRI/SCC1/1/2/52. Needham Research Institute.]

SCIENCE AND CIVILISATION IN CHINA

BY

JOSEPH NEEDHAM F.R.S., F.B.A.

SOMETIME MASTER OF GONVILLE AND CAIUS COLLEGE, CAMBRIDGE,
DIRECTOR OF THE NEEDHAM RESEARCH INSTITUTE, CAMBRIDGE,
HONORARY PROFESSOR OF ACADEMIA SINICA

With the research assistance of

WANG LING PH.D.

EMERITUS PROFESSORIAL FELLOW, DEPARTMENT OF FAR EASTERN HISTORY,
INSTITUTE OF ADVANCED STUDIES
AUSTRALIAN NATIONAL UNIVERSITY, CANBERRA

VOLUME 2

HISTORY OF
SCIENTIFIC THOUGHT

CAMBRIDGE
UNIVERSITY PRESS

图 8-8　SCC 第二卷《科学思想史》(1956)

日志》中：

> 协议：李约瑟《中国的科学与文明》第二卷签署。
> 印量和定价：（下列数量和定价已经被确定下来了）
> 李约瑟《中国的科学与文明》第二卷，5 000 套；定价 80 先令（合 4 镑）。[1]

SCC 第二卷《科学思想史》终于在 1956 年正式出版了。

第二卷的卷首语是：

> 我认为，假如我们打算在世界上生活得更安适，那么我们就必须在思想中不仅承认亚洲在政治方面的平等，也要承认亚洲在文化方面的平等。我不知道，这将要引起什么变化，但是我确信，这些变化将具有极其深刻和极其重要的意义。
> ——伯特兰·罗素（Bertrand Russell），《西方哲学史》（*History of Western Philosophy*）（1946），第 420 页。

---

[1] Syndics of the Press. Minute Book (12th June 1953 to 10th Oct. 1958). GBR/0265/UA/PRESS 1/2/1/1/19.

内部沟通

虽然在前两卷的印刷出版过程中，出版社和印刷厂都已经明确要求，后续的各卷请李约瑟不要在排版后还修改过多的内容，李约瑟也表示同意，但到第三卷的时候，问题依旧。这一次是印刷厂的克拉奇利先生终于开始忍不住写信向李约瑟抱怨了。他的信的内容如下：

我亲爱的尼达姆：

我觉得我应该让您知道，看到您的校样在这里已经造成了很多的痛苦。除了导致其他必须完成的工作被耽搁了，那些做了最初的排版工作和校对工作的人不可避免地会感觉到，他们的努力基本上都是在浪费时间。您明白这有点令人沮丧。

我会尽我所能维持士气，我可以向您保证，我们都觉得自己正在参与到一项伟大的事业中，但如果您能避免大幅度地变动后面各卷的校样，那将是对我们工作最大的帮助。

您永远的，

布鲁克·克拉奇利

1957年5月14日[①]

[①] 14 May 1957
My Dear Needham,
I feel that I ought to let you know that the sight of your proofs has caused a good deal of distress here. Apart from the hold-up on other work which must result, there is the inevitable feeling among those who did the original setting and proof reading that their efforts have been so much waste of time. You will understand that this is a bit dispiriting.
I will do all I can to keep up interest here and I can assure you that we all feel we are taking part in a great enterprise, but if you can avoid large scale alterations on the proofs of future volumes it will be a great help to us in all ways.
Yours ever,
Brooke Crutchley [Correspondence with Brooke Crutchley, University Printer about 'distress' caused by the proofs of 'Science and Civilisation in China, Volume 3', 1957-05-14-1957-05-15, GBR/1928/NRI/SCC1/1/2/60. Needham Research Institute.]

克拉奇利先生是大学印刷商，他代表着整个印刷厂。即便两个人的私人关系非常不错，但由于李约瑟返回的校样修改太多，这不仅会导致工作的拖延，还让很多排版和校对人员的大量时间和精力被浪费掉，作为一个严格要求的管理者，克拉奇利先生都无法坐视不管了。对这封信李约瑟不能不重视，他第二天就急忙写了回信。内容如下：

我亲爱的克拉奇利：

我很遗憾（也许并不惊讶）读了您昨天的善意的来信，关于需要付出更多的努力来让《中国的科学与文明》第三卷最终出版，而这造成了某种痛苦。事实上，没有人比我更后悔在长条校样阶段还必须要对文字做出这么多的改正和重写。而且，它在我们这里也变成了一项棘手的工作。

首先，请允许我说，我们非常钦佩和感谢剑桥大学出版社的印刷工们所做的最初的排版和校对工作。我们不会认为这些努力是在浪费时间，任何人都不应为此感到沮丧。在第三卷的某些部分，我们确实正在面临着巨大的困难。数学和天文学本身就是相当难的学科，但当汉语也参与进来之后，情况就变得更加困难，况且内容所涉及的并不是现在的东西，而是过去很古老的东西。我们在较早阶段争取实现最终目的的所有努力不会全都取得成功。请注意，校样的改正麻烦仅限于数学和天文学的部分章节，而地理学、制图学、地质学等章节几乎不需要做多少改变。我相信，未来涉及物理学、工程与技术的不同分支，化学和生物学的各卷，情况也将会如此。其他地方不会出现数学部分这种固有的困难。此外，我们已经决定，从第四卷往后可以直接安全地跨入到页码校对的阶段，不是吗？

关于天文学，我有一个特别的观点要说。之所以进行重新写作，是基于第三卷书稿交稿后又有很多出乎意料的革命性的发现这一事实。我们发现中国时钟制造的传统早于欧洲六个世纪之久，您知道，我们已经准备了一本单独的专著[①]来讲述它。由于机械钟在本质上是与天文学相关的，所以这让我们对中国的浑仪（armillary spheres）和浑象（celestial globes）等天文仪器（换句话来说，那些用来驱动时钟的装置）的整体发展情况的认识与理解有了一个根本性的提高。这些发现真的非常重要，（在某种程度上，令人遗憾的是）在剩下的工作中，我们不太可能碰巧撞上同样重要的事情。

---

① 《中国古代的天文钟》Joseph Needham, Ling Wang, Derek J. De Solla Price, *Heavenly Clockwork. The Great Astronomical Clocks of Medieval China* (New York: Cambridge University Press, 1960).

关于这种情况，我又想到另外一点。过去，当《化学胚胎学》和我的其他书籍在印刷厂的时候，我常会花大量时间实实在在地待在车间里、在威尔斯先生（Mr Willers）的玻璃房子里不断商讨，如此种种，相信他和别人都会清楚地记得。在那些日子里，没有文字编辑部门，也没有像今天这么讲求效率。作者和印刷者之间的一些接触还是一件非常开心的事情。因此我想，我能否有机会和那些与此书相关的人一起共度半小时，让他们感受到我们对他们的工作怀着极大的赞赏与感激，并向他们解释我们自己所面对的某些困难？又或者，我想我能否让与此相关的印刷工和校对员来我这儿看一下？这对我们来说将是无比的荣幸，我可以带他们在我们的中文图书馆里转一转，在我的"采煤工作面"上（如果我可以这样表述的话）解释一下我的工作。出版社的任何一位朋友想要来我们这里看看，我们都会备好茶点随时欢迎，这本身也是中国不变的传统！我确实希望这件事能够很快得到安排。与此同时，请允许我再次向您保证：（a）我们对出版社所做工作深表感激；（b）我确信我们不会再遇到影响数学和天文学章节的同样的麻烦了。

致以最热情的问候，

您真诚的，
约瑟夫·尼达姆
1957年5月15日[1]

---

[1] 15th May, 1957

My Dear Crutchley,

I was very sorry (though perhaps not surprised) to read your kind letter of yesterday's date about the distress caused in the works by the further effort required to get Vol.3 of "Science and Civilisation in China" in final shape. Truly no one regrets more than I do the necessity for so much correction and re-writing of this text in the galley stage. Besides, it was grilling work for us here.

First of all, please let me say that we have the greatest admiration and gratitude for the C.U.P. printers who did the original type-setting and proof-reading. We could never agree that these efforts had been any waste of time, and no one should feel at all dispirited. In certain parts of Vol.3 we were facing very great difficulties. Mathematics and astronomy are sciences difficult enough in themselves, but become far more so when the Chinese language comes into the picture, and that not of the present time but of long past ages. All our efforts to achieve finality at the earlier stage could not entirely succeed. Please note also that the trouble with the proofs is almost confined to the mathematics and astronomy sections while geography, cartography, geology, etc. needed very little, if any, alterations. I believe that the same will prove true for the future volumes dealing with physics, the different branches of engineering and technology, chemistry and biology. Nowhere is there the intrinsic difficulty of the mathematics section. And besides, it has been decided, has it not, that from Vol.4 onwards we can safely go directly into page proof.

Regarding astronomy I have a special point to make. The re-writing which occurred was due to the fact that quite unexpected and revolutionary discoveries were made after Vol.3 had gone to press. No less than a tradition of clock-making six centuries older than that of Europe was discovered—as you know, we have prepared a special monograph on it. Since the mechanical clocks concerned were astronomical in nature, there came about a

李约瑟回忆了过去在排印自己的生物化学著作时，与印刷厂的排字工人密切合作的情景，那时候没有编辑的参与，何其融洽，现在不仅有了编辑隔在中间，还要时刻强调什么效率，烦不烦……于是李约瑟提出来可否邀请印刷厂的朋友们直接来他的东亚科学史图书馆举行一次聚会，就像在采煤场里下到矿井中一样，让大家充分交流来把问题解决掉吧。

李约瑟请克拉奇利的助手阿瑟·格雷先生来出面组织，莫非他想要施展自己在战时的重庆担任外交官的拿手好戏，来个"酒逢知己千杯少，相逢一笑泯恩仇"？

格雷先生给李约瑟回复了安排的情况如下：

亲爱的尼达姆博士：

再次感谢您邀请我们的一些工作人员到您的"采煤工作面"来拜访。我已经安排在星期二（11日）和星期三（12日）的下午4时30分。参与的诸位详情如下：

---

radical improvement of our knowledge and understanding of the whole development of such Chinese astronomical instruments as armillary spheres and celestial globes, in other words, the apparatus for which the clock drives were used. These discoveries were really important, and (in one way, regrettably) it is very unlikely that we shall stumble upon anything further as important during the rest of the work.

Another point occurs to me about this situation. In the old days, when "Chemical Embryology" and my other books were going through press, I used to spend a lot of time actually on the workshop floor and conferring in Mr Willers' glass house, etc., as he and others will well remember. In those days there was no editorial department, as there is so efficiently today. Still, some contact between author and printers is a very desirable thing. I wonder therefore whether I might have the opportunity of spending half an hour with those concerned, to assure them of our great appreciation of their work, and to explain to them something of our own difficulties?

Alternatively, I wonder if I could persuade any of the printers and readers concerned to pay us a visit at my rooms here? It would be a great pleasure for us to show them round our library of Chinese books, and to explain the work 'at the coal-face', if I might so express it. Tea will be laid on as well at any time when any of our Press friends would like to pay us a visit—as is the invariable custom in China itself ! I do hope that something of this kind could soon be arranged. In the meantime, let me assure you once again (a) of our deepest appreciation of the work done at the Press, and (b) of my conviction that we shall not again encounter the troubles which have affected the mathematical and astronomical chapters.

With warmest regards,

Yours sincerely,

Joseph Needham [Correspondence with Brooke Crutchley, University Printer about 'distress' caused by the proofs of 'Science and Civilisation in China, Volume 3', 1957-05-14-1957-05-15, GBR/1928/NRI/SCC1/1/2/60. Needham Research Institute.]

星期二（6月11日）
霍尔先生（莫纳铸排机 Monotype 键盘录入部门总监）
伯灵先生（负责大部分您的书稿的键盘录入员）
乌斯曼和鲍曼先生（两位是负责校对您的书稿的校对员）

星期三（6月12日）
格雷先生（排版部门的经理）
库特先生（图书排版部门总监）
吉尔库普先生（负责您的图书的排版工）

我尽量争取参加第二场聚会。这次访问一定会非常有趣，我知道我们的人将会大有收获。

您诚挚的，
阿瑟·格雷
1957年5月29日①

显然李约瑟的外交手腕起了作用，暂时安抚了印刷厂朋友们的不安情绪，算是达成了某种程度的和解。但这一问题并未真正解决，至少在出版社那边看来是如此。

---

① 29 May, 1957
Dear Dr. Needham,
Once again many thanks for inviting some of my staff to visit you at the "coal-face". I have made arrangements for Tuesday 11th and Wednesday 12th at 4,30 p.m. The details you ask for about the parties are:
Tuesday 11 June
Mr. G. Hall (Overseer Monotype keyboard department)
Mr. J. Burling (Keyboard operator who set most of your material)
Mr. T. Woosnam and Mr. J. Bowman (The two readers responsible for reading your books)
Wednesday 12th June
Mr. L. Gray (Manager of all composition departments)
Mr. C. Coote (Overseer of book composition department)
Mr. S. Kirkup (Compositor who made up your books)
I hope to join the second party and will do so if it is at all possible. There is great interest in this visit and I know that our people will enjoy it very much.
Yours sincerely,
Arthur Gray [Letter from Arthur Gray, Assistant University Printer about a Joseph Needham invitation to Cambridge University Press staff to visit him at work, 1957-05-29-1957, GBR/1928/NRI/SCC1/1/2/61. Needham Research Institute.]

妥协

剑桥大学出版社理事会秘书金斯福德先生给李约瑟发出了一封正式的信件,就第三卷的出版安排,代表理事会向李约瑟提出了非常明确的要求。内容如下:

亲爱的尼达姆:

关于《中国的科学与文明》第三卷

现在是该面对我们必须要收取费用的时候了,我从印刷商那里得到了到目前为止的令人生畏的费用的估计。由于我们必须给您两次校改的清样,所以改正的费用还远不是最终的数字。但是以下几点问题已经出现了:

(1) 文字编辑的费用180镑;

(2) 校样的修改费用到今天为止是731镑,(且不说我们把宝贵的劳动和资金,610镑再加上180镑,都投入到了这本书中,而它们本来应该是可以被用于印刷其他的图书的)其中有120多镑是超出的部分,需要由您本人来承担;

(3) 装订费也大幅度增加了,图片被分散放置到您要求的位置,以达到图文相配的效果,这要比集中装订的费用高得多;

(4) 看来一校直接采用页码清样,就好比是要给您穿上一件不合体的紧身衣一样难办。

我相信,这是一部非常重要的出版物,我们必须给予您一切可能的帮助。我不想妨碍您的工作,或因为过度节俭而糟蹋了这部著作,但是我对这样一卷接一卷地在篇幅、成本和价格上的增长感到惊恐,害怕它的购买者会纷纷被甩到路边,因为他们的钱包跟不上这个增长的步伐。

第二卷是700多页,有13个图版,定价是80先令。第三卷包含大约830页,72个图版。我想把价格定在130先令(合6.5镑),但只有我们把来自伯林根基金会资助的900镑全部用于这一卷(72个图版,不包括装订,就要花费大约1 330镑,还有图文混排的额外450镑费用),并且您能接受把版税的起算数设到1250本,我们才能做到这样的定价。按照一个印次5000本来计算,您的版税大约是2300镑。用光了伯林根基金会的补贴款后,将会意味着后面的几卷您必须接受非常有限的图片使用量,或是得到更多的、更大量的补贴。您能考虑一下这两个问题吗?

  对于未来的几卷,在我们开始之前,我必须能够预见到理想的财务状况。在授权印刷工开始上机印刷之前,我希望有一个基于完整的经过文字编辑加工过的书稿估计出来的印刷费用,包括图版要经济地分组放置。我们要能够估计定价,并确定您的版税起算点。如果不可避免地您还是要大幅度地修改的话,那么我们可能会节省自己的时间和金钱,在一校的时候还是给您长条校样而不是页面校样。

您诚挚的，
金斯福德
1957 年 11 月 25 日[①]

---

① 25 November 1957

Dear Needham,

Science & Civilisation in China

Volume III

The time has come to envisage the price which we shall have to charge and I have got from the printers an estimate of the formidable cost to date. Since we shall have to give you two revised proofs the cost of corrections is far from complete. The following points emerge:

(1) That sub-editing costs £180;

(2) that corrections in proof have cost up to date £731, of which £120 odd is the excess which will be charged to you (leaving £610 plus the £180 of our precious labour and money to be stuck on to the price of the book—and they ought to be used to print other books);

(3) that the binding cost will be greatly increased by the insertion of the plates where you want them to fall, rather than where it is economical to insert them;

(4) that first proof in pages has put you into a straight jacket which you have been unable to wear.

I believe that this is a very important publication in which we must give you all possible help. I do not want to hamper you or spoil the work by parsimony, but I am alarmed by the increase in size and cost and price from volume to volume, and fear that purchasers will fall by the wayside because their pockets cannot keep up with the pace.

Volume II was 700 pages odd with 13 plates and the price is 80s. Volume III contains about 830 pages with 72 plates. I want to make the price 130s. but I can only do so if we apply the whole of the £900 which remains from the Bollingen subsidy to this volume (the 72 plates will cost about £1 330 excluding the binding, and the text-figures another £450) and if you will accept the starting of your royalty when we have sold 1 250 copies. Your royalties on an edition of 5 000 copies would even so amount to about £2 300. The using up of the Bollingen subsidy would mean that you would have to accept very limited illustration in future volumes or get a further very large subsidy. Will you think over these two questions?

For future volumes I must be able to foresee the finance before we start. I shall want an estimate of the printing cost based on the complete sub-edited manuscript, including the plates economically grouped and placed, before authorising the printers to start. We can then estimate the price and agree with you the point at which your royalty will start. If it is inevitable that you must correct heavily, then we shall probably save ourselves time and money by giving you a first proof in galley.

Yours sincerely,

Kingsford [Correspondence with R. J. L. Kingsford of Cambridge University Press about the 'increase in size and cost and price from volume to volume', 1957-11-25-1957-12-03, GBR/1928/NRI/SCC1/1/2/63. Needham Research Institute.]

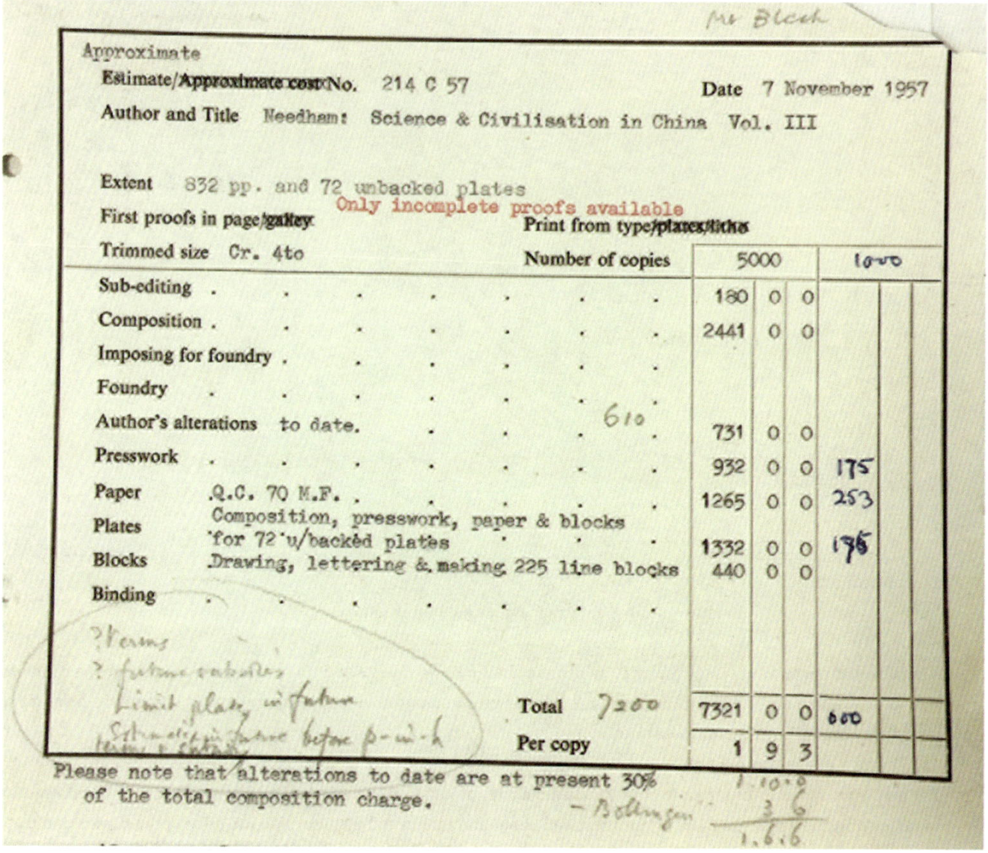

Mr Black

Approximate Estimate/~~Approximate cost~~ No. 214 C 57 　　Date 7 November 1957

Author and Title 　Needham: Science & Civilisation in China Vol. III

Extent 　832 pp. and 72 unbacked plates

First proofs in page/~~galley~~ 　Only incomplete proofs available 　Print from type/~~plates/litho~~

Trimmed size 　Cr. 4to

Number of copies	5000			1000
Sub-editing	180	0	0	
Composition	2441	0	0	
Imposing for foundry				
Foundry				
Author's alterations to date. 610	731	0	0	
Presswork	932	0	0	175
Paper Q.C. 70 M.F.	1265	0	0	253
Plates Composition, presswork, paper & blocks for 72 u/backed plates	1332	0	0	175
Blocks Drawing, lettering & making 225 line blocks	440	0	0	
Binding				
Total 7200	7321	0	0	600
Per copy	1	9	3	

? terms

? future subsidies

Limit plates in future

Please note that alterations to date are at present 30% of the total composition charge.

1.10.0

3.6

1.6.6

图 8-9　SCC 第三卷成本核算单[①]

按照出版社的要求，从第四卷开始，将省略掉长条校样阶段，直接进入到页面校改阶段，李约瑟虽然接受了，但这将意味着他想要做修改的时候，就不得不考虑到“推版”所带来的工作量，从而自我限制修改的冲动，除非是迫不得已。

金斯福德还提出了新的要求：把所有剩余的伯林根基金会的资助都用在这第三卷上，而且将李约瑟的起付版税的印数提高到 1 250 本，目的只是为了让第三卷的定价保持在一个合理的水平上，同时无损于出版社的利润。李约瑟必须接受这个建议，并且还需要为后续各卷的出版继续募集大额的补助资金，否则就会被限制图片的使用数量。

对于如此苛刻的要求，让我们看看李约瑟是如何答复出版社的，信是第二天写就的。内容如下：

---

① CUP Needham archives UA Press 3/1/5/1474_folder3_SCC (1948-95).

亲爱的金斯福德：

非常感谢您昨天那封态度亲切和内容丰富的信件。总的来说很清楚，但是有句话我不太明白，您说我"穿不上一校使用页码校样的紧身衣"这个比喻。

对于《中国的科学与文明》第三卷，我们（目前正在讨论）没有直接进入页面校改。我们拿到的还是过去的长条校样。根据我对您1956年2月18日的信的理解，您的建议是（现在仍然是）直接进入页码校对的做法应该从第四卷开始。因此，我认为有些误解必须要清除掉。

我承认，我也有点被您搞迷糊了，您说"插入图版到希望的地方，而不是用经济的办法插入它们，将会大大增加装订成本"。这件事从未有人征求过我的意见。我确实以为，这些图版应该被装订或插入到最方便读者的位置，而这也是过去通常的做法。但是，如果更注重经济原因而把图版放置在一起，或分成两、三个位置放置的话，我应该也不会反对。①

1957年11月26日

［要理解他们讨论的图版装订的问题是什么，我们就需要解释一下图书装订的方法。

通常精装书的装订工序有：折页（每一张印刷出来的大纸都要折叠成图书大小的书帖）——配帖（排列书帖的顺序）——锁线（将书帖缝合起来）——磨边（将书脊一边打磨出凸凹来）——粘合布书脊——切边——粘贴硬书皮等若干步骤。

图版与正文的印刷不同，图版需要采用照相制版，单独印刷。而且图版的用纸也与内文不同，使用的是密度高、质量好的纸张。如果内文和图版的书帖按照次序叠放在一起装订，这样图书中的图版就是集中放置的。如果想要把图版分开放置，将不同的图片页插入到某个内文书帖的特定位置，就需要把图版的书帖拆开来，只能手工来逐个配页，操作起来既麻烦又容易出错，大大增加了装订工人的工作量。所以，图片整帖处理是为了装订方便，并不是为了读者的阅读方便。］

但是，我突然想到，您所指的"昂贵的"图版插入方法，可能是所有带文字的示意图和半色调图片②连续编号中隐含的意思。从这个意义上说，当然在很久以前，有人曾经问过我，我表达了我对严格连续编号方法的强烈偏好。但我

---

① 言外之意，这本身就是你考虑不周而疏忽的问题，干吗迁罪于我，你要怎么做我不反对，问题是你可曾问过我？
② 半色调（halftone）是一种照相印刷技术，通过控制墨点（半色调网点）的大小或频率的变化，来模拟出相片上渐变的连续调的视觉效果。如果用放大镜来看，可以发现图像都是由大小不一、密度不同的印刷墨点构成的。

现在怀疑是否这两种系统就是彻底不相容的？难道不可以将所有的半色调图片都分组吗？比如分为三批，对应着第三卷中的（a）数学、（b）天文、（c）地理、地质学等；在每一批图片前加一引语，冠以设计得醒目的、相对突出的标题，例如图 62 至图 115，如果是半色调的，都可以从中查找到。这种方法我觉得唯一的缺点是，读者在查找交叉引用的时候，必须先查看所指向的章节的文本，如果没有找到，再试着去查找相关的一批半色调图片。我不记得看到过任何其他的书是用这种方式做成的，但它真的很不切实际吗？如果不能实行，我并不反对以后的各卷用这种成批处理的方式，如果这样能节省很多的话，但我仍然希望我们可以避免使用笨拙的罗马数字编号。

不管怎样，我还是格外赞同您认为生产的成本很高的判断，而且，如果考虑到整个国家日益恶化的财政状况，这样的成本可以说是令人震惊的。但我觉得您是否有点过于担心了。我的看法是，我们在第三卷遇到的困难将来不会重现。在我 1957 年 5 月 15 日写给克拉奇利的一封信（参见第 341—342 页）中，我详细解释了这一卷的特殊性及我们必须面对的问题。数学和天文学本身就是很难的学科，而当汉语再加进来时，它们就变得更加困难了，这种情况不是从现在开始的，早在很久之前就是这样的了。我们所有试图在手稿阶段就达到最终状态的努力，不太可能完全取得成功。事实上，第三卷进了印刷厂之后，我们才有了一些完全出乎意料的、相当革命性的发现，这些发现与中国天文学家在中古时代，用水力驱动他们的设备缓慢地、稳定地旋转有关。这本来应该为工程卷的书稿增加一个引人入胜的时钟制作的历史，没有问题，但不幸的是，它涉及到我们对浑仪（spheres）、浑象（globes）和漏壶（clepsydra）的知识有了关键性的进步，这些都必须尽我们最大的努力在第三卷中加以处理。我对因此需要作出的必要改变深感遗憾，但即使在一个像科学技术史这样看似静止的学科中，知识也不会停滞不前。虽然我相信，这样的情况不大可能再次发生了。①

此外，我想指出的是，地理、制图、地质学等章节，只需要很少的更正，这些长条校样还是相当干净的。因为我目前正忙于第四卷的文字的最后准备，所以我对将来的各卷还是很有信心的。我看不到任何像数学部分那样的内在困难，也没有天文卷那种造成麻烦的突然获得的新知识。

另外一个原因，您不必担心，我也一直考虑把剩余的伯林根基金会的资助都用在第三卷上。我很久以前就意识到，这一卷需要丰富的图示才可能便于理解，而在目前条件下，资助款也坚持不了多久。我考虑等明年 2 月份把全部的清样整在一起，加上图版之后，就向基金会再次请求进一步的资助，也许金额会

---

① 李约瑟指出自己所做的某些修改确实是必须的，因为这些发现是最新得出的，怎么可能会预先知道！

比原来的更多。我相当乐观地认为，他们应该会同意的。

最后，我当然不会反对（或者更诚实地说，没有选择余地）接受您的决定，将版税的起算数量提高到 1 250 册，而不是到目前为止实行的 500 册。我投进去了我收到的全部版税，并期望继续这样做。我很感兴趣听到您说考虑第三卷的起印数定在 5 000 套，因为我想是否应该把印量放小点。我个人相信，更大的印量能够让出版社获得规模效益。我也假设，每一次新卷的出版将会反过来刺激第一卷的购买量。我想第一卷应该重印的时候就会到来[①]——那不是能从资金上有利于保障这项事业吗？无论如何，从出版的角度来看，我一直希望把这个多卷本的著作作为一个整体来考虑，而不是作为一连串的每本都是独立的个体来考虑，因为这整个项目明显地会是一项长期的工作。对于理事会和出版社投入到这一事业中的资本，我永远也找不到合适的话来表达感谢与赞赏。

您真诚的，
约瑟夫·尼达姆
1957 年 11 月 26 日[②]

---

① SCC 第一卷在 1960 年 5 月重印。
② 26th November, 1957

Dear Kingsford,

Many thanks for your kind and informative letter of yesterday's date. It is in general very clear. But I do not understand what you mean when you say that "first proof in pages has put you into a straight-jacket which you have been unable to wear".

For Vol.3 of "Science and Civilisation in China" (that now under discussion) did not go direct into page proof. We had galleys as of old. According to my understanding of your letter of the 18th February 1956, the suggestion was (and still is) that the practice of going straight into page proof should start from Vol.4. I think therefore that some misunderstanding must have crept in.

I am also, I confess, a little mystified by your statement that "the binding cost will be greatly increased by the insertion of the plates where you want them to fall, rather than where it is economical to insert them." I have never been consulted about this matter. I have indeed assumed that the plates would be bound or dubbed in at the best sites for the reader's convenience, as that was the usual practice of the past. But if it were preferred on financial grounds to mass sets of the plates together at one, two or three locations through the book, I should have no objection.

It occurs to me however that the "expensive" method of plate-insertion to which you refer may have been implicit in the consecutive numbering of all text-figures and half-tones. In that sense then I had been consulted of course when long ago I expressed my strong preference for a strictly consecutive numbering system. But I wonder now whether the two systems are incompatible? Would it not be possible to group all the half-tones in, say, three batches, corresponding to (a) Mathematics, (b) Astronomy, (c) Geography, Geology, etc. in Vol.3; and to preface each batch with a rather prominent title designed to make clear that Figs.62 to 115 (for example), if half-tones, would be found within that batch? The only drawback which I can see to this is that a reader following up a cross-reference would have to look first at the text where it might be, and then if not finding it would have to try in the relevant batch of half-tones. I don't remember seeing any other book done in this way, but would it be quite impracticable? If so, I would not now oppose a batching system for the later volumes which would make substantial savings, though I would still hope that we might always avoid the clumsy Roman numerals.

Be all this as it may, I hasten to agree that the costs of production are high, and perhaps, if taken in the context of the ever worsening financial situation in the country as a whole, alarming. But I feel that perhaps you are worrying a little too much. My opinion is that the difficulties we have had with Vol.3 will not recur. In a letter to Crutchley of the 15th May, 1957, I set forth in some detail what it was that this particular volume had had to face. Mathematics and astronomy are sciences difficult enough in themselves, but they become even more so when the Chinese language enters in to the picture, and that not only of the present time, but of long past ages. All our efforts to achieve finality at the typescript stage could not entirely succeed. Indeed it was only after Vol.3 had gone to press that we stumbled upon quite unexpected and rather revolutionary discoveries connected with the means employed by Chinese astronomers in mediaeval times to rotate their apparatus slowly and steadily by the motive power of water. That this should add a fascinating chapter on the early history of clock-making to the typescript of the Engineering volume did not matter, but unfortunately it involved radical improvements of our knowledge of spheres, globes and clepsydras, all of which had been dealt with—to the best of my ability at the time—in Vol.3. I deeply regret the changes which this made necessary, but even in a subject so apparently static as the history of science and technology, knowledge will not stand still. I believe, however, that it is extremely improbable that any such situation will recur.

Besides, I should like to point out that the chapters on Geography, Cartography, Geology, etc., needed few corrections, and their galleys were rather clean. I feel I can speak with some confidence about the future volumes, as I am at present occupied with the final preparation of the typescript of Vol.4. I see nowhere anything like the intrinsic difficulties of the Mathematics section, nor the sudden access of new knowledge which troubled the Astronomical one.

Another reason why I feel that you are worrying unnecessarily is that I have always contemplated the use of the whole of what remains of the grant from the Bollingen Foundation on Vol.3. I realised long ago that this volume would need liberal illustration to be intelligible, and that the grant would not last longer under current conditions. My thought would be to put together a full set of the page proof next February, add the plates in their places, and with this appeal to the Foundation once again for a further grant, perhaps even more substantial than before. I am rather optimistic that their response will be favourable.

Lastly, I shall of course have no objection (or perhaps it would be more honest to say, no option) to accepting your decision to defer royalties until after the sale of 1 250, rather than after 500 copies, as hitherto. I ploughed back the whole of the royalties which I received so far, and expect to have to continue to do so. I am interested to hear that you contemplate printing again 5000 copies of Vol.3, for I had wondered whether the edition would be smaller. My own belief is that this larger number will benefit the Press in the long run. I assume, too, that each new volume will in its turn boost the sales of Vol.1. I suppose the time will arrive when Vol.1 should be reprinted—would not that help the whole enterprise financially? In any case, I have always hoped that the whole series of volumes would be considered as a whole from the publishing point of view, rather than as a succession of self-contained entities, since the whole project is so obviously a long-term undertaking. I shall never be able to find words to express to the Syndics and the Press my gratitude and appreciation for the capital which has been devoted to the enterprise.

Yours sincerely,

Joseph Needham [Correspondence with R. J. L. Kingsford of Cambridge University Press about the 'increase in size and cost and price from volume to volume', 1957-11-25-1957-12-03, GBR/1928/NRI/SCC1/1/2/63. Needham Research Institute.]

令我们不得不钦佩的是，李约瑟就是有这样的能力（或者说是待人接物的技巧），把坏事变成好事。他希望出版社也能够像他一样，将 SCC 的各卷视为一整部书的一部分，而不是各自独立的图书，经过接续出版而形成的一套书。这套书并不是一项短期的出版"项目"（project），而是一项长期的文化事业。也许就是从这个时候开始，李约瑟有意识地反复提到了一个词——"事业"（enterprise），他希望 SCC 不仅是他自己的一部作品和出版社同仁的一项工作，更是我们大家共同的一项事业！

收到李约瑟的回信后，出版社是怎么说的呢？金斯福德先生回信道：

亲爱的尼达姆：

关于《中国的科学与文明》

非常感谢您 11 月 26 日的来信。我有几点意见要说。

我肯定是搞错了，把第三卷的第一次校对说成是页码校样。等到第四卷的书稿经过文字编辑处理后，准备排版之前，我们再会与您讨论是否可以安全地直接进入到页码校对的阶段。令人欣慰的是，您预见到了需要减少在本卷和随后的各卷中的修改，但尽管如此，您或您所处理的主题似乎确实需要大量的更正。这发生在第一卷和第二卷以及现在的第三卷中。《中国古代的天文钟》这本书将会直接送您页面校改的清样，在经过了这件事之后，希望我们大家都会变得更明智一点。

第三卷的图版和带文字说明的图示的连续编号会涉及到的图版的装订费用过高的问题，这个想法是正确的。我们将来应该怎么做，确实依赖于书中有多少图版。如果有超过 8 张，我们应该把它们成对拼版，包裹在文本的折页上装订，或者把它们都放在书的末尾，或者分批地放在文本页之间。

我很高兴您想要向伯林根基金会申请进一步的资助。

最后，如果您能给我写一张正式的备忘录，同意将版税的起算数提高到1 250 册而不是 500 册，我将会很高兴，我可以将之附在我们协议的复本上。

您真诚的，
金斯福德
1957 年 12 月 3 日①

出版社承认被李约瑟抓住了自己的错误，没有事先讲清楚图版的不同装订方式会造成成本上的变化，但还是要求李约瑟将版税的起算数量从 500 册提高到了 1 250 册。

---

① 3 December, 1957
Dear Needham,
Science & Civilisation in China
Many thanks for your letter of November 26. I have a few comments to make on it.

I was certainly wrong in referring to the first proofs of Volume 3 as being in page. When Volume 4 has been sub-edited and is ready for the compositor we will discuss with you whether it is safe to go straight into page proof. It is comforting that you foresee the need for fewer corrections in this and subsequent volumes, but nevertheless you or the subject do seem to require heavy corrections; it happened in Volumes 1 and 2 as well as in Volume 3. Heavenly Clockwork will be coming to you in page proof and we may both be wiser after that event.

You are right in thinking that the heavy expense involved in binding in the plates in Volume 3 arises from the consecutive numbering of the plates and the text figures. What we should do in future really depends upon how many plates there may be. If there will be more than about eight we ought to bind them in by imposing them in pairs and wrapping them round the folded sheets of the text, or alternatively putting them all together at the end of the book or in batches between the sheets of the text.

I am very glad that you have it in mind to make a further application for a subsidy to the Bollingen Foundation.

Lastly, I shall be glad if you will write me a formal note, which I can attach to our copy of the agreement, agreeing to the deferment of the royalty until after the sale of 1 250 copies rather than after the sale of 500 copies.

Yours sincerely,

Kingsford [Correspondence with R. J. L. Kingsford of Cambridge University Press about the 'increase in size and cost and price from volume to volume', 1957-11-25-1957-12-03, GBR/1928/NRI/SCC1/1/2/63. Needham Research Institute.]

争取外援

针对修改比例和增加图片所发生的争执与摩擦,李约瑟清楚,作为作者一方,自己不能责怪盟友出版方的斤斤计较,没用,重要的是要能够争取到更多的资助,来帮助出版社降低前期投入的风险。

在 SCC 第三卷出版之前,李约瑟写信给伯林根基金会的小欧内斯特·布鲁克斯(Ernest Brookes, Jr.)先生表达谢意,同时寄去了 SCC 第一、二卷的样书,并再次提出了资助的申请。

1958 年 6 月 16 日,此时已经是该基金会副主席的小布鲁克斯先生回信告知李约瑟,他们的基金会已经同意,未来将会继续资助 SCC,新资助的金额将高达 5 000 镑。

剑桥大学出版社的"理事会记录"上,又添加了一条关于李约瑟和 SCC 的记录(1958 年 10 月 10 日):"尼达姆博士又获得了一笔 5 000 镑的补助,用于其 SCC 后续各卷的出版开支[①]。"

这么一大笔资助意味着李约瑟再也不用受出版社所说的成本费用太高、他的修改比例太高等问题的困扰了。到了 1958 年年底第三卷即将出版的时候,出版社已经不再就成本问题与李约瑟继续争执了。剑桥大学出版社的助理秘书迈克尔·布莱克[②]来信:

亲爱的尼达姆:
  第三卷的最终成本核算现已拿到,据此可知定价必须是 150 先令(合 7.5 镑)。当金斯福德在 1957 年 12 月写信给您时,他希望价格是 130 先令(合 6.5

---

① Syndics Minute: The Secretary reported, Needham: (2) that Dr J. Needham had secured a further subsidy of £5,000 towards the cost of Volumes 4-8 of his History of Science and Civilisation in China. [Syndics of the Press. Minute Book (12th June 1953 to 10th Oct. 1958). GBR/0265/UA/PRESS 1/2/1/1/19]

② 迈克尔·布莱克(Michael H. Black,1928—)。1951 年他从剑桥大学耶稣学院毕业,获得英语和现代语言专业硕士学位后,被任命为剑桥大学出版社助理秘书。他在 1965—1978 年间担任总编辑职务,在 1978—1987 年间担任出版者。

镑）；但自那以后，这本书的篇幅又扩充了（增加了索引部分）。我们不得不再走了一遍打样和校对，这样编辑的费用又提高了。您的超额更正部分的费用现在大约是650镑，它将以正常的方式从您的版税中扣除。您应该知道，版税是在售出1 250本之后才开始计算的。即便如此，在扣除超额更正费用之后，您的版税总额已经达到了大约2 250镑。

我们不认为定价上涨会有损于该书的销售。

您诚挚的，
迈克尔·布莱克
1958年11月17日[①]

虽然这一卷的定价还是超过了预期，但前两卷的销售情况让出版社此时已经不用再怀疑SCC的销售潜力了，甚至对于定价的提高，他们也说不会影响到图书的销售。

1958年的年初，剑桥大学《教职工内部通信》上刊登了一段介绍出版社和印刷厂的内容，特别提到了SCC所用的汉字铅字。内容如下：

汉字铅字

任何在报纸上读到中国政府打算采用罗马字母[②]决定的人，可能都想知道，我们的一大批汉字铅字的前途将会怎样。目前，它们保存在布拉德福德市的伦德·汉弗莱斯公司的印刷厂中。答案是，在学术书籍、期刊和考试卷中，这些

[①] 17 November 1958
Dear Needham,
The final costs for Volume III are now available, and the working indicates that the price must be 150/-. When Kingsford wrote to you in December 1957 he hoped for a price of 130/-; but since then the extent of the book has increased (by the indexes); we have had to give another proof and another reading, and the subediting charge has gone up. Your excess corrections now amount to about £650, and will in the normal way be deducted from your royalties. You will also remember that the royalty is payable after the sale of 1 250 copies. Even so, and even after the deduction for corrections the total royalty amounts to about £2 250.
We don't feel that the increased price will damage the sale.
Yours sincerely,
M.H. Black [Letter from M. H. Black of Cambridge University Press about the final costs for 'Science and Civilisation in China, Volume 3', 1958-11-17-1958, GBR/1928/NRI/SCC1/1/2/69. Needham Research Institute.]

[②] 事实上，将表意的汉字改造成表音的罗马字母的建议，在中国历史上已经有过多次。由于汉字数量太多、字形复杂，一度被认为是全社会扫除文盲、提高读写能力和语言交流效率的障碍，同时也是造成汉字铅字的排版效率无法持续提高的根本原因。中华人民共和国成立后，为了将汉字改为拼音，首先进行了汉字简化的改革。离我们最近的一次要求废除汉字采用拼音的建议，发生在20世纪80年代，当时新兴的计算机在处理汉字时遇到困难，对汉字进行改革的呼声又一次响起，直到王永民发明了"五笔字型"输入法和王选的汉字激光照排技术取得突破之后，这种议论也就自然而然地销声匿迹了。

成长——前三卷的出版 | 357

繁体汉字仍然会被需要，但商业上的用途（例如英国公司出口产品到中国的商品目录、标签和说明书等）将会越来越少。因为用途这么有限，却占用了大量的空间，将会使之难以产生经济效益，最终我们是否可以负担得起的问题都会出现。但中国人在这些问题上的行动并不是非常迅速的；事实上，转向罗马字母的决定他们过去已经不止一次做出过，但都没什么结果。①

谈到汉字铅字，我们想起了约瑟夫·尼达姆博士和他关于《中国的科学与文明》的伟大著作，其中的第三卷现在正在印刷厂中印刷，另外的四卷将紧随其后。在美国的《形而上学评论》上发表的一篇对 SCC 前两卷的书评写道："在开始讨论这些章节之前，我们必须向这些书所呈现出的（装帧、版式、字体等）样式躬身致敬。作者和出版社通力合作，用爱心带给了我们真正的汉字，使之成为了一个美妙的整体。尼达姆先生的严谨、缜密、而且往往是不同寻常的方法，被赋予了精湛的排版和合适的装饰，在（美国）这个国家这些几乎是不可能实现的。"

这是几个月以来，美国的学者们第二次提到了我们在字体上的优势。它表明，在从大西洋彼岸争取作品方面，我们绝不会有任何困难，因为我们的收费标准和生产速度已经被证明是令人满意的。②

---

① 剑桥大学从报纸新闻上得知中国将要采用罗马字母来替代传统汉字的消息后，杞人忧天，开始担心自己所拥有的大量汉字铅字是不是会变成废品，自我宽慰地说，好在学术出版领域还不会变得毫无用处，总会有需要这些古老字形的地方。接下来谈到 SCC 的时候，担忧很快就变成了自豪。

② CHINESE TYPE
Anybody who has read in the newspapers of the Communist Government's decision to adopt the roman alphabet may be wondering about the future of our large collection of Chinese types, at present lodged with Lund Humphries at Bradford. The answer is that there will be a continuing need for the old type faces in scholarly books and journals and in examination papers, but less and less commercial use, e.g. for such things as catalogues, labels and instruction manuals for British firms exporting to China. This will make it very difficult to run the show economically, as it takes up a good deal of space, and the question will eventually arise whether we can afford to keep it for such very limited use. But the Chinese do not move very rapidly in these matters; indeed, the resolution to turn over to roman has been made on more than one occasion before, without any effect.
Talking of Chinese types reminds us of Dr Joseph Needham and his great work on Science and Civilisation in China, of which the third volume is now in the Press and four more are to follow. In a review of the first two volumes in the American Review of Metaphysics, the joint authors write: 'Before commencing on these chapters we must make a bow to the physical presence of these books. With a loving care that is truly Chinese, author and publishers have collaborated to make them an aesthetic whole. Mr Needham's neat, thorough, and often unusual methodology is given a dress of masterful typography and fitting decoration of an order quite impossible to achieve in this country.'
This is the second time in a few months that American scholars have referred to our typographical superiority. It suggests that we should never have any difficulty in getting work from across the Atlantic, provided of course that our charges and speed of production are satisfactory.
(Staff Information Sheet, No.73)[Cambridge University Press 'Staff Information Sheet', January 1958, 1958-01-1958, GBR/1928/NRI/SCC1/1/2/65. Needham Research Institute.]

既然我们都说出版社的编辑是为作者的作品做嫁衣的，那么上面这段话令人信服地表明，剑桥大学出版社为李约瑟SCC所做的华丽嫁衣，已经彻底征服了大西洋彼岸的读者。

分枝——再次扩充

SCC 第二卷出版之后，李约瑟多年的研究助手王铃即将离开剑桥，前往澳大利亚。王铃毕业于南京国立中央大学，李约瑟 1943 年访问四川李庄中央研究院的时候，他是历史语言研究所一位年轻的研究员。1946 年王铃获得了英国文化学会旅行奖学金来到英国，此后在长达十年的时间里，他一直担任李约瑟的研究助手，同时他又在剑桥大学三一学院继续深造，完成了以"《九章算术》和中国汉代数学史"为题的博士论文。在 1956 年获得哲学博士学位后，他争取到澳大利亚国立大学的聘任，即将前往堪培拉担任中国语言和文学副教授。

李约瑟不能没有会中文的助手，所以他说服在巴黎联合国教科文组织工作的鲁桂珍，请她来剑桥接替王铃，担任自己的研究助手，合作编撰 SCC 生物、化学和医学等卷。鲁桂珍随即辞去了自己在巴黎联合国教科文组织的工作，搬来剑桥定居。

第二次扩充——第四卷分为三部分

在出版社按照顺序排版印刷出版 SCC 前三卷的同时，李约瑟也按照他的计划进行第四卷内容的写作，但是随着内容的展开，新的发现越来越多，写出来的稿子又积累得越来越多。此时已经 57 岁的李约瑟发现，他不得不面临再一次修改出版计划的难题。

1957 年圣诞节的时候，第四卷手稿又已经大大超出了原来计划的字数，而且尚未完成。看来 SCC 不得不继续增加卷数，对于出版社来说，这可不是一个圣诞节前希望听到的好消息。在一页纸的背面，李约瑟重新划分了第四卷的出版计划，他倾向于将之分为 3 个部分，但仍需要与出版社进行协商。

这又是一张思维导图（图 9-1），或者说是李约瑟的"铁路路线图"。鲁桂珍说李约瑟喜欢坐火车，总把自己所画的思维导图的线条叫作"铁路线"。李约瑟也经常回忆起童年时妈妈给他买的一堆价格不菲的玩具火车。也许当他摆弄起这些书稿的时候，头脑里想的，就和小时候玩玩具火车时想的差不多吧。

让我们试着以李约瑟的视角来理解一下他所面对的困难。从这张图中提供的信息，我们可以猜测李约瑟当时是如何思考的。

他习惯用希腊字母来代表 SCC 的章节缩写。我们可以容易地通过核对 SCC 的总目录来还原出章节的名称。原来 SCC 七卷的划分画在上部。这七卷分别是：I（导论）、θ（思想卷）、m（数学卷）、et（工程技术卷）、c（化学卷）、b（生物卷）、x（结论卷）。

1951 年圣诞节时完成手稿的位置用箭头标示了出来，就在第三卷数学卷结束的位置。

原来第四卷的位置向下方扩展开，"工程技术卷"被划分成了 4a、4b、4c，以免与原来的四、五、六三卷的编号相冲突。

在 4b 和 4c 之间有一道波浪线，下面标注了"写作到达的铁路末端（终点站）——军事部分"（writing railhead military），这是在 1957 年圣诞节的时候书稿写到的位置。

在 4a 的下面也画着一道波浪线，写着"修改到达的火车站——声学部分"（revision railhead acoustics）。

第四卷包括的章节共有：p（物理 physics）、me（机械工程 mechanical engineering）、ce（土木工程 civil engineering）、he（水利工程 hydrautic engineering）、ne（航海技术 nautical technology）、mt（军事技术 military technology）、pp（造纸和印刷 paper and printing）、t（纺织 textile technology），都标在方格的上部。

书稿已经编写到的军事技术的这一章，下面又分出几个小节：其中的 i&s 表示 i（简介 introduction）和 s（攻击武器 shock weapons）。gp（火药 gunpowder）这一节他打算往后移到 c（化学卷）中。pp（造纸和印刷 paper and printing）、t（纺织 textile technology）这两章用红笔画了个箭头和问号，还不知道要将它们放在哪一卷中。

按照目前印刷厂的进度，预计第三卷的出版日期不会早于1958年的秋季（probably not publish before autumn 1958）。

根据这些已知条件和情况，经过一番思考和分析之后，李约瑟的结论写在旁边：

> 彼得·伯比奇相信，我们应该把4a这一册推迟到1958年秋季交稿，等待几篇不错的书评出现之后。
> 关于订正：（伯比奇）建议放在每一次重印的最后，最好是保持铅字不拆版，那样可以采用照相平版印刷。目前出版社并不乐于马上进行第2次印刷（或推出第2版）。理事会原本并不希望各卷的出版之间时间拉得太久。第四卷分为两册要比分为三册好。①

毫无疑问，从这份记录可见，主要的负责干活儿的人——伯比奇和李约瑟，两人已经提前做好了沟通。他们不仅共同对书稿的内容和分卷、分册设想进行了规划，还就该如何与出版社打交道的策略达成了一致。为了能够让出版社顺利接受自己的扩充方案，他们需要等到1958年的秋季才会把第四卷的书稿交给出版社，同时也把第四卷要分为多册出版的解决方案一并提出来。

---

① Conclusion: PB believes we ought to push in 4a at autumn 1958. Waiting perhaps for a few good reviews of vol.3. Re corrections: Suggest at end of each reprint this will allow of photolitho reprints if preferred to keeping type standing. Likely to be less happy about 2 going through at once. Syndics originally hoped not too long delay between vols. Preferable not have a vol.4c but just 4a and 4b.

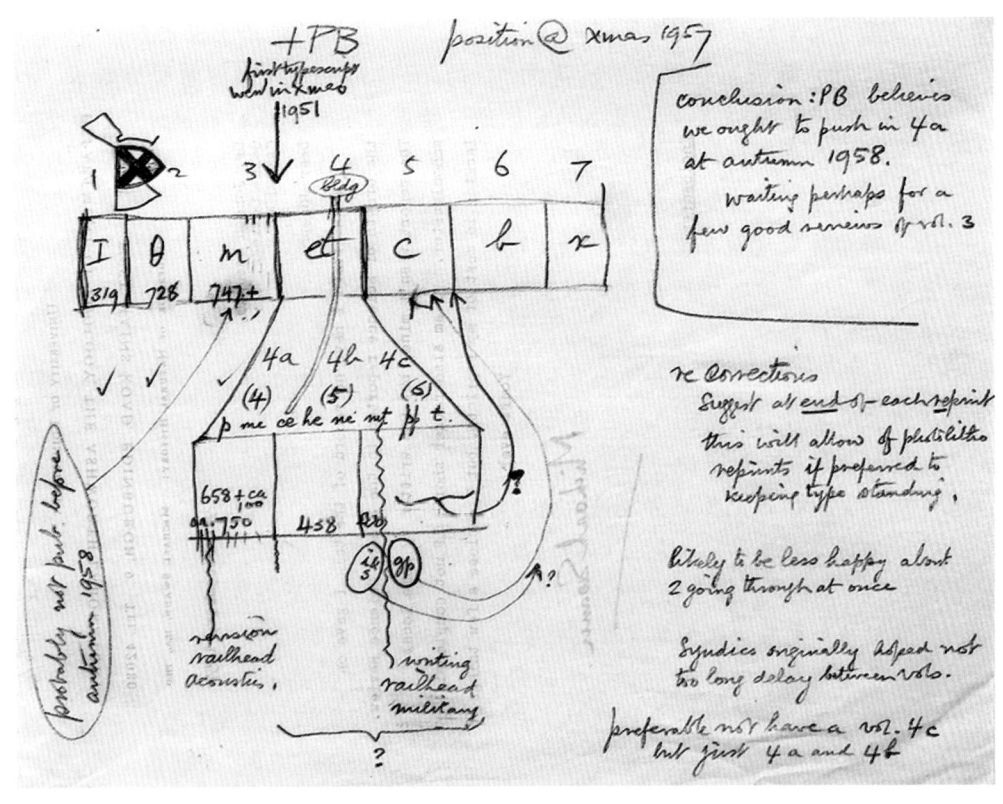

图 9-1　李约瑟 1957 年年底的完稿情况和对分卷的构思[1]

李约瑟如果外出参加学术会议或考察，不在剑桥，只要有伯比奇在，SCC 的出版进度就丝毫不会受到影响。伯比奇会时不时地给远在海外的李约瑟写信，更新当前的出版进度，内容如下：

亲爱的约瑟夫：

有关 SCC 第三卷

感谢您 3 月 17 日的那封很长但是很有趣的信件。您觉得锡兰[2]很刺激，充满了乐趣，这一点都不奇怪，很高兴听到您这么说。我只希望您能劳逸结合，这点您在剑桥可是没能体现出来。

---

[1] Joseph Needham's notes of the 'Science and Civilisation in China' position @ Xmas 1957', 1957-12-1957, GBR/1928/NRI/SCC1/1/2/64. Needham Research Institute.
[2] 锡兰 (Ceylon) 是印度南边的一个岛，即今日斯里兰卡。

以下是本书目前的情况：

1. 周六我收到了缪丽尔·莫伊尔（Muriel Moyle）所做的索引的复本，和过去一样地详细而完备，但在更大的分析性条目（analytical entries）上感觉有点弱。我会发给您一个长条校样，您可能想要做点补充。请您特别看一下数学相关的条目好吗？莫伊尔在这一节上遇到了最大的麻烦。

2. 辛德勒现在已经把汉字铅字送来了，并为延误道歉。但还是缺了七个汉字字符。这些缺的字已经在美术室画出来了，鲁桂珍也已经检查过。现在开始拼版。

3. 我已经为第1卷和第2卷编制了一个勘误表（Errata）。它们正在录入中，将会紧跟索引之后，在《历史朝代表》之前，您应该记得吧，我们同意要把《历史朝代表》放在每一卷中。

4. 全书的改正都已经完成，除了漏掉的汉字铅字，现在正在补上。印刷厂的通读将会很快开始。所有的问题鲁桂珍都会尽其所能给予帮助，当然还有德里克·布赖恩①，他会把自己的行踪告知我（以免我找不到他）。无法回答的问题我们将会发航空信问您（如有必要，我会通过教育部部长转寄）。

多谢您告诉我您的那套文件归档系统的细节，但是由于事情都进展得很顺利，所以我希望我还不必用到它。大约两周后，我会再给您寄一张关于进展的

---

① 德里克·布赖恩（Derek Bryan，1910—2003）是李约瑟在战时中国的一位老友，他既是一名外交官，又是一位语言学家，精通汉语。他和夫人廖鸿英（Liao Hong-Ying，1905—1998）因李约瑟的介绍相识，两人始终是"英中友好协会"（British-China Friendship Association，简称 BCFA）和"英中理解学会"（Society for Anglo-Chinese Understanding，简称 SACU）的忠实成员和中英科学文化交流的坚定支持者。

便条。同时，向你们致以最良好的祝愿和最热烈的问候。

您永远的，

彼得

1958 年 4 月 1 日①

印刷厂在碰到汉字问题需要处理的时候，伯比奇完全可以咨询德里克·布赖恩。当剑桥大学出版社原来从中华印刷公司（The Sino Press）购买的汉字铅字出现了缺字的时候，他们想到了一种更为便捷的补字办法——用画图然后制成图版的方式来造汉字。

在李约瑟去中国访问的时候，为了能将校对清样寄送到李约瑟手中，伯比奇甚至不怕麻烦，用中国科学院院长郭沫若的邮寄地址，来代转给李约瑟的信函和校样。其中一封信的内容如下：

亲爱的约瑟夫：

关于 SCC 第三卷

很高兴听到您来自柬埔寨的消息（以前从来没有人从那里写信给我），并

---

①   1 April 1958

Dear Joseph,

Science and Civilisation in China, Vol.3

Thank you for your long and very interesting letter of 17 March. I'm not surprised that you find Ceylon stimulating and full of interest, but it's nice to hear you say so. I only hope that you are working with some of the moderation which you fail to show in Cambridge.

Here is the position of the book: I received the index copy from M.M. on Saturday. It seems to be competent and thorough in all the usual ways, but a little weak on the larger analytical entries. I will send you proofs on galley in the expectation that you will want to make additions. Will you please watch particularly the mathematical entries; M.M. had most trouble with this section.

Schindler has now sent the Chinese type—with profuse apologies for the delay. Seven characters were not in the fount. These have been drawn in the art-room here and checked by Gwei-Djen. The blocks are now on order.

I have compiled the Errata for Vols.1 and 2. These are now being typed. They will follow the index but come before the Table of Dynasties, which, you remember, we agreed to include in all the volumes.

The whole of the correction is finished except for the dropping in of the Chinese characters, which is going on at the moment. Press reading will begin shortly. Gwei-Djen will give as much assistance as she can on the queries, and so, of course, will Derek Bryan, who keeps me informed of all his movements. Unanswerable queries will be flown out to you (via the Minister of Education, if necessary).

Thank you for the details of your filing system. Things are going so smoothly that I hope I shall not have to use it. I'll send you another note on progress in about a fortnight's time. Meanwhile, best wishes and warmest greetings to you both.

Yours ever,

Peter [Two letters from Peter Burbidge of Cambridge University Press about the position of 'Science and Civilisation in China, Volume 3', 1958-04-01-1958-06-06, GBR/1928/NRI/SCC1/1/2/66. Needham Research Institute.]

且暗示鲁桂珍也已经安全到达。我希望您现在要么在北京，要么在去北京的路上，因为在中国科学院，您会看到一套索引的长条校样（一校稿）正等在那里，这些稿子我急于(等你改完)拿回来。我本来想要给您寄去两套，但邮资实在太贵了，我只好放弃。我把多余的校样塞进您在冈维尔－凯斯学院的房间里了。第一卷和第二卷的勘误表、索引的页面校样（二校稿，牵涉到准备汉字铅字，会延后排版），由我们来校对。

　　印刷前的通读仍在进行中。这本书是我们多年来遇到的最困难的工作之一。我要求德里克·布赖恩保留印刷清样，直到这本书完成，这样我就能一次决定，要转交给您多少校样。我可不想航空邮寄太多的东西去北京，然后发现您已经离开返回了。约瑟夫，尽快给我一些相当确定的日程安排吧。如果您能确定一个日子不要再给您寄东西，我将会感到相当宽慰。

　　……

您永远的，

彼得

1958年6月6日①

---

①   6 June 1958

Dear Joseph,

Science and Civilisation in China III

Good to have news of you from Cambodia (no one's ever written to me from there before), and to note, by implication, that Gwei-Djen has arrived safely. I hope that you are now either in Peking or on your way there, because at the Academia Sinica you will find a set of galleys of the index, and these I am very anxious to get back. I wanted to send you two sets, but the postage was so ruinous that I gave up the attempt. I have dumped some spare sets in your room at Caius. We will proof the Errata to Vols. 1 and 2 with the page proof of the index (these involved getting Chinese type, which delayed the setting).

The press reading is still going on. It's one of the toughest jobs we've had for years. I am asking Derek Bryan to keep the press proofs until the book is complete, so that we can decide, at one go, how much has to be referred to you. I don't want to fly a lot of stuff out to Peking and then find that you have already started for home. And so will you, Joseph, as soon as you can, give me something fairly firm about dates. If you could plot the date when I should begin not to send stuff to you, I shall be rather relieved.

...

Yours ever,

Peter

c/o H.E. Dr Kuo Mo-Jo

Academia Sinica,

3 Wen Chin Chieh,

Peking. [Two letters from Peter Burbidge of Cambridge University Press about the position of 'Science and Civilisation in China, Volume 3', 1958-04-01-1958-06-06, GBR/1928/NRI/SCC1/1/2/66. Needham Research Institute.]

实际上 SCC 第三卷并未能在 1958 年出版，而是延后到了 1959 年。但是此时出版社已经对 SCC 的销售和定价毫不担心了。这样在 SCC 开始进入到第四卷的印刷出版之前，1959 年 3 月 26 日，按照事先与伯比奇的约定，李约瑟正式写信给金斯福德先生，提出来将第四卷分成三个部分出版的想法：[①]

> 我想给你们写的第三件事是关于《中国的科学与文明》各卷将来的安排。我想您会记得，前段时间我们设想，包含工程和技术的第四卷有可能需要分为三个独立的部分出版。然而最近，我们突然想到一个办法，可以更好地划分内容，把第四卷只分为两个部分，把第五卷也分成两个部分。根据这一安排，我们就能为整个第四卷冠以"物理学和物理技术"的标题，那么接下来的第五卷我们也可以用"化学和化学技术"作为联合标题。这意味着可以将军事技术、纸张和印刷以及纺织与化学材料（炼金术、化学、采矿、冶金等）都放在第五卷中。而这将是相当合乎逻辑的一种安排，因为军事部分不仅包含"火药的史诗"（这是与化学有很大关系的东西），而且包含整个冶铁技术（这也是非常化学的）。这样第四卷的第一部分将会包括物理学和机械工程，而第四卷的第二部分将会包含土木工程、水利和航海。这个方案唯一不对称的地方是，在第四卷中，基础科学——物理学将在第一部分的开头来处理，而第五卷的基本科学——化学，将放到第二部分来处理，但我不认为这会有什么不利的地方。当然您会意识到，这样的安排除了我们在第一卷中已经刊登出去的该项目后续章节的标题发生了变化，其他的事情都不会受到影响。最后，它的优势是，我们可以给第六卷冠名"生物学和生物技术"。当然，这将包括农学和医学。现在谈论它是否也需要被分成两部分出版还为时过早，我当然希望它不会。
>
> 最近我与彼得·伯比奇就这些问题进行了很好的交谈，我们认为这是一个相当不错的主意，否则如果在第四卷第一部分就开始处理应用科学，我们就应该以完全改过的形式重印各卷的所有内容目录。我们还认为，最好在第四卷第一部分的序言中解释一下与各卷版式设计有关的很多内容管理上的要点。另外一个特色，我们认为可以在第四卷第二部分的末尾，把一份我们所使用的中文图书的"初步版本清单"也附上，这是很久以前在第一卷出版的时候承诺过的，因为我们估计第四卷第二部分的篇幅会比第一部分小很多。当时说这个版本清单会在第七卷出版的时候提供，然而很多汉学家和中国学者都迫切需要知道我

[①] Correspondence with R. J. L. Kingsford, Secretary of Cambridge University Press about the division of future volumes of 'Science and Civilisation in China', 1959-03-13-1959-04-10, GBR/1928/NRI/SCC1/1/2/72. Needham Research Institute.

们使用的图书版本，鲁桂珍博士说她愿意为第二卷准备一个这样的清单。由于这份书单对于不会中文的人没有任何用处，所以我们认为，如果单纯用汉字来准备，没有英文解释，那么这个书单在形式上是最简单的，也是最紧凑的。我希望您会认同这些建议都是有道理的和令人满意的。

　　致以最美好的祝福，

您诚挚的，

约瑟夫·尼达姆①

---

① A third matter which I wanted to write to you about concerns the future arrangement of the volumes of "Science and Civilisation in China". You will remember, I think, that some time ago we envisaged that Volume 4, containing the engineering and technology, would probably have to appear in three separate parts. More recently, however, it has occurred to us that it will be possible to make a much better breakup of the whole material by having Volume 4 come out in only two parts, and dividing Volume 5 into two parts. According to this arrangement, we could have as a title for the whole of Volume 4, "Physics and Physical Technology" which would be followed up by a joint title for the whole of Volume 5, "Chemistry and Chemical Technology". This would mean including military technology, paper and printing and textiles with the chemical material (alchemy, chemistry, mining, metallurgy etc.), all in Volume 5. This however would be quite logical, because the military section contains not only the epic of gunpowder, which is something very chemical, but also the whole of ferrous metallurgy, which is also very chemical. Thus, Volume 4, part I would contain physics and mechanical engineering, while Volume 4, part II would contain civil engineering, hydraulics and nautics. The only asymmetry about this scheme would be that, in Volume 4, the basic science, physics, would be dealt with at the beginning of the first part, whereas in Volume 5 the basic science, chemistry, would be dealt with in the second part, but I do not feel that this is in any way disadvantageous. You will, of course, realise that, in spite of this change of volume titling the consecutive run of the subjects dealt with in the successive sections as advertised in Volume 1, will not be interfered with at all. Finally, it will have the advantage that we can entitle Volume 6 "Biology and Biological Technology"; this, of course, will include the agricultural and medical sciences. It is as yet too early to say whether that in its turn will require division into two parts. Of course, I hope not.

Recently I had a very good talk with Peter Burbidge about these matters, and we thought that it would be a very good idea if, at the beginning of Volume 4, part I, where we begin to deal with the applied sciences, we should reprint in fully amended form the whole of the contents of all the volumes. We also thought that it would be desirable to have the preface to Volume 4, part I, explaining a number of, as it were, administrative points, concerning the layout of the volumes. One other feature we thought might well be incorporated at the end of Volume 4, perhaps at the end of Volume 4, part II, which we reckon will be considerably smaller in size than Volume 4, part I, a preliminary list of the different editions of the Chinese books used in the work. This was promised long ago at the beginning of Volume 1. It was there said that it would be given at the beginning of Volume 7. However, many sinologists and Chinese scholars will be needing to know the editions which we are using, and Dr. Lu Gwei-Djen has said she is willing to prepare such a list for Volume 2. Since this list will not be of any use to anyone who cannot read Chinese, we are thinking it would be simplest and also most compact in form if it were prepared purely in Chinese characters, with hardly any English explanations. I hope you will agree that these various proposals are sound and satisfactory.

With best wishes,

Yours sincerely, JN [Correspondence with R. J. L. Kingsford, Secretary of Cambridge University Press about the division of future volumes of 'Science and Civilisation in China', 1959-03-13-1959-04-10, GBR/1928/NRI/SCC1/1/2/72. Needham Research Institute.]

对于李约瑟和伯比奇商量好的结果,金斯福德当然也乐见其成,并不反对。他回复李约瑟:

亲爱的尼达姆:
《中国的科学与文明》
我一直在思考您在3月26日信中第三部分提出来的对未来各卷怎么划分的问题,我咨询了伯比奇先生,知道你们已经讨论过这些问题。对于您的计划,我不反对,包括您的"中文文献列表",对于这个列表,我的理解是它不太可能超过双列十页的篇幅。

您真诚的,
金斯福德
1959年4月10日[1]

---

[1]
10th April 1959
Dear Needham,
　　　　　Science and Civilisation in China
I have been thinking about the division of future volumes which you raised in the third part of your letter of March 26th, and have also consulted Mr Burbidge with whom I know that you have discussed these questions. I see no objection whatever to your plan, including the list of your Chinese sources which I understand is unlikely to be more than about ten pages in double column.
Yours sincerely,
R. J. L. Kingsford [Correspondence with R. J. L. Kingsford, Secretary of Cambridge University Press about the division of future volumes of 'Science and Civilisation in China', 1959-03-13-1959-04-10, GBR/1928/NRI/SCC1/1/2/72. Needham Research Institute.]

再议"李约瑟之问"

1959 年 SCC 第三卷《数学、天学和地学》出版。

图 9-2　SCC 第三卷《数学、天学和地学》 李约瑟著，王铃协助（1959）

这一卷的卷首语是：

> 许多欧洲人把中国人看作是野蛮人的另一个原因，大概是在于中国人竟敢把他们的天文学家——这在我们有很高教养的西方人眼中是种最没有用的小人——放在部长和国务卿一级的职位上。这该是多么可怕的野蛮人啊！
> ——弗朗茨·屈纳特（Franz Kühnert，维也纳，1888年）

李约瑟把这一卷题献给了他的两位中国朋友：

> 竺可桢（中国科学院副院长、原中央研究院气象研究所所长、浙江大学校长。杭州、遵义、湄潭。他是一位深入钻研中国科学史的中国学者、对SCC项目的持续支持者。）
> 李四光（全国地质工作计划指导委员会主任、地质部部长、中国科学院副院长、原地质研究所所长。南京、桂林、良丰。我们时代的士宿真君。）

同时他也没有忘记，要在全书开始的"作者的话"中，对给予过他帮助的、那些平时总习惯于隐身在幕后的人们表示感谢：

> 对于剑桥大学出版社理事会成员和工作人员为胜利完成我们的计划而做出的一切贡献，我们应当再一次表示最恳切的谢意。他们是习惯于遵守绝不透露姓名的严格戒律的，但是我们长期得到彼得·伯比奇先生如此慷慨的友好帮助和合作，就没有什么清规戒律能阻止我们向他表示最热切的谢忱了。[1]

数学是科学的语言，是现代科学的基础之一。李约瑟形象地说："到了这一卷，我们已经把所有巷道和井口、所有介绍性的说明和解释都抛在后面，深入到全书的矿床了。"[2] "由于数学和各种科学假说的数学化已经成为近代科学的脊柱，我们在

---

[1] And once again our deepest gratitude is due to the Syndics and Staff of the Cambridge University Press for all that they are contributing to the successful achievement of our enterprise. It is customary for them to observe an austere anonymity, but from Mr Peter Burbidge we have long received friendly help and co-operation in such generous measure that no convention could justly prevent an acknowledgment of warmest appreciation. [Author's Note, SCC vol.3, 1959: page xlvii.]

[2] With this volume we reach the ore of the work as a whole, and leave behind all tunnels and adits, all introductory explanation and interpreting. [Author's Note, SCC vol.3, 1959: page xli.]

评价中国人在各门科学技术中的贡献时，首先从数学入手应该是适当的。"①

随着SCC的陆续出版，李约瑟在第一卷中提出来的研究问题（也就是后来的"李约瑟之问"）引起了越来越广泛的争论。这一研究问题的实质，是如何评价中国的古代科学技术及其对世界科学发展所作的贡献。

持"西方中心主义"立场的科学史家认为，不仅是现代科学起源于欧洲，就连科学本身，都是欧洲的特色，自古以来，只有欧洲才有科学的存在。克龙比（Alistair Cameron Crombie，1915—1996）在1959年发表了《中古时代科学方法的讨论对科学革命的意义》一文，他认为：

> 虽然古巴比伦、亚述、埃及，以及古中国和印度的技术成就，给我们很深的印象，但这些技术成就并不含有科学的基本要素，也不含有科学解释与数学证明的普遍概念。……只有希腊人，用永恒、齐一而抽象的秩序与法则，经过演绎的方法，来说明所观察的规律变化，并聪明地想到把不矛盾原理及经验实验所得之科学理论拿来做一般的应用，而发明了所谓的自然科学。这种基本的希腊的科学解释法，逻辑形式的"欧几里得"解释法，对西方科学传统所关心的科学方法与科学的哲学诸问题，做了主要的贡献。②

1960年查尔斯·吉利斯皮（Charles Coulston Gillispie，1918—2015）在《客观性的边缘：一篇科学思想史论文》一书中引用爱因斯坦的话，来否认中国古代也有科学的说法：

> 爱因斯坦曾说过，我们不难理解为什么中国或印度没有产生科学来。问题

---

① Since mathematics and the mathematisation of hypotheses has been the backbone of modern science, it seems proper that this subject should precede all others in our attempt to evaluate Chinese contributions in the many specific sciences and technologies. [SCC vol.3, 1959: page 1.]

② 李约瑟著，范庭育译：《大滴定：东西方的科学与社会》，帕米尔书店，1984，第42—43页。此段的英文原文为："Impressive as are the technological achievements of ancient Babylonia, Assyria, and Egypt, of ancient China and India, as scholars have presented them to us they lack the essential elements of science, the generalized conceptions of scientific explanation and of mathematical proof. It seems to me that it was the Greeks who invented natural science as we know it, by their assumption of a permanent, uniform, abstract order and laws by means of which the regular changes observed in the world could be explained by deduction, and by their brilliant idea of the generalized use of scientific theory tailored according to the principles of non-contradiction and the empirical test. It is this essential Greek idea of scientific explanation, 'Euclidean' in logical form, that has introduced the main problems of scientific method and philosophy of science with which the Western scientific tradition has been concerned." [A. C. Crombie: "The significance of medieval discussions of scientific method for the scientific revolution", *Critical Problems in the History of Science* (Madison, Wisconsin, 1959), 79.]

应该是：为什么欧洲竟然创造出了科学？因为科学是最艰辛而不太可能成功的事业。对这个问题的答案就在希腊。科学源起于希腊哲学的遗产。不错，埃及人发展出了测量土地的技术，并用特别的技巧施行特定的外科手术。可是任何东方文明都无法超越技术或魔术的层次，转而探索普遍的事物。希腊的思辨精神所取得的成果中，最出乎意料的、最新颖的，恰恰是理性的观念，把宇宙当作一个受法则支配而有秩序的整体，这些法则可经由思考来发现。①

爱因斯坦 1953 年曾在一封信中写过："西方科学的发展基于两个伟大的成就：希腊哲学家发明的（欧几里得几何中的）形式逻辑系统，以及（在文艺复兴时期）通过系统的实验发现因果关系的可能性。在我看来，人们不应该惊诧于中国的先贤们没有迈出这两步，令人惊讶的是，这些发明都给（西方）做到了。"②

李约瑟反对诉诸权威，将爱因斯坦这位大人物也带到这场官司里做证。他反驳道：首先，他们的数学定义太狭隘了；其次，将欧式几何学用于托勒密之天文系统并非只有好处，没有坏处；最后，他们心目中的科学定义，也太狭隘了！李约瑟承认现代科学诞生在西方的有利条件之一是源自古希腊的形式逻辑系统，也承认演绎法和归纳法确实是现代科学诞生的必要条件，但它们并不是充分条件；如果将这一必要条件当成了所有古代和现代科学的充分且必要条件，就会误入"西方中心主义"的歧途。用李约瑟的话来说，它们"只是科学的先锋，不是全部的科学"；不能将西方产生的思想当作科学的全部，而对其他文明曾为现代科学做出过的贡献视而不见。李约瑟心目中的"自然科学"比欧式几何学及托勒密数理天文学更宏大，范围更广阔；注入现代科学大海的不只几何学与天文学两条河流，还有许多条古代科学的河流汇入，它们共同构成了一幅"百川归海"的历史画卷。

---

① "Albert Einstein once remarked that there is no difficulty in understanding why China or India did not create science. The problem is rather why Europe did, for science is a most arduous and unlikely undertaking. The answer lies in Greece. Ultimately science derives from the legacy of Greek philosophy. The Egyptians, it is true, developed surveying techniques and conducted certain surgical operations with notable finesse. The Babylonians disposed of numerical devices of great ingenuity for predicting the patterns of the planets. But no Oriental civilisation graduated beyond technique or thaumaturgy to curiosity about things in general. Of all the triumphs of the speculative genius of Greece, the most unexpected, the most truly novel, was precisely its rational conception of the cosmos as an orderly whole working by laws discoverable in thought...." [C. C. Gillispie: *The Edge of Objectivity; an Essay in the History of Scientific Ideas* (Princeton, N. J. 1960).]

② "The development of Western science has been based on two great achievements: the invention of the formal logical system (in Euclidean geometry) by the Greek philosophers, and the discovery of the possibility of finding out causal relationships by systematic experiment (at the Renaissance). In my opinion one need not be astonished that the Chinese sages did not make these steps. The astonishing thing is that those discoveries were made at all."

只有列出整张收支平衡表，才能确定各文明对人类的进步有什么贡献。……难道一定要用一条连续的线，把有关的因素都贯穿起来，才可以写科学史吗？世界上难道没有一种理想的人类思想史与自然科学史，使人类的每一种努力成果，都有其价值地位，而不管其渊源与影响？……且让我们抛开那种知性的骄傲，不再吹嘘什么"我们是生来就有智慧的民族"。且让我们以现代科学诞生于欧洲，且只诞生于欧洲为荣，但不要借此想要求永久的专利权。因为伽利略时代所诞生的，是全人类公有的智慧女神，是不分种族、颜色、信仰、地域的，全人类思想的启蒙运动。任何人都有资格，都能参加。是人类公有的现代科学！不是西方科学！①

李约瑟在为中国数学争取应得的历史地位的同时，他也注意到了中国数学的某些方面的弱点：

在整个汉代，大多数人民没有受到教育，他们没有机会接触到政府交办、抄录并分散到各个环节的手抄著作。工匠们不管有多么了不起的才能，却总是有一座无形的墙把他们和有文学修养的学者分隔开来，他们只能在这座墙的另一边开花结果。仅仅由于沈括（11世纪）是一个与众不同的人物，他才能注意到伟大的建筑家喻浩的《木经》，这部著作大概是喻浩口授一个会写字的人手写下来的。但是，在若干世纪以前，在道教徒和佛教徒意味深远的启发下，另一些工匠采取了一个决然的步骤打破了这种手抄的局面——他们发明了印刷术。毫无疑问，印刷术有助于中国数学在宋代第二次开花，这时一批真正伟大的数学家他们不是平民就是较低的官员——突然开辟了一个比传统的官僚偏见广阔得多的领域。这时，知识上的好奇心得到了大大的满足。但是，这个高潮并没有继续下去。在明代理学的反动统治下，儒生们大大倒退了，甚至在祖冲之《缀术》的全部最新抄本上练习书法，而数学又一次被幽禁在地方衙门的后院。……

但是，与中国不同，在欧洲有一些影响在起作用，它们不允许科学只发展到这个阶段。有某种东西在暗暗地推动着欧洲，要它把实际知识（即使只是用数量表示出来的经验知识）与数学公式结合起来。在欧洲，这件事有一部分无疑是与社会的变化有关的，因为这种变化使得有名望的技术人员加入到了绅士的行列。……

那么，在欧洲文艺复兴时代究竟发生了什么情况，从而使数学化的自然科学得以兴起？这种情况又为什么不在中国出现呢？如果说，要找出近代科学在

---

① 李约瑟著，范庭育译：《大滴定：东西方的科学与社会》，帕米尔书店，1984，第51—55页。

某一种文化中得以发展的原因是相当困难的，那么，要找出它在另一种文化中不能发展的原因就更加困难了。但是，研究不发生的原因，却有助于了解发生的原因。事实上，数学与科学的富有成果的结合的问题，只不过是近代科学为什么在欧洲发展起来这整个问题的另一种提法而已。①

李约瑟将西方从伽利略开始发展起来的实验与数学相结合的科学方法归纳为一种特定的程序：

（1）从所要讨论的现象中，选择出几个可用数量表示的特点。
（2）提出一个包括所观察各量之间的数学关系式（或与此相当的东西）在内的假说。
（3）从这个假说推出某些能够实际验证的结果。
（4）观察，然后改变条件，然后再观察——即进行实验；尽可能把测量结果用数值表示出来。
（5）接受或否定第（2）步所作的假说。
（6）用已接受的假说作为新的假说的起点，并让新的假说接受考验。
……
这样，量的世界就取代了质的世界。②

---

① 李约瑟：《中国科学技术史（第三卷　数学）》，科学出版社，1978，第342—343、348页。
② 同上书，第350—351页。

新的转折点——团队合作的开始

1960 年 5 月 13 日剑桥大学出版社正式来信通知李约瑟：

亲爱的尼达姆博士：

  我们很快就将重印《中国科学与文明》第一卷，虽然我相信您在后续各卷的进展结束之前，还不打算对已经出版的各卷进行任何大范围的修订，但我希望您能记下来任何需要做的小的更正。这件事并不着急，但我很高兴能在几周内得到这些详细信息。

您诚挚的，

比彻（R. A. Becher）

1960 年 5 月 13 日①

  SCC 第一卷已经脱销，准备重新印刷，从此 SCC 也步入了剑桥大学出版社的金牛产品行列，成为给出版社带来源源不断利润的主要产品之一。

  SCC 第四卷也最终确定为分成三个分册来出版。此时书稿被送到了印刷厂，交到了伯比奇的手中。根据经验，这三个分册陆续出版还要花费若干年的时间，而李约瑟的当务之急就是抓紧进行后续各卷书稿的撰写。

---

①   13 May 1960
Dear Dr Needham,
We are shortly to reprint Science and Civilisation in China, Volume 1 and though I believe you were not planning to make any extensive revisions to the earlier volumes until you are further ahead with the later ones, I expect you have a note of any minor corrections that need to be made. There is no hurry about this, but I would be glad to have the details in a few weeks' time.
Yours sincerely,
R. A. Becher
[Two letters from R. A. Becher of Cambridge University Press about a reprint of 'Science and Civilisation in China, Volume 1' and proofs of 'Volume 3', 1960-05-13-1960-05-17, GBR/1928/NRI/SCC1/1/2/74. Needham Research Institute.]

SCIENCE AND CIVILISATION IN CHINA

BY

JOSEPH NEEDHAM, F.R.S.

FELLOW AND PRESIDENT OF CAIUS COLLEGE
SIR WILLIAM DUNN READER IN BIOCHEMISTRY IN THE
UNIVERSITY OF CAMBRIDGE
FOREIGN MEMBER OF ACADEMIA SINICA

With the collaboration of

WANG LING, PH.D.

TRINITY COLLEGE, CAMBRIDGE
ASSOCIATE RESEARCH FELLOW OF ACADEMIA SINICA

and the special co-operation of

KENNETH GIRDWOOD ROBINSON, B.LITT.

EDUCATION OFFICER, SARAWAK

VOLUME 4

PHYSICS AND PHYSICAL TECHNOLOGY

PART I: PHYSICS

CAMBRIDGE UNIVERSITY PRESS
CAMBRIDGE
LONDON · NEW YORK · MELBOURNE

图 9-3　SCC 第四卷第 1 分册《物理学》李约瑟著，王铃协助，罗乃诗 (K. G. Robinson) 部分特别贡献 (1962)

随着SCC各卷的陆续出版，成一家之言的李约瑟，已经可以抽空走出书斋。他开始周游列国，一边讲学，一边也为SCC争取更多的资金支持。李约瑟每过几年就会到访一次中国，与中国科学史界的同仁进行学术交流，获取考古研究成果的最新信息，以丰富和完善自己的著作。

李约瑟虽然关注媒体和学术界对SCC的评论，但他并不会公开在媒体上对这些批评意见进行反驳或展开辩论。相反，他采取了一种更为积极有效的策略——总是在作品出版之前，就预先将有关章节的初稿送给相关领域的专家进行审读。

通常情况下，学术作品的审稿是在作者投稿之后，由出版社的编辑咨询相关领域的专家，给出学术方面的意见和建议。但李约瑟都是自己预先联系专家，先行对书稿的内容进行审读，征求到审稿意见后，他就可以根据审稿意见进行相应的修改和完善，然后才向出版社交稿。

李约瑟身处学术重镇剑桥，这让他有着得天独厚的优势，可以请到各个领域的专家来审读自己的初稿。当然这些审稿工作在学术界都是义务的。在每一卷的前言部分，李约瑟一如既往地都会对这些审稿人所做的工作表示感谢。就是以这种预先审稿的方式，李约瑟确保了SCC能够提前获得学术圈的认可，避免了作者的作品出版之后常会遭到的猛烈批评。

事实证明，SCC以其广博的视野、丰富的细节、严密的论证和大量的证据，为李约瑟抵挡住了无数简单肤浅的批评。另有一些对李约瑟的批评，并非针对SCC的具体内容，而是针对他对中国的态度和他的政治观点，这种人身攻击式的批评，李约瑟从来都是不屑一顾的。

对于SCC在中国的影响和中国科技史研究在中国的进展情况，李约瑟始终密切地关注着。他珍藏着一份1961年的新闻电传稿，内容如下：

中国科学家讨论中国科技史的撰写

新华社北京1961年7月22日消息：中国古代科学技术史的编纂工作，最近在中国科学技术史研究委员会扩大会议上进行了讨论。

包括中国科学院副院长竺可桢在内的约四十位科学家出席了会议，他们一致认为，编纂这样一部历史将会是一项重要的任务。

会议指出，中国古代的许多科学技术发明为世界文化做出了巨大贡献，需要进行一次全面的总结。

会议决定，一部科学技术通史能够对各个科学分支之间的相互影响，对科学各分支之间的相互关系，以及对科学与技术、技术与社会发展之间的关系，提供更好的理解。它也会对科学不同分支的学科史具有极大的价值。

讨论还涉及历史时期的划分和这部书的总体规划。

1961 年 7 月 23 日 ①

周恩来总理在 1964 年指示要把李约瑟的 SCC 翻译成中文出版，由中国科学院自然科学史研究所组织力量进行翻译。"遗憾的是，由于种种原因，这项翻译计划未能顺利实现。一直到 1975 年才由科学出版社分 7 册出版了原著第一卷和第三卷的中译本。"②

1964 年这一年，就在 SCC 第四卷第 2 分册《机械工程》即将完成印刷准备的时候，彼得·伯比奇郑重其事地给李约瑟写了一封信（见图 9-4），提出了一个改革后续 SCC 编辑出版方式的建议。

信的内容如下：

亲爱的约瑟夫：

《中国的科学与文明》第四卷第 3 册

关于我们应该如何进行下去的问题，我一直在思考且有了很多想法。很显然，在您学期结束后启程赴中国之前，我们必须把这本书送到出版社去。同样清楚的是，现在到了我要重新考虑我与这个项目的关系的时候了。

目前，如您所知，除了排字我做了所有其他的事情。如果是在一个不像我们这么宽容的机构里，我可能会被指责是贪心抢夺他人的工作。当我在 1949 年第一次来到您的办公室里讨论样张（specimen pages）和设定体例的时候，

---

① 23 July 1961
Chinese Scientist discuss writing of history of Chinese Science and Technology
Peking, July 22 (HSINHUA)—The compiling of a history of ancient Chinese science and technology was recently discussed at an enlarged meeting of the committee for research in the history of Chinese science and Technology.
The meeting, attended by about forty scientists including Chu Ko-Chen, vice-president of the Chinese Academy of Sciences, agreed that the compiling of such a history would be an important undertaking.
China's many scientific and technical inventions in ancient times were great contributions to world culture, calling for a general summing-up, the meeting pointed out.
The meeting decided that a general history of science and technology should provide a better understanding of the mutual influences between the various branches of science and of the relations between the various branches of science and of the relations between science and technology and between technology and social development. It would also be of great value to research in the separate histories of various branches of science.
The discussions also covered the division of the periods of history and the general plan of the book. End item.
[Typescript of a New China News Agency bulletin entitled 'Chinese Scientists discuss writing of History of Chinese Science and Technology', 1961-07-23-1962, GBR/1928/NRI/SCC1/1/2/76. Needham Research Institute.]

② 卢嘉锡：《中译本序》，载李约瑟《中国科学技术史（第一卷·导论）》，科学出版社、上海古籍出版社，1990，第 ix—xiii 页。

CAMBRIDGE UNIVERSITY PRESS
THE PITT BUILDING, TRUMPINGTON STREET, CAMBRIDGE

Secretary
R. W. DAVID M.A.
Education Secretaries
M. H. BLACK M.A.　P. J. HARRIS M.A.

Assistant Secretaries
A. K. PARKER M.A.
A. L. KINGSFORD M.A.
P. G. BURBIDGE

Assistant to the Secretaries　MARGARET HAMPTON
Telephone 58331　Cables UNIPRESS CAMBRIDGE ENGLAND

5 May 1964

Dear Joseph,   ✓ OK talk 6 May

<u>Science & Civilisation in China, IV.3</u>

　　I've been giving a good deal of thought to the question of how we should proceed. It's quite clear that we must get this volume into the Press before you set out for China at the end of this term. It's equally clear that the time has come for me to reconsider the whole of my relationship to the project.

　　At the moment, as you know, I do everything short of setting up the type. In a less tolerant organization than our own I might properly be charged with hogging other people's jobs. When I first came to your rooms in 1949 to discuss specimen pages and to settle the conventions, I came as a subeditor; but I soon found myself taking over Frank Kendon's publishing functions, then the printer's copy-preparation, sizing of blocks, ordering of Chinese type, and so on. Agreeable though all this has been to us both, it's a basically inefficient way to produce a book. After all these years no one but me knows anything about it. I don't think that this should go on.

　　What brings this to a head is my changing role at the Press. My day-to-day duties are wholly different from those I had when we started our collaboration. Even so, I would be tempted to go on in the old ways were it not clear that the book itself would suffer; for the time I can properly give to it is only a fraction of what it needs, and I shall never again see the day when I could settle down, without interruption, to several hours on the book. This is another reason for making a change.

　　I want to propose three things: first, that I remain in charge of the remaining volumes as sponsor-editor, fulfilling the normal functions of an assistant secretary; secondly, that Miss Ann Phillips, the chief subeditor, should take over all the work of detail that I have done hitherto on the typescript and

Please reply to full address given above

图 9-4　彼得·伯比奇提出来改变编辑方式的建议的信（1964 年 5 月 5 日）

我是以一个文字编辑（sub-editor）的角色来的；但我很快发现自己接手了弗兰克·肯登的出版方面的工作，接着是印刷厂部分的书稿整理（copy-preparation）、确定版式尺寸（sizing of blocks）、订购汉字铅字等方面的工作。虽然这些事情对您我来说都是令人愉快的工作，但这么去生产一本书基本上是一种效率不高的方式。经过了这些年之后，除我外，没有第二个人能完全了解这些事情了。我认为不应该继续这样下去。

让我萌生这个想法的原因是我在出版社的角色发生了改变。我的日常职责与我们开始合作时我的职责已经完全不同了。即便如此，如果能够确定这部书本身不会因此受到影响的话，我还是会禁不住诱惑想要继续过去的做法，但我能够正当地分配给它的时间恐怕远不及它所需要的时间，而我将再也看不到有一天，我可以安定下来，没有打扰，花费几个小时在这本书上。这是必须做出改变的另一个原因。

我有三个提议：第一，我作为项目编辑（sponsor-editor）继续负责剩余各卷的出版工作，履行助理秘书的正常职能；第二，首席文字编辑（chief subeditor）安·菲利普斯（Ann Phillips）小姐应该接管我迄今为止在书稿和插图方面所做的所有细节工作；第三，我应该完全放弃掉一些工作，如果这些工作能够在印制办公室（printing office）、制图办公室（drawing office）和校对部（reading department）正常进行的话。我进一步建议，我们应该立即开始实行新的例行程序。

我知道没有必要向您、向所有的人否认，在上述一切工作方面我的兴趣没有丝毫的减弱。任何人如果能像我一样被您在第三卷中那样褒奖的话，我想他都会愿意为之奉献终生的。但我已经离开（您所说的）"采煤面"越来越远了，是时候来寻找其他的帮手了。

您永远的，
彼得
1964 年 5 月 5 日 ①

在信中，伯比奇说自己"除了排字我做了所有其他的事情"，这话并不夸张。他从一开始就负责 SCC 项目，比别人付出了更多的精力，也克服了诸多的困难，这都不假。他在 1961 年刚被提升为出版社理事会的助理秘书，这让我们顺理成章地推测，难道是他因为觉得过往做事的方法效率不高，所以萌生退意，想要从 SCC 的项目中抽身退出了吗？还是他虽然还愿意继续为 SCC 项目付出劳动，但出于自己兼顾其他工作，为了避免发生冲突，他觉得有必要改变一下自己和李约瑟合作的方式了？

作为 SCC 的幕后英雄，彼得·伯比奇是谁？很少有人知晓。我们想要找到一张他的照片，也很不容易。好在有罗莎琳德·格鲁姆斯博士（Dr. Rosalind Grooms）的

---

① 　　　　　　　　　　　　　　　　　　　　　　　　　　　　　　　　　　5 May 1964

Dear Joseph,
　　　　　　　　Science & Civilisation in China, IV, 3

I've been giving a good deal of thought to the question of how we should proceed. It's quite clear that we must get this volume into the Press before you set out for China at the end of this term. It's equally clear that the time has come for me to reconsider the whole of my relationship to the project.

At the moment, as you know, I do everything short of setting up the type. In a less tolerant organization than our own I might properly be charged with hogging other people's jobs. When I first came to your rooms in 1949 to discuss specimen pages and to settle the conventions, I came as a subeditor; but I soon found myself taking over Frank Kendon's publishing functions, then the printer's copy-preparation, sizing of blocks, ordering of Chinese type, and so on. Agreeable though all this has been to us both, it's a basically inefficient way to produce a book. After all these years no one but me knows anything about it. I don't think that this should go on.

What brings this to a head is my changing role at the Press. My day-to-day duties are wholly different from those I had when we started our collaboration. Even so, I would be tempted to go on in the old ways were it not clear that the book itself would suffer; for the time I can properly give to it is only a fraction of what it needs, and I shall never again see the day when I could settle down, without interruption, to several hours on the book. This is another reason for making a change.

I want to propose three things: first, that I remain in charge of the remaining volumes as sponsor-editor, fulfilling the normal functions of an assistant secretary; secondly, that Miss Ann Phillips, the chief subeditor, should take over all the work of detail that I have done hitherto on the typescript and illustrations; and thirdly, that I should give up altogether those functions that should properly be performed in the printing office, drawing office and reading department. I further propose that we should begin the new routine immediately.I know it's not necessary to deny to you, of all people, that there's any waning of interest on my part in all this. Anyone who has had said about him what you said about me in Vol.3 is committed for life. But I am moving farther and farther away from the coal-face (as you would say), and the time has come to call in other helpers.

Ever yours,

Peter [Letter from Peter Burbidge of Cambridge University Press about the progress of 'Science and Civilisation in China, Volume 4, Part 3', 1964-05-05-1964, GBR/1928/NRI/SCC1/1/2/77. Needham Research Institute.]

热心帮助,她是剑桥大学出版社的资深档案管理员,同时也在李约瑟研究所担负档案整理工作。她不仅指出来我们已经把别人的照片张冠李戴错认成了伯比奇,还好心地亲自帮我们从图书馆档案中找到了一张十分难得的彼得·伯比奇的工作照。(见图 9-5)

我们打算沿着伯比奇的这封信——这条仅有的线索继续去追。在伯比奇的信中,他提到了接替他的文字编辑工作的是安·菲利普斯小姐。又是在罗莎琳德博士的帮助下,我们通过书信联系了这位老编辑。经过了一段时间后,我们终于等到了安的回信,她邀请我去她的家中茶叙。于是在一个阳光明媚的午后,我有幸在一位谦和的前辈面前,聆听她回忆起半个世纪之前的剑桥大学出版社的人和事,让人有一种时空穿越的感觉。她说那个时候出版社的办公室在川平顿大街上的皮特大楼①。这栋建筑中间有一座高高的塔楼,酷似教堂,所以大家都戏称自己是在"老教堂"上班。那时候的剑桥还没能做到男女平等,塔楼上的顶层被男士们占据着,成了他们专属的喝咖啡、抽雪茄的场所,女士禁入。直到新任的总编迈克尔·布莱克来后,他思想开明地将这个地方变成了男女同事都可以进入的公共区域。

图 9-5　彼得·伯比奇(左)和迈克尔·布莱克在剑桥大学出版社的办公室里②

---

① The Pitt Building, Trumpington Street, Cambridge.
② Peter Burbidge and Michael Black in the Pitt Building, 1968. Cambridge University Library UA PRESS 1/5/6/3/4.

我给她看过伯比奇的信后,她说自己并未继续在出版社工作,而是在一年后就转到了纽纳姆学院(Newnham College)。接替她的工作的是朱迪丝·布彻(Judith Butcher,1927—2015)女士,她惋惜地对我说:"她可比我知道得要多。可惜她已经过世了,否则你去问她可能会了解更多的情况。"

回忆起当年在出版社的那些日子,他们是如何处理 SCC 的书稿的,安耐心地给我讲解从长条校样到页码校样的工作程序,还向我推荐了朱迪丝·布彻撰写的《文字编辑剑桥手册》[①]一书。临走的时候,她还把一本她新出的诗集《走在墙上》(Walking the Wall)赠送给我。诗集封面的照片上,是一张她小时候的照片——一个小女孩和她的老祖母。小女孩正勇敢地走在矮墙上,手里拿着一片树叶,放在嘴里品尝滋味;老祖母从后面伸出手,想要偷偷地保护着这个不怕危险的小女孩。当年的小女孩而今也已是老祖母的年纪了,怎不令人感慨。

伯比奇建议采用新的方式来编辑 SCC 的想法有其时代的背景。20 世纪 60 年代,世界出版业在经过了一段艰苦的战后恢复时期之后,得益于大学和公共图书馆持续增多,开始进入了一段持续的繁荣发展时期。印刷厂可以通过大量投资机器设备迅速提高产能,但是出版社想要快速扩张出版规模却遇到了瓶颈。出版社发现,他们手头的那些作者们,现在的写作速度已经远远跟不上飞速运转的印刷机的速度了,如何寻找更多的作者,寻求更快的内容生产方式,也就成了当务之急。

要采用新的编写方式加快内容的创作,可资借鉴的现成例子,就是牛津大学出版社刚刚出版的一套五卷本《技术史》。它是一部由查尔斯·辛格牵头主编,多人合作撰写的名著,从 1954 年开始出版,历时 4 年,至 1958 年出齐。

相较科学史的开山者萨顿那样特立独行的个人独立撰写方式,技术史的巨擘辛格采用的是组织多人同时撰写的编辑方式。而中国科学技术史的创立者李约瑟,现在看来,他采取了一种介乎其间的做法。他先是像萨顿一样亲历亲为,但在意识到工程浩大,靠一人之力无法完成计划之后,便毅然决然地将一些自己没有时间和精力涉足的专业领域的撰写任务分配出去,授权别人来代替自己写作,即组织众多的作者,同时进行撰写,由李约瑟作为编者来对完成的内容进行把关和取舍。而能够让李约瑟下决心这样做的幕后推手,非 SCC 的编辑彼得·伯比奇莫属。

伯比奇所说的 SCC 项目的改革涉及一套新的工作流程,除了排版、印刷环节,还包括文字编辑部门、印制部、制图设计室和校对室等工作的完整的出版流程。伯比奇说他自己要从文字编辑的具体工作角色调整为 SCC 的项目编辑(sponsor-editor)。这一岗位相当于我们今天所说的"组稿编辑"或"策划编辑"的角色,负责领导项

[①] Judith Butcher, *Copy-editing: The Cambridge Handbook* (London: Cambridge University Press, 1975).

目却并不一定要亲自从事具体的文字编辑工作。一头扎进图书里非常耗费一个人的时间，如果伯比奇能够从微观细节的工作中超脱出来，从宏观组织和管理的角度来帮助李约瑟完成计划，对于SCC项目来说也许是件好事。

作为剑桥大学出版社的产品经理，SCC的组稿编辑，彼得·伯比奇开始主动为李约瑟寻找SCC后续各卷内容编写的合作者，并责无旁贷地承担起了SCC项目在出版社的保护者的角色。① 虽然在遴选作者、计划安排和分卷设计等方面，并非作者之一的伯比奇难免有越俎代庖之嫌，但因为他并不是一位学者、而是一个商人的定位，刚好与李约瑟作为一个学者只事耕耘、不问收获的特点取长补短，可以相得益彰。在李约瑟保存的档案中，我们经常可以看到，伯比奇为SCC寻找潜在合作者的联络信函，这些信件他都同时抄送给了李约瑟。因为两个人始终保持着密切的沟通，所以他们之间的配合从未生过嫌隙。

由于接替彼得·伯比奇执掌文字编辑部门的安·菲利普斯小姐不久就离开去了剑桥大学的纽纳姆学院，文字编辑部门就改由朱迪丝·布彻接手。在成为了剑桥大学出版社文字编辑部门的主管后，布彻在这一岗位上工作了二十年，她为剑桥大学出版社的文字编辑工作积累了一套成熟的规范，并在出版流程标准化方面发挥了重要作用。她为出版社培训出来了几十名文字编辑，其中的许多人后来将她的这套原则和标准带到了其他的出版社。

布彻一针见血地指出，我们过去的出版印刷业有一个既不可靠又成本高昂的传统，就是——大家相信书稿会在排版印刷阶段自动地处理好所有的问题。实际上，作者和编辑，包括出版社的管理者们都愿意相信，排字工、印刷工们会最终消灭所有的错误。这个想法实在是太美好了，以至于大家都不去思考这么做有没有实现的可能。因为别人也都是这么做的，所以我宁愿选择去相信过去的做法就是对的。现在，这一传统需要被另一种更有条理的系统和流程所替代——要在排版之前，甚至在作者交稿之前，就尽可能地消除掉书稿中可能会出现的错误，避免一些内在的相互矛盾和不一致的地方，以免到了排版阶段才发现，让排字印刷工人陷入到一种左右为难的境地。"一个好的文字编辑是稀有物种：他需要是一个聪明的读者、一个圆通又敏锐的批评者；他会非常在意细节的完美，不惜花费几个小时的时间来检查别人作品中那些不一致的地方。"②

这些实际工作中的经验，最终积累成为朱迪丝·布彻的《文字编辑剑桥手册》

---

① 这一点在下一章中伯比奇处理"火药篇"事情的时候表现得十分典型。
② "The good copy-editor is a rare creature: he is an intelligent reader and a tactful and sensitive critic; he cares enough about perfection of detail to spend his working hours checking small points of consistency in someone else's work..." [Judith Butcher, *Copy-editing: The Cambridge Handbook* (London: Cambridge University Press, 1975), p.2.]

一书的内容。《文字编辑剑桥手册》原是一本内部手册,它的公开出版是在1975年,这是英语世界第一本文字编辑的规范手册,历经了4次再版,在这一领域一直保持着权威地位。有了这本手册,"新的文本编辑们可以从前人积累的经验中学到一些东西,避免一些常见的错误,这可以省得他们通过自己在工作中犯错来学习,那会造成很大的损失"①。

战后的剑桥大学出版社始终保持着在学术出版领域的先锋地位,它也是引领出版产业发展的领头羊之一,剑桥大学出版社的这个特点毫无疑问也是植根于它在文字编辑岗位设置和出版流程管理方面的积极探索打下的坚实基础。

SCC第四卷《物理学及相关技术》的三个部分从1959年开始进入印刷厂,又是历经了十多年时间方才告成。

图 9-6　李约瑟研究所门前的菩提树

---

① "Some years ago I wrote a handbook for use within the CUP, so that new copy-editors could benefit from the accumulated experience of their predecessors rather than having to learn by making their own mistakes." [Judith Butcher. *Copy-editing: The Cambridge Handbook* [M]. London: Cambridge University Press, 1975: Preface.]

SCIENCE AND CIVILISATION IN CHINA

BY

JOSEPH NEEDHAM, F.R.S.
FELLOW AND PRESIDENT OF CAIUS COLLEGE
SIR WILLIAM DUNN READER IN BIOCHEMISTRY IN THE
UNIVERSITY OF CAMBRIDGE
FOREIGN MEMBER OF ACADEMIA SINICA

With the collaboration of
WANG LING, PH.D.
TRINITY COLLEGE, CAMBRIDGE
ASSOCIATE RESEARCH FELLOW OF ACADEMIA SINICA

VOLUME 4

PHYSICS AND PHYSICAL TECHNOLOGY

PART II: MECHANICAL ENGINEERING

CAMBRIDGE
AT THE UNIVERSITY PRESS
1965

图 9-7　SCC 第四卷第 2 分册《机械工程》李约瑟著，王铃协助（1965）

SCIENCE AND CIVILISATION IN CHINA

BY

JOSEPH NEEDHAM, F.R.S.
MASTER OF GONVILLE AND CAIUS COLLEGE, CAMBRIDGE
FOREIGN MEMBER OF ACADEMIA SINICA

With the collaboration of

WANG LING, PH.D.
PROFESSORIAL FELLOW IN THE INSTITUTE OF ADVANCED STUDIES
AUSTRALIAN NATIONAL UNIVERSITY, CANBERRA

and

LU GWEI-DJEN, PH.D.
FELLOW OF LUCY CAVENDISH COLLEGE, CAMBRIDGE

VOLUME 4

PHYSICS AND PHYSICAL TECHNOLOGY

PART III: CIVIL ENGINEERING AND NAUTICS

CAMBRIDGE
AT THE UNIVERSITY PRESS
1971

图 9-8　SCC 第四卷第 3 分册《土木工程与航海技术》李约瑟著，王铃、鲁桂珍协助（1971）

出版社改革

接下来，SCC即将迎来下一次更大规模的扩展。

彼得·伯比奇是剑桥大学出版社在战后快速恢复和发展历程的直接参与者，他从印刷厂实行科学管理的改革开始，就一手建立了文字编辑的部门。这个部门在1961年又跟着他，在剑桥大学出版业务的"天平"上，从印刷一边被调整到了出版一边，就像天平上移动了位置的砝码。

剑桥大学出版社原本是从大学的印刷厂发展起来的，出版社与印刷厂的关系往往密不可分，出版社和印刷厂就像是一个天平的两端。过去是印刷的力量更为雄厚，现在是出版这一边的分量开始逐步超越印刷厂，成为了主导性的力量。

伯比奇领导的文字编辑部门原先是在大学印刷商布鲁克·克拉奇利的改革设计下组建的，目的是通过工业化的管理方式来提高印刷业的生产能力。结果显而易见——随着出版社印刷能力的增强，图书内容编辑的力量就显得不足了——出版这一边必然成为下一步需要加强的一方，所以彼得·伯比奇和他的文字编辑部门就被整体转移到了出版的这一边。

后来因为印刷这一端投入机器设备和技术更新的资金越来越多，印刷厂陷入到了严重的财务危机之中，更加剧了剑桥大学的决策者们想将重心朝向出版这一边倾斜的趋势。在一份关于伯比奇先生的官方介绍中，非常简洁地描述出了他这一段时间的经历：

> 伯比奇培训的文字编辑是第一批人，这是一个至今仍在延续的传统，提供了受到作者高度评价的重要服务，他的洞察力为人称道。最终，这项服务由出版部门接管，他也被调往出版部门，并于1961年被任命为理事会的助理秘书，他是第一个非研究生毕业而被提升到这一职级的人。当他硕士尚在读的时候，同事们就觉得他已经具备了足够的学术地位，而国王学院邀请他加入"高桌"[①]

[①] 剑桥的传统：学院餐厅里专供教授、学院院士等高级教学和管理人员就餐的餐桌，比学生的餐桌高出一截，所以叫"高桌"。

也是对他的高度认可。同时，他成为了剑桥大学出版社的产品经理，出版社在20世纪70年代早期重组后，他又变成了执行董事，负责产品生产。[1]

要想知道一个人的行事风格和工作作风，最好的观察时机反倒是要看他离开办公室的时候，是不是能让所有的事务都照常有条不紊地进行下去。由于要去外地出差，伯比奇把自己手头的工作交代给了他的助手。从他给助手留下的信件中，我们可以窥知他是如何处理SCC的编辑工作的。

关于尼达姆《中国的科学与文明》第五卷

SAK：

在我不在的情况下，请你帮忙进行一些书稿和卡片的例行操作好吗？

参考书目A和B（鞋盒中明确标记好的卡片）所需要的汉字铅字将在布拉德福德或香港排版。无论在哪个地方进行排版，我们都需要一套这些卡片的静电复印的复本。请安排一下此事。第一步给卡片进行编号可能是明智的做法。如果你在某些卡片上看到文字编辑的标记，这仅仅意味着它们已在以前的卷册里被使用过了。我们仍然需要为这一卷重新准备汉字铅字。

表格和正文的脚注中有大量的汉字铅字。目前，似乎我们可以使用二校稿来订购这些汉字铅字。约瑟夫·尼达姆在东京有一套校样，如果到时候我们决定从香港的大日本印刷公司（Dai Nippon）订购所需的汉字铅字的话，他就会把那套书稿的清样留在香港。如果我不在的时候这个计划有任何变化，我会请乔（Jo）来通知你的。

我不知道你想对文字内容涉足多少。一项非常有用的工作是检查所有子标题的文字，标出要使用的字体字号（它们必须与已出版各卷中所用的字体字号相同），并检查文本中的标题与目录中显示的标题是否一致。如果不一样，应该采用文本中的标题更新目录。

有一个装着插图的文件夹，但由于这只是最终将使用的材料的一小部分，因此在这个阶段，我们似乎能做的不多。如果您想查看该文件夹并熟悉里面的

---

[1] The subeditors trained by Burbidge were the first in a continuing tradition which provided an important service much valued by authors, and he became highly regarded for his perceptiveness. Ultimately the service was taken over by the publishing division, to which he transferred, and in 1961 he was appointed an Assistant Secretary to the Syndicate—the first non-graduate to reach that rank. When he was in due course given his M.A., colleagues felt that he had the academic status which he naturally deserved; and the invitation by King's to join the High Table gave him great satisfaction. At the same time he became Production Manager; and after the reorganization of the Press in the early 1970s he became Executive Director, responsible for production.[CUP Needham archives UA Press 1/5/6/4/4 Michael Black, Judith Butcher, Peter Burbidge.]

内容，那将很有好处。

我附上一封约瑟夫·尼达姆6月29日写的信。从中你可以看到，第五卷的第1部分（军事技术）还拿不到稿子，但是这些文件夹中确实已经包含了第五卷第2、3、4、5分册的书稿。我们目前的计划是将所有这些作为单独的分册出版。在书稿的连续页码分配中，一个600页的空档是给第五卷第1分册预留的。

在尼达姆信中的第二页，你会发现四个杂项事务分列为（a）（b）（c）和（d）。其中的第一个（检查书稿，看一看是否所需的所有书目卡片都在）我认为没法标在书稿上。我想我会等参考书目排成长条校样后，我们在校对阶段再插入漏掉的项。项目（b）和（c）是我们可以在书稿上完成的事情，没有太大的困难。可否请你想一种最好的组织办法？我们可能需要一名临时的自由职业者（a freelance worker）来帮忙，或者你可能喜欢在业余时间自己动手（当然，会付你正常的费用）。项目（d）是只有在插图编好之后我们才能进行的工作。

尽管书稿还有其他复本存在，但我们现在拿到的卡片实际上是唯一的。在正常的上班时间，它们必须保持绝对安全，当出版社（如周末等）不开门的时候，应将它们锁进保险柜。这些卡片的损失或毁坏将是一个绝对的灾难。

如果在我走之前你能通读这张便条，并让我知道你是否还有问题，我将会很高兴。过去二十年来，我一直紧密参与这些SCC各卷的工作，所以我可能会倾向认为，所有的问题都是明摆着的；但是对你来说，它们是全新的工作，所以你要是有上述之外的其他问题，需要在我走之前讲清楚。

彼得·伯比奇
1971年7月20日 [①]

[①] 20 July 1971
To: SAK（伯比奇一位同事名字的缩写）
        Needham: Science and Civilisation in China, volume 5
In my absence, would you mind performing a few routine operations on the typescript and cards.
The Chinese type required for Bibliographies A and B (cards in shoe boxes clearly labelled) will be set either in Bradford or in Hong Kong. Whichever place does the typesetting, we shall need a set of xerox duplicates of these cards. Please arrange this. It might be sensible to number the cards as a first step. If you see marks of copy-preparation on some of the cards, this simply means that they have been used in previous volumes. We still need the type for this volume.
There's a good deal of Chinese type in the tables and in the footnotes to the text. At the moment, it looks as though we shall be able to use the second copy of the typescript for ordering this type. Joseph Needham has a copy with him in Tokyo, and will leave it in Hong Kong if by then we decide that we should order the type from Dai Nippon. If there's any variation in this plan whilst I'm away, I'll ask Jo to let you know.
I'm not sure how much involved you want to get in the text. One very useful task would be to check the articulation of sub-headings throughout, indicate the types to be used (they are the same as in the published volumes), and check

从伯比奇这段工作交代中，我们已经可以看到他编辑SCC的具体办法和步骤，这是他二十多年来与李约瑟一起摸索和设计出来的。处理书稿和处理卡片是同步的工作，而那些重要的参考书目卡片就被放在一些普通的鞋盒里，但是这些破破烂烂的鞋盒，需要在下班后锁到保险柜里！

在上世纪70年代剑桥大学出版社曾遇到过一次严重的财务危机，险些破产倒闭。戴维·麦基特里克的《剑桥大学出版社的历史》中对此已有详尽的记述。根据他的讲述，在战后的恢复阶段，剑桥大学出版社是以印刷为主，所以有大量的投资被用于添置设备和建设厂房，最终积欠了巴克莱银行的一百多万贷款。虽然剑桥大学出版社在铅印（letterpress）方面做得很成功，成为了整个印刷出版业的标杆，但大量以铅印为主的机器设备却在20世纪70年代开始面临更新换代的问题了。一种比笨重的铅字和铅版更轻便、更灵活的照相制版和平版胶印技术逐渐成为行业发展的主流，图书印刷中的平版胶印比例也在与日俱增，此时的剑桥大学印刷厂已经背负了沉重的外部债务负担，所以难以避免地出现了利润持续下滑、面临破产危险的

---

the headings in the text against those shown in the contents. In case of variation, the headings in the text are the ones to follow.

There is a folder containing illustrations, but since this is only a small fraction of the material which will ultimately be used, there doesn't seem to be much that we can do at this stage. If you would like to look through the folder and familiarise yourself with what's there, that would be helpful.

I attach Joseph Needham's covering letter to me dated 29 June. You will see from this that volume 5 part 1 (Military Technology) isn't yet available, but that the folders do contain typescripts for volume 5 parts 2, 3, 4 and 5. Our present plan is to publish all these as separate volumes. In the continuous pagination of the typescript, a gap of 600 folios has been left for volume 5 part 1.

On the second page of the letter, you will notice four chores listed (a) (b) (c) and (d). The first of these (checking through the typescript to see that all the cards needed for the bibliographies are in) is something which I don't think we can reasonably do on the typescript. I think I shall have the bibliographies set in galley so that we can insert missing entries at the proof stage. Items (b) and (c) are things which we can do on the typescript without too much difficulty. Would you mind thinking of the best way to organise this? We may need to take on a freelance worker, or you may like to do it yourself in your spare time (at the usual fee, of course). Item (d) is something which we can only turn to when the illustrations have been compiled.

Although duplicate copies exist of the typescript, the cards which we now hold are in fact unique copies. They ought to be kept in absolute safety during normal working hours, and when the Press is closed (i.e. over weekends, etc.), they ought to be put into the safe. The loss or the destruction of these cards would be an absolute disaster.

I would be glad if you could read through this note before I go, and let me know whether any comments arise. I've worked so closely with these volumes for the last twenty years that I'm inclined to think that all the problems are self-evident; but to you going to them completely fresh, a good deal more than I've said already will need to be said before I go.

P.G.B. [Copy of Cambridge University Press memorandum from Peter Burbidge to SAK about the performance of 'routine operations on the typescript and cards', 1971-07-20, GBR/1928/NRI/SCC1/1/4/8. Needham Research Institute.]

局面。

　　出版印刷企业所遇到的危机，本质上是技术进步导致的必然结果。那些在上一个技术发展阶段最为成功的企业，已经把自己所有的筹码都押注在了成熟的技术之上，在一段时期之内，新的技术还不能在一开始就体现出质优价廉的经济优势，可是一旦等到新技术的经济优势最终体现出来的时候，原来的那些非常成功的企业就会像巨大的恐龙一样，面临无法适应新的环境，也来不及进化的困境。

　　面对这样困难的局面，理事会无奈之下，只好痛下决心，他们决定从外部引入职业经理人来进行一次全面的改革，试图扭转这一困境。被选中担纲这一重任的是杰弗里·卡斯（Geoffrey Cass）先生。他此前是乔治·艾伦与昂温出版公司（GAU）的执行董事（Managing Director）。卡斯先生在1972年年初被正式任命为剑桥大学出版社出版这一边的"执行董事"，他后来又被任命为整个出版社的"首席执行官"。虽然剑桥大学出版社并非一家商业出版公司，它也没有设立董事会，只有理事会，所以卡斯先生并非真正意义上的董事，但循名可以求实，他因为这一职务的名称而被理事会赋予了相应的权力，剑桥大学出版社也一步迈入了一个职业经理人管理的时代。

　　从外部请来一位职业经理人当CEO，目的只有一个，就是要给自己动一场大的外科手术。卡斯接手的是一个历史悠久的组织，但此时已经危在旦夕，他需要采取果断而严厉的补救措施。卡斯带来了自己的管理团队。他以前的同事托尼·威尔逊（Tony Wilson）、菲利普·阿林（Philip Allin）和戴维·奈特（David Knight）相继加入，分别担任了不同的高级职位。阿林先生任执行董事（managing director），威尔逊先生负责出版管理（publishing operations），而奈特先生负责市场营销（marketing），充分保障了新的管理团队的执行能力。①

　　剑桥大学出版社工作人员的头衔也都发生了相应的变化：原来的理事会秘书戴维（R. W. David）先生现在是"出版者"（publisher）；迈克尔·布莱克是"主编"（Chief Editor）；过去负责不同学科方向的编辑现在被称作"高级编辑"（Senior Editors）。内部实行更加严格的、效率更高的生产控制方式，对新书的定价也采用了新的计算方式。

　　本来大学出版社的目标与那些商业出版社的目标大相径庭，然而，1972年改革的所有目标都是为了确保剑桥大学出版社至少能像一家商业出版社一样高效，并产生足够的资金流来保障它可以持续履行对大学和对学术界的职责。

　　卡斯先生的改革果然立竿见影。在出版社呈报给剑桥大学财务委员会的年度报

---

① David McKitterick, *A History of Cambridge University Press* (Cambridge: Cambridge University Press, 2004), p.426.

告中，成效已经显现出来：在战后学术出版最糟糕的时期，剑桥大学出版社不仅是1972年唯一没有削减出版计划的主要学术出版社，而且也是唯一一家在该年度新出图书实现了实际增长的出版社。更为重要的是，随着销售收入的显著提高，到1972年底，剑桥大学出版社入不敷出的透支情况已经开始减少。到1973年年底，多年来第一次，财务实现了收入大于支出，且有了现金余额。剑桥大学出版社终于渡过了这次危机。危机也宣告了过去一个辉煌时代的结束和一个新时期的开始。负责美国分部的罗纳德·曼斯布里奇先生在1970年退休；负责出版的戴维先生和负责印刷厂的克拉奇利先生都在1974年退休；负责伦敦销售部门的经理科林·埃克尔谢尔先生在1977年退休；而杰弗里·卡斯此后继续担任剑桥大学出版社首席执行官长达二十年的时间（1972年至1992年）。[①]

---

① David McKitterick, *A History of Cambridge University Press* (Cambridge: Cambridge University Press, 2004), p.425—428.

第五卷的推进

在剑桥大学出版社大举推进改革的同时，SCC第五卷也从70年代初开始进入出版流程。

由于王铃负责撰写的第五卷第1分册的内容（军事技术和火药篇等）尚未交稿，所以在给它预留出了600页的空间后，李约瑟在鲁桂珍协助下完成的第五卷第2分册《炼丹术的发明和发展：金丹与长生》的书稿就提前进入了排版车间，成为SCC第五卷出版队列中的第一本。

剑桥大学出版社执行了一些新的管理举措，来加强校改的程序管理。生产控制员（Production Controller）福尔瑟先生（A.W. Foulser）致信李约瑟，告知他新的生产计划安排，信的内容如下：

亲爱的尼达姆博士：

SCC第五卷第2分册

我今天收到了我们印刷厂提议的校对程序如下：

		清样发给您检查	返回印厂修改
一校	开始	11月3日	1月16日
	结束	11月16日	2月8日
二校	开始	2月14日	3月7日
	结束	3月7日	3月29日

我听伯比奇先生说您计划今年晚些时候去加拿大访问。如果您发现这些日期与您的旅行安排冲突了，请告知我，我将使之符合您的行程。

如果一切按计划进行，我们预计在（1973年）6月份开印，7月份装订。您的出版经理梅·霍尔兹沃思（May Holdsworth）将很快与您联系，确定这个

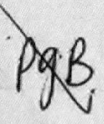

CAMBRIDGE UNIVERSITY PRESS

THE PITT BUILDING
TRUMPINGTON STREET
CAMBRIDGE CB2 1RP
Telephone 0223 58331
Cables
UNIPRESS CAMBRIDGE ENGLAND

Publisher R. W. DAVID, C.B.E.
Managing Director GEOFFREY CASS
Chief Editor M. H. BLACK
Production Manager P. G. BURBIDGE

Senior Editors
A. K. PARKER (Science)
T. F. WHEATLEY (School Books)
A. WINTER (Biology)
MRS P. L. SKINNER (Humanities)
A. K. WILSON (Research & Development)

AWF/CAW

1 November 1972

Dear Dr Needham,

Science and Civilisation in China, Volume 5 part 2

I have today received from our Printing House the proposed proofing programme which is as follows:-

		Sent to you for checking	Due back with me
1st proof out	- start	3 November	16 January
	- finish	16 November	8 February
Revise proof out	- start	14 February	
	- finish	7 March	29 March

I understand from Mr Burbidge that you plan to visit Canada late this year. If you find these dates conflict with your travelling arrangements, please let me know and I will see to it that they are adjusted to suit your movements.

If everything goes according to plan we expect to print in June and bind July. Your Publication Manager, Kay Holdsworth will contact you shortly with the plans for publication.

Yours sincerely,

A.W. Foulser.
Production Controller.

Dr Joseph Needham,
Gonville and Caius College,
Cambridge.

图 9-9　剑桥大学出版社关于 SCC 第五卷第 2 分册校改程序的安排

出版计划。

1972年11月1日①

从这份新的校对进度跟踪单就可以看出来出版社推动改革的力度。两次校改，第一次只给作者2周的时间（11月3日到11月16日），第二次3周的时间（2月14日到3月7日）。

越来越紧凑的时间安排，李约瑟不大能够适应，有时候还是需要彼得·伯比奇来居中协调，才能化解掉一些矛盾。比如这封1972年11月7日伯比奇给福尔瑟先生的内部备忘录，内容如下：

关于SCC第五卷第2分册

　　李约瑟又从中国带回了很多追加的图片。我已经劝过他不要再增加线条图了，但是还是不得不接受了增加8幅半色调图。我把它们的复印件附上了。我已经按照次序给它们编了号码，把它们放在这一分册（第2分册）的最后，但现在我们还是不得不把整个第3分册的所有图片重新编号！

　　虽然这是一件麻烦事，但我们还是有足够的理由来放入这些图片的。特别是在炼丹术这一卷中，加入一些最新发现的马王堆辛追夫人的照片。她是新出土的一具保存得栩栩如生的女尸（虽然已有两千多年），这绝对证实了李约瑟的观点，即中国古代的道教已经掌握了长生不老的秘密——即使是在人其实已经死了之后！

---

① Copy of a letter from A. W. Foulser of Cambridge University Press to Joseph Needham, advising him of the 'proofing programme' for 'Science and Civilisation in China, Volume 5, Part 2', 1972-11-01, GBR/1928/NRI/SCC1/1/4/43. Needham Research Institute.

我会尽快拿到这些照片的标题的。

1972年11月7日[①]

剑桥大学出版社的"新书预告单"显示，预计第五卷第2分册将在1974年的夏季出版，而第1分册将会延后2年出版。

出版社（1973年12月6日）的SCC第五卷第2分册的"印刷定价单"（Price Fix Form），格式也已经比之前手写的卡片规范了许多。

首印数：5 000册，
首批装订：3 000册。
指导销售价：英国售价12镑，
美国单价：35美元。
印张单位成本：2.153镑，
装订单位成本：2.567镑。

由于通货膨胀的原因，它的售价已经比SCC最厚的第三卷定价还要高出了一倍。

---

① 7 November 1972
SCC5(2)
JN has returned from Peking with a great many additional illustrations. I've persuaded him not to use any more line blocks in the volume, but have had to accept an additional 8 halftones. Copy for these herewith. I have numbered them so that they come at the end of the sequence of numbers already applicable to this volume (and shall now have to renumber all the illustrations in Part 3).
Although this is a nuisance, there are strong editorial reasons for wanting to get these plates into the volume. In particular, it is very useful in the alchemical volume to have photographs of the recently discovered Lady of Tai, who was recently disinterred in a state of preservation indistinguishable from a living body (though she died 2 000 years ago), and is absolute proof of JN's contention that the Taoists had discovered the secret of personal immortality—even though the person in question isn't actually alive!
I'll get captions for these as soon as I can.
PGB [Copy of a letter from Peter Burbidge of Cambridge University Press to Joseph Needham about captions for new illustrations for 'Science and Civilisation in China, Volume 5, Part 2', 1972-11-07, GBR/1928/NRI/SCC1/1/4/46. Needham Research Institute.]

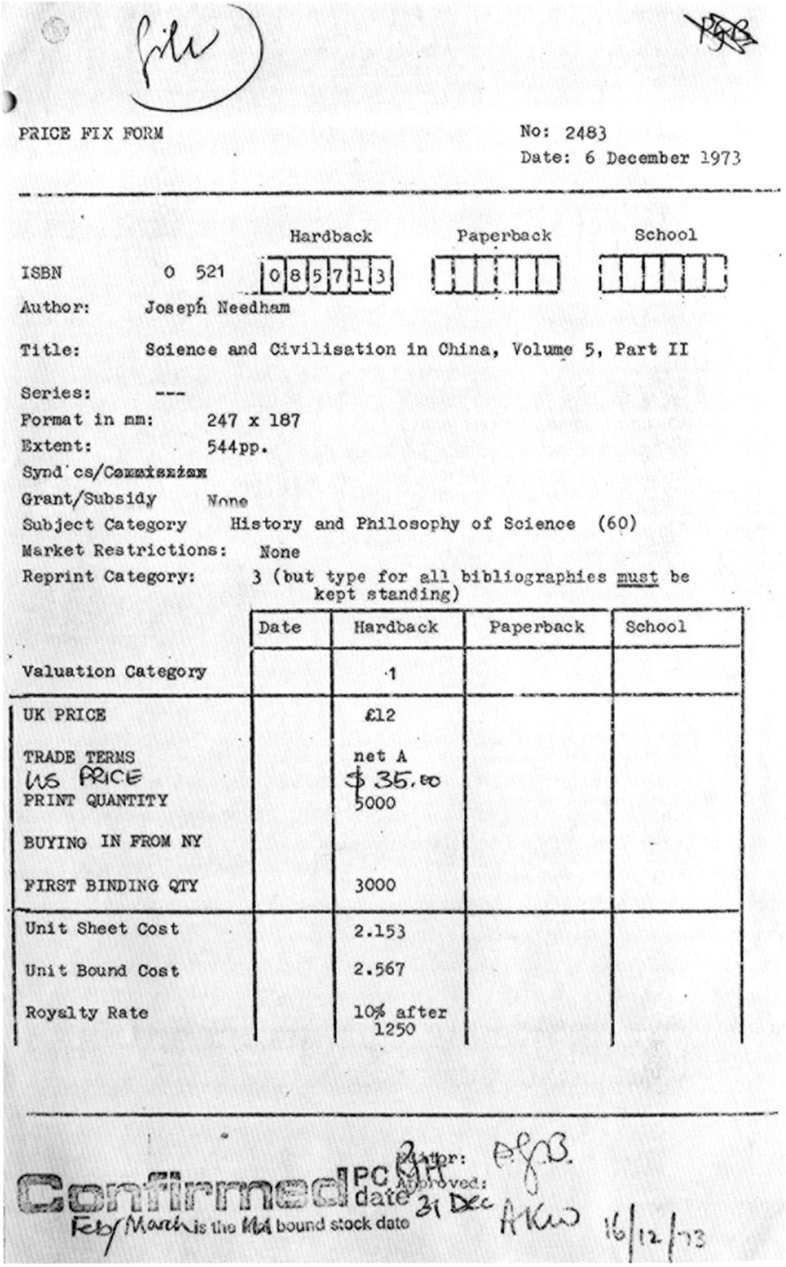

PRICE FIX FORM

No: 2483
Date: 6 December 1973

	Hardback	Paperback	School
ISBN 0 521	085713		

Author: Joseph Needham

Title: Science and Civilisation in China, Volume 5, Part II

Series: ---

Format in mm: 247 x 187

Extent: 544pp.

Synd'cs/Commission

Grant/Subsidy None

Subject Category History and Philosophy of Science (60)

Market Restrictions: None

Reprint Category: 3 (but type for all bibliographies must be kept standing)

	Date	Hardback	Paperback	School
Valuation Category		1		
UK PRICE		£12		
TRADE TERMS		net A		
US PRICE		$35.00		
PRINT QUANTITY		5000		
BUYING IN FROM NY				
FIRST BINDING QTY		3000		
Unit Sheet Cost		2.153		
Unit Bound Cost		2.567		
Royalty Rate		10% after 1250		

Editor:

Approved:

Confirmed PC date 21 Dec

Feb/March is the bound stock date

16/12/73

图 9-10：第五卷第 2 分册的印刷定价单[①]

① Copy of the 'Price Fix Form' prepared by Cambridge University Press for 'Science and Civilisation in China, Volume 5, Part 2', 1973-12-06, GBR/1928/NRI/SCC1/1/4/63. Needham Research Institute.

第 2 分册开印之后，还有一些收尾的小问题需要伯比奇操心。参考书目和索引部分的汉字铅字及其排版必须加以保留，他们承诺会在最后出版一个总的参考书目和索引。因为担心印刷厂忽视了这一点，所以伯比奇特意写了一封内部的备忘录加以提醒，部分内容如下：

> 随着这一卷即将印刷，我发现我对参考书目的问题越来越感到担心了。您可否毫无疑问地确保（这意味着需要印刷厂来书面确认），所有参考书目的铅字版，在印刷完成后，不要拆版。关键是，这些参考书目对于第五卷的所有部分都是通用的，可以省去我们重新排版、重新订购汉字铅字的繁重工作，可以简单地加以重复利用。请您告知，每一个与此相关的人都了解并理解这一点。①

他又怀疑印刷厂对李约瑟收取了过高的作者修改费用，便问李约瑟要来一、二校稿对比核实。他认为可能是印刷厂将所有原本属于排版工作的插图注释、交叉索引和中文字符都算成了作者的修改字数。有这样一位尽心负责的朋友在出版社，李约瑟怎么能不放心呢？②

---

①   26 March 1974
RJH
NEEDHAM: SCIENCE AND CIVILISATION IN CHINA: VOL V, PART 2
As this volume approaches machining, I find that I'm getting jittery about the bibliographies. Would you be good enough to ensure, beyond any doubt whatever, (and this means an acknowledgement in writing from UPH) that the type for all the bibliographies is kept standing after the completion of printing. The point is that these bibliographies are common to all parts of Volume V, and that we save ourselves a very heavy task of resetting-and of ordering Chinese type—if we simply use the type from one part to the other.
Will you please let me know that you are satisfied that everyone concerned, understands this.
PGB [Copy of a Cambridge University Press memorandum from Peter Burbidge to RJH about the type for the bibliographies of 'Science and Civilisation in China, Volume 5, Part 2', 1974-03-26, GBR/1928/NRI/SCC1/1/4/66. Needham Research Institute.]

②   3 June 1974
Dear Joseph,
SCC V-2
I've been presented with what seems to me an unfair charge for author's corrections. I can't, of course, substantiate my view of the unfairness without having both sets of marked proofs. If you could lend both first and second marked proofs to me within the next few days, I should be grateful. I've a strong feeling that inserted references to plate numbers, cross-references in the text, and Chinese characters which came into stock after the others to be inserted in the proof—all these have been charged as correction, not (as agreed in earlier volumes) as composition.
Yours ever,
PGB [Copy of a Cambridge University Press memorandum from Peter Burbidge to M. E. Brown about the costs for author's corrections to 'Science and Civilisation in China, Volume 5, Part 2', 1974-05-31-1974-06-03, GBR/1928/NRI/SCC1/1/4/71. Needham Research Institute.]

可是有些事情的处理，往往不是眼下里就能解决的，只能耐心地进行解释。例如，对于 SCC 分卷出版之后处理参考义献的办法，并不是所有人都能够认同。有位热心的读者致信出版社，列举了 SCC 中参考文献大量重复的问题，对此提出了尖锐的批评意见。信的部分内容如下：

首先，我觉得让出版社早点知道批评的意见比晚点更好、更礼貌。其次，我不揣冒昧地希望，出版社在决定下一本 SCC 书中要高比例地重复出版已经出版过的内容的时候，能考虑到我的意见。

第五卷第 3 分册的内容中，正文只有 262 页，参考文献 263—432 页和 477-478 页与上一册（第五卷第 2 分册）中 305—469 页的内容完全相同，只有 6 页补充的内容是单独排印的。当前图书的价格已经把大多数学生和学者都拒之门外了，只有图书馆才有实力购买，在这种情况下，出版社应该非常认真地思考这高比例的内容重复是否明智。比重复印刷更重要的是，应该列出那些本书写作过程中实际用到的图书清单。这个书目，如果能够提供一些确定的版本信息的话，不管是汉英对照的，还是英汉对照的，对于现在的研究和辞典编纂来说，都将是一种极为重要的帮助。①

对于这样的批评意见，伯比奇先生本不以为然，但是作为编辑，他又不得不在 1976 年 9 月 20 日耐心地回信解释出版社之所以这么做的原因，恳请能得到读者的谅解。信的部分内容如下：

---

① First, I think it more courteous to let the Press know of criticism earlier rather than later; and secondly I venture to hope that the Press will take note of my comments before deciding that the next instalment of SCC will likewise include a high proportion of material that has already been published...
This part of volume 5 comprises XXXV + 481 pages. Of these, pp. 1-262 constitute the main text; pages xix-xxxv repeat; with minor changes, the author's note of volume 5 part II (pp. xvii-xxxii); and pp. 263-431 and 477-8 present the bibliographies. These latter are in fact identical with those of part II of the volume (pp. 305-469) supplemented by six pages of additional entries that are printed separately. The publishers should consider very carefully the wisdom of repeating such a high proportion of material, at a time when the cost of book production effectively places these volumes beyond the reach of most students and scholars, and all but confines them to the shelves of libraries. Of far greater value than the repetition of material already in print would be the inclusion of lists of equivalent terms adopted in the course of the work. Such lists, i.e. both Chinese-English and English-Chinese, would constitute an invaluable aid to current research and lexicography, particularly if they were accompanied by some notation of the validity of the identification.
[Letter to Bob Seal of Cambridge University Press about a review of 'Science and Civilisation in China, Volume 5, Part 3' GBR/1928/NRI/SCC1/1/4/113. Needham Research Institute.]

尽管我还有其他的工作，但我仍然是出版社负责约瑟夫·尼达姆著作的编辑，我认为这个问题应该由我来回答。

您在评论中所说的观点初看起来很有道理，但我们之所以像现在这样印刷参考书目，目的恰恰是为了降低图书的生产成本。真实的情况是，一卷一卷地保留铅字版，这样就只用花一次排版的成本，不会新增费用。道理很容易理解，在第五卷中，参考书目中有大量的条目是一样的，如果区分不同的分册而各自排印的话，所花的费用将会高得多。保留铅字版不拆的费用虽然也很高，但如果我们为每一个分册单独编辑和排印参考书目的话，费用将会更高。……我们为降低 SCC 的成本已经考虑了很多办法，我特别担心学术界对此的不理解甚至是误解。

您永远的，

彼得·伯比奇[①]

[①] Since, in spite of my other preoccupations, I am still the editor at the Press responsible for Joseph Needham's work, I thought that an answer ought to come from me.

What you intend to say in your review would appear true on first glance; but it was with the intention of saving money that we took the decision to print the bibliographies as they are. What's behind all this is that the type is kept standing from volume to volume, and thus no expenses are incurred after the original cost of the type setting. You will readily appreciate that an enormous number of entries are common to all the parts in volume 5, and that it would be much more expensive to identify these for each part and to set the type on each occasion. The parts are inevitably expensive as they stand, but they would be more so if we compiled a separate bibliography for each....

We give a great deal of thought to ways and means of keeping down costs in these volumes and I am especially anxious that the academic world should not think otherwise.

With greetings and kind regards,

Yours ever,

PB. [The file includes a copy of a reply from Peter Burbidge GBR/1928/NRI/SCC1/1/4/113. Needham Research Institute.]

第三次扩充——第五、六卷的出版

SCC 从 1971 年开始进入第五、六卷的出版阶段。由于时间和精力有限,李约瑟已经感到力有不逮,所以他和出版社的伯比奇商量,从第五卷开始打算采用合作编写的方式,即约请不同的作者分头撰写书稿,完成后再统一由李约瑟进行编辑加工。

采用了新的编写方式,但内容的篇幅没有受到严格的限制,所以随着各个分册作者的陆续交稿,普遍都超出了原来所预计的章节篇幅,SCC 不得不进行了第三次更大规模的扩充。结果就是我们今天所看到的情况,由于作者不受限制的写作方式,出版计划频繁变更,第五卷的规模也不断扩充,最终竟然被分成了 14 个分册;第六卷也从 1 本书的计划扩充到了 6 个分册。

接续出版的 SCC 第五、六卷的各个分册,按照时间顺序依次为:

第五卷第 2 分册《炼丹术的发现和发明:金丹与长生不老》李约瑟著,鲁桂珍协助,1974 年出版;

第五卷第 3 分册《炼丹术的发现和发明:从灵丹妙药到人工合成胰岛素的历史考察》李约瑟著,何丙郁先生、鲁桂珍协助,1976 年出版;

第五卷第 4 分册《炼丹术的发现和发明:器具与理论》李约瑟著,鲁桂珍协助,席文(Nathan Sivin)部分贡献,1980 年出版;

第五卷第 5 分册《炼丹术的发现和发明:内丹》李约瑟著,鲁桂珍协助,1983 年出版。李约瑟与鲁桂珍、何丙郁、席文等人长期合作关于炼丹术的研究和写作,他们完成的书稿结为四个分册,又连续出版了十年;

第六卷第 2 分册《农业》白馥兰(Francesca Bray)著,1984 年出版;

第五卷第 1 分册《纸和印刷》钱存训著,1985 年出版;

第五卷第 9 分册《纺织技术:纺纱与缫丝》库恩(Dieter Kuhn)著,1986 年出版;

第六卷第 1 分册《植物学》李约瑟著,鲁桂珍协助,黄兴宗部分特别贡献,1986 年出版;

第五卷第 7 分册《火药的史诗》李约瑟著,何丙郁、鲁桂珍、王铃协助,1986

年出版。

过去 SCC 基本上是按照十年 3 册的速度出版，编写方式的改变，一度让 20 世纪 80 年代成为了 SCC 出版速度最快的一个时期，十年中 SCC 出版了 7 个分册。

"火药篇"这一小节本来是计划放在 SCC 第五卷第 1 分册中，作为第五卷第一本在 70 年代初的时候最先出版的，但在当时，恐怕谁也想不到它会在十几年之后才最终面世。

图 9-11　李约瑟在哥本哈根大学的讲座[1]

---

[1] Joseph Needham lecturing in Copenhagen, 1965. Photographer not known, courtesy of the Needham Research Institute.

开花结果 ——《火药的史诗》的出版

在一年一度的法兰克福书展上，剑桥大学出版社的一位销售人员遇到了一位名叫赫布斯特尔（Herbster）的先生前来咨询，"他是一位研究中国的兵器和武器的学者，尤其关注墨子。他非常渴望知道，约瑟夫·尼达姆是否有打算涉足这一中国技术的特殊领域。很显然，如果是约瑟夫计划要写一个最具权威的报告的话，赫布斯特尔先生就没有必要再浪费他自己的时间了。如果关于中国的武器尼达姆先生已经有一些著作的话，可否给赫布斯特尔先生看一看？赫布斯特尔先生将非常感激您或约瑟夫·尼达姆能够给予他的帮助"[①]。伦敦本特利大厦的发行部门1971年11月11日给编辑部门发来了这样一份内部备忘录。这个询问被交到了伯比奇的手上。如何答复这位满怀兴趣前来询问的德国学者呢？彼得·伯比奇的答复可能出乎您的预料。回复内容如下：

（答复11月11日的内部备忘录）
在SCC第五卷中有一个很长的关于军事技术的小节。它将会构成第五卷第1分册的主体，将有400页。这似乎表明，如果赫布斯特尔先生打算开始进行一项独立研究的话，那他是在浪费自己的时间。

---

①   11 November 1971
  To: PGB
         Cambridge University Press Internal Memorandum
PLAO met at Frankfurt a Mr Rainer Herbster who is working on Chinese arms, weapons, and especially Motze. (李约瑟在旁边写了"MoTzu"，即墨子)
He is very anxious to discover what if anything Joseph Needham is going to have on this particular aspect of Chinese technology. Obviously, if Joseph is about to write a definitive account, there is no need for Mr Herbster to waste his own time.
If there is some work done on Chinese arms etc already, would it be possible for Mr Herbster to look at it?
Mr Rainer Herbster would be very grateful for any help you or Joseph Needham would be able to give him. He is at, in case you want to write to him direct,
6, Frankfurt/Main
An den Weiden 16.
MP [Cambridge University Press memorandum from MP to Peter Burbidge about the work of Rainer Herster on 'Chinese arms, weapons and especially motze' and his possible collaboration on the 'Science and Civilisation in China' project, 1971-11-11-1971-11-16, GBR/1928/NRI/SCC1/1/4/13. Needham Research Institute.]

但是这个小节存在的一个问题是，它需要王铃在澳大利亚堪培拉的配合。任何跟王铃共过事的人都知道这意味着什么。您可能已经从收稿单（M.R.F.）上了解到了我们目前的情况，第五卷的第2部分、第3部分和第4部分书稿都已经在我手上了，但是第1部分的仍然没来。我不认为这会让赫布斯特尔先生关心的情况有什么变化。我们这一卷的内容将在很长一段时间内都毫无疑问地是这个领域的最佳记述。

关于备忘录的最后一段中的问题，我不认为约瑟夫·尼达姆会想帮助赫布斯特尔进行研究，我也不认为我们应该鼓励他这样做。我们顶多能说的是，如果赫布斯特尔到访剑桥的时候，我们能安排一次会面，仅此而已。我没有给赫布斯特尔先生写信。也许发行部门的同事愿意来写这封信吧。

彼得·伯比奇
1971 年 11 月 16 日 ①

作为一个商人，或者说作为一个守护者，伯比奇一贯态度坚定地保卫着属于 SCC 的领地。可实际的情况却远不像他所说的那么乐观，"火药篇"的出版从这个时候开始，至少还需要等待 15 年的时间，而当它终于在 1986 年面世的时候，伯比奇却没能在他的有生之年亲眼见到。

---

①   16 November 1971
To: B.H.
Needham: Science and Civilisation in China
MP of 11 November.
There is a long section on military technology in volume 5. It will form the bulk of volume 5 part 1, and will make about 400 pages in the format of the series. This seems to indicate that Mr Herbster would be wasting his time if he were to embark on an independent investigation.
One of the problems of this section, however, is that it requires the collaboration of Wang Ling in Canberra. Anyone who has worked with Wang Ling will know what this implies. You've probably gathered the situation from the M.R.F. Parts 2, 3, and 4 of volume 5 are now in my hands; part 1 is still to come. I don't think that this alters the situation so far as Mr Herbster is concerned. Our volume will clearly be the definitive account for a long time to come.
To take up the point in the last paragraph of MP's memorandum, I don't think that Joseph Needham would want to help Herbster with his research, nor do I think that we should encourage him to do so. The most we can say is that, if Herbster ever visits Cambridge, then we would be able to arrange a meeting: nothing more than that. I've not written to Mr Herbster. Perhaps MP or PLAO would like to do this.
P.G.B. [Cambridge University Press memorandum from MP [?] to Peter Burbidge about the work of Rainer Herster on 'Chinese arms, weapons and especially motze' and his possible collaboration on the 'Science and Civilisation in China' project, 1971-11-11-1971-11-16, GBR/1928/NRI/SCC1/1/4/13. Needham Research Institute.]

"火药篇"的源起

自从采用新的办法开始编撰 SCC 第五卷以来，李约瑟除了自己亲自撰写炼丹术和植物学的内容，他还不得不分出一部分精力从事一些编辑工作，审读和修改其他分册作者完成的初稿，而他在七八十岁的年纪、人生的最后阶段想要倾力完成的竟然是"火药篇"——这个三十多年前（1944年）曾经激发了他灵感的有关中国火药的故事，他将这个分册的题目定为《火药的史诗》。在我们今天看来，这一分册的诞生过程本身就是一段颇为曲折的传奇故事。

火药曾被弗朗西斯·培根认为是改变西方世界的三大发明（印刷术、火药和指南针）之一，但是他并不知道火药是源自中国的发明。今天火药、造纸术、印刷术和指南针这四大发明来自中国已经是不争的事实了，可是在当时，李约瑟想要证明这一点，就需要找到实实在在的证据和关键的线索。

作为一个典型案例，《火药的史诗》这个分册的写作过程可以使我们更具体地了解李约瑟到底是如何完成 SCC 这部鸿篇巨制的，以及他是如何与其合作者进行分工配合的。

对于欧洲人来说，火药仅仅指的是在火炮或手铳里用来发射炮弹或子弹的一种化学混合物。然而在中国，火药因"起火的药"而得名。"火药"一词，按照广泛的定义，包括所有硝石、硫磺和含碳材料的混合物；而那些不含木炭成分的配方，可以被称为是"原始火药"。早在原始的火药混合物开始用于战争之前，就已经有很多炼丹术士、医师和制作爆竹焰火的工匠熟知某一类混合物的特殊爆燃性能了。

硝石与硫磺这两种火药的主要成分同时出现在炼丹过程中的最早记载是在什么时候呢？中国古书中能找到的最早的线索是在公元 300 年左右葛洪的《抱朴子》一书，他在谈到炼金的一项程序"小儿作黄金法"时，曾提到过这两种成分。王铃最早注意到了该文。[①]《抱朴子》一书中还能发现硝石、硫磺和木炭这三种火药的关键成分，但它们并未混合在一起引发燃烧或爆炸。

李约瑟认为，中国从秦朝开始就有一些术士忙着寻找各种长生不老的灵丹妙药，

[①] Wang Ling, "On the Invention and Use of Gunpowder and Firearms in China," *ISIS* 37 (1947): 160.

他们会将不同的化学物质放在一起，进行各种组合的尝试。接下来的问题是，火药的三种关键成分究竟是何时被第一次混合在一起并让其混合物的燃烧或爆炸属性表现出来的呢？

冯家昇第一个注意到中国古代典籍中有关火药的记载，最早见于《道藏》①中收录的《真元妙道要略》中的一句话"有以硫磺、雄黄合硝石并蜜烧之，焰起，烧手面及烬屋舍者"。这句话的意思是说：有人将硫磺、雄黄（二硫化砷）、硝石与蜂蜜放在一起炼制，结果冒烟起火，他们的手和脸被烧伤，整座房屋都被烧毁了。

曹天钦②1950 年在剑桥时，也曾独立发现了这段文字。③有意思的是，这一段警告式的文字，恰恰是证明古人已经知道了火药具有燃烧和爆炸性质的明确记录。在曹天钦的思路启发下，李约瑟意识到这段文字对于火药史至关重要，所以确定《真元妙道要略》成书的年代便具有了重大意义。该书相传为郑隐④所作，但不能确定。李约瑟认为这段文字最有可能的写成时间是在 850 年左右，而这可能就是火药出现的最早时间。⑤

除了道教炼丹术的传世著作，李约瑟研究火药史主要依据的是中国古代的军事典籍。在这类著作中，《武经总要》是最早提到火药配方（formula）的。该书成书于北宋庆历四年（1044），原藏于皇家图书馆（崇文院）。宋钦宗靖康二年（1126）宋都陷落后，崇文院藏书散失，《武经总要》的原本也佚失了。到了明代，这部著作才又被数次印行，并被收入《四库全书》。

---

① 《道藏》是汇集大量道教经典及相关书籍的一部大型丛书。从南北朝时期《三洞经书目录》开始，历朝历代延续积累，至明英宗正统十年（1445 年）印行《正统道藏》，明神宗万历十五年（1607 年）刻行《万历续道藏》。正续《道藏》共收入各类道家书籍 1476 种，5485 卷，刻版 12 多万块，约 6 千万字，按"三洞四辅十二类"的分类方法编排。清光绪庚子年（1900 年）八国联军侵入北京后，《道藏》印版悉遭焚毁。

② 曹天钦（1920—1995），中国现代蛋白质研究的奠基人之一。1944 年燕京大学化学系毕业，1944—1946 年在重庆的英中科学合作馆工作。1946 年获英国文化协会奖学金赴剑桥留学。1951 年获剑桥大学生物化学博士学位。在英期间，他首先发现了肌球蛋白中轻链、重链的亚基结构，最早应用荧光偏振法研究肌肉蛋白。1952 年回国后，历任上海生物化学研究所研究员、副所长、所长，中国科学院上海分院院长。

③ 在抗战期间，曹天钦接替黄兴宗担任过李约瑟的秘书和翻译，他曾回忆："1944 年 8 月我刚刚从燕京大学毕业，由好友黄兴宗介绍给李约瑟，接替黄的工作。我从成都到达重庆，（李约瑟）出来见我，拿着一本葛洪的《抱朴子》，热情洋溢地谈起其中关于铅汞化学的章节来。……当我在剑桥大学读书，利用研究工作的间隙，帮助李约瑟挖掘《道藏》中古代化学史的资料时，曾经有过一些想法：……中国古代化学史的原始资料还是不少的，首先要用现代化学的知识充分理解这些资料。这一点并非易事，因为资料的真伪与时代需要考订，隐晦玄秘的术语需要澄清。我想，如果把《道藏》中几部主要的著作的年代核定后，其余的可依炼丹配方与操作的繁简，约略排列出其著述的先后。至于术语，有时同一术语在不同场合下有着不同的含义，不同的术语有时却指的是同一东西。需要有人花些功夫，悟出其中奥秘，找到打开大门的钥匙。"引自：曹天钦. 从《抱朴子》到马王堆 [G]// 李国豪，张孟闻，曹天钦. 中国科技史探索. 上海：上海古籍出版社，1986：84.

④ 郑隐（生卒年不详，约 220—约 300），字思远，西晋方士，精于炼丹。弟子葛洪，号抱朴子。

⑤ 李约瑟：《中国科学技术史（第五卷 化学及相关技术 第 7 分册 军事技术：火药的史诗）》，科学出版社、上海古籍出版社，2005，第 89 页。

《武经总要》中记载的火药配方有三种（见图 10-1 和图 10-2）：第一种是用于抛石机发射的炸弹"火砲药"；第二种是一种带有钩的炸弹"蒺藜火毬"；第三种是"毒药烟毬"。

李约瑟运用自己的化学专业知识，计算出各种成分的百分比组成。比如第一种配方"火药法"，成分包括：

> 晋州硫黄十四两，窝黄七两，焰硝二斤半，麻茹一两，干漆一两，砒黄一两，定粉一两，竹茹一两，黄丹一两，黄蜡半两，清油一分，桐油半两，松脂一十四两，浓油一分。

如果把所有的碳质物计算在内，硝石 55.4%、硫磺 19.4%、碳 25.2%；如果假设窝黄即硫磺，硝石 50.5%、硫磺 26.5%、碳 23.0%。[①] 通过与我们现在已知的理论三种成分最佳配比（75 : 13 : 12）作比较，就可以验证这一古代配方的实际效果如何。

《武经总要》出现的火药配方比西方世界罗吉尔·培根[②] 第一次提到类似的火药混合物早了整整两百年。罗吉尔·培根是在 1267 年写给罗马教宗的《大著作》（*Opus Majus*）中描述过一种可能是中国爆竹的东西：

> 一种玩具，一种拇指大小的玩意儿，从它（发出的声响和火焰）可以看到这些物品（如何使人触目惊心）。这玩意儿只不过是一小团（裹着药粉的）羊皮纸，然而当引燃时，那种叫作硝石的盐（加上硫磺和柳木炭，配成一种混合粉末）都大呈威力，发出骇人的声响，我们感到（耳朵里听到一种响声）赛过雷霆怒吼，看到的闪光比最强的闪电还要明亮。[③]

因为中国有明确文字记载的火药的出现时间和记载火药配方的时间都远远早于西方，而且原始火药的早期阶段，火药在中国延续两个世纪之久却从未在欧洲出现过，所以火药起源于中国是确定无疑地得到了证明，虽然火药从中国传入西方的时间和路径仍然是有待研究的课题。

[①] 李约瑟：《中国科学技术史（第五卷 化学及相关技术 第 7 分册 军事技术：火药的史诗）》，科学出版社、上海古籍出版社，2005，第 95 页。
[②] 罗吉尔·培根（Roger Bacon，约 1220—约 1292），中世纪英国哲学家、方济各会修士。他学识渊博，主张经验主义，强调通过实验获得知识。
[③] 李约瑟：《中国科学技术史（第五卷 化学及相关技术 第 7 分册 军事技术：火药的史诗）》，科学出版社、上海古籍出版社，2005，第 36 页。

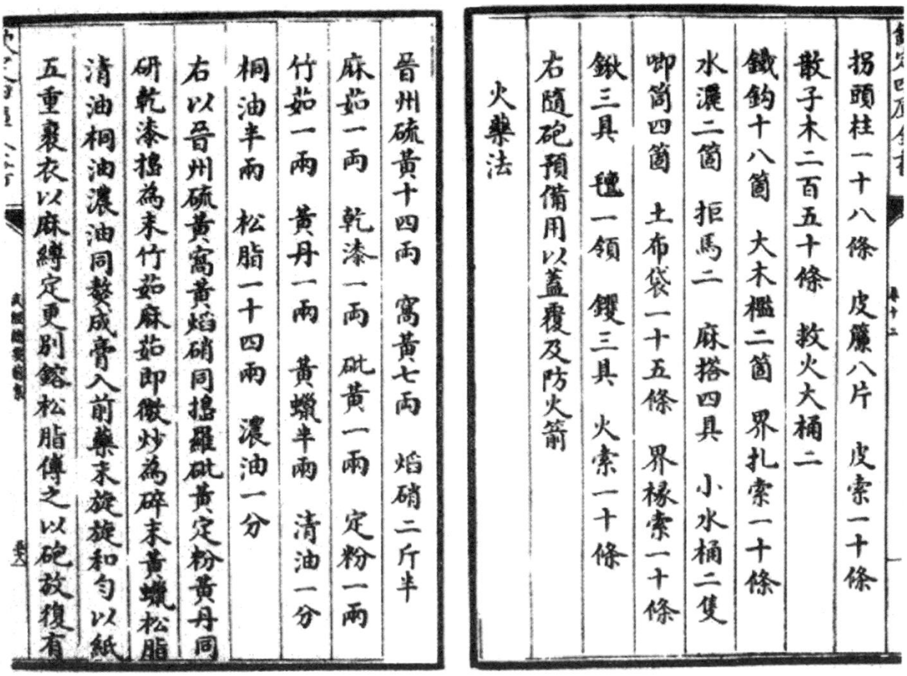

拐頭柱一十八條 皮簾八片 皮索一十條
散子木二百五十條 救火大桶二
鐵鈎十八箇 大木檻二箇 界扎索一十條
水濺二箇 拒馬二 麻搭四具 小水桶二隻
唧筒四箇 土布袋一十五條 界椽索一十條
鍬三具 氊一領 钁三具 火索一十條
右隨砲預備用以蓋覆及防火箭
火藥法
晉州硫黄十四兩 窩黄七兩 焰硝二斤半
麻茹一兩 乾漆一兩 砒黄一兩 定粉一兩
竹茹一兩 黄丹一兩 黄蠟半兩 清油一分
桐油半兩 松脂一十四兩 濃油一分
右以晉州硫黄窩黄焰硝同擣羅砒黄定粉黄丹同
研乾漆擣為末竹茹麻茹即微炒為碎末黄蠟松脂
清油桐油濃油同熬成膏入前藥末旋旋和匀以紙
五重裹衣以麻縛定更别鎔松脂傅之以砲放複有

图 10-1 最早的火药配方之一“火药法”出自《武经总要》（1044）

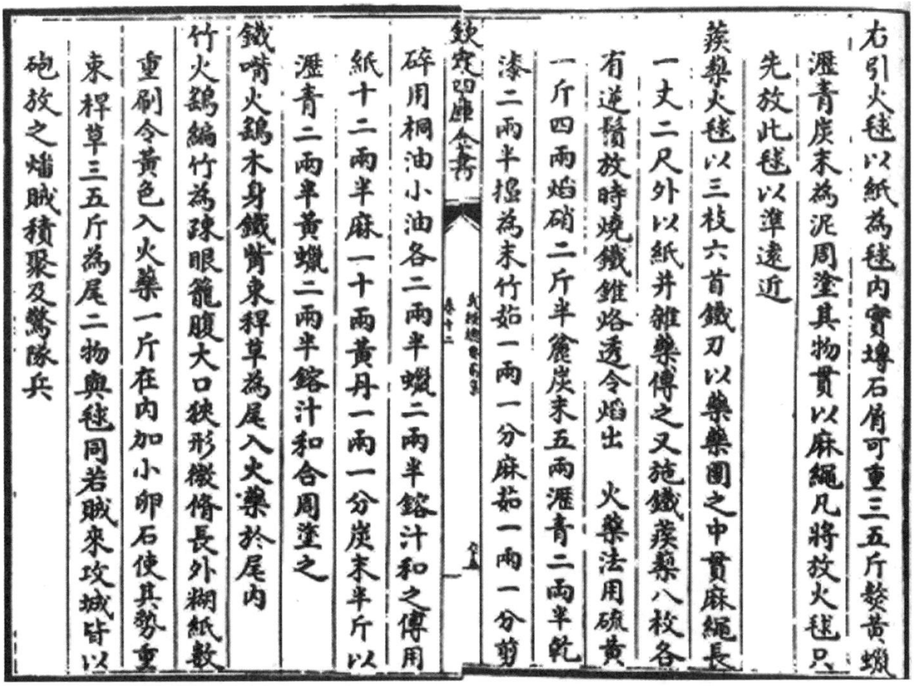

右引火毬以紙為毬内實塼石屑可重三五斤熬黄蠟
瀝青炭末為泥周塗其物貫以麻繩凡將放火毬只
先放此毬以準遠近
蒺藜火毬以三枝六首鐵刃以火藥團之中貫麻繩長
一丈二尺外以紙并雜藥傅之又施鐵蒺藜八枚各
有逆鬚放時燒鐵錐烙透令焰出 火藥法用硫黄
一斤四兩焰硝二斤半麄炭末五兩瀝青二兩半乾
漆二兩半擣為末竹茹一兩一分麻茹一兩一分剪
碎用桐油小油各二兩半蠟二兩半鎔汁和之傅用
紙十二兩半麻一十兩黄丹一兩一分炭末半斤以
瀝青二兩半黄蠟二兩半鎔汁和合周塗之
鐵嘴火鷂木身鐵嘴束稈草為尾入火藥於尾内
竹火鷂編竹為疎眼籠腹大口狹形微脩長外糊紙數
重刷令黄色入火藥一斤在内加小卵石使其勢重
束稈草三五斤為尾二物與毬同若賊來攻城皆以
砲放之燔賊積聚及驚隊兵

图 10-2 《武经总要》（1044）的另外两种火药配方

另一部有望作为火药曾用于战争证据的重要军事著作是大约成书于 14 世纪中叶焦玉所著的《火龙经》，它是现在仅存的明朝初年的军事著述。焦玉为朱元璋制造火器，后来掌管神机营军械库，他督造的火药武器为朱元璋登上皇帝宝座起了重要作用。李约瑟判断焦玉的《火龙经》作于 1360 年到 1375 年之间，尽管它直到 1412 年才第一次印行。该书配有大量的图片，足以弥补单纯文字记录的含混不清之处。

李约瑟和王铃掌握了足够的资料以后，下一步的工作就是撰写初稿。为了加快写作进度，早在 1964 年，李约瑟和伯比奇就已经决定，从第五卷开始将 SCC 改为团队写作的模式进行，邀请不同的合作者分头撰写，然后由李约瑟进行统一编辑。

在 1962 年出版的 SCC 第四卷第 1 部分"物理学"中，李约瑟在其"作者的话"中对后续卷册的划分做过一次更正说明，他将原定属于第四卷后面的几个章节（第 30 章军事技术、第 31 章纺织技术、第 32 章纸和印刷）移到了第五卷《化学和化学技术》的第 1 分册。受李约瑟之邀，这三个章节分别由不同的合作者独立撰写。

火药史是王铃最为擅长的领域，从战时李约瑟在重庆第一次遇到他的时候开始，王铃就对火药的研究表现出浓厚的兴趣，在剑桥期间李约瑟他们俩又时常去拜访著名的化学史家帕廷顿，交流关于火药的研究心得，可以说没有人对中国火药的研究能够超过王铃的视野了。王铃在他 1957 年初离开剑桥赴澳大利亚国立大学担任中国语言和文学副教授之前就已经与李约瑟说好，他的任务是撰写"火药篇"这一小节的内容。两年后王铃成为澳大利亚国立大学高等研究所远东历史系的荣誉教授职位研究员[①]。他没有教学任务，可以专心研究写作。但十多年时间过去了，到 1971 年王铃负责撰写的"火药篇"初稿还迟迟未见交稿。不仅是王铃，原定包含在第五卷第 1 分册中的军事技术、纺织技术以及造纸术和印刷术的章节，分给了不同的人之后，也都未能如期交稿。

---

① Emeritus professorial fellow, Department of Far Eastern History, Institute of Advanced Studies, Australian National University, Canberra.

出版延期

1971年SCC第四卷第3部分出版之后，接下来印刷厂马上就要进入第五卷的生产，为了不影响出版的进度，伯比奇只好安排先出版第五卷李约瑟等人已经完成的有关炼丹术的几个部分。

1972年12月7日，从剑桥大学出版社销售部门的梅·霍尔兹沃思夫人给剑桥本部的产品经理彼得·伯比奇传来一份内部的备忘录，备忘录的内容如下：

> SCC出版的顺序问题在周二的销售会议上被提出来了。我们的出版计划在来年仍然只有第五卷的第2、3、4、5分册，这是根据我前段时间从生产部收到的电话信息中得到的消息，第3、4、5分册会跟着第2分册很快出版。
>
> 我是不是无可救药地错过了该卷的进度更新？我意识到很难预测此作品的暂定出版日期，但我们需要为本系列图书所有即将出版的各卷提供某种日期，以满足计算机的要求。如果有更新的信息，我将会非常感激。顺便说一句，销售代表还问起了第五卷第1分册的情况。
>
> 很抱歉继续说这一点，但请给我们发一个新书预告好吗？你们曾答应在9月份的时候会给一个的。
>
> 1972年12月7日[①]

---

① 7th December, 1972
The question of the order of publication came up at the sales conference on Tuesday. Our publishing programme still has Volume 5, Parts 2, 3, 4 & 5 down for 1973. This information is based on a telephone message I had from Production some time ago which suggested that Parts 3, 4 & 5 would follow on very quickly after Part 2 was in the press.
Am I hopelessly out-of-date on the progress of the volumes? I realise it is difficult to forecast provisional publishing dates where this work is concerned, but one needs to give some sort of date for all forthcoming volumes in this series to satisfy the requirements of the computer. If there is more up-to-date information I would be grateful for it. Incidentally, the reps also asked about Volume 5, Part 1.
I'm sorry to go on about this, but please may we have an FPN? We were promised one in September (see JAN of 17th August).
MH [Cambridge University Press memorandum from M.H. (May Holdsworth) to Peter Burbidge about the publication schedule for the parts of 'Science and Civilisation in China, Volume 5', 1972-12-07-1972-12-13, GBR/1928/NRI/SCC1/1/4/49. Needham Research Institute.]

剑桥大学出版社的改革此时正在尝试采用计算机系统来加强管理，各种成本核算、征订管理和印刷数量控制，都开始越来越规范，也越来越细化，要知道计算机这个新东西可是个不通人性的家伙。

伯比奇给梅·霍尔兹沃思夫人的回信尽量保持着客气：

亲爱的梅：

我已经解释过，我们还不能出版第五卷第 1 分册，因为我们没法从王铃那儿拿到关于火药的那一节内容。为了不耽误其他部分，您、纽约分部和我本人都同意，我们应该继续先出版第五卷的第 2 分册。

如果我说了什么表示第 3、4、5 分册都将迅速接连跟进，那么我道歉。这真的是一个误会。虽然我们已经拿到了这几个分册的大部分书稿，但在插图、参考书目、汉字铅字等方面，我们与尼达姆博士还有很长的一段时间的工作要做，目前暂不清楚我们何时能够把下一部分送去排版。无论如何，这些书将是我们做过的最复杂的工作，生产不可避免地需要很长时间。

又及：在第一稿的清样出来之前，不可能发布新书预告（**FPN**）。这是因为书稿太复杂了，在排版做好之前，很难对本卷的内容有一个完全的了解。

1972 年 12 月 13 日 [①]

[①]   13 December, 1972
Personal
Mrs May Holdsworth,
Bentley House.
Dear May,
I have explained that we can't publish volume 5 part 1 because we can't get the chapter on gunpowder out of Wang Ling. Rather than delay publication of the other parts, you, New York, and myself all agreed that we should go ahead with production of part 2.
If I've said anything about these volumes which indicated that parts 3, 4 and 5 would follow in quick succession, then I apologise. This would really have been misleading. We've got most of the typescripts for these parts in the Pitt Building, but there are long sessions to have with Dr Needham on the illustrations, the bibliographies, the Chinese type, etc., that it's not clear yet when we are going to send the next part forward for setting. In any case, these books are about the most complex which we do, and production inevitably takes a long time.
Yours,
PGB/JAN
P.S. The FPN can't really be done until the first proofs are out. This is because the typescript is so complicated that it is difficult to get the full sense of the content of the volume until it has been set up.
[Cambridge University Press memorandum from M.H. (May Holdsworth) to Peter Burbidge about the publication schedule for the parts of 'Science and Civilisation in China, Volume 5', 1972-12-07-1972-12-13, GBR/1928/NRI/SCC1/1/4/49. Needham Research Institute.]

话虽如此，但作为 SCC 项目负责的编辑，伯比奇还是不得不抓紧想办法来解决眼前的窘境。1973 年 2 月 27 日，他只好主动给远在吉隆坡马来亚大学的何丙郁教授[①]写了封信。

何丙郁先生 1926 年出生于英属马来亚，从小接受的是英文教育，大学主攻数学和物理，1951 年他在新加坡马来亚大学获得硕士学位后，留校任物理系副讲师。1953 年他继续攻读博士学位，师从讲座教授奥本海姆爵士（Professor Sir Alexander Oppenheim FRSE[②]），并开始与李约瑟通信，请求帮助建议中国科学史研究方面的博士论文选题。李约瑟给何丙郁的建议是将《晋书·天文志》翻译成英文。何丙郁在一年的时间内就将自己完成的初稿寄去了剑桥，李约瑟看后十分赞赏，不仅亲自替他修订初稿，还将部分资料用于 SCC 第三卷"天文篇"中。1957 年何丙郁获得博士学位后，在李约瑟的盛情邀约下，他向马来亚大学申请了两年的学术休假（sabbatical leave），1958 年年初前往剑桥协助李约瑟进行炼丹术历史的研究，这是他们的第一次合作。

何丙郁先生 1960 年被提升为物理系科学史教授（Reader in History of Science in the Departent of Physics），1964 年赴吉隆坡就任马来亚大学中文系讲座教授；1966 年他的译著《晋书·天文志》（The Astronomical Chapters of the Chin Shu）经李约瑟推荐在巴黎出版。1968 年何丙郁再赴剑桥与李约瑟第二度合作，继续编写 SCC。两次顺利合作，何丙郁的勤勉与敬业都令李约瑟非常满意，两人也结下了深厚的友谊。伯比奇虽然与何丙郁没有直接打过交道，但两人并不陌生。

伯比奇在信中说自己昨天和李约瑟一起讨论了第五卷第 1 分册的出版问题，说目前最大的障碍是王铃负责的火药一节。虽然多年来这项工作非他莫属，别人都没有接触过，但王铃对催稿置之不理的态度，令他们猜测他并不打算按时完成书稿或者就从来没有去写。信的内容如下：

亲爱的丙郁：
　　　　　　《中国的科学与文明》第五卷第 1 部分
　　约瑟夫和我昨天花了点时间来为第五卷规划出版的策略。您能够想象得到，让我们最为担心的就是"火药篇"这一节了。这一节过去一直是王铃准备的，他花了到底多少年已经没有人能够记得了，对我们所发出的一系列日益紧急的

[①] 何丙郁教授（Prfeffor Ho Peng Yoke，1926—2014），中国科学技术史专家，李约瑟 SCC 项目的主要合作者之一，后来曾任剑桥李约瑟研究所所长。
[②] 爱丁堡皇家学会会员（Fellowship of the Royal Society of Edinburgh，缩写 FRSE）。

催稿充耳不闻。虽然我们想要证实这一切不过是一种猜疑，但根据约瑟夫和我这么长时间对王铃的了解，不管是这个原因还是那个原因，他都不会像我们希望的那样按时写完这一节了，甚至压根儿都没有写。

这个章节已经让我们等了这么久的时间，以至于与之相关的内容的出版现在都已经陷入到危险的境地。由于王铃的问题，我们不得已做出了决定——在第五卷第 1 分册出版之前，先出版第五卷第 2 分册——这么一种令人生厌的权宜之计。约瑟和我现在都已经确信，要想在可以预见的未来出版第五卷第 1 分册的话，只有一个办法，就是另请一位学者来接手"火药篇"这一节。

毫无疑问您就是那个我们想要请的人。我知道过去在跨入到明显属于王铃的研究领域时会让您感觉不佳，但是现在很长时间已经过去了，影响到了正常的出版进度，这种顾虑就不需要再有了。我想，根据您对所有情况的了解，应该同约瑟夫和我一样，对王铃在整个事情中的心理障碍有共同的感受。因此，我们面对这种困局可能引发的后果，决定不再拖延，而是要马上完成这一节的写作，这应该是可以理解的吧。如果您愿意承担这项任务，我保证我可以向王铃做好解释，不至于造成你们之间的个人误会。

当然，这后面的一点也非常重要。约瑟夫和我都对王铃怀有很深的感情，我相信您在申请布里斯班的教职的过程中也可能会跟他打更多的交道（希望您去布里斯班的事能够如愿，约瑟夫和我都表示衷心的祝贺）。把这一节交给您来写，也能够让王铃有一种自然的如释重负的感觉。超过十年，我知道这种要写而又写不出来的挫败感，一定已经成为了他职业生涯的一种负担了，会造成良心上的愧疚。这时候如果有人能够像您那样富有同情心，代替他承担起这份重任，对他来说毫无疑问也是一种解脱，肯定会从心底里感激的。请一定告诉我您对此的想法。

向您和您的家庭致以最热情的问候,

您永远的,
彼得·伯比奇
抄送：尼达姆博士
1973年2月27日 ①

对于王铃的态度，伯比奇在信里用了 unheeded 一词，意思是"充耳不闻、视而不见"，还说他可能存在一种心理障碍（psychological blockage），导致与之相关的工作都陷入停顿，甚至让第五卷的第2分册不得不先于第1分册出版这样的尴尬局

---

①   27 February, 1973

Dear Ping-Yu,
                Science & Civilisation in China, vol. 5, part 1

Joseph and I spent some time yesterday planning the publication strategy for the fifth volume. As you might imagine, the section which gives us most concern is that which deals with gunpowder. This has been in preparation by Wang Ling for more years than anyone can now remember, and a series of increasingly urgent requests to deliver the material have gone unheeded. Although we wanted to demonstrate this beyond any conceivable doubt, Joseph and I have both known for a long time that Wang Ling, for one reason or another, isn't going to write the section in the time in which we want it, nor is he ever going to write it.

We've waited so long for this section that the publication of material associated with it is now in jeopardy. We've already taken the decision to publish volume 5 part 2 before volume 5 part 1—a tiresome manoeuver made necessary by Wang Ling's failure. Joseph and I are now both convinced that the only way to publish volume 5 part 1 in the foreseeable future is to ask another scholar to take over the gunpowder section.

It goes without question that you're the obvious person to ask. I know that in the past you felt diffident about trespassing on what would clearly seem to be Wang Ling's territory; but the time has long passed when feelings of this kind can be allowed to interfere with the proper progress of the volumes. I guess that, from your knowledge of all the circumstances, you share the feelings of Joseph and myself with regard to Wang Ling's psychological blockage on the whole subject. It seems reasonable, therefore, that we should face the implications of this blockage without further delay and get the section written. If you would take this on, I am sure that I could explain all this to Wang Ling in such a way as to cause no personal offence.

It goes without qf course, important. Both Joseph and I have the warmest affection for Wang Ling; and you yourself are likely to be increasingly involved with him since (I believe) you are about to go to a chair at Brisbane (In the expectation that this piece of news is correct, Joseph and I send best congratulations). The transfer of the section to your authorship can be put to Wang Ling in such a way as to encourage the natural feeling of relief which is bound to follow. The need to write this section and the failure to do so must have been a burden to his working life and a trouble to his conscience for more than a decade. To find all this suddenly lifted by someone as sympathetic as yourself must be a relief which he would profoundly welcome. Do let me know what you think.

With warmest regards to you and the whole family.
Yours ever,
PGB

c.c. Dr Needham [Correspondence between Peter Burbidge of Cambridge University Press and He Ping-Yü (Ho Peng-Yoke) of Griffith University, Queensland, Australia about the section of 'Science and Civilisation in China' dealing with gunpowder, 1973-02-27-1973-03-22, GBR/1928/NRI/SCC1/1/4/52. Needham Research Institute.]

面出现。这话说得已经很不客气了。

怎么办？唯一的办法就是找别的人再写了，而何丙郁教授是他们认为最合适的人。

从何丙郁先生的角度来看，这个事情中间发生过一个误会。起因是他在1972年利用马来亚大学的半年带薪出国研究假期，前往堪培拉的澳大利亚国立大学访问。"我第一个任务就是去找王铃。他告诉我他已经完成'火药篇'所要做的事。我很高兴听他这样说，……立即写信向李约瑟报告此事，谁知引起一场误会。……李约瑟说，他看到我向他报告说王铃已经完成'火药篇'的工作，便立刻写信恭贺王铃并请他将所写的稿寄到剑桥。"可是王铃回答说他的任务是替李约瑟搜集资料，而写作方面是李约瑟本人的事。现在他准备资料的工作已经完成，接下来希望李约瑟能够接受澳大利亚国立大学的邀请任客座教授，并在澳大利亚撰写"火药篇"。这当然是毫无可能的，"李约瑟大失所望，无论如何他实在无法离开剑桥，一旦离开他的卡片和资料处理系统，他就英雄无用武之地了"。[①]

何丙郁教授收到伯比奇来信的时候，他刚刚正式接受了格里菲斯大学（Griffith University, Brisbane, Queensland）的聘书，正准备举家搬到澳大利亚，担任该校现代亚洲研究学院的创校讲座教授兼首任院长。他在1973年3月12日回信给伯比奇，还特别注明要"保密"（confidential），以免涉及到学界错综复杂的人际关系之中。从何丙郁教授的回信中，我们可以看到一位深受中华传统文化熏陶成长起来的知识分子，在追求学业有成的同时，是如何努力保持着高尚的品德。信的内容如下：

亲爱的彼得：

《中国的科学与文明》第五卷第1部分

非常感谢您2月27日的来信。我可以理解您和李约瑟想让SCC第五卷早日面世的焦虑心情。

作为澳大利亚国立大学的教授，王铃具有比任何人都好的开展研究的条件，因为他没有任何教学任务和行政事务分心，同时大学又为他聘请了一位研究助手。堪培拉还有两个远东图书藏品丰富的图书馆。所以我能够理解您为什么会对王铃拥有如此好的条件却一直没有写出来东西而感到非常失望。

如果您想要建议除我以外的人来接手"火药篇"这一节的写作，本身并没什么不对或不好的。但是如果从我的新职位——澳大利亚昆士兰格里菲斯大学现代亚洲研究学院（School of Modern Asian Studies, Griffith University in

---

[①] 何丙郁：《学思历程的回忆：科学、人文、李约瑟》，（世界科技出版公司）八方文化创作室，2006，第102—106页。

Queensland, Australia）的创始教授（Foundation Professor）和首任主席（Chairman）的角度来看，完全从王铃手里接过来这一节的写作任务，恐怕不仅会造成很大的难堪，而且肯定会延误这一节的完成好多年。请容我解释清楚。

首先，澳大利亚和新西兰的汉学圈子很小，也因此我觉得这个圈子里的个人关系更为密切。如果有流言说我从一个在堪培拉的朋友那里抢走了他在李约瑟的著作中所承担的工作的话，情况将会很糟糕。

其次，在布里斯班，要满足"火药篇"这一节的写作，我能够利用的图书馆资源非常有限，除非我逐渐在格里菲斯大学也建立起足够的藏书，我想这至少还需要若干年的时间。我唯一能做的，就是找机会趁着休假到堪培拉去做这项工作。可是如果我与王铃的关系搞得紧张了，我再去堪培拉就会非常地尴尬。在这种情况下，对我来说只有一个办法可行，就是等到我能休假的时候，但这要等到1979年，而"火药篇"这一节显然不可能等这么久！

如果您和李约瑟仍然想要我来参与"火药篇"这一节的话，我倒是建议，您不妨署上王铃的名字。我非常愿意与他合作来写这一节，如果必要的话，我也可以自己先完成草稿，然后交给他看。因为曾经和王铃还有他的同事们在一起相处过半年时间，所以我非常了解王铃的情况。他唯一宣称的研究，就是与李约瑟的合作。如果把"火药篇"的著作权（authorship）转交给别人，不仅不会让王铃产生如释重负的感觉，恰恰相反，我担心这会让他彻底没有了立足之地。

我们现在正在打包行李，预计在四月中旬动身前往澳大利亚。我所有的书都已被我的妻子放到箱子里了。从现在开始的几个月，研究工作对我来说是不可能的，因为直到我们到达布里斯班的新家之前，我的书都没法拆包。

致以最热烈的问候，

您真诚的，
何丙郁
1973 年 3 月 12 日 ①

---

① 　　　　　　　　　　　　　　　　　　　　　　　　　　　　　　　12th March 1973

CONFIDENTIAL
Dear Peter,
Science & Civilisation in China, vol. 5, part 1

Thank you very much for your letter of February 27. I share the anxiety of your good self and Joseph regarding the early materialisation of the first part of the fifth volume of Science & Civilisation in China.

With his appointment as professorial fellow in the Australian National University Wang Ling holds a better position than anyone else for carrying out research, as he has absolutely no teaching and administrative duties, and on the other hand his university pays for a research assistant to help him. Canberra has two excellent library collections of Far Eastern books. I can understand your great disappointment when nothing has yet come out in spite of the excellent facilities in Wang Ling's disposal.

If you intend to approach someone other than myself to take on the gunpowder section all is well and good. However, in view of my new appointments as Foundation Professor and first Chairman in the School of Modern Asian Studies, Griffith University in Queensland, Australia, taking over the section completely from Wang Ling would not only cause great embarrassment, but would definitely delay the completion of the section for several years. I shall try to explain.

The circle of sinologists is very small world in Australia and New Zealand, and yet I feel that personal relationships within the circle can be brought closer together. If rumours go round saying that I have robbed a friend in Canberra of his part in Joseph's work, matters will be further aggravated.

Secondly, I shall have very limited library facilities in Brisbane to help me to work on the gunpowder section until I gradually build up an adequate collection in Griffith University, which I think will take many years. The only thing I can do is to go on leave, whenever I find the opportunity, to Canberra to do my work. If my relationship with Wang Ling is strained I shall find it very embarrassing to go to Canberra. In such a case the only way opened to me is to wait till I go on sabbatical leave, which will come only in 1979—far too long for the gunpowder section to wait!

If you and Joseph are still thinking of getting me for the gunpowder section I would suggest that you let Wang Ling's name in the section. I am quite prepared to do the section together with him, and if necessary, do the draft all by myself and show it to him. Having spent six months with Wang Ling and his colleagues gives me a better understanding of Wang Ling's position. His sole claim to research is his work with Joseph. Transferring of the gunpowder section to someone's authorship will not give a feeling of relief to Wang Ling, but, I fear, on the other hand, will remove the carpet from his feet. He will be left with nothing to fall back on.

We are now doing our packing. We expect to leave for Australia in mid April. All my books have already been put in crates by my wife. For some months from now research work is out of the question for me, as my books will not be unpacked until we get our new home in Brisbane.

...

With warmest regards.
Yours sincerely,
Ho Peng Yoke [Correspondence between Peter Burbidge of Cambridge University Press and He Ping-Yü (Ho Peng-Yoke) of Griffith University, Queensland, Australia about the section of 'Science and Civilisation in China' dealing with gunpowder, 1973-02-27-1973-03-22, GBR/1928/NRI/SCC1/1/4/52. Needham Research Institute.]

UNIVERSITI MALAYA

Lembah Pantai
KUALA LUMPUR

ALAMAT KAWAT: UNIVSEL
TALIPON: 54361 (6 Saraf)

12th March 1973

Bil. Kami: CONFIDENTIAL

Mr. P.G. Burbidge,
Production Manager,
Cambridge University Press,
The Pitt Building
Trumpington Street,
Cambridge CB 2 IRP,
England.

Dear Peter,

<u>Science & Civilisation in China, vol.5, part 1</u>

Thank you very much for your letter of February 27. I share the anxiety of your good self and Joseph regarding the early materialisation of the first part of the fifth volume of <u>Science & Civilisation in China</u>.

With his appointment as professorial fellow in the Australian National University Wang Ling holds a better position than anyone else for carrying out research, as he has absolutely no teaching and administrative duties, and on the other hand his university pays for a research assistant to help him. Canberra has two excellent library collections of Far Eastern books. I can understand your great disappointment when nothing has yet come out in spite of the excellent facilities in Wang Ling's disposal.

If you intend to approach someone other than myself to take on the gunpowder section all is well and good. However, in view of my new appointments as Foundation Professor and first Chairman in the School of Modern Asian Studies, Griffith University in Queensland, Australia, taking over the section completely from Wang Ling would not only cause great embarrassment, but would definitely delay the completion of the section for several years. I shall try to explain.

The circle of sinologists is a very small world in Australia and New Zealand, and yet I feel that personal relationships within the circle can be brought closer together. If rumours go round saying that I have robbed a friend in Canberra of his part in Joseph's work, matters will be further aggravated.

Secondly, I shall have very limited library facilities in Brisbane to help me to work on the gunpowder section until I gradually build up an adequate collection in Griffith University, which I think will take many years. The only thing I can do is to go on leave, whenever I find the opportunity, to Canberra to do my work. If my relationship with Wang Ling is strained I shall find it very embarrassing to go to Canberra. In such a case the only way opened to me is to wait till I go on sabbatical leave, which will come only in 1979 - far too long for the gunpowder section to wait !

If you and Joseph are still thinking of getting me for the gunpowder section I would suggest that you let Wang Ling's name in the section. I am quite prepared to do the section together with him, and if necessary, do the draft all by myself and show it to him. Having spent six months with Wang Ling and his colleagues gives me a better understanding of Wang Ling's position. His sole claim to research is his work with Joseph. Transferring of the gunpowder section to someone's authorship will not give a feeling of relief to Wang Ling, but, I fear, on the other hand, will remove the carpet from his feet. He will be left with nothing to fall back on.

2/....

图 10-3　何丙郁教授给伯比奇的回信（1973 年 3 月 12 日）

何丙郁先生说王铃在优越的条件下耽误了这项工作这么久实在不应该，出版社当然有权力再找别人来写，但问题是如果由自己接手来写，会有很多现实的困难。

首先是复杂的人际关系无法处理。"虽然澳大利亚是一块极为广阔的土地，但搞中国研究学者的圈子实在很小。这个圈子的人都认识王铃，也知道他和李约瑟合作编写"火药篇"的事情。假如他们误会是我从王铃的手中夺取编写"火药篇"的，我将来在澳大利亚的日子就不好过了。我的意思是这份差事可推则推，除非剑桥可以找出一个两全其美的解决办法。"①

其次是图书馆资源有限。何丙郁先生不像王铃，已经具备了相当有利的条件；对他来说，一切都需要从头开始。如果要收集齐足够的资料，不知道还要等待多少年的时间。

但是何丙郁先生也没有断然拒绝接手这项任务，他表现出了一种高风亮节，既勇于承担重任，又甘愿与人分享成功的果实。他的意思是：如果你们仍然希望我来写的话，只有一个办法，就是仍然署王铃的名，我来起草，与之合作。如果剥夺了他的著作权，将这一节的作者换成别人，根本无助于让王铃感到释然，只会抽掉他脚下的地毯，让他摔得更惨。

伯比奇很快便回复何丙郁教授，恭喜他获得了布里斯班的主席任命，说自己会与李约瑟慎重考虑目前的这种复杂局面。内容如下：

亲爱的丙郁：

《中国的科学与文明》第五卷（1）

非常感谢您3月12日的来信。我想做的第一件事，是最热烈地祝贺您被任命为布里斯班的主席。这是对您所取得的成就做的一次信任投票；我也希望这意味着您接下来将会大展宏图。

在接下来的几天里，我希望和约瑟夫讨论您关于"火药篇"部分的报告。这是一个微妙的、困难的局面。我们双方都不想在未经认真考虑的情况下就开始行动。

---

① 何丙郁：《学思历程的回忆：科学、人文、李约瑟》，（世界科技出版公司）八方文化创作室，2006，第105—106页。

我衷心感谢您对我的请求及时回复,也向您和您的家人致以最热烈的问候。

您永远的,
彼得·伯比奇
1973 年 3 月 22 日 ①

但是在同一天,即 1973 年 3 月 22 日,伯比奇写给李约瑟的信中,却表达了相反的态度。他对何丙郁先生的答复感到失望。首先他认为何丙郁教授过于夸大了此举会造成与王铃的尴尬局面,而且把自己完成写作的时间大大延长了。总之,我们在短时间内不管是从他们哪个人手里都是拿不到稿件的。这就是一个西方出版商的思维方式!信的内容如下:

亲爱的约瑟:

《中国的科学与技术》第 5 卷第 1 部分

我看丙郁已经把他在 3 月 12 日写给我的回信抄送给了您。这是一封令人失望的回信。首先,我认为他过于夸大了这可能会给他和王铃的关系带来的尴尬。我能够设想,虽然不是很确定,他夸大了自己承担这一节的写作所需要的时间。不管怎样,看起来我们都没办法从他们任何一个人那里拿到稿子了。

既然这样,我仍然觉得是否值得试一试,最后尝试一次让王铃来写。他必须:要么由您来告诉他必须与何丙郁合作完成这一节,要么就应该告诉他,他的失败将会被报告给资助他研究的人,除非他能定期地向您交稿。这么做倒不

---

①
22 March 1973

Dear Peng Yoke,
Science & Civilisation in China 5(1)

Thank you very much indeed for your letter of 12 March. The first thing I want to do is to congratulate you most warmly on your appointment to the Chair in Brisbane. It's a great vote of confidence in what you've done; and I also hope it means that you plan to do a good deal more.

During the next few days, I hope to discuss with Joseph what you report on the gunpowder section. It's a delicate and difficult situation. Neither of us would want to embark on a course of action without very careful consideration first.

My best thanks for a prompt reply to my appeal, and warmest greetings to you and the family.

Yours ever,

PGB [Correspondence between Peter Burbidge of Cambridge University Press and He Ping-Yü (Ho Peng-Yoke) of Griffith University, Queensland, Australia about the section of 'Science and Civilisation in China' dealing with gunpowder, 1973-02-27—1973-03-22, GBR/1928/NRI/SCC1/1/4/52. Needham Research Institute.]

一定像听上去那么可怕。这就相当于是督促一位没有人监督就完不成任务的学生一样。在两难之中，我想我会选择合作。但是如果王铃真的拒绝了，那他就必须做好准备，让第二种最坏的情况发生。

您永远的，
彼得·伯比奇
1973 年 3 月 22 日^①

伯比奇的意思是，既然何丙郁教授是这个态度，我觉得我们是否应该从王铃这边使使劲儿呢？告诉他别"敬酒不吃吃罚酒"，必须与何丙郁合作，否则就会把他的问题反映给资助方，导致其研究资金的终止和信誉受损。这没有听上去那么可怕吧？如果让我来面对同样的问题，两害相权取其轻，我宁愿选择合作，但是如果王铃拒绝选择这种合作的方式，他就必须自己承担后果。

作为一个出版商，或者更准确地说作为一个商人，伯比奇虽说是站在出版社的立场上说话，但他这样的想法和态度，还是不免让人觉得有点毛骨悚然。

李约瑟究竟是如何考虑的？我们不得而知。但问题的复杂让他不得不在 1973 年 5 月 28 日写给何丙郁教授的一封信的信头上，也用红笔标上了"保密"的字样，我们在这里仅摘录与"火药篇"有关的内容，如下：

---

①   22 March 1973

Dear Joseph,

                              Science & Civilisation in China, vol. 5, part 1

I see that Peng Yoke has copied to you the letter which he wrote to me on 12 March. It's a disappointing response. In the first place, I should have thought that he enormously exaggerates the embarrassment in his relations with Wang Ling; and I also imagine (though I'm less certain of this) that he exaggerates the time which he would need for writing the section himself. In any case, it looks as though we're not going to get the section from either of them.

For all this, I still wonder whether it's not worth making a last attempt to get Wang Ling to produce. He must either be told by you that he must produce the chapter in collaboration with Ho Peng Yoke; or he must be told that his failure will be reported to the people who support his research unless he sends material to you at regular intervals. This need not be so gruesome as it sounds. It amounts to no more than exercising long-term supervision over someone who clearly cannot work without it. Out of the two, I think I would prefer collaboration; but if Wang Ling resists this, then he must be allowed no option about the second.

Yours ever,

PGB [Correspondence between Peter Burbidge of Cambridge University Press and He Ping-Yü (Ho Peng-Yoke) of Griffith University, Queensland, Australia about the section of 'Science and Civilisation in China' dealing with gunpowder, 1973-02-27-1973-03-22, GBR/1928/NRI/SCC1/1/4/52. Needham Research Institute.]

我亲爱的丙郁：

......

我们都很高兴您能继续认真考虑撰写 SCC 第五卷第 1 部分中的"火药篇"这一小节。我们也很高兴您已经顺利到达，并希望您能在下个月中完成安下新家的任务。我们真诚地祝愿您在布里斯班定居成功，幸福快乐。

......

我认为，按照您 3 月 12 日的信件的第四段和第六段的意思，如果我是对的，是否可以这样来理解：无论您为完成"火药篇"这一小节做了什么工作，在这一卷和这一节中，王铃的名字都不应该被去掉。事实上对此我自己从来没有丝毫的疑问，而且我确信这是我们应该遵循的方式。我认为彼得·伯比奇和我没有必要再做更多的决定，尤其是考虑到王铃在准备"铁和钢"小节的过程中与我的精心配合，第五卷第 1 部分无论如何上面都会有他的名字；"铁和钢"这一小节是"军事技术"这一章的一个极为重要的组成部分。所以，在这个问题上请不要有任何更多的犹豫，只管向前。等您的书到了，利用您自己的图书资料，还有那些我提供给您和王铃的复印的笔记文件。在这个过程中，从王铃那里要尽力争取他的合作。

......

我过去三四年来一直在乞求和恳请他能继续工作。然而，我现在完全认识到了这是多么严重的困难，因为我知道，王铃只有当有一个人站在他身后督促着他，每天都和他一起工作的时候，他才能很好地工作，就像过去那样，当然，绝不可能让您在布里斯班也这样做。我不知道解决的办法是什么，但我确实认为不应该让这个问题阻止您继续前进，尤其是当您新的个人研究助理到位之后。

......

我们当然可以在明年 9 月的东京国际科学史大会上见面，但我预计会议上的时间会非常有限，因为如您所知，我不巧成了相关国际联合会的主席。我们正在考虑明年 7 月初出发，也许再在中国待上一个月，然后去日本参会，所以如果去澳大利亚能为启动"火药篇"这一小节的工作做点什么，从航空旅行的角度来看，这样的安排也不是不可能。您怎么认为呢？这么安排值得吗？我们应该让王铃来布里斯班和我们见面并讨论所有的事情吗？

1973 年 5 月 28 日 ①

让王铃从堪培拉来布里斯班，我们一起坐下来当面商定这件事？可见李约瑟在如何处理这件事的问题上还是颇费踌躇的，所以他想要先听听何丙郁的意见，再决定如何给王铃写信。

对于何丙郁先生提出来给王铃署名的建议，李约瑟说自己当然没有要不给王铃署名的意思。但是，接下来李约瑟对王铃的评价可真的是一语中的。有的人会是个好的合作者，但不能独立完成作品。李约瑟已经下定了决心，他要让何丙郁来接手"火药篇"，所以他不停地告诉何丙郁，请你只管往前走，不必考虑太多。

---

①   28th May, 1973

Professor Ho Ping-Yu (Ho Peng Yoke),
Griffith University,
Toowong, Brisbane, Queensland, Australia.
My dear Ping-Yu,
...We are all very pleased that you are continuing to think so seriously of the writing of the gunpowder sub-section of SCC Vol. V, pt. 1. We are also delighted that you have made the journey successfully and hope to be fully installed in your new home by the middle of next month. We do wish you every success and happiness in settling down in Brisbane.
...However, I think it is to be understood in the light of the fourth and sixth paragraphs of your letter of the 12th March, which imply, if I am right, that whatever you do towards the accomplishment of the gunpowder sub-section, Wang Ling ought not to be denied his name on the Volume and the Section. Actually I have never had the least doubt about this myself, and I am quite sure that this is the way we ought to proceed. I don't think any further decision is necessary on the part of Peter Burbidge and myself, especially if one reflects that Vol. V, pt. 1 would in any case have to have Wang Ling's name on it because of all the fine collaboration which he gave to me in the preparation of the iron and steel sub-section; this being an extremely important part of the military technology Section. So please don't have any more hesitations on this problem but do go ahead with the aid of your personal library, when the books come, and also of the files of xerox notes which I furnished to both you and Wang Ling-gaining whatever collaboration you can succeed in getting from him along the way.
...I have been begging and imploring him for the last 3 or 4 years to get on with the job. However I fully recognise the acute difficulties, because I know that Wang Ling only works well when someone is standing over him, as it were, and daily working with him-something of course which it is absolutely impossible for you to do from Brisbane. I don't know what the solution is, but I do think this problem ought not to prevent you from moving ahead, especially when your new personal research assistant is appointed.
...You and I will of course be seeing each other at the Tokyo International Congress of the History of Science in September of that year, but I expect on that occasion to be extremely occupied, because as you know I have the misfortune to be the President of the relevant International Union. We are thinking of leaving here at the beginning of July next year and perhaps spending a month once again in China before going on to the affairs in Japan, so it would not be at all impossible (though of course it would be a good deal out of the way from the point of view of air travel) for me to come to Australia and try to do something towards getting the gunpowder sub-section started. How would you visualise this? Do you think it would be worth while? Should we get Wang Ling to meet us in Brisbane and talk the whole matter over? ...
JN [GBR/1928/NRI/SCC2/12/letters of correspondence between Ho Peng Yoke and JN, from HPY. May 2008]

何丙郁初稿

何丙郁先生开始了与李约瑟的三度合作。

"李约瑟把他所搜集到的资料寄给我,(从 1973 年开始)我就在这种情况下于公务时间中抽空替他写火药篇的初稿。……我担任院长的时期,大部分的写作精力都放在替 SCC "火药篇"起稿上。……剑桥方面不会体会我的处境,不知道尚未有校舍、没有学生和图书馆等的格里斐大学不会觉得研究是当务之急。"[①]

1976 年他们之前合作的成果 SCC 第五卷第 3 分册《炼丹术的发现与发明:从灵丹妙药到人工合成胰岛素的历史考察》(李约瑟著,何丙郁、鲁桂珍协助)出版。这一年,李约瑟在冈维尔-凯斯学院的院长职务也即将任期届满,他 1976 年 8 月 14 日去信鼓励何丙郁先生并邀他再来剑桥。

我们从您在 SCC 第五卷第 1 分册"火药篇"的辉煌进展中获得很大鼓舞。我期待着有一天能和您讨论有关细节。我可以说,我们对您能够完成"火药篇"这一佳作抱有充分信心。假如您还有什么其他需要,例如更多的缩微胶卷等,我知道您是会坦率告诉我们的。

……

当您再到此地和我们相聚时,我们工作的地点不再是学院,而是一个新的机构——东亚科学史图书馆,地址是萨夫茨伯里路八号。……我们已经迁入那里,书籍差不多已全部搬进去,下一步是搬木制书架和桌椅,接着当然还得费一大段时间整理,但是我估计到九月底一切会安排就绪。新址的楼面面积比在学院时大四倍,所以各类图书资料可以更合理地排架,从而容易取阅。新址有五间幽静的小室,还有一个面积很大、用书架和隔板隔开的公用大厅。

从学院院长宿舍搬迁一事,将安排在九月中进行……我打算保留冈维尔-凯斯学院的 K2 房间,作为我在市中心时利用的别室。[②]

---

① 何丙郁:《我与李约瑟》,三联书店香港分店,1985,第 107、115—116 页。
② 同上书,第 112—115 页。

图 10-4　早期的东亚科学史图书馆①

时间转眼就来到了 1977 年，剑桥大学出版社负责海外销售的同事还在不时发来内部备忘录，说有一个在新西兰的代理商再次询问第五卷第 1 分册的出版日期。这是一个迟迟未能兑现的多年前的承诺。彼得·伯比奇不得不再次写信，出面为这个 SCC 第五卷第 1 分册的推迟出版进行解释。

> 关于：尼达姆 SCC 第五卷第 1 分册
> 　　答复销售部门 3 月 11 日信件
> 　　唉，还是看不到出版日期。在本特利大厦某处的档案中，一定有很多关于这个主题的通信，但现在最好能用简短的话说出眼下的情况。
> 　　这一卷包含着火药的发明的关键章节。研究过四川图书馆中的原始资料的唯一学者是王铃（约瑟夫·尼达姆原来的合作者）。对于完成作品，王铃有一种心理障碍。他现在在堪培拉有一个中文教职，不管我们从剑桥给他施加什么压力，看起来都没有让他在撰写这一节上取得任何进展。因此，我不得不要走了王铃的笔记，不让他自己写了。何丙郁现在正在堪培拉，我等着看他是否能让这一卷真正启动。一旦我们有了书稿，我会告诉大家的。

---

① Photographer not known, courtesy of the Needham Research Institute.

开花结果 ——《火药的史诗》的出版 | 429

彼得·伯比奇
1977年3月18日[1]

可怜的伯比奇不得不应付来自各方面的追问，不厌其烦地解释着 SCC 第五卷第 1 分册推迟出版的原因，他的心情我们可想而知。

1977 年 9 月 12 日，李约瑟写信给何丙郁先生沟通进度，并再度邀请他前来剑桥：

亲爱的丙郁：

接到您 6 月 22 日来信，知道您的工作有很大进展，我十分高兴。您说计划在半年左右内完成"火药篇"，不知您有没有兴趣接受我们信托会的资助，由您把稿子亲自携带来。假如您能够来这里一个月，假定是在 1978 年，我们将有很多机会讨论一些尚未解决的问题，也许您还有兴趣利用这里的一些设备。

谨向露西和全家致亲切问候。

您永远的，
约瑟夫[2]

1977 年 9 月 20 日何丙郁给李约瑟回信：

亲爱的约瑟：

谢谢您 9 月 12 日来函，我想我可以在 1978 年 12 月初到 1979 年 2 月中的期间内抽出一个月来剑桥。有关（火药）"枪炮史"的最后（倒数）第二章已

---

[1] 18 March 1977
Alas, there is no publication date in sight. There's a good deal of correspondence on the subject in the files at Bentley House somewhere; but it might be better to say quite briefly what the situation now is.
The volume contains the crucial chapter on the invention of gunpowder. The only scholar who has worked on the original material in the libraries of Szechuan is Wang Ling (Joseph Needham's original collaborator). Wang Ling has a psychological blockage about writing up his work. He now has a chair in Chinese in Canberra, and, in spite of every pressure that we can apply from Cambridge, does not seem to be making any progress with his chapter. I have therefore asked Professor Ho Ping-Yu, another collaborator, if he will take over Wang Ling's notes and produce the chapter himself. Ho Ping-Yu is currently in Canberra. I now await to hear whether his intervention is going to get the volume off the ground. As soon as we have a typescript I shall let everyone know.
PGB [Cambridge University Press memorandum from JS in the Overseas Sales Department to Peter Burbidge enquiring about the publication date for 'Science and Civilisation in China, Volume 5, Part 1'on behalf of a New Zealand agent, 1977-03-11-1977-03-18, GBR/1928/NRI/SCC1/1/4/119. Needham Research Institute.]

[2] 何丙郁：《我与李约瑟》，三联书店香港分店，1985，第 119 页。

经打印完毕,可是进展到此,在繁重的公务压力下,我暂时未能把时间放在《中国科学技术史》上。不过,我应该可以在1978年12月前将初稿完成,并邮寄到您处,特别是我的现代亚洲研究学院院长一职到1978年4月底便到期。此后,我希望可以从学校行政事务中获得解放——至少是短期的解放,以便在大学里从事教授的工作。……

谨向大棐和桂珍致以我们的爱意。

您永远的,

何丙郁[①]

1978年年初,比预定的时间提早了很多,何丙郁先生的"火药篇"初稿终于完成,有260页之多。他将书稿寄往剑桥,实现了自己在院长任期内就完成这部书的愿望,也兑现了他给李约瑟的承诺。就在何丙郁先生交稿后,据他回忆,看来"事情也获得王铃的谅解,(在何丙郁的)文稿发出后……(王铃托人)带来好几箱卡片。我来不及利用它了,只得原封不动奉还。……王铃后来把他的卡片存放在剑桥李约瑟研究所的图书馆"[②]。

李约瑟终于等来了何丙郁先生的好消息,历时三年,"火药篇"的书稿终于完成,而且在看过书稿之后,李约瑟认为其质量之高足以立即出版,完全不需要再进行加工,他的兴奋之情溢于言表。他写信给何丙郁教授:

我亲爱的丙郁:

我想,当我收到您的消息说"火药篇"的草稿已经完成了的时候,我曾邮寄给过您一张祝贺的明信片,但是无论我在那个明信片上说了什么,都无法和我现在读到了手稿之后的感觉相比!在我看来,它真的太棒了,就像德国人说的"好极了",极好的意思。万分感谢。

首先,很明显,编辑所需的工作量极小。我明天将会见到彼得·伯比奇,也许我们能够把整个手稿直接送交出版社,而不需要重新打印到我们的标准书稿纸上。也许有一两件事情我还想加进去,您能给我提供点跟您所用的同样的四孔纸吗?

至于参考文献,根据我们平常的系统,二手文献都需要编号,即从脚注中取出来,但梁钟连杆(Liang Lien-Chu)能够处理中文和日文的部分,在她和

[①] 何丙郁:《我与李约瑟》,三联书店香港分店,1985,第119—120页。
[②] 何丙郁:《学思历程的回忆:科学、人文、李约瑟》,(世界科技出版公司)八方文化创作室,2006,第115—116页。

魏瑶（Wei-Yao）去瑞士洛桑旅行6个月之前完成，而伊夫琳·毕比（Evelyn Bccbe）或其他人能做西方语言的部分。很多参考文献我们几乎都已经制成了卡片。顺便问一下，您自己是否也用我们通常的形式将参考文献制成卡片，也做有人物传记的卡片吗？如果有的话，可否请您把它们复印一份邮寄给我们，这样可以省却不少麻烦；如果不是这样的，那也没关系。

我看到的书稿本身就是一个复印件。我想您大概是为了保证原件的安全，并为了方便做些添加和修改。毫无疑问您会在适当的时候让我们拿到这些原件。[①]不幸的是，我无法准确预见什么时候它能交给出版社。正如您记得的，我很久以前就完成了王铃的近距离战斗武器、弓箭和火药发明前的火炮部分，而罗正鹏（Lo Jung-Pang）则完成了一篇很好的关于盔甲的文章。但有些章节仍然没有完成，如骑兵技术和防御工事，这些章节是由慕尼黑的科林娜·哈娜（Korinna Hana）在负责，虽然她现在有两年德国科学基金会（Deutsche Forschungsgemeinschaft）的资助，但我不知道她还需要多久才能提交东西，我希望不会太久。

至于插图，您加入这么多复印的图片真的太好了，这也让我意识到，我们必须弄到合适的照片。我想也许图片有点多了，不仅因为其中一些有点重复，还因为我们有些档案中的图片也必须放进去。例如，伦敦塔军械库给我们提供了一些精美的佛郎机（一种早期后装式滑膛加农炮）的照片，我在北京国家军事博物馆见到一些模型，我们有一张极好的照片展示了20世纪南海海盗如何实际应用火矛枪的场景，等等。如果您能找到时间看一下您寄过来的复印插图，并给我一个清单，把那些您认为可以轻易被剔除掉的列上，我将非常感激，这样可以把照片的数量减少一点，同时可以让我们的照片放进去。为了节省我自己的时间，我想我可以说服我们的另一个帮手——罗宾·布里连特（Robin Brilliant），挑出大学图书馆和我们自己所需要的图片，并把它们拍成照片。他现在正在攻读语言学博士学位，也是冈维尔-凯斯学院的，已经在北京待过好几年了，他在缩微胶片项目、外来物种和历史植物学方面曾很好地帮过我们。

我说过我非常欣赏您和王铃写的关于《火龙经》及其多个版本的论文。我总是猜测，那本书中包含着对很多重要问题的解答。我们应该把它列为参考文献来引用。你们的论文到底发表在什么地方？参考文献中对它表述得不清楚。

现在，您可能知道，王铃和他的家人在这里。……我们在小小的研究所里给他提供了一张桌子，但他几乎没用过，我真的不知道他把时间都花在什么事情上了。……告诉我，他看过您的"火药篇"的草稿了吗？为了手稿的安全，

[①] 李约瑟问何丙郁书稿原件，因为书稿的原件是作者著作权的证明。出版社需要拿到作者提交的书稿原件，而不是复印件，这是出版业的一个惯例，也是个规矩。

我只想让他在我们这间迷你研究所里看，但是他几乎从来没有来过，也没有提什么问题！对于王静宁（王铃）的问题，我需要您的建议。……

您永远真挚的，

李约瑟

1978月2月12日

又及：我有了另一个想法，即我们还需要对SCC其他卷中的内容进行大量的交叉引用；当然，我们会把它们放进去的。我还没有找到对公元前919年火焰喷射器的文本的引用，但我一定会核实并在必要时插入这点。

此外，我们现在有了一些资金，所以请一定要让我们知道您花费的任何与《火药的史诗》有关的费用，从我们这边可以方便地支出这些费用。桂珍也向您致以问候，并附上一封给露西的信。①

---

①   12th Feb. 1978

My Dear Ping-Yu,

I think I sent you a congratulatory postcard when I got your news that the gunpowder draft was completed, but anything I may have said pales into insignificance now that I have read the draft itself! It does really seem to me marvellous, 'fabelhaft' as the Germans say, fabulous. A million thanks to you.

First of all, it is evident that the amount of editorial work will be minimal. I shall be seeing Peter Burbidge tomorrow, and it may be that we shall be able to send the whole file typescript to press without needing to have it re-typed on our normal paper. In case there may be one or two things that I would like to add, could you send me a modest supply of the same four-hole paper that you have used for the file?

As regards references, the secondary sources will all need numbering, according to our usual system, i.e. taking out of the foot-notes, but Liang Lien-Chu will be able to cope with the Chinese and Japanese ones before she goes with Wei-Yao to Lausanne for six months, and Evelyn Beebe or someone else will be able to do the Western-language ones. Some of the references we have almost certainly got on cards already. Did you, by the way, put any references on cards in our usual form yourself? Or make any biographical cards either? If so, could you get them xeroxed and sent to us, in order to save trouble; if not, it doesn't matter.

I see that the typescript is itself a xerox. Presumably you are retaining the top copy for safety, and for making any additions or alterations which may occur to you. You'll no doubt let us have these in due course. Unfortunately, I can't foresee exactly when it can all go to press. As you remember, I did long ago with Wang Ling the close-combat weapons, the archery and the pre-gunpowder artillery, while Lo Jung-Pang did a fine piece on the armour. But some sections still remain, such as cavalry techniques and fortifications; these are in charge of Korinna Hana in Munchen, and although she now has two years' support from the Deutsche Forschungsgemeinschaft I don't know how long it's going to take her to produce something. But I hope it will not be long.

As regards illustrations, it was wonderful of you to include so many xeroxes, and I quite realise that we shall have to get proper photographs done of them. I think perhaps there may be rather too many, not only because some of them are a little repetitious, but also because we have pictures in the archives here which must certainly be put in. For example, the Tower of London Armoury has given us some fine fo-lang-chi photos, and I have some of the models in the National Military Museum in Peking, and we have a marvellous one showing fire-lances in actual use by Nan Hai pirates in the twenties, etc. etc. I would be very grateful if you could find time to look through the xerox illustrations which you sent, and give me a list of those which you feel could most easily be dispensed with, so as

从现存的档案资料中我们重新找出来当年的书稿,可以看到,何丙郁先生在1978年初完成的这份手稿有262页,干净、整洁、完整,完全符合"齐、清、定"的出版社来稿要求。而李约瑟打算用何丙郁先生提供的纸张来做一些小修小补的工作,这当然也是李约瑟对何丙郁的工作的一种极高的肯定。

SCC参考文献的部分都是做成卡片的,所以李约瑟询问何丙郁自己的处理方法,是不是也是做成了卡片?如果是的话,只需复印就可以实现共享了。何丙郁说他曾经留心观察过李约瑟的治学方法,但他自己并没有采用同样的参考文献卡片系统。"在剑桥,我充分利用了李约瑟建立的研究系统。有人问我,是否可以仿效李约瑟在新加坡、马来西亚、澳大利亚和中国香港的大学建立同样的研究系统,我答复说,未尝作此打算。由于财力、人力、环境(包括所在的国家、大学及个人环境)等因素,这是不可能做到的事。……一部类似《中国科学技术史》的巨著需要一个庞大的资料室和高效率的系统来配合,是没有疑问的,我非不为,而是知其不能而不为……相反来说,李约瑟已被他自己的系统所控制,他不能带着这个系统到处跑,离开这个系统,他就不能继续撰写他的巨著或有关中国科技史的文章。……我觉得,倘若能够善用一己之长,同时将李约瑟的系统作为借镜,那就比东施效颦更胜一筹了。"①

---

to keep the numbers down a bit while at the same time allowing our photos to go in. To save my own time, I think I can persuade another of our helpers, Robin Brilliant, to identify all the pictures required in the University Library as well as our own, and get them photographed. He is now doing a Ph.D. in linguistics, a Caius man, has had a couple of years in Peking, and helped us well with the microfiche project and the exotic and historical botany.
I told you how much I admired the paper you did with Wang Ling on the Huo Lung Ching and its many versions. I always guessed that that would contain the solution to many of the most important problems. We must certainly give a reference to it if you haven't already done so. Where exactly was it published? The bibliographical reference wasn't quite clear on the document itself.
Now, as you may know, Wang Ling and his family are here. ... We provided him with a desk in the mini-institute, but he has hardly used it at all, and I really have no idea what he does with his time. ...Tell me, did he see your gunpowder draft at any time? I would only let him read it here if it were kept safely in the mini-institute, but as he almost never comes in, the question hardly arises! But I'd like your advice about the Ching-Ning problem....
Ever yrs. Affectionately,
P. S. Another thought occurs to me, namely that quite a number of cross-references to things in other SCC volumes will be needed; of course we will put them in. I haven't yet found a reference to the flame-thrower text of -919, but I'll be sure to check it and insert it if necessary.
Furthermore, we now have some financial resources, so please be sure to let us know any of the costs incurred by you in connection with the gunpowder epic which it would be convenient for us to meet from this end. GD(Lu Gwei-Djen) sends her love too, and is enclosing a letter to Lucy.
JN [Copy of a letter from Joseph Needham to Ping-Yü (Ho Peng-Yoke) about his completed draft for the 'Science and Civilisation in China' section on gunpowder, and other matters, 1978-02-12, GBR/1928/NRI/SCC1/1/4/122. Needham Research Institute.]

① 何丙郁:《我与李约瑟》,三联书店香港分店,1985,第29页。

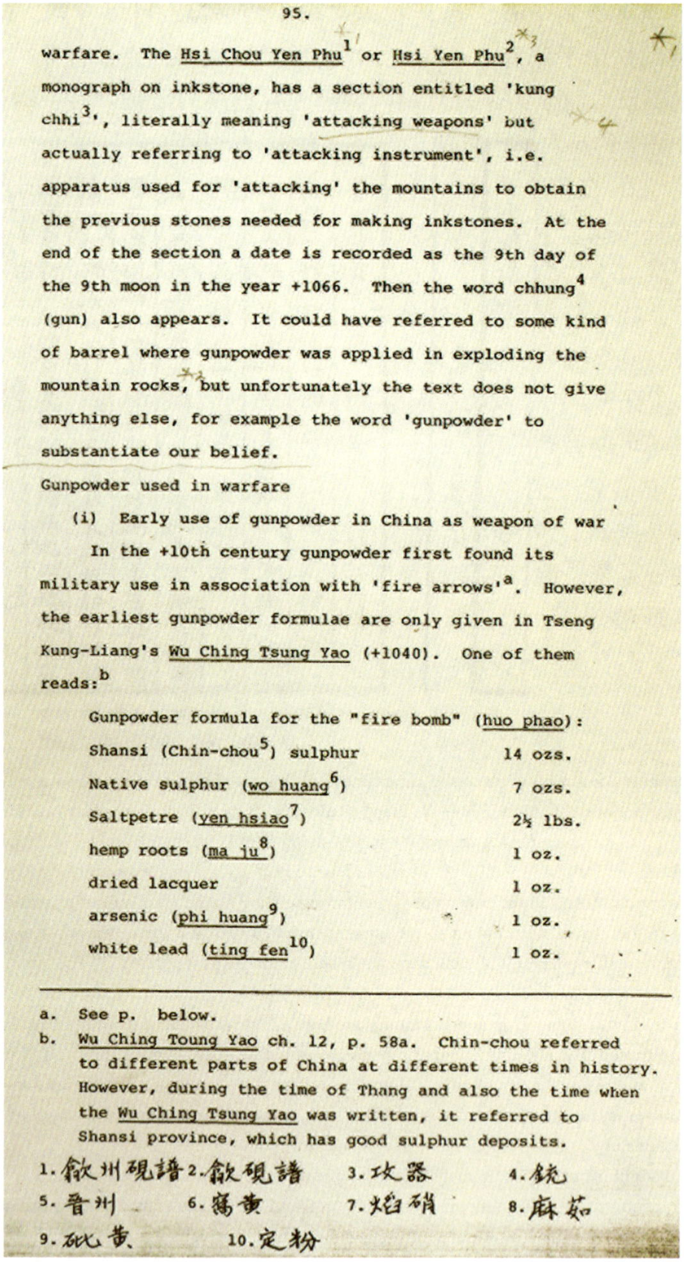

> 95.
>
> warfare. The Hsi Chou Yen Phu¹ or Hsi Yen Phu², a monograph on inkstone, has a section entitled 'kung chhi³', literally meaning 'attacking weapons' but actually referring to 'attacking instrument', i.e. apparatus used for 'attacking' the mountains to obtain the previous stones needed for making inkstones. At the end of the section a date is recorded as the 9th day of the 9th moon in the year +1066. Then the word chhung⁴ (gun) also appears. It could have referred to some kind of barrel where gunpowder was applied in exploding the mountain rocks, but unfortunately the text does not give anything else, for example the word 'gunpowder' to substantiate our belief.
>
> Gunpowder used in warfare
>
>   (i) Early use of gunpowder in China as weapon of war
>   In the +10th century gunpowder first found its military use in association with 'fire arrows'ᵃ. However, the earliest gunpowder formulae are only given in Tseng Kung-Liang's Wu Ching Tsung Yao (+1040). One of them reads:ᵇ
>
>   Gunpowder formula for the "fire bomb" (huo phao):
>   Shansi (Chin-chou⁵) sulphur   14 ozs.
>   Native sulphur (wo huang⁶)   7 ozs.
>   Saltpetre (yen hsiao⁷)   2½ lbs.
>   hemp roots (ma ju⁸)   1 oz.
>   dried lacquer   1 oz.
>   arsenic (phi huang⁹)   1 oz.
>   white lead (ting fen¹⁰)   1 oz.
>
>   a. See p.   below.
>   b. Wu Ching Toung Yao ch. 12, p. 58a. Chin-chou referred to different parts of China at different times in history. However, during the time of Thang and also the time when the Wu Ching Tsung Yao was written, it referred to Shansi province, which has good sulphur deposits.
>
>   1. 欽州硯譜 2. 歙硯譜 3. 攻器 4. 銃
>   5. 晉州 6. 窩黃 7. 焰硝 8. 麻茹
>   9. 砒黃 10. 定粉

图 10-5　何丙郁教授的"火药篇"手稿①之一

① Joseph Needham's manuscript draft pages for the volume, interspersed with related pages from Ho Peng-Yoke's draft and Wang Ling's notes, 1960-1985, GBR/1928/NRI/SCC2/157/1, Container: SCC2/157/1. Needham Research Institute.

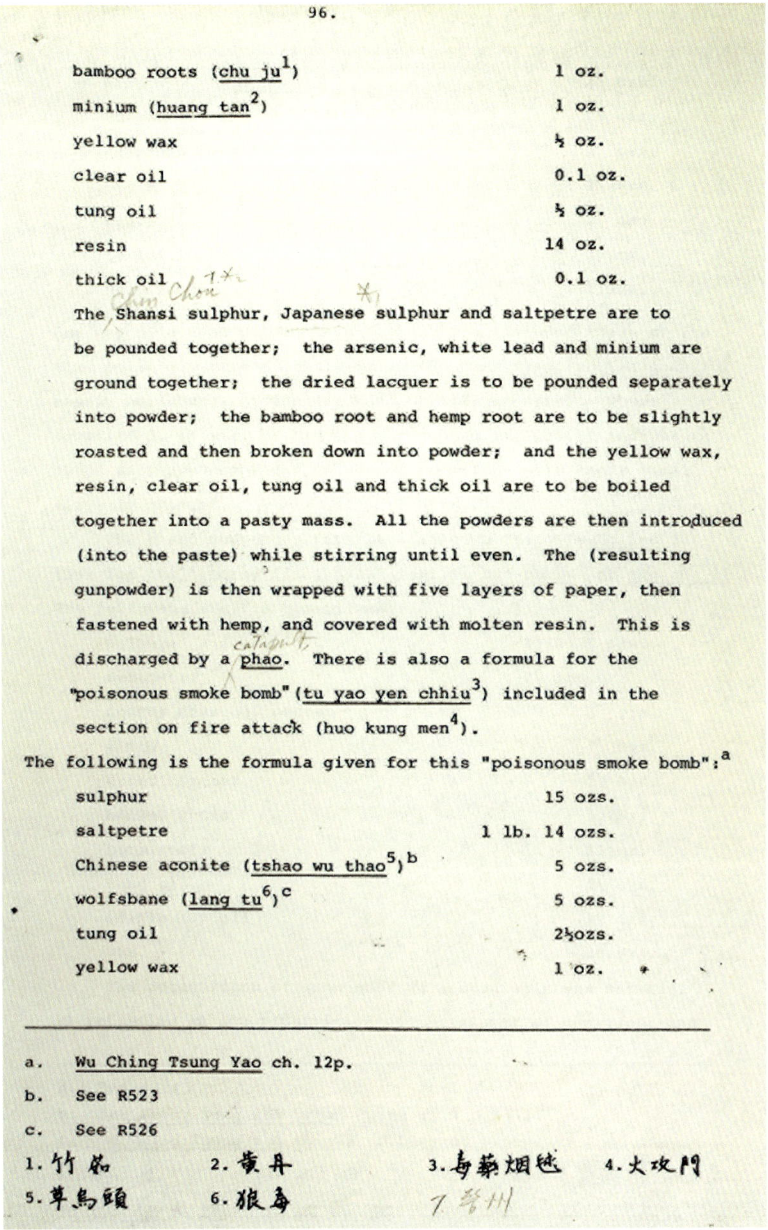

开花结果 ——《火药的史诗》的出版

```
                                96.
        bamboo roots (chu ju¹)              1 oz.
        minium (huang tan²)                 1 oz.
        yellow wax                          ½ oz.
        clear oil                           0.1 oz.
        tung oil                            ½ oz.
        resin                               14 oz.
        thick oil                           0.1 oz.
```

The Shansi sulphur, Japanese sulphur and saltpetre are to be pounded together; the arsenic, white lead and minium are ground together; the dried lacquer is to be pounded separately into powder; the bamboo root and hemp root are to be slightly roasted and then broken down into powder; and the yellow wax, resin, clear oil, tung oil and thick oil are to be boiled together into a pasty mass. All the powders are then introduced (into the paste) while stirring until even. The (resulting gunpowder) is then wrapped with five layers of paper, then fastened with hemp, and covered with molten resin. This is discharged by a phao (catapult). There is also a formula for the "poisonous smoke bomb" (tu yao yen chhiu³) included in the section on fire attack (huo kung men⁴).

The following is the formula given for this "poisonous smoke bomb":[a]

```
        sulphur                             15 ozs.
        saltpetre                           1 lb. 14 ozs.
        Chinese aconite (tshao wu thao⁵)[b] 5 ozs.
        wolfsbane (lang tu⁶)[c]             5 ozs.
        tung oil                            2½ ozs.
        yellow wax                          1 oz.
```

---

a. Wu Ching Tsung Yao ch. 12p.
b. See R523
c. See R526

1. 竹茹   2. 黄丹   3. 毒藥烟毬   4. 火攻門
5. 草烏頭   6. 狼毒

图 10-6 何丙郁教授的"火药篇"手稿[①]之二

---

① Joseph Needham's manuscript draft pages for the volume, interspersed with related pages from Ho Peng-Yoke's draft and Wang Ling's notes, 1960-1985, GBR/1928/NRI/SCC2/157/1, Container: SCC2/157/1. Needham Research Institute.

李约瑟一直盼着何丙郁先生能来剑桥，因为见面商量修改书稿的效率最高。但当他得知何丙郁先生因公事繁忙无法休假前来剑桥之后，只好下定决心自己单独来修改。他在1979年12月24日写信给何丙郁教授：

> 这样一来我就要独自整理"火药篇"的稿子，但最后的结论或许是大致相同的。我当然希望您能够在1980年和1981年间的冬天来剑桥，届时"火药篇"可以定稿，但愿你会同意我补进的资料和某些次序的更动。我希望在下个复活节（1980年的四五月间），这项工作基本上可以完成，我将寄一份完整的复印本给您，请您评论。①

---

① 何丙郁：《我与李约瑟》，三联书店香港分店，1985，第124—125页。

火药实验

何丙郁先生也不知道为什么,接下来李约瑟并没有像他在信中所说的那样,很快修改完成,将书稿送交给出版社,而是又放在自己手里积压了很多年。从1978年李约瑟拿到何丙郁"火药篇"的初稿,到1986年它最终作为SCC第五卷第7分册《火药的史诗》出版,其间又过了8年的时间。

既便李约瑟认为何丙郁的初稿已经足够好了,但他还亲自花费大量的时间和精力来对"火药篇"的内容进行补充和修改。大家都想知道这是为什么,鲁桂珍也曾抱怨,说李约瑟不该把自己晚年有限的时间用在这一个分册上,而是应该投入到"医药卷"中。

李约瑟脑子里的想法别人当然无从得知,但将"火药篇"不同阶段的手稿加以比对之后,我们发现,一个颇具李约瑟特点的做法也许是导致这本书稿再次延期的重要原因——他想用科学的实验方法,来对书本上得来的中国古代的火药配方进行实际的验证。

李约瑟发现,由于化学物质的术语在古代的理解与我们现代的理解可能不同,所以对火药的配方,不同的人会有不同的解读,那么如何判断到底哪一种最为接近古时候的真实情况呢?纸上谈兵是不行的,唯有用科学实验的方法进行验证,并将实验的结果收入到SCC之中。

为了检验自己的判断,经朋友介绍,李约瑟请了英国皇家军械所来对不同配比的火药配方进行了实验。他在1980年9月27日给从未谋面的英国皇家军事研究机构写了一封信,阐明自己的目的,请求得到他们的帮助。信的部分内容如下:

皇家军备研发机构:
　　……
　　如您所知,《中国的科学与文明》这套书构成了对中国文化领域的科学、技术和医学史的系统研究,它们从1954年开始出版,至今已出版了10本,第11本也正在制作当中,此外还有8册尚待完成。从我随函所附的小册子中,您应该能够基本了解这一项目真正的内容。

一段时间以来，鲁桂珍博士和我跟我们的两位在澳大利亚工作的同事王铃教授、何丙郁教授，长期致力于研究中国文化领域的火药和火器的历史。我们知道，第一次提到火药配方是在9世纪中叶；火药第一次用于战争是在919年被用在石油慢燃的火焰投射器中；然后在大约1000年的时候，火药不仅作为燃烧弹，还被装在不太坚固的容器里用于爆炸性的炸弹和手雷。这些都是12世纪的火药特点，但在13世纪的时候，具有爆炸性的黑色粉末在铸铁浇铸的火器中得到了越来越广泛的应用。在同一世纪的某个时间，金属管的手枪或小型炮也被开发出来，中国现存最古老的样本实际上从1290年就被保留了下来。然后，当然您是知道的，从1320年往后，在欧洲手枪和大炮开始流行。简单地说，火枪就是火药作为推进剂在金属管枪中的应用的前身；当然也包括火箭，这些都是在那个阶段的中国诞生的。

现在，关于火药和火器在中国的发展，如果说有一件事比什么都更确定的话，那就是火药配方的成分中硝酸盐含量的逐渐上升。我们怀疑它开始的时候非常低——也许硝石、硫黄和木炭三者的比例相等，但随着时间的流逝，硝酸盐的比例肯定在相当稳定地上升，因为燃烧性火药先是被微弱的爆炸物所取代，最后被爆燃物所取代。我们相信我们最终完成的著作将会表明，火药的使用从首次出现配方，到其作为推进剂在手枪和炸弹中的应用最终在欧洲出现之前，所有的中间阶段在中国都曾经历过。

现在，我们有一个满是中文和西文书籍的图书馆，但没有实验室。鲁桂珍博士和我越来越觉得，如果我们能看到一些简单的、用不同硝酸盐含量的火药点燃的实验，我们应该能够写出更权威的东西，并翻译出我们掌握的大量中文文献。我们假设，非常低的硝酸盐含量的混合物只会燃烧；较大比例的含量的，像火箭的成分，它会发生爆炸；随着硝酸盐的含量增加，它会从轻微的爆炸声响开始，最后到达理论值的比例（77%）附近时，是强大的爆震声。因此，我的问题是，你们的员工能否以这些不同的成分配置出一系列的混合物，然后让我们来现场，亲眼看看这些不同硝酸盐比例的混合物点燃后的差异？我们设想，你们手头就有这样的实验室，可以在那里合理地进行这样的测试。如果可以，希望能允许我们前来一同研究这个实际的历史实验是如何进行的。

最后，请允许我说，如果您能来剑桥，参观一下我们这个图书馆，特别是向您展示我们关于这一迷人的主题内容是如何发展的，将是我们极大的荣幸。我们很幸运，有一些非常珍稀的中文书籍可供使用，例如三个不同版本的《火龙经》（火器手册）。它是在1412年出版的，但其中主要的内容大约在1350年的时候写成，那时的中国刚刚开启赶走蒙古人建立起中国的明朝的进程。大多数西方的图书馆都没有这本书。

致以最美好的祝福。

您诚挚的，

约瑟夫·尼达姆[①]

---

① 27th September 1980

Royal Armament Research and Development Establishment

Dear Mr Jones,

We are writing to you as recommended by our friends Mr Howard Blackmore and Mr R. Smith of the Armouries at the Tower of London. They believe that you could help us in the following matter.

As you may know, the volumes of the "Science and Civilisation in China" series form a systematic treatise on the history of science, technology and medicine within the Chinese culture-area. They began to be published in 1954 and up to now, ten are out, the eleventh is going through the press, and there are about eight more to do. From the brochure which I enclose herewith, you should be able to get a good idea of what the project really represents.

Now for some time past Dr Lu Gwei-Djen and I together with our colleagues, Professor Wang Ling and Professor Ho Ping-Yu, both of whom work in Australia, have been engaged upon a thorough account of the history of gunpowder and fire-arms in the Chinese culture-area. We know that the first reference to the formula occurs in the middle of the +9th century; its first use in warfare comes in +919 when it is used for a slow-match in a petrol flame-thrower; and then by about +1000 it is used not only as an incendiary itself but also for explosive bombs and grenades, mostly in weak containers. These are characteristic of the +12th century, but in the +13th explosive black powder in cast-iron casings was more and more widely used. At some time during that same century the metal-barrel hand-gun or small cannon was also developed, the oldest Chinese specimen actually surviving from +1290. Then, as of course you know, from +1320 onwards in Europe, the hand-gun and cannon begin to be prevalent. I will not complicate the story here by talking about fire-lances which were undoubtedly the predecessors of propellant gunpowder in the metal-barrel gun; nor about rockets, though these also arose in China during those centuries.

Now if there is one thing more certain than any other about the development of gunpowder and fire-arms in China, it is that there was a gradual rise in the nitrate-content of the composition. We suspect that it started very low—perhaps equal proportions of saltpetre, sulphur and carbon-sources, but it must have risen fairly steadily as time went by because incendiary gunpowder is replaced by weak explosion and finally by detonation. We believe that it will appear from our completed work that all the stages of gunpowder use from the first discovery of the formula to its application as propellant in the hand-gun and the bombard were all passed through in China before the appearance of these last in Europe occurred at all.

Now here we have a library full of Chinese as well as Western books, but no laboratory. Dr Lu and I have come more and more to feel that we should be able to write with better authority and to translate the innumerable Chinese texts which we have at our disposal if we were able to see a few simple experiments done on the ignition of powders with varying amounts of nitrate. We suppose that with very low nitrate the mixture will just burn, with larger relative amounts it will go off like a rocket composition, and as the nitrate-content is increased to the neighbourhood of the theoretical 77%, it will give first the mild bang of an explosion and finally the strong one of a detonation. My question therefore is, would it be possible for your staff to make up a series of mixtures with these different compositions and then let us be present when they are touched off so that we could see for ourselves the difference that the proportion of nitrate makes? We imagine that you must have at your disposal a laboratory where just such tests may be reasonably conducted. If so, may we express the hope that you would allow us to come along some time and study this piece of what would be in effect historical experimentation.

Finally, may I say that if you were ever in Cambridge it would be a great pleasure for us to show you over this Library and especially to demonstrate to you how our chapter on this fascinating subject is developing. We are fortunate to have some very rare Chinese books which we can use, for example three different editions of the Huo Lung Ching (Fire-Drake Manual) printed in +1412, but embodying mostly materials of about +1350 when the

把现代科学实验的研究方法用于研究历史问题，充分体现出了李约瑟治学严谨的态度，这和他作为一个生化科学家所受的训练一定密切相关吧。这也正应了中国的一句老话——"纸上得来终觉浅，绝知此事要躬行"。

很快，李约瑟就收到了积极的反馈，直接负责实验安排的戴维斯（Nigel Davies）先生在1980年10月15日回信给他说："我很乐意尽我所能来帮助您。在未封闭的情况下点燃一定量（例如100克）的火药，以便直接观察效果，并用照片进行记录，应该没有困难。……火药的制备方法几乎肯定会影响到它们在这些测试中的绝对表现，但是也可以用相同的方式制备一系列的火药来获取适当的相对结果。对我们来说，最简单的办法是将干燥的成分以正确的比例混合在一起。其他方法是将湿的成分合在一起研磨、干燥，然后粉碎结成的块。我们不太可能重复所有中国人制造火药时所采用的方法，但如果您能提供给我们（哪怕是用笼统概括的语言）他们操作的具体步骤，我们也能决定如何更好地进行实验。"①

戴维斯的意思是，因为有两种方式可以制备火药的混合物，所以他还需要知道古代中国人制造火药的程序，不能光有配方，最简单的方法是按照正确的配比直接混合干燥的成分，另一种是将各种湿的成分研磨在一起，干燥成块儿，最后再打碎。

李约瑟的复信如下：

Chinese were beginning to take steps to throw out the Mongols and establish the Chinese dynasty of the Ming. Most Western libraries have no copy at all of this book.
With best wishes,
Yours sincerely,
JN [Copy of a Joseph Needham letter to Peter Jones of Fort Halstead, Kent, about the possiblility of conducting experiments igniting different gunpowder compositions, and resulting correspondence, 1980-09-27-1981-02-08, GBR/1928/NRI/SCC2/155/1. Needham Research Institute.]

① I would be glad to assist you in any way possible. There will be no difficulty in igniting quantities (say 100g) of unconfined gunpowder so that the effect could be observed directly and in recording the events photographically. If this proves informative, it should be possible at a later date to arrange, in collaboration with Dr Jones, a further series of firings in which the powders were confined within suitable metal (eg cast iron) containers so that additional information on the disruptive capabilities of the materials can be obtained. The method of manufacture of the powders will almost certainly affect the absolute performance in these tests but possibly suitable comparative results could be obtained from a series of powders produced in the same manner. The simplest method for us is to tumble together the dry constituents in the correct ratios. Other methods involve grinding together the wet constituents, drying and breaking up the resulting cakes. It is unlikely that we will be able to duplicate any of the methods by which the Chinese manufactured their gunpowders, but if you would provide us, in broad outline, with the type of process which was used, we could decide how best to proceed. [Copy of a Joseph Needham letter to Peter Jones of Fort Halstead, Kent, about the possiblility of conducting experiments igniting different gunpowder compositions, and resulting correspondence, 1980-09-27-1981-02-08, GBR/1928/NRI/SCC2/155/1. Needham Research Institute.]

开花结果 ——《火药的史诗》的出版 | 441

亲爱的戴维斯先生：

非常感激您10月15日的亲切来信，我们很高兴获悉我们能在接下来的适当时候前来观察具有不同的硝酸盐含量的火药混合物的点燃效果，而在实验的同时采取摄影记录，将是一个极具价值的做法。还有实验的条件，到底是开放的环境还是封闭的容器，也将非常有趣。

您问到关于中世纪的中国人是如何制备和纯化这三种火药成分的，这是一个相当难回答的问题。我认为，关于硝酸盐，我能做的最好的事情，就是给您复印几页我们尚未发表的关于硝石的辨识和纯化的书稿内容，我随信附上。您应该忽略掉我们对"硝"这个术语在词源上的梳理，我们将之翻译成"消解"（solve）是为了保持与当时的欧洲所说的"硝石"（nitre）同样含糊的意思。但是我们认为，对于制备方法的描述已经足够清楚了。

至于木炭，恐怕我们的著作中没有真正涉及木炭烧制的内容，所以我想我会为您复印几页《天工开物》（1637年宋应星的著作）中有关的内容，这是最易获取的资料，我已经为您复印了两个现有的译本，一个是孙氏夫妇的译本[①]，一个是李乔苹的译本[②]。对硫黄的情况，同样请参阅《天工开物》这本非凡的书。

我们当然意识到，"颗粒化"（corning）（颗粒的大小）这种物理条件也会对结果产生很大的影响，但我怀疑我们是否有可能复制出（如您所说的）中国人自公元950年以来所有的精确条件。所以我只是建议您采取对您来说最直接的办法，并让我们看看会发生什么。

……

致以最美好的祝福。

您诚挚的，
约瑟夫·尼达姆
1980年10月23日[③]

[①] 指由孙氏夫妇任以都（E-Tu Zen Sun）和孙守金（Shiou-Chuan Sun）译的《天工开物》。
[②] 李乔苹主译的英文版《天工开物》。
[③]
23rd October 1980

Dear Mr Davies,

We have to thank you warmly for your kind letter of 15 Oct. We were very pleased to know that we shall be able in due course to observe the effects of ignition of small amounts of gunpowder mixtures containing varying amounts of nitrate; and it would be a most valuable thing to take at the same time a photographic record. Also the conditions, whether unconfined or confined, would also be highly interesting.

You ask about the preparation and purification of the three constituents by the mediaeval Chinese, and it is rather

这些探讨和分析表明：要完全再现古代中国人所用的火药混合物是不可能的，因为甚至颗粒的大小也都会影响到燃烧的效果；但实验的结果应该可以看出相同制备程序下不同配方的燃烧效果之间的对比，这一点是肯定的。

李约瑟的信件发出去后，很久没有回音。新的一年又来到了，在时隔3个月之后，他再次去信，想礼貌地提醒一下戴维斯先生，让他别忘记了此事。信的内容如下：

亲爱的戴维斯先生：

您不介意我们再次给您写信吧？我上次写给您信是在去年的10月23日，我还附上了一些复印的材料，希望能引起您的兴趣，虽然我们完全同意您说的，我们可能无法将中国人过去所制作的火药一模一样地重现出来。我确实认为火药的配方经过一个世纪又一个世纪的演变之后，肯定已经有了很大的不同。

但是我们仍然很想尝试着进行一些我在上次信件的开头一段提到过的实验，即观察少量含有不同硝酸盐比例的火药混合物点燃的效果。我还认为如果能够同时进行拍照，比较一下受限的还是不受限的条件，肯定也是件很有意思的事。现在这个实验对我们来说是比以前更为关注的重要话题了，因为我刚刚完成了一篇关于中国早期的白炮和手枪的故事，现在正在着手写作一篇关于火药配方的演变的文章。我以前提到过，我们相信（公元9世纪中叶）最古老的

---

a difficult question to answer. I thought the best thing I could do, with regard to the nitrate, would be to xerox for you the pages of our unpublished sub-section on the recognition and purification of saltpetre, and these I enclose herewith. You can easily skip all the historical untangling of references to hsiao(硝), a word which we translate as "solve", needing something as vague as the European "nitre". But the accounts of the preparations are clear enough, we think.

As regards charcoal, I am afraid that we have not anywhere really gone into charcoal-burning in our work, so I thought I would xerox for you the only pages relevant to it in the Thien Kung Khai Wu (《天工开物》) (+1637) by Sung Ying-Hsing(宋应星), which is the most accessible source, and I have done it for both the available translations, that of Sun & Sun, and the of Li Chhiao-Phing et al. The same applies to what that remarkable book says about sulphur.

We realise of course that the physical condition of the particles makes a lot of difference (as witness "corning" alone), but I doubt whether we could hope to reproduce (as you say) the exact conditions the Chinese had from +950 onwards. So I would simply suggest that you go ahead with the methods most straightforward for you, and let us see what happens....

With best wishes,

Yours sincerely,

JN [Copy of a Joseph Needham letter to Peter Jones of Fort Halstead, Kent, about the possiblility of conducting experiments igniting different gunpowder compositions, and resulting correspondence, 1980-09-27-1981-02-08, GBR/1928/NRI/SCC2/155/1. Needham Research Institute.]

一份火药配方中有可能各种成分都是平均配比的，但是到了13世纪末（1290年）的时候，最早的青铜铸造的手枪已经出现，我们认为那个时候的硝酸盐的比例肯定是已经提高到了70%—75%的程度。

我将继续写我的文章，但我想向您表明，鲁桂珍博士和我很希望在未来几周或几个月内，在您方便的时候，前来哈尔斯特德堡（Fort Halstead）。我们也可以通过电话来敲定一些事情。

致以最美好的新年祝福。

您真诚的，
约瑟夫·尼达姆
1981 年 1 月 23 日 ①

这次对方马上就有了回音，看来李约瑟的催促信起作用了。但是火药实验只能在不受限的环境中进行，以免发生爆炸。实验定在 1981 年 2 月 20 日星期五进行，戴维斯先生还贴心地安排了一位专业的摄影师，用高速摄影机来拍摄实验燃烧的瞬间。② 实验之后撰写的实验报告（日期 1981 年 3 月 30 日）内容如下：

---

①   23rd January 1981
Mr N. Davies
Royal Armament Research & Development Establishment
Dear Mr Davies,
Do you mind having a fresh sign of life from us? When I last wrote to you on 23 October last year, I enclosed a number of xeroxes which I thought would interest you; even although we entirely agreed that it would probably be impossible to reproduce exactly the products which the Chinese used to make their gunpowder. I should think that as a matter of fact it probably varied a good deal from century to century.
However, we are still extremely interested in pursuing the tests which I referred to in the first paragraph of my letter, namely observing the effects of ignition of small amounts of gunpowder mixtures containing varying amounts of nitrate. I added that it would be a wonderful thing to take at the same time a photographic record and to look at the conditions whether confined or unconfined. All this is now more topical than before for us, because I have just finished the story of the early bombards and hand-guns in China; and now have to write a piece about the varying compositions. As I think I mentioned before, we believe that the oldest one of all (in the middle of the +9th century) was probably equal proportions; but by +1290, the date of the earliest bronze hand-gun which actually exists, we think the nitrate must have risen to about 70% or 75%.
I shall go ahead with writing my piece, but I thought I would like to indicate to you that Dr Lu and I are quite willing to come to Fort Halstead at any time convenient to you within the next weeks or months. We can always finalise things on the telephone.
With best New Year wishes,
Yours sincerely,
JN [Copy of a Joseph Needham letter to Peter Jones of Fort Halstead, Kent, about the possiblility of conducting experiments igniting different gunpowder compositions, and resulting correspondence, 1980-09-27-1981-02-08, GBR/1928/NRI/SCC2/155/1. Needham Research Institute.]

②   Joseph Needham's notes taken during the experiment to ignite different gunpowder compositions, 1981-02-20,

制备"火药"配方

试剂

硝酸钾（KNO_3）：烟火等级，在70℃下干燥24小时。

硫（Sulphar）：实验室试剂等级。

木炭（Charcoal）：由欧洲鼠李木制成，含75%的碳。

Number on film	Composition (%) KNO₃	Sulphur	Charcoal	Notes/how ignited
1	75	10	15	Commercially produced (ICI Ardeer)
2	75	10	15	Electric fuze, Mixed @ RARDE
3	90	---	10	"
4	70	10	20	"
5	63	27	10	"
6	42	42	16	"
7	42	16	42	No ignition, "
8	42	16	42	Slow match cord, "
9	33	33	33	Electric fuze, "
10	50	50	---	"
11	50	---	50	"
12	54	23	23	"
13	81	9	10	"
14	81	9	10	Hand pressed candle, electric fuze, mixed at RARDE.

图 10-7　实验样品成分表[1]

GBR/1928/NRI/SCC2/155/3. Needham Research Institute.

[1] Letter from Philip N. A. Seth of Fort Halstead, presenting the results of the experiments, 1981-03-30, GBR/1928/NRI/SCC2/155/2. Needham Research Institute.

制备

所有试剂均通过英国标准120号的（BS No.120）筛子进行筛分，以去除结块，并确保粉末可以自由流动。一个批次准备了11种不同配方比例的组合物（400克），并采用不同制备方法或点火方式，共分为14组如下表所示。筛过的试剂称后放入一个集尘的容器中，然后用湍流混合器搅拌20分钟。混合物密封在防静电塑料袋中。①

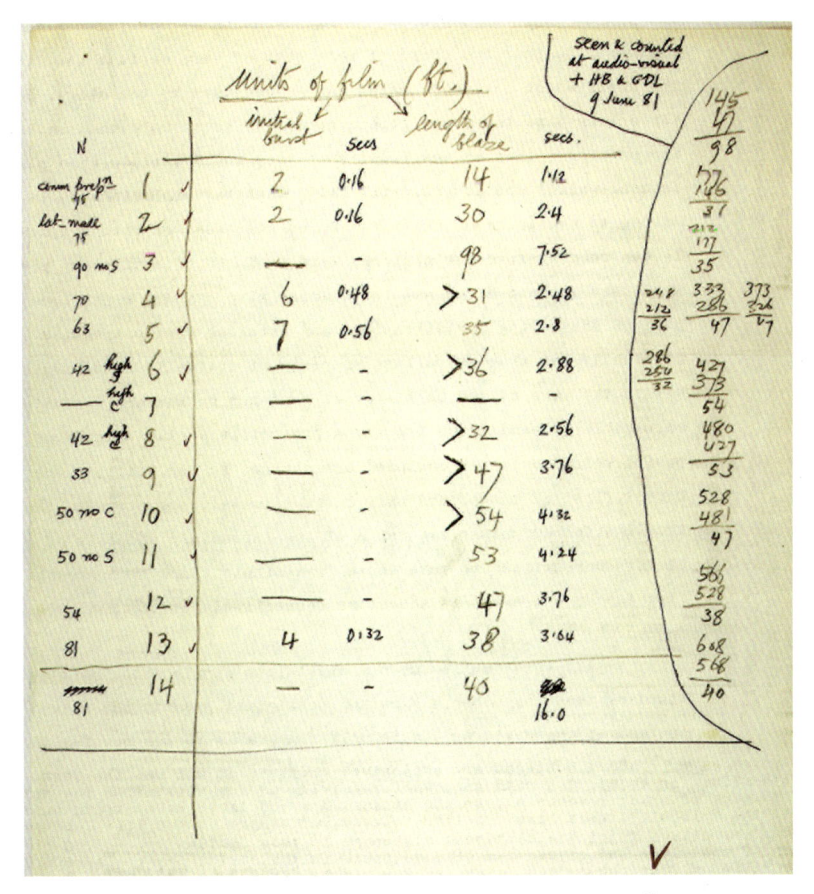

图 10-8　李约瑟记录燃烧时间和观察到的实验现象②

---

① 30th March 1981
Preparation of "Gunpowder" compositions
Reagents
Potassium nitrate—Pyrotechnic grade, dried at 70

② Joseph Needham's notes taken whilst viewing a film of the ignition of the different composition, 1981-06-09, GBR/1928/NRI/SCC2/155/5. Needham Research Institute.

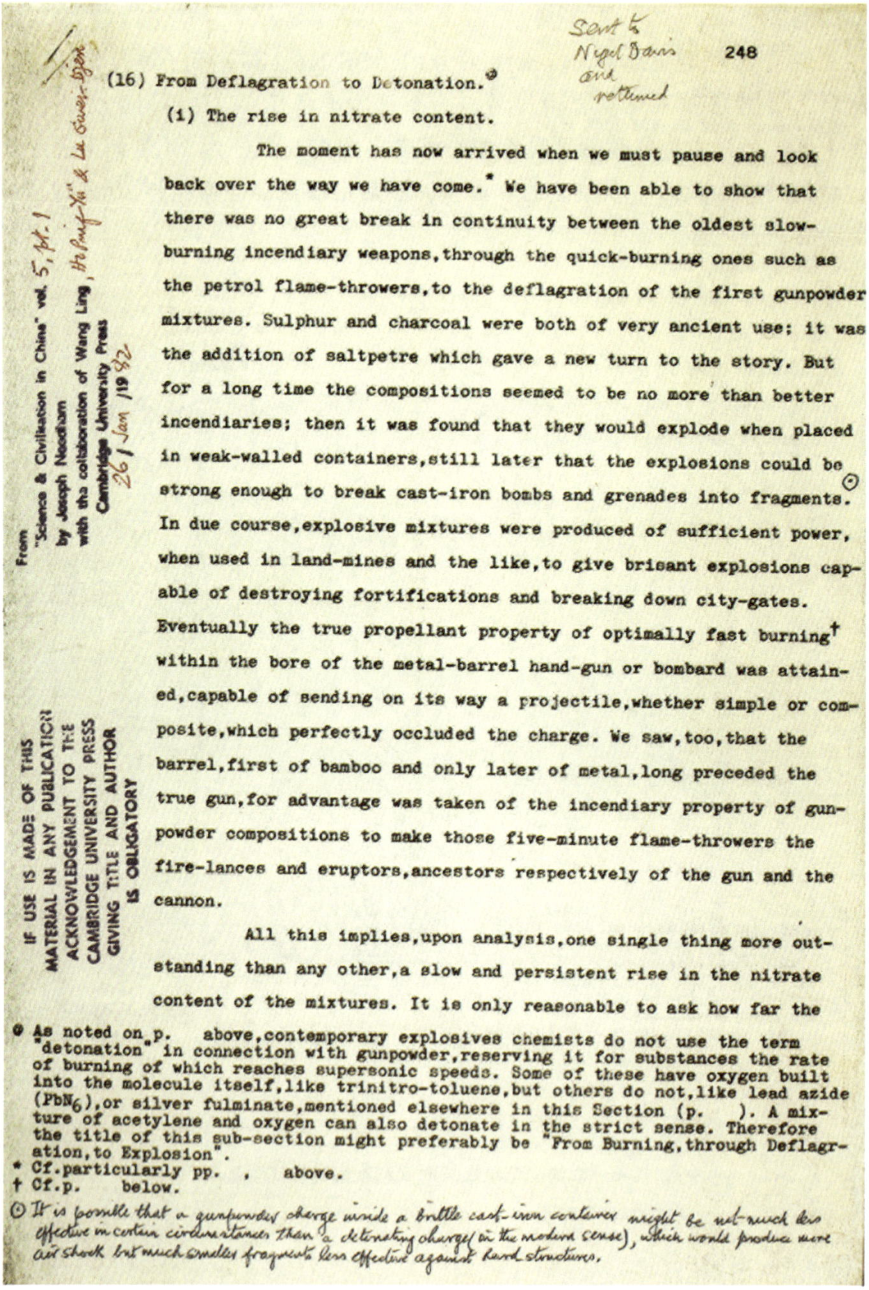

Sent to Nigel Davis and returned

248

From "Science & Civilisation in China" vol. 5, pt. 1
by Joseph Needham
with the collaboration of Wang Ling, Ho Ping-Yü & Lu Gwei-Djen
Cambridge University Press
26/Jan/1982

(16) From Deflagration to Detonation.@

(i) The rise in nitrate content.

The moment has now arrived when we must pause and look back over the way we have come.* We have been able to show that there was no great break in continuity between the oldest slow-burning incendiary weapons, through the quick-burning ones such as the petrol flame-throwers, to the deflagration of the first gunpowder mixtures. Sulphur and charcoal were both of very ancient use; it was the addition of saltpetre which gave a new turn to the story. But for a long time the compositions seemed to be no more than better incendiaries; then it was found that they would explode when placed in weak-walled containers, still later that the explosions could be strong enough to break cast-iron bombs and grenades into fragments.⊙ In due course, explosive mixtures were produced of sufficient power, when used in land-mines and the like, to give brisant explosions capable of destroying fortifications and breaking down city-gates. Eventually the true propellant property of optimally fast burning† within the bore of the metal-barrel hand-gun or bombard was attained, capable of sending on its way a projectile, whether simple or composite, which perfectly occluded the charge. We saw, too, that the barrel, first of bamboo and only later of metal, long preceded the true gun, for advantage was taken of the incendiary property of gunpowder compositions to make those five-minute flame-throwers the fire-lances and eruptors, ancestors respectively of the gun and the cannon.

All this implies, upon analysis, one single thing more outstanding than any other, a slow and persistent rise in the nitrate content of the mixtures. It is only reasonable to ask how far the

IF USE IS MADE OF THIS MATERIAL IN ANY PUBLICATION ACKNOWLEDGEMENT TO THE CAMBRIDGE UNIVERSITY PRESS GIVING TITLE AND AUTHOR IS OBLIGATORY

@ As noted on p. above, contemporary explosives chemists do not use the term "detonation" in connection with gunpowder, reserving it for substances the rate of burning of which reaches supersonic speeds. Some of these have oxygen built into the molecule itself, like trinitro-toluene, but others do not, like lead azide (PbN_6), or silver fulminate, mentioned elsewhere in this Section (p.). A mixture of acetylene and oxygen can also detonate in the strict sense. Therefore the title of this sub-section might preferably be "From Burning, through Deflagration, to Explosion".

* Cf. particularly pp. , above.

† Cf. p. below.

⊙ It is possible that a gunpowder charge inside a brittle cast-iron container might be not much less effective in certain circumstances than a detonating charge (in the modern sense), which would produce more air shock but much smaller fragments less effective against hard structures.

图 10-9 李约瑟寄给戴维斯先生审读的手稿[①]

① Joseph Needham's mansucript draft account of the experiments at Fort Halstead for inclusion in 'Science and Civilisation in China', 1981-02-1981-06, GBR/1928/NRI/SCC2/155/11. Needham Research Institute.

开花结果 ——《火药的史诗》的出版 | 447

实验进行得很顺利,李约瑟成功地看到了实验结果符合他的预期。1981年6月9日他又收到了实验时拍摄的电影胶片,李约瑟和鲁桂珍通过观看胶片精确测量和记录了点燃火药的瞬间所发生的现象(图10-8)。

李约瑟把自己所写的关于实验描述的手稿寄送给戴维斯先生,请他从专业的角度来帮自己把把关。他给戴维斯的信的内容如下:

亲爱的戴维斯:

在此我附上我们2月份在哈尔斯特德堡所做的实验描述的复印件。正如您所看到的,它被放置到了一段更宏大的描述中国和西方火药和火器发展的历史描述之中,这构成了我们正在撰写的SCC第五卷第1分册的一部分。如果您和非利普·塞思(Philip Seth)或任何我们遇到过的共同的朋友能够浏览一下,有任何的批评和评论意见闪现在脑海,请务必告知,我们将会非常感激。

正如您看到的,我们分析了不同混合物的表现,检查了您发送给我们的胶卷,以25帧/秒的速度观看,即用比相机的速度慢20倍的速度来看。表中附带的评论主要取自我当时记下的笔记和影片中显示的情况。现在,我正在把其中的三帧或四帧复制成静止图片,用作插图和幻灯片。

我很抱歉,事实上有些复印的书稿可能相当难以阅读,这是因为它们是我在何丙郁的初稿之上所做的编辑。何丙郁现在是香港大学的客座教授。

请让我们再次表达对您的感谢,让我们能进行这个相当引人入胜的历史性实验。普通的历史学家有时会羡慕我们这些搞科技史的学者,我认为是因为我们有机会去重复那些古人们做过的事情。

您永远的,
约瑟夫·尼达姆
1981年6月19日[①]

---

① 19 June 1981
Dear Nigel Davies,
Herewith I enclose a xerox of our account of the experiments we did last February at Fort Halstead. As you will see, it is embedded in a larger account of the general development of gunpowder and fire-arms in China and the West, which forms part of our larger chapter on the subject in SCC, Vol. 5, pt. 1. We should be extremely grateful if you and Philip Seth and any other of the mutual friends we met would glance over it, and let us know any criticisms and comments which might occur to you.
As you'll see, we digested the behaviour of the various mixtures, which we examined on the film you so very kindly sent us, viewing it at 25 frames/sec., i.e. twenty times slower than the speed in the camera. The accompanying comments in the table are mainly taken from the notes which I jotted down at the time, as well as what the film shows. At the moment I am having three or four frames reproduced as stills, to use as pictures and lantern-slides.

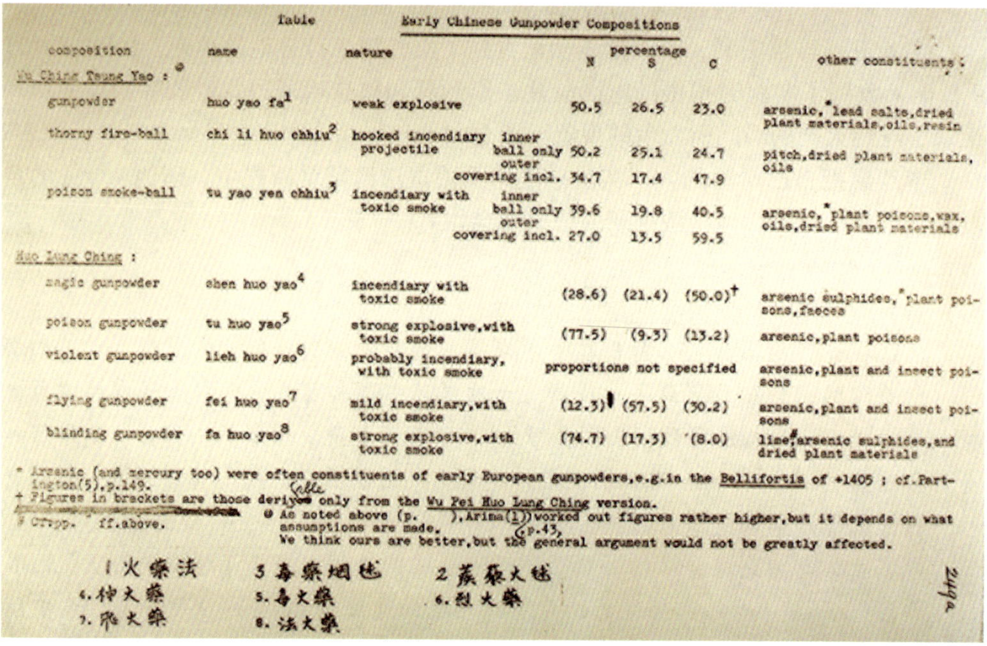

图 10-10　火药配方成分表①

　　李约瑟在手稿中把已知的火药配方列成表格，并绘制成直观的成分分布示意图，解释说明如下：

> 我们认为您可能想看看我们制作的一些插图，我随函附上了。第 1 张图（图 10-11）是公元 1000 年至 1400 年间中国火药配方的一个三角形图；如您所见，它们散落在这个图上，而最古老的混合方式是各种成分相等。第 2 张图（图 10-12）是阿拉伯和欧洲的配方公式，时间跨度从公元 1280 年到 1680 年之间，可以看到，它们都聚集在理论值附近——这表明，最有效的混合比例在火药第

I apologise for the fact that some of the pages are perhaps rather difficult to read; this is because they are my editing of the first draft done by Ho Ping-Yu, who is at present Visiting Professor at Hong-Kong University.

Do let us thank you all again for making it possible to carry out this rather fascinating historical experiment. Ordinary historians sometimes envy us historians of technology, I think, for having the possibility of reproducing things that the old people did.

Ever yours,

JN [Copy of a Joseph Needham letter to Nigel Davies of Fort Halstead, about his draft account of the experiments, and Davies' reply, 1981-06-19-1981-06-26, GBR/1928/NRI/SCC2/155/7. Needham Research Institute.]

① 　Copy of a Joseph Needham letter to Nigel Davies of Fort Halstead, about his draft account of the experiments, and Davies' reply, 1981-06-19-1981-06-26, GBR/1928/NRI/SCC2/155/7. Needham Research Institute.

一次到达阿拉伯和西方的时候就是已知的了。第3张图（图10-13）给出了后来中国的成分，时间跨度从公元1500年到1700年之间，再次印证了此时他们已经知道了很多，硝酸盐成分的范围只在50%到90%之间。①

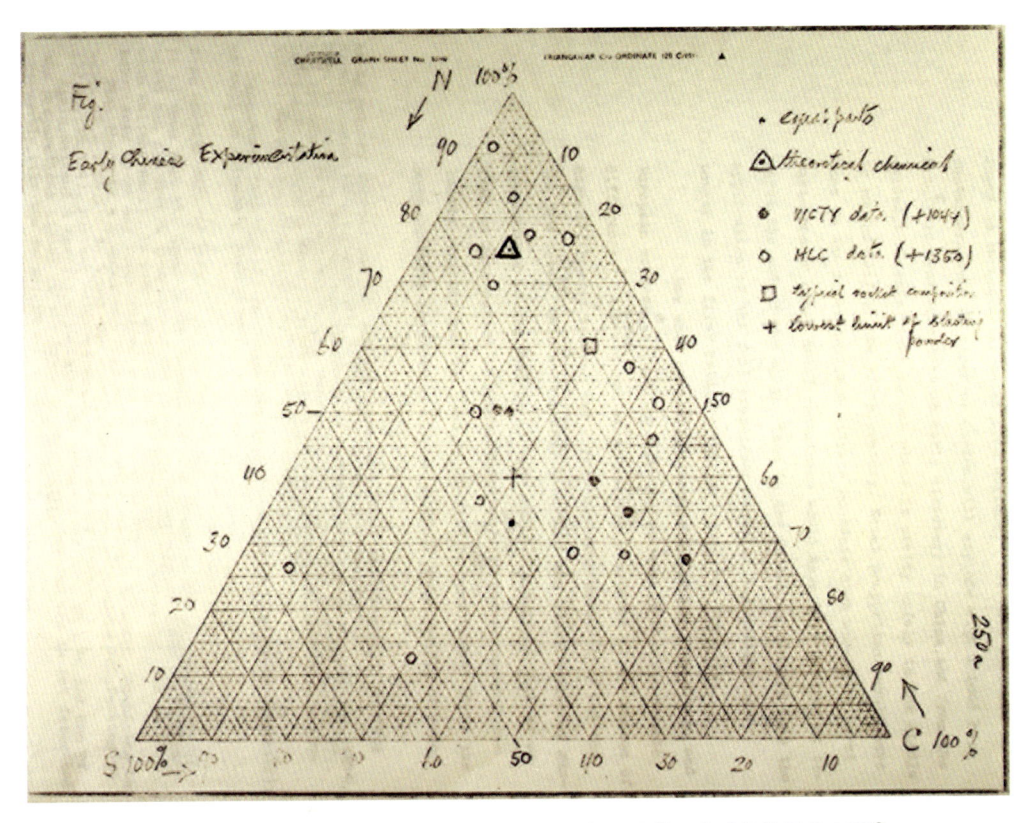

图10-11　中国古代（公元1000年至1400年间）火药配方成分比例分布图②

---

① We thought you might like to see some of the illustrations we have made, and I enclose them herewith. Fig. 1 is a triangular plot of the Chinese compositions between +1000 and +1400; as you see, they range all over the map, and suggest that the oldest mix was equal parts. In Fig. 2 are the Arabic and European formulae ranging from +1280 to +1680, and one can see that they all cluster towards the theoretical—which suggests to us that the most effective mixture was known already when it first reached the Arabs and the West. Fig. 3 gives the late Chinese compositions, from +1500 to +1700, and again by then they know their onions and range only between 50% and 90%. [8 Feb 1981][Copy of a Joseph Needham letter to Nigel Davies of Fort Halstead, about his draft account of the experiments, and Davies' reply, 1981-06-19-1981-06-26, GBR/1928/NRI/SCC2/155/7. Needham Research Institute.]

② GBR/1928/NRI/SCC2/155/7.

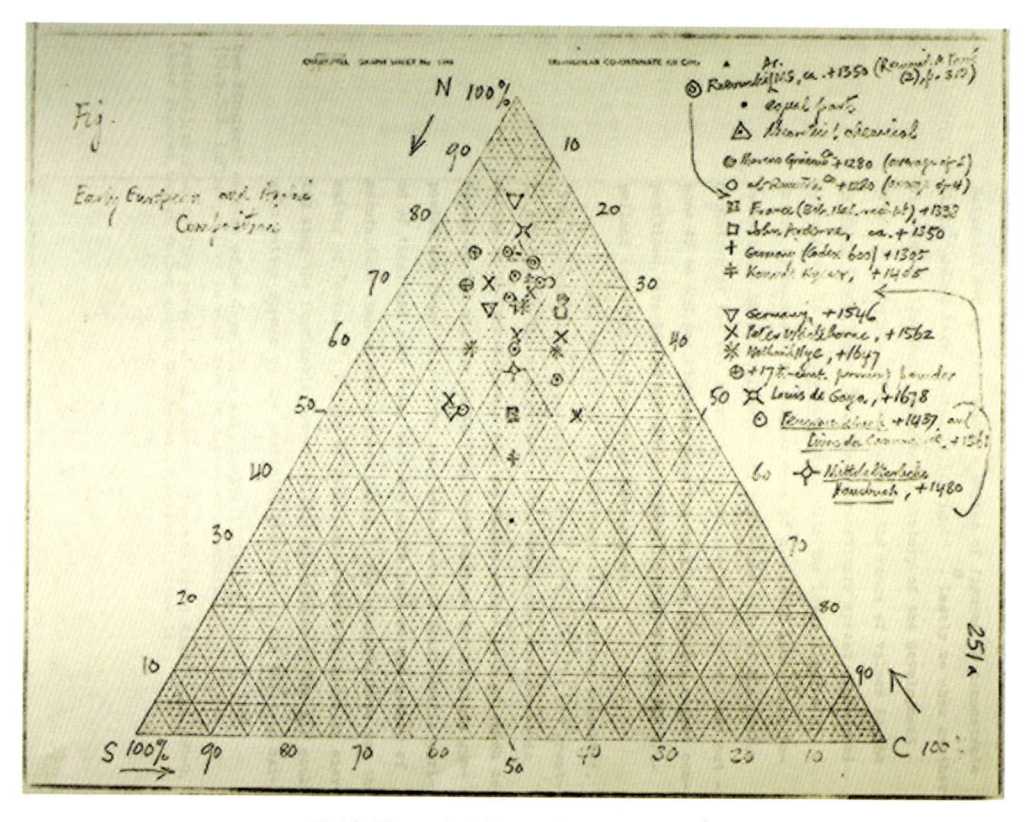

图 10-12 西方火药配方成分比例分布图[1]

1981年7月26日，戴维斯答复李约瑟，指出了书稿中存在的若干术语问题。部分内容如下：

> 感谢您给我看您关于中国火药发展的迷人篇章。我已就我列在下面的少量问题做了点评论。最重要的一点是关于您使用的术语"爆轰"（detonation）这个词，在现代技术中它更多是指"猛烈地爆燃"（violent deflagration）的意思。出于兴趣，我附上了一份说明，关于描述不同类型的各种爆炸情况的术语。从这一说明的角度来看，现代商业意义上的火药，是指压缩成柱状，燃烧速度大约10mm/s 的火药。作为一种松散的粉末，反应会扩散得更快，因为会在颗粒表面引起火花闪烁。然而这个结果仍然只是一种爆炸（explosion），而不是一种爆轰，即使通过局限反应空间而加快了燃烧速率。

---

[1] GBR/1928/NRI/SCC2/155/7.

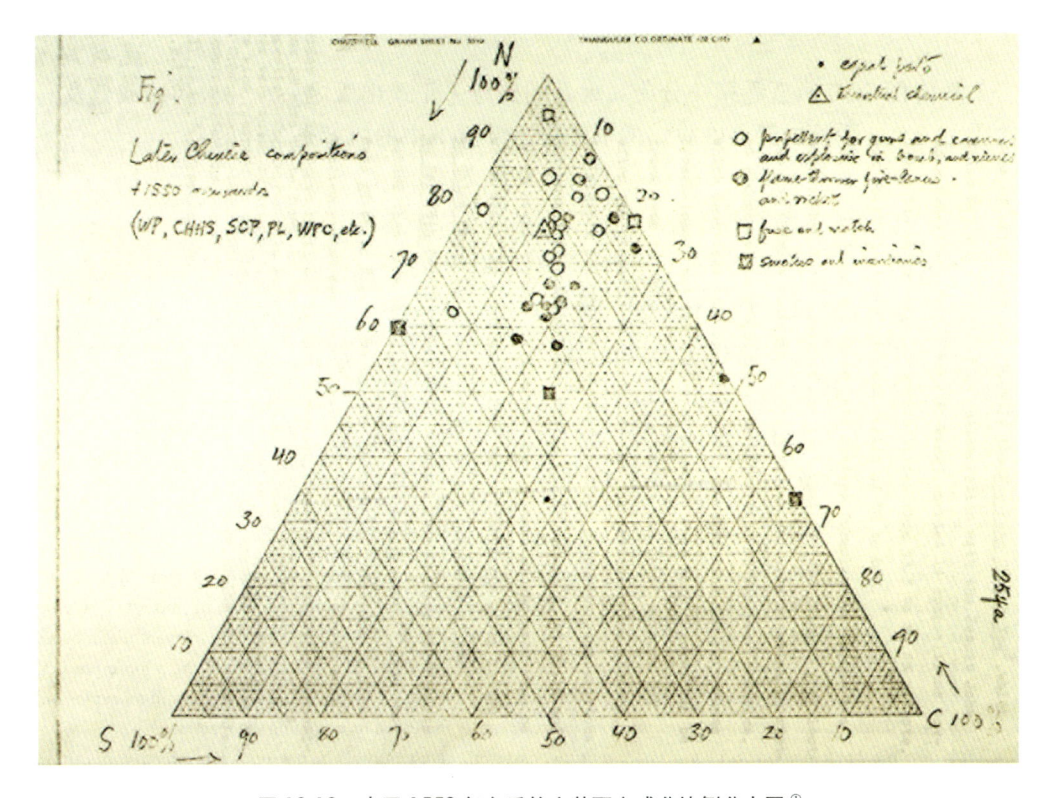

图 10-13　中国 1550 年之后的火药配方成分比例分布图[1]

填充在易碎的铸铁容器内的火药有可能也会有很强的危害性，在某些情况下，可能会比爆轰产生更强的（空气）冲击，但小得多的碎片对坚硬结构的损毁效果要小得多。

……

根据我所附说明中对不同爆炸类型的划分，标题叫作"从燃烧到爆炸"更为准确。

……

脚注是不正确的，因为不含氧的单一成分（如铅的重氮化合物）和混合物（如电石气和氧）也可以发生爆轰。我建议"爆轰"一词不应该在谈及火药的时候使用。雷酸银（Silver fulminate）是文中提及的唯一爆轰式爆炸物。[2]

---

[1] GBR/1928/NRI/SCC2/155/7.
[2] 这封信的英文全文如下：

6th July 1981

Dear Dr Needham,
Thank you for the sight of your fascinating chapter on the development of gunpowder in China. I have made a few

最终在 SCC 第五卷第 7 分册《火药的史诗》正式出版之后，"火药的成分及其性质"一节（手稿的第 248 页，成书的第 108 页）中的内容是这样的：

……现在到了更明确地定义我们的术语的时候了。[1] 我们可以根据燃烧反应的特点，合理地制定一个可燃物质的标准。

（1）缓慢延烧 (Slow burning)

（2）快速燃烧 (Quick burning)

（3）爆燃（Deflagration）

（4）爆炸（Explosion）

（5）爆轰（Detonation）[2]

---

comments on odd points which I list below. The most important point concerns your use of the term "detonation" which means more than "violent deflagration" in modern technology. I have attached, out of interest, a note on the various terms used to describe various types of explosive event. In view of this note it is relevant that modern commercial gunpowder, when compressed into a column, burns at a rate of about 10mm/sec. As a loose powder, the reaction spreads more rapidly because it flashes across the surface of the grains. The result is still an explosion, however, rather than a detonation, even when the burning rate is increased by confining the reaction.

It is possible that a gunpowder charge inside a brittle, cast iron container might be not much less effective, in certain circumstances than a detonating charge which would produce more (air) shock but much smaller fragments less effective against hard structures.

Silver fulminate, which you mention on page 266, is a true detonating explosive.

The changes on page 258a are to accord with the Ministry's official practice, without which, no acknowledgement should be made.

Best Wishes,

Nigel Davies

Page 248.

Heading: As outlined in the attached note the heading is, more correctly. "From Burning to Explosion"

Footnote: This is not correct as single components without oxygen (eg lead azide PbN6) and mixture (eg Acetylene/oxygen) can detonate. I suggest below that the term "detonation" should not be used in the context of gunpowder. Silver fulminate is the only detonating explosive mentioned in the text. ...

[Copy of a Joseph Needham letter to Nigel Davies of Fort Halstead, about his draft account of the experiments, and Davies' reply, 1981-06-19-1981-06-26, GBR/1928/NRI/SCC2/155/7. Needham Research Institute.]

① SCC 原书脚注：接下来的内容是基于我和王铃两人在 1956 年 7 月 18 日和 19 日与已故的帕廷顿教授（J. R. Partington）举行的会议。有一个更为精简的版本发表在帕廷顿的《希腊火和火药的历史》一书第 266 页。[a. What follows is based upon a conference which two of us (J. N. and W. L.) had with the late Professor J. R. Partington on the 18 and 19 July 1956. A somewhat more condensed version was published in Partington (J. R. Partington, A History of Greek Fire and Gunpowder. Heffers, Cambridge, 1960.), p. 266.]

② SCC 原书脚注：在这里，我们遵循帕廷顿的构想，但我们知道，它并不完全代表当代爆炸物化学家的通常用法。……我们感谢哈尔斯特德堡的奈杰尔·戴维斯博士在本说明中提供的信息。[Here we follow the formulation of Partington, but we are aware that it does not quite represent the usage of contemporary explosives chemists... We are indebted to Dr Nigel Davies of Fort Halstead for the information in this note.]

李约瑟根据戴维斯先生的建议，在标题"从爆燃到爆轰"（From Deflagration to Detonation）后面也加了一个脚注，并在脚注中注明：

> 现代爆炸物化学家不再对火药使用"爆轰"这一术语，而是将之留给了那些燃烧速度达到了超音速的物质。其中有些有氧元素内置在其分子之中，如三硝基甲苯（trinitro-toluene），但有些没有，如叠氮化铅（PbN6），或在本节的其他地方提到的雷酸银。在严格意义上，乙炔和氧气的混合物也可以引起爆轰。因此，这个小节的标题也许最好是"从燃烧，到爆燃，到爆炸"（From Burning, through Deflagration, to Explosion）。[①]

这段经历，让李约瑟不无感慨地写下了一句话——"百文不如一见"[②]，并阐释道：

> 中国谚语说"百文不如一见"，而英文意思是"解释千次不如自己看一次（a thousand explanations are not as good as one seeing for oneself）"。因此我们决定观察一下用不同比例的硝酸盐所制火药的燃烧效果，从而阐明历史上实际的实验情况如何。我们很幸运地得到了在肯特郡哈尔斯特德堡的皇家武器装备研究与发展机构人员的合作。他们为我们制备并燃放了十几种混合物，其结果显示在附表与照片中。
> ……
> 每次实验用相同体积的火药堆，在没有受限的环境中点燃。在这些条件下马上就看到，所有成分都燃烧起来，但是有的燃烧得更快、更猛。
> 最初燃起火焰的，仅是硝酸盐超过60%的混合物，而当成分比例更趋近于理论值时，则产生最大爆炸速度。……总的来说，从实验可以推知，在9世纪中叶与14世纪中叶之间的中国火药史上，硝酸盐在混合物中的比例逐步增加。[③]

---

① SCC英文版第五卷第7分册（page 342）脚注：[a] As noted on p. 110 above, contemporary explosives chemists do not use the term 'detonation' in connection with gunpowder, reserving it for substances the rate of burning of which reaches supersonic speeds. Some of these have oxygen built into the molecule itself, like trinitro-toluene, but others do not, like lead azide (PbN6), or silver fulminate, mentioned elsewhere in this Section. A mixture of acetylene and oxygen can also detonate in the strict sense. Therefore the title of this sub-section might preferably be 'From Burning, through Deflagration, to Explosion'.
② SCC英文版第五卷第7分册，page 354，note 5. 正确的说法应该是"百闻不如一见"。
③ 李约瑟：《中国科学技术史（第五卷 化学及相关技术 第7分册 军事技术：火药的史诗）》，科学出版社、上海古籍出版社，2005，第299—303页。

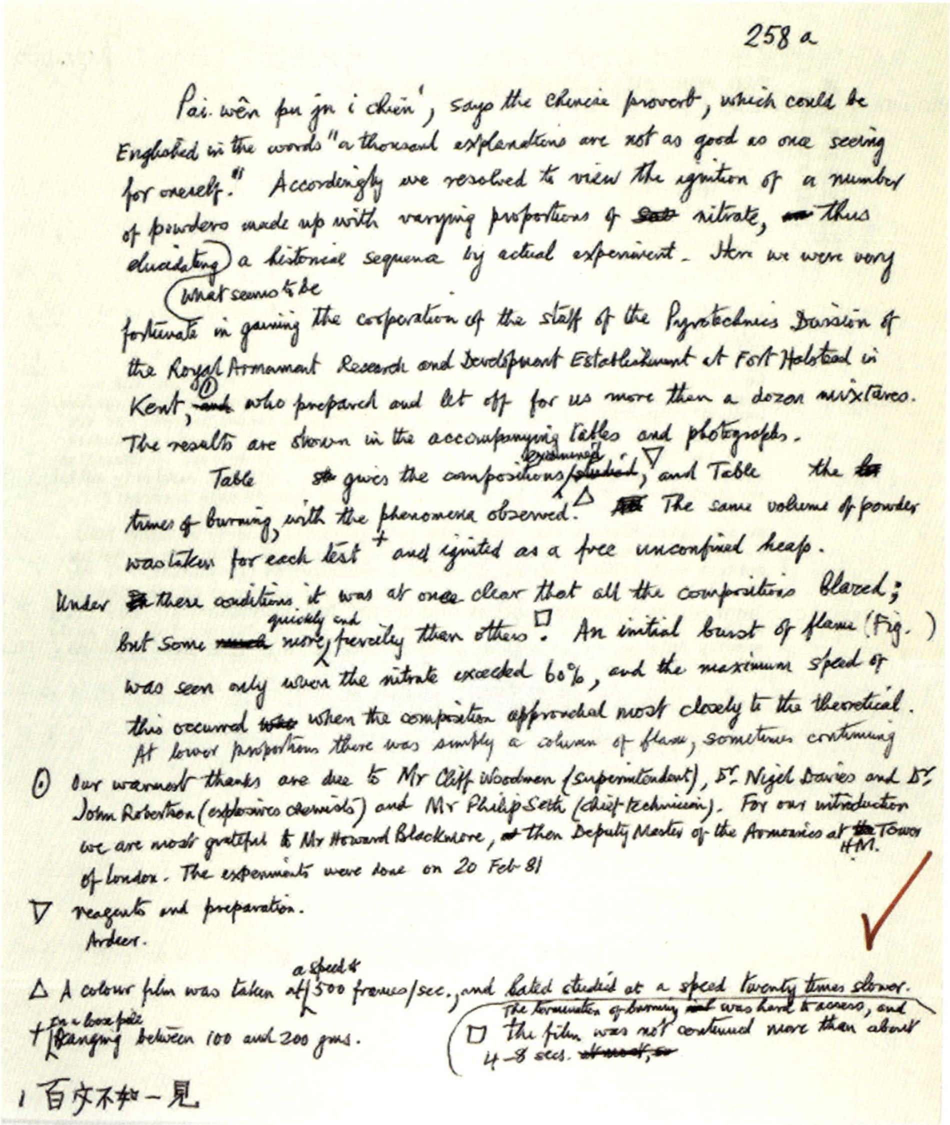

258 a

Pai wên pu ju i chien¹, says the Chinese proverb, which could be Englished in the words "a thousand explanations are not as good as one seeing for oneself." Accordingly we resolved to view the ignition of a number of powders made up with varying proportions of nitrate, thus elucidating (what seems to be) a historical sequence by actual experiment. Here we were very fortunate in gaining the cooperation of the staff of the Pyrotechnics Division of the Royal Armament Research and Development Establishment at Fort Halstead in Kent, ① who prepared and let off for us more than a dozen mixtures. The results are shown in the accompanying tables and photographs.

Table gives the compositions examined, ▽ and Table the times of burning, with the phenomena observed. △ The same volume of powder was taken for each test + and ignited as a free unconfined heap.

Under these conditions it was at once clear that all the compositions blazed; but some more quickly and fiercely than others. □ An initial burst of flame (Fig.) was seen only when the nitrate exceeded 60%, and the maximum speed of this occurred when the composition approached most closely to the theoretical. At lower proportions there was simply a column of flame, sometimes continuing

① Our warmest thanks are due to Mr Cliff Woodman (Superintendent), Dr Nigel Davies and Dr John Robertson (explosives chemists) and Mr Philip Seth (chief technician). For our introduction we are most grateful to Mr Howard Blackmore, then Deputy Master of the Armouries at HM Tower of London. The experiments were done on 20 Feb 81

▽ reagents and preparation.
Ardeer.

△ A colour film was taken at a speed of 500 frames/sec., and later studied at a speed twenty times slower.

+ in a loose pile ranging between 100 and 200 gms.

□ The termination of burning was hard to assess, and the film was not continued more than about 4–8 secs.

1 百文不如一見

图 10-14 李约瑟手稿左下角的脚注“百文不如一见”①

我们可以看到，李约瑟作为一个外国人，他已经完全能够理解和体会中国传统文化的深长意味了，但由于中文并非他的母语，所以仍然难免会有字面上的不尽准确之处。

① GBR/1928/NRI/SCC2/155/7.

修改书稿

图 10-15　晚年的李约瑟在研究所办公室里工作[①]

何丙郁先生的"火药篇"初稿完成后，王铃也利用学术休假的机会，携家眷到访剑桥。李约瑟专门为王铃准备了一间办公室，好让他专心审读何丙郁的手稿，提出修改意见。但王铃写给李约瑟的建议写得相当简单：

---

① Joseph Needham in his office at the Needham Research Institute, c. 1990. Photographer not known, courtesy of the Needham Research Institute.https://www.nri.org.uk/joseph8.html.

几点总体的想法：

由于一些军事概要的逸失，特别是南宋早期的《御前军器集模》的缺失，我们仅剩两部军事概要：《武经总要》（下文 WCTY，1040 年）和《火龙经》（下文的 HLC，1412 年）。《武经总要》描述了各种弹射武器和抛掷武器，其中有些含有火药。《火龙经》有一些额外的武器，包括火焰投射器（您在概述的图片中已经有所描述，提供了武器的发展的普遍情况）。除《武经总要》外，《火龙经》是唯一一部可以声称没有受到欧洲影响的书（除了几个术语和图片）。书中描绘了火焰投射器、喷射器、火箭和大炮。其他的军事书籍的成书日期都是在欧洲人到达中国之后。如果我们引用这些书，为了显示其本地起源而非欧洲的特点，必须提到《火龙经》中类似的情况。至于中东对这一问题的影响，尚需解决。

与《火龙经》的成书日期相关的一个问题，其二、三集不应被翻译成"第二、三章"，实际上，应该被视为"增补"或"再补"，或者被理解为"一续"和"二续"，因此《火龙经》南洋的版本被冠名为"全集"。

剩下来的就是讨论后世添加的一些内容，比如提到的"鸟鎗"（没有图示）。之前的一些包含图片的页面，如第 1 部分第 2 章 2a 页中的"威远砲"，第 2 部分第 2 章 4a 页中的"迅雷砲"，都值得商榷。

还有一种瓶子形状的武器（"花瓶"）WPC（在何丙郁的草稿 210a 页中），与技术传播有关，值得进一步研究。这张图片和上述的两幅图片一样，看起来和所述的其他武器并不协调。不管怎样，这个瓶子形状的武器，尤其是最后一个喷射器，并没有收在《火龙经》的全集中。关于沃尔特·德·米利米特（Walter de Millemete）在一份标题页为"1326 年"的手稿[①]值得进一步研究，现保存在

---

① 李约瑟在"1326 年"旁边手写"早于 HLC 序言的 1412，但不一定晚于 HLC 的撰写"（earlier than HLC preface +1412 but not necessarily later than the writing of HLC）。

牛津基督教堂图书馆（见何丙郁的手稿234页）。①

对于王铃这个如此简单的审稿意见，李约瑟显然是不满意的，可对于王铃提出的问题和建议，他却不得不认真加以核实，于是他给何丙郁教授写信询问，请他核对这几幅插图的准确性。1980年4月24日何丙郁教授的回信来了，内容如下：

我很抱歉花了这么长时间才来回答您……我请堪培拉的澳大利亚国立大学图书馆东方藏品部主任Y. S. Chan和吉隆坡的Ang Tian-Se帮我检查《武经总要》"四库全书版"中的"虎蹲砲"。我查看了我自己的《武经总要》和澳大利亚国立大学图书馆的《武经总要》以及通过馆际互借拿到的版本，发现我不经意地用了一张错误的图，这要怪那个两个世纪之前的《武经总要》的清代的编者！……根据《四库全书提要》的说法，《四库全书》的编者只知道《武经总要》的一个版本。不幸的是，18世纪的编者似乎篡改了文本，意图更新这一

---

① WL 1978-9 on HPY draft.
A few general thoughts:
With the loss of military compendia especially the Yu Chhien Chun Chhi Chi Mu (《御前军器集模》) of early Southern Sung which would serve as a missing link, we have only 2 military compendia the Wu Ching Tsung Yao (《武经总要》) (hereafter WCTY) of 1040, the Huo Lung Ching (《火龙经》) (hereafter HLC) of 1412. The Wu Ching Tsung Yao gives descriptions of various catapults (arcutaltitae) as well as the projectiles of which some contained gunpowder. The HLC has various kinds of additional weapons ranging from flame-throwers (which you have described in your summary diagrams giving a general picture of the development of weapons). Apart from WCTY, the HLC is the only book which can claim, with the exception of a few terms and diagrams, to be free of European influences. It should be used whenever possible to describe the flame-throwers, eruptors, rockets, and cannons. The other military books all date after the arrival of the Europeans. If we quote these books one must mention that similar ones were mentioned in the HLC in order to show its native origin or non-European character. As for the Middle East influence the question still has to be settled, for instance, the Study of Madfa' would be profitable. In connection with the dating of HLC, the HLC 二集 and the HLC 三集, should not be translated as HLC in 2 chapters and HLC in 3 chapters respectively, in fact it should be considered as the supplement and the further supplement, or as the first continuation and the second continuation, since the first Nanyang edition of HLC is entitled the complete work 全集 (Chhuan Chi).
Then what remains is to discuss a few later interpolations such as the mentioning of the term niao chhiang 鸟鎗 match-lock (without diagram). The early pages with the diagram e.g. pt.1 Chapter 2, page 2a, wei yuan phao 威远砲; and pt.1 chapter 2, page 4a, quick thunder 迅雷砲 should be discussed.
Also the weapon in the shape of a bottle, (the "vases") WPC (210a in H P-Y's draft), is worth further study in connection with the transmission. This single picture as well as the above-mentioned two seems to be not in harmony with the other weapons described. In any case the bottle-shaped one particularly the last eruptor (not in 全集 then) HLC could be further studied in connection a manuscript by Walter de Millemete in the title page of the +1326 (earlier than HLC preface +1412 but not necessarily later than the write of HLC) MS De officiis Regum, now preserved in Christ Church Library, Oxford (Ho's ms p.234).
[Joseph Needham's manuscript draft pages for the volume, interspersed with related pages from Ho Peng-Yoke's draft and Wang Ling's notes, 1960-1985, GBR/1928/NRI/SCC2/157/1, Container: SCC2/157/1. Needham Research Institute.]

11世纪的材料。"四库全书版"中的两门金属圆桶炮的插图,即"移动砲车(行砲车)"和"战车砲(轩车砲)"的插图是高度可疑的,更令人好奇的是,在文本中找不到这两种武器的描述。Arima指出,在更早的《武经总要》的版本中并没有这两幅图。①

你看,王铃说对了吧。

到目前为止,我们总算知道了SCC的合作者们是怎么进行协作的。

王铃不擅长用英文写作,而长于中国古代文献资料的选择与甄别。离开了李约瑟的王铃,肯定有一种英雄无用武之地的感觉。

何丙郁教授的写作特点在旁人看来太令人羡慕了,他写东西好像是轻轻松松、一气呵成的,也从未吐槽过自己写作时所经历的艰辛。

至于说李约瑟是如何写作的,从"火药篇"的书稿中我们也可以清楚地看到。他是在何丙郁的原稿上进行修改的。如果说他有什么写作的秘诀的话,那就是不厌其烦地修改——用剪刀和糨糊的剪贴方式,持续不断地增加或删减内容。

反复修改,这其实就是李约瑟的写作特点和秘诀。反复修改,实质上就是一个逐步地消灭错误和不确定性的过程。

人们今天习惯了在计算机上写作,也离不开拷贝粘贴的功能。是的,没错,但当我们习惯于在计算机上拷贝粘贴,很容易忘记了那其实不是写作,而是在修改。技术的进步有好有坏。李约瑟用胶水手工粘贴的办法,反而效果更好,那是因为在纸上动手做的改动,每一次修改的痕迹都可以看到,即使是过了几十年之后,仍是一目了然。

---

① My dear Joseph
...I am sorry to have taken so long to answer your first question—that sixty-four dollar question on the third offending cannon. After asking Y.S. Chan, head of the Oriental Collection in the Australian National University Library, Canberra and Ang Tian-Se in Kuala Lumpur to check the hu tun phao (虎蹲砲) in the SKCS ed. of WCTY for me and after obtaining this same edition of WCTY from the Australian National University Library or inter-university loan to go over the whole book again myself, I discovered that I have inadvertently slipped in a wrong diagram just as what I have accused the Chhing editor to the WCTY to have done two centuries earlier! ...According to the Ssu Khu Chhuan Shu Thi Yao the compilers of the SKCS knew of only one version of the Wu Ching Tsug Yao. Unfortunately, it seems likely that the 18th century compilers tampered with the text with the intention of updating the 11th century material. The illustrations of two metal-barrel cannons, namely the "movable gun carriage" (行砲车) and the "chariot gun" (轩车砲) in the SKCS version is a high suspect, and it is even more curious to find a description of these two weapons missing in the text.[Wu Ching Tsung Yao (SKCS Wan-yuan-ko edition) Chhien Chi ch. 10 p. 13a and 13b.] Arima points out that these diagrams do not appear in the earlier Wu Ching Yao Lan version.[Arima p. 60 to p. 63] ...
Ho Peng Yoke [Joseph Needham's manuscript draft pages for the volume, interspersed with related pages from Ho Peng-Yoke's draft and Wang Ling's notes, 1960-1985, GBR/1928/NRI/SCC2/157/1, Container: SCC2/157/1. Needham Research Institute.]

图10-16 李约瑟手稿[1]

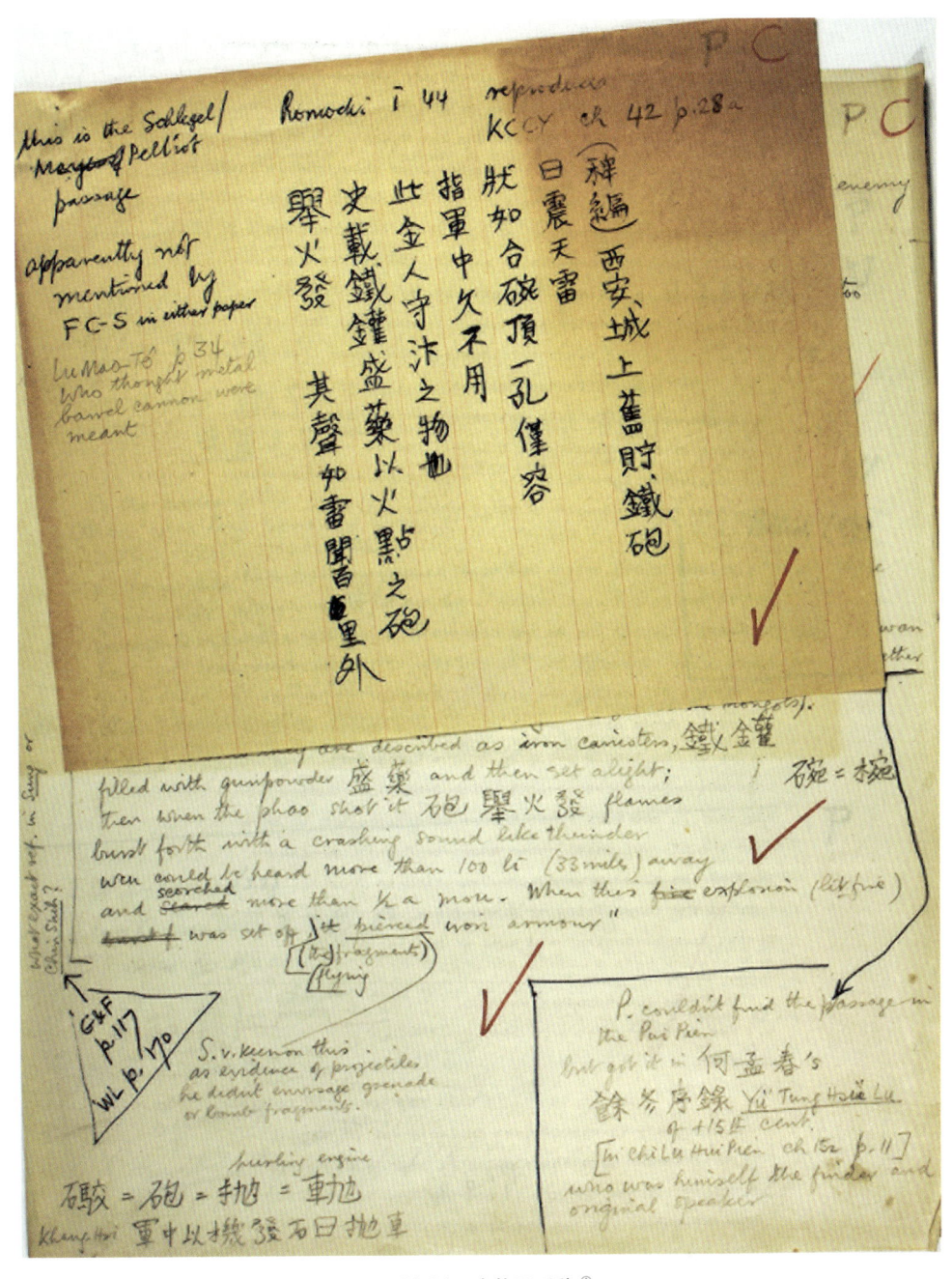

---

[1] Draft pages from the gunpowder volume of 'Science and Civilisation in China,' 'retyped by Diana [?], Characters put in by Lien-Chu [?], Feb 83', 1983-02, GBR/1928/NRI/SCC2/157/4. Needham Research Institute.

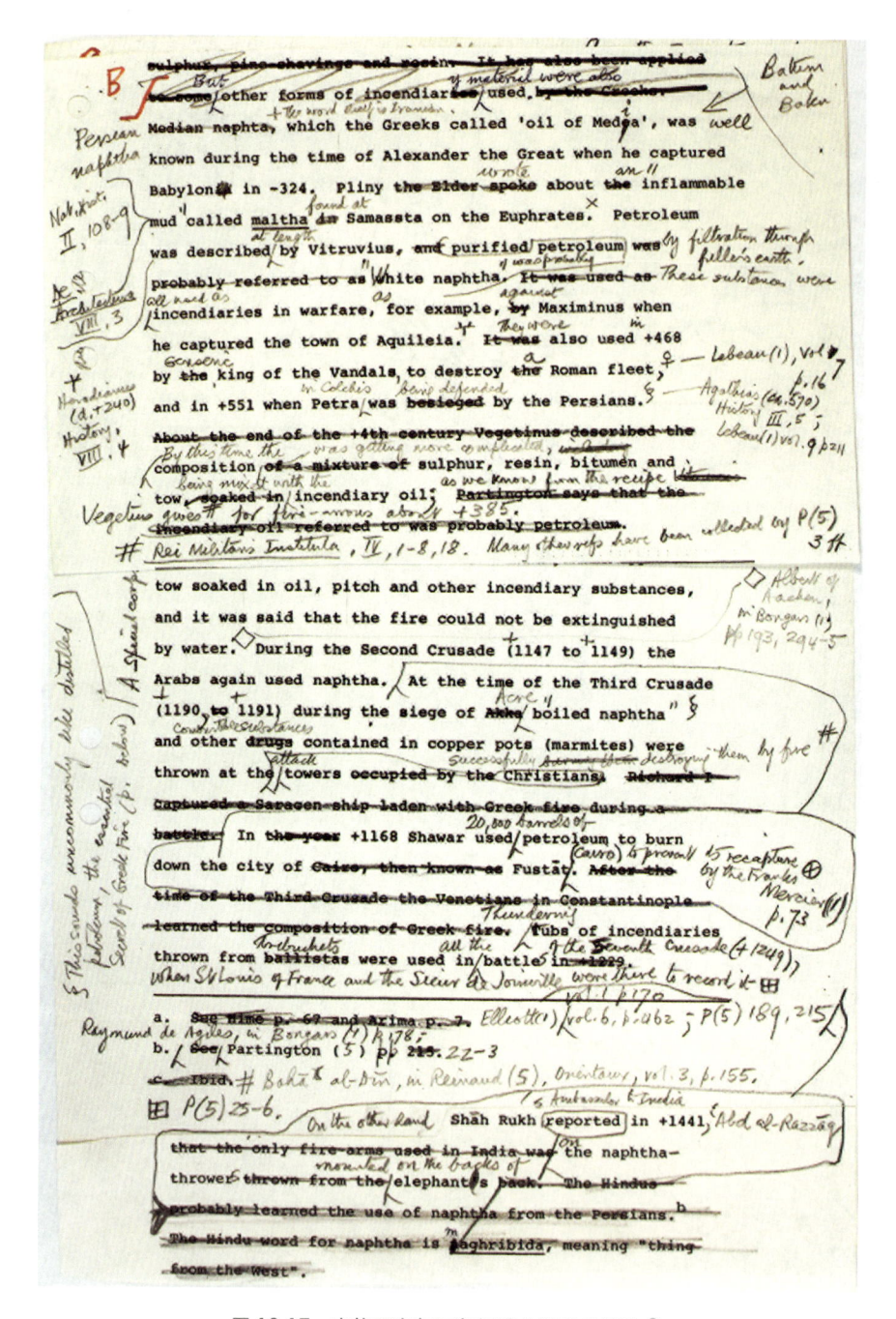

图 10-17　李约瑟在何丙郁初稿上所做的修改[1]

---

[1] GBR/1928/NRI/SCC2/157/4.

独居一室闭门创作，还要反复修改，写作显然不可能是一件轻松的工作。但也没有什么更好的办法了，写作这个行当本身就是个苦差事，几千年前如此，如今依然如此。但不必抱怨，因为这正是一个作者能够享有著作权的原因所在。

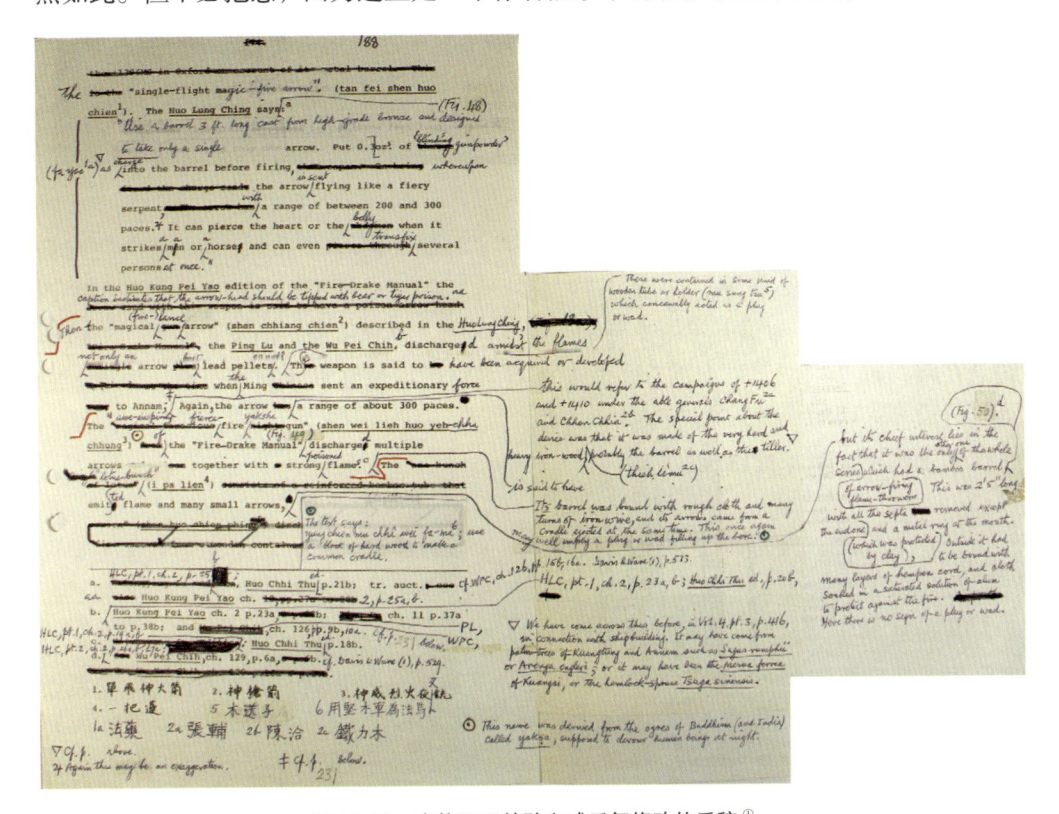

图 10-18　李约瑟用剪贴方式反复修改的手稿[①]

---

① GBR/1928/NRI/SCC2/157/4.

《火药的史诗》出版

"火药篇"原本应该作为 SCC 第五卷第 1 分册的内容的一节,但由于与之配套的钱存训编写的"纸与印刷"一节内容太多,也已经扩充到了可以独立成册的程度,所以它在 1985 年作为第五卷第 1 分册《纸与印刷》单独出版,而"火药篇"经过李约瑟在何丙郁初稿的基础上增补了大量内容之后,也足够单独制成一册作为第五卷第 7 分册《火药的史诗》在 1986 年出版。

弗朗西斯·培根曾说过:

> 印刷术、火药和指南针,这三种发明古人都不知道;它们的发明虽然是在近期,但其起源却不为人所知,湮没无闻。这三种东西曾改变了整个世界事物的面貌和状态,第一种在学术上,第二种在战争上,第三种在航海上,由此又产生了无数的变化。这些变化是如此之大,以至没有一个帝国,没有一个教派,没有一个赫赫有名的人物,能比这三种机械发明在人类的事业中产生更大的力量和影响。[①]

三十多年前,从 1948 年开始动笔的时候,李约瑟就选择了弗朗西斯·培根的这段名言作为 SCC 第一卷,也就是全书的卷首语;三十多年过去了,随着"火药篇"的完成,他对培根所说的这三大发明详加研究的任务也已经圆满完成。李约瑟写道:

> 回顾一下,我们首先在本书第四卷第 1 分册中研究了磁罗盘,接着,由我们尊敬的合作者钱存训教授负责,在本书第五卷第 1 分册中研究了造纸术和印刷术,最后,我们此刻将在第五卷第 7 分册中进入火药的研究。弗朗西斯·培根至死还不知道他所挑选出的这些发明的每一项都属于中国人。虽然我们尚未能确定作为这三项发明的"源泉和始祖"(fons et origo)的任一个人的姓名,

---

① 弗朗西斯·培根.《新工具》(*Novum Organon*,1620 年)。

SCIENCE AND CIVILISATION IN CHINA

BY

JOSEPH NEEDHAM, F.R.S., F.B.A.

SOMETIME MASTER OF GONVILLE AND CAIUS COLLEGE, CAMBRIDGE, DIRECTOR OF THE EAST ASIAN
HISTORY OF SCIENCE LIBRARY, CAMBRIDGE, HONORARY PROFESSOR OF ACADEMIA SINICA

With the collaboration of

HO PING-YÜ (HO PENG YOKE), Ph.D.

PROFESSOR OF CHINESE IN THE UNIVERSITY OF HONGKONG

LU GWEI-DJEN, Ph.D.

FELLOW OF ROBINSON COLLEGE, CAMBRIDGE,
ASSOCIATE DIRECTOR OF THE EAST ASIAN HISTORY OF SCIENCE LIBRARY

and

WANG LING, Ph.D.

EMERITUS PROFESSORIAL FELLOW, DEPARTMENT OF FAR EASTERN HISTORY, INSTITUTE OF
ADVANCED STUDIES, AUSTRALIAN NATIONAL UNIVERSITY, CANBERRA

VOLUME 5

CHEMISTRY AND CHEMICAL TECHNOLOGY

Part 7: MILITARY TECHNOLOGY;
THE GUNPOWDER EPIC

CAMBRIDGE UNIVERSITY PRESS

CAMBRIDGE
LONDON   NEW YORK   NEW ROCHELLE
MELBOURNE   SYDNEY

图 10-19　SCC 第五卷第 7 分册《火药的史诗》(1986)

但是对最先产生这些发明的民族则是绝对无可怀疑的。①

此时距李约瑟选择在战时前往中国，开始构思 SCC 这一著作的时候算起，已经过去了四十多年。

李约瑟在 SCC 第五卷《火药的史诗》的"作者的话"中写道：

> 1943 年 6 月 4 日，黄兴宗和我从五通桥出发，沿岷江和长江做了颇为冒险的旅行之后在四川李庄落脚。……一天晚上，谈话话题转向了中国火药的历史，于是傅斯年亲手为我们从 1044 年的《武经总要》中，抄录出了有关火药成分的最早刻本上的一些段落，那时我们还没有《武经总要》一书。也正是在李庄，我第一次遇到了王铃（王静宁），他后来成为 1948—1957 年我在剑桥写作《中国科学技术史》的最初的合作者。当时他是中央研究院历史语言研究所的一位年轻的研究工作者，并使火药史，包括其所有的分支，成为他终生研究的课题。后来，他从事了一项崇高的职业，成为堪培拉澳大利亚国立大学高级研究所的研究教授。
>
> 另外两位合作者的名字已列入本分册扉页。何丙郁，现任香港大学的中文教授，为本分册初稿写作做出了极大贡献。②他生长于新加坡，并成为一名优秀的科学史家，之后相继在吉隆坡和布里斯班担任教授，那时他自己已发表了多部出色的著作。最后是鲁桂珍，最早促使我从 1937 年开始转向致力于汉学研究的人，那时我们便筹划了现在的这套书；而 20 年后，她从巴黎的联合国教科文组织（UNESCO）返回剑桥，接替王铃而成为我的主要合作者。她现在仍是如此。为了写作此书，我们一道查对了军事百科全书中所有有关战争的叙述和词条。③

在这里，李约瑟笔下行云流水、不着痕迹又不失礼貌地把各位署名合作者所做的贡献实事求是、不偏不倚地在一开头"作者的话"中介绍给了读者。在几方合作

---

① 李约瑟：《中国科学技术史（第五卷　化学及相关技术　第 7 分册　军事技术：火药的史诗）》，科学出版社、上海古籍出版社，2005，第 xxi-xxii 页。

② 李约瑟所写有误。何丙郁教授只是（1981—1984）从澳大利亚格理斐大学借调（secondment）到香港大学中文系三年。听说"火药篇"出版后，何丙郁教授遗憾地发现"在我的名下写的是香港大学而不是格理斐大学……我也从来没有收到剑桥大学出版社寄来的一本"火药篇"，后来只得在台北买了一本台湾版……这不是为省钱，而是原则上不满对作者这样的待遇"。参见：何丙郁. 学思历程的回忆：科学、人文、李约瑟 [M]. 新加坡：（世界科技出版公司）八方文化创作室，2006：131—132，160。

③ 李约瑟：《中国科学技术史（第五卷　化学及相关技术　第 7 分册　军事技术：火药的史诗）》，科学出版社、上海古籍出版社，2005，第 xxi 页。

图 10-20　李约瑟工作照[1]

的关系中，大家各自都做出了自己的贡献，而最终的文本，显然是李约瑟付出了更多的艰辛和汗水。正式出版的 SCC 第五卷第 7 分册《火药的史诗》的正文篇幅是 579 页，这是在何丙郁先生 262 页初稿的基础上，李约瑟进行了大幅度地修改，不仅增添了很多内容，李约瑟还将很多原来模糊不清的地方进行了澄清和修改，也使总体上的字数增加了一倍。

对于火药的历史意义，李约瑟并没有停留在证实弗朗西斯·培根的判断上，他关于人类未来火箭的畅想倒是和今天伊隆·马斯克（Elon Musk）的想法颇有共鸣。李约瑟是这么认为的：

> 9 世纪中叶火药混合物的发现无疑是所有中国军事发明中最伟大的发明。正如在本分册我们敢于大胆提出，火药发射的火箭确实可以看成是人类先前从未作出的独一无二的最伟大发明，因为假使太阳冷却或过热，我们不得不向某

---

[1] Joseph Needham in his office at the Needham Research Institute, c. 1980. Photographer not known, courtesy of the Needham Research Institute.

地迁移时,火箭将是我们达到这一目的的唯一工具,因为它是人类已知的唯一能在外层空间航行的飞行器。当然这已不是中国军事工程师在12世纪中叶所知道的那种火药火箭,而是现在和未来以液体燃料或可能以亚原子核反应为动力的运载火箭。①

---

① 李约瑟:《中国科学技术史(第五卷 化学及相关技术 第7分册 军事技术:火药的史诗)》,科学出版社、上海古籍出版社,2005,第 xxii 页。

大树——一项事业的建立

英语中有一个很有意思的词 freelance（或 freelancer），翻译成汉语是"自由职业者"，常指专栏作家、职业撰稿人、特约编辑、设计师、审稿人、翻译、校对等非全职的工作者。

这个词的出现要追溯到中世纪欧洲的雇佣兵（medieval mercenary warrior），lance 是欧洲古代骑马的武士使用的长矛，free lance 说的是那些还没有宣告与任何贵族领主签订服务合约的长矛。[①] 遇到战争的时候，国王和贵族便会招募这些散兵游勇加入到自己的阵营。以此为生的人，就叫作 freelancer "自由职业者"。考虑到这是一种靠卖命才能挣钱养活自己的职业，被翻译成"自由"实在有点言过其实。

那个时代，协助西方学者作研究的中国学者仅被称为研究助手（Research Assistant）。这还算好，有时连名字也不提。当初李约瑟也称王铃为研究助手。1959 年《中国科学与文明》第三卷出版时才改称合作者。我猜想这是因为鲁桂珍来了，李约瑟就一律改称了。……李约瑟称执笔者们为"合作者"（Collaborators）。由于 collaborator 这个名词曾被用于欧战时期与德军的合作者，有些执笔者不喜欢它。[②]

在 SCC 项目从第五卷开始进行了第三次扩充，并引入了团队合作的方式来加快内容的编写后，SCC 的署名方式也发生了细微但很重要的改变。李约瑟对这一转变表示欢迎，他在为 SCC 第五卷第 1 分册《纸和印刷》[③]（1985 年出版）所作序言中说：

大约十五年以前（1970 年），我们陷入了两难的困境：是尽我们余生自己编写本书，能写到哪里就写到哪里，还是约请一些合作者，争取在有生之年早些完成它呢？我们决定采取后一种办法。这真是一大转折。

[①] free lance: the free-lance indicating that the lance is not sworn to any lord's services.
[②] 何丙郁：《学思历程的回忆：科学、人文、李约瑟》，（世界科技出版公司）八方文化创作室，2006，第 51、166—169 页。
[③] 这部分内容原来计划放在 SCC 第四卷（第 32 章"纸和印刷"），后来被李约瑟调整到第五卷《化学和及相关技术》之中。

大树——一项事业的建立 | 469

本册就是这种做法的第一个果实。[1] 我们请到了关于这一课题的世界最著名的权威学者之一、我们亲密的朋友芝加哥大学的钱存训教授来完成此事。他所做的一切令我们钦佩。

……

我们期待不由我们亲自执笔的本书其他卷册都陆续问世。特别是第六卷第 2 分册"农业篇"[2]，已由白馥兰女士执笔。这一册的内容，又是中国科学技术史中极为重要的一个课题。近十年来，白馥兰在这方面研究工作的成功使我们深感幸运。[3]

钱存训和白馥兰获得了属于作者的署名权；而且从他们各自独立撰写的这两个 SCC 分册开始，李约瑟本人没有参与写作的那些分册，他便不再署名了。

后来共有几十位合作者先后加入到 SCC 这一事业中。李约瑟和伯比奇为 SCC 招募的这些合作者（前来加盟的 freelancers）都是拥有相同理想和兴趣爱好的志同道合者。这些志愿者们自带干粮和"武器"前来支援，从一开始就没有打算获得什么报酬。

李约瑟的后半生一直心无旁骛，他以理想主义者的情怀持续专注于 SCC 长达半个世纪之久，那么一个很现实的问题摆在面前——他是靠什么生活的？他所开创的 SCC 事业是如何获得了源源不断的资金支持来维持下去的？他的研究助手和后来加入的众多合作者们又是靠什么方式养活自己的？难道大家都是怀着"只事耕耘，不问收获"的精神在无私奉献吗？这种状况如何可以持续下去呢？

在理想之外，总有一些很现实的问题，而这些问题的解决，决定了 SCC 能否从一个人的理想，变为一群人共同的事业。如何才能使参与其中的每一个人，都能把自己的理想从兴趣爱好转变为能够安身立命的职业呢？

---

[1] 实际上，第六卷第 2 分册《农业》（1984）才是李约瑟说的新的合作方式的成果中首先出版的一册，早于第五卷第 1 分册《纸和印刷》（1985），但考虑到读者的感受（读者是按照卷册的次序而非出版的次序来阅读的），李约瑟将这段说明放在了第五卷第 1 分册前面的"序"中。这有点时空错乱的感觉，很像剧场里的情况：观众看到的是舞台上的一幕接着一幕，而演员们则在后台忙着做好整场演出的准备。
[2] SCC 原计划的第六卷中第 41 章"农业、畜牧业和渔业"的一个小节。
[3] 李约瑟：《序》，载钱存训、李约瑟《中国科学技术史（第五卷　化学及相关技术　第 1 分册　纸和印刷）》，科学出版社、上海古籍出版社，1990，第 xxi 页。

出版是一门生意

在历史上，让印刷从一开始就成为有利可图的生意的，是宗教信仰。目前存世的最早的一批印刷品中，中国的是佛经，西方的是《圣经》。在历史上，真正让作者也能够靠写作维生甚至赚钱，使写作成为一种职业的，是版权保护制度。

版权（copyright）这个概念在中西方的起源并不相同。

在中国古代，雕版印刷占据主流，"版权"顾名思义就是印版的拥有权。刻版需要消耗大量木材，且耗时费工，前期投入的固定成本很高。但是一旦版成，大量刷印的成本却很低。所以谁拥有了印版，谁就可以很方便地刷印图书，并且通过售卖来获利。没有印版，想要复制图书，就只能手工抄写了，费时费力不说，也难免出现抄写错误，根本无从谋利。中国古代刻版印书有三种情况，分别是官刻、私刻和坊刻。"官刻"是官方印书，主要用于颁布；"私刻"是个人、寺庙印书，主要用于赠送——这两种情况的印书都不为谋利，只有"坊刻"书商印书，才是为了商业利益。所以，为了收回自己刻版的前期投资和争取持续销售获利，有的坊刻书商求诸官府的保护，就在印版上镌刻了"版权所有，翻印必究"的字样。这就是"版权"在中国的起源。

在西方情况不同，谷登堡发明的印刷术出现在1450年前后，此前的图书都是手工抄写，所以并无版权的概念。印刷术出现后，因为是活字印刷，根本就不会保存印版。印刷完成就会拆版还字，以利重复使用，图书重印的时候只能重新排版。所以在英国，从事印刷行业需要的是国王授予的专营权，而非版权。但是久而久之，那些获得了专营权的印刷商的联合体——伦敦印刷出版业公会（Stationers' Company）也就具有了垄断的地位，他们长期压榨作者的权利。于是在1709年，英国颁布了"安妮法令"（《为鼓励学术，印刷图书的复本在一定时期内专属于其作者和这些复本的购买者的法令》）①，这是世界上第一部保护图书作者著作权的法令，打破了行业公会的垄断。后来英国文学的繁荣，不能说与之没有关系。

出版从印刷中分离出来，则是非常晚近的事情。借助对新发明的专利保护和对图书作品的著作权保护，图书印刷业就在工业革命时期逐渐成为一门颇为繁荣的生意。新的印刷机械被不断发明出来，印刷技术持续改进，原来的印刷工坊开始采用工业化的大规模生产方式来从事印刷生产，生产效率不断提高，社会化分工势所必然。随着图书出版品种的增多，编辑和校对的工作量也随之增加，而这部分脑力劳动是无法被更快运转的机器取代的，于是一个新的职业——专事编辑图书的出版商就从印刷业中独立了出来，成为一门单独的生意。有别于印刷商，这些出版商通过策划新的选题，就可以在著作权的保护下拥有一定期限的专营权，能够从中获利，所以一批新兴的出版商很快涌现了出来。

那么出版商靠什么赚钱呢？归根结底，出版商是通过与作者签订的授权协议，获得作品的专有出版权，然后通过垄断作品的发行来获得商业上的利益。出版社并非救济作者的慈善机构，除非他们认为一部作品能为他们带来好处，否则不会愿意冒险投资。

可能有的人会认为，出版商就是靠剥削作者的劳动成果来为自己获取商业利益的，如果没有出版商，作者也一样可以独立完成自己的作品，并将之出版发行。实际的情况是，出版业现在已经高度成熟，产业链已经严格细分，早就形成了社会化分工合作的格局，一个人想做完所有的事情，不是说不可以，但肯定是做不好，也不经济的。

还有一点也很重要，作者可能意识不到的是，他们难免都会有或多或少的自恋倾向，也就是我们俗语常说的"黄鼠狼夸自己的儿子香，刺猬夸自己的儿子光"。别人认为的缺点，自己反倒引以为荣。一个作者可能善于撰写自己熟悉的、感兴趣的内容，却不一定能够保持充分理智的自省或站在读者的角度来客观地看待自己的作品，所以他们的作品还需要经过编辑独到眼光的筛选，才能降低失败的风险。一个高产的作者擅长创作，却不一定愿意像编辑那样每天埋头做文稿的编校，同时又合理地安排好印刷、征订和发行各个环节的工作，因为这些不同的环节都需要专门的技能。

最后的一个因素，也是图书业经营中最为重要的一个因素——资金和风险问题。

---

① Statute of Anne. *An Act for the Encouragement of Learning, by vesting the Copies of Printed Books in the Authors or purchasers of such Copies, during the Times therein mentioned*. Prior to the statute's enactment in 1710, copying restrictions were authorized by the Licensing of the Press Act 1662. These restrictions were enforced by the Stationers' Company, a guild of printers given the exclusive power to print—and the responsibility to censor-literary works.

由于图书出版的周期很长，一本书即便完成了最初的写作，交到了出版商手里，到它最后完成排版、校对、印刷、装订等一系列工序，最后上市销售，是一个颇为漫长的过程，且不说最后它是否能够按照预期收回成本并实现盈利。通常只有很小比例的图书会带来利润，但它们产生的利润却能占到出版商总体利润的一个很大比例，这就是所谓的"二八定律"，也就是说通常出版商所出版的图书中，恐怕只有20%的图书最后能赚钱，而80%的图书都是不赚钱的，甚至是赔钱的。那么在见到利润之前，出版者必须承担持续的资金投入和面对不确定的经营风险。

为了降低经营上的风险，出版商必须积极地参与到产品的策划和写作的组织当中，确保图书生产的质量、成本和周期都有足够的市场竞争力。同时，出版商也会通过与众多的作者签订代理协议，尽可能多地增加出版品种，来达到一定的经营规模，从而降低单个产品的经营风险，也就是说通过分摊每一本书可能面临的不确定性风险，来获得平均的利润率，以赚取自己的商业利益。对于出版商来说，只有那些能够畅销的图书、能够不断重印的图书，才是赚钱的。

剑桥大学出版社也是一样，它只有在不断提高自己内部编辑、排版、印刷、发行之间相互配合的效率之外还能不断发掘更多的作者，出版更多的选题，充分发挥自己大学的优势，才能持续生存和不断发展下去。

图书出版归根结底是一项生意，而生意可以存续的前提是它必须是有利可图的。

剑桥李约瑟研究所的建立

李约瑟及其合作者与剑桥大学出版社的合作，显然达到了一种双赢的结果，但是我们还有一个疑问没有解决——出版社和李约瑟是如何处理 SCC 与合作者的著作权归属问题的，他们是否有相关的书面协议来约定著作权归属和未来的版税收入？我们知道从第一卷出版开始，SCC 就有了一定的版税收入，这部分的收入大概会有多少？最终又给了谁呢？李约瑟与他的合作者们究竟是靠什么生活的？这些都是令人好奇的问题。

李约瑟本人有剑桥大学威廉·邓恩爵士讲席副教授的教职薪水，有他担任院长的冈维尔－凯斯学院的各种待遇，他一生的著述颇丰，版税收入也不会少，再加上他专心事业，没有子女，从不追求物质生活方面的享受，所以并无衣食之忧。

李约瑟不断地从各种渠道为自己的研究助手与合作者们申请各类研究资助，但这些资助都是短期的，且只能用于维持基本的生活开支，终非长久之计。彻底解决 SCC 项目后续的资金问题，免除大家的后顾之忧，就成为一件非常重要的事情。

何丙郁先生回忆："1959 年我在剑桥的时候，李约瑟已开始为他的藏书盘算，以便日后的学者可以充分利用他搜集的资料，同时又能够免缴遗产税。（假如李约瑟早于李大斐去世，李大斐就要付出一笔相当可观的遗产税，李约瑟曾经请一位专家估计他的藏书的价值。）鲁桂珍对我说，李约瑟准备将其父亲遗下的一幢楼房捐出，作为图书馆，收藏他所拥有的一切有关科学史的资料。"[①] 于是在 1968 年，由剑桥大学出版社的伯比奇出面组织，成立了一家信托会——"东亚科学史信托会（英国）"（East Asian History of Science Trust, UK）。信托（Trust）是一项涉及委托人、受托人和受益人三方委托的法律关系。委托人（trustor 或 settlor）将财产转移至受托人（trustee），目的是使受益人（beneficiary）获得利益。李约瑟将其藏书和父亲留给他的那幢楼房一并移交给了这个信托会。信托会成立了东亚科学史图书馆，主要目的是安置 SCC 的图书资料和继续 SCC 的事业。信托会负责对外募集捐款，并为研究人员及图书馆的工作人员发放工资。

---

① 何丙郁：《我与李约瑟》，三联书店香港分店，1985，第 43 页。

东亚科学史信托会的五位创立信托人是：

乔治·索尔特博士（Dr George Salt, FRS）
伯比奇先生（Peter George Burbidge）
鲁桂珍博士（Lu Gwei-Djen）
斯亚德先生（Eric Betrand Ceadel）
哈兰先生（Walter Brian Harland）[①]

1976 年李约瑟从冈维尔 - 凯斯学院院长职位上退休后，剑桥大学出版社先是替信托会在出版社附近租了一座房屋[②]，供东亚科学史图书馆使用，1978 年出版社又在布鲁克兰大道上买下一座宽敞的独栋房屋[③]，租给信托会使用。

东亚科学史图书馆的第一任馆长是菲利帕·霍金女士（Ms Philippa Hawking），她是后来大名鼎鼎的理论物理学家斯蒂芬·霍金（Stephen Hawking，1942—2018）的妹妹。霍金女士安排了图书馆的两次搬迁，并为全部藏书编目。继任她职务的是迈克尔·索尔特先生（Michael Salt）。李约瑟则是该图书馆的义务主任（Director），鲁桂珍是义务第二主任（Co-director）。

由于这栋房屋也不可能作为图书馆的永久馆址，信托会又与剑桥大学新成立的罗宾逊学院（Robinson College）建立联系，计划在学院内建造一座建筑，作为东亚科学史图书馆的永久馆址。1978 年 1 月 15 日，罗宾逊学院提供了一块约合半英亩的土地给信托会。规划建造的图书馆仿照中国的庭院建筑，包括一个主楼和两个侧翼，其间有回廊相连。罗宾逊学院虽然提供了土地，但建筑的费用和日常开支均需由东亚科学史信托会自己筹措。[④]

为了解决建设的资金，伯比奇和李约瑟又设法以 SCC 项目的名义在美国和中国香港分别建立了基金会，来广泛募集各类资助。

可口可乐公司的高级主管克利福德·希林洛[⑤]博士是在读了 SCC 的前两卷后结识李约瑟的，两人从此成了密友。他为 SCC 项目在美国募集资金发挥了积极作用，牵头在 1977 年年底成立了美国东亚科学史基金会（The East Asian History of Science Foundation，简称 EAHSF），帮助李约瑟接受来自各大公司和非营利基金会的捐助。这些捐款来自阿尔弗雷德·斯隆基金会（Alfred Sloan Foundation）、卡内基基金

---

① 何丙郁：《学思历程的回忆：科学、人文、李约瑟》，（世界科技出版公司）八方文化创作室，2006，第 93 页。
② 地址在 8 Shaftesbury Road, Cambridge CB2 2BW。
③ 地址在 16 Brooklands Avenue, Cambridge CB2 8BB。
④ 何丙郁：《我与李约瑟》，三联书店香港分店，1985，第 51 页。
⑤ 克利福德·希林洛（Clifford A. Shillinglaw，1915—1979）。

会（Carnegie Foundation）、可口可乐基金会（Coca-Cola Foundation）、福特基金会（Ford Foundation）、亨利·卢斯基金会（Henry Luce Foundation）、克利斯基基金会（Kresge Foundation）、梅隆基金会（Mellon Foundation）等等。除了克利斯基基金会为建造永久性图书馆建筑提供的大额捐款，其余大部分捐款都用于图书馆的日常运营。在克利福德·希林洛去世后，他的家人又将希林洛纪念基金捐赠给李约瑟研究所。①

据何丙郁先生回忆：1979年李约瑟到中国香港中文大学作"钱穆学术讲座"的主讲人，受到香港中西传媒的广泛关注。他公开表示希望获得资助以在剑桥建立一所"东亚科学史图书馆"，以收藏他的藏书和作为继续撰写SCC的研究室之用。香港大学解剖系主任李守基（Peter Lisowski）教授在60年代已经认识李约瑟，香港《大公报》任职的李宗瀛在重庆时代已经认识李约瑟，还有可口可乐任职的李励生（Peter Lee）博士共同商议，组织一个名为"东亚科学史基金会"的机构以筹款支援剑桥的李约瑟。他们请来社会名人毛文奇（Philip Mao）医生作为该基金会的主席。在香港亚历山大大厦开一个招待会，向香港的殷商介绍李约瑟和他的SCC计划。②1979年英国东亚科学史信托会的香港分支机构（East Asian History of Science Trust in Hong Kong）成立，并在1981年独立登记为香港东亚科学史基金会（East Asian History of Science Foundation, Hong Kong）。③

由于李约瑟年事已高，为了保证后续的编辑出版工作顺利进行，在彼得·伯比奇的倡议下，1983年信托会决定创立"李约瑟研究所"（The Needham Research Institute），作为今后撰写SCC和研究亚洲科学史的研究机构，由李约瑟担任义务所长，鲁桂珍任义务副所长。东亚科学史图书馆附属于这个研究所，由图书馆馆长负责管理。

李约瑟所开创的SCC事业，现在已经从一个图书出版的项目变成了一个完全独立的实体。"可以说李约瑟SCC项目之所以成功，资金上广开来源也是一个重要原因。……这类形式的机构，带来了相当数量的财务收益。现在看来，已经答应提供的基金，基本上可以满足完成SCC这部巨著所需的全部费用。但在建立图书馆的永久场馆方面，情况并非如此。"④1984年经何丙郁先生和新加坡国立大学蓝丽蓉博士的引见，信托会又从新加坡华侨银行名誉执行董事长丹斯里陈振传（Tan Sri Tan

---

① "History of The Joseph Needham Foundation for Science & Civilisation，"https://www.jnfschk.org/history.
② 何丙郁：《学思历程的回忆：科学、人文、李约瑟》，（世界科技出版公司）八方文化创作室，2006，第129页。
③ 现更名为李约瑟科技与文明基金会（香港）[The Joseph Needham Foundation for Science & Civilisation (Hong Kong)，简称JNFSC]。http://www.jnfschk.org/.
④ 何丙郁：《我与李约瑟》，三联书店香港分店，1985，第43—58页。

chin Tuan）那里获得 35 万英镑的大笔捐款。新加坡的李氏基金会亦答应每年资助李约瑟研究所 3 万英镑。……香港东亚科学史基金会也将筹来的 15 万英镑寄往剑桥，资助建筑李约瑟的新图书馆。[①]

图 11-1　李约瑟在研究所建筑工地前留影（1985）[②]

1985 年借由 SCC 第五卷第 7 分册《火药的史诗》出版之际，李约瑟在"作者的话"中宣告：

> 儒格霖[③]这位我们的《中国科学技术史简编》（*Shorter Science and Civilisation in China*）套书的合作者，业已担任 SCC 项目协调人（Project Co-ordinator）。
> 其次，本册是和东亚科学史图书馆（East Asian History of Science Library）这一新修的永久性建筑物的落成相伴出版的。由于中国香港和新加坡两地慷慨的资金捐助才使此建筑物落成。我们特别感激香港东亚科学史基金会（East

---

① 何丙郁：《学思历程的回忆：科学、人文、李约瑟》，（世界科技出版公司）八方文化创作室，2006，第 152、180 页。
② Joseph Needham in front of the Needham Research Institute under construction, c. 1985. Photographer not known, courtesy of the Needham Research Institute.
③ 儒格霖，Colin Ronan，1920—1995。

Asian History of Science Foundation Ltd in Hong Kong）主席毛文奇博士及其成员和捐助人，以及新加坡华侨银行（Overseas Chinese Banking Corporation）丹斯里陈振传特别慷慨的资金捐助。

同样，由迪博尔德（John Diebold）先生主持的我们的纽约东亚科学史董事会（East Asian History of Science Board, Inc. of New York）更集中于筹捐《中国科学技术史》项目所需要的资助和研究基金，还要感谢美国国家科学基金会（National Science Foundation）、亨利·卢斯基金会（Henry Luce Foundation）和梅隆基金会（Mellon Foundation）自始至终的慷慨资助。日本国也加入到资助行列中，东京的日本学术振兴会（National Institute for Research Advancement of Tokyo）主要为 SCC 第七卷提供了一笔可贵的资助。我们深深地感谢下河边淳博士领导的这个机构。对为我们五洲四海的合作者支付必要的薪金和提供研究经费这样的帮助，无论怎样感谢都不为过。[①]

何丙郁先生也一直尽心竭力地义务帮助李约瑟为研究所的建设筹集资金：

1986 年 11 月李约瑟和鲁桂珍访问中国（内地）途中，路经香港，顺便为建筑李约瑟研究所的南馆筹款。这是李约瑟第 8 次，也是他和鲁桂珍最后一次访华。我邀请了 50 多位来宾，包括香港东亚科学史基金会全体董事和其他客人……饭后由李约瑟介绍他的计划和告知大家他所需的款项。李约瑟提着手杖站立演讲，说他还需 20 万美元。毛文奇主席立刻召开一个基金会的临时会议。林马丽夫人说，她不忍心看到行动不方便的老人家还要到处筹钱，派他来要钱的人实在是太残忍了。她建议不用多说，马上寄钱往剑桥。不费五分钟这个会议就通过了一项寄给剑桥 25 万美元的临时提案。[②]

[①] 李约瑟：《中国科学技术史（第五卷　化学及相关技术　第 7 分册　军事技术：火药的史诗）》，科学出版社、上海古籍出版社，2005，第 xxiii 页。
[②] 何丙郁：《学思历程的回忆：科学、人文、李约瑟》，（世界科技出版公司）八方文化创作室，2006，第 156—158 页。

图 11-2 1987 年爱丁堡公爵莅临李约瑟研究所的东亚科学史图书馆和研究室的主体建筑落成仪式[1]

对于新落成的李约瑟研究所，李约瑟是这么描述的：

> 从 1986 年冬天开始，我们已在新建永久性建筑中安家。建筑的东翼主要来自香港的捐资（通过我们在香港的信托会，主席是毛文奇博士），主体建筑则仰赖于新加坡华侨银行丹斯里陈振传先生慷慨解囊。……感谢克利斯基基金会 15 万美元的赠款，用于建设我们研究所的南翼。……建筑师是冈维尔－凯斯学院的克里斯托夫·格里莱特（Christophe Grillet），建筑商是约翰逊和贝利先生有限公司的罗杰·贝利（Roger Bailey）。这座建筑有着朱红色的梁柱（像一座中国的寺庙），回廊是白色的中式木格栏杆。该建筑曾获多个奖项，其中重要的一项来自英国皇家建筑师学会，其他的奖项是因为其砖木做工的卓越。它坐落于剑桥赫歇尔路和西尔维斯特路的拐角处一块属于罗宾逊学院的土地上。[2]

---

[1] Joseph Needham with the Duke of Edinburgh at the opening of the Needham Research Institute, 1987. Photograph by Keith Papworth. https://www.nri.org.uk/joseph7.html.

[2] 李约瑟在 1994 年 5 月 9 日为 SCC 第七卷第 1 分册所作序言。Joseph Needham. Foreword[M]//Christoph Harbsmeier. Joseph Needham SCIENCE AND CIVILISATION IN CHINA Vol. 7, Part 1: Language and Logic[M]. Cambridge University Press, 1998: xvii.

图 11-3　李约瑟研究所外景

图 11-4　李约瑟研究所内景

影响与译本

版权贸易的版税收入是出版社和作者在图书的销售之外的主要收入来源。翻译版税的收入对出版社来说几乎是纯利润，因为不需要承担任何的投入，所以出版社愿意让作者得到大头。SCC 的合同约定：授权其他地区出版商所获得的版税，四分之三归作者；其他语种的翻译版、连载和广播的授权费，四分之三归作者。1956 年最先签出翻译版授权的语种是意大利语。SCC 还有西班牙文、德文、荷兰文、丹麦文等多种文字的译本。

SCC 前三卷出版以来，不仅对英语世界产生了巨大的影响，也对亚洲各国尤其是对中国都产生了很大的影响。《中国科学技术史》中文版的翻译出版工作也开始得很早。"鉴于李氏这部巨著的重要性，周恩来总理早在 1964 年就指示要把它译成中文出版。中国科学院自然科学史研究所随即组织力量着手翻译。遗憾的是，由于种种原因，这项翻译计划未能顺利实现。一直到 1975 年才由科学出版社分 7 册出版了原著第一卷和第三卷的中译本。"[1]

改革开放之后，1983 年，因《中国科学技术史》的贡献，李约瑟博士荣获了中国国家自然科学奖一等奖。1986 年 12 月，中国科学院会同中国社会科学院、国家科委、国家教委、卫生部、农业部、建设部、水电部等有关部委组织成立了"李约瑟《中国科学技术史》翻译出版委员会"来继续推动 SCC 的翻译和出版工作，由当时的中国科学院院长卢嘉锡教授任主任委员，中国科学院上海分院院长曹天钦教授、中国社会科学院副院长汝信教授和自然科学史研究所所长席泽宗教授任副主任委员，其后又增补中国科学院路甬祥院长和国家自然科学基金委张存浩教授为副主任委员。项目的组织实施和具体工作由中国科学院自然科学史研究所附设的翻译出版委员会办公室负责。[2]

---

[1] 卢嘉锡：《中译本序》，载李约瑟《中国科学技术史（第一卷·导论）》，科学出版社、上海古籍出版社，1990，第 ix—xiii 页。
[2] 李约瑟《中国科学技术史》翻译出版工作简介，http://www1.ihns.ac.cn/scc/SCC-jianjie.htm。

大树——一项事业的建立 | *481*

图 11-5　1975 年到 1978 年间，科学出版社陆续出版了一套 7 册的《中国科学技术史》中译本第一版[①]

图 11-6　SCC 中文译本《中国科学技术史》第一卷导论（1990）

---

① 该译本仅翻译了 SCC 第一卷和第三卷的内容，其中第一卷公开出版、第三卷为"内部发行"。

从 1990 年到 2020 年，科学出版社与上海古籍出版社合作陆续出版了 SCC 的中译本 14 个卷册，它们分别是：

第一卷	导论
第二卷	科学思想史
第三卷	数学、天学和地学
第四卷第 1 分册	物理学
第四卷第 2 分册	机械工程
第四卷第 3 分册	土木工程与航海技术
第五卷第 1 分册	纸和印刷
第五卷第 2 分册	炼丹术的发现和发明：金丹与长生
第五卷第 5 分册	炼丹术的发现和发明：内丹
第五卷第 6 分册	军事技术：抛射武器和攻守城技术
第五卷第 7 分册	火药的史诗
第六卷第 1 分册	植物学
第六卷第 5 分册	发酵与食品科学
第六卷第 6 分册	医学

在中国台湾，SCC 中文译本的出版工作于 1969 年 9 月启动，成立了"李约瑟氏《中国之科学与文明》编译委员会"，隶属"中华文化复兴运动推行委员会"，由孙科、王云五、董浩云、张敏钰、谷凤翔、刘拓、陈立夫 7 人担任委员，孙科任召集人。编译工作，由陈立夫和刘拓负责组织管理。王云五为编辑顾问委员会召集人。翻译和译本的出版，也采取了陆续出版的方式，"一卷译毕即可单独出版"，陆续出版了第一卷至第四卷以及第五卷第 2、第 3 分册两册的中译本，共 14 册。

SCC 台湾译本第一卷 1971 年出版，陈立夫先生在译著前言中阐述了自己主持 SCC 翻译的初衷："造成吾国今日之贫弱，必有其原因在，然终不能一笔抹杀吾人以往对于科学之成就也。在人类文明史中，其最重要之两大物质科学之发明，皆出自吾国。一为建设性之最大者，曰：造纸及印刷术，无乎此，则人类之智慧无从纪录与继传，文明何有？二为破坏性之最大者，曰：黑色火药，无乎此，则天然界之障碍，无从摧毁，文明之保障，无有把握，即此二者，已足以证明吾民族对人类贡献之伟大。"①

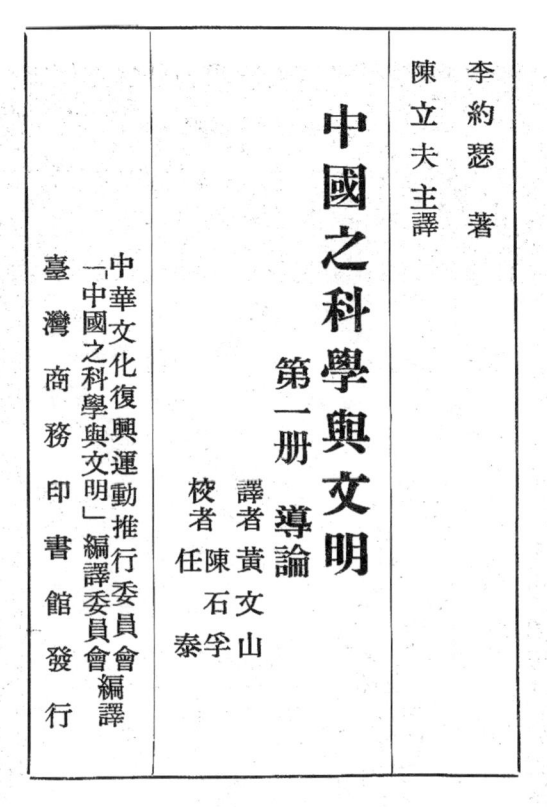

李約瑟 著　陳立夫 主譯

中國之科學與文明

第一冊　導論

譯者　黃文山
校者　任陳石泰孚

中華文化復興運動推行委員會
「中國之科學與文明」編譯委員會編譯
臺灣商務印書館發行

图 11-7　SCC 中译本《中国之科学与文明》，中国台湾"商务印书馆"（1971 年 12 月第 1 版）

有感于译事之难，卢嘉锡认为："由于文体、史料、名词术语及对原文理解等原因，海峡两岸有两种中译本，无妨可以并存。……假如读者有机会将这两种版本合而读之，或可取长补短，获得对作者原意更准确的理解。……我个人还十分恳切地希望海峡对岸的同行们，能在不远的将来把两岸的这项翻译出版工作看成共同事业，与我们进行多种形式的合作。这样就一定能进一步提高译文质量，缩短出版周期，使这部名著得以尽快和尽可能完美地与国人见面。"②

为了进一步扩大 SCC 的读者面，从 1966 年开始，剑桥大学出版社就开始筹备 SCC 缩编本的出版，十多年之后，从 1978 年到 1995 年，由儒格霖编写的 5 卷本《中

---

① 陈立夫：《前言》，载李约瑟《中国之科学与文明（第一册　导论）》，台湾"商务印书馆"，1971，前言第 6—7 页。
② 卢嘉锡：《中译本序》，载李约瑟《中国科学技术史（第一卷　导论）》，科学出版社、上海古籍出版社，1990，第 ix—xiii 页。

国科学技术史简编》陆续由剑桥大学出版社出版。上海交通大学科学史系组织翻译的这套书的中译本《中华科学文明史》2001年由上海人民出版社出版。

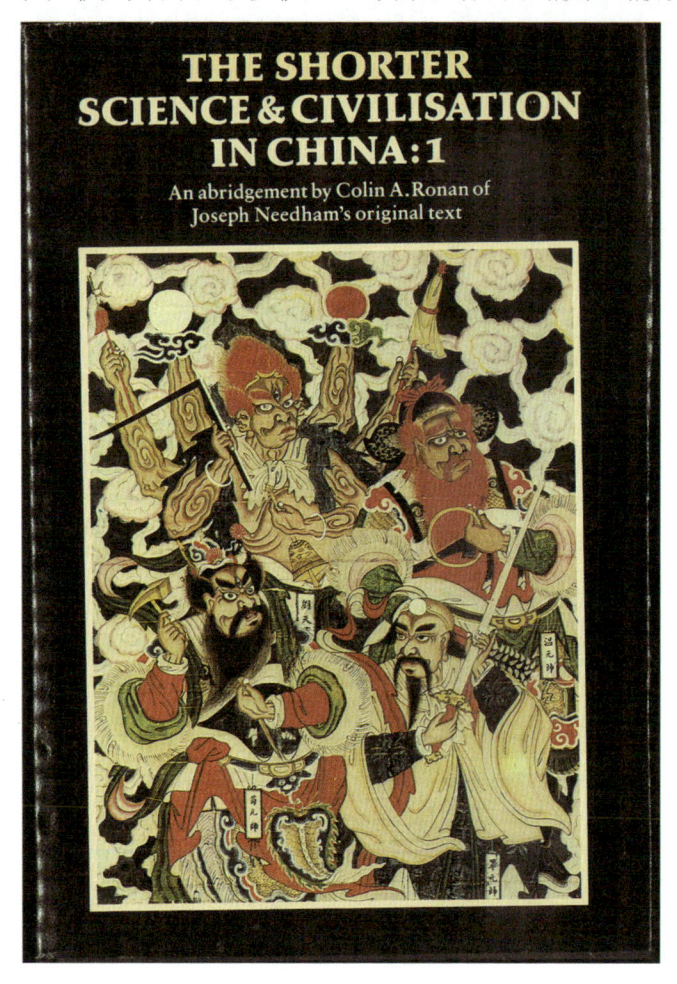

图 11-8　儒格霖《中国科学技术史简编》第 1 册（1978）

亚洲其他语种的 SCC 翻译版也陆续面世。1971 年冬，薮内清[①]等几位日本学者提议将 SCC 译成日文。1974 年 SCC 的日译本第 1 册由思索社出版，在 34 位学者的协力之下，到 1981 年年初，SCC 第一卷至第四卷已被划分为 11 册出版。由于当时 SCC 第五卷第 1 分册尚未出版，所以这项工作至此便告一段落。[②]

---

① 薮内清（1906—2000），日本科学史家和天文学家。
② 何丙郁：《我与李约瑟》，三联书店香港分店，1985，第 126 页。

图 11-9　江晓原策划、上海交通大学科学史系翻译的中文版《中华科学文明史》，上海人民出版社（2001）

SCC 对东亚的科技史研究产生了强大的带动和促进作用。科技史这门学科在东亚各国逐渐发展成为一个独特的研究领域，让过去曾经在工业化进程中落后的一些东方国家又重新找回了历史自豪感，同时它作为沟通东西方科学与文化交流的桥梁，也为世界公正平等地看待东方文明打开了一扇新的窗口。

版税收入

如果一本书的销售情况不错的话,图书的作者大概能够获得多少的版税收入呢?这肯定也是读者感兴趣的问题。

准确的测算并不容易,因为我们没有 SCC 销售的历年统计数据。为了计算的简便,我们不妨假设 SCC 所有的卷册都是在 2020 年这一年完成的,把 SCC 大约 70 年的历史都浓缩到 2020 年这一年之中,然后根据李约瑟和出版社签订的出版协议来做一个简单的估算。

对于超过一定数量的复本(例如 SCC 第一卷约定的是 500 本)的图书销售部分,剑桥大学出版社理事会应当支付给作者的版税为公布定价的 10%[①]。也就是说,我们可以通过图书的码洋(码洋 = 图书定价 × 印刷册数),按照下面的公式来简单估算作者可能获得的版税收入。

版税 = 码洋 × 版税率 = 码洋的 10%

首先需要知道平均价格。我们已知 1954 年 SCC 第一卷第 1 版第 1 次的印刷数量 5 000 册,定价为 52 先令 6 便士(52 先令 6 便士合 2.6 英镑)。这个定价还需考虑到从 20 世纪 50 年代以来的通货膨胀率,才能将不同年代出版的 SCC 进行合理对比。这个 1954 年 2.6 英镑(52 先令 6 便士)的定价,按照英格兰银行的历史通胀率计算[②],大约相当于 2020 年的 72 英镑。如果考虑到近几年 SCC 的零售价格基本上保持在平均每本一二百英镑的实际情况,我们简单以每册相当于 2020 年的 70 镑来作为 SCC 的平均定价并非不合理。

有了定价之后,我们还需要知道总的印刷册数。需要推测出 SCC 各卷册的累计印刷和销售的数量,我们才能计算出码洋来。对于这个数量我们不妨以最低的标准来进行估算,以首印数 5 000 册作为销售数量。SCC 目前共出版了 24 个卷册,24 × 5 000 = 12 万册。

---

① 对于某些以特殊折扣给读者俱乐部等渠道的部分,版税以实际销售收入(而非定价)的 10% 计算,这部分图书往往装订成独立的版本,所以暂不纳入我们的估算考虑之中。

② www.bankofengland.co.uk/monetary-policy/inflation/inflation-calculator。

有了估计的定价和印刷数量，总印数12万册×平均定价每册70镑=总码洋（大约相当于2020年的840万英镑）。

版税收入：码洋的10%作为版税，作者应当可以获得84万英镑的收入（当然这只是一个简单的估计，我们并没有扣除版税的起算数量部分）。

SCC给剑桥大学出版社带来的经济收益又是多少呢？

对于出版业来说，通常一本书的印刷成本、发行折扣和出版社的毛利润各占销售定价的三分之一。扣除（以40%计的）发行折扣后，我们简单地以总码洋的60%算作实洋（实际销售收入），总的销售额大约相当于2020年的504万英镑。扣除应付给作者的版税84万英镑后，出版社获得420万英镑的纯收入。

上面这种简单粗略的估计可以让我们对SCC总的销售情况和作者的版税收入有一个大概的印象。当然，实际的情况远比这复杂得多，恐怕没有人能说得清。显然，如果以每册平均发行1万的数量来重新计算的话，这些数字就会翻倍。实际上，某些较早出版的卷册（尤其是前三卷）的实际发行数量可能远远超过我们上面的估计，因为有些卷册已有过十多次重印。由此可见，对剑桥大学出版社来说，SCC应该算是他们历史上颇为成功的、经济回报也相当丰厚的一套书了。

按照何丙郁先生的说法，SCC已经成为剑桥大学出版社的一只会下金蛋的母鸡，而伯比奇先生"是SCC和李约瑟研究所的幕后人。目的是为着使李约瑟和帮助编写SCC的人替他的出版社赚钱，和利用李约瑟替他发动的李约瑟研究所在香港和东南亚筹款。他的专长是管理，而并非一个学者，他本人的兴趣也与中国文化研究无关"[①]。

不可否认，何丙郁先生对伯比奇先生的评价恰如其分，但就是这位伯比奇先生，为了出版社能够继续赚钱，也在积极提供各种支持和帮助，好让李约瑟能够继续SCC项目的编写。他甚至让出版社购买房产，提供给李约瑟作为东亚科学史图书馆的临时场地；后续他又从幕后走到台前，牵头成立信托会，筹建永久性的李约瑟研究所和东亚科学史图书馆建筑。实际上，代表出版社的伯比奇先生，在SCC项目的发展过程中，肯定起到了颇为关键的、后期甚至是主导性的支持者和保护者的作用。

SCC前面四卷的出版协议是由李约瑟和剑桥大学出版社签署的，SCC的著作权授权都是来自李约瑟本人。令人好奇的是，从第五卷开始转为团队写作的方式进行编写后，SCC的著作权归属问题是如何处理的呢？

我们猜想出版社有两种方式可以解决这个问题：

---

① 何丙郁，《学思历程的回忆：科学、人文、李约瑟》，（世界科技出版公司）八方文化创作室，2006，第169—172页。

第一种方式，是把那些由李约瑟委托合作者完成的章节，视为一种委托作品，其著作权的归属由作为委托人的李约瑟和受委托的合作者之间约定，与出版社没有关系，出版社只需获得李约瑟的授权即可。

第二种方式，出版社也可以把这些另有独立作者的 SCC 的分册视为李约瑟编辑的作品，这就需要由原作者给出版社做版权授权。

让我们以李约瑟的合作者白馥兰撰写的第六卷第 2 分册《农业》为例，来看一下新的编写方式是如何运作的吧。

白馥兰是剑桥东亚科学史图书馆研究员，从事水稻种植的社会技术和社会发展模式的相关历史研究。她在剑桥大学格顿学院学习科学和中文，自 1973 年起便在东亚科学史图书馆与李约瑟一起研究远东农业的历史。她曾去过中国和远东旅行，还在马来西亚的一个村庄里进行了一年的田野考察。

作为作者，白馥兰在 1982 年 2 月 2 日先与剑桥大学出版社签署了 SCC 第 41 章"农业"的书稿的授权协议。协议里并无版税等条款，只是规定：作者应在 1982 年 6 月 30 日之前以打字稿的形式将两份内容完整、可以拿来付印的书稿交付给东亚科学史信托会，并授权剑桥大学出版社出版该作品。

两个月之后的 1982 年 4 月 15 日，剑桥大学出版社又与李约瑟签订了一份正式的 SCC 第六卷第 2 分册出版协议，约定相关的著作权版税等事宜。剑桥大学出版社的标准合同中通常将著作方式分为三种——撰写、编辑或汇编（write, edit or compile），在这份出版协议中，李约瑟是作为汇编（compiled）作品的编者（合同中原定 SCC 这一分册包含了第 41 章"农业"和第 37 章"盐业"两个部分）签署协议的。但是后来白馥兰独立撰写的这一章在 1984 年作为 SCC 第六卷第 2 分册《农业》出版，而"盐业"这一章并未出现在其中。这是以新的（由合作者独立撰写并署名，而李约瑟不署名）编写方式最早签订出版协议的第一本。

钱存训独立撰写的《纸与印刷》也是同样的情况。出版社先是在 1982 年 12 月 20 日获得了钱存训作为 SCC 第 32 章"纸和印刷"的作者签署的版权授权合同，又在同一天与李约瑟签订了 SCC 第五卷第 1 分册的正式出版协议，其中一如既往地约定了相关的著作权版税等事宜。

由此可见，出版社采取了上面所说的第二种方式来处理李约瑟与合作者的著作权归属问题。通过这种方式，剑桥大学出版社分别获得了独立作者的书稿版权授权和李约瑟作为该书的汇编作者的版权授权。[①]

[①] 有关这两个分册的授权协议和出版合同，参见 CUP Needham archives UA PRESS 3/1/5/1474_folder3_3CC (1948-95)。

JOSEPH NEEDHAM
SCIENCE AND CIVILISATION IN CHINA

VOLUME 6
BIOLOGY AND BIOLOGICAL TECHNOLOGY

PART II: AGRICULTURE
BY
FRANCESCA BRAY
RESEARCH FELLOW
EAST ASIAN HISTORY OF SCIENCE LIBRARY

CAMBRIDGE UNIVERSITY PRESS
CAMBRIDGE
LONDON   NEW YORK   NEW ROCHELLE
MELBOURNE   SYDNEY

图 11-10　SCC 第六卷第 2 分册《农业》，白馥兰著（1984）

  1984 年出版的 SCC 第六卷第 2 分册的书名是"李约瑟《中国的科学与文明》"，但该册书名页上的作者署名只有白馥兰一个人；同样的，SCC 第五卷第 1 分册的作者署名也只有钱存训。

  从道理上来说，当 SCC 后续图书的销量达到了一定数量且获得了足够的版税收

JOSEPH NEEDHAM

SCIENCE AND CIVILISATION IN CHINA

VOLUME 5

CHEMISTRY AND CHEMICAL TECHNOLOGY

PART I: PAPER AND PRINTING

BY

TSIEN TSUEN-HSIN, PH.D.

PROFESSOR EMERITUS OF CHINESE LITERATURE AND
LIBRARY SCIENCE AND CURATOR EMERITUS
OF THE FAR EASTERN LIBRARY AT THE
UNIVERSITY OF CHICAGO

CAMBRIDGE UNIVERSITY PRESS
CAMBRIDGE
LONDON NEW YORK NEW ROCHELLE
MELBOURNE SYDNEY

图 11-11　SCC 第五卷第 1 分册《纸和印刷》，钱存训著（1985）

入之后，合作者们是否也应获得一定的经济补偿或适当的劳动收益呢？不错，只不过李约瑟是以其他的方式来体现这种经济上的补偿的。在李约瑟与何丙郁先生的往来通信中，他曾经主动说，随着图书发行量的增长，他有可能从出版社获得一些版税收入，通过这部分收入，他很希望自己能够帮助合作者支付一些必要的费用。李约瑟也在与其合作者的通信中提及费用的问题，对于必要的支出，他都表示可以从版税中负担。

我们没有看到李约瑟支取 SCC 版税的记录，但我们看到很多费用开支的记录。实际上版税一直保留在出版社的账上，有一部分直接用于李约瑟购买样书赠送和资料复印等各类开支。在静电复印技术刚刚出现的时候，复印费用着实不菲。缩微胶片是另一项开支，而这些花费都是由出版社从版税中扣除的。

对于 SCC 版税的最终归属，我们知道李约瑟与他的两任夫人都没有孩子，他们把自己所有的财产都捐赠给了信托会，所以 SCC 的版税最终归属于李约瑟研究所信托会是确定无疑的，而按照信托会的法律规定，一旦李约瑟将财产赠予信托会，他就不再拥有决定权了。

虽然我们愿意相信所有的 SCC 合作者都是抱着一种"只事耕耘，不问收获"的初衷投身其中的，但是一个人想通过自己的劳动创作获得相应的名誉和利益当然也是完全正当的，没有人可以强求别人无私奉献。虽然李约瑟和他的合作者们从未公开声明过，但当深入了解细节之后，我们就会明白，事实上 SCC 并非李约瑟一个人的成就，也不是他一个人单打独斗创造出来的奇迹，而是一批人共同参与的集体智慧的结晶。那些围绕在李约瑟周围的"众星捧月"的合作者们，都是实实在在的 SCC 事业的无私奉献者。

曾是李约瑟 SCC 的主要合作者、SCC 项目的重要支持者，后来又接替李约瑟担任过李约瑟研究所所长的何丙郁先生，对李约瑟的合作者们有过一段中肯的评价，也可以算是一种极高的赞誉。何丙郁先生说："李老的合作者之中，大部分都是华裔学者，而没有他们的合作，也不会有李老的科技史巨著。李老在他巨著的序言中也承认这点。我还要提及另一个常被忘记的事情。李老长期获得中国政府以及海内外华人精神上和金钱上的大力支持，连他晚年生活的一部分经费都是来自一位中国朋友。换句话来说，我们要正视中华民族给予李老的帮助，没有中华民族的支持，也不会有李老的巨著。假如他还在世，我相信他也不会否认这个事实。从这方面来讲，《中国科学技术史》的一部分可算是中华民族努力的成果。"[①]

[①] 何丙郁：《如何正视李约瑟博士的中国科技史研究》，《西北大学学报（自然科学版）》，1996 年第 2 期。

义务所长何丙郁

为 SCC 无私奉献的代表人物，就是令人尊敬的何丙郁先生。

图 11-12　两位所长：李约瑟和何丙郁教授（左）的合影[①]

剑桥李约瑟研究所由英国的东亚科学史信托会管理，李约瑟是研究所的创办人（Founder）和所长（Director）。应李约瑟之邀，何丙郁先生提前从澳大利亚格里

[①] Professor Ho Peng Yoke with Joseph Needham, c. 1990. Photographer not known, courtesy of the Needham Research Institute.

菲斯大学退休，从 1990 年 4 月开始接替李约瑟出任剑桥李约瑟研究所的所长，直到 2002 年。在这 12 年的时间里，何丙郁教授完全是义务奉献、不领工资的。"我放弃澳大利亚讲座教授月薪的收入，而跑去剑桥当义工，从经济上来看是一件极不上算的作为。我也很难向关心我的局外亲友解释我的行动。"[1]

图 11-13 何丙郁教授[2]

---

[1] 何丙郁：《学思历程的回忆：科学、人文、李约瑟》，（世界科技出版公司）八方文化创作室，2006，第 169—172 页。
[2] Professor Ho Peng Yoke, c. 2000. Photographer not known, courtesy of the Needham Research Institute.

信托会还同时聘任了黄兴宗为副所长，担任 SCC 的项目协调人（Co-ordinator）；鲁惟一教授（Professor Michael Loewe）为副所长，担任 SCC 的主编（Editor）。实际上这两项工作都是"吃力而不讨好的差事"[①]，因为那些外部的合作者，李约瑟研究所根本无法控制。由于大家都是义务劳动，所以并没有足够的约束性，这也让项目管理者难有作为。书稿拖期是经常的情况，最终有些执笔者放弃了他们的任务，也有些执笔者虽然完成了文稿，却并不能令李约瑟满意。

图 11-14　（左起）鲁桂珍、李约瑟、黄兴宗（1988）[②]

何丙郁先生深知，心无旁骛地专心撰写 SCC 就是李约瑟成功的秘诀，可是这样一来，李约瑟势必会忽略了许多重要的事情。剑桥大学东方学系曾多次邀请他为剑桥大学开设一门讲述中国科技史的课程，而每次李约瑟都会以对他而言最重要的是 SCC 为理由来推脱，至于如何与剑桥大学建立密切关系、如何与外面的机构和个人打交道、如何培养新一代的学者、如何解决研究所工作人员的福利等问题，不得不由协助他的人来处理，甚至还需要何丙郁这个义务所长去主动承担一些并不好办

[①] 何丙郁：《学思历程的回忆：科学、人文、李约瑟》，（世界科技出版公司）八方文化创作室，2006，第 166—169 页。

[②] Photographer not known, courtesy of the Needham Research Institute.

的事情，比如：

> 人们开始担心，李约瑟能否在他有生之年完成这部著作。……纽约和剑桥之间发生了误会。当剑桥向纽约要钱时，纽约方面说它仅负责资助 SCC 某些分册的撰写，而且怪责剑桥方面违背诺言，没有如期完成这些分册，使纽约方面难向捐钱的人交代。李约瑟坚持他从来没有许下过这个诺言，剑桥方面向纽约解释说，这句话可能是出自别人的口。纽约方面认为李约瑟也应该负责他的代表人所说的话。这是我一生中所遇最难堪的会面。纽约方面误认我是一个有实权和负责 SCC 的所长，以雇主的口吻向我盘问那些分册的出版日期，以及如何处理李约瑟的处事问题。我只好答非所问。①

1992 年 1 月，信托会改选，剑桥大学达尔文学院的院长杰夫瑞·劳埃德爵士（Professor Sir Geoffrey Lloyd）当选为主席，同时聘任伦敦大学亚非学院的古克礼教授为新的副所长和 SCC 的总编辑。

新主席杰夫瑞·劳埃德爵士凡事亲力亲为，热心参与所内活动。李约瑟研究所开始举办周五下午的讲读班，并将这个传统保持了下来。在讲读班上，每次由一位领读者挑选一篇与中国科技史有关的文章或图书节选，带着大家逐字逐句地朗读和翻译，然后再由参与者提问或大家共同讨论。"讲读班引来不少参与者，李约瑟也例常依时列席；虽然他已不再参与讨论，但他的出现对在座的中国人无疑是一种鼓励。而年轻研究生的出现使李约瑟研究所也有了点朝气，不再像以前都是上了年纪的人，好似一个养老院。"②

何丙郁先生除了为研究所筹款操心，还希望借助剑桥研究所这个平台，帮助来自中国的年轻科学技术史学者，为他们提供奖学金。

> 中国从事科技史研究的人员比世界上任何一个国家都多，而出国做研究的机会则相反比较少。协助李约瑟出钱出力最多的是华人，我觉得应该先从华人方面着想。……我专程路经香港会见毛文奇主席和香港东亚科学史基金会的董事们，向他们建议资助中国留学生在剑桥念博士学位。结果一位研究生获得香港的资助往剑桥念考古学。他是现任职北京科技大学的梅建军教授。我又获得香港东亚科学史基金会的资助，邀请北京自然科学史研究所陈美东所长以及刘

---

① 何丙郁：《学思历程的回忆：科学、人文、李约瑟》，（世界科技出版公司）八方文化创作室，2006，第 176 页。
② 同上书，第 183—185 页。

钝博士到李约瑟研究所作短期访问，以建立两所之间的密切联系。……第一位取得纽约李氏基金会①资助访问剑桥的学者是北京师范大学的刘洁民。②

李约瑟研究所也想方设法从英国争取各类资助，例如中英学术基金会（Sino-British Fellowsh Trust）的中英奖学金（Sino-British Fellowship），来帮助更多的中国学者到访李约瑟研究所。

---

① 纽约李氏基金会（Li Foundation of New York Fellow），主席是美国加利福尼亚大学（旧金山校区）的梁栋材教授，也是中国台湾"中央研究院"的院士。
② 何丙郁：《我与李约瑟》，三联书店香港分店，1985，第 214 页。

斯人已逝

李约瑟晚年身体不好，他就住在研究所对面的一座房子里。虽然腿脚不便，但仍每天坚持来办公室工作，此时他最为关心的是 SCC 的最后一卷——"结论篇"。

剑桥大学校长爱丁堡公爵到访李约瑟研究所的时候，对这一项目的进度很感兴趣。"还需要多久才能完成呢？"他问道。在得到一个相当保守的回答"至少十年"时，他惊呼，"上帝啊，伙计，约瑟夫在你完成之前会死掉的"，这是对形势的非常真实的判断。[①]

命运在晚年给李约瑟的第一个打击是他的妻子多萝西的离世。

1968 年何丙郁先生从第一次到剑桥与李约瑟合作时起，就对李大斐尤为钦佩。"李大斐的身体不好，她的一个眼睛曾因白内障动过手术，只能用另一个眼睛看东西，一个肺也因肺病开刀切除。那时她已是六十多岁的人了，但还是照常工作，在生物化学系当'助手'（demonstrator）。几十年来，她一直在从事研究和著述，如今年逾八旬仍孜孜不倦，这种治学精神，我是佩服得五体投地的。"[②] 为了表示对李大斐的敬意，何丙郁将自己 1985 年出版的《我与李约瑟》一书题献给了李大斐。

李大斐一生热爱生物化学，是一位知名的生物化学家，她同时也是一位十分伟大的妻子，对丈夫长期专注于中国科学技术史的研究毫无怨言，而且全力支持，她甘愿牺牲自己宝贵的科研和写作时间，默默地为李约瑟承担起了 SCC 校对的工作。李约瑟在 SCC 中承认："除了王铃先生和剑桥大学出版社非常友好又极为认真的同

[①] It was about this time that HRH The Duke of Edinburgh, Chancellor of the University of Cambridge, visited the Needham Research Institute, and interested himself in the progress of the project. 'And how long will it take to finish it?' he enquired. On being given a rather conservative answer, 'At least ten years', he exclaimed, 'Good God, man, Joseph will be dead before you've finished', a very true appreciation of the situation. [Kenneth Girdwood Robinson, "Volume editor's Preface," in SCC Vol.7 Part 2, (Cambridge: Cambridge University Press, 2004), xxi.]

[②] 何丙郁：《我与李约瑟》，三联书店香港分店，1985，序第 3 页、第 64—65 页。

事们，在至今还活着的人们当中，也许只有一个人曾经在本书出版之前逐字逐句地阅读过本书各卷，这就是我的妻子多萝西·尼达姆博士（英国皇家学会会员），因此我应该向她表示由衷的谢意。她为本书改正的地方不胜枚举，至于在写作本书的漫长岁月中她所给予的鼓励，绝不是普通的言辞所能恰当表达出来的。"[1]

李大斐晚年罹患阿尔茨海默症，就是她这样一生勤勉的人，后来记忆力也衰退得很快，生活还需要有人照顾。1987年年底的时候，她先于李约瑟离世了。

两年后的1989年，李约瑟和鲁桂珍举行了婚礼。在经过了半个世纪之后，两位有情人终成眷属。但是鲁桂珍晚年的健康状况也不好，她在1969年发现肺部肿瘤后，身体一直很虚弱，时好时坏。婚后两年，1991年11月28日，鲁桂珍去世了。[2]

图 11-15　李约瑟与鲁桂珍的婚礼（1989）[3]

---

[1] 李约瑟：《中国科学技术史（第一卷　导论）》，科学出版社、上海古籍出版社，1990，第12页。
[2] She died on 28 November 1991 of broncho-pneumonia.
[3] Photographer not known, courtesy of the Needham Research Institute.

图 11-16　1994 年联合国教科文组织（UNESCO）授予李约瑟爱因斯坦金奖

[（左起）华道安（Donald B. Wagner）、莫弗特、席文、哈兰和李约瑟] [1]

李约瑟自己也不幸患上了帕金森症。虽然他的头脑仍然清醒，记忆力惊人，但在最后的岁月里，他甚至难于从一把椅子换到另一把椅子，也难以口齿清楚地表达自己。即便如此，他还是坚持为最终的"结论篇"辛勤工作着，直到去世的前两天。

1995 年 3 月 24 日这一天，李约瑟与世长辞。

三人相伴，亦师亦友，最后合葬于李约瑟研究所门前的菩提树下。化身为三块蓝色的牌子，上面分别写着三个人的名字。[2]

---

[1] Photographer not known, courtesy of the Needham Research Institute.
[2] Dorothy Mary Moyle Needham Sc.D. FRS (1896-1987)
Gwei-Djen Lu-Needham Ph.D. (Cantab) (1904-1991)
Joseph Needham CH FRS FBA FMCAS Sc.D Hon.Litt.D (1900-1995)

此处安息着多萝西·尼达姆（1896年9月22日—1987年12月22日）

此处安息着鲁桂珍（1904年7月22日—1991年11月28日）

此处安息着约瑟夫·尼达姆（1900年12月9日—1995年3月24日）

图 11-17　菩提树下三人的墓碑

何丙郁先生在《鲁桂珍博士简介》一文中说："鲁桂珍对中国科技史的最大贡献就是引出一个李约瑟……如果没有她，就只有生物化学家 Joseph Needham，而没有中国科技史家李约瑟。"① 鲁桂珍颇为喜欢这样的评价，也曾说："李约瑟在两个文明间建起了一座桥，我就是那支撑这座桥的拱柱。"②

李约瑟曾把一本为祝贺他八十五岁寿辰由潘吉星主编的《李约瑟文集》赠给鲁桂珍，题写的是："给最亲爱的桂珍，我半个世纪的支柱和依靠，约瑟夫，1987年3月，怀着我全部的爱。"③

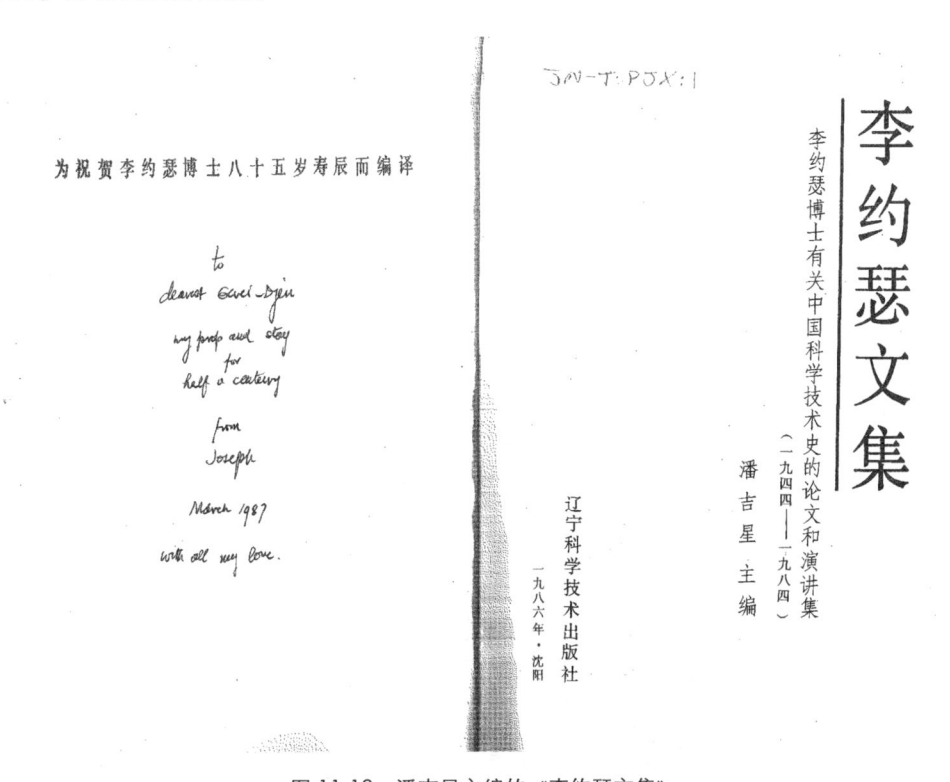

图 11-18　潘吉星主编的《李约瑟文集》

李约瑟感谢鲁桂珍在半个世纪的时间里，一直不离不弃地陪伴在他的身边，成为他精神上的支柱。

鲁桂珍曾在李约瑟冈维尔－凯斯学院 K1 房间的墙壁上，题写过"人去留影"四个大字。这是她在 1939 年完成博士学位后，即将离英赴美前用毛笔所题。

---

① 何丙郁：《桂珍博士简介》，《中国科技史料》1990 年第 4 期。
② 参见 Kenneth Robinson 写的鲁桂珍悼念文章 The Guardian, 4 December 1991.
③ to dearest Gwei-Djen, my prop and stay for half a century, from Joseph, March 1987 with all my love.

图 11-19 鲁桂珍"人去留影"的题字[①]

---

① Photographer not known, courtesy of the Needham Research Institute.

而今斯人已逝，唯字留存，睹物思人，岂不感伤。由于李约瑟写给鲁桂珍的书信档案尚未公开，我们只能从鲁桂珍偶尔透露出来的李约瑟曾写给她的信中，看见一个真实的李约瑟。

人们要问，他自己认为是怎样一个人呢？不久以前，他写给我的一段话，值得引述：

"一生生活在大学的环境里，自然会使得一个人与同是学者和科学家的其他人作比较，以此衡量自己的才能。我一直深切感觉到，在纯粹智性的洞察力方面，我总是及不上好些我引以为荣的朋友——例如遗传学方面的沃丁顿（Conrad Hal Waddington），哲学方面的维特根斯坦，逻辑学方面的伍杰（Joseph Henry Woodger），数学方面的费希尔（Ronald Aylmer Fisher）。我始终寻求的是某个领域有一个角落，我能悄悄地在那上面进行研究，没有太多同伴的干扰，也没有多大的竞争；或许那就是'独创性'的真谛——化学胚胎学就是那样的一个领域，中国科学史又是一个。搭桥仅是同一回事的一个方面而已，因为对河流两岸都熟悉的人并不怎么多，而在这少数熟悉的人之中，又不是每人都有非干不可的逼迫感。若说某一因素是最有助于我能这样工作，我看那是我占了惯于同时见林又见树的便宜；换言之，就是在对错综复杂的细节着了迷、准备追根究底找出其最细微的真相的同时，心中始终有着桑德森教育理念的广阔概念。"

"这就产生了一种良性的强迫观念——我总爱收拾回形针和橡皮筋，这是我对细小具体的事物、材料、事实真相特别喜爱的征象；没有这些具体资料，就无法比较确实地得到有重大意义的概括。谨慎地遵循正确的常规、有效地整理归档、管理卡片索引等等，所有这些都被证明是在进行巨大事业中必不可少的。"

"同时，以财物而论，我很清楚除书刊以外，在衣着等等方面我都不符个人生活方式的最高标准。我不屑在那些方面多费心，而且多年来我确实曾经深受僧侣观念的支配，尽量减少身外之物。尽管我有意识地摒弃禁欲主义，但是它和我的本性自有相通之处，所以在实际生活中颇觉可取。就因为这个缘故，我失去了我父亲的图书室，原来我父亲在1920年去世之后，我母亲要处理掉这些藏书，当时我出世思想特别浓厚，既是一个年轻的实验室科学工作者，又是一个宣道会的杂物修士，对此毫无兴趣，因此这些藏书全被卖掉了，我只留下几本作为纪念。后来这些年里，我一直为此惋惜不止。"

"现在我最大的愿望寄于另一个图书馆，这就是你和我这些年来为编写计划之用而建立起来的——剑桥东亚科学史图书馆。它应该不但为编写计划之用，而且要供世界各国研究比较科学史的后世学者自由使用,从而促进对各种文明树立公平合理的世界性的理解,正如我们这时代已经经验到的。现在所需要的就是一个永久性的馆所,但愿有此机缘,喜见计划完成。"[①]

[①] 鲁桂珍:《李约瑟的前半生》,载李国豪、张孟闻、曹天钦主编《中国科技史探索》,上海古籍出版社,1986,第40—43页。

"结论篇"

为了完成"结论篇",李约瑟 1980 年邀请了他最为信任的合作者罗乃诗从德国汉堡回到剑桥,来协助他完成这最重要的一卷。从 1949 年开始,罗乃诗就开始了与李约瑟的合作,第四卷第 1 分册的声学部分就是由他撰写的,此后他参与 SCC 项目长达半个世纪之久,所以他也是最后一位直接与李约瑟本人合作的合作者。李约瑟还在 1981 年设立的遗嘱(testament)中,表明了如果自己不能在有生之年看到第七卷出版的话,他希望在自己死后那些他写的东西能够被包含在第七卷之中。

1995 年李约瑟去世后,SCC 不再扩充,开始进入收尾的阶段。

第五卷第 6 分册《军事技术:抛射武器及攻守城技术》和第六卷第 3 分册《农产品加工和林业》2 个分册相继出版。

在 1996 年出版的第六卷第 3 分册《农产品加工和林业》的书名页前特意增加了一页,印着这么两句话:

> 约瑟夫·尼达姆亲自监督了《中国的科学与文明》系列图书中的 17 本书的出版,从 1954 年出版的第一卷,直到 1995 年 3 月他去世时尚在印刷厂的这一本。

> 计划和准备后续各卷的工作将会继续下去。该系列出版物的委托与认可工作现在由剑桥李约瑟研究所的出版委员会负责,主席由该系列图书的总编辑古克礼教授担任。[①]

在古克礼和罗乃诗的手中,第七卷"结论篇"最终被分为两个分册出版:第 1

[①] Joseph Needham directly supervised the publication of 17 books in the *Science and Civilisation in China* series, from the first volume, which appeared in 1954, through to the current work, which was in press at the time of his death in March 1995. The planning and preparation of further volumes will continue. Responsibility for the commissioning and approval of work for publication in the series is now taken by the Publications Board of the Needham Research Institute in Cambridge, under the chairmanship of Dr Christopher Cullen, who acts as general editor of the series.

SCIENCE AND CIVILISATION IN CHINA

BY

JOSEPH NEEDHAM, C.H., F.R.S., F.B.A.
SOMETIME MASTER OF GONVILLE AND CAIUS COLLEGE, CAMBRIDGE,
DIRECTOR EMERITUS OF THE NEEDHAM RESEARCH INSTITUTE,
CAMBRIDGE, HONORARY PROFESSOR OF ACADEMIA SINICA

and

ROBIN D. S. YATES
PROFESSOR OF HISTORY AND OF EAST ASIAN LANGUAGES AND LITERATURES
DIRECTOR, CENTRE FOR EAST ASIAN STUDIES
MCGILL UNIVERSITY, QUEBEC, CANADA

with the collaboration of

KRZYSZTOF GAWLIKOWSKI
PROFESSOR, DIPARTMENTO DI STUDI ASIATICI,
ISTITUTO UNIVERSITARIO ORIENTALE, NAPLES

EDWARD McEWEN
BOWYER AND MOUNTED ARCHER OF THE CITY OF LONDON
MEMBER OF THE SOCIETY OF ARCHER-ANTIQUARIES

WANG LING
EMERITUS PROFESSORIAL FELLOW, DEPARTMENT OF FAR EASTERN
HISTORY, AUSTRALIAN NATIONAL UNIVERSITY, CANBERRA

VOLUME 5
CHEMISTRY AND CHEMICAL TECHNOLOGY

PART VI
MILITARY TECHNOLOGY: MISSILES AND SIEGES

CAMBRIDGE
UNIVERSITY PRESS

图 11-20　SCC 第五卷第 6 分册《军事技术：抛射武器及攻守城技术》，叶山（Robin D. S. Yates）著，石施道（Krzysztof Gawlikowski）、麦克尤恩（Edward McEwen）和王铃协助（1995）

JOSEPH NEEDHAM

SCIENCE AND CIVILISATION IN CHINA

VOLUME 6

BIOLOGY AND BIOLOGICAL TECHNOLOGY

PART III

AGRO-INDUSTRIES AND FORESTRY

AGRO-INDUSTRIES: SUGARCANE TECHNOLOGY

BY

CHRISTIAN DANIELS, M.A., D. LITT.

ASSOCIATE PROFESSOR OF CHINESE HISTORY
INSTITUTE FOR THE STUDY OF LANGUAGES AND CULTURES OF
ASIA AND AFRICA, TOKYO UNIVERSITY OF FOREIGN STUDIES, TOKYO
RESEARCH FELLOW OF THE TOYO BUNKO

FORESTRY

BY

NICHOLAS K. MENZIES, PH.D.

FORD FOUNDATION, PEKING

CAMBRIDGE UNIVERSITY PRESS

图 11-21　SCC 第六卷第 3 分册《农产品加工和林业》，唐立（Christian A. Daniels）、孟席斯（Nicholas K. Menzies）著（1996）

JOSEPH NEEDHAM
SCIENCE AND CIVILISATION IN CHINA

VOLUME 7

PART I: LANGUAGE AND LOGIC

BY
CHRISTOPH HARBSMEIER
PROFESSOR, DEPARTMENT OF EAST EUROPEAN AND
ORIENTAL STUDIES, UNIVERSITY OF OSLO

EDITED BY
KENNETH ROBINSON

CAMBRIDGE
UNIVERSITY PRESS

图 11-22　SCC 第七卷第 1 分册《语言和逻辑》，
克里斯托夫·哈布斯迈尔（Christoph Harbsmeier）著（1998）

分册《语言和逻辑》和第 2 分册《结论与反思》。

第七卷第 1 分册《语言和逻辑》在 1998 年出版。收录有李约瑟在去世前（1994 年 5 月 9 日）亲自为之起草好了的一篇序言：

> ……
>
> 自从本书第一卷出版以来，时间已经过去了 40 多年。当时我们所设想的第七卷只是薄薄 7 本中的 1 本，而不是现在 30 本系列图书中的 1 本。但是由于我们在中国宝藏中发现的财富是如此巨大，以至于我们不得不调整我们最初的计划，从已经深入下去的竖井出发，附属的隧道向各个方向延伸。不可避免地，有些勘探的线路不得不被放弃掉，某些工作会被推迟，有时候原先计划的出版次序也不得不改变。第七卷比其他部分更加受到时间和变化压力的影响，现在我终于可以满怀喜悦地带给你们第七卷的第 1 部分了。
>
> 我最初安排华沙大学的著名逻辑学家雅努什·赫梅莱夫斯基（Janusz Chmielewski）来撰写七卷本《中国的科学与文明》中的第 49 节中的一部分，内容包括中文和中国的逻辑，正如我们当时所表达的那样。但在 1983 年 9 月，他向我们表明，他本人的视力下降、妻子生病以及当时在波兰生活的物质条件极端困难，使他在完成前两章后无法继续。这只是我们在撰写第七卷时所遇到的许多挫折中的第一个。然而，亚努什·奇米列夫斯基建议将这项工作交给克里斯托夫·哈布斯迈尔（Christoph Harbsmeier）。我们感激地采纳了他的建议。克里斯托夫去见了亚努什，并完成了一次顺利而亲切的工作交接，本卷的作者在第 1 页中提到了这一点。我们非常遗憾，亚努什未能成功地完成他花了大量宝贵时间从事的工作，但非常感谢他确保了这项工作在他天才的学生手里得以继续。
>
> ……
>
> 在后面的内容中，读者会发现很多通常的成见将受到挑战。例如，早期的汉语是一种正在封闭之中的，而非已经封闭的语言。如果被一个称职的科学思想家使用，古汉语就并非含混的和诗意的语言，不能适用于科学。中国人也并非对外显或内隐的逻辑都无所谓。历史上有两次，中国人表现出对外显的逻辑感兴趣，一次是墨家学派，另一次是中文佛经注解者，在他们的逻辑思考中，梵语的模糊性在翻译成中文时得到了消解。但中国人总是对假设所基于的事实，而不是对发展这些假设的言语机制更感兴趣。因此，外显的逻

JOSEPH NEEDHAM

SCIENCE AND CIVILISATION IN CHINA

VOLUME 7

PART II: GENERAL CONCLUSIONS AND REFLECTIONS

BY
JOSEPH NEEDHAM F.R.S., F.B.A.

WITH THE COLLABORATION OF
KENNETH GIRDWOOD ROBINSON AND
RAY HUANG (HUANG JEN-YÜ)
AND INCLUDING CONTRIBUTIONS BY THEM

WITH AN INTRODUCTION BY
MARK ELVIN

EDITED BY
KENNETH GIRDWOOD ROBINSON

CAMBRIDGE UNIVERSITY PRESS

图 11-23　SCC 第七卷第 2 分册《结论与反思》，李约瑟著，罗乃诗（Kenneth G. Robinson）编辑，黄仁宇部分贡献，伊懋可（Mark Elvin）导论（2004）

辑并没有像它在西方那样得到持续的关注。①

对于 SCC 的写作和出版过程，李约瑟本人仅在每一卷册的作者序言中有简略的记述。在 2004 年出版的 SCC 第七卷第 2 分册"结论篇"中，SCC 主编古克礼教授和该卷编辑罗乃诗各作了一篇序言，弥补了这个缺憾，对 SCC 项目进行了全面的总结。

他们着重强调了合作者们所做出的巨大贡献。为了公正评价合作者的贡献，他们还对 SCC 中李约瑟独立撰写的内容与合作者完成的内容进行了区分。据此我们得知，李约瑟实际撰写的内容包括：第一至三卷，第四卷的 3 个分册，第五卷第 2 分册、第 3 分册、第 4 分册、第 5 分册共 10 个卷册的内容。另外，第五卷第 7 分册《火药的史诗》很大程度上是何丙郁的作品，李约瑟其实是编者；第六卷第 1 分册《植物学》，黄兴宗亦有特别贡献；第六卷第 6 分册《医学》（2000）则是席文所编的李约瑟和鲁桂珍关于医学主题所做的研究。除此之外，SCC 另外一半的内容实际上是由李约瑟的合作者们各自独立完成创作的。② 所以《结论与反思》这个分册的献辞页上，印上了这样一句话："本书敬献给那些在超过半个世纪的时间里，作为合作者参与到 SCC 项目之中的众多学者。"③

作为一个信守承诺的可靠朋友，在《结论与反思》中，罗乃诗采取了忠实于原作者的编辑方法，尽力剔除掉编者可能带来的"喧宾夺主"式的自我发挥：

> 作为本卷的编辑，我很幸运，在李约瑟生命的最后几年里，我经常与他就第七卷处理的所有主题进行密切的讨论，因此有可能（虽然并不总是容易的）来决定哪一个版本是他打算作为最后的版本采用的。补齐引用材料所需的一些缺漏也比原先所想的更容易找到（虽然并不是很容易）。最终产生结果的任务是非常耗时的，但我希望读者会认为它是值得的；我相信，除本卷中我和其他人被特别命名为合著者外，读者在这里可以看到一个夺目的、真实的约瑟夫·尼达姆，在这个人类最伟大的学术项目之一的最后阶段中，正在发言。④

同时，罗乃诗客观公正地指出，中国的发展变化很快，而李约瑟所写的都是关

---

① Joseph Needham, "Foreword," in SCC Vol. 7, Part 1: Language and Logic (Cambridge: Cambridge University Press, 1998), p. xvii-xix.
② Kenneth Girdwood Robinson, "Volume editor's Preface" in SCC Vol.7, Part 2 (Cambridge: Cambridge University Press, 2004), p. xvii; xix.
③ This book is dedicated to the many scholars who have worked as collaborators on the Science and Civilisation in China Project over the last half century.
④ Kenneth Girdwood Robinson, "Volume editor's Preface," in SCC Vol.7, Part 2 (Cambridge: Cambridge University Press, 2004), p. xvii-xxiii.

于这些变化发生之前的那个过去的中国。对中国的看法本身也在改变，不仅在西方，而且在中国本身这些观点也在持续发生变化。因此，《结论与反思》没有可能对中国在世界历史中的作用给出任何确定的判断，而只能给出一位 20 世纪中叶伟大的科学家和博学者的观点。罗乃诗认为，如果李约瑟真的还能够自己来写第七卷的话，那么第七卷将会呈现出来的也应该是一个 20 世纪中叶的科学家写出来的东西，但这个想法到他八十多岁的时候显然已经太晚了，很多东西他不得不放弃。

李约瑟研究所出版委员会的主席和 SCC 系列的总编辑古克礼教授早年在牛津大学学习工程科学，后来在伦敦大学亚非学院攻读古代汉语博士学位并留校任教。1992 年起他兼任李约瑟研究所副所长。2002 年接替何丙郁教授出任所长后，他在 2004 年的《李约瑟研究所通讯》中阐明了自己所肩负的任务："在我担任所长期间，我有三点明确的计划。首先，我们必须发挥研究所作为我们研究领域国际学术中心的作用。其次，我们必须努力提高学术界对中国和东亚科技传统的普遍关注，并推动我们的学术出版计划。第三，为支撑这些努力，我们必须增加所获得的基金，以提供一个永久安全的基础，来保障我们长期的独立和安全。……李约瑟通过他的工作给我们留下了巨大的知识财富——但他也给我们留下了一项艰巨的任务，我们有责任尽我们最大的能力去完成它。我们相信世界各地的朋友将帮助我们实现目标。"①

2005 年 1 月 13 日，剑桥大学出版社在自己的书店里举办了一场招待会，庆祝由罗乃诗编辑的 SCC 第七卷第 2 分册《结论与反思》的出版。在招待会上，出版社人文与社会科学部的执行董事理查德·费希尔（Richard Fisher）先生发表了讲话，庆祝《中国的科学与文明》系列图书的成功：

> 比较起来，1954 年当 SCC 的第一卷出版时，剑桥大学出版社的总营业额只有 31.7 万英镑，而现在是 1.3 亿英镑！
>
> ……几乎立刻，这部著作就被认可为，不仅是一个知识界的事件，也是一个图书界的重要事件。我记得读过伊懋可的一篇文章，他说第一卷的装帧设计实在是太重要了。肯登设计了它的硬封面和护封；约翰·德赖弗斯设计了页面的版式，包含有西文和中文的两层脚注。

---

① Newsletter October 2004, New Series, No. 1, edited by Susan Bennett. https://www.nri.cam.ac.uk/NRI_Newsletter_NS01.pdf.

图 11-24　SCC 第七卷第 2 分册的新书发布招待会 ［（从左至右）尤德夫人（Lady Pamela Youde）、莫弗特、罗乃诗、古克礼教授和戈登·约翰逊（Gordon Johnson）］①

　　在出版社，我要向多年来一直致力于李约瑟项目的编辑方面的以下人员致敬：迈克尔·布莱克、彼得·伯比奇、艾伦·克劳登（Alan Crowden）、保利娜·海尔（Pauline Hire）、威廉·戴维斯（William Davies）、玛丽戈尔德·阿克兰（Marigold Acland）、迈克尔·夏普（Michael Sharp）等等。正如弗兰克·雷蒙德·利维斯（Frank Raymond Leavis）所说，这里有着伟大的传统。此外，SCC 对生产、销售和营销部门的同事来说也非常重要，因为它一直是过去半个世纪剑桥大学出版社的决定性事业之一。李约瑟的书总共销售了将近 75,000 本，为出版社创造了接近 200 万英镑的收益［其中的大部分，我冒险说一句听起来像是著名的板球投球手弗雷德·特鲁曼（Fred Trueman）说的一样的话，当一英镑真的值一英镑时］。② 我们非常感谢我们的编辑、撰稿人、顾问和助理团队，他们一直在推动这一伟大项目向前发展，在这个阶段，我要特别感谢古克礼教授、苏珊·本内特（Susan Bennett）、杰夫瑞·劳埃德爵士、尤德夫人和我们的主席戈登·约翰逊，对他们所有人来说，尼达姆的计划具有特殊的意义。

　　如果出版社类似于 BBC 的角色，必须为宪章更新提出议案的话，那么我

---

① Photographer not known, courtesy of the Needham Research Institute.
② 参见第 486 页上的 "版税收入"。

认为《中国的科学与文明》应当是我们的首席执行官斯蒂芬·伯恩（Stephen Bourne）先生随身携带的极少数提案之一，用以支持我们在威斯敏斯特或白厅继续待下去。在我看来，这种长期的、大规模的合作研究事业，涉及这所大学的各个部门，包括它的出版社以及这所大学在世界各地的朋友们，对他们我们应该特别致敬。①

在李约瑟去世后古克礼教授担任 SCC 主编的二十年时间里，在他精心的安排下，一本本合作者撰写的分册又陆续走进了印刷厂并顺利出版：

第五卷第 13 分册《采矿》，葛平德（Peter J. Golas）著，1999 年出版；

第六卷第 5 分册《发酵与食品科学》，黄兴宗著，2000 年出版；

第六卷第 6 分册《医学》，李约瑟、鲁桂珍著，席文编辑，2000 年出版；

第五卷第 12 分册《陶瓷技术》，柯玫瑰（Rose Kerr）、奈杰尔·伍德（Nigel Wood）著，蔡玫芬、张福康部分贡献，2004 年出版；

第五卷第 11 分册《黑色金属冶炼术》，华道安著，2008 年出版；

第六卷第 4 分册《传统植物学：人种志的研究方法》，梅泰理（Georges Métailié）著，2015 年出版。

古克礼教授精力充沛、风趣幽默、格外健谈，在研究所里还时不时可以听到他爽朗的笑声，给人留下难忘的印象。但是总编之职，甘苦自知，似不足为外人道。古克礼教授在几十年后，以第五卷第 35 章"陶瓷技术"为例，回忆起当年的情形：

> 当我（1992 年）接手这个系列图书的责任时，我发现这个部分已经分配给了一个合作者，我们只能说，那个人没有明显活动的迹象，这种情况也没有多大的可能性会发生改变。……李约瑟接受了我的建议，即我们需要寻找一个新的合作者……如果你希望在合理的时间范围内高标准地完成一项艰巨的任务，那就应该请一个忙碌的人来完成，这应该是一个常识。我找的这位忙碌人士是伦敦维多利亚和阿尔伯特博物馆东亚区的负责人柯玫瑰。令我非常高兴的是，她同意接受这份工作，而且她还说服了奈杰尔·伍德加入进来，专门负责这一主题的技术方面。当然，像这样的项目需要资金的支持，我的下一个任务是起草合适的资助申请。令人高兴的是，蒋经国基金会同意支持我们从维多利亚和阿尔伯特博物馆"买下来"柯玫瑰一年，以及支持所有的其他研究费用。奈杰尔·伍德也获得了莱弗休姆信托（Leverhulme Trust）的高级研究员奖学金。

---

① Newsletter October 2005, New Series, No. 2, edited by Susan Bennett. https://www.nri.cam.ac.uk/NRI_newsletter_NS02.pdf.

2004年，在为本册重新安排作者的十年之后，也是1954年SCC第一卷公布全书目录的半个世纪之后，它终于作为第五卷第12分册《陶瓷技术》出版了，柯玫瑰、奈杰尔·伍德著，蔡玫芬、张福康部分贡献。根据其主题要求，它从头到尾都用彩色插图进行说明，这是剑桥大学出版社授予SCC此特权的第一本书。它共有918页，比原来七卷本计划的篇幅长出了7倍。与李约瑟将第33章"炼丹术"扩充了17倍相比，这还算是一个非常适度的扩展，而且从这门学科的重要性以及它为读者提供的丰富的历史知识和技术上的理解来看，这个扩充肯定是有道理的。在未来的几十年，它将不太可能会有任何真正的竞争对手。①

---

① When I took over responsibility for the series, I found that this section had been allocated to a collaborator, of whom we need say no more than that there were no apparent signs of activity on that person's part, nor did there seem any great likelihood of the situation changing.
Needham accepted my suggestion that we needed to seek a new collaborator....
If one has a demanding task that one wants to see completed within a reasonable timescale and to a high standard, it is commonplace wisdom that one should ask a busy person to take it on. The busy person in question was Rose Kerr, Keeper of the East Asian section, Victoria and Albert Museum, London. To my great delight, she agreed to take the job on, and she in turn was able to persuade Nigel Wood to join her, with particular responsibility for the technical aspects of the topic. Of course, a project like this needs funding, and my next task was to draft the appropriate grant applications. Happily, the Chiang Ching-kuo Foundation (for International Scholarly Exchange) agreed to support a 'buy-out' of Rose Kerr from the Victoria and Albert Museum for a year, plus all other research costs. A Leverhulme Trust Senior Fellowship was also obtained for Nigel Wood.
In 2004, 10 years after recommissioning, and half a century after the publication of the original seven-word plan for this section, the book appeared as volume 5, part 12: Ceramic Technology, by Rose Kerr and Nigel Wood, with additional contributions by Ts'ai Mei-fen and Zhang Fukang. As its topic demanded, it was illustrated in colour throughout, the first volume of the series to be given this privilege by Cambridge University Press. It contains 918 pages in all, making it seven times longer than the estimate for a single section under the seven-volume plan. This was a very modest expansion compared with the factor of 17 that Needham had allowed himself for section 33 on alchemy, and was certainly well justified by the importance of the subject and the rich historical scholarship and technical understanding that this book offered its readers. It is unlikely to have any serious competitors for several decades.
[Christopher Cullen, "My farewell to Science and Civilisation in China," *Cultures of Science*, Vol. 3(1) (2020): 21-33.]

大器晚成[①]

李约瑟《中国的科学与文明》这部巨著的诞生与其所处的时代背景密不可分，除李约瑟及其合作者的贡献外，剑桥大学出版社在其中也起了关键作用。回顾这一名著在长达半个多世纪的时间里所走过的历程，这是一个作者与出版者合作共赢的典型结果。

与作者的视角不同，若从出版者的角度来看，我们可以将 SCC 划分为五个不同阶段，分别是 1948—1951 年的策划阶段，1951—1959 年的前三卷出版阶段，1959—1971 年的第四卷出版阶段，1971—1987 年的第五、六卷的出版阶段，1987 年以后的收尾阶段，包括第七卷的出版和第五、六卷的收尾。

在这五个阶段中，各卷的写作与出版都是按照卷次的顺序交替、循环进行的。所谓交替，指的是写作与出版这两个环节的衔接上，作为作者的李约瑟和剑桥大学出版社彼此的工作相互衔接、相互配合，作者首先完成书稿的写作，交稿后出版社完成图书的出版流程。所谓循环，指的是排版印刷上一卷册的时候，作者开始写作下一卷册的内容。SCC 项目整体上按照各卷册的顺序依次进行，但也有被迫打乱这种次序的特殊情况。这样安排的好处是不言而喻的，作者和出版者各自维持最高的工作效率，同时又能够保持项目作为一个整体的连续性。像我们今天所看到的 SCC 这样的鸿篇巨制，如果要等待所有的内容都写完之后再出版，作为一本新书，在当时的历史条件下，是根本不可能的。

在这五个阶段中，SCC 先后经历过三次内容上的扩充和出版计划的修改。虽然各卷册的划分也不断根据书稿完成的情况做出调整，但所有的内容始终都是以第一卷出版时的总目录作为蓝本进行编排的，所以 SCC 自始至终都保持着作为一部书的整体性。接下来，让我们完整地回顾一下这些具体的发展阶段。

---

① 本节内容是在作者已发表论文的基础上修改而成。王晓，莫弗特：《大器晚成——李约瑟 SCC 的出版历程》，《中国科技史杂志》2017 年第 3 期。

第一阶段（1948—1951）：策划阶段

选题策划是图书出版的一个重要阶段。《中国的科学与文明》一书的选题，李约瑟在开始写作之前的 1948 年，就预先获得了剑桥大学出版社的认可，但是出版社要求作者把篇幅控制在一本书之内。为了打消出版社的顾虑，李约瑟还特意说明自己没有打算写成一部鸿篇巨制的想法，这只是一本 600 页到 800 页之间的书。但是经过三年多时间的创作，到 1951 年年底的时候，李约瑟已经完成的书稿大大超出了原定一本书的计划，总的字数将会达到 3164 页的规模。

以我们今天的观点来看，剑桥大学出版社与其他商业出版社的不同之处，决定了 SCC 后来的命运。剑桥大学出版社理事会没有因书稿不符合原来的选题计划而提出删减内容的要求，他们不仅欣然接受分卷出版，而且要求各卷单独销售。对于这样的安排，李约瑟还是乐其成的。经过协商，最终定下来以七卷本的形式来出版 SCC。这个七卷本的划分是：第一卷《导论》、第二卷《科学思想史》、第三卷《数学、天学和地学》、第四卷《物理、工程和技术》、第五卷《化学和化工》、第六卷《生物、农业和医学》、第七卷《社会背景》。这是 SCC 项目的第一次扩充。

第二阶段（1951—1959）：前三卷出版阶段

1951 年年底李约瑟把已经完成的前三卷书稿交给出版社之后，SCC 的前三卷开始进入一个漫长的排版、编校和印刷出版阶段，前后历时 8 年，各卷的出版时间依次是：第一卷（1954）、第二卷（1956）、第三卷（1959）。在这一阶段，李约瑟一边要根据出版进度审定和修改前三卷的校样，一边与王铃和罗乃诗合作，进行第四卷的内容写作。

由于 SCC 的中英文混合排版需要剑桥大学出版社解决汉字铅字排版的问题，加上李约瑟会经常性地对原稿内容进行大幅度的修改，所以第一卷的出版进度十分缓慢。为了抓住 1954 年 8 月将在剑桥召开的第 23 届国际东方学家大会这样的大好时机，促进图书的宣传和销售，最后出版社采取了倒排日程、加快进度的办法，终于成功地赶在会议之前如期出版了 SCC 的第一卷。随之公布的 SCC 总目录向世人展现出 SCC 的宏伟架构，引起了学术界的巨大反响。

SCC 第一卷的出版虽然达到了一鸣惊人的效果，但事后看起来，李约瑟和剑桥大学出版社决定公开总目录还是一种比较鲁莽的做法。后来 SCC 的中译本，不管是中国内地、中国香港还是中国台湾的译本，都没有刊登这样的总目录，因为没有人能够预计一部尚未完工的作品到底还需要多久的创作时间。

在前三卷的编辑校对过程中，李约瑟和出版社、印刷厂就修改比例过高的问题争执不断，每次李约瑟都在据理力争之后不得不做出让步。李约瑟尽力增进彼此的理解，并想方设法为 SCC 项目争取出版资助。就在 1958 年年底第三卷即将出版之前，出版社突然主动停止了与李约瑟在费用问题上的争执，这是因为 SCC 前两卷的销售情况看好，而且李约瑟争取到了大笔的出版资助，虽然成本的增加造成定价大大超过了原来的预期，但出版社已经不用再担心 SCC 的销售会有什么问题了，乃至于增加定价出版社也不认为会影响到 SCC 的销售。很快，到 1960 年 5 月的时候，第一卷就开始重印了，这标志着 SCC 项目已经迈入了剑桥大学出版社的重要盈利产品之列。与此同时，新写出来的第四卷的内容也越来越厚，实际完成的书稿再一次大大超出了原来预计的篇幅，这个时候，李约瑟又不失时机地提出来将第四卷扩充为三个部分出版，出版社当然没有反对的理由。于是 SCC 的内容进行了第二次的扩充。

第三阶段（1959—1971）：第四卷出版阶段

SCC 第四卷以 3 个分册的形式出版，前后又经过了 10 年的时间。各分册的出版时间依次为：第 1 分册《物理学》（1962）、第 2 分册《机械工程》（1965）、第 3 分册《土木工程与航海技术》（1971）。

随着内容的展开和研究的深入，SCC 项目的规模需要进一步扩大，原来第五、六两卷各一册的设想显然无法容纳预期的内容。而且此时 SCC 的内容编写速度已经跟不上市场的需求和出版印刷能力提高的速度了。意识到仅凭李约瑟一个人不可能独自完成所有这些内容的撰写，所以 1964 年在彼得·伯比奇的建议和推动下，SCC 项目从第五卷开始采取了一种新的集体创作的办法，即由李约瑟作为主编，约请不同的作者来分头完成不同的章节，再由主编统一进行审稿和编辑加工。而李约瑟可以继续把自己的主要精力放在与鲁桂珍、何丙郁、席文一起合作研究并撰写有关炼丹术的几个章节之上。陆续出版的第五、六卷也各自从原来的一卷本扩充为多个分册，有很多章节都已经扩展到了独立成册的程度。而且这些分册的划分并不确定，总是随着各个章节的完稿情况不同而不断变化。这是 SCC 项目的第三次扩充。

SCC 项目逐渐扩大了自己的作者队伍，把一个人的写作变成了一种分头撰写，最后再统一编辑的新的模式，从而加快了写作的进展速度。李约瑟和伯比奇两人的角色，也从原来的一本书的作者和编辑的角色，开始转向了一个项目的管理和组织者的角色。SCC 项目的成功，也伴随着伯比奇在剑桥大学出版社的职位的不断提升，他从一开始的文字编辑到 SCC 项目的策划编辑、理事会助理秘书，最后又被提升为整个出版社的生产经理。到他 1985 年去世之前，彼得·伯比奇一直都是 SCC 项目在出版社实际上的负责人。

第四阶段（1971—1987）：第五、六卷出版阶段

创作方式的变化所带来的成果开始显现出来，这一时期也是 SCC 出版成果最为丰硕的一个时期。过去 SCC 基本上按照 10 年 3 册的速度出版，只有 20 世纪 80 年

代出版了 7 个分册，成为 SCC 出版速度最快的一段时间。

1979 年，李约瑟曾列出了一份多达 25 位合作者的名单，此后仍有增加。[①]SCC 的署名方式也发生了相应变化，原来李约瑟是唯一作者，王铃等人只是他的研究助手。从第五卷开始，其他的参与者也开始以独立作者或合作者的身份来共同署名。

第五卷首先出版的是李约瑟与鲁桂珍、何丙郁、席文合作完成的有关炼丹术的庞大内容，它们以 4 个分册陆续出版，分别是：第五卷第 2 分册《炼丹术的发现与发明：金丹与长生不老》（1974）、第五卷第 3 分册《炼丹术的发现与发明：从灵丹妙药到人工合成胰岛素的历史考察》（1976）、第五卷第 4 分册《炼丹术的发现与发明：器具和理论》（1980）、第五卷第 5 分册《炼丹术的发现与发明：内丹》（1983）。

原本应该最先出版的第五卷第 1 分册的内容包括第 30 章"军事技术"、第 31 章"纺织技术"和第 32 章"纸和印刷"三个章节，但合作者的稿件迟迟收不上来，造成这一分册长期延误，甚至出现不得不打破次序先出版后续其他分册的尴尬局面，最终李约瑟和伯比奇不得不转而委托何丙郁来接手王铃的工作，撰写"军事技术"这一章中的"火药篇"这一小节。何丙郁顺利完成初稿后，李约瑟又耗费了相当大的精力和更长的时间来补充完善和编辑修改。与此同时，负责"纸和印刷"这一章撰写的钱存训交来的稿件字数又大大超过预期，完全可以独立成册，所以最终不得不把钱存训撰写的"纸和印刷"这一章作为第五卷第 1 分册出版，而让"火药篇"这一小节也单独成册，作为第五卷第 7 分册《火药的史诗》在 1986 年出版。

随着各个章节作者的陆续交稿，超出原来所预计的篇幅的情况非常普遍，第五卷的规模也就不断扩充，原来一本书 5 个章节的内容最终竟然被划分成了 14 个分册，第六卷也被划分成了 6 个分册。由于第五卷出版的过程被无限期拉长，第六卷的第 2 分册《农业》（1984）和第 1 分册《植物学》（1986）也开始穿插着进行。

这一时期，中国台湾、香港和内地分头引进翻译出版了各自的中文版 SCC，其他语种的翻译版也陆续出版，SCC 在全球的影响力越来越大。

第五阶段（1987 年之后）：收尾阶段

在《火药的史诗》出版之后，李约瑟年事已高，SCC 此后便不再扩充，而是进入到了一个收尾的阶段。1990 年何丙郁接任研究所所长，李约瑟不再亲自担任编辑工作，而是通过信托会先后委任黄兴宗、鲁惟一和古克礼代为负责 SCC 的组织和编辑工作。

彼得·伯比奇在 1985 年去世，李大棐在 1987 年、鲁桂珍在 1991 年、李约瑟在

[①] 何丙郁：《我与李约瑟》，三联书店香港分店，1985，第 34—38 页。

1995年相继离世。如何完成李约瑟未竟的SCC事业，尽快出版SCC剩余的卷册就成了剑桥李约瑟研究所的当务之急。2002年何丙郁先生退休，古克礼教授接任所长，开始全职为研究所工作至2013年年底。其间备受瞩目的第七卷"结论篇"出版。这一卷原计划分为4个分册，后来由于各种原因，SCC的主编古克礼和第七卷编辑罗乃诗决定，将之分为两个分册出版：第1分册《语言和逻辑》（1998）和第2分册《结论和反思》（2004）。

图11-25　（左起）高川、莫弗特、何丙郁、梅建军、古克礼、郭世荣，1998年在李约瑟研究所合影[①]

现有的SCC总共包括了七卷共25册的规模，最近出版的一册是第六卷第4分册《传统植物学：人种志的研究方法》（2015），整个SCC项目还有3个分册尚待出版，它们分别是第五卷的第8分册《纺织技术：织布与织机》、第10分册《有色金属冶金》、第14分册《盐业技术》。SCC如果出齐的话，总册数将会达到28册之多。

李约瑟《中国的科学与文明》这样一部鸿篇巨制，作为沟通中西方的一座桥梁，除它的学术价值外，作为一部图书，它的出版规模之大、出版周期之长，也是颇具特色的，堪称现代出版史上的一个奇迹，正可谓大器晚成的典型。

---

① 　Photographer not known, courtesy of the Needham Research Institute.

图 11-26　1992 年李约瑟受勋后留影[1]

---

[1] Joseph Needham with the award of the Companion of Honour, 1992. Photographer not known, courtesy of the Needham Research Institute.

图 11-27　古克礼教授（2004 年 11 月 11 日摄于李约瑟研究所）

无尽的梦想

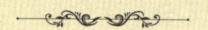

2013 年年底古克礼教授年届退休，李约瑟研究所的接力棒传到了一位新的所长手中。经过面向全球的招聘和漫长的选拔过程，信托会决定委任梅建军教授自 2014 年 1 月 1 日起接任李约瑟研究所所长一职。

图 12-1　梅建军教授

梅建军教授早年在北京钢铁学院（现北京科技大学）研究冶金过程物理化学和科学技术史。1994年他获得纽约李氏基金奖学金[1]和香港东亚科学史基金会的奖学金，在剑桥大学获得了考古学博士学位，在东京和剑桥完成博士后研究工作后，回到中国，担任北京科技大学教授和冶金与材料史研究所所长。梅建军教授是一位冶金考古学家，专攻中国早期冶金技术的起源和东西方冶金技术的交流与互动，曾任国际东亚科学、技术和医学史学会主席。他是SCC第五卷第10分册《有色金属冶金》（*non-ferrous metallurgy*）的主要撰写者。

作为李约瑟研究所历史上第一位来自中国的所长，梅建军教授在2014年年底的《李约瑟研究所通讯》中有感而发："作为新任所长，我对研究所的使命以及面临的重大挑战有清晰的认识。继承李约瑟博士的遗产对我们来说至关重要。SCC项目改变了西方对东亚文明的认知，为东西方相互理解和尊重奠定了一块基石。李约瑟研究所将在促进东西方知识交流和培养来自不同国家和文化背景的年轻学者方面继续发挥关键的作用。……SCC项目的巨大成功，证明了一个高尚的目标可以有多么强大、多么令人印象深刻，而正义的事业必将迎来源源不断的资金捐助。"[2]

2013年信托会前任主席杰夫瑞·劳埃德爵士荣获丹戴维奖，以表彰他对我们理解古代世界留给现代的遗产所作的贡献。杰夫瑞·劳埃德爵士将所获奖金一百万美元的大部分慷慨捐献，从2014年起在研究所设立了劳埃德－丹戴维奖学金，以资助文化比较领域的博士后研究。"劳埃德教授对科研的热情丝毫不逊于年轻人，他每天都骑着自行车穿梭于剑桥的街头巷尾，去图书馆阅读写作，去研究所参加研讨会，一年四季，风雨不误。他已经完成了二十多部在学界颇具影响力的专著，而其中一半都是在退休后写就的。"[3]

研究所在纽约李氏基金会、新加坡李氏基金会、中国国家留学基金会、中英学术基金会、香港东亚科学史基金会、香港弘立书院等机构的支持下，每年都会迎接数十位来自世界各地的东亚科技史研究学者前来进行交流访问。新设立的劲牌中国科学与文明奖学金、发现中国——古代丝绸之路科技与文化交流专项奖学金等多种奖学金，持续资助中国科技史方向学者的研究。

---

[1] 何丙郁先生在1994年邀请纽约李氏基金会设立了李约瑟研究所的第一个访问学者奖学金。
[2] As the new Director, I have a clear understanding of the Institute's mission as well as the substantial challenges which lie ahead. It is essential for us to carry on Dr. Needham's legacy. SCC has transformed western perceptions of civilizations in East Asia, and laid a cornerstone for mutual understanding and appreciation between East and West. The NRI has a continuing crucial role to play in promoting East-West intellectual interactions and in fostering young scholars of different national and cultural backgrounds.... The great success of the SCC project has demonstrated how powerful and impressive a good cause can be. Money follows good causes.[Newsletter October 2005, New Series, No. 2, edited by Susan Bennett. https://www.nri.cam.ac.uk/NRI_Newsletter_NS11.pdf]
[3] 赵静一：《以认真的态度对待其它文明——剑桥大学劳埃德教授访谈录》，《科学文化评论》2018年第6期。

图 12-2　杰夫瑞·劳埃德爵士（赵静一摄）

2015 年 7 月 4 日，为纪念李约瑟博士逝世二十周年，"李约瑟博士的知识遗产"学术研讨会在研究所隆重举行，来自世界各地的 20 多位知名学者参加了研讨会。

何丙郁先生从 2002 年起不再担任李约瑟研究所所长职务后，被授予李约瑟研究所荣休所长的荣誉。何丙郁先生为 SCC 项目和李约瑟研究所的发展以及中国科技史学科的国际化进程作出了巨大的贡献，2014 年 10 月他在澳洲离世，终年 88 岁。2018 年 3 月他的家人捐资 50 万英镑，在李约瑟研究所设立了"何丙郁中国科技史奖学金"。该奖学金面向研究中国科学技术史的任何国籍的博士后开放申请。为了纪念何丙郁先生为《中国的科学与文明》辛勤耕耘的一生，在剑桥李约瑟研究所门前的花园里，大家共同种下了一株日本樱花树，并镶上了一面"纪念何丙郁（1926—2014）所长和受托人"的纪念牌匾。

2020年，信托会主席马丁·琼斯（Martin Jones）教授主持了一个简短的仪式，将何丙郁教授担任研究所所长期间使用多年的办公室正式命名为"何丙郁室"。

图 12-3　李约瑟研究所何丙郁先生纪念树

图 12-4　剑桥李约瑟研究所外景

未完的事业[①]

在 SCC 即将大功告成之际，还有一些说大不大、说小不小的问题没有彻底解决。

在 1954 年出版的 SCC 第一卷《导论》的第 2 章"全书编写计划"中，李约瑟对 SCC 所采用的一套复杂的书目和索引系统做了详细的说明，并透露了将在全书最后一卷中出版一个总索引的计划。李约瑟设想的总索引，主要包括参考书目、人物和专业术语这三方面的内容，它们因何而起，又将如何编制呢？

SCC 列出来的中文参考书目（A 类参考文献，即 1800 年以前的中文书籍），已经配有中英文的书名和作者名，但还缺少必要的版本信息。由于中文古籍的流传时间长、范围广，存在很多不同的版本，版本校勘整理本身就是一项颇为艰巨的工作。

SCC 中文参考书目缺少必要的版本信息，在读者中曾引起批评。为了不让读者遥遥无期地等待总书目和总索引的出版，李约瑟只好提前为 SCC 已出版的部分所用到的中文参考书目增补了版本信息。这项工作是由莱奥妮·卡拉汉（Léonie Callaghan）等人来做的，1971 年一个"临时的中文参考书目版本信息列表"[②]附于第四卷第 3 分册的后面。临时的补救措施并没有解决后续各卷的参考书目的问题，也没有能够彻底解决查找中文原文的问题，后来 SCC 在被翻译成中文的过程中，需要核实其中所引用的中文典籍的原文，查找原文的译者还是碰到了很多困难。

陈立夫在中国台湾主持翻译出版 SCC 的时候，曾谈到翻译过程中所碰到的最大问题：

> 原著所引资料，多由中文英译，今再由英文回译，必须与原来中文典籍中原文一致，方为正道。惟若干原著，在（中国）台湾不易找到，虽曾用尽方法在国外托人寻找，亦不易得，则惟有暂用译文，留待将来改正。而原先协助作

[①] 本节内容是在作者已发表论文的基础上修改而成。王晓，莫弗特：《SCC 总索引问题初探》，《科学文化评论》2018 年第 5 期。

[②] 参见 SCC 第四卷第 3 分册所附 Interim List of Editions of Chinese Texts Used。

者从事研究之若干主要中国学者如王铃博士等，均在国外，虽曾约请参加译事，以便原始资料之回译，但困难甚多，不易实现。……原书中有若干名词，无中文注明，除有名之人物及地名易于查考外，余需花费不少时间以求译名之正确。惟仍有若干，不敢信其无讹也。①

同样，1986年12月中国科学院牵头组织成立"李约瑟《中国科学技术史》翻译出版委员会"进行SCC中译本的翻译工作时，卢嘉锡也曾感慨SCC中译的"回原"难度之大：

> 这部巨著卷帙浩繁，又有大量文献资料引自中文和许多种文字的外文书刊等，译校审工作量和难度都很大；加上历史和哲学观点，见仁见智，未必完全相同，要在译文上做到忠实于原著，忠实于原始史料，确实是很不容易的。如第二卷中所引先秦诸子，历来校注诸家聚讼纷纭，我们的校译者采用了中华书局或上海古籍出版社的整理本，作为校勘和标点的依据。我们也曾参考过（中国）台湾学者的有关论著，但有时又发现所需要的部分或有疑义或付之阙如（如《墨子今译》未收"大、小取"等）。②

除了上述参考书目的问题，随着SCC分卷册的数目越来越多，由于没有一个总的索引，查询检索也变得越来越不方便。

SCC编制索引的工作，从第一卷（1954年）开始，到第五卷第5分册（1983），在长达三十年的时间里，实际上都是李约瑟妻子李大斐的妹妹缪丽尔·莫伊尔一个人完成的。穆里尔·莫伊尔做索引主要的依据是李约瑟及其合作者为撰写SCC和出版总索引而积累的三类索引卡片：人物、书目和科技词汇。

对于人物条目，即SCC各卷中出现的中国科学家、发明家的名字，李约瑟在正文中用拼音英译，人名首次出现的时候加注了汉字脚注，但由于缺少这些人物的生平介绍，不熟悉中国历史的西方读者必然觉得很陌生，所以李约瑟希望能在总索引中出版一个"1900年以前的中国科学技术专家和学者的传记目录"，包括：（a）个人姓名，按字母顺序排列，附上汉字；（b）朝代；（c）尽可能准确的生卒年月或在世期；（d）简要说明取得的成就的领域；（e）传记、辞典或其他可以由之获得进一步资料的书籍，以此增进读者对中国科学家的了解。

---

① 陈立夫：《前言》，载李约瑟：《中国之科学与文明（第一册　导论）》，台湾"商务印书馆"，1971，第6—7页。
② 卢嘉锡：《中译本序》，载李约瑟：《中国科学技术史（第一卷　导论）》，科学出版社、上海古籍出版社，1990，第ix-xiii页。

对于科技词汇，SCC 各卷的索引中只有英文，并无汉字，对于那些能够使用中文的汉学家和研究者来说，想要找回汉语的原文很困难，这不能不说是一个缺憾，但鉴于 SCC 的主要读者是英语读者，所以这个问题在一开始时并不明显，但是当 SCC 后来要被翻译成中文的时候，这个缺陷才突显出来。专业术语没有英汉对照，给 SCC 的中文译者带来了不小的困难。

1971 年由中国台湾"商务印书馆"翻译出版的 SCC 中文版中，很多中国古代发明的专有名词就出现了不应该有的错误，引起读者批评，例如：苏颂的水运仪象台的"自动机械钟"（automatic clock-drive）被误译成了"自动分度仪"；"冶金用的鼓风机"（metallurgical blowing-engines）被译成了"金属喷出机"；"兽驮的两种有效挽车法"（two efficient harnesses for draught-animals）即"胸肩束带和轭"（breast-strap or postilion harness, and the collar harness）被误译成了"驮兽之两种有效装具"与"胸带和颈带"；"防水隔舱"（water-tight compartments）误为"挡水的间隔"。① 后经读者来信一一指出，才在 1974 年的修订版中予以更正。

胡菊人曾翻译出版过李约瑟其他的中国科技史文章，他也很有感触：

> 译李约瑟《中国科学对世界的影响》这篇文章，自己也感到吃力不讨好，因为笔者不懂科学，往往为了一个专业术语，要费十多个小时去查书……例如为了"Torquetum"一词，查了十几种书都得不到结果，现在意译为"换座仪"，但是不是一定正确呢？……又如"Oikoumene"一词，这是希腊字……译者的困难便告大增。此外，本文的所有中文书名和中国人的名字，都没有附上中文，有时为了一个名字，要三番五次地查二十五史。……例如"Ao Pho Thu Yung"这样四个拼音字，怎样还原到原来的书名，本文既未列中文，而李氏的巨著《中国科学文明史》就已出版的来看，亦未著录，还原回《熬波图咏》，所花的时间和精力，不足为外人道。……译这篇文章，笔者已痛感到今日中国文化学术的许多缺点。最简单的是，我们的工具书籍之匮乏。……以中国这么大的一个国家，这样多的人口，而且一向自命和被认为是有文化的国家，这就是不应该有的现象。……面对这样的情形，我们能不摇头吗？②

李约瑟深知科技术语等专业词汇对于中国科技史研究的重要性，按照李约瑟和剑桥大学出版社的构想，SCC 将在各卷出版的过程中完成总索引的积累和准备，在

---

① 侯立朝：《评〈中国之科学与文明〉首卷的中译》，载胡菊人《李约瑟与中国科学》，文化·生活出版社，1979，第 275—277 页。
② 胡菊人：《李约瑟与中国科学》，文化·生活出版社，1979，第 268—269 页。

全书完成之后对此进行一次统一的汇总。

1995年李约瑟去世后，SCC的出版工作也开始进入收尾的阶段。作为一项未完成的任务，李约瑟当年所设计的总索引是否还具有出版的价值呢？对于这一问题，我们需要从索引的功能和作用来加以分析：

首先，索引是为读者服务的。对于SCC的读者来说，情况已经与20世纪50年代李约瑟开始写作的时候有了很大不同。随着中国的日益开放和日趋强盛，希望了解中国和学习中文的外国人比过去多了很多。为了服务更广泛的普通读者，需要一个总索引来方便他们快速查询。中国科技史这个学科现在已经相当成熟，对于研究中国科技史的专业研究人员来说，索引的意义已经不在于能够节省多少读者的重复劳动，而在于它究竟能提供哪些有价值的信息。从这个意义上来说，索引也面临着从原来的书后附录向内容挖掘工具转换的历史转型。即便是进入了信息时代，索引也不会自动编制完成，仍然需要进行大量的研究整理，耗费足够多的时间与精力才能编制出对读者有用的索引。

其次，总索引能够完善现有的相互参照功能。如同百科全书，相互参照功能也是SCC作为一部通史所具有的一大特色。虽然出版社并不鼓励作者过多使用交叉索引，因为它们会给排版校对带来很大的麻烦，但为了避免按照现代学科体系进行的内容划分可能引起的问题，李约瑟仍然坚持在SCC中使用了大量的相互参照。由于整部著作的出版周期很长，经常出现的情况是在前面的内容中提醒读者要参照后面某一章节的内容，但后面的内容还没有写出来，这时相互参照就无法指向确切的页码，只能指向内容所在的章节。在SCC中，有可能几十页一章，也有可能一本书一章。虽然李约瑟在第一卷出版之前就为全书设计了非常详细的目录编号来方便读者对内容定位，但这种方式终归也是权宜之计。要想准确到页码进行相互参照，唯有统一专业术语之后，在总索引中实现。

再次，如果总索引能够提供中英文对照，毋庸置疑，对于SCC的翻译者将会非常有用，它有助于解决SCC中译的时候所遇到的许多棘手的问题。凡从事过翻译的学者，对此都会有很深的体会：对于那种需要众多译者合力完成的多卷本巨著，如果没有一个统一的索引，就无法统一全书的术语翻译，那么大家各行其是，最终只能是事倍功半。SCC中文版的翻译和出版一直是中国科学史界的一项重要任务，也是一项具有长远意义的基础性文化建设工程。目前SCC的中译尚未完成，其中所遇到的巨大困难之一就是专业词汇的翻译。目前SCC英文版的索引没有配上中文，而中文译本的索引则没有配上英文，这不能不说是一大遗憾。如果SCC能有一个中英文对照的总索引，对于后续各卷册翻译的帮助将功莫大焉。这样的一部索引，可以作为一部中国科技史研究领域的工具书，将能够让我们站在巨人的肩膀之上，充分利用李约瑟和他的合作者们历经几十年艰辛所打下的基础。

最后，通过编制总索引，必然能够发现很多 SCC 中存在的问题，加以更正，提高出版物本身的质量。SCC 的出版跨越半个多世纪之久，虽有过勘误，却并未修订，因此 SCC 也一定存在一些文字上的错误。例如，李约瑟将中国人名"薄珏"的音注为"Po Yu"，有读者指出，他显然是将"珏"（jué）字误读为"Yu"了。[1] 再例如，何丙郁先生曾回忆自己替李约瑟去美国拜会一位批评者，这位教授指出了李约瑟在 SCC 中把李俨[2]（Li Yen）写成"Li Nien"的错误，何丙郁只好向他解释："李约瑟大概听到江苏方言的口音，就将 Li Yen 写成 Li Nien。问题是第三卷既然用了 Li Nien 二字，以后就不便再改回 Li Yen 了。"[3] 图书出版前的编校固然是保证出版物质量的首要环节，但在全书出版完成之后，继续发现和订正文字上的错误，也是提高出版物质量的一个重要环节，而总索引的编制，将可以为这样的错误提供一次改正的机会。

总之，作为一部百科全书式的巨著，没有一个总索引是不完整的。总索引是李约瑟承诺完成而尚未完成的一项任务，也是李约瑟宏大的 SCC 规划的题中应有之义。

---

[1] 江世尧：《读者来信》，载胡菊人：《李约瑟与中国科学》，文化·生活出版社，1979，第 57 页。
[2] 因为 SCC 中用的是"威妥玛拼音系统"（Wade-Giles system），李俨的拼音为"Li Yen"，现代汉语拼音应为"Li Yǎn"。
[3] 何丙郁：《我与李约瑟》，三联书店香港分店，1985，第 74 页。

"李约瑟之问"的争论

在本书的最后，让我们来再次回顾一下李约瑟在 1954 年出版的 SCC 第一卷开篇提出的那一连串的问题，"李约瑟之问"也就是后来著名的"李约瑟问题"。SCC 的最后一卷《结论与反思》，虽然出版了，但是关于"李约瑟之问"的争论却并未结束。这一问题的更简单也更清晰的表述，又见于李约瑟在 1964 年发表的《东西方的科学与社会》一文中，他说：

> 1938 年左右，当我有了一个想法，想写一部系统的、客观的、可信的关于中国文化区域内的科学、科学思想和技术史的论文的时候，我认为一个问题是关键：为什么（我们所知的自 17 世纪伽利略的时代以来的）现代科学只发生在欧洲，而没有在中国（或印度）文明中发展起来？很多年过去了，当我开始对中国科学和社会有了一些发现之后，我开始意识到有另一个问题也同样重要，即从公元前 1 世纪开始到 15 世纪之间，中国的文明在应用自然知识来满足人类实际需求方面，比西方文明更有效率，这是为什么？[①]

"李约瑟之问"之所以困难，是因为它的前后两个问题构成了一个悖论（paradox）。李约瑟自己也把这个称为"悖论"，他说：

> 当我们采取一种普世的观点来看的时候，就会出现一个大的悖论。为什么将关于自然的假说数学化的现代科学，及其对技术进步的影响，只是迅速地崛起于伽利略时代的西方？这么明显的问题，很多人都提过，但是很少有人回答。可是，另一个同样重要的问题。为什么在公元前 2 世纪与 16 世纪之间，在人类关于自然的知识的实际应用方面，东亚的文化会比西欧更有效率呢？只有对东西方文化的社会经济结构作出分析，并考虑思想体系的巨大作用，我们才能

[①] Joseph Needham, Kenneth Girdwood Robinson, Ray Huang（黄仁宇）, SCC Vol.7, Part 2 (Cambridge: Cambridge University Press, 2004), p.1.

找到对这两个问题的解释。①

悖论是一类特别有趣的问题，比如"忒修斯之船"（Ship of Theseus）②和"先有鸡还是先有蛋？"③，这些将近两千年前提出的哲学问题，看似简单，我们却始终也给不出确定的答案，反倒引发了人们对逻辑和因果问题的更多思考。从显而易见的前提出发，进行符合逻辑的推导之后，最终却得到了彼此矛盾的两种结论，任何一种答案都不完美，虽能自圆其说，却不能证明相反的说法有错，这就是悖论的独特之处。

长期以来，"李约瑟"在我国几乎成了"中国科技史"的代名词……很多人热衷于求解"李约瑟难题"更使李约瑟有家喻户晓之势。……参与讨论者，既有研究中国历史与文化的学者，也有科技界、经济界、教育界等方面的人士。几乎可以说，凡是关心中国的前途和未来的人，都对这个问题抱有或多或少的兴趣。……与西方（的学术视角）不同，我国学界常常把"李约瑟难题"理解为对于"中国近代科学为什么落后"这一历史现象的探索。……在中国现代化的进程之中，有识之士始终将科学技术置于重要的位置。从鸦片战争之后魏源提出"师夷长技以制夷"，洋务运动中的"求强求富"，以至严复等人提出的"西学格致救国"论和20世纪初叶的"科学救国"思潮，乃至20世纪七八十年代的"四个现代化"和今天的"科教兴国"政策，无不寄托着现代中国人对发展科学技术、以求改变中国落后面貌的渴望。因此，很自然地，我们再探讨中国科学技术的

---

① 本段出自《中国科学传统的优点与缺点》，其原载于克龙比所编的《科学的改变（1961年牛津科学史讨论会报告）》Changes in Science（1961 Oxford Syonpusium on The History of Science）（伦敦，1963）原文：But when this oecumenical view is taken, a great paradox presents itself. Why did modern science, the mathematization of hypotheses about Nature, with all its implications for advanced technology, take its meteoric rise only in the West at the time of Galileo? This is the most obvious question which many have asked but few have answered. Yet there is another which is of quite equal importance. Why was it that between the second century B.C. and the sixteenth century A.D. East Asian culture was much more efficient than the European West in applying human knowledge of Nature to useful purposes? Only an analysis of the social and economic structures of Eastern and Western cultures, not forgetting the great role of systems of ideas, will in the end suggest an explanation of both these things. [Joseph Needham. Poverties and Triumphs of the Chinese Scientific Tradition[M]//*The Grand Titration; Science and Society in East and West* [M]. London: George Allen & Unwin ltd., 1969: 16.]
② 历史学家普鲁塔克（Plutarch）在讲述雅典国王忒修斯的传奇故事中，提到了他乘坐的一艘大船，被雅典人保存了下来作为纪念。天长日久，船上的有些船板老旧坏掉了，人们就会用新的木板来代替。这样当船上的每一块木板都被替换过之后，古希腊的哲学家们就开始争论了：这艘船还是原来的那艘船吗？如果是的话，那它已经没有最初那条船上的任何一块木板了；如果不是的话，那它是从什么时候不是的呢？
③ "先有鸡还是先有蛋？"是一个典型的悖论问题：如果说先有鸡，那鸡从哪里来的？只能是蛋孵出来的呀。如果说先有蛋，那蛋从哪儿来的呢？只能是鸡下的蛋啊。

历史发展的时候，不免带有一种现实的紧迫感，从而赋予"李约瑟难题"的讨论一种特殊的含义。①

"李约瑟问题"引起了持续不断的热烈讨论。根据王钱国忠所做统计，从1980年到2000年之间，在东西方、国内外发表的讨论"李约瑟问题"的论文不下260余篇，出版著作达30余种。②

对这些研究成果，我们不可能一一罗列，所以选择一些有代表性的论证，择其要点，综其大义。

有一种观点认为，中国古代并无科学，只有技术，而李约瑟因为没有区分"科学"和"技术"，所以才会误认为中国的科学与技术曾经在很长的历史中领先于西方。

实际的情况是，李约瑟在SCC中不仅从内容上对科学和技术进行了区分，还将科学思想也单列了出来。事实上在李约瑟1943年首次来华的时候，针对当时中国学者普遍认为中国没有科学的观点，他就已经指出：说中国没有科学，实际上说的是中国没有现代科学，并不是连古代科学都没有。这个道理很简单，因为即使在西方，现代科学也不是自古就有的，而是在中世纪之后才产生的。现代科学并不是从某一天、某一刻开始，突然出现的，而是不断发展形成的，就像"忒修斯之船"一样。现代科学的前身——古希腊哲学家苏格拉底（Socrates）、柏拉图（Plato）、亚里士多德所代表的那些思想，难道不是"古代科学"的一部分吗？同样，中国古代的诸子百家认识和理解世界的思想，不也是"古代科学"的一部分吗？尽管李约瑟承认中国古代的科学思想只是停留在萌芽和原始发展的阶段，并不具备后来成为现代科学基础的形式逻辑与几何学为代表的演绎体系，但是在古代实用技术的发明和发现方面，中国却遥遥领先于同时代的欧洲。③

就像我们今天仍然难于在科学和技术之间画出一条泾渭分明的分界线一样，我们同样无法在古代科学和古代技术之间作严格区分。两者之间虽不相同，但也有交叉的部分。如果是简单地将两者加以区分，我们可以说"科学"是人们认识世界和

---

① 刘钝，王扬宗编：《中国科学与科学革命：李约瑟难题及其相关问题研究论著选》，辽宁教育出版社，2002，前言第1—4页。
② 王钱国忠：《李约瑟研究的回顾与展望（上海李约瑟文献中心编〈李约瑟研究〉第1辑）》，上海科学普及出版社，2000，第212页。
③ SCC第7卷第2分册《结论与反思》中，在第214页，李约瑟用26个字母列出了26项从中国传到西方的机械和技术，从箱板水泵（square-pallet chain-pump）到瓷器（porcelain）；从217页到224页，他一口气开列出来了好几大张中国古代发明的列表，从算盘（abacus）到旋转画筒（一种像动画片一样使图像活动起来的装置）（Zoetrope）。参见 Joseph Needham, Kenneth Girdwood Robinson, Ray Huang（黄仁宇），SCC, Vol.7, Part 2 (Cambridge: Cambridge University Press, 2004), p.217—224.

理解世界的观念，而"技术"是达成某个特定目的的方法和步骤。但实践的方法和步骤不可能脱离对世界的认识和理解而凭空产生，因此"科学"与"技术"难以割断联系。对于现代科学诞生之前的包含了所有古代科学思想和技术发明的母体，我们难道不应该用"文明"将其概括吗？

"科学""技术"与"文明"这些个概念上的讨论，其实伴随着SCC的诞生就已经开始了。当时SCC的书名曾引发剑桥大学出版社内部的讨论，因为英文的书名是《中国的科学与文明》，而冀朝鼎手书的中文书名却是《中国科学技术史》。有人好奇发问，剑桥是否把"文明"等同于"技术"了？对此编辑肯登的回答毫不含糊，他说："据我所知，尼达姆的书名是，并将永远是，而且应该永远是《中国的科学与文明》，而不是'科学与技术'。"

也有一种看法认为，"李约瑟问题"并不是真正的历史学应该研究的问题，所以它是一个伪问题。

席文曾在1980年发表过一篇影响很大的评论"李约瑟问题"的文章《为什么科学革命没有在中国发生——是否没有发生？》，并在此文中给出了一个典型的类比：

> 中国人在科学革命方面为什么没有胜过欧洲人……其实，提出这个问题，同提出为什么你的名字没有出现在今天报纸第三版上这样的问题是很相似的。它属于一组可以无休止地不断提下去的问题，因为得不到直接的答案，所以，历史学家是不会提这种问题的。它们会变成其他仍然是问题的问题。例如，与我们有关的这个问题就可以变为："在17、18世纪的西欧，科学革命是在什么条件下发生的？"①

不错，没有发生的问题，不是历史学的问题；但这并不等于说它就是个伪问题，实际上它依然可以是个深刻的哲学问题。席文并不否认"李约瑟问题"是一个启发性的问题（heuristic question），而启发性的问题没有唯一正确的标准答案，人们可以用科学的态度和方法来寻求各种可能的解答。

杰夫瑞·劳埃德爵士将"李约瑟之问"概括为简单的一句话——"为什么曾经在17世纪之前遥遥领先的中国，没能独立产生现代科学？"但他同时指出，李约瑟处理问题的方式是把复杂的问题过于简单化了。"对于西方学者来说，李约瑟创立了一个学科——科学技术比较史，因为在他之前甚至没有人开始充分认识到中国的

---

① 席文：《为什么科学革命没有在中国发生——是否没有发生？》，载李国豪、张孟闻、曹天钦主编《中国科技史探索》，上海古籍出版社，1986，第97—114页。

贡献。……我们不得不问中国古代做研究的人们他们认为自己是在做什么，以及为什么做，他们认为的报酬是什么。他们的工作是如何反映他们所生活的社会的价值观的，或与之相互作用的？他们不可能心怀成为'科学家'的野心，因为那个时候不存在这样的职业类别——事实上，'科学家'只在19世纪的西方才开始出现。"因此他建议，将古代中国天文学观测所获得强大的国家支持和古希腊天文学家完全没有国家支持的这两种设置作为彼此的镜像，反思各自的优点和缺点。在国家的支持下，中国的天文学家必须按照国家所设定的任务观测，但他们有稳定的工作……而在没有这样的帮助或认可的情况下，希腊人有更多的自由来提出他们自己的议程，但不得不尽其可能地想法谋生——主要是通过占星术、教学或演讲来维持生计。[①]

对于东西方科学与文明兴衰背后的原因，李约瑟不可避免地受到他那个时代的科学家思考"范式"的局限，认为不同文明所处的（包括地理、水文、政治、经济、文化、社会等背景）环境中存在着某些促进因素，同时也存在着一些阻碍因素或抑制因素，这一正一负两种因素的作用，决定了一个文明发展的轨迹。

欧洲在16世纪以后就诞生了近代科学，这种科学已被证明是形成近代世界秩序的基本因素之一，而中国文明却未能在亚洲产生与此相似的近代科学，其阻碍因素是什么？另一方面，又是什么因素使得科学在中国早期社会中比在希腊或欧洲中古社会中更容易得到应用？[②]

据竺可桢回忆，早在1944年，李约瑟在贵州湄潭举行的中国科学社成立三十周年纪念大会的演讲中就曾讲过："近世科学之不能产生于中国，乃以囿于环境即地理上、气候上、经济上和社会上的四种阻力。地理方面，中国为大陆国，向来是闭关自守，固步自封，和西方希腊、罗马、埃及之海洋文化不同。气候方面，亦以大陆性甚强，所以水旱灾患容易发生，不得不有大规模的灌溉制度；而官僚化封建势力遂无以扫除。中国经济和社会方面，秦朝以来，官僚士大夫专政阶段停留甚长，社会生产少有进展，造成商人阶级的没落，使中产阶级人民无由抬头，初期资本主义无由发展。而近世科学则与资本主义同将产生。"竺可桢进一步指出：只有脑手相结合，演绎法和归纳法相结合，现代科学革命和工业革命才有可能发生；古希腊思想家虽然有求知精神，但不愿动手做实验，所以也有局限；而在汉武帝重农抑商，

[①] Geoffrey Lloyd. After Joseph Needham, "The legacy reviewed, the agenda revised-some personal reflections," *Cultures of Science*, Vol. 3(1) (2020) : 11-20.
[②] 李约瑟：《中国科学技术史（第一卷　导论）》，科学出版社、上海古籍出版社，1990，第1—2页。

盐铁专营，罢黜百家，独尊儒术之前，中国亦有诸子百家，却并未发展出希腊那样的演绎思想，因为价值取向不同，所以"归根起来讲，中国农业社会的机构和封建思想，使中国古代不能产生自然科学"[①]。

经过半个世纪之后，李约瑟的观点并没有多少改变，可以说他之前心中所设想的答案，在SCC第七卷第2分册《结论与反思》中经过对比论证，被再次确认：

> ……第七卷所考虑的社会和经济因素，处理方式与之前第三至第六卷的主题不同。第三至第六卷都涉及各种科学和技术。我们可以描述科学和技术，但必须解释社会和经济因素。当我们从科学的历史合理地过渡到讨论它的社会和生态背景时，讨论就会变得比以往更加复杂。我清楚地意识到，意见分歧一定会存在，尤其是当时间并不会静止的情况下。
>
> 我曾一度希望涵盖一系列广泛的可能有助于解决这个问题的社会因素，但一个人所能取得的成就是有限的。因此，现在让我把自己局限在我认为最重要的事情上——欧洲封建制度的崩溃和资产阶级的兴起。这就需要我们首先考虑"封建制度"的本质。
>
> 我第一次开始使用"官僚封建制度"（bureaucratic feudalism）这个词是在1943年左右，当时是第二次世界大战期间我在中国的时候。我从来没有觉得一定得用这个概念，只是发现它是一个有用的描述。其他人拒绝使用这个术语或概念，也许他们更喜欢仅仅使用"官僚主义"——但这只是在这些领域里必然会出现的意见分歧的一个例子而已。当然，在那个时候"封建"是一个贬义词，适用于帝制中国的所有社会和经济特征；然而这个词对我来说一直都有意义和重要性。
>
> 它与欧洲的"军事贵族"封建制度截然不同。在欧洲的封建制度下，国王总是处于不同等级的贵族金字塔的顶端，而金字塔的每一个阶层在自己"封地"的任期内，如果国王要打仗，他们都有义务前来协助，负责提供多少骑士、多少弓箭手、多少步兵等等。这个体系可能看起来好像更强大，所有那些骑士们穿着的盔甲都在叮当作响，但实际上它更加脆弱，大概是因为缺乏理性。比如一位伯爵的继承人可能是个白痴，但根据长子继承制，只有他才能成为下一个继承人——这与中国官僚体系的情况截然不同。中国的官僚是通过科举考试选拔出来的，并在工作中获得了特殊的专业知识。在中国，每一代人都必须通过自己的努力来证明他们的晋升是合理的。伟人的继承者和继任者只有通过

[①] 竺可桢：《为什么中国古代没有产生自然科学》，《历史教学问题》2006年第2期。该文首次发表于《科学》第28卷第3期（1946年9月）。

巨大的努力来避免自己被降级。因此,"职业向人才开放"（carriere ouverte aux talents）这句话在成为法国的名言之前,在中国已经是一项有着两千多年历史的原则了。

在欧洲军事贵族的环境中,现代自然科学虽然不太可能出现,但它竟然并且确实出现了。当商人们在16世纪开始走出他们的城邦,资本主义崛起时,首先是商业,然后是工业,现代自然科学随之兴起,在伽利略和托里拆利的时代。这就是"资产阶级的兴起"（rise of the bourgeoisie）,虽然也有其他的因素,比如新教改革,但它首先发生在欧洲,而且仅发生在欧洲。本书各卷所采用的观点是,世界各国古代和中世纪科学所致力于的目标都是现代科学那种形式的科学,但只有欧洲达到了这个目标。这里面希腊逻辑和"通用数学"（mathesis universalis）的背景也很重要。

关于现代科学与新兴的资本主义之间联系的确切性质,仍有大量工作要做。……现代科学在本书第三卷《数学、天学和地学》（参见第375页"实验与数学相结合的科学方法"）中被定义为关于自然的假说的数学化,并通过持续实验对其进行严格的检验。实验是相当新的东西;希腊人在这方面做得相对较少,尽管中国人对它很熟悉,但他们主要是为了实用。只有欧洲文艺复兴时期才找到了如何通过不懈的实验来检验关于自然的数学化的假说,从而"发现最好的发现方法"（discover the best method of discovery）。但我希望没有人会将这一切解释为我认为与资本主义一起成长起来的现代科学必须始终与资本主义结合在一起。我们这个时代的情况已经表明,社会主义国家,特别是俄罗斯和现代中国,完全有能力发展出成功的现代科学。

当然,除了欧洲,世界其他地方也存在过军事贵族封建制度。我还记得1986年我在日本的时候就想过,很奇怪现代科学也没有起源于日本。但后来我反思,日本人没有希腊城邦的传统,而这种传统对欧洲来说极为重要。……值得看一下将中国的城镇与欧洲相比较的观点。在中国,城镇只是行政网络中的一个节点,它由皇帝委派的官员和（少数低于城镇官僚等级的）军事指挥官控制着。它是外围村庄网络的中心,而村庄里的村民会去城镇中的市场。……中国可能是"官僚封建体制"的典型例子,……中国就好像所有中间层的封建领主都被废除了,只剩下了皇帝自己,他依靠庞大的官僚机构统治着"整个天下",这种情况是欧洲的封建君主们做梦都想不到的。

如果有人不喜欢"官僚封建制度"（bureaucratic feudalism）的表达,他们可能会喜欢"截留官僚主义"（nosphimeric bureaucratism）这个说法。Nosphimeric是我在战争年代发明的一个词。在我不停的旅行中,我经常会碰到香港罗纳德堂的主教前去拜访他的一个边远圣公会会众,有一天我们有机会在贵州的安南遇见。吃饭时谈起各种事情，我碰巧跟他说起，我需要一个非贬义词来形容中国那种在那些试图在中国做买卖的现代西方商人眼中显得如此突出的、一贯压榨、贪污和腐败的颇具特点的官僚制度。那天晚上我们的两辆卡车都在修理，他的卡车较早修好，所以他先出发了，走之前给我留下了一个纸片，上面写着：" 见《使徒行传》5：1-11"。当我拿起《圣经》时，我发现这是亚拿尼亚和撒非喇的故事，他们承诺献给教会一笔钱，但后来又扣留了其中的一部分，因此他们被圣彼得给炸死了。现在，希腊文新约中 nosphizein 指的是"扣押"，而 meros 的意思是"部分"，组成在一起，可以构成一个我们所需要的形容词。

人们几乎不知道，西方人试图了解中国，当发现文官制度、官僚化、官僚主义实际上是如何深深地植根于中国人的生活中的时候，他们该有多么震惊。甚至在民间传说中，例如通过给龙、蛇、神灵授予官职，官僚主义的感觉无处不在。甚至在战争年代，我去中国的乡下，看到贴在墙上的红纸上写着"天官赐福"（愿天上的官员赐予和平与富足）。我们在西方没有这个。我们从未有过这样的文官制度。……

总之，要理解中国的科学、技术和医学，就必须与中华文明的特点联系起来。这就是第七卷的重点。在其他地方我们已经解释了官僚主义的社会风气在一开始是如何强有力地帮助了中国科学的发展，而只是在较晚近的阶段它才阻碍了向现代科学的任何发展。无论如何，这就是我们对中国和欧洲的发展所作比较的理解。

这就提出了一个问题，在前面 SCC 的各卷中，在西方现代科学出现之前，中国传统科学的分界点在哪里。一般来说，我们试图把它设定在 1700 年前后，也就是在耶稣会传教结束的时间；但是我们时常会偶尔超越它，并且有很多实例出现。……在第五卷第 3 分册中，我们认识到，如果要谈论现代无机和有机化学进入中国的事情，则必须追溯到 19 世纪末。……当讨论针灸的发展时，很明显，针灸止痛法的重大发现和允许进行大手术的针灸止痛，则到了 1950年代。

在为第七卷《结论和反思》撰写这篇前言时，我并不能预料到我在"结论"中要说的内容。我"在舰桥上"的时间里，我们已经出版了 16 个卷册，我相信我们的船会在时间充裕的时候安全抵达港口，货舱中还有另外的 13 或 14 卷册的内容。

我相信这些尚未出版的卷册，其中许多是我已经看过书稿的或已经与作者讨论过的，并不会改变我对中国科学发展的看法，或得出与我在这里所阐述的有所不同的结论。①

我们现在会认为李约瑟的这种想法已经过时了。席文曾明确反对引入所谓的"抑制因素",他指出了所谓"抑制因素"与"促进因素"划分的随意性:

> "抑制因素"的确切意思是什么呢?有一些因素人们常把它们作为使得中国尽管在古代处于领先地位,但在科学革命方面却不能胜过欧洲的原因。我们不妨对其中的一个作一点考虑,即过去的士大夫阶级的绝大部分人埋头书本,面向过去,以人类的设置而不是自然界为对象,过着养尊处优的生活。然而,在欧洲,科学革命开始时,哲学家和名人绅士中的绝大多数人也是如此,但他们并没有阻碍席卷欧洲的伟大变革。比我更富有想象力的历史学家也许会提出这样的问题:如果经院哲学不存在,这些变革是否会发生得更早一些呢?"抑制因素"本身引起的混乱,并不亚于将其用于思想或技术时引起的混乱。人们完全可以把欧几里得几何学说成是非欧几里得几何学发展过程中的"抑制因素",因为只要人们满足于它,他们就不会再向新的阶段前进。②

后来的学者试图进一步从经济角度作背景分析,以期找到被李约瑟忽略掉的原因,其中有一些比较有代表性的思考。

伊懋可提出了"高水平均衡陷阱"(High-level equilibrium trap)的理论:由于人均土地资源有限,所以中国很早就发展出了高度发达的农业技术,而这限制了对工业机器等技术的进一步需求。也就是说,中国的农业技术发展得太好,人口密度过高,这反过来阻碍了科技发展,因为人口太多,劳动力的相对价格就变低了,以至于任何节省人力的技术发明都显得没什么价值。

林毅夫则指出:我们所要寻找的那个"李约瑟问题"的答案,它必须既是让中国在古代领先于西方的原因,同时又是让中国在近代落后于西方的原因,这个导致两种相反结果的原因必须是同一个,而不能把中西方的差异之处都作为原因。他的论证认为,这个根本的原因是人口的规模。

> 在前现代时期,大多数技术发明都源于工匠和农民的经验,科学发现则是由少数天才自发地在观察自然时做出的。到了现代,技术发明主要是实验与科

---

① Joseph Needham, Kenneth Girdwood Robinson, Ray Huang(黄仁宇). SCC Vol.7, Part 2 (Cambridge: Cambridge University Press, 2004), p. xliv-li.
② 席文:《为什么科学革命没有在中国发生——是否没有发生?》,载李国豪、张孟闻、曹天钦主编《中国科技史探索》,上海古籍出版社,1986,第97—114页。

学的成果。科学发现主要通过对关于自然的数学化假说和模型进行受控实验或可复制试验的验证这一方法来实现的，这些实验由受过特殊训练的科学家来更可靠地进行。在前现代时期技术发明和科学发现的模式下，一个社会中的人口越多，其中包含的经验丰富的工匠、农夫和天才的数量也就越多。因此，如果其他条件相同，在科技和科学方面更多的进步更有可能发生在一个人口更多的社会中。中国由于人口众多，在前现代时期具有比较优势，但在现代时期却落后于西方，因为中国的技术发明继续依赖偶然性和经验，而欧洲在17世纪的科学革命中则转向有计划的实验和科学。中国之所以没有发生科学革命，我将之归于中国科举考试的内容和官员晋升的标准，它使知识分子分散了注意力，无心于持续投资于现代科学研究所必需的人力资本。因此，从原始科学向现代科学过渡的可能性被降低了。[1]

除了我们在前面提到的少数几种解释，还有很多从哲学、心理学、价值观等角度强调中西方的差异而作为"李约瑟问题"的解答的尝试，篇幅所限，我们无法在这里一一列举。总体上的观感，这一问题尚未有最终的答案，仍然有待继续探讨。正如刘钝教授的评论所言：

> 中国人前赴后继地投身于"李约瑟问题"，企图对中国古代何以没有产生近代科学这一古怪命题给出一个又一个特解，就像数学家企图求解"费尔马大定理"一类的数学难题一样。……似乎找到了这一问题的某一"特解"，就发现了"落后"的症结之所在，并可以为当代中国科学技术的发展提供有益的指导。但是不客气地说，答卷中很多是重复性的论述，有些甚至重复二三百年前的论断。[2]

---

[1] Justin Yifu Lin, "The Needham Puzzle: Why the Industrial Revolution Did Not Originate in China," *Economic Development and Cultural Change*, Vol. 43, No. 2 (Jan., 1995): 269-292.
[2] 刘钝：《李约瑟的世界和世界的李约瑟》，载刘钝，王扬宗《中国科学与科学革命：李约瑟难题及其相关问题研究论著选》，辽宁教育出版社，2002，第3页。

从出版史的视角反思"李约瑟之问"

"李约瑟之问"经过了半个多世纪的时间之后,很多情况已经发生了巨大的变化。今天的中国,在经济、科技等许多方面都已经实现了高速发展,很多领域都已经重新成为世界第一。这种情况已经与当年李约瑟提出这一问题时的情况有了很大的不同。

在迈入信息时代的今天,我们不妨试着从出版史的角度去对比不同文明创造和积累的历史,用一种"知识生产"的视角来观察和对比中国和西方,再一次思考"李约瑟之问"。

由于李约瑟所提的前后两个问题是联系在一起的,人们不仅要找到那个促使"中国在15世纪之前领先于西方"的"促进因素",还要对它如何成为了"17世纪之后西方超越中国"的"制约因素"也给出合理的解释。但是在证明出一个因素是可能的"促进因素"之后,也就很难自圆其说地证明它同时也是一个"制约因素"了;因为一个因素不可能也不应该既是"促进因素"又是"制约因素"。

一个悖论问题其实反映出了它的前提中存在着隐含的矛盾。这包括对"科学"和"技术"如何定义,还涉及科学、技术的发展与社会、经济、文化等方面的复杂的因果关系。从出版史的角度分析,有助于我们简化问题,降低它的复杂程度。在这里,我们可不打算为"李约瑟问题"寻求一个新的答案,而是倾向于采用罗乃诗的观点和做法——"不可能对中国在世界历史中的作用给出任何确定的判断,而只能给出一位20世纪中叶伟大的科学家和博学者的观点。"[1]

我们选择出版史作为视角,一个重要的理由就是李约瑟的研究材料主要来自中国的古代文献,他采取的主要研究方法是对文本进行分析和对比,而这些文本的主要载体就是图书。他倾向于在概念上使用"知识""思想""文明"这样较为宽泛的概念,而不是用狭义的"科学"和"技术"来指称现代科学革命之前的古代和中古代的科学思想与技术发明,即"为什么从公元前1世纪开始到15世纪之间,中国

---

[1] Kenneth Girdwood Robinson. Volume editor's Preface, in SCC Vol.6, Part 2 (Cambridge: Cambridge University Press, 2004), p. xvii-xxiii.

的文明在应用自然知识来满足人类实际需求方面，比西方文明更有效率？"[1]在他所研究的1800年之前的历史时期里，图书出版也刚好是知识和思想传播与传承的主要形态。

科学在西方的词源为拉丁文"scientia"，它就是"知识"的意思。那些从古至今传承下来的知识，汇集在一起形成的图书文献，就像不同地质年代在地层中沉积下来的证据一样，是我们漫长的古代文明所积淀下来的知识成果，构成了人类的共同财富。正如李约瑟在为SCC第五卷第1分册《纸和印刷》所作"序言"中所说：

> 我以为在全部人类文明中没有比造纸史和印刷史更加重要的了。……中国的印刷和书籍出版，在谷登堡所生活的年代以前，早已为全世界所熟知和称羡了。……正如弗朗西斯·培根所说过的那样："人类的智慧和知识赖书籍得以保存，免于时间的不公正待遇而永远不断更新。"让我们祈求，永远不要放任邪恶的烈焰狂飙为害人类，把纵然不是全部，也至少是极巨大的、世世代代积累下来的文化毁于顷刻，把用印刷和纸张所取得的人类最辉煌的成就摧残殆尽。[2]

如果我们从图书出版的视角，来对比中西方的文明，做一次"文明的滴定"的话，可以清楚地看到，在15世纪中叶谷登堡印刷术诞生之前，西方无论从知识的创作（相对于中国具备读写能力的人数和笔墨纸砚等书写工具的方便）、信息的传播（相比中国的雕版印刷和活字印刷，西方只有手工抄写）和文明成果的保存（民间藏书和官方大型书籍的编纂）方面，都无法与中国相比。中国在东汉和帝元兴元年（105）蔡伦改良成功造纸术，唐代贞观十年（636）雕版印刷出现，北宋庆历年间（1041—1048）毕昇发明活字印刷。出版技术上的优势，令"中国文献在其硕果累累、持续时间之长以及不间断与广泛传播知识方面是独一无二的。从上古起，大量的著作和文献就已问世并得以流传，特别是史书和各种编年记录几乎迄无中断地连续至

---

[1] ...why, between the first century B.C. and the fifteenth century A.D., Chinese civilization was much more efficient than occidental in applying human natural knowledge to practical human needs? [SCC Vol.7 pt.2, page 1.]

[2] I suppose that no theme could be more important for the history of all human civilisation than the development of paper and printing....Chinese printing and book-production were the envy of the whole world that knew about them before Gutenberg's time.... True it is that, as Francis Bacon again said: 'The wits and knowledges of men remain in books, exempted from the wrong of time, and capable of perpetual renovation.' Let us pray that no evil fire-storm will be let loose upon the world to destroy in an instant much, if not all, of the accumulated culture of the ages, and put an end to that most glorious of human achievements, printing and the paper on which it may be done. [SCC volume 5, part 1. Foreword xxi-xxii.]

今。……中国所产生的抄本和印本直到 17 世纪末年以前还比西方多得多。在欧洲于 15 世纪广泛使用印刷术之前，中国各代艺文志及其他目录中所收入的书籍已达 5 万余种，共 50 多万卷。……到 1700 年甚至 1800 年为止，中国抄、印本总的页数要比世界上用一切语文写成的页数总和都多"①。

耶稣会士利玛窦在 1583 年（明神宗万历十一年）来华。他的回忆录中有这样一段对中国图书出版的评价：

> 拥有巨大的便利、商品和印刷自由，可以看到，无论去到任何一个中国人的家里，都可以看到他们是多么喜欢收集图书，比我们的热情高多了。同样的证明是，他们每年印刷的书籍比任何其他国家的任何时候都多。因为他们缺乏我们这样的科学，他们在其他方面印了很多的书，有些是没有用的，甚至是有害的。但是对于他们来说，我们的消息是最新奇的东西，说了很多我们的以及所有其他国家的东西，什么关于新的法律（或宗教），新的科学和新的哲学，所以，很多有关我们的情况被印在他们的书中。这部分是关于神父们的到来和我们带来的东西，图片、钟表、书籍、描绘和机械的东西，部分是关于我们教授的自然规律和科学，部分是关于我们图书的印刷或对其引用，部分是关于许多我们引以为傲的格言和诗歌。关于我们的真实和错误的故事传播到了一个程度，以至于这个王国在接下来的数百年里将有关于我们的伟大记忆，而且更好的是，这些是好的记忆。②

虽然不能说所有图书中的信息都有科学史的价值，但这些被图书记录和保存下来的历史文献，毫无疑问反映了一个文明曾经创造出来的知识总量。为了证明"科学与知识是在时间中积累起来的合作事业"，李约瑟曾画出一个中国药典里条目数

---

① 钱存训：《李约瑟中国科学技术史（第五卷 化学及相关技术 第 1 分册 纸和印刷）》，科学出版社、上海古籍出版社，1990，第 337—338 页。
② What with the great facility, commodity and freedom of printing, one can see wherever one goes in Chinese houses how enthusiastically they collect books, much more than is the case with us. And by the same token they print far more books in any year than any other nation. And since they lack our sciences, they make many on other matters, useless and even harmful. But for them there was the greatest novelty in our tidings, telling so much of our own, and of all other nations, what with new laws (of religion), new science and new philosophy, so that much about us came to be printed in their books-partly concerning the arrival of the Fathers and the things we brought with us, pictures, clocks, books, descriptions and mechanical things-partly concerning the laws and sciences that we taught-partly concerning the printing of our books or quotations from them - partly concerning the many epigrams and poems which were composed in our honour. And stories true and false concerning us flew about to such an extent that there will be great memory of us in this kingdom for centuries to come and what is better, good memory. [SCC Vol.4, Part 2, Mechanical Engineering, page 439.]

的变化图，直观地表示出从 200 年（300 多个条目）到 1600 年（1 900 个条目）的变化情况，由此证明知识是随时间在逐步积累的。①

反观西方，欧洲在 15 世纪前以图书为形态的知识产品的创作、传播和保存的情况，是无法与中国相比拟的。15 世纪中叶谷登堡印刷术发明之前，那时候的西方世界还没有印刷的图书，全社会信息生产的能力都十分低下，所有的书籍都需要手工抄写在昂贵的小牛皮上。手抄本的图书非常宝贵，教堂里的《圣经》都要用锁链锁在台子上。让我们以剑桥大学图书馆为例来具体说明这种情况吧。

剑桥大学图书馆成立之初，只有很小的一批图书，被珍藏在书箱里，加了好几把锁。到 1557 年，大学图书馆的目录清单中还只有不到 200 册图书。16 世纪末，在接受了大量的捐赠后，图书馆的藏书才接近 1 000 册。只有等到 18 世纪初，剑桥大学图书馆的情况才有了根本性的改变。1710 年英国第一部《版权法》（Copyright Act）也是世界上第一部版权法颁布，剑桥大学图书馆被列入 9 个版本保存图书馆之一，从此就有了免费获得新出图书的权利。乔治一世国王把伊利主教约翰·穆尔（John Moore）的大约有 3 万卷图书和大量手稿藏品的著名图书馆并入了大学图书馆，这才让剑桥大学的图书馆初具规模。

而这个时期的中国，在清朝康熙年间开始了编纂大型类书《古今图书集成》，雍正四年（1726）编成。该书共有 1 万卷，50 多万页，共 1.7 亿字，万余幅图片，引用书目达 6 000 多种，是现存最大的一部类书。乾隆三十八年（1773）朝廷又开始编纂《四库全书》，历时 9 年完成，共收书 3 503 种，36 304 册，近 230 万页，约 8 亿字，收录了从先秦到清乾隆前期的众多古籍，也包括了从西洋传入中国的数学、天文、仪器及机械等方面的著作，是中国规模最大的一套丛书。

文明是知识积累的结果。知识的创造者和生产者是推动知识积累的主要力量。有别于西方，中国从二千年前的汉武帝刘彻（前 141—前 87 年在位）时期开始，"罢黜百家，独尊儒术，兴太学，置明师，以养天下士"，并建立起了一套选拔官员的察举制。一千四百多年前的隋文帝杨坚（581—604 年在位）于开皇七年（587）开创了一套更加公平的、不论出身门第、通过考试来选拔人才的科举制度。独特的科举制度（从 587 年到 1905 年）在中国前后延续了一千三百多年。任何一个受过儒家经典教育、具备读写能力的普通人，都可以经由科举制度的层层选拔，最终跻身文官阶层，实现个人的理想抱负，有所谓"朝为田舍郎，暮登天子堂"。科举制度在中国历史上曾经发挥了教育和储备人才的积极作用。

中国通过科举制度选拔文官的体系具有的特点是：大一统的儒家正统思想，选

---

① 李约瑟注明所采用的资料是得自燕羽所著的《十六世纪的伟大科学家李时珍》一文，该文收入李光璧、钱君晔所编的《中国科学技术发明和科学技术人物论集》（北京，1955）一书中。

贤任能的中央集权的行政管理方式，和经由文书处理事务的标准程序。这三者的紧密结合，是让中国的科举制度有别于西方的重要特点。

儒家学说讲求"经世致用"，学习的目的是为了从政。"古之欲明明德于天下者，先治其国；欲治其国者，先齐其家；欲齐其家者，先修其身；欲修其身者，先正其心；欲正其心者，先诚其意；欲诚其意者，先致其知，致知在格物。物格而后知至，知至而后意诚，意诚而后心正，心正而后身修，身修而后家齐，家齐而后国治，国治而后天下平。"① 于是个人的学习方法——"格物致知"这一中文对应"科学"的词语，就与"国治而天下平"的理想紧密联系在一起了；经由儒家教育，国家也就完成了对行政官员获取知识和积累知识的训练。

一位具备读写能力的通用之才，当被朝廷指派去做一件新的工作的时候，他即使没有经验，也可以通过读书来获取必要的知识，学习借鉴前人的经验；他同时会把自己的观察和思考记录下来，经由各类文书处理的程序或奏或议，并在得到上级命令加以实行后，将结果记录报告。这一套处理问题的办法和程序，看起来与今天的科学方法也颇有异曲同工之妙。

因为学习的目的是为了提高施政效果，将历史积累的经验用于现实问题的解决，所以中国古代的书籍也多关注屯田、水利、盐政、武备等实务，孜孜以求，利国利民。科举入仕的知识精英团体，为中国积累了传承上千年的大量的实用知识。他们创造、传播和传承知识的方法是如此行之有效，领先于世界，于是在不知不觉中便慢慢进入了自我封闭的心态。当近代以来面对外敌入侵时，他们才忽然发现，自己所熟知的方法和累积数千年的经验，在西方列强所倚仗的现代科学知识面前，是多么软弱无力。于是清朝先是在1901年废除了八股文，继而在光绪三十一年（1905）发布上谕："着自丙午科为始，所有乡会试一律停止。各省岁科考试，亦即停止。"随着科举取消，传统知识精英团体的新陈代谢和自我更新停止了；新式教育开始兴办，新式教育培养出来的知识分子开始出现，中国的现代化大变局才真正拉开了大幕。

"李约瑟之问"中的后一个问题——"为什么在公元前2世纪与公元16世纪之间，在人类关于自然的知识的实际应用方面，东亚的文化会比西欧更有效率呢？"如果我们从图书出版的历史来看，原因显而易见，就在于中国有着更为高效的信息记录、传播和传承的手段——纸和印刷；这两样对文明的发展至关重要的发明，在西方要等到15世纪谷登堡发明现代印刷术之后才开始普及的。

所以，从图书出版和文献计量的视角来看，无论是知识生产的能力，还是信息积累的总量，在相当长的历史时期里，中国都遥遥领先于西方。实际上，李约瑟通

---

① 出自《礼记·大学》。

过 SCC 需要不断扩充的篇幅已经证实了这一点。

李约瑟在 1970 年出版的《中西工艺志》中，有一幅他描绘出来的中国与欧洲在科学成就方面发展变化的对比图[①]。（见图 12-5）

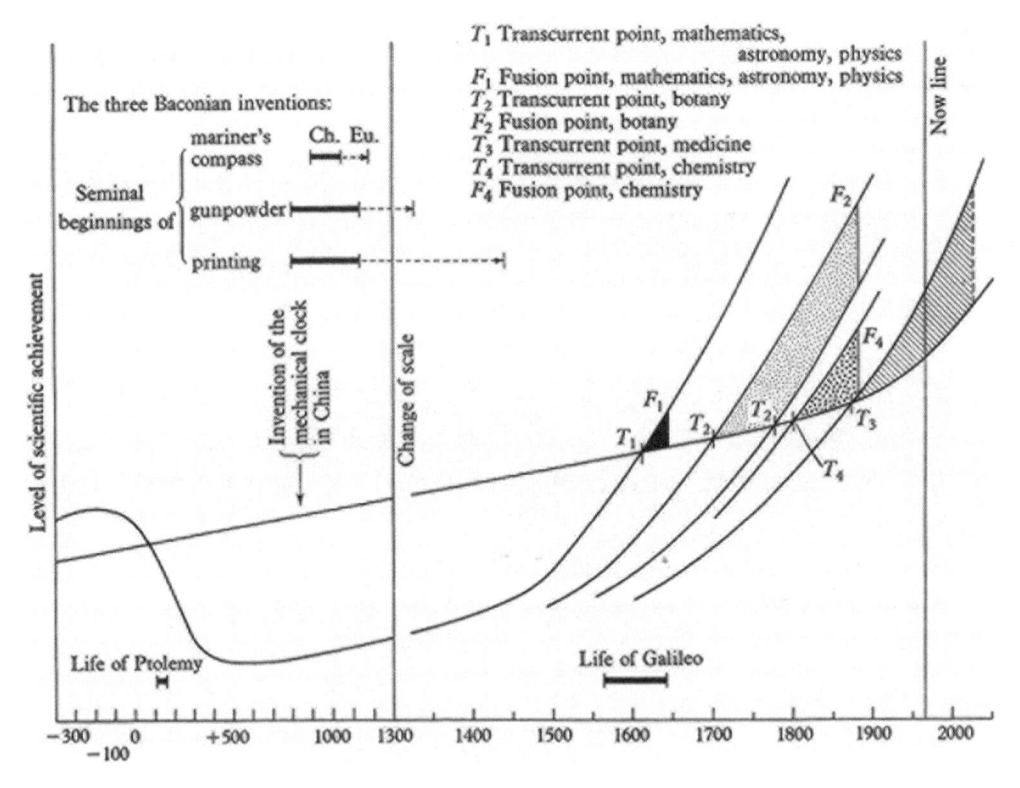

图 12-5　李约瑟绘"中国与欧洲科学成就之对比图"

横轴为年代，纵轴标示出的是"科学成就的水平"。李约瑟用什么来对其所谓的"科学成就"进行计量呢？他使用的是他从中国古代文献中所发现的"第一次出现"的科学思想和技术发明的数量。所以，在我们看来，更准确地说，李约瑟从文明的矿藏——古代文献——中发掘出来的"科学成就"列表，其实就是中西方在各自文献中对知识的记录和积累方面的对比。

[①] Joseph Needham, *Clerks and Craftsmen in China and the West* (Cambridge: Cambridge University Press, 1970), p.414-418. 该图也收入了 2004 年出版的 SCC 第七卷第 2 分册《结论与反思》中（英文版第 28 页）。

从水平的时间轴可见，中国领先世界的造纸术和印刷术，让中国古代的文明呈现出一种自然积累、稳定增长的态势。在5世纪到15世纪之间，是西方的中世纪时期，其科学发展的水平大大落后于中国。而在1450年左右谷登堡印刷术发明之后，西方科学发展的水平开始迅速提升，上升的曲线在伽利略时期（1564—1642）到达T_1（数学、天文学、物理学之超越点），然后在1650年左右来到F_1（数学、天文学、物理学之融合点）。

总而言之，我们在这里所做的就是考察在欧洲文化中以现代形式出现的特定自然科学的第一批萌芽与中国文化所认知的传统形式两相融合，以形成当今自然科学的一种"世界大同"的统一体所需要的时间。越是"生物的"科学，它研究的对象越有机，这个融合的过程似乎就需要更长的时间；而在最困难的领域，对人和动物的健康和疾病的研究，这个融合的过程还远远没有完成。毋庸置疑，这里所采用的观点假定，在对自然现象的研究中，所有的人都应该是平等的，现代科学的"世界大同主义"体现了一种大家都可以理解的通用语言，与同一个自然世界有关的古代和中世纪的科学（尽管带有明显的种族印记），因此都可以被归入同一个"世界大同"的自然哲学中，并且随着人类社会组织和整合的巨大进展，这种自然哲学已经并将继续在人类中发展，直到一个世界合作共同体的出现，就像水终会流入大海一样，这个共同体也将会包括我们所有的人类。①

我们注意到：李约瑟画出了这幅示意图，在上面标出了中国印刷术出现的时间，却没有对应地标出来西方谷登堡印刷术的发明时间，他也没有将出版技术作为文明发展驱动因素（agent）来解释"李约瑟问题"。很可惜，这也许是因为他将自己的

---

① In conclusion, then, what we have done here is to examine the time elapsing between the first sprouts of particular natural sciences in their modern forms in European culture, and their fusion with the traditional forms as Chinese culture had known them, to form the universal oecumenical body of the natural sciences at the present day. The more 'biological' the science, the more organic its subject-matter, the longer the process seems to take; and in the most difficult field of all, the study of the human and animal body in health and disease, the process is as yet far from accomplished. Needless to say, the standpoint here adopted assumes that in the investigation of natural phenomena all men are potentially equal, that the oecumenism of modern science embodies a universal language that they can all comprehensibly speak, that the ancient and medieval sciences (though bearing an obvious ethnic stamp) were concerned with the same natural world and could therefore be subsumed into the same oecumenical natural philosophy, and that this has grown, and will continue to grow among men, pari passu with the vast growth of organisation and integration in human society, until the coming of the world co-operative commonwealth which will include all peoples as the waters cover the sea. [Joseph Needham, *Clerks and Craftsmen in China and the West* (Cambridge: Cambridge University Press, 1970), p.417-418.]

注意力集中在"炼丹术"的章节上，而将"纸和印刷"这一章委托给了钱存训撰写，所造成的一个意外结果吧。当然，出版技术并非文明发展的唯一驱动力，还有版权保护和出版创作的自由等其他方面因素的影响。

知识就是力量

弗朗西斯·培根有一句名言——知识就是力量。这句话之所以深入人心，是因为在那个时候，知识更多的是作为一种财富，而非力量。但是什么样的知识才能够变成力量呢？时至今日，这仍然是一个值得思考的问题。后来在英国工业革命时期，瓦特的合伙人马修·博尔顿（Matthew Boulton，1728—1809）在他们合作生产蒸汽机的伯明翰工厂里，说过一句类似的话，他向著名的传记作家詹姆斯·鲍斯威尔介绍说："先生，我们这里销售的，就是全世界都渴望的东西——力量。"[①] 博尔顿的话一语双关，他和瓦特生产的蒸汽机真的让人们看到了，科学技术知识一旦变成动力，它的力量会有多么强大！

现在让我们再来看一看"李约瑟之问"的另一个问题——"为什么（我们所知的自17世纪伽利略的时代以来的）现代科学只发生在欧洲，而没有在中国（或印度）文明中发展起来？"

李约瑟并没有回答这个问题，因为SCC的研究对象是中国古代的科学与文明，现代科学何以发生在欧洲的问题并不属于SCC讨论的范围。接下来我们不妨试着从出版史的角度，来看一下现代科学诞生在欧洲的过程。我们需要把印刷术对西方文明的影响，也做一个简要的叙述。

西方的印刷术由谷登堡在大约1450年发明。此时源自中国的造纸术和木刻版印刷术已经传到了欧洲。木刻版适合印制图像（主要是纸牌和赎罪券等），并不适合印制以（字母）文字为主的图书。

在谷登堡发明印刷术之前漫长的中世纪（5—15世纪）里，西方的图书只能通过手工抄写的方式来生产，这种状况与中国早已采用雕版印刷出版图书的历史有很大的不同。教会掌控着抄写图书的缮写室，具备读写能力的知识生产者全都是教会的神职人员。相对于手抄本，谷登堡印刷术能够快速地、大批量地、低成本地复制出与当时的手抄本看起来一模一样的印刷书来。

谷登堡印刷术这种大规模快速复制图书的商业模式取得了巨大的成功，并随着

[①] I sell here, sir, what all the world desires to have—POWER.

掌握这一技术的印刷工匠的迁居而在欧洲迅速扩散开来，西方的图书出版从此迈入了一个印本的时代。印刷术发明之后的短短半个世纪时间里（1500年前）印制的各种书籍，即所谓的"摇篮本"，至今存世的就有3万多个版本，代表了1万多种不同的著作，印刷的数量高达2 000万册之多。[①]

由于谷登堡发明的铅活字印刷术从一开始就是一项工业化的技术，它的技术复杂度较高，需要掌握金属的配比和活字的铸造，还要排字、还字等一系列精密却又枯燥的重复劳动，所以这一技术从诞生开始，就被作为一种商业秘密，牢牢地掌握在了少数城市手工业者的手中。

1517年，马丁·路德（Martin Luther，1483—1546）在维滕贝格诸圣堂门前贴出了《关于赎罪券的意义及效果的见解》（即《九十五条论纲》），针对罗马天主教会贩卖木刻版印刷的"赎罪券"提出了辩论的要求，由此开启了一场影响深远的宗教改革，引发了此后新教的诞生。与天主教不同，基督新教将《圣经》视为神的启示，是基督教最高的权威，所以他们极为重视《圣经》的出版与普及。在谷登堡印刷术发明后，新教就通过大量出版《圣经》挑战了教宗和罗马教廷的权威，"从1550年到1800年，铸字、印刷、出版和售书几乎全部是新教的保留地"[②]。新教的影响和《圣经》的普及，培养了普通人的读写能力，并催生了现代欧洲不同民族语言的形成。印刷书的诞生和普及，又给新思想的出现和传播提供了广阔的空间。我们今天讲述的科学史，也是以下面这些曾经改变了世界的名著为线索展开叙述的：

1543年哥白尼（Nicolaus Copernicus，1473—1543）在临终前出版了《天体运行论》，提出了日心说的观点，挑战神圣的传统教义，揭开了科学革命的序幕。

1573年第谷·布拉赫（Tycho Brahe，1546—1601）出版《论新星》（拉丁语：*De nova stella*），一颗超新星的发现，推翻了宇宙是永恒而不变的信念。

1600年威廉·吉尔伯特（William Gilbert，1544—1603）出版《论磁石》（*On Lodestone*），提出地球就是一块巨大的磁石。

1609年约翰内斯·开普勒（Johannes Kepler，1571—1630）出版《新天文学》（*The New Astonomy*），提出了行星的轨道不是圆形，而是椭圆形，太阳处在椭圆的一个焦点上；在相等时间内，太阳和运动着的行星的连线所扫过的面积相等。1619年他又出版了《世界的和谐》（*Harmonies of the World*），提出来"行星绕太阳公转周期的平方和它们的椭圆轨道的半长轴的立方成正比"。

1605年弗朗西斯·培根出版了《学术的进展》（*The Advancement of Learning*），

[①] 费夫贺（Lucien Febvre）、马尔坦（Henri-Jean Martin）：《印刷书的诞生》，广西师范大学出版社，2006，第178页。

[②] 伊丽莎白·艾森斯坦：《作为变革动因的印刷机：早期近代欧洲的传播与文化变革》，北京大学出版社，2010，第252页。

1620 年又出版了《新工具》（*Novum Organum*），在《新工具》中，培根提出了通过观察、实验和分析，应用归纳法作为新的工具，这就是——现代科学的方法。

1610 年伽利略出版了《星际信使》（*The Starry Messenger*），这是人类第一次用望远镜进行天文观测。1632 年他出版了《关于托勒密和哥白尼两大世界体系的对话》，又在 1638 年出版《论两种新科学及其数学演化》，支持哥白尼的日心说，为现代物理学的建立奠定了基础。

1687 年牛顿出版了《自然哲学的数学原理》，他用万有引力定律推导出了开普勒定律，将苹果落地的现象与天体运行的规律统一在一个和谐而又精密的理论体系之中。"世界和自然的法则隐藏在黑暗中，上帝说'让牛顿诞生吧'，于是一切重现光明。"① 以牛顿为标志，现代科学最终确立起了坚不可摧的根基和地位。

谷登堡的发明在经过了最初的扩散阶段之后，第一本关于印刷术的教科书诞生了。莫克森（Joseph Moxon）在 1683 年编写的《印刷艺术的机械练习》（*Mechanick Exercises on the whole Art of Printing*）一书，是西方第一本介绍印刷技术的教科书。在这本书中，莫克森全面介绍了印刷技术的所有流程和每一个细节。教科书的出现，让印刷技术完成了从商业秘密向"技术程式"的转变，开始成为业界所普遍采用的标准流程和技术规范，为印刷出版业的社会化分工创造了必要的条件。

当一项"技术程式"为行业内的操作人员共同遵守之后，这与托马斯·库恩（Thomas Samuel Kuhn）所说的"科学范式"被科学共同体的成员共同遵循有着异曲同工之处，它能给从业人员带来的好处是巨大的，这不仅保证了他们能够通过学习掌握规范的技能，也能够保证他们生产出的商品满足交换的要求，还能够促使专业技术人员在行业内的流动，这些好处都是过去一味保守技术秘密的传统难以实现的，促进了社会化分工的发展和整个行业的成熟。铸造好的铅字、排版的工具、印刷机、油墨、纸张，也都变成了可以从市场上随时购买得到的商品。出版一本书也从最初的那种由印刷工匠关着门独立完成所有操作工序的生产方式，发展到了一个行业分工的新阶段。铸字匠、印刷厂、出版商、书店、装订匠等不同的角色，他们通过市场和商业行为紧密地联系在一起，共同组成了一个高度专业化同时又是市场化分工协作的产业格局。从 19 世纪初开始，工业革命的火苗延烧到了出版技术领域，在机器造纸（1803）、机器铸字和排字（1822）、印刷（1814）等一系列生产环节又陆续开始了使用机器生产方式替代手工生产方式的技术革新。

谷登堡印刷术的发明，对欧洲的政治、经济、文化和社会都产生了巨大的影响，它成了推动宗教改革、科学革命、启蒙运动和工业革命的一个关键驱动因素，"作

---

① 蒲柏（Alexander Pope）为牛顿撰写的墓志铭。原文为 "Nature and nature's laws lay hid in night; God said 'Let Newton be' and all was light."。

为一种变革动因,印刷术改变了资料搜集、储存和检索的方法,并改变了欧洲学界的交流网络"[1],继而对人类的读写能力和不同国家现代语言的定型都产生了深远的影响。欧洲的知识生产呈现出一种爆发式的增长态势,或者说是一种"指数式"的增长。

回望历史,在出版技术方面的优势为中华文明积累起了丰富的文化遗产,而西方文明则直到中世纪结束才开启了大规模图书生产的时代,落后于中国800多年的时间。接下来欧洲经过文艺复兴摆脱了黑暗时代后,启蒙运动催生出了对书籍的巨大需求,图书的普及又培养了民众的读写能力,此后欧洲的出版业就一直处在一个快速增长、急剧发展的过程中。19世纪工业革命持续为图书、报纸、杂志的大规模生产提供了发展动力,带来了不断提高产能、提升效率、降低成本、缩短周期的技术进步。加之版权保护制度的建立,让知识的创作者和知识的传播者都能从知识经济的持续增长中得到巨大的经济利益。一旦知识的生产者可以通过自己所创作的知识产品获得可观的收入,就没有什么能够阻挡更多的人投入到创作这个行业之中了。经济上的激励,成为知识生产持续扩张的又一个不竭动力。在经过了一番此消彼长之后,到19世纪西方工业化的印刷技术开始传入中国的时候,西方文明在科学知识的生产方面已经开始超越了此前曾遥遥领先的中华文明。

钱存训认为:"在中国和欧洲,印刷都对书籍的生产起着相似的作用,然而它对两种社会所产生的影响在规模和方式上有所不同。当然它在中国和欧洲都使书价降低,产量激增,发行更广,使著作标准化和更便于流传保存。然而在其他方面,中国和欧洲的印刷就以不同的程序朝不同的方向发展。久之,在西方,印刷术逐渐机械化、精密化,终于成长为大规模生产和发行的强大的出版工业,但是在中国,印刷却继续以手工方式进行,直到现代以前,在技术上始终没有什么重大的改变。……中国的印刷业一般都由政府和不谋利的私人机构主持,而欧洲印刷业常常作为谋利的商业而运营。看来,不同的印刷动机使这项发明对社会产生的作用也有所不同。总之,它从16世纪起就开始急剧发展,支持了思想上和社会上许多激烈而急进的改革。反之,中国和其他东亚国家的印刷业的发展却相对稳定如常,在稳定的传统内没有发生较大的变化。"[2]

近代以来,中国传统的手工操作的出版技术迅速被西方工业化的出版技术所取代,但是由于汉字有别于字母文字的特殊性,中文出版的工业化生产效率一度滞后,直到20世纪80年代由王选主导研制的计算机汉字激光照排技术研发成功并快速普

---

[1] 伊丽莎白·艾森斯坦:《作为变革动因的印刷机:早期近代欧洲的传播与文化变革》,北京大学出版社,2010,前言第6页。
[2] 钱存训:《李约瑟中国科学技术史(第五卷 化学及相关技术 第1分册 纸和印刷)》,科学出版社、上海古籍出版社,1990,第342页。

及后，中国出版技术的工业化和现代化才得以全面实现与世界的接轨，信息化的生产方式完全替代了原来的手工操作方式。出版技术的突破，让中国在改革开放之后迅速成为世界出版大国之一，也拉开了一个新的信息时代的序幕。

今天我们知道，信息化对出版业的深远影响还只是刚刚开始而已，不断涌现出来的新技术已经使我们从创作、编辑、出版、传播和保存信息的方式都发生了深刻的改变，科学与技术的发展已经将中国这个拥有 5 000 年历史的古老文明带入到了一个全新的信息时代，而李约瑟所描绘的那幅"百川朝宗于海"的世界大同的理想蓝图也已经更加清晰地呈现在了我们眼前。

大器晚成的启示

至此，我们所要讲述的关于 SCC 的故事也到了该结束的时候。李约瑟 SCC 的项目仍将继续，它的出版并未结束，中文译本的翻译也尚未完成，它的故事还将会延续下去。李约瑟所开创的中国科学技术史这一研究领域，必将会继续发展，吸引越来越多的年轻人参与进来，齐心协力，建设和守护好这一跨越古今、会通中外的文化之桥。我们的目光看到的只是它开创的一段过去的历史，对于那些尚未成为历史的今天和明天，理应留给后世的人们去评说，现在是时候对本书的内容做一个小结了。

我们每个人都有过美好的梦想，在年少的时候渴望将来的成功；可现实是，绝大多数的人会普普通通地走完自己的一生；于是那些曾经有过的理想，就像是没能发芽的种子，只能静静地埋藏在自己内心的深处，久而久之，似乎就会被遗忘掉。现实的打击将会无情地教育每一个人，仅有远大的理想是不够的，我们还要知道怎么去一步一个脚印地去实现自己的目标。

SCC 的故事，能给我们什么样的启示呢？李约瑟有哪些地方是值得我们今天学习和借鉴的呢？在半个世纪的漫长时间里，李约瑟究竟是怎样从一个点子、一个想法出发，如何扎扎实实地完成了 SCC 前期准备工作，如何制订出宏大的写作计划，如何坚定地朝向未知的领域迈进，又如何一步步地循序渐进、按部就班地实现了自己的想法，最终取得了伟大成就的故事，现在已经原原本本地展示在您的面前了。

当我们终于完成了一个长久以来的心愿，把好奇的事情搞清楚，把不明白的地方搞明白，把一个故事讲述完整之后，可以告诉大家的是一个好消息：在李约瑟 SCC 的故事里，我们没有发现任何一个人是天才，也没有发现什么成功的捷径；相反，我们看到的都是一个个和你我一样的普通人。只不过这些普通人因为笃信科学的方法，靠着合理规划，循序渐进，再加上甘愿付出艰辛的努力，日积月累，持之以恒，最终取得了如此辉煌的成就和令人难以想象的成功！

再看鲁桂珍当年对李约瑟的评价，你就能体会到她的话多么真诚和中肯："李约瑟并不是曾受过学校的正规汉语教育的职业汉学家。他不是传统的历史家，也没有受过科学史的正规教育。广泛寻求知识的剑桥大学生，常被鼓励在做某项工作的过程中，能学到一些其他的东西；李约瑟就是这样，他在研究解剖学、生理学和化学的过程中研究起中国科技史来。这样一个转变竟能发生，这对学术界该是极大的鼓励。大多学者到了年近四十，往往就各方面定型了；那么，对于能够改变的人更要庆贺。这该是对今天中国的中年人极大的鼓励——他们由于在不久前的过去失去了机会，可能陷于失望而自暴自弃。要知道，我们敬爱的李约瑟就是到 38 岁才开始学习汉语的。"① 是的，鲁桂珍说到了点子上，觉得自己一事无成的人们，不妨把李约瑟当作自己的榜样吧。

李约瑟 38 岁开始学习中文，44 岁赴中国支援抗战；他从一个简单的想法出发，开始搜集资料、招募助手；48 岁时返回剑桥后，他才开始筹划 SCC 的选题、准备撰写书稿；人生已经走过一半路程，依然可以另辟蹊径，再次出发，还可以取得更大的成功。

在我们看来，SCC 的成功离不开李约瑟的某些特质：他讲求条理，事无巨细都很用心。他的一系列做法，包括设计版式、制作卡片、准备汉字铅字、撰写书稿、反复修改、招募和组织合作者、编辑书稿，到进行科学实验等，无不像是为了铸造一尊传世大鼎，从开山采矿起步，精心规划，循序渐进，最后历经时间的考验，终成大器。

他能几十年如一日，专注于一件事，直至他生命的最后一天，李约瑟也始终没有要终结这项工作的意思。庆幸的是，李约瑟将所有的档案资料都保存了下来，一如它们当初的样子，似乎是因为他的工作尚未完成，随时都要回来继续工作。

古克礼教授曾有一番生动的描述："让我们停下来问问尼达姆是如何保持和发展他那强大的生产力的。首先，无可争辩的是，他有一种大多数学者都要羡慕的工作能力，而且他有一种不寻常的能力，在写作初稿时，他先让自己浸泡在所要考察的原始材料中吸足养分，然后在电动打字机的按键上面弹指如飞，很快就可以写出连贯的文本。他还可以表现出一种无情的决心，将分心的事物都拒之门外。"②

SCC 的诞生离不开出版业自身发展的一个时代背景。作者的成功和出版社的成功，两者是互为因果的，我们也可以说，这是一种双赢的结果，实际上还是"鸡生蛋，蛋生鸡"的道理。

---

① 鲁桂珍：《李约瑟的前半生》，载李国豪、张孟闻、曹天钦主编《中国科技史探索》，上海古籍出版社，1986，第 7 页。

② Let us pause to ask how Needham was able to sustain and develop this immense productivity. In the first place, it is indisputable that he had a capacity for work that most scholars would envy, and that he had an unusual ability to produce coherent text at the first draft as his fingers moved rapidly over the keys of his electric typewriter, after he had soaked himself in the source materials that he surveyed. He could also display a ruthless determination to keep distractions at a distance. Christopher Cullen, "My farewell to Science and Civilisation in China," *Cultures of Science*, Vol. 3(1): 26.

现在回头来看，SCC 的出版历程就像是战后西方出版业发展的一个缩影。李约瑟提出 SCC 选题的时候，正逢出版业的战后恢复期，很快就进入了一个快速发展的时期。面对旺盛的市场需求，出版社努力寻求出版更多的图书，正是这样难得的历史机遇，为 SCC 的不断扩充提供了可能，也成为后来李约瑟转变编写方式的一个主要推动力。从单一作者变为集体创作，也正是那一时期出版业试图用工业化的方式来生产知识的一种普遍现象。在经过了半个世纪的图书品种数量上的激增和整体销售规模上的提升之后，现代出版业也到达了一个空前繁荣的顶峰。

剑桥大学开放包容的学术氛围和剑桥大学出版社独特的运作模式也是促成 SCC 诞生的必要条件。在 SCC 的出版演进过程中，出版社的作用不容忽视。实际上，剑桥大学出版社是 SCC 在规模上不断扩充的真正幕后推手，在 SCC 每一次扩充的关键节点上，我们都可以看到出版社的推动在起作用，甚至可以说，如果没有剑桥大学出版社，也就不会有我们今天所看到的 SCC。

以我们今天的眼光来看，SCC 不仅是一部常销书，也可以算是一部畅销书，尤其是在图书的平均销量已经开始大幅下滑的今天。说它常销，因为它在半个多世纪的时间里不断地被重印；说它畅销，因为如果把销售数量累加起来的话，SCC 的发行量一定非常可观。除了图书销售获取利润，SCC 也为出版社争取到了各种各样的资助和版权收益。对剑桥大学出版社来说，SCC 毫无疑问是其成功运作的一部杰作。

我们之所以把 SCC 的出版历程称为大器晚成，意在强调时间因素对于一部鸿篇巨著的重要性。SCC 可以作为"知识是如何被生产出来的"一个典型案例，它是在陆续写就和分期分批出版的过程中，逐渐积累起来的结果。现在我们已经知道，不管是李约瑟，还是剑桥大学出版社，从一开始他们也想不到 SCC 会是今天的这个样子，会发展到今天的这个规模。所以对于 SCC 来说，并非像人们通常所认为的那样，是因为它的规模庞大才导致了出版周期变长，实际的情况刚好相反，很大程度上是因为出版周期的拉长给了 SCC 在规模上持续扩张的机会，而李约瑟总是能不失时机地把握住这样的机会，一次一次地把可能变成了现实，一步一步地使 SCC 从一本书扩充成了一部皇皇巨著。

了解了 SCC 的出版历程之后，我们也可以对"中国人何以没有写出 SCC"这样的问题产生另一番思考，也许能够从中得到一点启示。何丙郁先生曾说："我常遇到的一个带有一点沙文主义色彩的问题……中国是否无人，要靠一个外国科学家替它搞自己的科技史。关键……在当时的环境，恐怕只有李老一个人有这个巧合。退一步来说，（20 世纪）50 年代中国确有好几位优秀科学家，科学上的成就也不会比李老差。可是引述一句一位皇家学会院士对我说的话：院士到处都有，我从来没有听说李老搞中国科技史是英国科学界的损失。可是（20 世纪）50 年代，要一位钱三强①或曹天钦去搞科技史，恐怕是一件中国绝对花不起的事情。反过来说，……假如没有中国人的参与，科技史上不会有李老，《中国科学技术史》的一部分，也该可以算是中国人参与国际研究计划的产品。谁知道就连曹天钦当年在剑桥大学写博士论文的时候，也曾利用空余时间替李老翻阅《道藏》呢！"②

当然，李约瑟自己也很清楚，他所提出的、用后半生的时间研究和思考的"李约瑟问题"其实只是"一个启发式（heuristic）问题，作者借助它展开自己对中国古代科学与社会的思考，即使他本人给出了最终答案，很难想象会有一个公认的权威机构能够对其答案做出'对'或'错'的判断"③。但是有些问题，即便穷尽一生也未必会有最终的答案，也仍然需要去探索。尼采有一句格言：有一个"为什么"，一个人就能承受无论"怎么样"的生活。④

李约瑟自己也说："经过毕业前和做研究生的那整个时期，我得到一个深刻的信念，即人类生活包含各种少不了的经验形式和方式。我们可以区别哲学或玄学的形式、科学的形式、历史的形式、审美的形式和宗教的形式，它们各自存在，不能为其他任何一种形式所排斥，然而即使相互抵触，彼此还是可以相互解释。这些经验的各个范畴，无论用什么语言或文字来阐述，没有一个能够达到绝对真理——所有的范畴都是相对的，彼此之间都有矛盾。可是只要我们不执着于某一范畴，不要认为某一范畴是唯一可以解开宇宙之谜的钥匙，那么我们就有责任尽量体验所有的范畴，或许它们之间的矛盾只能用生活去全面体验，才能解决。虽然我在当时并没有意识到，其实那是十足的存在主义者的立场。它解释了我在生物哲学方面所提倡的'新机械论者'的观念：科学必须用某种方法去研究，但它不会给你任何寻得绝对真实的钥匙。"⑤

古克礼教授曾在一次采访中介绍了李约瑟晚年时对东西方科学的最终看法："李约瑟先生通过他多年来对中国以及中国人的了解，他确信中国能够再度崛起，一个拥有如此伟大的文化的国家，一个拥有如此伟大的人民的国家，必将对世界文明再次做出伟大贡献。……在李约瑟看来，源于古希腊的西方科学与源于古代中国的东

---

① 钱三强（1913—1992），原名钱秉穹，浙江湖州人，中国原子能事业的主要奠基人和组织领导者之一，"两弹一星"元勋。与钱学森、钱伟长并称为"三钱"。
② 何丙郁：《如何正视李约瑟博士的中国科技史研究》《西北大学学报（自然科学版）》1996 年第 2 期。
③ 刘钝：《李约瑟的世界和世界的李约瑟（代序）》，载《中国科学与科学革命：李约瑟难题及其相关问题研究论著选》，辽宁教育出版社，2002，第 4 页。
④ He who has a WHY to live can bear almost any HOW. 这句话出自他发疯之前出版的《偶像的黄昏——或怎样用锤子从事哲学》（*Twilight of the Idols or How to Philosophize with a Hammer*），意思可以被理解为"只要你的生活有目标，知道自己为什么活着的目标，那么什么样的苦难你都能承受"。
⑤ 鲁桂珍：《李约瑟的前半生》，载李国豪、张孟闻、曹天钦主编《中国科技史探索》，上海古籍出版社，1986，第 21 页。

方科学是两列火车，公元前 2 世纪至 16 世纪，后者是超过前者的，只不过在最近 400 年前者蓬勃发展，暂时遮挡了后者。……科学的发展、社会和经济的进步都呼吁一种新的科学，而这种科学与东方科学不谋而合，东方科学这一火车又有了新的动力，将面临一个大的发展……也就是说西方科学与东方科学不论是从思想上还是方法上，将出现一个大融合的趋势，它们将共同推动人类文明的发展。"[1]

---

[1] 姜岩：《中国近代为何没有科学革命？李约瑟难题年内破解》：www.chinanews.com/n/2003-03-19/26/284230.html

尾 声

发展科学技术是全人类共同的事业，世界各地的不同文明最终都会朝向一个共同的目标前进，这是李约瑟心目中"大同社会"的理想。

> 伽利略时代所诞生的，是全人类公有的智慧女神，是不分种族、肤色、信仰、地域的，全人类思想的启蒙运动。任何人都有资格，都能参加。是人类公有的现代科学！不是西方科学！[①]

即便我们不同文明走过的发展道路有所不同，但百川终归于海，这个历史规律是颠扑不破的。李约瑟预见的"百川朝宗于海"，其实就是我们今天所见证的"全球化浪潮"。而在这个全球化的过程中，世界各地的文明在融入一个"大同社会"的同时，还难能可贵地保持着各自文明的独有特色。一个多样性的世界，才是不同民族和不同文明为我们的子孙后代所提供的价值和贡献所在。这个理想也生动体现在李约瑟《中国的科学与文明》这部书中，他在 SCC 第七卷第 2 分册《结论与反思》的序言中说：

> 越来越多的专家朋友加入进来，依靠他们，越来越多的团队合作的作品被添加进来，中国人和西方人做出了同样的贡献。我们现在大约有三十个合作者分散在世界各地。这是自然而合理的，正如我常说的，没有人能够调动一切必要的技能，把所有科学的发展都放在正确的历史透视画法中，无论是在中国，还是世界其他地方。
>
> 也许真的可以说，我自己的角色，已经从一个单独的科学史家，变成了一个像管弦乐团的指挥那样的角色。我只盼望着我们演奏出来的音乐将是令人愉

[①] 李约瑟著，范庭育译：《大滴定：东西方的科学与社会》，帕米尔书店，1984，第 55 页。

快而又贴心的。

……

该到我们表达感谢的时候了。首先，对许多加入到我们这项事业中的作者表示感谢，他们的作品出现在《中国的科学与文明》之中；然后，对那些坚定的朋友和有良好情谊的学者表达谢意，他们写的东西虽然没能列入已出版的各卷，但却不会让失望蒙蔽住我们的友谊。我也不能忽视那些在过去各卷的制作中曾给予过极大帮助的人——王铃、鲁桂珍、布卢（多年来我的私人助理，一个不断帮助的热情的朋友）、罗乃诗、古克礼和许多其他的人，图书馆员、秘书，其中还包括戴安娜·布罗迪（我多年的私人秘书）、园丁、行政管理者、信托人，尤其是我们剑桥大学出版社的朋友们，自项目开始以来他们始终不懈地给予支持，还有那些在注释中提到的人。

如果没有对所有那些使我们现在工作其中的这座建筑的规划、设计和建造成为可能的所有人表示最真诚的感谢的话，我是不能结束这个序言的。特别是她的建筑师克里斯托夫·格里莱特。我相信，在此后的很多年里，这里将成为剑桥市的一个宁静的绿色之岛。

李约瑟，1995 年 ①

这应该是李约瑟最后一次在 SCC 中致谢了，他就像一个管弦乐团的指挥躬身谢幕；他留在这世界上的，只剩下这些已经完成的、排列在书本中的一行行、一个个的文字；他一生中的所思所想，都已经固化在这白纸黑字所组成的图案当中了。

最后让我们借用威廉·莎士比亚的一首十四行诗"我可否将你比作夏季的一天？"来向浇铸在 SCC 中的、一个时代的伟大思想致敬吧：

---

① This brings us to the moment for expressions of indebtedness. First, to the many authors who have joined me in the enterprise, and whose work has appeared in Science and Civilisation in China, and then to those firm friends and scholars of good will whose writing could not be included in the published volumes, but who nevertheless did not allow disappointment to cloud our friendship. Nor can I overlook the part played by those who helped so greatly in the production of the volumes-Wang Ling, Lu Gwei Djen, Gregory Blue (for many years my personal assistant, a constant helper and warm friend), Kenneth Robinson, Christopher Cullen and many others, librarians, secretaries, among whom I must place Diana Brodie, my private secretary for many years, gardeners, administrators, trustees and above all our friends of Cambridge University Press whose support has been unremitting since the project began, and whose names are recorded in note 9.

I cannot close this Foreword without also expressing the most sincere appreciation for all those who made possible the planning, design and construction of the building in which we work, and in particular its architect Christophe Grillet. It will, I trust, be a green island of quietness in the City of Cambridge for many years to come. [SCC Vol.7 Part 2, Cambridge University Press, 2004:1.]

……
但愿这夏天永远都不会消散，
你拥有的美丽也从不会不见；
死神也莫说你逃不脱他影子，
你会活在我不朽的字里行间；
只要人们能呼吸眼睛看得见，
这首诗流传你就能活到永远。①

---

① Shall I compare thee to a summer's day?
　　Thou art more lovely and more temperate:
　　Rough winds do shake the darling buds of May,
　　And summer's lease hath all too short a date:
　　...
　　But thy eternal summer shall not fade,
　　Nor lose possession of that fair thou ow'st;
　　Nor shall Death brag thou wander'st in his shade
　　When in eternal lines to time thou grow'st:
　　So long as men can breathe or eyes can see,
　　So long lives this, and this gives life to thee.
　　[Shakespeare's Sonnet 18]

人物索引

说明：按照姓或常用名的汉语的拼音顺序排列。索引指向脚注时，以字符 f 表示，放页码后。

A

阿克兰，玛丽戈尔德（Marigold Acland） 513
阿林，菲利普（Philip Allin） 393
埃伯哈德（Wolfram Eberhard） 160
埃尔伯恩（F. T. Elborn） 271
埃克尔谢尔，科林（Colin Eccleshare） 283，394
艾黎，路易（Rewi Alley） 102
艾伦，乔治（George Allen） 214，234，393
艾森斯坦，伊丽莎白（Elizabeth L. Eisenstein） 183，553f，555f
艾特尔（Ernest John Eitel） 159
艾约瑟（Joseph Edkins） 159
爱迪生（Thomas Edison） 2，30
爱丁堡公爵（Prince Philip, Duke of Edinburgh） 478，497
爱因斯坦（Albert Einstein） 372—373，499
安德鲁斯，兰斯洛特（Lancelot Andrewes） 309
安德森爵士（Sir Hugh Kerr Anderson） 43
昂温，斯坦利（Stanley Unwin） 214
奥本海姆爵士（Sir Alexander Oppenheim） 415
奥斯汀，斯蒂芬（Stephen Austin） 195，264

B

巴多明（Dominique Parrenin） 88
巴恩斯（Ernest William Barnes） 40—41
巴拉日（E. Balazs） 159—160
巴斯克维尔，约翰（John Baskerville） 24，118
白馥兰（Francesca Bray） 403，469，488—489
柏拉图（Plato） 536
薄珏 533
贝利，罗杰（Roger Bailey） 478
贝特霍尔德（Berthold） 99

本内特，苏珊（Susan Bennett） 513，577—578
本特利，理查德（Richard Bentley） 118
比彻（R. A. Becher） 376
彼得森，弗吉尼亚（Virginia Peterson） 291—292
毕比，伊夫琳（Evelyn Beebe） 431
毕昇 143，176，182，545
伯比奇，彼得（Peter Burbidge） Ⅱ—Ⅲ，239，241，247，258—259，268—269，272，274—277，310，312，326，329，333，337，362—363，365，367，369，371，376，379—380，382—385，389—392，395，397，400—403，406—407，412—415，417—418，420，422—425，428—430，469，473—474，487，513，518—520，566
伯恩，斯蒂芬（Stephen Bourne） 514
伯希和（Paul Pelliot） 159，308
博尔顿，马修（Matthew Boulton） 552
鲍斯威尔，詹姆斯（James Boswell） 30，552
布彻，朱迪丝（Judith Butcher） 384—385
布拉格，威廉·亨利（William Henry Bragg） 13
布拉格，威廉·劳伦斯（William Lawrence Bragg） 13
布拉赫，第谷（Tycho Brahe） 553
布莱克，迈克尔（Michael H. Black） 355—356，383，393，513
布赖恩，德里克（Derek Bryan） 364—366
布里连特，罗宾（Robin Brilliant） 431
布卢（Gregory Blue） 8f，563
布鲁克斯，欧内斯特（Ernest Brookes） 269，355
布鲁诺，乔达诺（Giordano Bruno） 138

C

蔡伦 142，174，545

蔡玫芬　514—515
曹天钦　409，480，560，
陈邦贤　129
陈立夫　482，529
陈美东　495
陈文涛　114
陈秀英　54
陈振传（丹斯里陈振传 Tan Sri Tan chin Tuan）　476—478
程思丽（Sally Church）　74，578

D

达尔文（Charles Robert Darwin）　18，97，104f
达朗伯，让·勒朗（Jean le Rond d'Alembert）　178
戴遂良（Léon Wieger）　230
戴维（R. W. David）　393—394
戴维斯，奈杰尔（Nigel Davies）　440—442，444，446—447，450，453
戴维斯，威廉（William Davies）　513
戴闻达（J. J. L. Duyvendak）　160
德赖弗斯，约翰（John Dreyfus）　156，239，241，312，512
德效骞（H. H. Dubs）　159
邓初民　129
邓恩，威廉（Sir William Dunn）　45
狄德罗（Denis Diderot）　132，178，232
迪博尔德，约翰（John Diebold）　477
董浩云　482
多萝西　17f，48—54，60，91，99，138，256，272，337，497，498，500

F

菲利普斯，安（Ann Phillips）　381，383，385
费希尔（Ronald Aylmer Fisher）　503
费希尔，理查德（Richard Fisher）　512
费正清（John King Fairbank）　304
冯道　175
冯家昇　324，409
冯友兰　93f，130
弗里德曼，路易斯（Louis Freedman）　283
弗斯（C. A. Furth）　214
福尔摩斯（Sherlock Holmes）　32，116

福尔瑟（A. W. Foulser）　395，397
福西特，菲莉帕（Philippa Fawcett）　50
傅兰雅（John Fryer）　72
傅斯年　32，99，132，154，464

G

高本汉（Klas Bernhard Johannes Karlgren）　74
高员　252
戈德堡，鲁布（Rube Goldberg）　28
哥白尼（Nicolaus Copernicus）　88，553—554
格雷，阿瑟（Arthur Gray）　239，343—344
格里莱特，克里斯托夫（Christophe Grillet）　478，563
格鲁姆斯，罗莎琳德（Rosalind Grooms）　382，578
格斯纳（Conrad Gesner）　85，110，301
葛洪　408，409f
葛平德（Peter J. Golas）　514
古克礼（Christopher Cullen）　16，495，505，511—514，519—520，524，558，561，563，578
谷登堡，约翰内斯（Johannes Gutenberg）　13，117—118，176，181—184，186，470，545，547，549—550，552—555
谷凤翔　482
顾赛芬（Séraphin Couvreur）　159
顾劲中（Horace Goo）　199，261，263
关增建　578
郭本道　130
郭沫若　129，315，317—320，365

H

哈隆，古斯塔夫（Gustav Haloun）　74—75，93，199，203
哈布斯迈尔，克里斯托夫（Christoph Harbsmeier）　508—509
哈迪爵士（Sir William Bate Hardy）　43
哈兰，沃尔特·布赖恩（Walter Brian Harland）　250，474，499
哈娜，科琳娜（Korinna Hana）　431
哈维，威廉（William Harvey）　85，167，301
海尔，保利娜（Pauline Hire）　513
何丙郁（Ho Peng-Yoke）　Ⅲ，10，16，31，32f，53，62，106f，146f，148—149，158，159f，403，415，

417—431，433—438，447，455—458，460，462，464—465，468f，473，474f，475—477，484f，487，490—495，497，501，511—512，518—520，525f，527，533，559，560f
贺拉斯（Horace） 159
赫布斯特尔（Herbster） 406—407
赫德森，杰弗里·弗朗西斯（Geoffrey Francis Hudson） 93，95
赫胥黎，朱利安（Julian Huxley） 104
亨廷顿，埃尔斯沃思（Ellsworth Huntington） 100
恒慕义（Arthur William Hummel, Sr.） 308
侯宝璋 130
侯外庐 129，323
忽思慧 62
胡菊人 531，533f
胡克，罗伯特（Robert Hooke） 21，308
华道安（Donald B. Wagner） 499，514
华罗庚 129
环子玉 252
宦乡 317，321
黄方刚 130
黄仁宇 510，511f，534f，536f，542f，544f
黄兴宗 101f，102f，132，403，409f，464，494，511，514，519
黄子卿 132
霍尔丹，约翰（John Burdon Sanderson Haldane） 46
霍尔兹沃思，梅（May Holdsworth） 395，413—414
霍金，菲利帕（Philippa Hawking） 474
霍金，斯蒂芬（Stephen Hawking） 474
霍普金斯，弗雷德里克（Sir Frederick Hopkins） 44—45，50—52，60

J

伽利略（Galileo Galilei） 26，85，97，110，167，301，374—375，534，540，550，552，554，562
基林，戴维（David Keilin） 54
吉尔伯特，威廉（William Gilbert） 553
吉利斯皮，查尔斯（Charles Coulston Gillispie） 372
冀朝鼎 21，129，234—236，537
贾思勰 132
江晓原 485
蒋梦麟 81

焦玉 412
金简 179—180
金尼阁（Nicolas Trigault） 87
金斯福德，雷金纳德（Reginald J. L. Kingsford） 34—35，200—201，215—221，240—241，245—248，257，259，269，279，320，327—328，330—331，336，345，347—349，353—355，369
经利彬 129

K

卡克斯顿，威廉（William Caxton） 117—118，183
卡拉汉，莱奥妮（Léonie Callaghan） 529
卡斯，杰弗里（Geoffrey Cass） 393—394
卡文迪什，亨利（Henry Cavendish） 13，53，60
开普勒，约翰内斯（Johannes Kepler） 553
柯玫瑰（Rose Kerr） 514—515
柯瑞思（Nicholas Chrimes） 66
克拉奇利，布鲁克（Brooke Crutchley） 23，203，237—242，245，262，264—265，340—341，343，350，389，394
克拉维乌斯，克里斯托弗（Christopher Clavius） 85
克莱因（Klein） 52
克劳登，艾伦（Alan Crowden） 513
克龙比（Alistair Cameron Crombie） 372，535f
肯登，弗兰克（Frank H. Kendon） 218，220—222，247—250，252，256—257，269—272，275—277，281—283，285，310，313—314，326，381，512，537
库恩（Dieter Kuhn） 403
库恩，托马斯（Thomas Samuel Kuhn） 554

L

拉马努金，斯里尼瓦瑟（Srinivasa Ramanujan） 40
蓝丽蓉 476
劳埃德，杰弗瑞爵士（Professor Sir Geoffrey Lloyd） 16，495，513，525—527，537，578
劳弗（Berthold Laufer） 159
老子 62，93，141f，155
李翱 320，322
李大斐 17，77，81，83，157，159，473，497—498，519，530
李昉 176

李诫　176
李励生（Peter Lee）　475
李乔苹　441
李善兰　85
李守基（Peter Lisowski）　475
李斯　115
李四光　99—100，323，371
李涛　318
李相杰　130
李俨　130，325，533
李宗瀛　475
理雅各（James Legge）　75f，144，187
利玛窦（Matteo Ricci）　85，87—88，546
利维斯，弗兰克·雷蒙德（Frank Raymond Leavis）　513
梁栋材　496f
梁启超　93
梁思成　318
梁钟连杼（Liang Lien-Chu）　430
廖鸿英（Liao Hong-Ying）　364f
列维，本（Benn Levy）　43
林马丽　477
林毅夫　542
林祖涵　129
刘钝　496，536f，543，560f，578
刘建康　83
刘洁民　496
刘俊　252
刘拓　482
卢嘉锡　2f，480，483，530
卢瑟福，欧内斯特（Ernest Rutherford）　13
鲁桂珍　10f，17，29，40f，42—43f，51f，54—64，66—68，71，74，75f，77，78f，81，91，93，95，100，102，104，106f，131—132，137，138—139f，149，153，157，158，234，295，360—361，364，366，368，388，395，403，427，437—438，443，447，464，468，473—475，477，494，498，500—504，511，514，518—519，557—558，560f，563
鲁茂庭（字仕国）　54—55，295
鲁胜慕　114
鲁惟一（Michael Loewe）　494，519
陆法言　69

路德，马丁（Martin Luther）　553
路甬祥　480
罗伯茨，悉尼（Sydney Castle Roberts）　108，116，119—120，122，125，127，156，194
罗乃诗（Kenneth Girdwood Robinson）　26f，33，377，505，510—513，517，520，544，563
罗素，伯特兰（Bertrand Russell）　339
罗正鹏（Lo Jung-Pang）　431

M

马端临　176
马礼逊（Robert Morrison）　186—187
马斯克，伊隆（Elon Musk）　465
麦基特里克，戴维（David McKitterick）　237，392
麦克斯韦，詹姆斯·克拉克（James Clerk Maxwell）　13
麦克尤恩（Edward McEwen）　506
曼斯布里奇，罗纳德（F. R. Mansbridge）　281f，283—285，394
毛文奇（Philip Mao）　475，477—478，495
梅建军　16，495，520，524—525，565
梅泰理（Georges Métailié）　514
梅贻琦　81
美查（Ernest Major）　188
门捷列夫（Dmitri Ivanovich Mendeleev）　323f
孟席斯（Nicholas K. Menzies）　507
米德，丹尼尔（Daniel Webster Mead）　99
米克，乔安妮（Joanne Meek）　34
米利米特，沃尔特·德（Walter de Millemete）　456
莫弗特（John Moffett）　Ⅰ—Ⅱ，Ⅳ，1，3，16，66，499，513，520
莫克森（Joseph Moxon）　554
莫伊尔，缪丽尔（Muriel Moyle）　364，530
慕阿德（A. C. Moule）　161
穆尔，约翰（John Moore）　547
穆勒，谢尔德（E. Shelde Møller）　304

N

奈特，戴维（David Knight）　393
南条文雄　230
牛顿，艾萨克爵士（Sir Isaac Newton）　19，30，85，90，97，110，118，167，283，301，554

纽曼，詹姆斯（James R. Newman） 309

O

欧几里得（Euclid） 85，372—373，542

P

帕廷顿（James Riddick Partington） 138—139，412，452f
潘吉星 501
庞乔 252
培根，弗朗西斯（Francis Bacon） 90，113—114，408，462，465，545，552，554
培根，罗吉尔（Roger Bacon） 410
皮肯，劳伦斯（Laurence Picken） 307
蒲立本（Edwin Pulleyblank） 264
濮子明（Benjamin Stanley Platt） 56
普鲁塔克（Plutarchus） 29，535f

Q

赫梅莱夫斯基，雅努什（Janusz Chmielewski） 509
钱宝琮 130，325
钱伯斯，伊弗雷姆（Ephraim Chambers） 232
钱存训 403，462，469，488—490，519，546f，551，555，556f
钱临照 129
钱三强 560
琼斯，马丁（Martin Jones） 527
屈纳特，弗朗茨（Franz Kühnert） 371

R

任鸿隽 90，97
儒格霖（Colin Ronan） 476，483—484
汝信 480

S

萨顿，乔治（George Sarton） 7，141，308，384
萨姆森，乔治爵士（Sir George Sansom） 309
塞思，菲利普（Philip Seth） 447
桑德森，弗雷德里克·威廉（Frederick William Sanderson） 41—42，503
沙畹（Édouard Chavannes） 159
莎士比亚（Shakespeare） 136，563

沈括 143，176，322f，374
沈诗章 54，57
施古德（G. Schlegel） 159
石施道（Krzysztof Gawlikowski） 506
司马光 176
司马迁 6，29，115，191
斯波尔丁，亨利（Henry Spalding） 261—262
斯波尔丁，肯尼思（Kenneth Spalding） 261—262
斯科特，夏洛特（Charlotte Angas Scott） 49
斯坦诺普，查尔斯伯爵三世（Charles Stanhope, 3rd Earl Stanhope） 184
斯亚德（Eric Betrand Ceadel） 474
宋应星 132，441
薮内清 484
苏格拉底（Socrates） 536
苏颂 531
孙光俊 82
孙科 482
孙炎 69
孙子 6，123
索尔特，迈克尔（Michael Salt） 474
索尔特，乔治（George Salt） 474

T

泰勒，弗雷德里克（Frederick Taylor） 238
汤姆斯（Peter Thoms） 186—187
汤姆孙，约瑟夫（Joseph John Thomson） 13
汤若望 89
汤因比，阿诺德·约瑟夫（Arnold Joseph Toynbee） Ⅲ，307
唐立（Christian A. Daniels） 507
陶行知 129
陶育礼（Eric Robertson Dodds） 79
特鲁曼，弗雷德（Fred Trueman） 513
田华 252
托尔金（J. R. R. Tolkien） 214
托勒密（Ptolemy） 85f，373，554
托里拆利（Evangelista Torricelli） 540

W

瓦特（James Watt） 29，552
王船山 123

王班 130

王铃（字静宁） Ⅲ，22，35，99，107，139，144—146，151，156，169，202，256，275，294，315，360，370，377，387—388，395，403，407—408，412，414—419，422—426，428，430—432，438，452f，455，457—458，464，468，497，506，517，519，530，563

王钱国忠 29，54，55f，62，67，79f，95f，97f，132f，536，566

王韬 144，187

王万盛 82

王星拱 130

王选 556

王应睐 54，57

王应麟 146

王云五 482

王祯 175f，176—177

王振铎 316，318，324

威尔斯先生（Mr Willers） 342

威尔逊，托尼（Tony Wilson） 393

威妥玛（Sir Thomas Francis Wade） 69，71，75，533f

韦伯，马克斯（Max Weber） 93

维萨留斯（Andreas Vesalius） 85，167，301

维特根斯坦（Ludwig Wittgenstein） 163，276，503

伟烈亚力（Alexander Wylie） 85

魏复古（Karl August Wittfogel） 95

魏瑶 431

魏源 535

文思淼（Simon Winchester） 28—29，62

沃丁顿（Conrad Hal Waddington） 503

吴蕙仪 578

吴作人 82

伍德，奈杰尔（Nigel Wood） 514—515

伍杰（Joseph Henry Woodger） 503

X

西诺尔，丹尼斯（Denis Sinor） 270

希林洛，克利福德（Clifford A. Shillinglaw） 474—475

席文（Nathan Sivin） 8，403，499，511，514，518—519，537，542

席文，卡萝尔（Carole Sivin） 9f

席泽宗 325，480

下河边淳 477

夏普，迈克尔（Michael Sharp） 513

谢什荣 252

辛德勒，布鲁诺（Bruno Schindler） 262，264，364

辛格，查尔斯（Charles Joseph Singer） 138，385

辛格，多罗西娅（Dorothea Waley Singer） 138

辛兴 255

修中诚（Ernest Richard Hughes） 93

徐光启 85，87，89

徐寿 72

徐贤恭 83，132f

徐志摩 11

薛穆爵士（Sir Horace James Seymour） 79

Y

亚里士多德（Aristotle） 85，123，300，536

严敦杰 325

严复 189，535

杨坚 175，547

杨务廉 321—322

叶企孙 323

叶山（Robin D. S. Yates） 506

伊懋可（Mark Elvin） 510，512，542

尤德夫人（Lady Pamela Youde） 513

余佳 578

喻浩 374

约翰逊，戈登（Gordon Johnson） 513—514

约翰逊，塞缪尔（Samuel Johnson） 30，299

Z

曾永寿 130

翟理斯（Herbert Allen Giles） 69，71，75，146f

翟林奈（Lionel Giles） 146—147

张伯苓 81

张存浩 480

张福康 514—515

张蒙 14，34，566

张孟闻 130

张敏钰 482

张荫麟 324

张资珙 130

赵静一　526，527f，578
周恩来　318，379，480
朱恒璧　130
朱熹　123，176
朱元璋　412

竺可桢　83，97，98f，130，132，146f，316，318，323—324，371，378，538，539f
祖冲之　374
左思　174

图 书 索 引

说明：按照书名第一个字的汉语拼音排序。索引指向脚注时，以符号 f 表示，放在页码后。

A

爱中国的人：破解中国奥秘的怪异科学家的奇妙故事（*The Man Who Loved China: The Fantastic Story of the Eccentric Scientist Who Unlocked the Mysteries of the Middle Kingdom*） 28

熬波图咏 531

B

百科全书（*Cyclopædia, or an Universal Dictionary of Arts and Sciences*） 232

百科全书，或科学、艺术和工艺详解词典（法语：*Encyclopédie, ou dictionnaire raisonné des sciences, des arts et des métiers*） 132f, 178f

抱朴子 408—409

伯纳纪念文集（*J. D. Bernal Presentation Volume*） 26f

C

畴人传 132f
春秋 6f, 88f

D

大藏经 230

大滴定：东西方的科学与社会（*The Grand Titration: Science and Society in East and West*） 140f, 372f, 374f, 562f

大观经史证类本草 176

大英百科全书 232

大著作（拉丁文：*Opus Majus*） 410

道藏 130, 230, 409, 560

道德经 141f, 155

东西方科学文化之桥——李约瑟研究 29

动物的生殖（拉丁文：*De Generatione*） 85f

动物史（拉丁文：*Historia Animalium*） 85f

对欧洲和中国关系的考察（从远古到 1800 年）（*Europe and China; A Survey of Their Relations from the Earliest Times to 1800*） 93f

E

20 世纪的文艺复兴人（*20th-Century Renaissance Man*） 9f

G

工具书的诞生 231f

古今图书集成 132, 146—147, 178, 188, 547

关于动物心脏与血液运动的解剖研究（拉丁语：*Exercitatio Anatomica de Motu Cordis et Sanguinis in Animalibus*） 85f

关于托勒密和哥白尼两大世界体系的对话（拉丁语：*Dialogo sopra i due massimi systemi del mondo, tolemaico e copernicano*） 26f, 554

管子 75

国富论 189

国语 6

H

涵芬楼秘笈 132f

汉英词典（*A Chinese-English Dictionary*） 69f

鹖冠子 75

后汉书 142

化学鉴原 72

化学胚胎学（*Chemical Embryology*） 46, 129, 332, 342

化学史（*History of Chemistry*） 138

火龙经 412, 431, 438, 456

霍比特人（The Hobbit） 214

J

几何原本（Elements） 85，87，89，163f
技术史（A History of Technology） 138，384
简明剑桥中世纪史（Shorter Cambridge Medieval History） 283
剑桥：大学与小镇800年（Cambridge: Treasure island in the fens, the 800 year story of the University and town of Cambridge） 66
剑桥大学出版社的历史（A History of Cambridge University Press） 237，392
金刚经（Diamond Sutra） 78f，175
近代以来中国出版技术变革研究——工业革命和信息革命（1807—2010） 182f，187f
近思录 132f
晋书·天文志（The Astronomical Chapters of the Chin Shu） 415
九经 175
九章算术 360

K

康熙字典 69，71，74
科学的改变（1961年牛津科学史讨论会报告）[Changes in Science（1961 Oxford Symposium on the History of Science）] 535f
科学前哨（Science Outpost） 83，99f
科学史（A History of Science） 141
科学史导论（Introduction to the History of Science） 141
科学史与科学方法研究（Studies in the History and Method of Science） 138
客观性的边缘：一篇科学思想史论文（The Edge of Objectivity; an Essay in the History of Scientific Ideas） 372
坤舆万国全图 85f

L

离骚 6
礼记 88f
李约瑟传 29
李约瑟大典：传记、学术年谱长编与事典 29

李约瑟的作品（Joseph Needham-A Publication History） 9f
李约瑟画传 29
李约瑟文集 61f，62f，162f，501
李约瑟文献50年（1942—1992） 29
李约瑟研究所研究书系 16f
李约瑟——一个揭开中国神秘面纱的人 28
李约瑟与抗战时中国的科学纪念展专辑 74f，78f
李约瑟与中国 29
李约瑟与中国古代文明图典 29
李约瑟与中国科学 531f，533f
利玛窦中国札记（De Christian Expedition apud Sinas） 87
辽代社会史 324f
鲁桂珍与李约瑟 29，55f
论磁石（On Lodestone） 553
论两种新科学及其数学演变 554
论新星（拉丁语：De nova stella） 553
逻辑哲学论（德语：Tractatus Logico-philosophicus） 163f
吕氏春秋 6

M

马礼逊与中文印刷出版 188f
漫游随录 187f
孟子 75
梦溪笔谈 132，143，176，322f
名人录（Who's Who） 284
明儒学案 132f
墨经 129
墨子今译 530
木经 374

N

牛顿书信集（The Correspondence of Isaac Newton） 284
牛津英语词典（The Oxford English Dictionary） 30，299
农书 176

O

偶像的黄昏——或怎样用锤子从事哲学（Twilight of

the Idols or How to Philosophize with a Hammer) 560f

P

胚胎学史（A History of Embryology） 129
佩文韵府 178
普法战纪 144f

Q

齐民要术 132
启蒙运动的生意 178f
切韵 69

R

人类地理学原理（Principles of Human Geography） 100f
人体的构造（拉丁语：De humani corporis fabrica） 85f
日知录 132f

S

三字经 62
尚书 88f
生物化学与形态发生（Biochemistry and Morph-ogenesis） 17，75—76，129，157，332
圣济总录 176
圣经·旧约 61f
圣经·新约 61f
诗经 6，88f
十驾斋养新录 132f
十三经 144f
石药尔雅 151
史记 6，29，115，191
世界的和谐（Harmonies of the World） 553
世界强权与演化（World-power and Evolution） 100f
世界书目 85f
水文学（Hydrology） 100
四库全书 178—179，409，457，547
四库全书提要 457
四十二行圣经 181
宋元学案 132f
孙子兵法 6

T

太平寰宇记 176
太平御览 115，132，146，176
天工开物 132，152，441，442f
天体运行论（On the Revolutions of Heavenly Spheres） 88，553
天文大成 132
天演论 189

W

文明与气候（Civilization and Climate） 100f
文献通考 176
文字编辑剑桥手册（The Cambridge Handbook） 383，385
我与李约瑟 149，497
五代监本九经 175f
五经 175f
武经总要 99，176，409—411，456—458，464
武英殿聚珍版程式 179，180
武英殿聚珍版丛书 179

X

西方哲学史（History of Western Phislosophy） 339
希腊化时代的科学与文化 141f
希腊黄金时代的古代科学 141f
希腊火与火药的历史（A History of Greek Fire and Gunpowder） 139
希腊罗马名人传（拉丁语：Vitae parallelae；英语：Parallel lives） 29
先秦自然学概论 114
现代汉语词典 23
现代科学的背景（Background to Modern Science） 138
新工具（Novum Organum） 462f，554
新教伦理与资本主义精神（The Protestant Ethic and the Spirit of Capitalism） 93f
新天文学（The New Astronomy） 553
星际信使（Starry Messenger） 554
学术的进展（Harmonies of the World） 554
学思历程的回忆：科学、人文、李约瑟 107f，159f，418f，422f，430f，464f，468f，474—477f，

487f, 493—495f
荀子 2

Y

演化：现代的综合（*Evolution: The Modern Synthesis*） 104f
医学史纲 318f
饮膳正要 62f
印刷书的诞生（*The Coming of the Book*） 183f
印刷艺术的机械练习（*Mechanick Exercises on the whole Art of Printing*） 554
应用化学的起源与发展（*Origins and Development of Applied Chemistry*） 138
英语词典（*Johnson's Dictionary*） 30，299
永乐大典 178—179
玉海 146
御前军器集模 456
约翰逊传（*The Life of Samuel Johnson*） 30—31
营造法式 176

Z

炸弹、图书和指南针：李约瑟和中国的几大秘密（*Bomb, Book and Compass: Joseph Needham and the Great Secrets of China*） 29
战时中国之科学 83
真元妙道要略 409
指环王（*The Lord of the Rings*） 214
中国古代的天文钟 341f，353
中国科技史探索 10f，40f，42—43f，51f，60—62f，68f，71f，75f，78f，101—103f，104f，106f，132f，138—139f，153f，157f，234f，409f，504f，537f，542f，558f，560f
中国科学（*Chinese Science*） 83
中国科学技术发明和科学技术人物论集 547f
中国科学技术史 第二卷 科学思想史 26，338—339，482，517
中国科学技术史 第六卷第4分册 传统植物学：人种志的研究方法 27，520
中国科学技术史 第六卷第5分册 发酵与食品科学 27，482，514
中国科学技术史 第六卷第6分册 医学 27，511，514

中国科学技术史 第六卷第1分册 植物学 27，403，511，519
中国科学技术史 第六卷第2分册 农业 27，403，469f，488—489，519
中国科学技术史 第六卷第3分册 农产品加工和林业 27，505，507
中国科学技术史 第七卷第1分册 语言和逻辑 27，508—509，520
中国科学技术史 第七卷第2分册 结论与反思 27，509，510，520
中国科学技术史 第三卷 数学、天学和地学 26，370，482，517
中国科学技术史 第四卷第1分册 物理学 26，377，412，518
中国科学技术史 第四卷第2分册 机械工程 26，379，387，518
中国科学技术史 第四卷第3分册 土木工程与航海技术 26，388，518
中国科学技术史 第五卷第1分册 纸和印刷 26，403，468—469，488，490，519，545，551
中国科学技术史 第五卷第10分册 有色金属冶金 27，520，525
中国科学技术史 第五卷第11分册 黑色金属冶炼术 27，514
中国科学技术史 第五卷第12分册 陶瓷技术 27，514—515
中国科学技术史 第五卷第13分册 采矿 27，514
中国科学技术史 第五卷第14分册 盐业技术 27，520
中国科学技术史 第五卷第2分册 炼丹术的发现和发明：金丹与长生 27，395，403，482，519
中国科学技术史 第五卷第3分册 炼丹术的发现和发明：从灵丹妙药到人工合成胰岛素的历史考察 27，403，427，519
中国科学技术史 第五卷第4分册 炼丹术的发现和发明：器具和理论 27，403，519
中国科学技术史 第五卷第5分册 炼丹术的发现和发明：内丹 27，403，482，519
中国科学技术史 第五卷第6分册 军事技术：抛射武器和攻守城技术 27，482，505—506
中国科学技术史 第五卷第7分册 火药的史诗 27，403，408，432，452，462—465，476，482，519

中国科学技术史 第五卷第 8 分册 纺织技术：织布与织机 27，520

中国科学技术史 第五卷第 9 分册 纺织技术：纺纱与缫丝 27，403

中国科学技术史 第一卷 导论 26，482，517，529

中国科学技术史简编（Shorter Science and Civilisation in China） 476，483—484

中国科学与科学革命：李约瑟难题及其相关问题研究论著选 536f，543f，560f

中国历史上的基本经济区（Key Economic Areas in Chinese History） 129，234

中国算学史 132f

中国印刷史 175f

中西工艺志（Clerks and Craftsmen in China and the West） 549

重学浅说 144f

周髀算经 132

周易 6，88f

竺可桢日记 83f，132f，323f

庄子 2，132，141f

缀术 374

资治通鉴 176

自然哲学的数学原理（Philosophiae Naturalis Principia Matematica） 19f，118，554

走在墙上（Walking the Wall） 384

作为变革动因的印刷机：早期近代欧洲的传播与文化变革（The Printing Press as an Agent of Change: Communications and Cultural Transformations in Early-Modern Europe） 183，553f，555f

后 记

本书想要讲述的，并非李约瑟的传记，也不是"李约瑟难题"，而是 SCC 是如何诞生的故事——李约瑟是如何把自己萌生的一个小小的想法作为种子，如何一步一步地使之成长为一棵参天大树，又是如何用它搭建起了一座沟通中西方的桥梁的真实的故事。这个过程中间的很多幕后故事，多不为外人所知。而怀着好奇和疑问，思考一个人的成就是如何取得的，我想这是每一个普通人，就像你我一样，需要用一生来思考和回答的问题。那些我们通常所认为的制约一个人取得成功的因素，比如语言、年龄、资历、经验、时间等等，也许在找到了适合自己的方法和程序之后，困难就变得并不像它们最初看起来那样难以克服了，这是我们从 SCC 的故事中获得的最大收获。

但是将一个专业领域的故事讲述得浅显易懂而有趣，确实是个难度不小的挑战。我们决定不自我设限，努力沿着档案的线索去追踪历史细节，以满足自己不断随之而生的好奇心，这也给了我们一次机会来以一种新的方式讲述一部图书的诞生过程和它的历史故事。

在参观博物馆、美术馆的时候，我们都有一种特殊的体验：站在一幅肖像画跟前，如果你走近一些，就会发现更为丰富的细节；再贴近一些，你就能看到更多的一开始没有注意到的东西。在每一个距离的视角上，我们都会形成一种印象，由远及近，随着距离的变化，又会形成新的印象，就这样一步一步地靠近，观感也能一步一步地深入。多个层次的印象叠加在一起，让我们形成了对画中人物的一个立体的、完整的印象。这种印象所包含的层次越丰富，我们对事物的了解才越全面。真实的东西比我们想象中的东西要复杂得多，也精彩得多！

没有前人的积累和大家的帮助，我们知道本书是不可能完成的。我们首先要感谢李约瑟研究所、剑桥大学出版社、东亚科学史图书馆为我们提供了大量的第一手资料。感谢李约瑟研究所所长梅建军教授自始至终对本书给予的支持。在本书一稿一稿修改的过程中，梅老师总是不厌其烦地一遍又一遍地审阅后给出具体的指导和建议。他为本书所作的序言，更是对我们极大的鼓励。我们还要感谢研究所行政主管苏珊·本内特，她编辑的《研究所通讯》为我们提供了很多关于李约瑟研究所的历史信息。档案管理员罗莎琳德·格鲁姆斯博士，不仅热心地帮我们查找剑桥大学出版社的档案，帮助我们联系出版社原来的编辑，还细心地给我们提供了大量专业的建议。在本书的最后阶段，她又逐字逐句地审读了本书引用档案的全部英文原文，找出了很多难以发现的、因我们的疏漏造成的文字错误。尤为重要的是，她核实并指出了我们初稿中伯比奇照片的张冠李戴。有这样一位能在最后关头将我们从可怕的错误和尴尬中拯救出来的朋友，作者该是多么幸运！

剑桥李约瑟研究所的杰夫瑞·劳埃德爵士、荣休所长古克礼教授、程思丽博士、吴蕙仪博士、余佳……还有很多我们无法在这里一一致谢的各位老师，尤其是将研究李约瑟作为一生事业的王钱国忠先生，从他们那里我们受益良多，因此我们心怀感激。在书稿的修改阶段，感谢刘钝教授和我的导师关增建教授于百忙之中拨冗审读，给我们提出宝贵的建议。最后还要感谢张蒙博士、赵静一博士惠允我们在本书中使用他们拍摄的精美照片。

王　晓

2022 年 2 月 18 日